Alexander Scheiber

Essays on Jewish Folklore
and
Comparative Literature

Alexander Scheiber

Essays on Jewish Folklore and Comparative Literature

*Drága barátainknak emlékeztetésül
férjemre, aki már nem érhette
meg e könyv megjelenését.
1985. XI. 21.*

Scheiber Sándorné

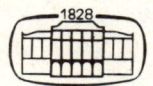

Akadémiai Kiadó · Budapest 1985

ISBN 963 05 3944 6

© Akadémiai Kiadó · Budapest 1985

Printed in Hungary

מוקדש לאבי מורי
אליעזר שייבר ז"ל

Contents

Preface 15

East and West

"Donkey–Ladder." — Folia Ethnographica. I. 1949. 99–101 19
Hungarian Parallels of the "Twelve Numbers." — Journal of American Folklore. LXIII. 1950. 465–467 23
A Hungarian Encyclopedia of Cards. On the Parodies of Catechism Song. — Midwest Folklore. II. 1952. 93–100 26
The Catechism Song in Hungary. — Western Folklore. XIII. 1954. 27–28. 34
The Hungarian Parallels of the *Echad Mi Yodea*. — JQR. XLVI. 1955/56. 355–356 36
A Remark on the Legend of the Sacrificial Smoke of Cain and Abel. — Vigiliae Christianae. X. 1956. 194–195 38
La fumée des offrandes de Caïn et d'Abel. — REJ. CXV. 1956. 11–24 .. 40
"Ihr sollt kein Bein dran zerbrechen." — Vetus Testamentum. XIII. 1963. 95–97 58
War der Name Balaam gebräuchlich bei den Juden? — The Muslim East. Studies in Honour of Julius Germanus. Budapest, 1974. 35–37 61
La Légende de l'emplacement du Temple de Jérusalem. — REJ. CIX. 1949. 103–108 64
Samson Uprooting a Tree. — JQR. L. 1959/60. 176—180 70
Further Parallels to the Figure of Samson the Tree-Uprooter. — JQR. LII. 1961/62. 35–40 75
Lacrimatoria and the Jewish Sources. — Israel Exploration Journal. XXV. 1975. 152–153 81
Sword Between the Sleeping Companions. — Midwest Folklore. I. 1951. 228 83
Eléments fabuleux dans l'"Eshkôl Hakôfer" de Juda Hadasi. — REJ. CVIII. 1948. 41–62 84

The Role of the Tzitzit in Agreements. A Jewish Popular Custom Fallen into Oblivion. — Études Orientales à la Mémoire de Paul Hirschler. Budapest, 1950. 95–100 106

Von zwei mittelalterlichen Darstellungen des Juden. — Orientalia Suecana. XVI. 1967. 96–98 112

Die Quelle eines Gedichtes von Manoello. Geschichte des spätmittelalterlichen satirischen Rezeptes. — Rivista degli Studi Orientali. XLII. 1967. 211–227 115

A Medieval Form of Jewish Oath. — Journal of Jewish Studies. XXV. 1974. 181–182. (Studies in Jewish Legal History. In Honour of David Daube. London, 1974. 181–182.) 132

The Legend of the Wandering Jew in Hungary. — Midwest Folklore. IV. 1954. 221–235 134

Additions to the History of the Legend of the Wandering Jew in Hungary. — Midwest Folklore. VI. 1956. 155–158 149

The Legend of the Wandering Jew in Hungary: Two German Texts. — Studies in Judaica, Karaitica and Islamica. Presented to Leon Nemoy on his Eightieth Birthday. Ramat-Gan, 1982. 83–85 153

Die Golem–Sage in der ungarischen Literatur. — Orbis Litterarum. XXXVIII. 1983. 87–91 156

Die erste ungarländische Spur der Faustsage. — Fabula. XI. 1970. 275–276. 161

Two Legends on the theme "God requires the heart." — Fabula. I. 1957. 156–158 163

Orientalische Beziehungen von drei ungarischen Märchen. — Ethnologia Europaea. LV. 1970. 106–110. (Erixoniana. II.) 166

Eine angebliche Bar Kochba–Sage und die Benennung des ungarländischen Bar Kochba-Spiels. — Fabula. IV. 1961. 179–182 171

Er hätte sich vielleicht selbst in den kleinen Finger schneiden lassen. — Proverbium. 15 (Archer Taylor octogenario in honorem). Helsinki, 1970. 112–113 175

Das Sündenregister auf der Kuhhaut. — Fabula. II. 1958. 270–271 177

Drei ungarische Redewendungen. — Acta Linguistica. XXIV. 1974. 323–326. (D. R. Fuchs-Fokos-Festschrift) 179

The Moment of Desires. — Fields of Offerings. Studies in Honor of Raphael Patai. London–Toronto, 1983. 95–98 183

Un document deux fois publié. — REJ. CX. 1949/50. 100 187

Motivgeschichte des Gedichts von Ady An den grossen Walfisch. — Fabula. XII. 1971. 229–238 188

Jüdische Musiker in Ungarn im XVIII. Jahrhundert. — Studia Musicologica. XVIII. 1976. 335–337 198

Ein Märchenmotiv in den Memorien von Benjamin Franklin. — Fabula. V. 1962. 99–100 201

Sage ohne Erlebnis. — Fabula. VI. 1964. 258 203
Le folklore juif dans la *Revue des Études Juives*. — REJ. CXXXIX. 1980.
19–37 204
Parallels to a Topos in Eudocia's Poem. — Israel Exploration Journal.
XXXIV. 1984. 180–181 223
Additions 225

Aggada and Classical Literature

"Die Lüge hat keine Füsse." — Acta Antiqua. IX. 1961. 305–306 229
Die Parabel vom Schatz des Gelehrten. — Acta Antiqua. X. 1962. 233–235. 231
Zu den antiken Zusammenhängen der Aggada. — Acta Antiqua. XI. 1963.
149–154 234
    Die Matrone von Ephesus 234
    „Er geht auf Aehren und sie brechen nicht nieder unter ihm" 237
Zu den antiken Zusammenhängen der Aggada. — Acta Antiqua. XIII.
1965. 267–272 240
    Bitteres im Süssen 240
    Mord aus Hunger 243
Neue Bemerkungen zu den antiken Zusammenhängen der Aggada. — Acta
Antiqua. XIV. 1966. 225–229 246
    Die Tiere der Frommen 246
    Plötzliches Ergrauen 248
    Ehrenbezeigung des Vaters vor dem Sohn 249
    Bitteres im Süssen 250
Antike Motive in der Aggada. — Acta Antiqua. XVII. 1969. 55–59 251
    Der Freund meines Freundes ist mein Freund 251
    Der Wolf Kommt! 253
    Der Leichnam bleibt wohlerhalten 254
    Tod den Beuteräubern 255
Antikes und Aggada. — Acta Antiqua. XVII. 1969. 449–457 256
    Tod vor Freude 256
    Ein Säugling kann reden 257
    Das himmlische Jerusalem — Roma coelestis 259
    Zauberkreis 262
Antike Elemente in der Aggada. — Acta Antiqua. XVIII. 1970. 413–420. 265
    Die Weisen Gänse 265
    Lumen de Lumine 265
    Jemand wird für ein Tier angesehen und erschossen 266
    Die nackte Königin 268
    Der Rabe als Helfer 269
    Die Felsen schliessen sich zusammen 270

Der aufblühende Stab 270
Antikes in der Aggada. — Acta Antiqua. XIX. 1971. 393–402 273
    Der brennende Dornbusch 273
    Backwerk für die Göttin des Mondes 274
    Der Klang der Sonne 275
    Der Opferrauch 275
    Tiere sprechen 275
    Hyperbel 276
    In der Eintracht die Kraft 277
    Wir pflanzen Bäume für unsere Nachkommen 278
    Aggadische Reminiszenzen bei Cicero 279
    Das verkehrt aufgeschlagene Hufeisen 280
Aggada und Antikes. — Acta Antiqua. XX. 1972. 421–428 283
    Das Herausziehen des Stabes aus der Erde 283
    Die den Himmel einteilen 284
    Viele Sonnen 284
    Bienen im Löwen 285
    Verbrennen von dem Atem 286
    Bestrafung des Überbringers einer schlechten Nachricht 286
    Ein Mädchen im Turm 287
    Weißer Rabe 288
    Trockenen Flußes das Meer passieren 288
    Kynokephaloi 289
Beispiele der klassischen Zusammenhänge der Aggada. — Acta Antiqua. XXI. 1973. 353–360 291
    Deine Füße waren nicht in Fesseln gesetzt 291
    Das Bündel der Lebendigen 292
    Die Hunde bellen ihn nicht an 293
    Das Wasser Fließt nach rückwärts 294
    Brennender Bart, brennendes Haar 296
    Eine Pflanze, ein Gegenstand blutet 296
    Vision von den kommenden Generationen 297
Das Nachleben eines Achikar-Märchens. — Acta Antiqua. XXVI. 1978. 97–100 299
    Additions 303

Old Stories in New Garment

Alte Geschichten im neuen Gewande. — Fabula. VIII. 1966. 107–109 .. 307
    Eine Geschichte des Curzio Malaparte 307
    Eine Geschichte von Ilja Ehrenburg 308

Alte Geschichten im neuen Gewande. Zweite Mitteilung. — Fabula. VIII. 1966. 246–248 310
    Schibbolet-Sibbolet 310
    Glas und Spiegel 311
    Flucht vor dem Tod 311
Alte Geschichten in neuem Gewande. Dritte Mitteilung. — Fabula. X. 1969. 212–215 313
    Eine jüdische Anekdote bei Maugham 313
    Die literarischen Bearbeitungen einer chassidischen Legende 314
Alte Geschichten in neuem Gewande. Ergänzung zu No. 7. — Fabula. XI. 1970. 144 317
Alte Geschichten in neuem Gewande. Vierte Mitteilung. — Fabula. XI. 1970. 277–280 318
    Das Motiv des Waldes von Birnam in Ungarn 318
    Eine Maupassant-Reminiszenz bei Mikszáth 318
    Traum und Wirklichkeit 319
    Das Mutterherz 320
Alte Geschichten in neuem Gewande. Fünfte Mitteilung. — Fabula. XII. 1971. 90–96 322
    Händedruck mit dem Toten 322
    Nemo propheta in patria sua 323
    Der säugende Mordechai 324
    Eine Kuh, die nur mit einem Hahn zusammen zu haben ist 325
    Satte Mücken 326
    Ein Husar im Himmel 328
Alte Geschichten in neuem Gewande. Sechste Mitteilung. — Fabula. XII. 1971. 248–256 329
    Ein jüdischer Witz bei Johann Arany? 329
    Die Weisheit der Vorsehung 329
    Eine jüdische Anekdote bei Scholem Alechem 329
    Die Gesellschaft, die ihre Füße nicht zu zählen vermag 330
    Ungarische literarische Bearbeitungen einer jüdischen Legende ... 331
    Das Insektenpulver 332
    Das Märchen von der Mandragora in moderner Bearbeitung 332
    Ein Gedicht von Abraham Ibn Ezra in der Weltliteratur 332
    Dank 333
    Die Eltern schicken Geld, ohne voneinander zu wissen 334
    Er schuf und hernach zerbrach er die Form 335
    Der jüdische Brauch des aus dem Tisch verfertigen Sarges in der Literatur 336
    Der jüdische Brauch, Steine auf das Grab zu legen, in der ungarischen Literatur 337
Alte Geschichten in neuem Gewande. Siebente Mitteilung. — Fabula. XIII. 1972. 160–166 338

Eine Anekdote über Josef Kiss 338
Wein und Durst 339
Drei Varianten einer Redewendung 339
Werwolf 339
Ewiger Jude 340
Vor dem Weggehen setzt man sich 341
Warum die Bizyklisten? 341
Das Mädchen, das seinen Vater säugt 342
Freuds Witz über den Kantor 342
Sagittare in cadaver patris 343
Alte Geschichten in neuem Gewande. Achte Mitteilung. — Fabula. XIV.
1973. 253–262 345
Die zwei Wanderer 345
Das Aushängeschild 346
Das Meditieren des Pferdewächters 347
Der halsstarrige Hund 348
Auf der Abbildung des Pferdes sind alle Krankheiten zu sehen 349
Sabbat rechts, Sabbath links 349
Auch dies führt zu Gutem 350
Der Mann, der aus dem Paradiese kommt 351
Der Topf, der Junge wirft 352
Das versprochene Kind 353
Alte Geschichten in neuem Gewande. Neunte Mitteilung. — Fabula. XV.
1974. 114–123 355
Der Geschmack des Mannas 355
Lebensalter 356
Die Hand des Kopisten nach seinem Tode 357
Man Taucht die Feder in Tränen, in Blut 358
Reservatio mentalis 358
Zwei Bearbeitungen einer chassidischen Legende 359
Ein besonderer Blasebalg 361
Die dem Himmel hingereichten Schlüssel 361
Einjähriges Königtum 362
Jehuda Hallevi's Tod 363
Alte Geschichten in neuem Gewande. Zehnte Mitteilung. — Fabula.
XXIII. 1982. 99–105 365
Herausstehlen eines lebendigen Menschen in einem Sarge 365
Stein und Krug 365
Ein Brief an Gott 366
Die Entdeckung des Diebes 366
Der Grabstein der Mutter bekommt einen Sprung 367
Aus einem Maler wird ein Arzt 367

    Die Antwort des Generals Hovin 368
    Die drei Wahrheiten des zum Tode Verurteilten 369
    Bad im Blute junger Mädchen macht schön 369
    Die in dem Tefillinbeutel verborgenen Dukaten 370
Alte Geschichten in neuem Gewande. Elfte Mitteilung. — Fabula. XXIII. 1982. 292 372
    Wie sich der Zigeuner verteidigte, der ein Pferd gestohlen hatte 372
Alte Geschichten in neuem Gewande. Zwölfte Mitteilung. — Fabula. XXV. 1984. 84–93 373
    Der Bocher unterrichtet französisch 373
    Hemd wechseln 375
    Wie verändert! 376
    Nichts ist mir geblieben, nur was Du anhast 377
    Gebetbuch oder Bibel als Schutz vor Kugel 377
    Der Ehrliche Finder 379
    Das Gebet des Tempeldieners 380
    Zwei Liebende 380
    Der Pate 382
    Es kräht schon der Hahn 384
Alte Geschichten in neuem Gewande. — Folklore Research Center Studies. VII. Studies in Aggadah and Jewish Folklore (Dov Noy Jubilee Volume). Jerusalem, 1983. 103–114 385
    Entsagen — dem Dieb zuliebe 385
    Psalm gegen Hunde 385
    Deute nicht mit dem Finger auf die Sterne! 388
    Liebenden ist Säbelkante breit genug 389
    Eine verlorene Kuh als Vermächtnis 389
    Die Kirche wird verschoben 390
    Du hast auch recht 391
    Ein Vater ernährt zehn Kinder 391
    Traum vom Schatz auf der Brücke (AaTh 1645) 392
Additions 395

Hebrew Articles

חכמת הכתף — A. Hoffer–Festschrift. Budapest, 1940. Hebrew Part: 52–58 1

השופר בטכס הקבורה — Sinai. XIV. 1951. Nos. 7–8, 80–89 8

עקבות דרמטיזציה בטכסי הפסח בהונגריה — Yeda-Am. Nos. 7–8. 1951. 80 18

אגדה על מקום בית המקדש בירושלים — Yerushalayim. IV. Jerusalem, 1953. 291–299. (Isaiah Press Jubilee Volume) 19

V. Yerushalayim — האגדה על מקום בית המקדש שבירושלים בקוריאה
Jerusalem, 1955. 336 28

Tesoro de los — המשל על מלכות שנה אחת אצל סופרים יהודים בספרד
Judios Sefardies. VI. Jerusalem, 1963. 40–41 29

... גויל אלו רקיעי — Tesoro de los Judios Sefardies. X. 1967/68. 90–91. 31

Yeda-Am. XV. 1971. — רמזים ראשונים על מנהג הכאת המן בהונגריה
23–24 33

Folklore Research Center Studies. III. Jerusalem, — שני מנהגי עם יהודיים
1972. 205–207 35

— מקבילות מספרות העולם לתמונות מן השירה העברית של ימי הביניים
Papers on Medieval Hebrew Literature presented to A. M. Habermann.
Jerusalem, 1977. 319–322 38

Studies in Aggadah, — עקבות "קניא דרבא" בספרות הרפורמאציה
Targum and Jewish Liturgy in Memory of Joseph Heinemann. Jerusalem, 1981.
172–174 42

— ביבליוגרפיה מעבודותיו הספרותיות של הפולקלוריסט א. מ. לוינגר
Yeda-Am. IV. 1956. 101–103 45

פְּרוֹפֶ. בְּרֶנְרְד הֵיתלֶר — Hokhmat Jisrael B'maarav Europa.
Jerusalem–Tel-Aviv, 1958. 223–231 48

Preface

Jewish folklore has had four great scholars in Hungary: Immanuel Löw, Bertalan Kohlbach, Bernát Heller and Adolf Löwinger.

Löw's work on the subject has been collected (Studien zur Jüdischen Volkskunde. Ed. A. Scheiber. Hildesheim–New York, 1975.). The collection and publication of the studies of Kohlbach, Heller and Löwinger is in hand.

In Hungary, Heller was the only scholar to include Jewish source materials in his comparativist studies.

In both areas of study I regard myself as a student of Heller. The focus of my work has always been on the connections between the customs and folklore of different peoples and on the links between the various motifs in their literatures. I have always paid particular attention to concurrences between ways of thought and literature, even when life around me demonstrated the opposite. In times of tragedy I sought refuge and consolation in the world of scholarship.

My Hungarian-language studies on these topics first appeared a decade ago (Folklór és tárgytörténet. I–II, Budapest, 1974; 2nd edition 1977.). Volume III came out recently (Budapest, 1984.).

The present work collects those studies not written in Hungarian. Part I contains papers on Biblical legends, medieval motifs, poetic topoi, and the international connections of Hungarian tales and legends. Included in the latter are studies of the Hungarian trail of the Wandering Jew and of the legend of the Golem. The studies in Part II first appeared in Acta Antiqua of the Hungarian Academy of Sciences and are concerned with the classical links of the aggada. E. E. Hallewy has since published comprehensive works on the subject (Olama shel Ha-Aggada. Tel-Aviv, 1972; Parashiyot B'Aggada. Haifa, 1973; Ha-Aggada Ha-Historit-Biyografit. Tel-Aviv, 1975.). Part III appeared as *Alte Geschichten in neuem Gewande*, a series of articles (still in progress) in the journal *Fabula*. The Hebrew-language studies in Part IV consider certain Jewish motifs, images and folk customs.

The reader will perhaps be glad to see these studies, which originally appeared in several, widely-scattered periodicals, collected in a single volume.

An album devoted to the life of Hungarian Jewry appears at the same time as this volume. In this I give an account of the folklore of Jewish life in Hungary from birth through to death, following the year from its beginning to its end.

I should like to close this preface with the words of J. Bolte which have always guided me: "Ein Leben ohne Arbeit ist ein früher Tod."

21. XII. 1983.

A. Scheiber

East and West

"DONKEY-LADDER."

There is a Hungarian expression for the promotion of unqualified persons in the civil service by outside influence, and this is "donkey-ladder" (szamárlétra). As its origin has not yet been clarified, nor its interpretation attempted by philologists and compilers of dictionaries[1], I think it will not be without value to explain it, point to its origin and sketch its background.

From the last quarter of the 13th century to the end of the 16th, in Hebrew MSS. kept in Germany,[2] France[3] and Italy[4] and even in a Hebrew MS, which reached Hungary from Bohemia,[5] as well as in the colophons of later Hebrew printed works, we frequently read the following concluding phrase: "The end. May no harm befall the copyist until the donkey ascends the ladder, of which our forefather Jacob had dreamt".[6] From time to time, confusing the original meaning of the expression, there also figure other animals like the camel, elephant, ox, sheep, lion, roast capon etc[7]. Some MSS. even contain illustrations of the donkey putting its legs on the ladder.[8] One of them, the photograph of which is reproduced here, is included in a MS. of the Scriptures kept in the Ambrosian Library at Milan (Cod. Milan. Nr. 7. Fol. 216a) at Jer. 10:16, with the following explanation: "Grow stronger and let us grow stronger. May no harm befall the copyist. May the copyist Yehuda and his family not be numbered for their great number. He (the copyist) is called Lion, may he live for ever and escape from all troubles until the cow ascends the ladder-rungs up to the ceiling." However, the illustrator drew a donkey instead of a cow, putting the Hebrew words below it: חמור בסולם i. e. "A donkey on the ladder."[9]

[1] I owe this information to Professor J. Melich and D. Fokos-Fuchs, Member of the Academy.
[2] Zunz: Zur Geschichte und Literatur. Berlin, 1845. p. 207. and Gesammelte Schriften. III. Berlin, 1876. pp. 77—78.
[3] M. Steinschneider: Vorlesungen über die Kunde Hebräischer Handschriften.² Jerusalem, 1937. pp. 48—49.
[4] L. Blau, MZsSz. XVIII. 1901. p. 184.
[5] Samuel Kohn: A Magyar Nemzeti Múzeum könyvtárának héber kéziratai. Budapest, 1877. p. 21. Nr. VI. (also Magyar Könyvszemle. II. 1877. p. 99.)
[6] A. M. Habermann: Toldot hasepher haivri. Jerusalem, 1945. pp. 20., 22., 23., 25., 77.
[7] Carlo Bernheimer: Paleografia Ebraica. Firenze, 1924. pp. 151., 253—254., 278., 394., 395.
[8] D. Kaufmann: Gesammelte Schriften. III. Frankfurt a. M., 1915. p. 176.; A. Berliner: Gesammelte Schriften. I. Frankfurt a. M., 1913. p. 17.; cf. S. Poznański, REJ. LXVII. 1914. p. 157.; F. Landsberger, HUCA. XXI. 1948. p. 85.
[9] Codices Hebraici Bibliothecae Ambrosianae. Descripti a Carolo Bernheimer. Florentiae, MDCCCCXXXIII. pp. 9—10.

This expression has been interpreted by several people. The general opinion has been[10] that we have to deal here with an arbitrary metaphor of the copyists, expressive of impossibility, and meaning, that the donkey was unable to ascend the ladder, so that no harm could befall the copyist. Frequently it was connected with the Talmudic proverb quoted to illustrate impossibility. R. Sheshet in the 3rd century said to R. Amram: "You are sure to be from Pumbedita where the elephant is made to go through the eye of a needle" (Baba Metzia 38b). Another variant of the proverb is attributed to Raba in the 4th century: "Man is not shown (in his dream) a palm of gold or an elephant going through the eye of a needle", meaning that just as nobody thinks of such things by day, nobody can dream of them at night (Berahot 55b). This proverb has been popularized by the Synoptic Gospels (Matt. 19 : 24; Mark 10 : 25; Luke 18 : 25), using the camel instead of the elephant.[11] In the Qur'ân (7 : 38) this is the only direct quotation from the New Testament.[12]

Its parallel, or rather its very source can, however, be found in the Haggadah, the Jewish treasury of foklore. They frequently refer to the four impossibilities as follows: "Four things were said by the wise: As the sack can be washed white, so knowledge can be found with the ignorant; *when the donkey ascends the ladder, then you can find wisdom with fools;* when the kid puts up with the panther, then the daughter-in-law can put up with her mother in law; when you find an entirely white raven, then you find a good woman."[13] The second point, which interests us here, is sometimes modified, and instead of foolish people there figure washers, women,[14] or young people.[15] Hay Gaon (939—1038) also elucidates the meaning of the proverb with a few additional words: "That is, the one is not possible just as the other is not possible."[16]

The proverb passed from the Jews to the Arabs who have preserved it in a similar shape: "Until the raven grows grey, and the donkey ascends the ladder."[17] Popular belief attributed wonderful and incredible things to the inhabitants of Aleppo, to which the following Arabic proverb refers: "In

[10] R. Wischnitzer—Bernstein, Jahrbuch für Jüdische Geschichte und Literatur. XXX. 1936. pp. 92—93.
[11] Strack—Billerbeck: Kommentar zum Neuen Testament aus Talmud und Midrasch. I. 1. München, 1922. p. 828.
[12] An ingenious but incorrect interpretation is mentioned by Eric F. F. Bishop: The eye of the needle. The Moslem World. XXXI. 1941. pp. 354—359. According to him καμηλος means 'camel' and καμιλος 'anchor-cable' and the two words were mistaken one for the other. The original wording of the proverb was according to him: "It is easier to make the anchor-cable go through the eye of the needle than it is for the rich to go to the kingdom of God." The Talmudic source also proves that 'camel' is the correct reading here. One of the commentators on the Qur'ân also gives this explanation; see Arthur Jeffery: The Qur'ân Readings of Ibn Miqsam. Ignace Goldziher Memorial Volume I. Budapest, 1948. p. 37.
[13] Huppat Eliahu; Pirqe Rabbenu Haqqadosh; see Eisenstein: Otzar Midrashim. New York, 1915. pp. 171., 510. Its corrupted text is to be read in REJ. LXX. 1920. p. 146.
[14] Bruno Italianer: Die Darmstädter Pessach-Haggadah. Textband. Leipzig, 1927. pp. 26., 191., 211.
[15] Otzar Hageonim. V. 2. ed. by B. M. Lewin. Jerusalem, 1932. p. 32.
[16] Ibid; for the later use of the proverb in Jewry see S. Lieberman: Shkiin. Jerusalem, 1939. pp. 17., 98.
[17] Elieser Ben Jehuda: Thesaurus Totius Hebraitatis. III. 1911. p. 1617., note 2.

Cod. Milan. Nr. 7. Fol. 216a.
In the Ambrosian Library at Milan.

Aleppo the donkey can ascend the ladder. Here is the donkey, and here is the ladder!"[18] The following information can also be adduced in this connection. The 'Abbâsid caliph al-Muktafî (at the beginning of the 10th century) had a tower which was called Qubbat al-himâr (The Cupola of the Donkey), for it had a spiral staircase that made it easy to ascend, even for a donkey, which would otherwise have been unable to climb it.[19] Probably it was quite a simple staircase which could be climbed even by a brute donkey.[20]

This is the point where we are quite near our expression. The „donkey-ladder" is a kind of civil service promotion which requires no mental quality, so that even the donkey can make the grade. Of course, we miss the connecting link of how and when this proverb came to Hungary. Probably it is extant in the clauses of Latin MSS. and printed books, and priests or itinerant students may have introduced it into the Latin terminology then prevalent in Hungary. This can be inferred from the fact that it is unknown in old Hungarian, and was presumably taken into Hungarian phraseology at the end of the 18th century or in the 19th century, and has remained popular up to this day although its origin and explanation have fallen into oblivion.

---

[18] A. Socin: Der arabische Dialekt von Môsul und Märdîn. ZDMG. XXXVII. 1883. p. 203. Nr. 631.
[19] I. Goldziher: Mélanges judéo-arabes. REJ. XLIII. 1901. p. 9.
[20] See further J. L. Zlotnik: Research of the Hebrew Idiom. (Hebrew). Jerusalem, 1938. pp. 62—64.

HUNGARIAN PARALLELS OF THE "TWELVE NUMBERS":—The valuable treatise of Leah Rachel Clara Yoffie (*JAF*, **62** [1949], 382–411) comprises all the variants of the "Twelve Numbers" available to her. From the territory where Hungarian is spoken she cites only one fragment from Béla Bartók.[1] Bartók believed that there is no variant of this motive in the Hungarian tradition. "So far as I know," he says, "this is the only instance of this text to be found in the Hungarian fund; but there are more or less numerous variants of it in the Slovakian, the Czech, and practically all other European languages."[2] Perhaps it will not be amiss if I call the attention to the Hungarian data which have hitherto turned up.

Its first Hungarian variant (*a*) appeared in 1695, in the Catholic hymnary of George Náray, Canon of Esztergom, *Cantio pro pueris, quandam quasi Catechesim in se complectens*.[3] It was in the same year that the Jesuit Stephen Tarnóczy set up an "artificial hour" for the sick and the prisoners (*b*). To the several hours he adds meditations with numerical associations on the truths of faith.[4] At the village of Akasztó, Pest County, there appear three good singers at the wedding dinner, one of whom asking and the two others answering the twelve sections of the song of Cathechism; at every new answer they repeat the former also (*c*).[5] It used to be sung at corn-hulling at the village of Lövé, Sopron County (*d*). The first singer asks and answers, and the others sing the answer after him, and repeat the text backwards.[6] Stephen Volly made one (*e*) at Pereg, Pest County, another (*f*) at Galgahéviz, Pest County, to be recorded by phonograph, and published both of them with their melodies.[7] It is at

---

[1] *Hungarian Folk Music* (Oxford-London, 1931), pp. 186–187, No. 309. Yoffie erroneously quotes it on p. 393, note 48.
[2] B. Bartók, *op. cit.*, p. 217.
[3] *Lyra Coelestis* (Tyrnaviae, MDCXCV), pp. 6–8.
[4] *Holtig való barátság* (Nagy-Szombat, 1695), pp. 56–63; cf. Nicholas Juhász, *Ethnographia*, **54** (1943), 252–253.
[5] Alexander Résé Ensel, *Magyarországi népszokások* (Pest, 1866), p. 27.
[6] Adolph Mohl, *Lövé története* (Györ, 1930), pp. 190–191.
[7] *Ethnographia*, **48** (1937), 465–468.

weddings, burial feasts, and hog-killings that this half religious and half entertaining song can be heard. It is performed by two men, one asking, and the other answering, and the latter is accompanied by all the guests present. Here too, at every section the whole text is repeated in reverse order. Around Szeged time is greeted with it (*g*). A four-lined strophe falls to every hour, and in the two strophes are summarized the moral and religious lessons drawn from the verse.[8] John Berze Nagy noted down a variation of the song of Catechism (*h*) at Püspökszenterzsébet, Baranya County. Here the repetition is the same as in the places mentioned above. He published another variation of the song (*i*) from Gilvánfa, Baranya County.[9] Here it is sung at weddings, burial feasts, hog-killings and other feasts. The man who asks the question, leads the song standing, whereas the answers are sung by the other members of the party. The repetition takes place in the same manner as in the preceding variant. The melodies of the two latter texts are also published by the editor. Another variant from Baranya (*j*) is known as a puzzling question at Hosszúhetény.[10] The repetition is found here just as in the preceding cases. We know, although the text is unknown, that at Lak, Borsod County, and Mezőkövesd, Borsod County, the song of Catechism belongs to the wedding customs. At the latter place it is the best man who asks the questions in prose from the bride.[11]

The ten variants discussed above all bring the number of questions up to 12. Of the answers the following survey can be compiled:

1. *fgi* God; *ehj* faith, God; *a* God, world; *cd* faith, baptism, God; *b* God, faith, baptism, Church.
2. *cdefhij* Moses' tables of stone; *a* table of stone, the nature of Christ; *bg* body, soul.
3. *acdefhij* patriarch; *g* Holy Trinity; *b* Holy Trinity, memory, mind, will.
4. *acdefhij* evangelist; *b* the last four things: death, judgment, Heaven, hell; *g* Mary was taken to Heaven by four angels.
5. *cehij* sense; *afg* the wounds of Jesus; *b* sense, the wounds of Jesus; *d* commandment.
6. *acdefhij* waterpot of stone at the marriage of Cana; *b* the day of creation; *g* Christ rises at 6 o'clock.
7. *all:* sanctity, excepting *g*, which has the seven words of Jesus on the cross.
8. *all:* bliss.
9. *all:* the choir of angels, excepting *g*, which lists the choir of angels, at 9 o'clock the death of Jesus.
10. *all:* commandment.
11. *all:* 11,000 maids, excepting *b* and *g*, where the laborers of the vineyard hired at the eleventh hour receive full wages from the householder. (Cf. Matt. 19: 30; 20: 1–16.)
12. *all:* apostles.

Its German variant[12] was noted down among the Swabians of Buda; another German text (up to 10 only) is known from Brestovac.[13]

Hungarian as well as Hungarian-Saxon and Wallachian popular tales also make use of this numerical symbolism.[14]

---

[8] Alexander Bálint, *Népünk ünnepei* (Budapest, 1938), pp. 72–74.

[9] John Berze Nagy, *Baranyai magyar néphagyományok*, I. (Pécs, 1940), pp. 576–578, No. 13; pp. 578–579, No. 14.

[10] *Op. cit.*, II. (Pécs, 1940), p. 17, No. 201.

[11] Bernard Heller, *IMIT Évkönyve* (Budapest, 1938), pp. 33–34.

[12] *Ethnologische Mitteilungen aus Ungarn*, **2** (1890–1892), 189.

[13] *Ibid.*, pp. 204–205.

[14] John Berze Nagy, *Ethnographia*, **50** (1939), 126–129.

The above-mentioned data prove that the song of the "Twelve Numbers" has not been as rare in Hungary as has been supposed.[15]

---

[15] I do not care to discuss here Miss Yoffie's treatise from other points of view. I only mention that further interesting material may be found in Malay literature (cf. Ph. S. van Ronkel, "Malay Tales about Conversion of Jews and Christians to Muhammedanism," *Acta Orientalia*, 10 (1931), 62–66), Čeněk Zibrt in his 464-page basic work, *Ohlas obřadnich pisni velikonočnich (Haggadah, Chad Gadja, Echad Mi Jodea) v lidovém podáni* (Praha, 1928), publishes among others twelve Slovakian variants. His parodies on card-games were investigated by Johannes Bolte (*Zeitschrift des Vereins für Volkskunde*, 11 (1901), 376–406; 13 (1903), 84–88). H. Teszler had a parody in Hebrew from Warsaw printed in *Jubilee Volume in Honour of Prof. B. Heller*, ed. A. Scheiber (Budapest, 1941), Hebrew Section, pp. 130–132.

A Hungarian Encyclopedia of Cards
On the Parodies of Catechism Song

In a separate paper I have summarized the Hungarian variations of catechism song, ten in number, for the use of international folklore research.[1] Until then only a fragmentary text of Béla Bartók's could be considered.[2] At that time I did not know the Hungarian parody of catechism song which I publish below.

From the second half of the 18th century we have had knowledge of the popular booklet—its oldest variant was published by *David Jones* in 1766—which includes the parody of catechism song in connection with the game of cards. Its French, English, Swedish, Danish, German, Dutch, Spanish, Portuguese, Italian, and Icelandic variants were collected by J. Bolte in his study.[3] Bolte could not be aware that Hungarian second-class literature contains Hungarian and German variants which I have found in the collection of second-class literature of the Library of the Hungarian National Museum.

I.

The Hungarian variant is entitled *Explanation of the Meaning of the French Cards /A' franczia kártyák jelentéseinek kimagyarázása.* Buda, 1846, 8°, pp. 4. [See Figure I] Its title-page contains a figure of a soldier explaining the meaning of the cards. Its text is similar to those hitherto known. At church a private soldier takes a set of cards instead of a prayer-book into his hand. Despite the warning of his superiors, he amused himself with them during service. After service the sergeant ordered three privates to take him into custody; then he was summoned to appear before the major who questioned him about his scandalous behaviour. The soldier explained to him what he was reminded of by the cards.

---

[1] Alexander Scheiber, "Hungarian Parallels of the 'Twelve Numbers,'" *JAF*, LXIII (October-December, 1950), 465-7. Cf. the riddles used on the occasion of asking for marriage in Alexander Baksay, *Osszegyüjtött irodalmi dolgozatai*, III (Budapest: 1917), 44.

[2] *Hungarian Folk Music* (Oxford: Oxford University Press, 1931), 186-7, No. 309.

[3] Johannes Bolte, "Eine geistliche Auslegung des Kartenspiels," *Zeitschrift des Vereins für Volkskunde*, XIII (1903), 84-88. See also: Taylor, *Handwörterbuch des deutschen Märchens*, II (Berlin: 1934-40), 173.

FIGURE I

FRANCZIA KÁRTYÁK
JELENTÉSEINEK KIMAGYARÁZÁSA,
MELLYET

bizonyos közkatona; midőn azokkal imádságoskönyv helyet élne a' Templomban, 's a' Strázsamester meglátná, három más legény által a' Major úrhoz vitetné, annak jelenlétében a' maga mentségére adott, mint ezt a' következendő előadásban láthatni.

BUDÁN,
nyomatott Gyurián és Bagó betűivel 1846

The ace means God.
The two means the dual [Godlike and human] nature of Christ.
The three means the Holy Trinity.
The four means the four Evangelists.
The five means the five wounds of Jesus.
The six means the creation of the world in six days.
The seven means the day of rest.
The eight means the eight beatitudes.
The nine means the nine angelic choirs.
The ten means the Ten Commandments as well as the Ten Virgins.

(27)

> The knave of hearts means Judas Iscariot, the other three knaves mean the beadles of Jesus (at the end he refers to the knaves, relating them to the soldiers who betrayed and carried him away as well as the sergeant).
> The four kings mean the Three Magi carrying presents to the King of Kings.
> The 365 points of the cards mean the days of the year.
> The 52 cards mean the number of the weeks.
> The 12 figures mean the months.

The major burst out laughing and gave him a florin for a tip.

The text is doubtless based on a German prototype, to the testimony of the Germanisms it contains.

II.

The German variant is entitled *Auslegung der französischen Karten* /Ung.Altenburg, 1855, 16° pp.8. Its title-page represents a scene similar to the former [See figure 2]. It is of a later date than the Hungarian variant. It is probable, however, that it had an earlier edition which may have served as the direct source of the Hungarian text. Pp. 1-6 relate a story identical with the Hungarian text. At the ten the allusion to the Ten Virgins is omitted; by way of compensation other meanings are quoted.

> The four queens mean Mary and the three wailing women.
> The clubs (in German: *Kreuz*) mean the Cross.
> The spades mean the thorn-crown of Jesus and the nails holding him on the Cross.
> The diamonds mean the Gospel that spread to the four sides of the world (Jesus being the upmost corner-stone).

These meanings were not translated by the Hungarian hack of second-class literature, doubtless because he was ignorant of the Hungarian equivalents of the names of cards. As a matter of fact, they are wanting even now.

Then (pp. 6-8) there follows a German poem (*Lied*) which has the same object. Here, the soldier pleads to have used the cards for a prayer-book because he could not read. Its meanings:

> The ace means Jesus.
> The four kings mean the four Evangelists.
> The four queens mean the wailing women.
> The three knaves mean the Jews who crucified Jesus, and the knave of clubs, Judas.
> The ten means the Ten Commandments.
> The nine means the angelic choirs.
> The eight means the eight beatitudes.
> The seven means the seven sacraments.

The poem ends with the captain asking pardon of the soldier. Evidently, this poem deals with the Swiss cards, 32 in number and reaching only up to the seven, which are used in Hungary also.

The earliest source containing the Hungarian encyclopedia of cards is *The Ever Laughing Democrite (A mindenkor nevetö Democritus)* by John Kónyi (II, Buda, 1782, p. 145.), the source of which was pointed out by Lewis György to be the *Vade Mecum* (VII, 1777, p. 130).[4] Lewis György knows only two of the later Hungarian paraphrases.[5] However, the comic paper *Ustökös (The Comet)* published a third one also, agreeing in practically all the details with the interpretations of the German prosaic text.[6] We also know a fourth one, without any quotation of reference,[7] in which a dude interprets the meaning of the cards in the parties of Pest in a similar manner; however, his interpretations are mostly of a geographical and historical character.

In conclusion, I publish the text of the German second-class literary product. I wish to thank my friend Stephen Borzsák for the use of the forthcoming detailed bibliography of the second-class literature of the Hungarian National Museum.

Auslegung der Franzosischen Karten,

welche ein geméiner Soldat in der Kirche anstatt des Gebetbuches gebraucht, dabei aber von dem Feldwebel ersehen worden, liess er ihm sogleich durch drei Mann zum Herrn Major führen, wo er sich wegen des Spielens in der Kirche verantworten musste, wie in der Auslegung solches geschehen.

Ein Regiment Soldaten machte an einem Sonntage eine Kirchenparade, unter diesen Soldaten setzte sich einer in der Kirche nieder, und anstatt des Gebetbuches zog er ein Spiel Karten heraus, legte es vor seiner nieder; der Adjutant und Feldwebel aber, die da stunden, sahen ihm zu, was er damit machen wird; alsdann befahl ihm der Feldwebel die Karten einzustecken, und solches hinführ zu unterlassen; der Soldat gehorchte aber keineswegs, sondern betrachtet mit innigster Rührung jede Karte bis zum Ende der Messe. Da nun der Gottesdienst vollendet war, wurde der Kartenspieler sogleich in Arrest genommen, und in dem Rapport als ein verwegener Mensch, der wider die Ehre

---

[4] Lewis György, *Kónyi János Democritusa* (Budapest: 1932), 61-4.

[5] Lewis György, *A magyar anekdóta története és egyetemes kapcsolatai* (Budapest: 1934), 146, No. 106.

[6] Filco Pater, "A franczia játékkártyák," *Ustökös,* XX (1877), 221.

[7] Zolnai Zolnay Vilmos, *A Kártya története és a kártyajátékok* (Budapest: 1928), 252-3. I may mention with reference to the figures that the oldest set of Hungarian cards dates from about 1560. See Eugene Kolb, *Regi játékkártyák* (Budapest: 1939), 61-2.

FIGURE II

Auslegung der französischen Karten,

welche ein gemeiner Soldat in der Kirche anstatt des Gebetbuches gebraucht, dabei aber von dem Feldwebel ersehen worden, ließ er ihm sogleich durch drei Mann zum Herrn Major führen, wo er sich wegen des Spielens in der Kirche verantworten mußte, wie in der Auslegung solches geschehen.

Ein Regiment Soldaten machte an einem Sonntage eine Kirchenparade,

Gottes gehandelt habe, dem Herrn Major geschildert. Da nun das Verhör über den Spieler gehalten wurde, sprach der Herr Major im vollen Zorn zu ihm: Wie kannst du dich unterstehen in der Kirche zu spielen, wofern du dich also nicht gut verantworten wirst, so ist morgen das Gassenlaufen dein Lohn. Ja, antwortete der Soldat, wenn es erlaubt ist, so werde ich mich gut zu verantworten wissen. Er fing also an, und sprach: Der Ort, wo ich war, ist das Heiligthum Gottes, ich habe alle Leute mit Ruh gelassen; gut, sprach der Herr Major, verantworte dich besser, du weisst deinen Lohn; der Soldat zog also seine Karten heraus, und fing nachfolgende Auslegung darüber zu machen:

Erstens, sagte der Soldat, wenn ich den *Einser* sehe, das zeigt mir, dass ein Gott sei, der Himmel und Erde erschaffen hat.

Der *Zweier* zeight mir, dass zwei Naturen in Christo sind, die göttliche und menschliche.

Der *Dreier* zeigt mir, dass drei göttliche Personen in einer Wesenheit gegenwärtig sind.

Der *Vierer* zeigt mir die vier heiligen Evangelisten.

Bei dem *Fünfer* verehre ich die heiligen fünf Wuden Christi.

Bei dem *Sechser* betrachte ich, wie Gott die Welt sammt den Menschen in sechs Tagen erschaffen, und aus Nichts gemacht hat.

Bei dem *Siebner* betrachte ich, wie Gott am siebenten Tag geruht, und diesen Tag zu seiner Ehre und Dienst geheiliget hat.

Bie dem *Achter* erwecke ich die acht Seligkeiten, welche Christus auf demdem Berg gelehrt, und den Menschen, der solche ausübt, selig gesprochen hat.

Bei dem *Neuner* verehre ich die neun Chöre der Engeln.

Bei dem *Zehner* betrachte ich die zehn Gebote Gottes, welche Gott dem Moises auf dem Berg Sinäi unter Blitz und Donner gegeben hat.

Wie nun der Soldat diese Karten durchgegangen hat, nahm er den *Kreuzbauer*, legte ihn auf die Seite, und sagte: dieses Blatt ist nicht ehrlich, die andern drei Bauern aber sind die Henkersknechte Pilati, welche Christum gekreuziget haben.

Bei den vier *Damen* verehre ich die drei heiligen Frauen sammt Maria der Mutter Gottes, welche bei dem Kreuz Christi gestanden sind.

Bei den vier *Königen* verehre ich die heiligen drei Könige mit Christo dem König aller Könige, welchem sie Opfer dargebracht haben.

Weiter sprach der Soldat, die *Kruez-Karten* stellen mir das Kreuz Christi vor.

Bei *Pick* betrachte ich die dörnerne rone, welche Christo auf sein heiliges Haupt gedruckt worden; wie auch die Nägel, welche ihm durch seine heilige Hände und Füsse sind geschlagen worden.

Bei den vier *Ecken* in *Caro* betrachte ich, wie das heilige Evangelium in allen vier Theilen der Welt ist gepredit worden, und Christus der oberste Eckstein ist.

Bie die *Herz* betrachte ich die Liebe Christi, mit welcher er die Kirche erbauet hat.

Ueber dieses so finde ich in den Karten 365 Augen, die zeigen mir 365 Tage im Jahre; die 52 Kartenbriefe bedeuten 52 Wochen des Jahres; die 12 Figuren stellen mir aber die 12 Monate des Jahres vor; und ich sage und kann versichern, dass mir die Karten eben so gut gefallen, erbaulich und nützlich sind, als manches Gebetbuch. Darauf fragte der Major, was der Kreuzbauer zu bedeuten hätte, den er auf die Seite gelegt hat; da antwortete der Soldat, das ist der Judas Ischkariot, der mich zum Herrn Major geführet und angeklagt hat, und die drei übrigen Bauern sind diese, welche be mir Schildwache gestanden sind, als ich im Arrest war.

Hierauf sagte der Herr Major: brav mein Sohn, du hast dich gut verantwortet, du bist deines Arrestes entlassen, hier hast du noch einen Gulden auf ein gutes Glas Wein.

Lied

1. Es wurde eine Kirchparad'
   Zum Gottesdienst befohlen,
   Das Regiment putzt sich zusamm'
   Und macht sich auf die Sohlen;
   Der Tambour fing zu trommeln an,
   Die Bande spielte d'rein,
   Der Fähnrich senkte seine Fahn'
   So ging's zur Kirch' hinein.
   Man stellte sich in Reih' und Glied
   Mit andachtsvollem Sinn,
   Beim Sanctus senkten sie das Knie
   Vor'm Schöpfer Alle hin.

2. Da sass mit einem Kartenspiel
   Ein Soldat ganz im Stillen
   Es schien als wollte er damit
   Zu sein'm Vergnügen spielen;
   Doch sah er jedes Kartenblatt
   Mit nassen Augen an,
   Als wär' auf jedem, das er sah,
   Die Gottheit selbst daran.
   Sein Kamerad, der dieses sah,
   Blickt ihn verächtlich an,
   Ging gleich zu seinem Offizier,
   Verrieth den guten Mann.

3. Als dann nach jenem Gottesdienst
   Die Mannschaft abmarschirte,
   Und nun zu Haus die Frevelthat
   Dem Hauptmann rapportirte,
   So wurde der Soldat sogleich
   Zu dem Verhör gezog'n
   Der Hauptmann sprach: sag' er mir nun,
   Was hatte ihn bewog'n,
   Dass er nun heut' im Gotteshaus
   So sehr sich unterfing,
   Und gar mit einem Kartenspiel
   Die Frevelthat beging?

4. Herr Hauptmann! sprach dann der Soldat,
   Ich bitt mich zu vernehmen,
   Ich darf mich meines Kartenspiels

Auf Ehre gar nicht schämen.
Der Hauptmann sprach im ernsten Ton:
Wie ist das zu versteh'n?
Der Soldat sprach: o hören Sie,
Das sollen's d'raus erseh'n,
Mir dient zum Betbuch dieses Spiel,
Weil ich nicht lesen kann,
Ich will es Ihnen ganz erklär'n,
Hör'n Sie mich gütigst an.

5. Jedes Ass zeigt Jesum an,
Den Lehrer aller Christen,
Vier König sind im Kartenspiel
Die vier Evangelisten,
Die Damen sind die Frau'n beim Grab,
Wo Christus wurd' begrab'n,
Drei Buben sind die Juden hier,
Die ihn gekreuzigt hab'n;
Der Kruezbub gehört nicht dazu,
An dem liegt nichts daran,
Die Zehner zeigen mir allhier
Die zehn Gebote an.

6. Die Neuner sind die Engelschör,
Die ich auch stets verehre,
Vier Achter sind such hier im Spiel,
Die ich sogleich erkläre;
Sie zeigen mir zu meinem Trost
Acht Seligkeiten an,
Die Siebner, die noch übrig sind,
Die zeigen mir sodann,
Dass jeder Christ nach rechtem Glaub'n
Sieb'n Sakramente hat,
Herr Hauptmann! nun erklärte ich
Ein jedes Kartenblatt.

7. Der Hauptmann sprach: mein lieber Sohn
Er spricht wohl sehr erhaben,
Sag' er, soll denn der Kreuzbub hier
Nichts zu bedeuten haben?
Herr Hauptmann! sprach dann der Soldat,
Den schätz, ich sehr gering,
Weil er hat Jesum einst verkauft,
Um dreissig Silberling.
Der Hauptmann sprach zu ihm sodann,
Diessmal verzeih ich ihm,
Doch lasse er im Gotteshaus
Das Spielen künftighin.

Gedruckt in Ung. Altenburg. 1855

(33)

The Catechism Song in Hungary

A FEW YEARS AGO I pointed out that, apart from a fragmentary noting-down of Béla Bartók, ten Hungarian variants of the catechism song are known in Hungary.[1] Later, I also published from Hungarian cheap literature a Hungarian and a German parody of the catechism song.[2]

Since then, there are nine more variants in Hungarian of the catechism song. I think it is not unnecessary to review them for the non-Hungarian public.

In the cheap-literature collection of the Hungarian National Museum in Budapest I have found a printed work from the 18th century which connects the catechism song with the striking of the clock.[3] Its explanations are as follows:

1. Salvation: we die only once.
2. Two ways.
3. The three gifts of Trinity: creation, salvation, sanctification.
4. Four final things: death, judgment, eternal bliss, eternal damnation.
5. The five porches of the pool of Bethesda; the five wounds of Jesus.
6. The six water pots of stone at the marriage of Cana.
7. Jacob serves seven years for Rachel.
8. Eight people remained alive after the deluge.
9. Jesus died on the cross at nine o'clock.
10. Ten virgins going to the Bridegroom; ten lepers were cleansed.
11. The laborers hired by the master of the house at eleven o'clock.
12. The twelve gates of the heavenly Jerusalem; the twelve foundations of its wall garnished with all manner of precious stones; the names of the twelve apostles on it.

In another printed work of a still later date, also in the cheap-literature collection of the Hungarian National Museum of Budapest, we find the following explanations:[4]

1. God; baptism; the Church.
2. Soul, body.
3. Holy Trinity; memory, intellect, will.

---

[1] Alexander Scheiber, "Hungarian Parallels of the 'Twelve Numbers,'" *Journal of American Folklore*, LXIII (1950), 465–467.
[2] Alexander Scheiber, "A Hungarian Encyclopedia of Cards," *Midwest Folklore*, 2 (1952), 93–100.
[3] *A pergö arany-órának tizenkét pertzentési (The Twelve Ticks of the Turning Gold Clock)*, S. a. et l., pp. 1a–6a.
[4] B. V., *Keresztény ember órája (The Christian's Clock)* (Pest, 1865), p. 8.

[27]

4. Four final things: death, judgment, hell, heaven.
5. Five senses.
6. God's six-day work at the creation of the world.
7. God's seven gifts with which man fights against the seven chief sins.
8. Eight blisses.
9. The nine classes of angels.
10. The Ten Commandments.
11. The master of the vineyard calls the idlers at eleven o'clock.
12. The twelve apostles.

Mention must also be made of a variant performed in a pastoral play[5] as well as six other variants which, together with their melodies, were of late noted down among the Hungarian people. Four of them are complete, and two fragmentary. These six fragments were published recently. Its allusions also contain some that are divergent from these hitherto known.[6]

These contributions raise to twenty the number of the Hungarian variants of the catechism song.

---
[5] Pap bácsi, *Pászterjáték (Pastoral Play)* (Budapest, 1928), pp. 15-17.
[6] Pál Péter Domokos, in *Emlékkönyv Kodály Zoltán 70. születésnapjára* (Budapest, 1953), pp. 357-366.

THE HUNGARIAN PARALLELS OF THE
ECHAD MI YODEA

Before the 16th century the "Echad Mi Yodea" and the "Chad Gadya" songs did not occur in a single Haggadah. It was in medieval Germany that Jewry became acquainted with them.[1]

In point of fact, the "Echad Mi Yodea" is a number-song, started in the Christian Church by Eucherius, Bishop of Lyons, who in his work *Formulae spiritualis intelligentiae*, Chapter XI ("De numeris"), written about 449, carried this numerical symbolism, though with large omissions, from 1 to 1,000.[2] It was from this that the Catechism Song developed, the parallels of which as known among the various nations have been long since collected by folklorists.

The present writer has pointed out twenty-one Hungarian parallels of the "Echad Mi Yodea";[3] he has even found two parodies of it, in connection with the game of cards, in Hungarian literature[4] of a low order.

The Hungarian Academy of Science recently has published Vol. III/A of *Corpus Musicae Popularis Hungaricae*, a work of 1,089 pages which contains wedding-songs. It has, together with the tunes, twenty-one hitherto unknown variants of the Catechism Song; seven others had already been published earlier.[5] Among the Hungarians the Catechism Song has generally become a wedding-tune; that is why it was included in this volume.

Like most of the European variants, these texts number 12; however, there are six that have 10 (Nos. 498–500, 506, 509, 512). (One variant is enlarged up to 13 (No. 503), and the thirteenth question in the song

---

[1] A. Scheiber, *Mikszáth Kálmán és a keleti folklore* (*Coloman Mikszáth and Oriental Folklore*), Budapest 1949, pp. 5–16.

[2] Migne, *Patrologiae Cursus Completus*, Series prima, Vol. L, pp. 769–772.

[3] *Journal of American Folklore*, LXIII, 1950, pp. 465–467; *Western Folklore*, XIII, 1954, pp. 27–28.

[4] *Midwest Folklore*, II, 1952, pp. 93–100.

[5] Bartók Béla-Kodály Zoltán, *A Magyar Népzene Tára* (Collection of Hungarian Popular Music), ed. Kiss Lajos, Budapest 1955, pp. 561–587, 975–980, Nos. 492–517.

has a Hungarian aspect, signifying the 13 martyrs of the Hungarian War of Liberty.) There is one text (No. 506) in which the seven days occur instead of the usual seven sacraments, just as they also occur in the *Echad Mi Yodea*.

We learn from the detailed notes, referring also to the Jewish connections, that the oldest Latin text of the Catechism Song extant in writing is to be found in a codex from 1468 in the *Biblioteca Civica* of Poland.

I have been enabled to point out that the Catechism Song also occurs in connection with the striking of the clock. We find a reference to it in the volume mentioned also.[6] We might quote five further instances of this theme from poorer Hungarian literature: 1) József Novák, *Köszöntö és elbucsuzó ének a radnai szüz Máriához*, Szeged 1884, pp. 5–7; 2) *Szent énekek a radnai csodatévó Szüzhez*, Szeged S. a., pp. 4–5; 3) István Orosz, *A legszebb uj áhitatos énekfüzet*, Budapest S. a., pp. 2–3; 4) *Mária ének* . . . S. a. et 1, pp. 1–3; 5) *Zwölf-Stunden Gebet*, Budapest S. a., pp. 3–4.

Hence, there is hardly a richer domain than the Hungarian for the parallels of the *Echad Mi Yodea*. Nearly 50 corresponding variants may be found.

A REMARK ON THE LEGEND OF THE SACRIFICIAL SMOKE OF CAIN AND ABEL

V. Aptowitzer, the worthy researcher of the legends of Cain and Abel, has pointed out that the motive of the smoke of Abel's sacrifice ascending to heaven and of Cain's settling down on the earth, occurs in Byron's *Cain* for the first time [1]. His view was also shared in by B. Heller, the prominent scholar of the comparative history of legends [2]. About one decade and a half ago I published a paper in Hungarian, in which I pointed out that this motive was in the literature mentioned by Erasmus as early as 1499, and was treated of in a Hungarian verse in 1557, whereas in art we find instances for it as early as the 12th century [3]. In reviewing my paper, G. Vajda alluded to a previous datum in Claudius Marius Victorius [4].

The article of P. F. Hovingh that has just appeared, corroborates the results of my investigations [5]. It has the merit to prove that the motive turning up in Alethia does not date back to Claudius Marius Victorius in the 5th century but to the keeper of the *editio princeps*, Jean de Gagny, in 1536.

Since the writing of my paper, however, I have gathered many new data on the topic, and I may be allowed to call the attention to a few of the most remarkable items here.

I have also found the legend in the *Weltchronik* of Jansen Enikel of Vienna, who flourished in the last quarter of the 13th century. Abel burns and sends to heaven a flawless lamb. Cain sets fire to a bundle of straw, the smoke of which spreads like dust far and

---

[1] *Kain und Abel in der Agada, den Apokryphen, der hellenistischen, christlichen und muhammedanischen Literatur*, Wien—Leipzig 1922, p. 183.
[2] *MGWJ*, LXX, 1926, p. 477; *JQR, NS*, XXIV, 1933–34, p. 290, n.14.
[3] *IMIT Évkönyve*, 1942, pp. 127–50.
[4] *PL*, LXI, p. 951; *RÉJ*, VII (CVII), 1946–47, p. 212.
[5] *Vigiliae Christianae*, X, 1956, pp. 43–48.

194

wide [6]. In medieval Germany the prosaic German translation of the Old Testament and the Apocryphs, the so-called *Historienbibel*, was widely perused. Very probably it came into being in the 14th century, although its first correctly dated manuscript is known as late as 1444. It has the motive of the smoke of Abel's sacrifice ascending to heaven, whereas that of Cain is not mentioned [7]. In the English prose work *Life of Adam and Eve* (from about 1375) the ascension of the smoke of Abel's sacrifice is the sign of the offering having been accepted, and the settling down of the smoke of Cain's sacrifice is the sign of it having been rejected [8].

After these it is surprising that Jacob Rothschild mentions of the motive of the smoke from the 18th century for the first time [9].

Finally, I allude to an important art-historical paper on the topic by G. Sanoner, which contains some instances not occurring in my article; however, the earliest one is from the 13th century [10].

---

[6] *Jansen Enikels Weltchronik*, lines 1281–87. *Jansen Enikel Werke*, ed. Philipp Strauch (*Mon. Germ. Hist.* III), Hannover–Leipzig 1900, p. 25.

[7] Theodor Merzdorf, *Die deutschen Historienbibeln des Mittelalters*, I, Tübingen 1870, pp. 121–22.

[8] Oliver F. Emerson, *Legends of Cain, especially in Old and Middle English. Publications of the Modern Language Association of America*, XXI, 1906, p. 848. "For the first, the difference in the way of the smoke of the two offerings ascended, I find no source in early Christian writings" writes Emerson (*op. cit.*, pp. 850–51).

[9] *Kain und Abel in der deutschen Literatur*, Würzburg 1933, p. 69.

[10] *Iconographie de la Bible d'après les artistes de l'antiquité et du moyen âge. Travaux de Caïn et d'Abel. Bulletin Monumental*, LXXX, 1921, p. 227.

La fumée des offrandes de Caïn et d'Abel
Historique d'une légende

La Bible relate très sommairement l'épisode du sacrifice offert par Caïn et par Abel. Caïn apporta des fruits de la terre, Abel les premiers-nés de son troupeau et de leur graisse. « Le Seigneur porta un regard favorable sur Abel et sur son offrande ; mais il ne porta pas un regard favorable sur Caïn et sur son offrande » (Gen. IV, 4-5). La jalousie que Caïn conçut de ce refus l'incita à tuer son frère.

Comment Caïn reconnut-il que l'offrande d'Abel avait été agréée et la sienne refusée ?

L'Écriture ne fournit aucune réponse à cette question. En revanche, une version vulgarisée par l'enseignement élémentaire d'histoire sainte tient que la fumée du sacrifice d'Abel monta tout droit au ciel, alors que celle des produits de la terre offerts par Caïn rampa sur le sol.

V. Aptowitzer qui avait consacrée une monographie fouillée aux légendes tissées autour des deux frères[1] n'avait pu trouver aucune trace d'une pareille explication ni dans les Apocryphes, ni dans l'Aggada, ni chez les exégètes juifs, ni dans la légende chrétienne ou musulmane. C'est chez lord Byron qu'il en repéra la première et unique attestation. « Chez Byron, écrit-il, la colonne de feu et la flamme montent tout droit de l'autel d'Abel vers le ciel qui absorbe la fumée de l'holocauste, alors que l'autel de Caïn est détruit par un vent violent et l'offrande de fruits est dispersée. Autant que je sache, ce motif n'est attesté nulle part ailleurs ».

Voici le texte de l'auteur anglais auquel Aptowitzer se réfère :

« The fire upon the altar of Abel kindles into a column of the brightest flame, and ascends to heaven, while a whirl-

---

1. V. Aptowitzer, *Kain und Abel in der Agada, den Apokryphen, der hellenistichen, christlichen und mohammedanischen Literatur.* Vienne et Leipzig, 1922 (Publications de l'*Alexander Kohut Memorial Foundation*, I). Le texte auquel nous nous référons : p. 183.

wind throws down the altar of Cain and scatters the fruits abroad upon the earth » (*Cain*, acte III).

A y regarder de plus près, cette phrase ne renferme que l'une des deux composantes du motif : le feu de l'autel d'Abel monte, mais il n'est pas question de la fumée du sacrifice de Caïn plaquée sur le sol, à preuve qu'Abel interpelle son frère ainsi :

« Oh, brother, pray ! Jehovah's wrath with thee... Thy fruits are scatter'd on the earth. »

Sans nous appesantir maintenant sur ce détail, il faut savoir que Byron ayant achevé son *Caïn* le 9 septembre 1821, le publia le 19 décembre de la même année. À nous en tenir à la constatation d'Aptowitzer, la légende ayant pour objet la fumée des offrandes de Caïn et d'Abel ne serait attestée que depuis cent trente-cinq ans.

La façon de voir d'Aptowitzer a acquis droit de cité dans la recherche et Bernard Heller contribua de son côté à sa diffusion. Il écrivait, par exemple, il y a une trentaine d'années : « De la conception d'aujourd'hui courante selon laquelle la fumée du sacrifice d'Abel monta vers le ciel, tandis que les volutes échappant de l'offrande de Caïn rampèrent sur le sol, Aptowitzer trouve la première attestation chez Byron »[1]. Et dans un article en langue hongroise[2] publié deux ans avant sa mort, le même érudit formula de nouveau son opinion en ces termes : « Le motif de la fumée qui monte et de celle qui rampe se rencontre pour la première fois dans le *Caïn* de Byron »[3].

C'est cette dernière remarque qui nous a engagé à publier l'étude qu'on va lire. Nous espérons qu'elle contribuera à rectifier une opinion qui pour être répandue n'en est pas moins erronée.

I. DONNÉES LITTÉRAIRES

L'Aggada ne connaît dans son intégralité ni le motif de la fumée montante et rampante ni aucune légende relative au sacrifice de Caïn et d'Abel contenant un tel motif. Tout au

---

1. Voir *MGWJ* LXX, 1926, p. 477 ; *JQR*, n. s. XXIV, 1933/34, p. 290, n. 4.
2. Nous donnerons les titres hongrois en traduction, entre guillemets (Note du traducteur).
3. B. Heller : « La Bible dans l'instruction religieuse », brochure publiée par l'Association des Instituteurs Israélites de Hongrie, Budapest, 1941, p. 36.

plus conserve-t-elle la première composante du motif, mais dans un contexte entièrement différent : en parlant de la fumée des sacrifices offerts au Temple, elle rapporte que « toutes les tempêtes du monde ne pouvaient la faire dévier »[1] ; de même lisons-nous à propos de l'offrande des parfums : « lorsque la fumée du parfum montait en haut, se dirigeait vers le ciel et prenait la forme d'une grappe de raisin, c'était le signe que les péchés d'Israël étaient expiés »[2]. Par contre, lorsqu'elle paraphrase le récit biblique du sacrifice des deux frères, l'Aggada marque le bienveillant accueil fait à celui du cadet en disant : « un feu céleste tomba sur l'offrande d'Abel et la consuma »[3]. Cette manière de voir est partagée par la légende juive plus récente comme par la tradition patristique[4].

Le fait est cependant que la version de Byron se rencontre dans des sources littéraires de plusieurs siècles antérieures à l'écrivain anglais.

Le chroniqueur viennois Jansen Enikel (dernier quart du XIIIe siècle) relate qu'à l'exemple et sur l'invitation d'Adam ses deux fils sacrifièrent à leur tour. Mais tandis qu'Abel immola un agneau sans tache, choisi parmi les meilleurs de son troupeau, Caïn se contenta d'allumer une botte de paille. L'offrande d'Abel monte au ciel, alors que la fumée épaisse que dégage celle de Caïn se dissipe comme la poussière[5].

L'*Historienbibel*, adaptation en prose allemande des livres historiques de l'Ancien Testament et des Apocryphes, était plus lue en pays germanique que la Bible elle-même[6]. D'après cette compilation, la fumée du sacrifice d'Abel prit le chemin du ciel, mais rien n'y est dit de celle du sacrifice de Caïn.

Il est étonnant dès lors que, dans sa monographie sur Caïn et Abel dans la littérature allemande, Jacob Rothschild

---

1. *Yôma* 21 b ; *Abôt* V, 8.
2. *Tanḥuma*, *Teṣawweh* 15 (indication analogue à propos du sacrifice du Grand-Prêtre offert le Jour des Expiations : *ibid.*, *Aḥarey Môt* 3).
3. *Séfer ha-Yâshâr*, ed. L. Goldschmidt, Berlin, 1923, p. 3 ; parallèles chez L. Ginsberg, *The Legends of the Jews*, t. V, 1925, p. 135-136, 10.
4. *Biblia... Traducida del Hebreo al Castellano por Rabi Mose Arragel de Guadelfajara...* I, 1920, p. 110 ; D. Jellin, *Jerusalem*, ed. Luncz IV, 1889, p. 170. *Barhebraeus' Scholia on the Old Testament*, éd. M. Sprengling — W. C. Graham, Chicago, 1931, p. 31 ; A. Marmorstein, *Studi e Materiali di Storia delle Religione* IX, 1933, p. 33.
5. *Jansen Enikels Weltchronik*, lignes 1281-1287, dans *Jansen Enikels Werke*, éd. Ph. Strauch, *MGH* III, Hanovre-Leipzig, 1900, p. 25.
6. Theodor Merzdorf, *Die Deutschen Historienbibeln des Mittelalters*, I, Tübingen, 1870, p. 121 sq. — Le texte semble remonter au XIVe siècle, bien que le premier manuscrit daté avec certitude ne le soit que de 1444.

ne fasse mention du motif de la fumée qu'à propos de Salomon Gessner, auteur du xviiie siècle *(Der Tod Abels)*[1].

La « Vie d'Adam et d'Ève » en prose anglaise (vers 1375) voit à son tour dans l'ascension et la dispersion de la fumée les signes respectifs de l'accueil et du rejet des deux sacrifices[2]. Il semble bien que nous tenions dans ce texte la source directe de la page de Byron alléguée ci-dessus.

A ces témoignages littéraires d'époque médiévale, nous sommes en mesure de joindre plusieurs autres, de la Renaissance.

Une lettre d'Érasme adressée à Jean Sixtin conserve pour la postérité le souvenir d'un entretien qui eut lieu à Oxford, en novembre 1499, entre plusieurs humanistes éminents : John Colet, Érasme lui-même, Richard Charnack, et un théologien anonyme[3]. Le thème du colloque était un suggestif problème biblique soulevé par Colet : que fut le premier péché de Caïn par suite duquel Dieu se détourna de son offrande ? Proposant une réponse à son tour, Érasme se réfère à un manuscrit « ne se trouvant nulle part », et fort de cette autorité, il raconte une magnifique légende qui a toutes les chances d'être de son propre cru. Ayant obtenu, à force de supplications, quelques grains de blé de l'ange gardien du Paradis, Caïn les sema dans son champ. Au bout de quelques années, la semence porta une moisson abondante mais en punition du larcin, Dieu envoya des fléaux sur la récolte. « Or Caïn tenta d'apaiser Dieu par une offrande holocauste de ses produits, mais la fumée ne s'élevant point, il se convainquit de la colère divine et désespéra »[4].

Le récit d'Érasme garde le silence sur le sacrifice d'Abel.

Une version plus développée de la légende qu'un faussaire a reprojetée jusque dans la période patristique est en fait d'une trentaine d'années postérieure à Érasme.

---

1. *Kain und Abel in der deutschen Literatur*, Würzburg, 1933, p. 69.
2. Oliver F. Emerson, *Legends of Cain, especially in Old and Middle English*, dans *Publications of the Modern Language Association of America*, XXI, 1906, p. 848 sqq. Emerson observe (p. 850 sq.) : « For the first, the difference in the way of the smoke of the two offerings ascended, I find no source in early Christian writings ».
3. Voir l'étude en langue hongroise de M. Eméric Waldapfel, « Le *symposion* d'Oxford », dans *Jubilee Volume in Honour of Professor Bernhard Heller*, Budapest, 1941, pp. 113-123.
4. « Caym, quum Deum incensis frugibus placare studeret, nec fumus subuolaret, certam illius iram intelligens desperat ». Voir *Opus Epistolarum Des. Erasmi Roterdami. Denuo recognitum et auctum per* P. S. Allen, I, 1484-1514, Oxford, 1906, p. 270, n° 116, lignes 109-111.

Il s'agit d'un morceau interpolé dans l'*Alethia* de Claudius Marius Victorius par Jean de Gagny qui édita ce poème en 1536 à Lyon :

> *Sic olim ante sui praesensit candidus Abel*
> *Invidiam fratris: nam cum de fruge litasset*
> *Iste sua, niveo ille agno, mox protinus altum*
> *In caelum ascendit combusto fumus ab agno.*
> *At contra per inane volans de frugibus illis*
> *In terram rediit fugienti fumus olympo*[1].

Enfin, toujours au XVIe siècle, nous rencontrons de nouveau la légende sous sa forme complète, dans une « Histoire de Caïn et d'Abel », méchante paraphrase rimée en langue hongroise, compilée en 1557 par Georges de Nagyfalu, auteur de Transylvanie. Les vers de mirliton plutôt enfantins de ce compositeur de cantiques protestants narrent l'épisode biblique en l'agrémentant, çà et là, de détails fabuleux inédits. D'après cette version, la faute de Caïn fut d'offrir des gerbes de rebut, gâtées par les mauvaises herbes et entamées par les moineaux alors qu'Abel ne ménagea point le meilleur de son troupeau. Aussi la fumée montante vint-elle témoigner du bon accueil fait au sacrifice du juste, en même temps que le vil fraudeur eut la certitude d'avoir eu son offrande refusée en voyant la fumée de celle-ci se plaquer au sol[2].

II. DONNÉES ICONOGRAPHIQUES

La légende qui nous occupe a trouvé beaucoup plus fréquemment expression dans l'art que dans la littérature. Il ne sera peut-être pas inutile de multiplier les exemples iconographiques, car ils prouvent précisément la popularité du thème et témoignent de sa diffusion sans égard aux frontières géographiques.

---

1. Texte reproduit dans Migne *PL.*, LXI, 951. Ce passage avait été relevé par M. G. Vajda, *REJ*, CVII, 1946-47, p. 212, comme attestation ancienne, mais le philologue néerlandais P. F. Hovingh a rétabli la vérité dans son récent article, *La fumée du sacrifice de Caïn et d'Abel et l'Alethia de Claudius Victorius*, *Vigiliae Christianae*, X, 1, février 1956, pp. 43-48.
2. Voir *Régi Magyar Költök Tára* (« Collection d'anciens poètes hongrois »), éd. Aaron Szilády, t. VI, Budapest, 1896, p. 247 sq., lignes 17-32. — Notons aussi que la légende a été relevée dans le folklore bulgare : cf. Adolphe Strausz, *Die Bulgaren*, Leipzig, 1898, p. 448.

Nous constaterons qu'une manière artistique à peu près constante s'est formée touchant la conception et la représentation de la légende ; de là résultent l'uniformité presque sans rupture dans la disposition du tableau et la reprise fréquente d'une même solution plastique quant à la figuration des détails.

1. XIIe siècle. Cathédrale de Pécs (Hongrie méridionale). Les parois des escaliers pratiqués dans le mur oriental qui conduisent dans la crypte sont couvertes de bas-reliefs représentant des scènes parallèles de l'Ancien et du Nouveau Testament[1]. Les fragments des bas-reliefs découverts lors de la restauration de l'édifice en 1883 furent fidèlement reconstitués cinq ans plus tard par le sculpteur G. Zala et remis à leurs emplacements primitifs où ils se trouvent encore. Le septième panneau du registre supérieur ornant la paroi gauche de l'escalier nord représente le sacrifice de Caïn et d'Abel. « Les offrandes des deux frères se consument sur deux autels juxtaposés. Abel est à genoux, les mains jointes. La fumée du bélier immolé par lui s'élève joyeusement, tandis que celle des épis offerts par Caïn s'abat sur le sol près de l'autel. L'aîné, également à genoux, les mains croisées sur la poitrine, se détourne de Dieu, alors que son cadet élève dévotement les yeux vers lui[2]. Il est certain que ces bas-reliefs ont été exécutés d'après des modèles plus anciens. P. Gerecze[3] a signalé des rapprochements entre eux et les représentations symboliques des Bibles illustrées du moyen âge (*Biblia Pauperum*, etc.), mais on cherche en vain dans ces documents des données intéressant la préhistoire du thème qui nous occupe. La section de sculpture du Musée épiscopal de Pécs ne conserve plus rien à l'heure actuelle de l'original de la sculpture représentant notre légende[4].

2. XIIe siècle. Rome. Église Saint-Jean-de-la-Porte-Latine. Fresques en couleurs de l'époque du pape Célestin III (1191-1198). Sur l'une d'entre elles[5], à gauche Abel debout, les yeux

---

1. Voir Cornèle Divald, « Les Monuments artistiques de la Hongrie », Budapest, 1927, p. 30.
2. Voir Pierre Gerecze, « La Cathédrale de Pécs et ses peintures murales », Budapest, 1893, p. 82 [voir figure, n° 1].
3. *Ibid.*, pp. 77-79, 89.
4. Voir Othon Szönyi, « La glyptothèque du Musée épiscopal de Pécs », Pécs, 1906, p. 103.
5. Voir Joseph Wilpert, *Die römischen Mosaiken und Malereien der kirchlichen Bauten vom IV. bis XIII. Jahrhundert*, IV, Fribourg en Brisgovie, 1916, pl. 256 ; M. Didron, *Manuel d'Iconographie chrétienne*, Paris, 1845, p. 83 (école d'Athos). [Voir figure n° 2.]

Figure 1. — Bas-relief de la cathédrale de Pécs (XII siècle).

Fig. 2. — Fresque de l'église Saint-Jean-de-la-Porte-Latine (XIIe siècle).

levés au ciel, un agneau dans les bras ; à droite Caïn tient des épis. Entre eux, l'autel sur lequel la flamme se divise en deux ; du côté d'Abel, elle monte, du côté de Caïn elle rampe en bas. Des nuages, une main (qui représente Dieu sur les œuvres de l'art juif de l'antiquité et dans l'art paléochrétien)[1] pointe vers Abel[2].

3. Début du xive siècle. Rome. Le transept de l'église Saint-Paul-hors-les-murs était décoré de mosaïques de Pietro Cavallini (1273-1330) dont quarante-deux représentent des scènes de l'Ancien Testament. Il reste peu de chose des originaux, mais une copie en a été conservée dans le ms. latin 4406 de la Bibliothèque Vaticane. Au fol. 32 du manuscrit se trouve l'illustration qui nous intéresse : à gauche, deux autels ; la fumée s'abat de celui de Caïn, tandis qu'elle monte de celui d'Abel[3]. Au centre, voyant cela, Caïn courroucé tue son frère ; ce dernier s'affaisse sur son genou droit, tandis que son aîné le frappe d'un gourdin qu'il empoigne à deux mains. A droite, Dieu interpelle Caïn qui s'appuie sur son bâton et répond avec une indifférence manifeste : « Suis-je le gardien de mon frère » (Gen. IV, 9).

4. Troisième quart du xive siècle. Bible latine, à la Bibliothèque nationale (anciennement Hofbibliothek) de Vienne (Autriche). Cote : Theol. 53. Miniatures provenant de l'École de Sienne-Naples. L'enluminure du fol. 5v° représente à gauche, le fratricide, à droite le sacrifice. Voici la description de cette dernière scène d'après le splendide catalogue de Hermann Julius Hermann[4] (c'est moi qui souligne) : « A côté d'un autel où brûle le feu, à gauche Abel, nimbé, en posture de prière, vêtu d'un habit vert et d'un manteau rouge ;

---

1. Cf. Carl Maria Kaufmann, *Handbuch der christlichen Archäologie*, Paderborn, 1905, p. 392 ; J. Kirchner, *Die Darstellung des ersten Menschenpaares in der bildenden Kunst*, Stuttgart, 1903, p. 69 ; W. Neuss, *Die katalanische Bibelillustration*, Bonn-Leipzig, 1922, p. 133 ; E. L. Sukenik, *The Ancient Synagogue of Bęth Alpha*, Jérusalem, 1932, pl. XIX ; le même, *Bêt ha-keneset shel Dūrâ-Europos weṣiyyûrâw*, Jérusalem, 1947, p. 125 ; J. Gutmann, JQR, n. s. XLIV, 1953-54, p. 65.
2. [Pour le Psautier de saint Louis dont la place chronologique serait ici, voir ci-après, *Note Additionnelle*.]
3. Wilpert, *op. laud.*, II, 599, fig. 243 ; le commentaire de Wilpert, p. 599 sq., apporte des indications intéressantes pour la préhistoire et le développement ultérieur du thème.
4. *Die italienischen Handschriften des ducento und trecento. 3. Neapolitanische und toskanische Handschriften der zweiten Hälfte des XIV. Jahrhunderts*, Leipzig, 1930 (*Beschreibendes Verzeichnis der illuminierten Handschriften in Österreich*, N. F. V.), p. 256, n° 119.

au-dessus de lui, dans un segment de cercle bleu, la main bénissante de Dieu ; à droite Caïn, qui se détourne, est vêtu d'un habit jaune, avec ombre rouge et manteau gris ; *la main droite tient une gerbe allumée dont la fumée le frappe à la figure* ».

5. Première moitié du xve siècle. Baptistère de Florence. L'une des trois portes en bronze (porte Est ou du Paradis) est ornée de dix plaques dont les bas-reliefs (œuvre de Lorenzo Ghiberti, 1378-1455, exécutée de 1425 à 1452) représentent des scènes bibliques[1]. La deuxième plaque illustre l'histoire de Caïn et d'Abel. Voici le détail qui nous intéresse présentement : à droite et en haut deux autels ; Abel à genoux devant celui de gauche, Caïn devant celui de droite. De l'autel d'Abel la fumée monte verticalement et Dieu la considère d'un regard bienveillant, alors que la fumée de l'offrande de Caïn se dirige vers la droite[2].

6. La Bible de Cologne, 1480[3]. Dans le coin supérieur gauche de l'illustration, table d'offrandes ; à droite, Abel, visage imberbe, à genoux, les mains jointes ; la fumée de son sacrifice s'élance vers le haut. Debout à gauche de la table, Caïn, barbu, les mains étendues, regarde s'abattre la fumée du sien. A l'avant-plan, Caïn foule du pied gauche la poitrine d'Abel et s'apprête à frapper avec une mâchoire d'animal (détail emprunté sans doute à l'histoire de Samson, Juges, XV, 15). Fabricius avait fait remarquer que les peintres figurent généralement l'instrument du premier fratricide par une mâchoire : *vulgus pictorum communiter pingit mandibulum*[4]. Se basant sur les recherches de Leo Meyer, Aptowitzer n'a pu relever que trois attestations iconographiques de ce détail[5]. Les données recueillies depuis lors par divers chercheurs et par moi-même se chiffrent par une cinquantaine, ce qui justifie le *vulgus* du vieil érudit[6]. A gauche et en bas,

---

1. Cf. Wilhelm von Bode, *Die Kunst der Frührenaissance in Italien* (Propyläen-Kunstgeschichte VIII), Berlin, 1923, pp. 22, 594.

2. Cf. Theodor Ehrenstein, *Das Alte Testament im Bilde*, Vienne, 1923, p. 88, n° 28. A lire avec cet ouvrage : Ernst Cohn-Wiener, *Stilkritischer Kommentar zu Ehrensteins Das Alte Testament im Bilde*, Vienne, 1925.

3. *Les Livres à Figures Vénitiens de la fin du XVe siècle et du commencement du XVIe*. Première partie. Tome Ier, Florence-Paris, 1907, p. 126.

4. *Codex Pseudepigraphus Veteris Testamenti...*, Hambourg et Leipzig, 1713, p. 113.

5. Aptowitzer, *op. laud.*, pp. 51 ; 154, n. 216 ; 178.

6. Voir ci-après n°s 10 à 12, 15, 16, 18, 20, 22, 23, 25, 26. En outre : Th. Ehrenstein, *Das Alte Testament in der Graphik*, Vienne, 1936, p. 43, n° 7 ; 44, n°s 8 et 9 ; 46, n° 17 ; John Kester Bonnell, *Cain's Jaw Bone*, dans *Publications of*

nous voyons un pélican qui nage, alors que le côté opposé représente le dialogue de Dieu et de Caïn. L'intervention, inédite dans le contexte, du pélican requiert une explication. Au moyen âge, cet oiseau était un symbole de la rédemption et de la résurrection. Une légende tenait que la femelle tuait ses petits par ses baisers, mais le mâle, se déchirant la poitrine, les faisait revivre par son propre sang[1]. Le pélican symbolise donc sur notre image le Christ dont le meurtre d'Abel préfigure la passion[2].

7. 1486. Jacobo Philippo da Bergamo : *Supplementum Chronicarum* (15 décembre 1486). Une illustration représente, en haut et à gauche, deux tables d'offrandes. Abel, les mains jointes, à genoux devant sa table ; la fumée de son sacrifice monte. Caïn en prières, les mains jointes lui aussi, mais la fumée de sa gerbe se disperse. En bas et à gauche, pélican nageant (cf. n° 6). A l'avant-plan : Caïn tue son frère. En haut et à droite : Caïn répond à Dieu[3].

8. Fin du xv° siècle. Un des bas-reliefs en bronze à la Basilique de Saint-Antoine à Padoue, œuvre de Barthélemy Bellano (mort en 1496 ou 1497)[4]. Arbres et animaux stylisés. En haut et à gauche : Abel, les bras levés, à gauche devant l'autel. La fumée épaisse, monte en flèche. En haut et à droite : Caïn également à genoux, regarde la fumée de son autel se diviser en flammèches et se dissiper. A l'avant-plan et au milieu : Caïn assomme son frère à coups de gourdin[5].

9. 1490. Illustration de la *Biblia Volgare Istoriata* (15 octobre 1490)[5]. A gauche, table d'offrandes. Abel à genoux, du côté gauche ; la fumée de son sacrifice monte au ciel ; à droite, Caïn debout ; la fumée de son offrande se dirige vers le bas. Toujours à gauche, le symbole déjà relevé (n°s 6 et 7) : pélican nageant. A l'avant-plan : Caïn assomme son

---

the *Modern Language Association of America*, XXXIX, 1924, p. 140-146 ; Henrik Cornell, *Biblia Pauperum*, Stockholm, 1925, pp. 156, 296 ; Meyer Schapiro, « *Cain's Jaw-bone that did the first murder* », dans *The Art Bulletin*, XXIV, 1942, pp. 205-212 (la référence la plus ancienne est du x° siècle).

1. P. S. Liebmann, *Kleines Handwörterbuch der christlichen Symbolik*, Leipzig, 1892, p. 156, s. v. *Pelikan*. Une autre variante de la légende chez Wilhelm Molsdorf, *Christliche Symbolik der mittelalterlichen Kunst*, Leipzig, 1926, p. 67 sq., n° 426.
2. Voir Auguste Brieger, *Kain und Abel in der deutschen Dichtung*, Berlin-Leipzig, 1934, pp. 10-15.
3. W. von Bode, *op. laud.*, pp. 71, 602.
4. Th. Ehrenstein, *Das Alte Testament im Bilde*, p. 89, n° 29.
5. *Les Livres à Figures Vénitiens*, p. 126.

frère à coups de gourdin. A droite : Dieu apparaît, la tête nimbée ; Caïn se met en route.

10. 1494. Bible de Lubeck. L'une des illustrations[1] représente une table d'offrandes au sommet d'une montagne. A gauche, Abel à genoux ; la fumée de son sacrifice s'élance vers le haut ; à droite Caïn, dans la même posture ; la fumée se répand sur le côté. Au pied de la montagne, Caïn assomme son frère avec une mâchoire d'animal.

11. Vers 1500. Psautier d'origine néerlandaise (Bibliothèque Royale de Copenhague. Gl. Kgl. S. 1605). Une lettrine ornée représente les épisodes de l'histoire de Caïn et d'Abel. De l'autel de gauche, la fumée prend son vol vers le haut ; de celui de droite, elle se dissipe de tous les côtés. Au milieu, Caïn saisissant le menton d'Abel s'apprête à frapper avec une mâchoire d'animal. Un troupeau au pâturage ajoute à la vivacité du tableautin mouvementé[2].

12. Première moitié du XVIe siècle. Gravure sur bois par Hans Sebald Beham (Nuremberg, 1500-1550). A gauche : Abel debout, en prière. La fumée monte au ciel en volutes puissantes. A l'avant-plan : Caïn assaille son frère avec une mâchoire d'animal[3].

13. 1534. Gravure sur bois par Hans Leonhard Schäufelin, peintre de Nuremberg (1480-1538/40), élève d'Albrecht Dürer, dans *Teutsch Cicero*, Augspurg, Heinrich Steyner, 1534. A gauche, l'agneau du sacrifice dont la fumée monte en spirales ; à côté, brûle une gerbe couchée dont la fumée rampe sur le sol. A l'avant-plan, la scène du fratricide[4].

14. 1543/4. Fresque du Titien ornant le plafond de l'église Santa Maria della Salute, à Venise. Caïn assomme Abel. Cette scène est flanquée des représentations du sacrifice d'Abraham et du combat de David avec Goliath. Avec sa puissance de facture extraordinaire, l'artiste montre Caïn qui, levant son lourd bâton pour frapper, piétine Abel jeté à terre. A l'arrière-plan, à droite, les volutes de fumée s'élèvent de l'un des autels ; plus en retrait, le second autel d'où la colonne épaisse de fumée se répand obliquement[5].

1. Th. Ehrenstein, *Das Alte Testament in der Graphik*, p. 42, n° 4.
2. Th. Ehrenstein, *Das Alte Testament im Bilde*, p. 89, n° 31.
3. Th. Ehrenstein, *Das Alte Testament in der Graphik*, p. 42, n° 6.
4. *Ouvrage cité*, p. 44, n° 10.
5. Voir, par exemple, Oskar Fischel, *Tizian. Des Meisters Gemälde in 274 Abbildungen*, 3e édition, Stuttgart-Leipzig, 1907, pp. 107, 236 ; Emil Waldmann, *Tizian*, Propyläen-Verlag, Berlin, s. d. [1922], p. 148, n° 75 ; p. 230.

15. Milieu du xve siècle. Gravure sur cuivre, d'Étienne Delaulne (Orléans, 1518/19-1583). A droite, Caïn agenouillé du côté droit de son autel dont la fumée s'échappe vers ce même côté. A gauche, Abel, dans la même posture ; la fumée de son autel monte. Des rayons du soleil se projettent sur Abel symbolisant l'accueil favorable fait à son offrande. Dans le coin gauche, en bas : le fratricide, dont l'instrument est une mâchoire d'animal. Partout du bétail au pâturage[1].

16. Deuxième moitié du xvie siècle. Gravure sur cuivre, de Pierre Woeiriot de Bonzey (né en 1532). A gauche, Abel à genoux devant son autel d'où la fumée monte en volutes puissantes. La fumée de l'autre autel rampe au sol, ce pourquoi Caïn contemple étonné le spectacle qu'offre le sacrifice de son frère. A l'avant-plan, le fratricide (comme au numéro précédent)[2].

17. Deuxième moitié du xvie siècle. Gravure sur bois de Tobias Stimmer (1539-1585) dans Josèphe Flavius, *Jüdische Altertümer*[3]. A droite, Abel à genoux du côté droit ; la fumée du sacrifice monte en volutes ; à gauche Caïn, debout ; la fumée de son offrande se dissipe. A l'avant-plan, le fratricide.

18. Fin du xvie siècle. Gravure sur cuivre, de Jean Wierix, graveur et dessinateur néerlandais (1549-vers 1615)[4]. A droite, deux autels, non flanqués de personnages. De l'autel de droite, la fumée se dirige vers le ciel, de l'autel de gauche, elle s'étire vers la gauche. A l'avant-plan, le fratricide, Caïn tenant une mâchoire d'animal à la main. Sous l'estampe, un distique latin qui résume la légende sous une forme littéraire :

Crudelis livore Cain, dum surgit Abeli
Victima, Germanum sternit et osse necat.

19. Fin du xvie siècle. Pointe-sèche, d'Antonio Tempesta, peintre et graveur florentin (1555-1630). A droite, deux autels. La fumée monte en volutes de celui de droite ; elle oblique de celui de gauche. A l'avant-plan, le fratricide. Bêtes au pâturage[5].

---

1. Th. Ehrenstein, *Das Alte Testament in der Graphik*, p. 45, n° 15.
2. *Ouvrage cité*, p. 45, n° 14.
3. *Ouvrage cité*, p. 44, n° 11.
4. *Ouvrage cité*, p. 46, n° 16.
5. *Ouvrage cité*, p. 45, n° 13.

20. 1556. Illustration de la Bible de Luther[1]. Triple scène : 1º A gauche, Abel, les mains jointes, debout près de l'autel sur lequel se distinguent encore les restes de l'agneau sacrifié. La fumée de l'offrande monte toute droite. Caïn se tient à côté de l'autel, un peu en retrait. La fumée de sa gerbe se plaque au sol ; 2º au centre, du milieu des nuages, Dieu interpelle Caïn qui répond les bras ouverts ; 3º à droite, Caïn assomme son frère avec une mâchoire d'animal.

21. 1564. Lettrines dans la traduction (catholique) de la Bible, par D. Johan Dietenberger, Cologne, 1564[2]. Les lettrines sont d'un artiste inconnu. A l'arrière-plan de la lettre B, une suite serrée d'images se déroule devant nos yeux : à droite, Abel en prières, à genoux ; la fumée de l'autel monte ; à gauche, Caïn, courroucé, abandonne en hâte sa gerbe d'offrande dont la fumée s'abat sur le sol ; à l'avant-plan, le fratricide.

22. 1571. Bible historiée, avec distiques explicatifs de Philippe Lonicerus[3]. La troisième gravure du livret représente les scènes suivantes : 1º A droite Abel, à genoux, en prières, les mains levées au ciel, devant son autel d'où la fumée s'échappe vigoureusement dans les nuages. Caïn également à genoux, regarde, les bras étendus, la fumée de son offrande s'envoler vers la droite ; 2º au centre, à l'avant-plan, Caïn assomme Abel avec une mâchoire d'animal ; 3º à gauche Caïn fuit. Au ciel, l'œil de Dieu où est inscrit le Tétragramme en caractères hébraïques ; des rayons en sortent pour se projeter sur Caïn, ce qui symbolise la fuite du pécheur devant le regard omniprésent de la Divinité. Deux distiques latins, l'un au-dessus, l'autre au-dessous de l'illustration.

23. 1577. Illustration d'une édition de la Bible de Luther. A l'arrière-plan, bêtes au pâturage. La fumée monte d'un autel formé de pierres entassées devant lequel Abel est à genoux, les mains jointes, en posture d'oraison. Des oiseaux volent dans l'air. Plus loin, rochers élevés, près desquels un

---

1. *Biblia. Das ist: Die gantze heilige Schrift: Deudsch. Doct. Mart. Luth.* Gedruckt zu Wittemberg. Durch Hans Luft 1556, in-fol., fol. 3.
2. Voir A. F. Butsch, *Die Bücherornamentik der Hoch- und Spätrenaissance. II. Theil der Bücherornamentik der Renaissance*, Munich, 1881 ; planche 99 A.
3. *Bibliorum Utriusque Testamenti Icones, summo artificio expressae...*, Francofurti ad Moenum, cum Privilegio Caesareo, 1571 ; in-16, p. 3 (d'après le fichier du Musée des Beaux-Arts de Budapest dans la bibliothèque duquel l'ouvrage figure sous la cote G. 64, les gravures sur bois sont l'œuvre de Jost Amman).

autel dont la fumée se plaque sur le sol et rampe. Caïn à genoux, les mains sur la nuque, regarde son autel. A l'avant-plan, Caïn assomme son frère avec une mâchoire d'animal[1].

24. Début du XVIIIe siècle. Gravure sur cuivre, d'après un tableau de Rubens (1577-1640)[2]. La fumée de l'autel de gauche se dirige vers le haut, celle de l'autel de droite se répand vers l'arrière. Au centre, le fratricide.

25. 1649-1656. On connaît encore aujourd'hui plus de sept cents œuvres de Rembrandt (1606-1669) traitant des sujets bibliques. L'original du dessin qui nous intéresse est à Berlin. Titre : les parents d'Abel se lamentent sur le corps de leur fils. A l'arrière-plan, deux rochers. La fumée du sacrifice s'élance vers le haut de celui de droite, tandis que, de celui de gauche, les volutes se pressent vers le sol. A l'avant-plan, cadavre d'Abel sur lequel ses parents se lamentent. A droite, Caïn, le visage mauvais, épie sa mère. A côté du corps gît une mâchoire d'animal, indice révélateur du meurtre[3].

26. 1697. Bible latine. Une des illustrations qui l'ornent[4] représente la triple scène suivante : 1º A gauche, à l'avant-plan, Caïn, à genoux devant son autel, fait un geste interrogateur avec ses mains. La fumée de son autel se blottit, sans s'élever. A l'avant-plan, Abel agenouillé, les mains jointes devant son autel d'où la fumée de l'offrande monte en volutes épaisses. Dieu, nimbé, le regarde, la main pointée vers lui ; 2º au centre, Abel, en prières ; derrière lui, on distingue un petit animal qui paît ; Caïn creuse le sol ; 3º à droite, Caïn piétine son frère et lève sur lui une mâchoire d'animal.

27. 1715. Illustration dans une Bible tchèque[5]. A gauche, Abel à genoux devant son autel, les mains jointes. La fumée monte. A droite, autel plus petit ; les flammes qui consument

---

1. *Biblia. Das ist: Die gantze Heilige Schrifft: Deutsch auffs neu zugericht.* D. Mart. Luth. Gedruckt zu Franckfurt am Mayn, 1577 ; in-8º, p. 3 a.
2. Th. Ehrenstein, *Das Alte Testament in der Graphik*, p. 47, nº 19.
3. *Rembrandt-Bibel.* Vier Bände mit 270 Abbildungen gewählt und eingeleitet von E. W. Bredt. Hugo Schmidt Verlag, Munich, 1921, Altes Testament, I, 2 ; Neues Testament, II, 124.
4. *Biblia Sacra Vulgatae Editionis* [...] *Pluribus* [...] *Imaginibus ad Historiarum notitiam politissime elaboratis ornata...* Venise, 1697. Apud Nicolaum Pezzana. In-8º. Réimpression sans changement 1727. L'illustration qui nous intéresse se trouve à la page 4.
5. *Biblia Lžeska to gest Swaté Pismo Podlé Staro-Žitného.* Překoženj, 1725. In-fol., fol. 9.

l'offrande de gerbes, lèchent le sol. Caïn fait un geste interrogateur et résigné de la main. A l'avant-plan : Caïn assomme Abel avec un gourdin.

28. 1715. Illustration d'une Bible allemande[1]. A gauche, au bas de rochers, Caïn assomme avec un gourdin son frère épouvanté. A droite, la scène de l'offrande. Devant l'autel de droite, Abel à genoux, la houlette de berger à la main. La fumée monte en volutes épaisses. A gauche, Caïn agenouillé devant son autel, regarde avec désespoir la fumée de son offrande se plaquer sur le sol.

29. 1770. Illustration en pleine page d'une Bible latine-allemande[2]. A droite, Abel agenouillé, les mains jointes, devant son autel sur lequel on distingue les restes de la victime consumée. La colonne de fumée autour de laquelle voltigent trois colombes s'élance vers les nuages. Un rayon de lumière venu du ciel se projette sur Abel. A gauche, Caïn à genoux devant son autel, voit horrifié la fumée de son offrande se répandre sur le sol. Autour de l'autel, les restes des gerbes. A l'arrière-plan, foule d'animaux divers. Sous l'image, épigraphe bilingue, se référant à Gen. IV, 4-5 : « Cain ira fervens, Invidia pallens » ; « Der zornige und neidige Cain »

*
* *

D'autres chercheurs ne manqueront pas d'enrichir la documentation iconographique ici rassemblée et de mettre au jour des documents plus anciens (Voir *Note Additionnelle*). Dans ce chapitre, j'ai visé à susciter l'intérêt des historiens de l'art en vue d'enquêtes ultérieures ; dans ce domaine aussi, il convient d'insister sur l'importance de la coopération entre travailleurs de disciplines diverses.

III. RÉSULTATS ET CONCLUSIONS

En récapitulant brièvement les résultats atteints par mon étude, je peux énoncer les constatations suivantes :

1. *Catholische Bibel, Das ist die ganze Heilige Schrift alten und neuen Testaments* [...] *von der Heil. Catholischen Kirch bewährten* [...] *Übersetzung* [...] *und mit vielen Kupfern der fuernehmsten Historien* [...] Nuremberg, 1763. In-fol. ; fol. 5.
2. *Biblia Sacra Vulgatae Editionis* [...] *illustrata. Una cum nova* [...] *versione Germanica sub directione P. Germani Carter.* Editio tertia. Constance, t. I, 1770. In-fol. L'illustration que nous décrivons se trouve entre les fol. 6 et 7.

Premièrement, alors que les recherches de mes devanciers n'ont pu trouver d'ancienne attestation littéraire à la légende de la fumée des sacrifices de Caïn et d'Abel (à leur gré, elle apparaît pour la première fois chez Byron en 1821), j'ai été en mesure de la repérer à la fin du XIIIe siècle dans les textes et dès la fin du XIIe dans l'iconographie. Il est cependant certain que, dans l'art, le thème remonte à une tradition encore plus ancienne, bien que les représentations de Caïn et d'Abel dans l'iconographie paléo-chrétienne n'offrent pas encore le motif de la fumée[1]. Il est en effet hautement invraisemblable que le peintre des fresques de Saint-Jean-de-la-Porte-Latine et l'imagier des bas-reliefs de la cathédrale de Pécs aient presque simultanément tiré la même représentation de leur propre fonds.

Deuxièmement, aucune des attestations littéraires et artistiques que nous avons rassemblées n'est d'origine juive, donc il est à peu près sûr que nous avons affaire à une légende non juive, plus exactement chrétienne. Les Juifs se sont employés relativement tôt à illustrer l'Écriture Sainte, les fresques de Doura-Europos (milieu du IIIe siècle) étant le cycle d'images le plus anciennement connu de la Bible reçue dans la Synagogue[2]. Par là le judaïsme a devancé les séries analogues de l'art paléo-chrétien[3]. Néanmoins il n'existe aucune trace de notre légende dans les monuments de l'art juif, ancien ou moderne. Même dans le cas où une représentation de cette sorte viendrait à être découverte (et nous ne pouvons guère compter sur une œuvre antérieure au moyen âge), nous aurions à envisager une influence chrétienne. Il a été loisible aux Juifs de se familiariser avec les motifs de l'iconographie chrétienne. Ainsi, par exemple, au XVe siècle, des artistes juifs ont travaillé pour des églises et des particuliers chrétiens[4]. Max Grünwald a mis en évidence par des

---

1. Voir C. M. Kaufmann, *Handbuch...*, 1re édition 1905, pp. 326, 332 sq., § 148 ; 3e éd. 1922, pp. 300 sq., § 127.

2. Voir Zofja Ameisenowa, *MGWJ*, LXXIX, 1935, p. 411 [et maintenant I. Sonne, *The Paintings of the Dura Synagogue*, *HUCA*, XX, 1947].

3. Les plus anciennes sont énumérées par Victor Schultze, *Die Quedlinburger Itala-Miniaturen der Königlichen Bibliothek in Berlin*, Munich, 1898 ; cf. aussi L. Blau, *HUCA* III, 1926, p. 202 ; Ernst Cohn-Wiener, *Die jüdische Kunst...*, Berlin, 1929, p. 107.

4. Voir Z. Ameisenowa, *MGWJ*, LXXI, 1937, p. 208.

exemples probants la connexion interne et la parenté entre l'iconographie juive et l'iconographie chrétienne de la Bible[1].

---

1. *Beiträge zur Volkskunde und Kunstgeschichte*, dans *Occident and Orient... Gaster Anniversary Volume,* Londres, 1936, pp. 198-202. En revanche, je ne puis partager le jugement d'E. Cohn-Wiener (ouvrage cité, p. 153) : « Bien que la Synagogue et l'Église se servent en partie des mêmes livres bibliques, il n'y a aucune correspondance de fond entre les illustrations respectives de leurs manuscrits ».

NOTE ADDITIONNELLE

Anton Springer ne se réfère qu'au manuel d'iconographie du Mont-Athos : *Die Genesisbilder in der Kunst des frühen Mittelalters*, dans *Abhandlungen der Phil.-Hist. Classe der Kön. Sächs. Gesellschaft der Wissenschaften.* IX, Leipzig, 1884, p. 688. Quelques exemples ne figurant pas dans la présente étude se trouvent dans le mémoire substantiel de G. Sanoner : *Iconographie de la Bible d'après les artistes de l'antiquité et du moyen âge*, Bulletin Monumental, LXXX, 1921, p. 227, mais le plus ancien n'est que du XIIIe siècle. Enfin Mlle Virginia W. Egbert (Princeton University, Index of Christian Art) que je remercie vivement de son obligeance, attire mon attention sur le ms. latin 10525 de la Bibliothèque nationale de Paris (« Psautier de saint Louis ») où la scène qui nous a occupés figure au fol. 1v°.

[Pendant que le présent article attendait son tour d'impression, l'auteur a été amené à en publier un résumé dans *Vigiliae Christianae* X, 1956, pp. 194-195, sous le titre : *A Remark on the Legend of the Sacrificial Smoke of Cain and Abel.*]

„IHR SOLLT KEIN BEIN DRAN ZERBRECHEN"

Im Zusammenhange mit der Sekte von Qumran schreibt Hans BARDTKE wie folgt: [2] „Man hat an den verschiedensten Stellen der

---

[2] Hans BARDTKE: *Die Handschriftenfunde am Toten Meer.* Berlin, 1961. p. 55.

Siedlung, und zwar jeweils an freien Stellen zwischen den Bauanlagen oder um die Bauanlagen herum, Töpfe und Krüge, mit Tierknochen angefüllt, gefunden. Zuweilen waren diese Behältnisse in die Erde eingegraben, manche so flach, dass der obere Gefässrand mit dem Erdboden abschnitt; zuweilen sind diese so gefüllten Gefässe anscheinend nur abgestellt worden. Gegenwärtig zählt der Ausgräber etwa 53 derartige Funde. Er vermutet aber, dass sich auf dem freien Südteil der Mittelterrasse noch wesentlich mehr ausgraben liessen. Die Knochen stammen von verschiedenen Tieren, und zwar von Hammeln, Ziegen, Schafen, Ziegenlämmern, Kälbern, Kühen, Ochsen. Dabei ist wichtig zu beobachten, dass niemals ein vollständiges Skelett eines einzigen Tieres in einem Gefäss aufgefunden worden ist. Wohl hat man in 26 Fällen feststellen können, dass die Knochen eines Gefässes von einem einzigen Tier stammten, aber sie waren nie vollständig. Die Knochen sind gesammelt worden, als das Fleisch nicht mehr an ihnen war; es scheint durch Braten oder Kochen abgelöst zu sein. Kurzum, es handelt sich um Knochen als Überreste einer Mahlzeit. Das lässt darauf schliessen, dass die Knochen im Speisesaal als Überrest einer sakralen Mahlzeit gesammelt und in einem Krug bzw. einem grossen Gefäss beigesetzt worden sind... Archäologisch lässt sich noch feststellen, dass die Sitte der Knochenbestattung offenbar während des gesamten Bestehens der Siedlung geübt worden ist. Weder im Alten Testament noch in den ausserbiblischen Texten, die in den Höhlen entdeckt worden sind, hat man bisher eine Anspielung auf diese seltsame Bestattung gefunden".

Wir glauben dessen Spuren im Alten Testament zu finden, ja, das oben Angeführte wird zwei Stellen darin als grossartiger archäologischer Kommentar zugute kommen.

Zweimal kommt es im Zusammenhange mit dem Pesach-Opfer in der Bibel vor: „In einem Hause soll man's essen; ihr sollt nichts von seinem Fleisch hinaus vor das Haus tragen, und sollt kein Bein an ihm zerbrechen" /Ex. xii 46/. „Und sollen nichts dran überlassen bis morgen, auch kein Bein dran zerbrechen" /Num. ix 12/. Das Buch der Jubiläen gibt auch schon eine Erklärung: „Ihr sollt keinen Knochen daran zerbrechen, damit auch den Kindern Israëls kein Knochen zerbrochen werde" /xlix 13/. Es ist dies somit ein Apotropaeum: wird dem Opfer kein Knochen zerbrochen, so wird auch dem Opferbringer nichts Böses widerfahren [1]. Diese zweifellos noch

---

[1] Jacob Z. LAUTERBACH, *Hazofeh*. IX (1925) p. 239.

prämosaische Verfügung beschränkt sich nicht nur auf die Hebräer. Bei den nestorianischen Mongolen nimmt sich jeder Teilnehmer vom Fleische des Osterlammes und verzehrt es an Ort und Stelle; er bringt davon auch den zu Hause gebliebenen Mitgliedern der Familie. „Die Knochen der Opfertiere dürfen nicht gebrochen werden" [1]. Ebenso haben die einstigen Permi-Vogulen die Knochen der Opfertiere vergraben, in anderen Gegenden zusammengelegt und so aufbewahrt [2].

Dies hat wahrscheinlich den — bei vielen primitiven Völkern auffindbaren — Glauben zum Grunde, „dass die aufgehobenen Knochen im Laufe der Zeit wieder befleischt und dann die Tiere wieder ins Leben zurückkehren werden" [3]. Um auferstehen zu können, durften ihnen die Knochen nicht gebrochen werden. In verschiedenen Teilen der Erde /bei skandinavischen, slavischen, irischen, englischen, schweizerischen, indischen, indianischen, afrikanischen Völkern usw./ ist der Volksglaube verbreitet und aufgezeichnet, dass infolge des Sammelns der Knochen das Tier aufersteht [4].

Deshalb hat auch die Sekte von Qumran die Knochen des geopferten oder verzehrten Tieres nicht zerbrochen, sondern gesammelt. Nicht von allem hat sich eine ins Einzelne gehende Beschreibung in den jüdischen Quellen erhalten, aber die spährlichen Spuren gewinnen manchmal Sinn im Lichte der Archäologie.

---

[1] G. J. RAMSTEDT, *Journal de la Société Fenno-Ougrienne*. LV (1951) p. 46.
[2] MUNKÁCSI Bernát: *Vogul Népköltési Gyüjtemény*. II. Budapest, 1901. p. 0462; S. THOMPSON: *Motif-Index of Folk-Literature*. I. Copenhagen, 1955. p. 507. C. 221.3.2. Tabu: breaking bones of eaten animal.
[3] E. WESTERMARCK: *Ursprung und Entwickelung der Moralbegriffe*. II. Leipzig, 1909. p. 394; B. KOHLBACH: *Tierschutz im Judentum. Allgemeine Zeitung des Judentums*. LXXV (1911) pp. 619-620.
[4] S. THOMPSON: *o.c.*, II. Copenhagen, 1956. p. 408. E. 32. Resuscitated eaten animal.

WAR DER NAME BALAAM GEBRÄUCHLICH BEI DEN JUDEN?

N. Golb schreibt in einer sehr bedeutenden Studie diese Zeilen: „To the best of our knowledge, incidentally, no Jew ever bore the name Balaam."[1]

Wir sammelten einige Daten, die das Gegenteil beweisen.

1. Jehuda b. Samuel b. Balaam war ein Exeget, Sprachgelehrter und Dichter im XI. Jahrhundert.[2] Er wurde in Toledo geboren und lebte in Sevilla.

S. Fuchs schrieb noch vom Namen Balaam: „nicht den Vater unseres Autors bezeichnet, was schon auch daher unwahrscheinlich ist, weil ein Jude schwerlich den Namen des Erzfeindes Israels... geführt hätte."[3]

Nach Kokovtsov mochte es ein Spottname sein.[4] Sein häufiges Vorkommen jedoch schliesst diese Möglichkeit aus.

2. Mosche b. Balaam wird von Abraham Ibn Ezra (Dan. X. 1.) zitiert.[5]

3. Ibn Balaam ist der Name des jüdischen Beauftragten der Stadt Talavera im Jahre 1242.[6]

4. In Cordoba taucht 1254 Don Çag aben Bilaam auf „el judio, venizo de la judeira de Cordova."[7]

5. Im spanischen Teruel wissen wir von Salamon Bilam (1310—1313).[8]

6. Im spanischen Cervera spricht man von Mosse Billam (1467—1475).[9]

---

1. N. Golb, *A Judaeo — Arabic Court Document of Syracuse, A. D. 1020.* Journal of Near Eastern Studies XXXII (1973), p. 108, Anm. 28.
2. S. Abramson, *Henoch Yalon Jubilee Volume* (Jerusalem 1963), p. 51.
3. S. Fuchs, *Studien über Abu Zakaria Jachja (R. Jehuda) Ibn Balᶜâm* (Berlin 1893), p. 13.
4. P. K. Kokovtsov, *Novye materialy.* II. (Petrograd 1916), pp. 195—196, Anm. 1.
5. B. Kohlbach, *Jehúda Ibn Balaam* (Budapest 1888), p. 6. Handschrift bei A. Freimann, *Union Catalog of Hebrew Manuscripts and Their Location.* I. Index by M. H. Schmelzer (New York 1973), p. 110; M. Steinschneider, *HB.* XVII (1877), p. 118.
6. Ashtor, *Korot haj'hudim bisfarad hamusl'mit.* II. (Jerusalem 1966), p. 420, Anm. 19.
7. F. Baer, *Die Juden im christlichen Spanien.* I. 2 (Berlin 1936), p 53.
8. F. Baer, *Op. cit.,* I. 1 (Berlin 1929), p. 198.
9. F. Baer, *Op cit.,* I. 1, p. 879.

7. Nöldeke erwähnt aus Sujûtîs Werk Itqân einen gewissen Balaam, der seines Erachtens Jude ist. Er fügt hinzu: „An Bileam, den Namen des Feindes Israels, darf man freilich wohl bei einem Juden nicht denken."[10] Dies ist freilich hinfällig geworden.

8. In dem ersten jüdischen Drama, das in der zweiten Hälfte des XVI. Jahrhunderts in Mantua verfasst wurde, heisst der Purim-Rabbi Bileam b. Bibi.[11] Dies ist so offenbar des Spasses halber. Er ist Vielesser (bala = schlucken), Sohn des Vieltrinkers (bibere). Der Verfasser würde ihm jedoch nicht diesen Namen geben, wenn er im Kreise der Judenschaft so fremdartig gewesen wäre.

Wir sehen, die Daten — mit Ausnahme des letzten — stammen aus Spanien, somit gebrauchten dort die Juden diesen Namen.

In Spanien könnte an den Einfluss des Islam gedacht werden. Der Koran erwähnt weder Balaams Taten noch seinen Namen, doch finden Koranerklärer und Historiographen eine Anspielung auf Balaam in Sure VII, 174—175.[11a]

Besteht es zu Recht, dass ominöse Namen nicht gebraucht wurden? Um dies zu widerlegen, erwähne ich nur zwei biblische Namen.

Kain war ein Brudermörder. In Spanien kommt dennoch im XV. Jahrhundert Cain Cohen vor, „judio, morador del castillo de Huete, rec. de las tercias y alcabalas, a. 1467."[12] Nate Kain taucht 1509 in Frankfurt auf.[13] In Ungarn begegnen wir 1723 in Pozsony Isaac Khaynes,[14] 1741 in Nagykároly Kain Hersll und Samuel Kaincl.[15]

Es kann uns der Verdacht aufsteigen, dass wir es hier mit einer korrumpierten Form des Namens Chajjim zu tun haben. Wir berufen uns aber darauf, dass in Ungarn auch heute noch Mitglieder der jüdischen Familie Kain leben.

Korach wurde — wegen seines Aufstandes gegen Moses — von der Erde verschlungen. Nach der Bibel (Num. XXVI. 11.) jedoch starben Korachs Söhne nicht. Sie kommen auch vor im Buch der Psalmen als Verfasser oder Sänger (XLII. 1.; XLIV. 1.; XLV. 1. etc.). Wir ver-

---

10. Th. Nöldeke, *ZDMG.* XII (1858), p. 703.
11. *The first Hebrew Play. The Comedy of Betrothal* by Yehuda Sommo... Ed. J. Schirmann (Jerusalem 1965), p. 67.
11/a M. Grünbaum, *Neue Beiträge zur semitischen Sagenkunde* (Leiden 1893), pp. 176—180; B. Heller, *Hwb. des Islam* (Leiden 1941), pp. 364—367; H. Z. Hirschberg, *Enc. Jud.* IV (Jerusalem 1971), p. 124; Ibn al-Faqih al-Hamadani, *Abrégé du Livre des Pays*. Traduit de l'arabe par H. Massé (Damas 1973), p. 175.
12. F. Baer, *Op cit.,* I. 2, p. 323.
13. R. Straus, *Urkunden und Aktenstücke zur Geschichte der Juden in Regensburg. 1453—1738* (München 1960), p. 271. No. 770.
14. *MHJ.* VIII (Budapest 1965), p. 380, No. 454.
15. *MHJ.* XI (Budapest 1968), p. 494, No. 1059.

fügen auch über eine postbiblische Angabe. Unter den in Arad aufgefundenen Ostraka befindet sich ein Stück, das Korachs Söhne unter den Geschenkgebern des Heiligtums erwähnt.[16]

Auch in Ungarn leben bis auf unsere Tage ihre Nachkommen mit dem Namen Korach und Koré.[17] Als frühesten traf ich Kore Gergel in nichtjüdischem Kreise um 1568 an.[18]

---

16. Y. Aharoni, *Qadmoniot* I (1968), p. 102.
17. A. Scheiber, *Nyr.* LXXXIV (1960), p. 482; LXXXVIII (1964), pp. 64—65.
18. *MNy.* LXII (1966), p. 503.

La Légende de l'emplacement du Temple de Jérusalem

Il existe une légende touchante et poétique au sujet de l'emplacement du Temple de Jérusalem. L'étude qu'on va lire voudrait en retracer l'histoire et la diffusion.

I. — LES REDACTIONS LITTERAIRES DE LA LEGENDE.

A. — Alphonse de Lamartine (1832).

La première attestation littéraire, en même temps que la première version écrite de nous connue de la légende, se présente dans l'œuvre d'Alphonse de Lamartine (1790-1869). Le grand écrivain français était sincèrement attiré par la Bible et par la Terre Sainte, théâtre de l'histoire biblique, où il avait fait un voyage dont il a perpétué le souvenir, en 1835, par une relation pittoresque.

C'est en Palestine qu'il a noté, le 29 octobre 1832, la légende sur l'emplacement du Temple de Salomon, entendue, dit-il, parmi cent autres semblables, des Arabes du pays. Il a été saisi, en l'écoutant, par « la beauté naïve des coutumes patriarcales ». Fait notable, la même légende a pu être recueillie soixante-dix ans plus tard (voir ci-après, II), sous une forme tout à fait voisine, sauf la connexion avec le Temple de Salomon, de la bouche d'un Arabe palestinien.

Reproduisons la page de Lamartine [1] :

Voici comment ils racontent que Salomon choisit le sol de la mosquée :

« Jérusalem était un champ labouré; deux frères possédaient la partie de terrain où s'élève aujourd'hui le temple ; l'un de ces frères était marié et avait plusieurs enfants; l'autre vivait seul; ils cultivaient en commun le champ qu'ils avaient hérité de leur mère; le temps de la moisson venu, les deux frères lièrent leurs gerbes, et en firent deux tas égaux qu'ils laissèrent sur le champ. Pendant la nuit, celui des deux frères qui n'était pas marié eut une bonne

---

[1] Alphonse de Lamartine, *Voyage en Orient* I, Paris, Hachette, 1875, pp. 329-330.

pensée; il se dit à lui-même : mon frère a une femme et des enfants à nourrir, il n'est pas juste que ma part soit aussi forte que la sienne; allons, prenons de mon tas quelques gerbes que j'ajouterai secrètement aux siennes; il ne s'en apercevra pas, et ne pourra ainsi refuser. » Et il fit comme il avait pensé. La même nuit, l'autre frère se réveilla, et dit à sa femme : « Mon frère est jeune, il vit seul et sans compagne, il n'a personne pour l'assister dans son travail et pour le consoler dans ses fatigues, il n'est pas juste que nous prenions du champ commun autant de gerbes que lui; levons-nous, allons et portons secrètement à son tas un certain nombre de gerbes, il ne s'en apercevra pas demain, et ne pourra ainsi les refuser. » Et ils firent comme ils avaient pensé. Le lendemain, chacun des frères se rendit au champ, et fut bien surpris de voir que les deux tas étaient toujours pareils : ni l'un ni l'autre ne pouvait intérieurement se rendre compte de ce prodige; ils firent de même pendant plusieurs nuits de suite; mais comme chacun d'eux portait au tas de son frère le même nombre de gerbes, les tas demeuraient toujours égaux, jusqu'à ce qu'une nuit, tous deux s'étant mis en sentinelle pour approfondir la cause de ce miracle, ils se rencontrèrent portant chacun les gerbes qu'ils se destinaient mutuellement.

« Or, le lieu où une si bonne pensée était venue à la fois et si persévéramment à deux hommes devait être une place agréable à Dieu : et les hommes la bénirent, et la choisirent pour y bâtir une maison de Dieu. »

B. — Auguste Kopisch (1836).

Notre légende fut mise quelques années plus tard en vers allemands par A. Kopisch (1799-1853), peintre et poète, fort intéressé par les sujets bibliques (son œuvre renferme des morceaux poétiques inspirés par divers épisodes de l'histoire sainte, Abel, Jubal, Noé, la Tour de Babel, les explorateurs, Samson). Le poème qui nous concerne ici révèle par son titre même (« Die Sage von Salomons Moschee ») que l'auteur a utilisé une variante issue d'une source arabe. Il me semble peu probable qu'il ait puisé au « Voyage en Orient » de Lamartine, car son introduction est toute différente et concorde le plus avec le développement des versions juives (ci-après, II. B) : [2]

Salomon désire faire construire le Sanctuaire. Cependant, le sol refuse de porter la bâtisse; il est houleux telle la mer agitée, et l'architecte recommence son œuvre trois fois en vain. La Terre conseille au roi de choisir un emplacement digne de l'édifice. Salomon est perplexe, car il n'est pas de lieu pur de péché. Nul homme ne peut et Dieu ne veut donner un avis utile. Le roi se rend finalement aux champs et convoque les oiseaux. Nul d'entre eux ne connaît le lieu saint. Le soir venu, Salomon tout déconcerté se prosterne face contre terre et se met à pleurer. Non loin de lui

---

(2) August Kopisch, *Gesammelte Werke* I, éd. C. Bötticher, Berlin 1856, pp. 73-77; *Gedichte von August Kopisch. Ausgewählt un eingeleitet von Franz Brümmer*, Leipzig, Reclam's Universalbibliothek 2281-2283, pp. 149-152.

se trouve un olivier sur lequel une libellule chante sans arrêt jour et nuit durant la moisson. Tout en gémissant, le roi sage prête l'oreille au chant qui lui révèle qu'il se trouve à l'endroit recherché, et relate les deux premiers transferts de blé des deux frères. Salomon assistera lui-même au troisième transport et à la rencontre émouvante des deux justes auxquels il demande la cession de leur champ pour y bâtir le Temple. Et sur ce terrain béni l'édifice demeure stable.

C. — BERTHOLD AUERBACH (1881).

Cet auteur (1812-1882) a composé son récit d'après la version juive de la légende (ci-après, II. B). On serait porté à croire qu'il eût sous les yeux un texte de *midrach* imprimé, puisque, s'étant jadis destiné à la carrière rabbinique et ayant fréquenté dans son adolescence l'école talmudique de Hechingen, il possédait des connaissances hébraïques [3]. En fait, le sujet de son récit n'est pas d'origine livresque. Il avait reçu sa première éducation, jusqu'à l'âge de treize ans, dans son village natal de Nordstetten, en Forêt Noire. Il demeura fidèlement attaché aux souvenirs de cette période de sa vie, et voulut même, durant ses dernières années, les perpétuer par écrit. Il ne put cependant en rédiger que certaines parties. Sur ces souvenirs se détache lumineusement la figure de sa mère, née Edel Frank, qui portait dans sa mémoire tout un monde de contes dont son fils n'a mis par écrit qu'un petit nombre [4]. Il a pu les recueillir sur les lèvres de sa mère dès sa première enfance, mais au plus tard avant 1852 où elle mourut. La vénérable matrone avait entendu conter, encore jeune fille, la légende qui nous intéresse, de R. Juda, rabbin de Nordstetten, à qui elle était sans doute parvenue de quelque source juive. Auerbach publia le récit un an avant sa mort, dans le Livre d'Hommage édité lors des noces d'argent du couple grand-ducal de Bade. Son introduction et le ton du morceau font de sa version une des élaborations littéraires les mieux réussies de la légende; seule la conclusion est écourtée (la rencontre des deux frères en est absente). Nous reproduisons intégralement l'original : [5]

Mein Vater starb 1840, meine Mutter 1852. Wir waren elf Geschwister, sechs Schwestern und fünf Brüder. Meine Mutter hatte von uns allen Enkel erlebt.

---

[3] Il a même posé sa candidature au poste de prédicateur à Hambourg en 1840 ; voir Emil Lehmann, *Berthold Auerbach als Jude*, dans *Populärwissenschaftliche Monatsblätter* IX, 1889, p. 25

[4] Voir Ludwig Geiger, *Die deutsche Literatur der Juden*, Berlin, 1910, pp. 231-249, et du même, *Briefe von Wilhelm Wolfsohn an Berthold Auerbach* dans *Judaica, Hermann Cohen Festschrift*, Berlin 1912, pp. 457-468.

[5] Reproduit par Anton Bettelheim, *Berthold Auerbach. Der Mann. Sein Werk. Sein Nachlass*, Stuttgart und Berlin 1907, pp. 13-14; également dans la plaquette *Berthold Auerbach, Eine Auswahl aus seinen Schriften. Herausgegeben und eingeleitet* von E. Gut, Jüdische Lesehefte, nº 6, Schocken Verlag, Berlin 1935, pp. 6-7.

Als wir Geschwister noch alle zu Hause waren, gab es natürlich auch Reibereien und Streitigkeiten unter uns, und da erzählte die Mutter gerne eine Geschichte.

Sie hatte in ihrer Jugendzeit viel im Hause des Rabbi Jehuda gelebt, der neben meinem grosselterlichen Hause, dem Gasthofe zum Ochsen, in Nordstetten wohnte. Wenn meine Mutter den Namen Rabbi nannte, verbeugte sie sich stets ehrfurchtsvoll und sagte die üblichen hebräischen Worte, die in deutscher Sprache lauten : « Das Andenken des Frommen sei gesegnet ». Wenn wir Geschwister also in Streit geraten waren sagte sie : Kinder, lasst euch erzählen, was ich von Rabbi Jehuda, gesegnet sei sein Andenken, gehört habe.

Auf dem Grund und Boden der Geschwisterliebe ist der heilige Tempel zu Jerusalem erbaut worden.

Als König Salomo den Tempel bauen wollte, lag er eines Nachts unruhig in seinem Bette und konnte nicht schlafen, denn er wusste nicht, wohin er den Tempel bauen sollte. Da rief ihm eine Stimme von Himmel zu : « Steh auf und geh hinauf auf den Berg Zion, da ist der Boden. Dort haben zwei Brüder zwei Aecker nebeneinander; der eine Bruder ist reich und hat viele Kinder, der andere Bruder ist arm und hat keine Kinder. Sie haben heute am Tage geerntet und Garben gebunden, und jetzt in der Nacht steht der arme Bruder am unteren Ende seines Ackers und denkt : mein Bruder ist zwar reich, aber er hat so viele Kinder, ich will ihm von meinen Garben geben.

Der reiche Bruder steht am oberen Ende seines Ackers und denkt : Ich habe zwar viele Kinder, aber mein Bruder ist so arm, ich will ihm von meinen Garben geben.

Geh hinaus, und du wirst sehen. »

König Salomo ging hinaus, und da sah er, wie der eine Bruder am oberen Ende Garben herüberschob und der andere Bruder am unteren Ende Garben hinüberschob.

König Salomo hat die Acker erworben und darauf den Tempel erbaut.

Kinder, merkt euch das : Auf Grund und Boden der Geschwisterliebe ist der Tempel erbaut worden.

II. — LA LEGENDE EN ORIENT [6].

A. — La légende arabe.

Une version écourtée a été notée encore assez récemment chez les Arabes de Palestine. L'informateur, un certain cheikh Mahmoud Debi Daoud, a indiqué un endroit sur le Mont Sion auquel la tradition la rattacherait. D'après cette version [7], il

---

[6] La légende a pénétré également dans la littérature hongroise et même, par l'intermédiaire de quelque lettré, dans la tradition populaire où elle a été recueillie il y a peu d'années. Nous avons étudié ces variantes dans une plaquette en hongrois, *Coloman Mikszath et le folklore oriental*.

[7] J. E. Hanauer, *Folk-Lore of the Holy Land, Moslem, Christian, and Jewish*. Edited by Marmaduke Pickthall, Londres 1907, pp. 167-168 (= nouv. éd. 1935, pp. 123-124).

s'agit de deux frères jumeaux. La cause de l'égalité de leurs monceaux de blé respectifs n'est pas découverte par suite de leur rencontre, mais grâce à une révélation d'Allah adressée à chacun d'eux. L'emplacement est désormais béni, sans qu'il soit dit qu'il est identique à celui du Temple.

B. — LA TRADITION JUIVE.

Bien que le récit utilisé par Berthold Auerbach nous permette de remonter jusqu'aux environs de 1800, il n'existe à notre connaissance aucune trace de fixation écrite de la tradition juive avant le milieu du XIX° siècle.

On la trouve pour la première fois en 1851 dans un recueil de « pages morales », rédigé par Israël Costa, rabbin à Livourne, pour servir de livre de lecture aux écoles juives de sa communauté. Son récit se résume ainsi :[8].

Salomon ne sait où construire le Temple. Une voix celeste le conduit nuitamment sur le Mont Sion, dans une propriété appartenant à deux frères. L'un est célibataire et pauvre, l'autre riche et chargé de famille. C'est le temps de la moisson. Salomon se trouve témoin du transfert clandestin de froment. Il n'y a pas de rencontre entre les deux frères. Salomon choisit pour emplacement du Temple ce théâtre de l'amour fraternel.

Le texte de Costa a servi de source au recueil de légendes *Ma'assé Nissim*, à son tour base d'une traduction récente. [9] D'autre part, Zeev Wolf Jawitz (1848-1924) le présente comme légende arabe dans une de ses publications scolaires. [10 Cette rédaction a été popularisée dans le judaïsme de notre siècle par plus d'une traduction ou adaptation. [11]

III. — LES ETAPES DE L'HISTOIRE DE LA LEGENDE

Les documents dont nous disposons permettent de retracer le cheminement de la légende de la manière suivante :

---

(8) *Miqwe Yisrael*, Livourne 1851, n° 79 (d'où la traduction de L. Ginzberg, *The Legends of the Jews* IV, Philadelphie 1913, p. 154).

(9) Bagdad, s.d. (antérieur à 1901), n° 35, 57 a-b. Je dois cette référence à l'amabilité du Professeur Alexander Marx (d'ici dérive la version de Micha Josef Bin Gorion, *Der Born Judas*, Berlin 1934, pp. 662-663).
Le texte hébreu dans *Haçefira* XXIV. 1897, n° 172, p. 885 est un résumé d'Auerbach.

(10) Mon ami R. Patai, professeur au Dropsie College, a bien voulu compulser à mon intention les ouvrages de Jawitz, mais n'y a pas retrouvé la légende (cf. aussi B. Dinaburg, *Tarbiz* XX, 1950, p. 243, n. 22, qui n'indique pas non plus la référence de Jawitz). Des chrestomathies plus récentes encore reproduisent la légende d'après Jawitz; voir M. Rath, *Sefath Amenu* I, 3° éd., Vienne 1918, pp. 83-84; N. Roitman, *Mikraa « Tarbut »*, Bucarest, 1945, pp. 100-101.

(11) Bornons-nous à quelques exemples : Heinrich Reuss, *Sammlung preisgekrönter Märchen und Sagen*, Stuttgart s.d., pp. 106-109 (d'après Kopisch); Oskar Epstein, *Der Jude* III, 1919, pp. 203-204; Felix Kanter, *Neue Gleichnisse*, Mährisch-Ostrau [1921], pp. 24-27.

1° Il semble s'agir d'une légende arabe de Palestine. Lamartine l'y a entendue en 1832; Hanauer n'en a noté qu'une variante mutilée, en 1907. Elle n'a pas été relevée dans la littérature musulmane. (12)

2° L'Aggada, ainsi que les anciens recueils de contes et légendes juifs l'ignorent, encore que M. Louis Ginzberg inclinerait à y voir une interprétation scripturaire rattachée à Ps. CXXXIII, 1 : « Qu'il est bon, qu'il est agréable pour les frères d'habiter ensemble ». (13) Les Juifs ont dû l'emprunter aux Arabes, plus tôt, de toute manière, que les documents écrits ne l'attestent, puisque la source d'Auerbach remonte, nous l'avons vu, jusqu'aux toutes premières années du XIX° siècle. Elle a trop solidement pris racine dans la conscience juive pour qu'il puisse s'agir d'un emprunt tout à fait récent.

3° La légende arabe pénétra ensuite dans la littérature européenne, soit par le canal du judaïsme, soit grâce à Lamartine, toutes les adaptations ultérieures, allemandes, hongroises et autres dépendant de l'une ou l'autre de ces deux sources.

---

(12) G. Salzberger, *Salomo's Tempelbau und Thron in der semitischen Sagenliteratur*, Berlin 1912, p. 9, note.
(13) Ginzberg, *op. cit.* VI, 1928, p. 293, n. 57. — Rectifions, dans le cadre d'une note, une série d'erreurs qui ont pénétré dans les travaux d'érudition à propos de notre légende. 1° D'après Ginzberg, Auerbach fut le premier à donner à la légende une rédaction littéraire, assertion réfutée par ce qui précède; 2° A son gré, le sujet a été emprunté par Costa (en 1851) à Auerbach (1881) ! 3° La version d'Auerbach n'est pas dans *Schwarzwälder Dorfgeschichten* (Ginzberg, répété par Heller, *JQR*, n. s. XXV, 1934/35, p. 47), mais dans le livre d'hommage indiqué ci-dessus, note 5; 4° Kanter (p. 24 n.) donne comme source le *Yalqût Shîr ha-Shîrîm* où il n'y a rien de pareil.

SAMSON UPROOTING A TREE

THE passages leading down to the crypt of the cathedral of Pécs, Hungary, were from the middle of the twelfth century adorned by a cycle of sculptured scenes from the Old and the New Testament. According to the view common today, they are not one man's work, but were carved by two masters, one of French and another of Italian training. They are to be considered as significant examples of monumental sculpture, even by European criteria.[1]

In the southern passage seven scenes of the story of Samson were represented. These can still be seen in a fair state of preservation in the Episcopal Museum of Lapidary Finds at Pécs. Their style is indicative of an Italian school.[2] The section of relief engaging our attention shows three scenes. Fig. 1—(1) On the left: the faltering, blind Samson, who is fumbling about with a stick, is being led by a youth, carrying a stick himself; (2) In the center: the long-haired Samson has set his shoulder against a huge tree which he is embracing with his two arms and endeavoring to uproot. From the foliage over his right shoulder, two birds are flying. These are depicted with a close observation of nature, unusual in that age, and carved with much skill. The third bird, ready to fly, is hidden among the boughs; (3) On the right: Samson is seen with his shoulder set squarely against the column of Dagon's temple, which he is clasping and striving to tear down.

[1] Kornél Divald, *Magyarország művészeti emlékei* (The Art Relics of Hungary), Budapest, 1927, p. 30; Dezső Dercsényi–Frigyes Pogány, *Pécs* (Budapest, 1956), pp. 28–30.

[2] Tibor Gerevich, *Magyarország románkori emlékei* (The Romanesque Relics of Hungary), Budapest, 1938, pp. 171–3.

Fig. 1

Fig. 2

The second scene also attracts attention by its motif and from a historical point of view. The Bible does not refer to Samson uprooting a tree. No wonder, therefore, that researchers have often studied this scene of the relief, and tried to explain it. According to Péter Gerecze: "As the Bible makes no mention of such a thing, we certainly have to do here with a case of arbitrary symbolism, which we are yet unable to decipher."[3] Ottó Szőnyi expresses a similar view: "This scene does not occur in Holy Scripture, and testifies to the narrative mood of our master stone cutter."[4]

However, the explanations by "arbitrary symbolism" and "narrative mood" can no longer hold water, since on a wall-painting of the thirteenth century in the cathedral of Limburg a.d. Lahn, Germany, an exactly similar representation can be seen (Fig. 2). A tall man with long hair, wearing a toga-like robe, is clasping a stylized tree and uprooting it with both hands. On the right, the inscription SAMSO can be read.[5] A direct influence can hardly be assumed.

What was the source of the two representations? The known hagiography gives no answer to this question. So far as I know, the Church legend has no parallel. Venerabilis Godefridus, the abbot of Admont of the twelfth century, likens the two columns of the Philistine temple to the two arms of the cross: "Duae istae columnae duo sunt cornua crucis, super quae extensa et suspensa sunt superni regis membra."[6] On the other hand, Jewish legend, the Haggadah, relates that Samson tore out two *mountains* and rubbed them against each other.[7] To my knowledge, there is only one modern Hungarian novel which,

---

[3] Péter Gerecze, *A pécsi székesegyház* (The Cathedral of Pécs), Budapest, 1893, p. 90.

[4] Ottó Szőnyi, *A pécsi püspöki muzeum kőtára* (The Stonework Finds of the Episcopal Museum of Pécs), Pécs, 1906, p. 132.

[5] Theodor Ehrenstein, *Das Alte Testament im Bilde* (Vienna, 1923), p. 439, no. 39.

[6] *P.L.* 174. 285, 286. *Homilia* XLII. *De Samsone et Delila* (I owe this information to the courtesy of Professor Meyer Shapiro).

[7] *Sotah* 9b. Cf. Armin Perls, *Archaeologiai Értesitő*, 15 (1895), 143;

referring to Samson, says that "due to the sturdiness of his hand the young trees fell uprooted".[8]

It is hardly to be imagined that the master who carved the stone reliefs of the cathedral of Pécs and the wall-painter of the cathedral of Limburg would have *invented* the uprooting of the tree as a representation of Samson's strength independently of each other. It can be taken as nearly certain that we have to do with a Samson legend, the formation of which could be effected by the general theme of uprooting a tree. Such deeds by heroes of great strength are related in tales both in Hungary[9] and elsewhere.[10] Also the Haggadah contains the story about Bar Kochba's soldiers that each of them had, to prove his strength and prowess, to uproot a cedar, before he could be enlisted in Bar Kochba's army.[11] It is not unlikely that we have here the result of a combination of influences of Jewish and non-Jewish origins.

So far, this legend has been preserved by the fine arts only, just as the primary sources of the legends of Cain and Abel's sacrificial smoke[12] and of Hiel's death[13] are to be found, so far, only in the fine arts.

The problem awaits its final solution, and the object of this short note is to arouse interest in the theme.

Bertalan Edelstein in *Blau-Emlékkönyv* (Lewis Blau Jubilee Volume), Budapest, 1926, p. 137; L. Ginzberg, *The Legends of the Jews*, vi (Philadelphia, 1946), p. 207, note 116.   [8] István Lázár, *Sámson* (Budapest, 1924), p. 26.

[9] János Berze-Nagy, *Baranyai magyar néphagyományok* (Hungarian Popular Traditions from Baranya County), ii (Pécs, 1940), pp. 60, 70; *Nagyerejű János* (John of Great Strength), Budapest, 1951, pp. 9, 114, 155, 156, 157.

[10] Stith Thompson, *Motif-Index of Folk Literature*, iii (Copenhagen, 1956), p. 178, F. 611. 3. 1; p. 182, F. 621.

[11] איכה רבה, ב׳, ח׳; ירושלמי, תענית, פ״ד, ה״ה; A. Scheiber, *HUCA*, XXIII. 2 (1950/1), p. 362.

[12] P. F. Hovingh, *Vigiliae Christianae* 10 (1956), 43–48; A. Scheiber, *ibid.*, pp. 194–5; *REJ*, 115 (1956), 9–24.

[13] S. Lieberman, *Midrash Debarim Rabbah* (Jerusalem, 1940) p. 132; *Yemenite Midrashim* (Jerusalem, 1940), p. 11; J. Leveen, *The Hebrew Bible in Art* (London, 1944), p. 44; E. L. Sukenik, *Beth Ha-Kenesseth shel Dura-Europos* (Jerusalem, 1947), pp. 139–44.

FURTHER PARALLELS TO THE FIGURE OF SAMSON THE TREE-UPROOTER

SOME TIME ago we published in this *Review* a paper about Samson the Tree-Uprooter. [1] I now call attention to further parallels. [2] They are taken from a monograph the importance of which can hardly be overrated. [3] Three representations, mentioned in it and ignored until now, seem to be pertinent.

1. *Alspach* (from before 1149). The place is situated in the Kayserberg valley of the Upper-Rhine region. In the Western wall of the former Benedictine monastery church there is a columned portal with stone reliefs, of which the left represents a long-haired figure in lacetrimmed short tunic, holding an uprooted tree. This figure obviously represents Samson the Tree-Uprooter, about whom I had written. The ruins of the church were used in 1944 by a paper and cardboard factory as a locksmith' workshop. [4] The stone monuments have been removed and are seen to-day partly in the Musee de l'Oeuvre Notre-Dame, Strasbourg and partly in the Museum Unterlinden, Kolmar Fig. 1.

2. Remagen (from about 1200). A place in Germany, near

---

[1] A. Scheiber, *JQR*, L (1959-60) pp. 176-180.

[2] Louis Réau, *Iconographie de l'Art Chrétien*, II, 1, (Paris, 1956), p. 247. Remagen not mentioned here.

[3] Robert Will, *Recherches iconographiques sur la sculpture romane en Alsace. Sculptures illustrant des épisodes de la légende de Samson. Les Cahiers Techniques de l'Art*, I. (Strasbourg, 1947), pp. 46-51. The indication on page 46, is erroneous that the stone monuments of the Pécs Cathedral are in the custody of the Hungarian National Museum. Réau, misled by this statement, supposes a different monument in the H. N. Museum.

[4] A. Trautmann, *L'abbaye d'Alspach. Archives alsaciennes d'histoire de l'art*, XIV (1935), p. 165; Rudolf Kautzsch, *Der romanische Kirchenbau im Elsass* (Freiburg im Breisgau, 1944), pp. 209-214, 305 and figures 223 and 225.

Fig. 1

the Rhine, south of Bonn. The courtyard of the local parish-church has a small side portal with reliefs around it. This portal served as a thoroughfare for pedestrians, whereas the large one was used by vehicles. In the left lower field a figure

Fig. 2

unrooting a tree is seen (for the photograph of which I am grateful to Dr. A. Verbeek, Landeskonservator Rheinland, Bonn). There are many interpretations for it. [5] It is usually

[5] G. Sanoner, *Analyse des Sculptures de Remagen*. Revue de l'Art Chrétien, XLVI (1903), pp. 445-458; Albert M. Koenigen, *Die Rätsel des romanischen Pfarrhofes in Remagen* (München-Pasing, 1947). Known to me from a review only: Ernst Gall, Zeitschrift für Kunstgeschichte, XII (1949), pp. 136-138.

taken for a vernal month allegory: "unten ein Mann mit einem Baum, der März, in dem die Weinstöcke beschnitten werden, oder der April, wo man unter blühenden Bäumen verweilt." [6] R. Will, inferring from the relief in the opposite field which shows the Lionfighting Samson, is probably right when he identifies this figure with the Tree-Uprooter. Because of its placements in the portals both here and in Alspach, the figure, as the embodiment of strength seems to symbolize the "gate-keeper" idea (Fig. 2).

3. *Maienfeld* (from about 1300). In 1898 traces of wall paintings were discovered in one south-west room on the fourth story of the Maienfeld castle tower (Switzerland). The tower dates from the late 13th century, the frescoes are half a century younger. They were soon sketched by *J. R. Rahn* and restored in 1900 by *Chr. Schmidt*. [7] By now they have entirely faded. [8] Among them is a Samson sequence, representing: 1. Samson with the lion. 2. Samson's victory over the Philistines. 3. Samson and Delilah. 4. Samson the Tree-Uprooter. 5. Samson in Dagon's temple. What concerns us here is scene 4. showing Samson with long hair as he uproots a stylized tree. A youth at his side—probably a Philistine—sounds the horn apparently to call for rescue. *Rahn*, misinterpreting the picture, took the figure of Samson for one of the Philistines: "Der eine, ein Jüngling mit langem Lockenhaare, scheint Deckung hinter einem Baum zu suchen; der andere, dem es auch nicht geheuer ist, eilt von hinnen und stösst ins

---

[6] R. Hamann, *Motivwanderung von West nach Osten. Wallraf-Richartz Jahrbuch*, III-IV (Leipzig, 1926-27), p. 57; Paul Clemen, *Die Kunstdenkmäler der Rheinprovinz.* XVII. 1: *Die Kunstdenkmäler des Kreises Ahrweiler* (Düsseldorf, 1938), pp. 547-551.

[7] J. R. Rahn, *Zwi weltliche Bilderfolgen aus dem XIV. und XV. Jahrhundert. Kunstdenkmäler der Schweiz. Mitteilungen der schweizerischen Gesellschaft für Erhaltung historischer Kunstdenkmäler*. Neue Folge. II. (Genf, 1902), pp. 1-12.

[8] Joseph Gantner, *Kunstgeschichte der Schweiz*. II. (Frauenfeld, 1947), p. 282.

Fig. 3

Horn, um einem unsichtbaren Gehülfen zu rufen." [3] There is a clear resemblance between the figure uprroting the tree in

[1] J. R. Rahn, *Op. cit.*, pp. 7-8 and illustration on Plate IX. Cf. Erwin Poeschel, *Die Kunstdenkmäler des Kantons Graubünden.* I. (Basel, 1937), p. 82; II. (Basel, 1937), pp. 31-32.

this scene and those representing Samson in the rest of the sequence. (Fig.3).

Each of the Pécs and the Maienfeld sequences includes one Tree-Uprooter scene of Samson. In Remagen the presence of a Samson scene on the opposite side furnishes a plausible clue for identification. In Limburg, moreover, he is denoted by name. And it is through all these that the Alspach relief gains a meaning.

The data so far revealed suggest rather narrow limits, both geographical and historical, for the Tree-Uprooter figure of Samson to have occurred. Limburg, Alspach and Remagen all lie in the Rhine region, Maienfeld just off the German border. The age is the 12th to 13th century. There is much reason to believe that the artist of Pécs, though his work by now appears to be the oldest, was looking to the Rhine valley for a pattern. Thus the "Samson Master" of Pécs may have blended his Italian learning with German artistic elements.

Lacrimatoria and the Jewish Sources

VIALS found in excavations of Roman graves have in the past been identified by archaeologists as *lacrimatoria* or *urna lacrimalis*.[1] The goblets of gilded glass found in Jewish catacombs were also considered by some to be tear-goblets.[2] This view is not shared by recent scholarship. A. Zeron's short paper,[3] however, quotes the first-century Pseudo-Philo in support of the *lacrimatoria* theory: 'et lacrimas nostras condamus in vas unum, et commendemus vas terre, et erit nobis in testimonium.'[4]

The Latin text is based on a lost Hebrew original, but parallels can be quoted from extant Hebrew sources. In the Psalms we read (56:9)[5]: — שימה דמעתי בנאדך 'Put thou my tears into thy bottle.' Leather bottles were used in the ancient East for storing liquids: water (Gen. 21:14), wine (Josh. 9:4; 1 Sam. 16:20) and milk (Judg. 4:19). In the third century Bar-Kappara referred to this custom in his teaching: כל המוריד דמעות על אדם כשר הקב״ה סופרן ומניחן בבית גנזיו — 'Tears shed for true men are counted by God and placed in His treasury.'[6] The *Haggadah* says that in his last years David filled a goblet with tears daily: בכל יום ויום היה מוריד כוס דמעות.[7]

The biblical author and the Palestinian amorah do not, in my view, use a poetic image but rather reflect the real existence of *lacrimatoria*. In a grave in Siloam a vial was actually found to contain water.[8] However, the background of the tear-flask or tear-goblet must already have been obscure to the medieval poets, surviving only as an image. This is frequently found in the *piyyut*. Amittai ben Shephatiah, who lived in the ninth century at Oria, wrote thus in his *seliḥah*:[9]

---

[1] A. Reifenberg: *Palästinische Kleinkunst*, Berlin, 1927, pp. 60, 67.
[2] S. Krauss: *Zur Katakombenforschung (Berliner–Festschrift)*, Frankfurt, 1903, p. 204; I. Löw: *Tränen. Chajes-Gedenkbuch*, Vienna, 1933, p. 122; idem in A. Scheiber (ed.): *Studien zur jüdischen Folklore*, Hildesheim–New York, 1975, p. 110.
[3] Lacrimatoria and Pseudo-Philo's Biblical Antiquities, *IEJ* 23 (1973), p. 238.
[4] *Liber antiquitatum biblicarum*, LXII, 10. The Budapest Manuscript (OSzK. Fol. Hung. 3004) is identical. See also I. Fröhlich: *Bibliai legendák a hellénisztikus zsidó történetírásban (Biblical Legends in Hellenistic Jewish Historiography)*, Budapest, 1973, p. 56; W. G. Kümmel (ed.): *Jüdische Schriften aus hellenistisch-römischer Zeit*, II, Gütersloh, 1975, p. 295.
[5] A.V. 56:8.   [6] Sabb. 105b.
[7] M. Friedmann (ed.): *Seder Eliahu rabba und Seder Eliahu zuta*, Vienna, 1902, p. 7; *Jalk. Shemuel*, § 165.
[8] S.J. Saller: *Excavations at Bethany (1949–1953)*, Jerusalem, 1957, p. 328.
[9] I. Davidson: *Thesaurus*, I, New York, 1924, pp. 107–108, No. 2275; D. Goldschmidt (ed.): *Seder*

יהי רצון מלפניך שומע כל בכיות
שתשים דמעותינו בנאדך להיות.

Thou who hearest the sound of weeping, according to thy will place our tears in thy bottle, that they might be there.

Sahlan ben Abraham of Cairo wrote in the eleventh century:[10]

שימה בנאדיך דמעותי
ספרה מנודי גם יגיעותי.

Place my tears in thy bottles, mark thou my wanderings and my strivings.

Similarly in the twelfth-century *seliḥah* of Elijahu ben Shemaiah of Bari we find:[11]

שימה דמעותי בנאדך ערשי אמסה
עז לי בך מעוז ומחסה.

Place in thy bottle the tear with which I soak my bed; my strength is in thee, my fortress and refuge.

Other examples are also extant.[12]

Why were these tear-filled flasks, leather bottles, vials, jars or goblets placed in graves? The answer may lie in a popular belief that the dead are thirsty. Goldziher collected many illustrations of this belief from Arab sources, from pagan times until almost our own days.[13] Water was poured into the mouths of the dying lest they arrive thirsty in the next world. A thirteenth-century police chief was instructed to ensure that water was poured onto the grave at a burial. A frequently encountered phrase in Arabic poetry runs: 'May rain soak the grave of the dead.'

---

ha-seliḥot, Jerusalem, 1965, p. 247, No. 93 (Hebrew); B. Klar (ed.): *Megillat Aḥimaaz*, Jerusalem, 1974, p. 95 (Hebrew).
[10] MS. Oxford, Heb. e. 33, Fol. 27b.
[11] Davidson, *op. cit.* (above, n. 9), I, p. 336, No. 7390; Goldschmidt, *op. cit.* (above, n. 9), p. 52, No. 17.
[12] E. Ben Yehudah, *Thesaurus Totius Hebraitatis*, VII, Berlin-Schöneberg, 1927, col. 3461.
[13] I. Goldziher: *Gesammelte Schriften*, v, Hildesheim, 1970, pp. 171–196; B. Heller: Goldziher Ignácz és a néprajz (I. Goldziher and the Folklore), in A. Scheiber (ed.): *Jubilee Volume in Honour of Prof. B. Heller*, Budapest, 1941, pp. 320–321; F. Meier: Ein Prophetenwort gegen die Totenbeweinung, *Der Islam* 50 (1973), pp. 207–229.

Sword Between the Sleeping Companions

On this well-known tale-motif[1] a valuable study has recently been published by W. Baumgartner,[2] the earliest trace of which he has found in the pseudo-epigraph *The Odes of Solomon* of the second century A.D. [28:4. "Neither sword nor sabre will separate me from him."] His rich Oriental material contains Hebrew contributions from a paper of B. Heller,[3] the results of which are known to him not from this source but from another study of the same author's.[4] However, this is no fault because he makes use of all his data.

I should like to add a few particulars. The case of Palti b. Lajis, who puts a sword between himself and Mikhal, the wife of David, is also related in *Midrash Haggadol*. The motif is also included in a Spanish-Jewish [*ladino*] tale.[6] The picture representing this scene of the Haggadah of the Bibliothèque Nationale of Paris [MS Hebr. Nr. 1388] is reproduced by the *Mitteilungen zur jüdischen Volkskunde*.[7] It got into Hungarian literature through an Oriental channel by way of the story of Poncianus.[8]

---

[1] Cf. Stith Thompson, *Motif-Index of Folk-Literature*, III (Helsinki, 1934). P. 316. [H.435.1. Sword as chastity index.]

[2] In *Festschrift Alfred Bertholet zum 80 Geburtstag* (Tübingen, 1950). Pp. 50-57.

[3] "L'épée gardienne de chasteté dans la littérature juive," *REJ*, LII (1906), 169-175.

[4] In *Romania*, XXXVI(1907), 36-49.

[5] Ad. Gen., ed. S. Schechter (Cambridge, 1902). P. 585; ed. M. Margulies, II (Jerusalem, 1947). P. 663.

[6] Cf. Grunwald, *Edoth*, II (Jerusalem, 1946-47). P. 228. Nr. 9.

[7] (1905). P. 82, fig. 22.

[8] The Hungarian material is reviewed by Lajos György, *A magyar anekdota története és egyetemes kapcsolatai The History and General Connections of Hungarian Anecdote* (Budapest, 1934). Pp. 145-146, Nr. 105.

Eléments fabuleux dans l'«Eshkôl Hakôfer» de Juda Hadasi

Juda b. Elie Hadasi *ha-âbhêl* (1) a commencé la rédaction de son œuvre maîtresse, l'*Eshkôl Hakôfer* (intitulé aussi *Séfer Hapeles*, cf. Alph. 24, *shin*, f. 18 *a*), le 9 octobre 1148 (voir Alph. 34, *bêth*, f. 22 *b*), à Constantinople (Alph. 61, *hé*, f. 30 *a*).

Cette compilation forme une sorte de synthèse des enseignements karaïtes des quatre siècles ayant précédé l'auteur ; elle peut dès lors être considérée comme un riche dépôt d'anciens documents perdus.

Une édition scientifique et l'exploitation méthodique de l'*Eshkôl Hakôfer* est un des principaux desiderata de l'histoire critique de la littérature et de la théologie karaïtes. La tâche est double : 1° établissement critique du texte dont l'unique édition (2) mérite peu confiance, sans parler des lacunes dues en partie à la censure ; 2° analyse du texte correct et intégral, enfin établi sur la base des manuscrits, autrement dit élucidation des sources de ce vaste recueil à l'aide des documents antérieurs de la littérature karaïte actuellement connus. On se rendrait compte alors où et dans quelle mesure l'auteur emprunte ses matériaux, et ce qui, pour une part plus faible, est original dans son œuvre.

La source qui serait surtout à considérer ici est le grand code de Qirqisânî dont l'examen approfondi et la confrontation incessante avec l'œuvre de Hadasi peuvent seuls fournir les re-

---

(1) « Qui porte le deuil de Sion ». Sur le groupe ascétique des אבלי ציון voir Marmorstein, *Zion* III, 1929, p. 27-28. Dès la seconde moitié du IXe siècle, cette qualification est appliquée aux Karaïtes par Daniel al-Qûmisi, cf. J. Mann, *Texts and Studies* II, Philadelphie, 1935, p. 79 (voir aussi p. 42-43).

(2) Goslow (Eupatoria) 1836; le texte est accompagné de l'index (*Nah'al Eshkôl*) de Caleb Afendopoulo, composé en 1497, lequel résume l'ouvrage, à partir de l'Alphabet 19.

pères nécessaires pour une exploitation rationnelle et une appréciation juste de cette dernière ([3]).

Du contenu riche et varié de l'*Eshkôl Hakôfer* la présente étude a pour objet de présenter les éléments fabuleux épars à travers cet ample recueil, divisé en 379 « alphabets », remplissant 620 colonnes in-folio, que personne n'a encore étudié à ce point de vue.

Il ne sera pas question ici de contes talmudiques, d'*aggadôth*. En effet, l'investigation scientifique de l'Aggada a recensé les *aggadôth* ou les variantes aggadiques conservées dans l'*Eshkôl Hakôfer* ([4]), encore que, dans ce domaine non plus, tout ne soit pas tiré au clair. Je me borne à citer un seul exemple.

La version la plus ample et la plus colorée de la légende relative à la mort de Moïse se trouve dans l'*Eshkôl Hakôfer* : comment Moïse aveugle l'ange de la mort avec son calame, comment il discute avec Dieu, comment l'ange de la mort cherche Moïse partout dans l'univers, dans l'Océan, sur le Mont Sinaï, dans le désert au Tabernacle; comment Dieu en personne ôte la vie à Moïse dans un baiser et comment il l'ensevelit. Comme source de sa narration, Hadasi allègue les écrits relatifs à la mort de Moïse (*bisefôrémô bi-pet'îrat Môsheh*) que les Rabbanites récitent dans leur liturgie de Souccoth, ainsi que le *Tanh'uma* (Alph. 83, *mem-pé*, f. 36 c). Dans une page ultérieure il redit la légende, sans indiquer de source, mais en ajoutant aux endroits où la Mort cherche Moïse la tente de celui-ci et le camp d'Israël (Alph. 112, *aïn*-113, *nûn*, f. 44 b-c). Encore plus copieuse est la version qu'il rapporte vers la fin de son livre (il manque cependant l'épisode de la quête de Moïse par la Mort); outre les sources précédentes, il se réfère ici à une *qerôba* de Souccoth (Alph. 364, *we-'atta*, f. 137 a, 138 a).

Le Midrash connaît en effet ces légendes relatives à la mort de Moïse. D'après la version la plus complète l'ange de la mort cherche Moïse dans les lieux suivants : sur la terre, chez la mer, dans la géhenne, dans le *She'ôl* et l'*Abaddôn*, dans le fond de la boue (Ps. XL, 3), auprès des fils de Coré, au ciel, au jardin

---

[3] Ce travail est désormais possible, grâce à l'édition monumentale de L. Nemoy, *Kitâb al-anwâr wal-marâqib, Code of Karaite Law by Ya'qûb al-Qirqisânî* I-V, N.Y., 1939-1943 (liste des publications partielles antérieures, t. V, p. 06-07).

[4] Voir L. Ginzberg, *The Legends of the Jews*, t. VII, Index, by Boaz Cohen, Philadelphie 1938, p. 580, *s. v.* Eshkol (Hadassi). Un grand nombre de références y sont défigurées par des fautes d'impression : 3º *a*, l. 36 *a* ; 134 *d*, l. 133 *d* ; nº 379, l. 364.

d'Eden, auprès de l'arbre de la vie, sur les montagnes et dans les déserts, sur le Mont Sinaï, chez les animaux domestiques et les bêtes sauvages, chez l'ange *Dûma*, auprès des anges et des hommes [5]. La question est cependant de savoir quel est le texte liturgique rabbanite auquel Hadasi se réfère en rapportant les deux premières versions de la légende. Un travail consacré sur ma suggestion aux poèmes juifs du moyen âge concernant la mort de Moïse [6] n'a apporté, contrairement à mon attente, aucun résultat à cet égard. Le parallèle (et non la source) le plus proche semble être un poème araméen qui a servi d'introduction au Targoum récité liturgiquement lors de la fête de Simhat Tôra [7]. Dans ce texte, Jochebed s'enquiert de Moïse en Egypte, auprès du Nil, à la Mer Rouge, dans le désert, au Mont Sinaï, au rocher de Massa (cf. Ex. XVII, 7). Aucun de ces lieux ne l'a revu depuis que, d'après l'histoire sainte, il y a passé [8]. Comme il est établi par ailleurs que Hadasi suit fidèlement ses sources, son témoignage à lui seul autorise à ranger le morceau qu'il allègue (et qui reste à découvrir) parmi les poèmes liturgiques relatifs à la mort de Moïse.

Dans les pages qui suivent, je donne la traduction intégrale des fables rapportées par Hadasi, sans m'astreindre à recueillir tout le matériel comparatif afférent. J'indique les parallèles que j'ai trouvés, laissant aux spécialistes le soin de compléter mes données. J'aime a croire qu'ils tireront profit de ces textes puisqu'aussi bien l'idée leur viendrait difficilement d'aller chercher des fables ou des éléments fabuleux dans un code karaïte.

I. LA CHASSE A L'ELEPHANT.

(Alph. 44, *t'et-wâw*, f. 24 d).

« Les éléphants n'ont pas de genoux [9]. Lorsque, sortant de la mer, ils vont paître dans les pâturages sur la terre ferme, ils sont

---

[5] *Ozar Midrashim*, éd. Eisenstein, t. II, New York 1915, p. 370-371. Cf. Jellinek, *Beth ha-Midrasch*, t. I, p. 115-129; t. VI, p. 71-78; Meyer Abraham, *Légendes juives apocryphes sur la Vie de Moïse*. Paris 1925, pp. 28-45, 93-113; Halévy [même auteur], *Moïse*, Paris 1927, p. 164-171. Récit similaire dans le *Midrash* yéménite, voir Saül Liebermann, *Midreshé Téman*, Jérusalem 1940, p. 33.
[6] A. Hirschler, *La mort de Moïse dans la poésie liturgique du moyen âge* (dissertation doctorale en hongrois). Budapest, 1939. 32 p.
[7] Publiée d'après un ms. de Paris, par M. Ginsburger, *Les introductions araméennes à la lecture du Targoum*, REJ LXXIII, 1921, p. 193; cf. Davidson, *Thesaurus*, t. I, N. Y. 1924, p. 109, n° 2312.
[8] Hirschler, *op. cit.*, p. 29, n° XXXIV.
[9] Source : *Physiologus grec*, chap. 43. Voir Friedr. Lauchert, *Geschichte des Physiologus*, Strasbourg 1889, pp. 34-35 et 271-273. La fable de la capture de l'éléphant est également représentée dans l'iconographie chrétienne du moyen âge, cf. Wilhelm Molsdorf, *Christliche Symbolik der mittelalterlichen Kunst*, Leipzig 1926, p. 56, n° 333.

capturés par les hommes au moyen du stratagème suivant : Les chasseurs scient les arbres et quand les éléphants arrivent, fatigués, et y appuient leurs corps pesants, les arbres s'écroulent et les animaux tombent aussi par terre. Pendant qu'ils gisent, furieux et épuisés, les chasseurs surviennent et clouent leurs trompes au sol avec des crochets. Comme ils ne peuvent plus se relever, il est facile de les capturer. On enfonce crochets et grappins dans la trompe de l'éléphant, et on le traîne sur le sol comme n'importe quelle autre bête sauvage. Les hommes le montent et l'emploient dans la guerre contre leurs ennemis. Il est capable d'enfoncer édifices et murailles avec sa trompe. Il précède les guerriers, telle une tour ou un rempart.»

II. LA GIRAFE.

(Alph. 45, *taw*-46, *taw*, f. 25 *a*)

« Le *zémer* est un petit animal ; son nom est « girafe » [10] ; sa peau est bigarrée de stries multicolores de toute beauté ; sa chair a le goût de la myrrhe et de l'aloès dans la bouche de l'homme. Lorsqu'elle tombe au piège, elle pleure, supplie et verse les larmes devant ses chasseurs afin d'être libérée du piège. Elle parle la langue qu'elle entend de ses chasseurs, sauf que son langage n'est pas clair. »

III. LES PIRATES CYNOCÉPHALES.

(Alph. 59, *resh* — 60, *nûn*, f. 29 *d*).

« (Il y a des êtres) qui avec une seule figure voient (à la fois) devant et derrière eux [11]. Une moitié de leur face jusqu'à la bouche est visage humain, l'autre, qui s'y apparie, visage de chien. Ils parlent un langage humain, (mais) aboient (aussi) comme les chiens. Ils portent deux yeux sur la figure et un troisième œil sur la nuque. Leur corps est mi-humain, mi-canin; dans leur fureur, ils aboient sans arrêt. La plante de leur pied est comme l'éponge marine ; aussi sont-ils incapables de marcher dans l'eau. Ils ont taille d'homme et courent alertes comme des cerfs. Ils font commerce de poivre, d'épices et de fruits exotiques avec les marchands d'outre-mer. S'ils découvrent un voyageur solitaire dans leur pays, ils se saisissent de lui, le capturent, le jettent dans une fosse et le nourrissent de toutes sortes de douceurs pour l'engraisser. Ils l'enivrent avec une herbe (narcotique) afin de l'étourdir et de l'empêcher de distinguer entre le bien et son contraire. Ils le gavent de fruits et de miel jusqu'à ce qu'il ait engraissé dans la fosse où ils l'ont jeté. Lorsqu'il est suffisamment gras, ils l'égorgent et en font un mets de choix. Mais avant de l'égorger,

---

(10) זורפי; c'est le nom arabe de l'animal. Saadia rend aussi זמר (Deut. XIV, 5) par *zurâfâ* (communication d'Immanuel Lœw, lettre du 26-VI 1941); cf. encore כפתור ופרח, éd. H. Edelmann, Berlin 1852, f. 124*a*. P. F. Frankl a interprété le mot par un prétendu vocable grec (ζυράμφιος, cf. *MGWJ* XXXIII, 1884, p. 516) qui ne se trouve dans aucun dictionnaire du grec ancien, médiéval ou moderne.

(11) Dans le manuscrit de la Bibliothèque Nationale de Vienne (A. Z. Schwarz, *Die hebr. Hdschr. der Nationalbibliothek in Wien*, 1925, no 130, f. 138*a*-139*b*) on lit encore le mot קינוקפלי = *cynocéphale*.

ils l'examinent en coupant une parcelle de son petit doigt. S'il est gras, ils le mettent en broche et le font rôtir. Ils le mangent rôti ou grillé ou bien coupent sa chair en tranches et la salent. Mais s'ils constatent que sa chair est maigre, lâche et maladive, ils continuent à le faire manger jusqu'à ce qu'il engraisse. Ce malheur est arrivé à deux compagnons, marchands originaires du pays des Dix Tribus que le sort a jetés dans les contrées de Couch et de H'awîla [12]. Celui qui en a échappé, le docte Eldad, de la tribu de Dan, a raconté l'aventure dans son livre, mais son camarade périt sous les dents des sauvages. Ces deux compagnons, Israélites, non étrangers, furent capturés et jetés dans la fosse. L'un mangea, engraissa comme un porc et fut dévoré comme du pain par les ennemis. L'autre, par l'effet de la miséricorde divine, tomba malade et ne toucha point à leur nourriture ni à leur boisson. Alors qu'il gisait dans la fosse, épuisé, torturé par la faim et par la soif, il s'aperçut une nuit que le maître de la maison (= son geôlier) avait quitté sa demeure. Il ramassa ses forces et sortit de la fosse. Il découvrit une épée dans la maison de son maître et ayant égorgé les sauvages étendus sur leurs couches, plongés dans un sommeil profond, il parvint à gagner le fleuve. Tous leurs guerriers se rassemblèrent pour le tuer, mais il entra dans le fleuve où ils ne pouvaient pas le suivre, car leurs pieds sont comme l'éponge, s'imbibent d'eau et s'alourdissent. Il plongea et revint à la surface bien plus loin. Il trouva un tronc de cèdre du Liban flottant dans le fleuve, s'y installa et parvint jusqu'à la frontière d'Egypte, raconta son histoire, vendit le bois et en tira une forte somme d'argent, puis retourna dans son pays natal relatant son aventure à qui voulait l'entendre. »

Comme nous l'avons vu, dans la seconde partie de son récit Hadasi se réfère lui-même à Eldad Hadânî comme à sa source [13]. Cette fable se retrouve en effet dans le livre d'Eldad ; la voici d'après l'une des variantes :

Eldad Hadânî part d'au-delà des fleuves de Couch sur un petit bateau, avec un de ses compagnons de la tribu d'Acher, pour faire du commerce en compagnie des marins. A minuit, un orage se lève, le navire fait naufrage, mais nos deux voyageurs échappent en s'agrippant à une planche. La mer les rejette sur la terre des *RWMRNWS*, Couchites noirs, de haute taille, nus, semblables à des bêtes et cannibales, qui les font prisonniers. Le compagnon d'Eldad, trouvé bien portant, gras et appétissant est égorgé et dévoré par les sauvages. Quant à Eldad qui était malade, ils le mettent sous le joug en attendant qu'il engraisse.

---

[12] D'après S. Krauss (*Tarbiz* VIII, 1937, pp. 220, 231) le premier toponyme désignerait l'Inde, le second Evilath, également dans l'Inde (?). Pour l'interprétation des termes géographiques du texte qui suit et du passage d'Eldad Hadânî cité plus loin, voir Krauss, *ibid.*, p. 215-232.

[13] Une partie de la version de Hadasi a été imprimée par Abr. Epstein dans son recueil de textes relatifs à Eldad Hadâni (*Eldad ha-Dani*, Presbourg 1891, p. 63).

On lui sert toutes sortes de mets succulents et rituellement interdits, mais il se garde d'y toucher. Il doit son salut à une grande armée qui razzie la province et l'emmène captif. Ses nouveaux maîtres sont des adorateurs du feu ; il reste quatre ans avec eux. Un jour, ils le conduisent dans le pays d'*Açîç* [14] où un Israélite de la tribu d'Issachar l'achète pour trente-deux pièces d'or et le ramène dans son pays [15].

Malgré les divergences, on peut admettre que le conte d'Eldad Hadânî est non seulement semblable [16], mais identique à celui que nous avons tiré de l'*Eshkôl Hakôfer*. Les différences peuvent être attribuées à ce que Hadasi ou sa source immédiate ont travaillé sur une recension inconnue jusqu'à maintenant des voyages d'Eldad.

En fait de thèmes de folklore général et de folklore juif deux motifs de la version de Hadasi sont à relever.

1° *Les hommes cynocéphales* [17]. Un aspect partiel de ce thème, l'histoire du motif du roi-chien, a été étudié de près par Mme Lily Weiser-Aall, professeur à Oslo [18]. D'après ses recherches, le motif apparaît d'abord chez Pline et parvient jusqu'aux peuples nordiques. Les données de la littérature juive ont été fournies à cet auteur par Bernard Heller [19]. Le roi Merodakh-Baladan eut sa figure changée en museau de chien, sur quoi son fils prit sa place sur le trône (*Sanh.* 96a, cf. *Ab. Z.* 46 a). D'après une des versions hébraïques médiévales du Roman d'Alexandre dans le pays de H'awîla le roi est remplacé quatre mois chaque année par un chien [20]. Cette dernière indication nous conduit déjà dans le domaine des légendes concernant Alexandre les-

---

(14) Les variantes chez Epstein, p. 30-31, n. 7. La bonne leçon est אלצין, « la Chine ».

(15) Version *B* de D. H. Müller, *Die Rezensionen und Versionen des Eldad Had-Dânî* (Denkschriften... Wien, Ph.-hist. Klasse, XLI), Vienne 1892, p. 70-72; Epstein, p. 23-24. Les autres versions concordent en gros avec celle-ci (Müller, p. 70-73, Epstein, pp. 51, 58-59). Par contre, dans la version *R* de Müller (ms. de Rome) le naufrage n'est pas mentionné; Eldad et son compagnon sont *vendus* par les marchands au peuple RWMRWS chez qui ils demeurent *tous les deux six mois*, tombent *ensemble* pour quatre mois entre les mains des tribus *kût* et *qêdar;* en sortant de là, Eldad échoue dans la province אנים, et son compagnon ailleurs.

(16) Gaster, *Studies and Texts*. II. Londres 1925, p. 1056; voir sur ce texte B. Heller *MGWJ* LXXX, 1936, p. 476-477.

(17) Cf. V. Chauvin, *Bibliographie des Ouvrages arabes*, Liège-Leipzig, VII, 1903, p. 77; *Specimen commentarii bibliographici ad Saxonis Gesta Danorum auspiciis societatis linguae et litterarum Danicarum*, Copenhague 1937, p. 17; Gustave E. von Grünebaum, *Medieval Islam*, Chicago 1946, p. 304.

(18) *Zur Sage vom Hundekönig*, extrait de *Wiener Prähistorische Zeitschrift*, XIX, 1932, p. 349-356; du même auteur : *En Studie over Sagnet om Hundekongen*, Saertrykk av Maal og minne, 1933, p. 134-149.

(19) Cf. A. Schreiber, *Bibliographie der Schriften Bernhard Hellers*, Budapest 1941, p. 5.

(20) I. Lévi, *Steinschneider Festschrift*, Leipzig 1896, partie hébraïque, p. 158

quelles offrent de nombreux parallèles étroits avec la version de Hadasi. Alexandre le Grand parvient au pays « canin » (*kalbeyânâ*) dont tous les habitants aboient. Ils sont couverts de poils de la plante des pieds jusqu'au sommet du crâne ; leur taille ne mesure qu'une coudée et demie [21]. Le *Yosippon* (X^e-XIe siècle) relate également l'arrivée d'Alexandre chez les anthropophages qui aboient comme des chiens [22]. Nous lisons des indications analogues dans les lettres du « Prêtre Jean » [23] dont certaines furent traduites en hébreu. L'un de ces textes raconte qu'il existe une peuplade ayant corps humain et tête de chien. Ce sont de fameux pêcheurs, capables de passer toute une journée au fond de l'eau d'où ils ressortent chargés de poisson [24]. Eléazar ben Juda de Worms (premier tiers du XIIIe siècle) a également entendu parler des hommes cynocéphales [25]. Nous ne pouvons cependant citer de source littéraire allemande que du siècle suivant. Conrad de Megenberg en parle dans son « Livre de la Nature » [26].

Les cynocéphales de Hadasi ont encore une autre particularité : la plante de leur pied est semblable à l'éponge [27], ce

---

(21) *Ibid.*, p. 157.

(22) Chap. X, f. 21 a de l'impression de Lemberg, 1862.

(23) Pour la légende du Prêtre Jean en qui se fondent les figures du négus d'Ethiopie et du roi des Kéraït, peuplade mongole christianisée, cf. Carlo Conti Rossini, *Storia d'Etiopia* I, Milan 1928, p. 331-333; René Grousset, *Histoire des Croisades*, t. III, Paris 1936, aux endroits marqués à l'index *s. v.* Prêtre Jean.

(24) Voir A. Neubauer, *Qôbeç*, t. IV, Berlin 1888, p. 14.

(25) הונטהויבט = *hunthoïbet*. Cité de son *Séfer haṭṭagin*, par M. Güdemann, *Gesch. des Erziehungswesens und mit der Cultur der Juden in Frankreich und Deutschland*, t. I, Vienne 1880, p. 213. Les constructeurs de la Tour de Babel sont métamorphosés en êtres cynocéphales à pieds fourchus (*Apoc. grecque de Baruch* III,3; cf. הספרים החיצונים, éd. A. Kahana, I Tel Aviv 1937, p. 413); voir aussi M. Grunwald, *MGWJ* LXXIV, 1930, p. 463-464. Cette conception a pénétré également dans l'iconographie juive. Au tome III d'une Bible conservée à l'Ambrosienne de Milan (32 B, f. 136 *a*, en bas) on voit une représentation du banquet messianique : les cinq convives sont thériocéphales; le deuxième personnage de gauche est cynocéphale; cf. Zofja Ameisenowa, *MGWJ* LXXIX, 1935, fig. 2, entre les pp. 416 et 417. Dans un *Mahzor* de Darmstadt, du XIVe s. (ms. or. 13), les fils d'Haman sont cynocéphales (*ibid.*, p. 419-420).

(26) *Das Buch der Natur von Conrad von Megenberg*. In Neu-Hochdeutscher Sprache bearbeitet und mit Anmerkungen versehen von Dr. Hugo Schulz. Greifswald, 1897, p. 421 : « Der heilige Lehrer Hieronymus berichtet von Menschen, die den Namen der Kynokephalen führen. Sie haben Hundsköpfe, scharfe, krumme Krallen an den Extremitäten, sind rauh am ganzen Leibe und sprechen nicht, sondern bellen wie die Hunde ». [Le renvoi à Jérôme serait à vérifier; les index de la *Patrologie* de Migne n'ont pas permis de retrouver dans les œuvres de ce Père de l'Eglise ce qui est allégué en son nom]. — La croyance populaire esthonienne connaît des êtres à museau de chien qui dévorent les hommes robustes et engraissent les faibles pour les rôtir ensuite; cf. O. Beke, *Ethnographia*, t. LVII, 1946, p. 91 (en hongrois).

(27) A ajouter aux références de la littérature juive à l'éponge, recueillies par Imm. Loew, « Der Badeschwamm ? *MGWJ* LXXIX, 1935, p. 422-431.

qui leur interdit de marcher dans l'eau. Ce trait fabuleux ne semble se retrouver dans aucune autre source (28).

2° *Etres parsemés d'yeux.* Dans une étude assez récente, (29) R. Pettazzoni a retracé le développement de la conception des êtres « multi-oculaires ». Le bref chapitre de ce travail, traitant des sources juives (p. 10-11) appelle des compléments. Chez Ezéchiel, les quatre chérubins ailés du char divin avaient « tout leur corps, leur dos, leurs mains et leurs ailes remplis d'yeux, aussi bien que les roues tout autour, les quatre roues » (X, 12, cf. I, 18 : « les quatre roues étaient remplies d'yeux tout autour »). D'après l'*Apocalypse* de Jean, « Au milieu du trône et autour du trône, il y a quatre êtres vivants remplis d'yeux devant et derrière... Les quatre êtres vivants... sont remplis d'yeux tout autour et au dedans » (IV, 6-8). Dieu a sept yeux « qui parcourent toute la terre » (Zach. IV, 10) ; cette image symbolise probablement les sept planètes (30). Dans la littérature juive postérieure, l'ange de la mort est aussi parsemée d'yeux. « On raconte au sujet de l'ange de la mort qu'il est parsemé d'yeux. Lorsque le malade est sur le point de mourir, il se tient à son chevet, tenant à la main une épée nue à laquelle pend une goutte de fiel. Le malade l'aperçoit ; saisi d'horreur, il ouvre la bouche et la goutte y tombe. C'est elle qui le fait mourir, le décompose et fait pâlir son visage » (31). Dans une autre version : « Les maîtres enseignent que l'ange de la mort s'étend d'une extrémité du monde à l'autre et il est parsemé d'yeux de la plante des pieds jusqu'au sommet du crâne » (32). Les lettres du Prêtre Jean offrent également des parallèles pour ce concept. L'une d'entre elles parle d'hommes qui portent deux petites cornes sur le front, un œil devant, deux derrière; ils ont nom *FYMYNWS* (33). Une autre version connaît un peuple ayant deux yeux devant et deux derrière (34).

Le motif de la « polyophtalmie » manque dans toutes les

---

(28) Cf. J. Trostler, *Libanon* V, 1940, p. 102.
(29) « Le corps parsemé d'yeux », *Zalmoxis*, Revue des Etudes Religieuses, I, Paris 1938, p. 3-12. Pour la bibliographie, cf. encore Stith Thompson, « Motif-Index of Folk Literature » I, *FFC*. vol. xxxix, no 106, Helsinki 1932, A. 123; B. 15.
(30) Cette interprétation se trouve déjà dans le *Midrash Rabba*, Nombres XV. Cf. G. Roheim, *Spiegelzauber*, Leipzig-Vienne 1919, p. 232. Le bas-relief de l'église de Ste Justine à Padoue où l'on voit une galette oblongue (pain de proposition) ornée de sept yeux, doit s'interpréter par le même texte de la Bible; cf. B. Kohlbach, *Annuaire de la Société littéraire juive de Hongrie*, 1914, p. 155. D'autres données iconographiques dans Molsdorf, op. cit., p. 122, n° 830.
(31) *Ab. Zara* 20 b, *Mass. Semah'ôt*, éd. M. Higger, New York 1931, p. 252; dans le *Sékhel T'ôb*, éd. S. Buber, Berlin 1900, p. 74, il manque la première phrase du texte, renfermant le motif en question.
(32) *Hibbût' haqeber* (Treatise Semahot, éd. Higger), p. 258 (édition plus récente par le même, *Horeb* I, 1934, p. 102).
(33) Neubauer, *Qôbeç*, t. IV, 1888, p. 12. — (34) *Ibid.*, p. 17.

versions connues de la relation fabuleuse d'Eldad Hadânî, sauf dans celle conservée par Hadasi. Celui-ci a pu facilement le recueillir à Byzance.

IV. LE VOYAGE D'UN CONSTANTINOPOLITAIN PARMI LES NAINS. COMBAT AVEC LES OISEAUX.

(Alph. 60, *mem-gimel*, f. 29 *d*/30 *a*).

« La race de *Pitiqôn* a une taille de deux coudées et un empan. Leur royaume est sis près d'un grand lac, entouré de roseaux, de joncs et de toutes sortes de (plantes) odoriférantes. Ce lieu est rempli des meilleurs parfums et espèces qu'on puisse s'imaginer. Dans les montagnes et les cavernes d'alentour demeurent de grands oiseaux : éperviers, vautours, aigles et orfraies, aux ailes et au plumage bien fournis et de taille imposante. Une fois par an, ces oiseaux se rassemblent et livrent jusqu'au soir un furieux combat aux nains. Ceux-ci s'arment alors de pied en cap, forment leurs bataillons, mais avant le combat mettent leurs familles et leurs troupeaux en lieu sûr. Il y a un jour fixe dans chaque année que leurs sages connaissent. En ce jour, les hommes sont, dès le matin, prêts au combat. A l'aube, les oiseaux s'abattent sur eux et couvrent le sol. Ils s'affrontent dans une lutte acharnée ; les oiseaux bataillent avec leurs serres, leurs ailes et leur bec, les nains avec des épieux, flèches, bâtons, javelines et toutes sortes d'armes. ... Les deux armées s'entretuent mutuellement jusqu'au coucher du soleil, puis se débandent et se dispersent, les uns regagnant leurs habitations, les autres leurs cavernes, jusqu'au jour fixe de l'année suivante. Et les cadavres jonchent les rives du lac. Un jour, un Constantinopolitain, homme brave et de haute taille, fit naufrage dans cette contrée. Rescapé, il découvrit le chemin du pays des nains, y pénétra et trouva repos et abri dans leurs maisons. Il fut étonné de leur aspect étrange ; quant à eux, ils éprouvèrent une vive joie de sa présence, en disant : « la bataille est pour demain ; cet homme-ci nous sauvera des oiseaux, nos ennemis. » Le matin, ils étaient en armes, prêts à combattre, leurs troupeaux et leurs familles étaient disparus dans les cachettes. L'étranger leur demanda l'explication de tout cela. Ils le mirent au courant, mais il prit l'affaire à la légère et leur dit : « Ne craignez rien, je suis avec vous ». Au matin, lorsqu'il aperçut la multitude (des oiseaux) qui arrivait, il fut saisi d'étonnement et de trouble, mais se domina et leur dit : « Je suis des vôtres ». Il fit un grand carnage de ces oiseaux, jusqu'à ce qu'ils eurent le dessus sur lui et le terrassèrent. Le grand combat dura jusqu'au soir et beaucoup tombèrent des deux côtés sur les rives du lac. L'homme en échappa et dit son histoire à qui voulait l'entendre ».

Hadasi dit clairement ici qu'il tient la fable du héros même du récit, un de ses concitoyens de Constantinople. La supposition d'Abraham Epstein qui attribue cette fable aussi à Eldad

Hadânî n'est donc pas fondée, et il a eu tort d'imprimer cette narration parmi les versions des voyages d'Eldad (35).

A l'analyse, cette fable offre deux motifs.

1° *Le combat des nains et des oiseaux*. L'histoire de ce motif remonte à l'antiquité gréco-romaine. Par exemple, Pline fait vivre (36) ces nains (*Pygmaei*) dans l'Inde et se prononce ainsi à leur sujet : « Homère rapporte, de son côté, que les grues leur font la guerre (37). On dit que, portés sur le dos de béliers et de chèvres, et armés de flèches, ils descendent tous ensemble au printemps sur le bord de la mer, et mangent les œufs et les petits de ces oiseaux ; que cette expédition dure trois mois ; qu'autrement ils ne pourraient pas résister à la multitude croissante des grues. »

Au moyen âge, Conrad de Megenberg reproduit ce racontar sous la forme suivante : « Sur une montagne de l'Inde demeurent des petits hommes, appelés Pygmées, hauts seulement de deux doigts, qui combattent avec les grues. Dans la troisième année de leur vie, ils engendrent leurs enfants, à huit ans ils sont déjà vieux » (38). Ce compilateur nous informe d'ailleurs que cette fable, comme toutes les autres dans son livre, est empruntée aux écrivains de l'antiquité (p. 424-425). Les auteurs des générations successives n'ont en somme fait que se copier les uns les autres.

Le nom même de *Pitiqos* (*pithékos* = nain) et la fable qui s'y rattache sont connus de la littérature juive (39). En venant de Médie, Alexandre le Grand rencontre sur son chemin des hommes appelés en langue grecque *Pitiqôs* (40). L'une des versions hébraïques du Roman d'Alexandre relate que le roi parvient auprès des hommes nommés *Pitiqó* ; mais loin d'être des

---

(35) *Eldad ha-Dani*, ed. Epstein, p. 63-65. [Cf. Qazwînî, *Ajā"ib*, éd. Wüstenfeld, p. 121 : il y a donc une source littéraire arabe G.V.].

(36) *Nat. Hist.* VII, 2, 19, trad. E. Littré, Paris 1860, t. I, p. 283.

(37) Allusion à l'*Iliade*, Chant III, v. 3-7, trad. Paul Mazon, Collection Guillaume Budé, Paris 1937, p. 69 : « On croirait entendre le cri qui s'élève devant le ciel, lorsque les grues, fuyant l'hiver et ses averses de déluge, à grands cris prennent leur vol vers le cours de l'océan. Elles vont porter aux Pygmées le massacre et le trépas, et leur offrir, à l'aube, un combat sans merci ». — Strabon renvoie au même passage d'Homère, lorsqu'il relate le combat des nains de l'Inde, hauts de trois empans, avec les grues et les cailles, ayant la taille des oies. *Strab. Geogr.* XV, 1, éd. A. Meineke, Leipzig 1925, III, 990.

(38) *Das Buch der Natur*, éd. Schulz, p. 422. Pour les destinées ultérieures du motif, voir Richard Dangel, « Der Kampf der Kraniche mit den Pygmäern bei den Indianern Nordamericas », *Studi e Materiali* VII. 1931, p. 128-135. — Parallèles finnois ap. Y. H. Toivonen : *Pygmäen und Zugvögel, Finnisch Ugrische Forschungen* XXIV, 1937, p. 87-126 ; voir aussi Martin Gusinde, *Die Kongo-Pygmäen in Geschichte und Gegenwart*, Halle (Saale), 1942, pp. 161-169.

(39) Solomon J. H. Hurwitz, « Pygmy-Legends in Jewish Literature », *JQR*, n. s. VI, 1915, p. 339-358.

(40) *Yosippon*, éd. citée, chap. X, f. 20 *b* (lire ננסיך).

nains, ces derniers ont le cou long. Alexandre veut en capturer quelques uns, mais ils s'enfuient (41). La lettre du Prêtre Jean connaît également cette fable : « Il est un pays nommé *Piqôniyâh*, dont les habitants ont la taille d'enfants de sept ou huit ans ; leurs chevaux sont cependant grands. Ce sont de bons chrétiens, et ils cultivent leurs terres en paix. Il n'y a guère personne qui leur fasse du mal, car ils habitent un pays inaccessible aux hommes. Mais une grande calamité leur arrive tous les ans. Lorsqu'ils moissonnent et vendangent, une race d'oiseaux vient dévorer leurs récoltes, ce que voyant le roi du pays prend les armes et va leur faire la guerre avec ses troupes. Ils font grand vacarme et chassent les oiseaux ; voilà en quoi consiste leur guerre » (42). Les différentes recensions de ces lettres relatent ce combat avec de menues divergences, en altérant diversement le nom du pays (43). Plusieurs indices font croire que la dernière lettre a été traduite de l'italien ; c'est donc de la rédaction italienne que dérive la forme corrompue, alors que le nom originel devait être proche de *Pygmaei* ou de *Pitiqôs* (43a).

2°. *Le motif de Gulliver*. La fable de Hadasi n'est pas sans rappeler l'aventure de Gulliver à Liliput : prenant la défense du royaume des nains, Gulliver part en guerre contre l'île de Blefuscu située en face de Liliput, et remorque les cinquante « grands » navires de guerre de l'ennemi (44). Le Constantinopolitain s'émerveille à la vue des nains et ceux-ci se réjouissent de leur hôte géant, tout comme Gulliver s'étonne des petits hommes qui sont mis, eux, en joie par la vue de « l'homme-montagne ». Gaster (45) n'estime pas impossible que cette histoire de marins, partie de Byzance au XII° siècle, ait été transportée en Angleterre, oralement ou par écrit, par la voie des croisés ou des navigateurs ; six siècles plus tard Swift (1677-1745) aurait pu en prendre connaissance d'une manière ou d'une autre, et cette fable aurait fourni la matière de sa brillante satire.

---

(41) Ed. Isr. Lévi, *Qôbeç*, t. II, Berlin, 1886, p. 76.

(42) Neubauer, *ibid.*, t. IV, p. 12-13. (Pour le procédé de chasser les oiseaux nuisibles par des cris cf. *Jub.*, XI, 11-24 où l'invention en est attribuée au jeune Abraham, âgé pour lors de quatorze ans; mais il opère seul et il n'y a pas de « guerre »).

(43) Neubauer, *loc. cit.*, pp. 18 et 65 פורוגניאה et פאריקוגיאה).

(43a) La paléographie hébraïque suggérerait plutôt la seconde solution.

(44) Jonathan Swift : *Gullivers' Travels into several remote regions of the World*, chap. V; Routledge-Edition, p. 44-52.

(45) *Studies and Texts*, t. II, Londres 1925-28, p. 1054

V. D'OU PROVIENT L'OR ?

(Alph. 61, *shîn*, f. 30*b*).

« Une rivière d'eaux vives a nom אידרגירוש (46) ; elle diffère de toute autre rivière ; elle moud de l'or comme (d'ordinaire les rivières actionnent des moulins à) farine. Lorsqu'elle aperçoit un homme vêtu d'un habit à fils d'or —כרושונימטוש— (47) ou de peau d'or (*sic*) — שימנד"ש — (48), sentant l'odeur de l'or, elle se met à sa poursuite pour le noyer. Et c'est ainsi que les hommes la circonviennent par ruse. Ils creusent des fosses, puis l'homme vêtu d'or se rend sur le bord de la rivière. L'eau déborde et s'élance, tel un serpent, à la poursuite de l'homme. Celui-ci de déguerpir, alors que l'eau se déverse dans les fosses et n'en peut plus sortir. Les hommes n'ont plus qu'à la puiser, la recueillir en des récipients et la colporter dans le monde entier. »

Nous avons là une de ces fables nées de la « fièvre de l'or », dont nous trouvons déjà un exemple chez Hérodote qui s'est laissé conter par les Perses qu'au Nord de l'Inde, dans le voisinage de la ville de Caspatyre et de la Pactyice se trouvent des déserts de sable où des fourmis plus grandes qu'un renard construisent leurs fourmilières en entassant des monticules de sable remplis d'or. Pendant la grande chaleur du jour, lorsque l'ardeur du soleil oblige les fourmis à se cacher sous terre, les Indiens vont chercher cet or, ayant attelé ensemble chacun trois chameaux, de chaque côté un mâle, et entre deux une femelle sur laquelle ils montent. Ils choisissent les femelles parmi celles qui allaitent et qu'ils viennent d'arracher à leurs petits encore à la mamelle. Lorsqu'ils ont rempli leurs sacs de sable aurifère, ils s'en retournent en toute hâte, car, averties par l'odorat, les fourmis les poursuivent incontinent. Au souvenir de leurs petits, les chamelles repartent à la course. C'est ainsi que les Indiens recueillent la plus grande partie de leur or (49).

VI. DE L'ANE.

(Alph. 111, *nûn-samekh*, f. 44 *b*)

« L'âne vint en braillant réclamer deux cornes comme beaucoup d'animaux en possèdent. On lui jeta des pierres et on lui coupa la queue. »

---

(46) ὑδράργυρος· cf. P. F. Frankl, *loc. cit.*
(47) χρυσονήματος· *ibid.*
(48) Non-identifié.
(49) Cf. Hérodote, *Histoires*, l. III, 102-105 (résumé d'après la traduction de Larcher, revue par L. Humbert, Paris 1879, t. I, pp. 303-305).

Le Talmud (*Sanh.* 106 a) rapporte un conte semblable à propos du chameau : « Voilà ce que racontent les hommes : le chameau réclama des cornes, on lui coupa même les oreilles. » C'est la fable classique d'Esope (n° 184) qui s'est condensée en proverbe déjà dans le Talmud et ensuite chez Hadasi ([50]).

VII. L'ARBRE WAQ-WAQ.

(Alph. 376, *çadé*, f. 152 c).

« Trente-quatrième merveille de Dieu ([51]). Dans le pays de *Wâq-wâq* il y a un arbre ([51a]) ; lorsque quelqu'un porte la main sur lui pour en cueillir un fruit, il se met à crier « wâq-wâq », d'où le nom ».

La patrie de cette fable est l'Inde. Elle est connue des auteurs arabes, dont certains, ayant encore conscience de l'origine du conte, localisent le pays et l'arbre fabuleux dans l'Inde ([52]). Le conte doit sa diffusion aux « Mille et Une Nuits » où il figure dans l'histoire de Hasan. Celui-ci, parti à la recherche de sa femme qui s'était envolée, métamorphosée en oiseau, parvient dans l'archipel de Wâq-wâq composé de sept îles. Dans l'une d'elles, on voit le mont Wâq-wâq lequel tient son nom des arbres qui le couvrent. Des têtes humaines y pendent qui crient au lever et au coucher du soleil « *wâq-wâq*, louange au Créateur » ([53]).

Dans la littérature juive ([54]), l'attestation la plus ancienne connue de cette fable est précisément le texte précité de Hadasi. On la retrouve, environ trois siècles plus tard, chez Simon b. Çemah' Dûrân (mort en 1444) ([55]) qui la relate ainsi dans son *Mâgen Abôt :* ([56]) « Dans l'Inde existe un arbre sur lequel pousse

---

(50) Voir B. Heller, *Das hebräische und arabische Märchen* (Bolte-Polivka, Anmerkungen zu den KHM der Brüder Grimm, t. IV, Leipzig, 1930), p. 318.

(51) Parmi les quarante. — (51 a) Le texte est ambigu ; la dénomination peut s'appliquer aussi bien au pays qu'à l'arbre.

(52) Voir Steinschneider, *ZDMG* XXIV, 1870, pp. 329, 366 ; Chauvin, *Bibliographie*, t. VII, p. 37-38.

(53) Dans l'édition de Beyrouth, IV, 1909, p. 337. Pour l'identification de Wâqwâq, voir le mémoire de G. Ferrand, « Le Wâkwâq est-il le Japon ? », *Journ. As.*, t. CCXX, avril-juin 1932, p. 193-243, qui établit qu'il y eut deux pays désignés de ce nom : en Asie, l'île de Soumatra, en Afrique, Madagascar. Pour l'arbre, *ibid.*, p. 227-230, cf. aussi pp. 199, 202, 241-242. Au sujet de la survie littéraire de la tradition hindoue (Lucien, romans français d'Alexandre), cf. J. Turoczi-Trostler, *Le royaume du Prêtre Jean* (en hongrois), Budapest 1943, p. 485. Pour l'iconographie, Molsdorf, *op. cit.*, p. 112, n° 808.

(54) Steinschneider *HUb.*, p. 366 ; G. A. Kohut. *JE* II, 539-540, s. v. Barnacle-Goose.

(55) Is. Epstein, *The Responsa of Rabbi Simon b. Zemah Duran*, Londres, 1930 (Jews' Coll. Publ., n° 13), p. 105.

(56) Ed. de Livourne, 1795, f. 35 b. Cet ouvrage fut composé en 1423.

une figure de femme qui y est suspendue par les cheveux ; une fois pleinement développée elle tombe et meurt en poussant un grand cri. Sa dépouille est plus fétide que n'importe quel autre cadavre » [57].

VIII. LE FRUIT A PULPE DE CENDRE.

(Alph. 376, çadé, f. 152 c, cf. Alph. 43, samekh, f. 24 c).

« Trente-cinquième merveille : dans le pays d'Edom croît un arbre qui porte des fruits comme ceux du caroubier [58], mais au lieu d'avoir une pulpe charnue et douce comme les caroubes, ces fruits sont gonflés d'air et contiennent une matière sèche, semblable à la poussière. Dans les mois de Tamouz et d'Ab la chaleur du soleil transforme cette partie intérieure en vers et moustiques [59]. Les cornes qui rappellent celles de la caroube se fendent [60], il en sort des moustiques qui voltigent partout. »

Le fruit à la pulpe cendreuse rappelle cette scène du « Paradis Perdu » de Milton où Satan et ses anges déchus se réunissent en pandémonium, assemblée plénière, pour célébrer le triomphe du Malin qui vient de séduire le Premier Homme. Par punition, ils sont transformés en serpents. L'arbre défendu apparaît devant eux, ils se jettent goulûment sur ses fruits, mais ils ne mordent que de la cendre.

« . . . . *greedily they plucked*
The fruitage fair to sight, like that which grew
Near that bitominous lake where Sodom flamed ;
This, more delusive, not the touch but taste
Deceived ; they, fondly thinking to allay
Their appetite with gust, instead of fruit
Chewed bitter ashes, which the offended taste
With spattering noise rejected : oft they assayed
Hunger and thirst constraining ; drugged as oft,
With hatefullest disrelish writhed their jaws
With soot and cinders filled... » [61].

Milton se réfère ici aux fruits de Sodome. Sa source est cette légende reprise par les auteurs ecclésiastiques, d'après des sources plus anciennes, suivant laquelle le sol de Sodome produit jusqu'à nos jours des fruits beaux en apparence, mais qu'il

---

(57) Cf. Loew, *Flora* IV, 1934, p. 450.
(58) Le texte glose קשיל קרמא — ξυλοκέρατα, Loew, *ibid.*, t. II, p. 406, *Harkavy-Festschrift*, St. Pétersbourg, 1908, pp. 70, 75.
(59) Glose : קונופיא — κώνωψ qui signifie « cousin » plutôt que « moustique ».
(60) Loew, *op. cit.*, IV, p. 542.
(61) *Paradise Lost*, l. X, vers 560-570 (*The Poetical Works of John Milton*, Routledge Edition, p. 248).

suffit de toucher pour qu'ils tombent en cendres. Nous lisons ainsi chez Tertullien : « Olet adhuc incendio terra et si qua illic arborum poma colantur, oculis tenus, caeterum contacta cinerescunt » (62).

IX. LA FABLE DE LA MANDRAGORE.

(Alph. 376, *qôf*, f. 152 *c*).

« Trente-sixième merveille : Il existe une espèce d'herbe semblable aux ronces. Lorsqu'on veut l'arracher, elle crie aïe-aïe. Nul homme ne peut la tirer du sol, tellement les racines qu'elle y pousse sont profondes. Dès qu'elle sent qu'on veut l'extraire, elle crie aïe-aïe, et c'est seulement au prix de sa vie que l'homme parvient à l'arracher entièrement. La racine de cette herbe a forme humaine, tantôt d'homme, tantôt de femme, avec tous les membres du corps. Il est bien difficile pour les hommes de l'extraire, sans en mourir. On l'extrait en opérant avec un stratagème habile, car elle est un remède à tous les maux. Voici comment on fait : on amène un chien robuste dont on relie le pénis avec une corde à la plante. L'homme (chargé de la cueillir) s'écarte assez loin pour ne pas entendre la voix meurtrière de la plante. Puis il appelle son chien qui glapit

---

(62) Tertullien, *Apol.*, 40 (PL, I. col. 482-4 et les parallèles indiqués dans les notes). La source juive la plus ancienne pour les pommes de Sodome est la *Sagesse de Salomon* X, 7 (Kautzsch, *Ap. u. Pseud.*, t. I, p. 493), puis Josèphe, *De Bello Judaico* IV, 8, 4, § 484, éd. Niese, t. VI, p. 410. — Ce fruit fabuleux a été décrit également par Tacite, *Hist.* V, 7 : « Nam cuncta sponte edita aut manu sata, sive herba tenus aut flore seu solidam in speciem abolevere, atra et inania velut in cinerem vanescunt ». Bien que cette description concorde presque verbalement avec celle qu'on lit chez Josèphe, on la tient actuellement pour indépendante, cf. K. Kerényi, « Le fruit à pulpe de cendre » (en hongrois), *Egy. Phil. Közlöny*, t. L, 1926, p. 282. Ce motif fabuleux qui est sûrement basé sur la Bible (Deut. XXXII, 32), mériterait un traitement plus complet dont nous ne pouvons indiquer ici en passant que quelques éléments à notre portée. Byron utilise le thème à deux reprises. Dans l'acte III de son « Caïn », Eve maudit ainsi son fils fratricide : « Earth's fruits be ashes in his mouth » (*Poems by Lord Byron*, Londres, Routledge Edition, p. 455); et dans *Childe Harold's Pilgrimage* (III, 34, éd. citée, p. 563) :

« ... but Life will suit
Itself to Sorrow's most detested fruit,
Like to the apples on the Dead Sea's shore,
All ashes to the taste... »

Deux grands poètes hongrois du XIXᵉ siècle, Jean Arany et Eméric Madàch, l'ont repris à la même date, en 1860; ils s'inspirent, croyons-nous, plutôt de la scène grandiose de Milton que des allusions un peu courtes de Byron (nonobstant l'avis contraire de M. V. Tolnai, dans son article en langue hongroise, « Les pommes d'or d'Arany et de Madàch », *Egy. Phil. Köz.*, t. XLVIII, 1924, p. 87-88). Le premier parle, dans son poème « Le Juif éternel », de « fruits, extérieurement d'or, de cendre à l'intérieur ». Le second dit dans sa « Tragédie de l'Homme », sc. VII, trad. fr. de Ch. de Bigault de Casanove, Paris, 1896, p. 91 : « Quel dommage que tes belles idées ne produisent cette fois encore que de ces fruits véreux qui sont rouges au dehors, mais ne contiennent que de la poussière ! »

et tire cette herbe; celle-ci crie aussi jusqu'à ce que le chien ait le dessus et l'arrache du sol. Ils périssent incontinent tous les deux. L'homme vient alors prendre la plante. »

Les *dudâ'îm* de la Bible (Gen. xxx, 14-16 ; Cant. vii, 14) sont généralement expliqués comme désignant la plante en question. L'antiquité et le moyen âge attribuaient à la mandragore des sortes de vertus merveilleuses ; on la tenait notamment, séchée et réduite en poudre, pour un puissant philtre d'amour [63].

La source juive la plus ancienne qui connaisse cette fable est une page de Flavius Josèphe [64] ; cet auteur nomme la plante *Baaras*. Il dit déjà que la racine en doit être arrachée par un chien. Un document hébreu du moyen âge substitue l'âne au chien : « Reuben sortit aux champs et découvrit une mandragore, sans savoir ce que c'était. Il attacha son âne à la plante et s'éloigna. L'âne voulant se sauver, déracina la mandragore qui poussa un grand cri sur quoi l'âne expira, car telle est la nature de la mandragore. Revenu sur les lieux, Reuben trouva son âne mort, et sut ainsi que la plante en question était une mandragore » [65]. A la fin du XII° siècle, Maïmonide signale parmi les « grandes folies », contenues dans l'*Agriculture Nabatéenne*, cet « arbre dont la racine a une forme humaine, fait entendre un son rauque et laisse échapper des mots isolés » [66].

X. LES OISEAUX QUI POUSSENT SUR LES ARBRES.

(Alph. 376, *resh*, f. 152 c).

« Trente-septième merveille : Dans le pays de *Pîtiqôn* des arbres poussent autour d'un lac ; ils portent des fruits semblables aux grenades. Lorsque la chaleur du soleil et la pluie ont fait mûrir ces fruits, les grenades se fendent et des oiseaux en sortent qui, après avoir pris leur vol, s'abattent sur le lac où ils vivent (désormais). Leur chair est plus grasse et plus douce qu'aucun mets ou fruit. »

La fable des oiseaux poussant sur les arbres a fait le tour

---

(63) Pour les croyances rattachées à la mandragore et son rôle dans la symbolique de l'antiquité et le moyen âge chrétien on lira avec le plus grand profit le mémoire d'Hugo Rahner, « Die seelenheilende Blume Moly und Mandragore in antiker und christlicher Symbolik », *Eranos-Jahrbuch* XII, Zürich 1945, p. 117-239, plus spécialement, « II Mandragore, die ewige Menschenwurzel », p. 172-239. — Cf. aussi Loew, *Flora*, t. III. pp. 364, 365, 367; t. IV, p. 566; R. Patai, אדם ואדמה I, Jérusalem 1941, p. 216-220; Mengis, article *Galgenmännlein* dans *Handwörterbuch des deutschen Märchens* II, Berlin 1934/40, p. 304-310.
(64) *De Bell. jud.* VII, 6, 3, § 180-185, éd. Niese, t. VI, p. 594.
(65) *Midrash Aggâda*, éd. S. Buber, t. I, Vienne 1894, p. 112.
(66) *Le Guide des Egarés*, III, 29, trad. Munk, p. 234. Maïmonide n'identifie d'ailleurs pas cette racine avec la mandragore. A la page suivante, il rapporte cependant une autre fable, tirée de la même source, où la mandragore est un des personnages principaux.

de la terre ([67]). Dans la littérature juive, c'est notre texte qui l'atteste le premier.

A en croire Max Müller ([68]), ces oiseaux doivent leur existence à une fausse étymologie, confusion d'une espèce de coquillages adhérant aux troncs d'arbres, nommée *Barnacles* ou *Bernaculae* avec une race d'oies appelée *Barnacles* et *Bernicla* ; et « de l'identité apparente du nom on a conclu à celle des deux espèces d'animaux ». On peut douter de la justesse de cette interprétation, mais le fait demeure que pendant tout le moyen âge l'Angleterre, l'Ecosse et l'Irlande passaient pour la patrie des oiseaux qui poussent sur les arbres. John Gerarde, chirurgien de Londres, non seulement a vu des oiseaux de cette sorte et les a décrits, mais il a inséré dans son livre, paru en 1597, une illustration sur laquelle on les voit sortir des feuilles ou des fleurs des arbres, nager quand ils ont touché l'eau ou tomber morts sur la terre ferme ([69]).

L'existence supposée de ces oiseaux a posé un problème aux auteurs ecclésiastiques : du moment que ces volatiles poussent sur les arbres, leur chair n'est pas de la chair animale : est-il donc licite de la consommer les jours de jeûne ? Plusieurs indications prouvent qu'on « mangeait » ces oiseaux pendant le Carême ; ce n'est qu'une interdiction du pape Innocent III, édictée au concile du Latran, qui les fait disparaître du menu des jours maigres. Conrad de Megenberg donne quelques détails curieux à propos de ces oiseaux imaginaires ([70]).

Si la littérature ecclésiastique permet de suivre cette fable en remontant jusqu'au XIIe siècle ([71]), les sources orientales nous ramènent encore deux siècles plus haut. Qazwînî (éd. Wüstenfeld, t. II, p. 362-3) situe les oiseaux croissant sur les arbres

---

[67] Bibliographie : Güdemann, *Gesch. des Erziehungswesens*, t. I, 1880, p. 213; HUb, pp. 366, 807; Chauvin, *Bibliogr.*, t. VII, p. 18; Gaster, *Studies and Texts*, p. 1080-1081 (antérieurement, Steinschneider *HB*, t. XXI, 1882, p. 54); H. J. Zimmels, עופות הגדלים באילן dans *Minh'at Bikkûrim* (Festschrift Ad Schwarz), Vienne 1926, p. 1-9; L. Ginzberg, Legends, t. V, pp. 50, 150; B. Heller; *JQR*, n. s. XXIV, 1933/4, p. 288, 13; Loew, *Flora*, t. III, p. 112; t. IV, pp. 347-349, 444. 450. Cf. aussi deux articles en hongrois par J. Diamant (*Mélanges Moïse Bloch*, Budapest 1905. p. 82-84) et J. Wellesz, *M. Zs. Sz.*, XXX, 1913, p. 282-284 Pour l'iconographie chrétienne, Molsdorf, *op. laud.*, p. 146, n° 893.
[68] *Lectures on the Science of Language.* Second Series, Londres 1864. p. 533-551.
[69] *Ibid.*, p. 540.
[70] Conrad de Megenberg, *op. cit.*, p. 143. Pelhart de Temesvàr, prédicateur hongrois du XVe siècle en parle également en se référant du reste à Albert le Grand : « carbas auis de arbore hyberna nasci claret : ut dicit Alb. XXIII de animalibus », (*Sermones Pomerii de Sanctis, Pars. hyem.*, Hagenau 1505, Serm. XVII E).
[71] M. Müller, *loc. cit.*, p. 544.

sur le littoral anglais. Sur la foi d'Ahmed ben 'Omar Odhrî, auteur hispano-arabe du Xe siècle, il affirme qu'un souverain musulman avait reçu un de ces arbres producteurs d'oiseaux d'où ceux-ci naquirent effectivement. [72]

Les rabbins du moyen âge s'intéressèrent à ces oiseaux fabuleux presque exclusivement du point de vue de l'alimentation rituelle. Comme nous le verrons, ils se partagent entre trois opinions : pour les uns ces oiseaux sont comestibles sans abatage rituel; d'autres exigent l'abatage rituel, tandis qu'un troisième groupe les met au nombre des reptiles et en interdit la consommation.

Zimmels [73] a fait un effort sérieux pour élucider les principes de ces divergences qu'il attribue à des motifs d'ordre anatomique. Mais ne serait-il pas plus sensé de ramener ces opinions différentes au simple fait qu'aucun docteur juif, non plus que les savants chrétiens ou musulmans, n'a jamais vu d'oiseaux croissant sur un arbre ? Ils n'en étaient que plus à leur aise pour trancher le cas au gré leur imagination, ce qu'ils n'ont pas manqué de faire.

Le docteur juif le plus ancien auquel référence est faite en cette matière est Jacob Tâm (première moitié du XIIe siècle), qui a donné consultation à ce sujet aux Juifs d'Angleterre. Sa décision n'est connue que par les œuvres d'auteurs plus récents. Par exemple, R. Méïr b. Baruch de Rothembourg (1220?-1293) l'a conservée sous la forme suivante : « A propos des oiseaux poussant sur les arbres, certains disent qu'il n'est pas nécessaire de les égorger rituellement, car ils ne se reproduisent pas de manière naturelle et sont dès lors à considérer comme n'importe quel autre arbre. Mon maître Gûr Aryeh [74] déclare cependant avoir entendu de son père Isaac que Rabbênou Tâm prescrivait l'égorgement rituel ; il a envoyé une décision dans ce sens aux habitants d'Angleterre. Mon maître Gûr Aryeh a décidé de même » [75].

Mordekhaï ben Hillel, autre docteur d'Allemagne et disciple de Méïr de Rothembourg, s'inspire visiblement des formules

---

[72] Loew, *Flora*. t. IV, p. 348-9.
[73] Article cité, p. 4-5.
[74] Juda b. Isaac (Sir Léon) de Paris. Zimmels fait remarquer (article cité, p. 8) que ce détail ne peut guère venir de R. Méir de Rothembourg, mais plutôt d'Isaac Or Zarûa, puisque Gûr Aryeh étant mort en 1224 n'a pu être le maître de R. Méir, alors qu'Isaac, le maître de celui-ci, fut effectivement le disciple de Sir Léon. Voir, par contre, J. Wellesz, *Annuaire de la Société Littéraire Juive de Hongrie*. 1909, p. 210.
[75] שו״ת מהר״ם ב״ר ברוך, éd. de Lemberg 1860, f. 12 d.

mêmes employées par son maître, en rapportant l'opinion de R. Tâm : « ([76]) [le début du texte comme ci-dessus]... Par contre, R. Yehûda ([77]) déclare au nom de son père que R. Tâm prescrit l'égorgement rituel, et R. Yehûda m'a enseigné dans le même sens ». Pour revenir aux docteurs juifs de France, citons, parmi d'autres, un passage (n° 210) du *Séfer Miçwôth Qâṭân*, d Isaac de Corbeil (1277) où nous lisons ceci : « RY (?) a prohibé la consommation des oiseaux croissant sur les arbres qui y sont suspendus par le bec, car ce sont des reptiles ; mon maître R. Yehiel ([78]) a énoncé la même interdiction. » A la fin du XIIIe siècle, Gerson ben Salomon d'Arles les mentionne également dans son encyclopédie compilée de sources arabes et hébraïques ([79]), en invoquant même l'autorité d'Aristote ([80]) : « au rapport de certains, il y a un arbre sur le littoral d'Angleterre d'où sortent de petits oiseaux ; jusqu'à leur développement complet ils sont suspendus à l'arbre par leur bec ; pleinement développés ils tombent sur l'eau et s'y remuent. Cela est semblable aux moustiques produits sur les feuilles des arbres non-fruitiers. Aristote écrit dans son *Livre des Animaux* que sur un arbre se produisent des êtres vivants ayant nom *Britanios*. » Un Juif français anonyme mentionne dans son écrit *Çêl ha-'ôlam*, compilé en 1345, d'après une cosmographie en langue française, qu'en Irlande des oiseaux poussent sur les arbres ([81])

Les auteurs juifs d'Espagne s'intéressent aussi à cette question. Leur dépendance vis-à-vis des autorités germano-françaises est ici visible.

Jacob ben Asher (XIVe siècle) : « il est des oiseaux qui naissent sur les arbres et y sont suspendus par le bec ; R. Isaac [de Corbeil] en interdit la consommation, car on peut leur appliquer le texte scripturaire (Lév. XI. 41-42) : « reptiles qui rampent sur la terre, vous les aurez en abomination » ([82]).

Menah'em ben Zerah' (XIVe siècle) : « Il est des pays où l'on trouve des oiseaux naissant sur des arbres auxquels ils sont pendus par le bec [le texte porte « nez »] ; lorsqu'ils ont

---

(76) Mordekhaï, fin H'ullin, n° 1251. éd. de Riva di Trento, 1559, f. 142*a*; en appendice à Alfasi, n° 735, éd. de Lemberg 1865, f. 6*d*.
(77) Juda b. Isaac Sir Léon : Gûr Arych, non R. Juda H'asid de Worms, comme on l'admet généralement, fait constaté déjà par A. Epstein, *Hagóren* IV. 1903, p. 99, 38 ; Wellesz, *M. Zs. Sz.*, XXX, 1913. p. 283.
(78) Yehiel b. Joseph (Sir Vives) de Paris (milieu du XIIIe s.).
(79) *Sha''ar ha-shamayim*. Roedelheim 1801, ff. 21 *a*, 28 *u*.
(80) Cf. HUb I, 12; d'après Loew, *Flora*, t. IV, p. 438, la citation est tirée en fait du commentaire d'Averroès sur le *De Plantis* pseudo-aristotélicien.
(81) Cf. L. Zunz, *Ges. Schriften*, t. I, Berlin 1875, p. 174.
(82) *Tûr Yôré Dé''a*, § 84, de là *Shulh'an ''Arûkh. Yôré Dé''a*, § 84, 15.

grandi, ils tombent et s'envolent. Selon les rabbins de France, il est interdit de les consommer » ([83]).

Simon ben Çemah' Dûrân (XVe siècle) : « Il existe un arbre sur lequel poussent des êtres vivants, comme cet arbre de France où poussent des oiseaux qui s'y accrochent avec leurs becs. Lorsqu'ils s'en détachent, ils volent. Les princes les mangent aux jours maigres, le statut de la viande ne s'appliquant point à eux » ([84]).

Mais déjà un contemporain de Maïmonide, le Nord-Africain Joseph ibn "Aqnîn, ([85]) connaît la fable et la relate avec force détails ([86]).

Le seul auteur juif qui a l'air de révoquer en doute la véracité de ce racontar est Moïse ben H'isdaï Takau (Taqû, Allemagne, XIIIe siècle) : « Les oiseaux naissant sur les arbres sont licites pour la consommation puisque ce ne sont pas des reptiles... si toutefois il est exact qu'ils poussent sur les arbres » ([87]).

XI. LES ARBRES QUI RENVOIENT L'ECHO.

(Alph. 376, resh, f. 152 c).

« Trente-huitième merveille : « Il y a des arbres qui renvoient les paroles humaines qu'ils entendent, en quelque langue que ce soit. Le son semble provenir d'eux, mais leur discours n'est pas clair. »

Le motif des arbres parlants dans la littérature juive a été brièvement traité par A. Marmorstein : « Legendenmotive in der rabbinischen Literatur », *ARW* XVII, 1914, p. 132-133. Voir encore : Lœw, *Flora*, t. II, p. 361-362 ; t. IV, p.p. 361-362, 587 ; Angelo S. Rappoport, *The Folklore of the Jews*, Londres 1937, p. 37.

XII. LE GENIE DE LA SOURCE.

(Alph. 376, taw, f. 152 d).

« Quarantième merveille : Je me suis laissé dire que dans le pays de Shâsh et de Farghâna ([88]) se trouvent les sources de *zi-*

---

(83) Çéda la-derekh, II, 2, 7, Sabionetta 1567, f. 97 a.
(84) Mâgén Abôt, Livourne 1567, f. 97 a.
(85) Cf. Jos. Heller, *EJ*, t. II. col. 33-38.
(86) *Sepher Musar ... von R. Joseph b. Jehuda*, éd. Bacher, Berlin 1910, p. 69.
(87) Cf. *Ketáb Támim*, éd. R. Kirchheim *Oçar Neh'mad*, t. III, 1860, p. 85. — Sur cet auteur et son œuvre, cf. H. Tykocinsky. *MGWJ* LIV, 1910, p. 70-81; Kuk, *Hazofeh* IX, 1925, p. 89-91. Contre l'hypothèse manquée de Tykocinsky (deux auteurs homonymes), voir les données mises en avant par E. Urbach, *Tarbiz* X, 1938, p. 47-50.
(88) Régions connues en Asie Centrale.

baq ([89]). On dit que les habitants postent à côté de la source une fille nue, mais parée de bijoux. Dès que la fille regarde la source, le *zîbaq* s'élance à sa poursuite. La fille fuit, le *zîbaq* court derrière elle. Un homme se tient prêt à côté de la source, tenant à la main une épée dans son fourreau ; lorsqu'il voit que le *zîbaq* a rejoint la fille, il tire l'épée et le pourfend. En suivant sa trace, les hommes retournent à la source, en puisent la moitié et l'utilisent à leur gré. »

Où Hadasi a-t-il pris toutes ces fables ? La réponse donnée à cette question contribuerait à élucider le problème général des sources de l'*Eshkôl Hakôfer*. Nous avons montré par un exemple concret, en publiant un chapitre et demi, resté inédit, de l'œuvre (Alph. 311, *daleth* — 312) ([90]), dans quelle mesure Hadasi exploite ses sources. Nous avons établi qu'il n'y a presque pas une seule expression dont cet auteur ne soit pas redevable à la littérature karaïte antérieure. Cette constatation n'a du reste rien pour nous étonner puisque Bacher a démontré il y a cinquante ans ([91]) que notre auteur a entièrement démarqué et incorporé dans sa compilation le *Môznâyim* d'Abraham ibn Ezra, huit ans seulement après la composition de cet ouvrage, sans le moins du monde spécifier sa source.

Nous avons vu que dans la deuxième partie de sa troisième fable, il se réfère à Eldad Hadânî (Alph. 60, *çadé*, f. 29 *d* ; 61 *qôf*, f. 30 *b*). Dans la quatrième fable, il rapporte le témoignage du héros du récit, un de ses concitoyens de Constantinople (Alph. 60, *zaïn-gimel*, f. 30 *a*). Dans la douzième fable, il fait valoir un renseignement qu'il tient par ouï-dire. En outre, nous avons relevé dans les fables troisième et quatrième des points de contact avec le *Yosippon* et le roman médiéval d'Alexandre. Notre auteur les connaît et les cite tous les deux : Alph. 43 *qôf*, f. 24 *c* ; *rêsh*, f. 24 *c* (« Alexandre le Macédonien a recherché les mille merveilles du monde, mais n'en a découvert qu'une seule ; Joseph ben Gorion les a inscrites dans un livre ») ; Alph. 377, *taw*, f. 152 *d* (« tu trouveras une partie des merveilles dans le livre de Joseph ben Gorion qui les a vues au temps du roi Alexandre »). Hadasi a pu lire le Roman d'Alexandre en grec ou en arabe ; les versions hébraïques lui sont postérieures (fin du XIIe siècle).

Quant aux autres fables, il les a vraisemblablement copiées

([89]) Sans aucun doute arabe *zaïbaq* « vif-argent, mercure ».
([90]) Voir mon étude : חמר שבכתב יד לעבודתו הספרותית של יהודה הדסי *Jubilee Volume* in Honour of Prof. Bernhard Heller, Budapest, 1941. partie hébraïque, p. 101-129.
([91]) *MGWJ*, XL, 1896, p. 68-74.

dans quelque livre médiéval d'histoire naturelle [92], dans e genre de l'ouvrage, bien plus récent, de Conrad de Megenberg. Cette littérature avait une circulation assez large durant le moyen âge pour qu'un écrit de ce genre pût tomber facilement entre les mains de Hadasi. Il se peut d'ailleurs qu'au lieu d'emprunter tous ces matériaux à des documents divers, il les ait trouvés ensemble dans une source unique qu'il aurait plagiée. Quant à une détermination plus précise de cette source, elle n'est guère possible sans l'exploitation sur une grande échelle de la littérature karaïte antérieure à Hadasi.

---

[92] L'un des premiers ouvrages d'histoire naturelle fabuleuse (zoologie, botanique et minéralogie) est le *Physiologus*, composé en grec, à Alexandrie, dans les premiers siècles de l'antiquité chrétienne; il a joui d'une très grande popularité durant tout le moyen âge. Ses traductions, ses adaptations et ses amplifications sont légion, entre autres dans la littérature byzantine. Hadasi a pu connaître ce livre, à preuve les nombreux points de contact que sa compilation présente avec lui. En plus de celui noté plus haut (n° I), cf. Alph. 42, *beth*, f. 24 b, la fourmi = *Phys.* grec, Lauchert, p. 243-245; Alph. 44, *pé_nûn*, f. 24 c, la salamandre = *Phys.* grec, ch. 31. Lauchert, p. 261-262. Au sujet de ce dernier animal voir Loew, « Aramäische Lurchnamen [Frosch und Salamander] », *Florilegium Melchior de Vogüé*, Paris, 1909, p. 399-406; références empruntées à la poésie des troubadours et des humanistes dans l'étude en hongrois de Joseph Waldapfel, *Egy. Ph. K.* LIII, 1929, p. 241-243; mentions dans l'ancienne littérature hongroise recueillies par A. Eckhardt, *ibid.*, p. 90. J'ai l'intention de consacrer une étude particulière à l'influence exercée par le *Physiologus* sur la littérature juive du moyen âge.

THE ROLE OF THE TZITZIT IN AGREEMENTS.

A Jewish Popular Custom Fallen into Oblivion.
— An Interpretation of Two Passages of the Eshkol Hakkofer.[1] —

The Haggadic Collection of Moshe Hadarshan who lived in the first half of the 11th century, the Bereshit Rabbati,[2] has recently been edited. It contains an interesting Haggadic variation of the story of how Adam's spiritual superiority overcame Satan in giving names to the animals which were brought before him. God makes the future generations of mankind march off before Adam.[3] In the file Adam happens to catch sight of David and gets to know his piety. He learns from God that he will live for a short time only. Adam at once offers David seventy years of his own thousand years.[4] The text then continues as follows: „God bade his servant angels descend upon earth and called them to be witnesses: ‚Be

---

[1] I have dealt with the Eshkol Hakkofer of the Karaite Yehuda Hadassi, who flourished about the middle of the 12th century, in my following articles: 1. חמר שבכתב יד לעבודתו הספרותית של יהודה הדסי Jubilee Volume in Honour of Prof. Bernhard Heller. Budapest, 1941. Hebrew section: pp. 101—129.; 2. Eléments fabuleux dans l' „Eshkôl Hakôfer" de Juda Hadasi. REJ. N. S. VIII. (CVIII). 1948. pp. 41—62.

[2] It is quoted by later authors under four different titles, cf. A. Epstein: Moses ha-Darschan aus Narbonne. Fragmente seiner literarischen Erzeugnisse nach Druckwerken u. mehreren Handschriften mit Einleitung und Anmerkungen. Wien, 1891. p. 11. (Hebrew). See also Jean-Joseph Brierre-Narbonne: Moses ha-Darshan. Commentaire de la Genèse de R. Moïse le Prédicateur. Paris, 1939. (Cf. Kirjath Sepher. XXIII. 1947. p. 289. Nr. 1625.).

[3] Aboth de Rabbi Nathan. ed. Schechter. Vindobonae, 1887. First version, ch. XXXI. p. 91. and its parallels; Sanh. 38b.; Ab. z. 5a; Pesiqta Rabbati. ed. Friedmann. Wien, 1880. ch. XXIII. p. 115a.

[4] Pirqe Rabbi Eliezer. XIX.; M. Tadshe, X. (A. Epstein: Beiträge zur Jüdischen Alterthumskunde. I. Wien, 1887. p. XXVI.). See B. Heller, Ethnographia. XLI. 1930. p. 156.

my witnesses! Give your hand to Adam on it and bear witness (to Adam) granting seventy years to David, son of Jesse'. God then made a covenant and put it in writing which was obligatory for Adam. And if anyone asks whether God could have settled it without any writing and without witnesses and without giving hands. (Answer:) By all this God has wished to be among the men for generations so that nobody should give money to his brother without bringing a writing and reliable witnesses. And as God has ordered to answer Adam for it, *it has become customary in Israel to tender one's fringe of tzitzit to another for the (loan of) money*: ובעבור היד שנתן הב"ה לאדם יתנו ישראל איש אל רעהו ציצית על הממון[5]

A. Epstein holds this part of the text of the Bereshit Rabbati on the base of the introductory formula and linguistic arguments to be a quotation from Eldad Hadânî and has published it among the texts written by or attributed to Eldad Hadânî.[6] At the last passage concerning the tzitzit the learned author is compelled to state: „I know nothing of this custom."[7]

We attempt to explain this custom that has fallen into oblivion.

This role of the tzitzit can be found in Rabbanite[8] and Karaite Jewry alike.

In Gaonic times it figured in oath-taking.[9] Of the same custom we have evidence even from the 12th century in the wording of Eliezer b. Nathan of Mayence (ראב"ן): „In taking the Thoraic oath the tzitzit is sufficient in the case of a scholar."[10] In Gaonic period the fringe of the

---

[5] מדרש בראשית רבתי ed. Ch. Albek. Jerusalem, 1940. p. 26.
[6] A. Epstein: Eldad ha-Dani, seine Berichte über die X Stämme und deren Ritus in verschiedenen Versionen nach Handschriften und alten Drucken mit Einleitung und Anmerkungen. Pressburg, 1891. pp. 67—68.; Epstein: Bereschit—Rabbati . . . dessen Verhältniss zu Rabba —Rabbati, Moses ha-Darschan und Pugio fidei. Berlin, 1888. p. 17. (= Magazin für die Wissenschaft des Judenthums. XV. 1888. p. 81.).
[7] A. Epstein: Eldad ha-Dani. p. 74, note 5.
[8] See the data of S. Assaf and Ch. Albek in the Bereshit Rabbati. p. 274.
[9] גאון הגאונים ed. S. A. Wertheimer. Jerusalem, 1925. p. 13. Nr. 13.; תשו' הגאונים ed Coronel. Wien, 1871. p. 4. Nr. 39.
[10] אבן הראשה Nr. 72. See שומר ציון הנאמן 1855. Nr. 193. p. 385b.

garment with a tzitzit on it had its role both in business transactions,[11] and in divorces.[12] The same custom was observed by Jacob Saphir in the second half of the 19th century at the weddings of Indian Jews (in Cochin).[13]

The role of the tzitzit in agreements was also known among the Karaites.

I have come across the following two passages in the Karaite Eshkol Hakkofer which was begun in 1148:

בכל דברי׳ שבין שני אחים מריבים צריכי׳ הם לאמר לאחרי׳ העומדים ושומעי׳ דבריהם היו אתם עדי׳ היום... וביון ששולף נעלו ונותן לרעהו או יד ליד נותן לרעהו או אוחז בפתיל ציצית שלו מעידי׳ עליו...

"In everything that arises between two litigant brothers it is necessary to summon the by-standers to hear their words: ‚Be now witnesses concerning us'... And after one taking off his shoes and handing them to his companion or giving his hand to him or taking the fringe of his tzitzit they bear witness concerning him..." (Alf. 370. ס p. 146a).

The other passage runs thus:

וכל קבלה שהיא... בשליפת נעל וביד ליד ובאחיזת ציצית כשביארנו אין לה השבה ובטול...

"The withdrawal or cancellation of any agreement made by... taking off the shoes or shaking hands or holding the tzitzit, as interpreted, is impossible" (Alf. 371. ס p. 146d).

In these two passages of the Eshkol Hakkofer the following modes of agreement are mentioned.

1. *The taking off of the shoes*. The first authority on this is the Scripture, Ruth 4:7: "Now this was the manner in former time in Israel concerning redeeming and concerning changing, for to confirm all things; a man plucked off his shoe, and gave it to his neighbour: and this was a testimony in Israel". Consequently, the purchase was validated by the seller taking off his shoes and handing them to the buyer. This ceremony implied the making

---

[11] שערי צדק Part IV., שער 2., Nr. 26., p. 40b.
[12] תשובות גאונים קדמונים ed. D. Cassel. Berlin, 1848. p. 2. Nr. 6. = Otzar ha-Geonim. ed. B. M. Lewin. X. Jerusalem. 1941. p. 147.
[13] אבן ספיר II. Mainz, 1874. p. 78.

over of an object possessed to the new possessor.[14] Originally, the new possessor put his shoes on the new property, thus signifying his entering into its possession (Psalm 60 : 10.; 108 : 10.). Later even the right of occupation could be transferred by handing over the shoes, for which there are Arabic and Germanic analogies.[15] This custom fell into oblivion in Rabbanite Jewry, its precise meaning being unknown even to the Tannaim; thus, in connection with the above-quoted verse of Ruth it was disputed who had been the deliverer and the receiver of the shoes (Baba Metzia 47a). On the other hand, the Karaite authors refer to this custom as a living practice. Yefeth ben 'Ali, who lived in the second half of the 10th century, traces it back to pre-Mosaic times and enumerates the cases in which it figured, for „this custom has ever been in practice in Israel like a law".[16] Aaron ben Eliyahu (about the middle of the second century) enumerates it among the different modes of purchase, stating that „in the case of a non-tangible property (i. e. real estate) one person takes off his shoes and hands them over, instead of the object, to the other person to execute the purchase."[17] Samuel al-Maghribi (in the 15th century) also adapts it to real estates : „Of yore, it had been customary in Israel that in case the object purchased could not be handed over, the purchase had been validated by the seller taking off his shoes and giving them over to the buyer, in token of his having sold him the object transferred."[18]

2. *The giving of one's hand.* The Karaites[19] base this custom also on the Scripture : „. . . lo, he had given his hand" (Ezek. 17 : 18.). A similar Scriptural passage is : „And they gave their hands that they would put away

---

[14] Jacob Nacht: The Symbolism of the Shoe with special reference to Jewish Sources. JQR. N. S. VI. 1915—1916. p. 3.
[15] Ludwig Levy: Die Schuhsymbolik im jüdischen Ritus. MGWJ. LXII. 1918. pp. 179—180.
[16] In his commentary on Ruth, to the passage quoted. Its Hebrew translation was edited by I. Markon in Livre d'Hommage a la Mémoire du Dr Samuel Poznanski. Varsovie, 1927. Hebrew section : p. 92. Cf. L. Nemoy, JQR. N. S. XXXIX: 1948—1949. pp. 215—216.
[17] Gan Eden. ed. J. Sawaskan. Goslow, 1864. p. 195a/b.
[18] Sámuel El-Magrebi : A karaiták erkölcsi és szentségtörvényei... Első ízben kiadta... Kún Lajos. Vácz, 1912. Arabic text : p. 29.
[19] Gan Eden. p. 174d.

their wives" (Ezra 10:19.; cf. also Prov. 6:1., 17:18.).[20] It has been a general custom up today that hands are given in corroboration of the trustworthiness of the given word.

3. *The handing over of the tzitzit.* Apart from the above data, we have no other literary evidence of this custom. All the more remarkable is the fact that it has remained in practice in Jewry up today. Dr Moses Richtmann, retired Professor of the Hungarian Jewish Teachers' Training College, informed me that a few decades ago he himself had seen at Humenné, Slovakia, that in business transactions one party had put the fringe of his tzitzit on the other party's hand, then his own hand on the tzitzit, in token of the transaction executed. In this case the two modes of agreement, giving one's hand and handing over the tzitzit, were in a peculiar manner combined in one action. Lawyer Dr Marcus Goldberger has informed me that at Michalovce, Slovakia, in making agreements one Jew used to take the end of the other party's tallit in the Bet ha-midrash. In Galicia it was usual until recently that the pupils of the heders took their oaths upon the tzitzit. (Communication of Prof. G. Vajda, Paris.)

Where has this custom originated from?

I think both the Rabbanites and the Karaites here too, as in the two other cases, base their arguments on the Scripture. Tamar asked Judah for a pledge until he would keep his promise. „And he said, What pledge shall I give thee. And she said, Thy signet, and thy bracelets, and thy staff that is in thine hand." (Gen. 38:18.) The Authorised Version renders the word ופתילך with „thy bracelets", but more correctly „thy fringe" should be read here, for the noun פתיל (fringe) means „tzitzit" in another passage of the Scripture also (Num. 15:38, where the Authorised Version translates it as „fringes in the borders of their garments"). Consequently, it was very plausible for the Rabbanites and the Karaites as well to translate the word with „tzitzit" in Gen. 38:18 also.

For the correctness of this theory we have Rabbanite evidences, such as Gen. R. LXXXV. 9. (ed. Theodor-Albeck.

---

[20] Edmund Kalt: Biblisches Reallexikon. I. Paderborn, 1931. p. 729.

pp. 1042—1043) or Judah Halevi's poem beg. יום ליבשה:[21] הכר נא דבר אמת / למי החתמת / ולמי הפתילים, on which Abraham b. Azriel (in the 13th century) remarks:[22] ולמי הפתילים. אלו ציציות ,כלום' הכר נא מי מקיים מצותיך כי אם ישר'

For the time being, we have no direct textual evidence from *Karaite* authors, but we may infer from a refutation that there had actually been such an interpretation. We know of Moshe b. Nahman (in the 13th century), who finished his Commentary on the Thora in Palestine, that he was in touch with Karaites. We may, therefore, assume that it was with them that he entered into a controversy in the following passage of his Commentary on Gen. 38 : 18 :

ואם תאמר כי על שם פתילי הציצית תקרא השמלה והלילה שיקיים יהודה מצות ציצית ויזלזל בו לתת אותו לזונה.

I. e. „And if you say that the piece of garment is named so for the tassels of the tzitzit, far be from us the supposition that Judah who had fulfilled the commandment of the tzitzit, would now ignore it and give it to an adulteress." Therefore, according to Karaite (?) opinion too, the tzitzit was also used as one of the pledges given in surety of agreements made, and its use may have been extended into handing over the tzitzit tassel as one mode of agreements.

Perhaps the parallels turning up in the future will contribute further details to the knowledge of this interesting but forgotten Jewish custom.

[21] I. Davidson: Thesaurus of Mediaeval Hebrew Poetry. II. New York, 1929. p. 342. י Nr. 1814.
[22] ערוגת הבשם I. ed. E. E. Urbach. Jerusalem, 1939. p. 70. Cf. B. Kohlbach: Die Gebetstracht bei den Juden. Z. d. V. f. V. XXXV. 1925/26. p. 16.; R. Patai: תכלת. Tanulmányok Dr. Blau Lajos... emlékére. Budapest, 1938. Hebrew section: p. 177.

Von zwei mittelalterlichen Darstellungen des Juden

I.

B. BLUMENKRANZ schreibt in seinem neuen Buche: „Für einen verhältnismässig häufig künstlerisch formulierten Beweisgrund kennen wir kein literarisches Vorbild. Es ist dies die Darstellung vom Juden, der an den Eutern einer Sau saugt, wovon man hier ein Beispiel in Form eines Säulenkapitells aus Upsala vom Ende des 13. oder Anfang des 14. Jahrhunderts sieht... Diese Spottfigur will die Juden in ihrer Enthaltsamkeit vom Schweinefleisch verhöhnen."[1]

Das Thema kommt in der Kunst häufig vor[2]. Es ist nicht nötig, die Parallelen zu vermehren.

Sollten sich wirklich keine Spuren davon in der Literatur vorfinden?

In dem Fastnachtspiel „Ein Spil von dem Herzogen von Burgund" (XV. Jahrh.) werden die Juden mit der Strafe belegt, aus einem Schweine zu saugen.

> Ich sprich, das man vor allem ding
> Die allergrost schweinsmuter pring,
> Darunter sie sich schmiegen all,
> Saug ieder ein tutten mit schall;
> Der Messias lig unter dem schwantz!
> Was ir enpfall, das sol er ganz
> Zusammen in ein secklein pinden
> Und dann dasselb zu einem mal verschlinden[3].

D. KAUFMANN befasste sich eingehend mit dem Erscheinen dieses

---

[1] B. BLUMENKRANZ, Juden und Judentum in der mittelalterlichen Kunst, Stuttgart 1965, p. 42; auch französisch erschienen: Le Juif médiéval au miroir de l'art chrétien, Paris 1966.

[2] W. MOLSDORF, Christliche Symbolik der mittelalterlichen Kunst, Leipzig 1926, p. 183, No. 1017; M. LOWENTHAL, The Jews of Germany, Philadelphia 1944, pp. 97-98.

[3] H. A. KELLER, Fastnachtspiele aus dem fünfzehnten Jahrhundert, I, Stuttgart 1853, p. 184; O. FRANKL, Der Jude in den deutschen Dichtungen des 15., 16. und 17. Jahrhundertes, Mähr.-Ostrau–Leipzig 1905, pp. 30, 49; H. PFLAUM, Les scènes de juifs dans la littérature dramatique du moyen âge. REJ, LXXXIX, 1930, pp. 132-133; G. K. ANDERSON, The Legend of the Wandering Jew, Providence 1965, p. 39.

Fig. 1. Säulenkapitell aus Uppsala.

Spottbildes in der Kunst und damit. wie sich eine seiner Darstellungen, die ,,Sau von Wittenberg" im Schrifttum spiegelt, vom deutschen Laurentius Fabricius (1596) angefangen bis zum französischen Pierre de l'Ancre (1622). Er erklärt es — nicht ganz befriedigend — folgenderweise: ,,Die in ihrer Hartnäckigkeit verharrende Synagoge sollte also in den die Milch des Schweines saugenden grossen und kleinen Juden verhöhnt werden."[4]

II.

In Bratislava (Pozsony) ist auf dem mittelalterlichen Turme der Franziskaner als Wasserspeier ein mit einem Gürtel versehener, mit einem Kaftan bekleideter, auf einem Schweine reitender Jude zu sehen[5]. Diese Judendarstellung ist auch später nicht selten[6].

[4] D. KAUFMANN, La truie de Wittenberg. REJ, XX, 1890, pp. 269–274; Gesammelte Schriften, I, Frankfurt a. M. 1908, pp. 161–168. Vgl. noch J. TRACHTENBERG, The Devil and the Jews, New Haven 1945, pp. 26, 47, 218.

[5] R. ORTVAY, Pozsony város története, II/2, Pozsony 1898, p. 285; S. WEINGARTEN, History of the Jews of Bratislava (Pressburg), Jerusalem 1960, p. 9.

[6] E. FUCHS, Die Juden in der Karikatur, München 1921, pp. 13, 19, 21, 31, 38.

Der Jüden Er-
barkeit.

Alhie sichstu der Jüden Tantz,/
Jr Gottes Lestrung vnd Finantz/
Wie sie den Son Gotts verspeyen/
All Christen vermaledeyen.
Darzu all Christlich Oberkeit/
Weils nicht gerhet so ists jn leid.
Auch jr grewliche Wucherey/
Noch sind sie bey alln Herren frey.
Betracht doch solchs du fromer Christ/
Du seyst gleich hoch / odr wer du bist.
Las dir dis Buch zu hertzen gan/
Gott wird eim jeden gebn sein lohn.

ANNO. M, D, LXXI.

Fig. 2. Titelblatt der satirischen Spottschrift „Der Juden Ehrbarkeit".

Auch diese hat ihre literarische Spur hinterlassen. Punkt 9 der Rechnitzer „Juden-Polizei" (1732) enthält eine Sanktion für diejenigen, die sich mit ihrem Einfluss rühmen und ihre Gegner einschüchtern. Diese werden mit einer Geldstrafe belegt und „die Schuldigen werden auch die Sau reiten müssen."[7]

Aus der Praxis ist somit eine künstlerische Darstellung geworden und daraus hat sich später eine Redewendung gebildet.

---

[7] B. BERNSTEIN, Magyar Zsidó Szemle, XXX, 1913, p. 184.

DIE QUELLE EINES GEDICHTES VON MANOELLO

Geschichte des spätmittelalterlichen satirischen Rezeptes

E. R. Curtius schreibt – vom Humor des Mittelalters redend – folgenderweise: «Wir haben nur einige Seiten des mittelalterlichen Humors berührt. Dem Forscher bietet sich hier noch reiche Ausbeute»[1].

Auch das weiter unten zu behandelnde Kapitel wird in dem hervorragenden Werke nicht erwähnt. Es ist dies das des satirischen Rezeptes, das in verschiedenen Literaturen vorkommt und offenbar sich über das Rezept der zeitgenössischen Ärzte lustig machen will.

Gehen wir aus von Manoello, dem italienisch-jüdischen Dichter, der vom Ende des XIII. Jahrhunderts bis zum ersten Viertel des XIV. ein früher Vertreter der Renaissance im Kreise der Judenschaft ist[2]. Wahrscheinlich war er selbst auch Arzt, dennoch scheut er sich nicht, sich selbst und seine Ärztegenossen zu verspotten.

In seinem mit נדיבי עם קראוני beginnenden Gedichte[3] erzählt er, dass er zu einer reichen, zimperlich tuenden Frau gerufen wird. Die Kranke bedeckt in ihrer Hochfahrenheit ihre rechte Hand, damit der Arzt nicht unmittelbar ihren Puls berühre. Der Arztdichter rächt sich an ihr: er legt ihr einen Ziegel auf den Puls und befühlt den Ziegel mit einer Pfanne. Als Zugabe schreibt er ein Rezept auf: Man nehme das Horn eines Wolfes, den Saft des Marmors, Mondschein, die Milch einer einjährigen Henne, das Auge eines Wurmes, die Galle einer Turteltaube und einer Taube, eine Feder vom Schweife eines roten Raben, den Schatten eines Brunnens, den Duft des Weihrauchs, den Schwanz

---

[1] E. R. CURTIUS, *Europäische Literatur und lateinisches Mittelalter* (Bern 1954), p. 434.

[2] C. ROTH, *The Jews in the Renaissance* (Philadelphia 1959), p. 93; N. SAPEGNO, *Il Trecento* (Milano 1960), p. 89; A. MILANO, *Storia degli ebrei in Italia* (Torino 1963), pp. 649–651.

[3] מחברת עמנואל. Ed. A. M. HABERMANN (Tel Aviv 1946), pp. 307–309; מחברת עמנואל הרומי. Ed. D. YARDEN. I (Jerusalem 1957), p. 197.

eines Frosches, die Stimme einer Turteltaube, die Milch eines Strausses, dies alles erwärme man in einem Wachsgefäss und koche darin die Zwillinge einer fetten Mauleselin. Nachher schütte man es aus auf eine Ameisenhaut und abends lege man es der Frau auf den Bauch. Weigert sie sich, so verbrenne man in ihrem Beisein im Roten Meer den Bart eines jungen Mädchens, lasse sie den Rauch einatmen, um dann ihre Zunge mit den weissen Haaren, die auf ihrer Handfläche gewachsen sind, zu pinseln. Um seinen Worten Gewicht zu verleihen, beruft er sich auch auf literarische Autoritäten als Quellen: auf die Araber Ibn Suhr, Al-Rasi und auf den Griechen Hippokrates. Wie wir sehen, sind die angeführten Dinge lauter Absurditäten.

Der Provenzale Kalonymos b. Kalonymos – ein jüngerer Zeitgenosse und Freund Manoellos [1] – kritisiert die Gesellschaft seines Zeitalters in dem satirischem Werke, das den Titel Eben Bochan trägt. Von Manoello beeinflusst [2] verulkt er auch die Ärzte seiner Zeit. Er gibt zwei Rezepte [3]. Aus beiden wählen wir die absurden Dinge aus: 1. Staub des Geklatsches, irrtümliche Meinung, das Stimmchen der Silbe. Dies alles muss durchgesiebt werden. 2. Marmorsaft, Hühnermilch, die Noten der Negina, Dämmerlicht, der Blitz einer Lanze, der Schatten einer Wand, Morgenwolken, Lüftchen nach dem Regen, Wespenhonig, aus dem man den Zorn entfernt hat, Milch und Blut der Sandale. Es geht hieraus hervor, dass das zweite Rezept an mehreren Punkten mit dem Manoellos übereinstimmt. Auch er beruft sich auf seine Quellen: auf Hippokrates und Galenus.

Schon hier wollen wir bemerken: wir befassen uns nicht mit dem ethischen Rezept, das im jüdischen Schrifttum frühestens bei dem spanisch-jüdischen Alcharisi auftaucht [4], der um hundert Jahre älter ist als die Obigen, – und nach ihm bei anderen erscheint [5] – und das gleichfalls seine weltliterarischen Gegenstücke hat [6].

---

[1] J. SCHATZMILLER, *Sefunot*, X (1966), pp. 9–10.
[2] B. MARK-F. KUPFER, *Biuletyn żydowskiego instytutu historycznego*, XI–XII (1954), pp. 63–88.
[3] אבן בחן. Ed. A. M. HABERMANN (Tel-Aviv 1956), pp. 45–46; CH. SCHIRMANN, השירה העברית בספרד ובפרובאנס, II (Tel-Aviv 1956), pp. 510–513.
[4] תחכמוני. Ed. J. TOPOROVSKY (Tel-Aviv 1952), pp. 373–376.
[5] M. STEINSCHNEIDER, *ZfHB*, IX (1905), p. 29. No. 23.
[6] J. WERNER, *Alemannia*, XVI (1888), p. 58; J. BOLTE, *Zeitschrift des Vereins für Volkskunde*, XX (1910), pp. 182–185; J. TROSTLER, *Irodalomtörténeti Közlemények*, XXIII (1913), pp. 385–390; *EPhK*, XL (1916), pp. 347–349; F. M. VILLANUEVA, *Investigaciones sobre Juan Álvarez Gato* (Madrid 1960), pp. 222–225 (*Anejos del Boletín de la Real Academia Española*, IV).

In den letzteren Jahren befassten sich zwei Aufsätze mit den satirischen Rezepten des jüdischen Schrifttums. Der eine sammelt bloss Material, forscht jedoch nicht nach Quellen, Parallelen in der Weltliteratur[1]. Der andere zieht auch das ethische Rezept in den Kreis seiner Behandlung und findet in der arabischen Literatur sein frühestes Vorkommen[2]. Von unserem Gesichtspunkt aus ist nur eine einzige seiner Angaben interessant, diejenige, die mit der Person Harun al-Raschids verbunden ist.

Wir weisen anstatt des arabischen auf das mittelalterliche lateinische Schrifttum hin, wo dieses Motiv häufiger vorkommt. Manoello konnte lateinisch, Kalonymos übersetzte auch aus dem Lateinischen, es liegt somit auf der Hand, dass ihnen dies bekannt war. Es wird vielleicht nicht uninteressant sein, wenn wir den Weg des Motivs auch in einigen anderen Literaturen verfolgen.

I. – IN DER MITTELALTERLICHEN LATEINISCHEN LITERATUR.

« Ulkige Rezepte in lateinischer Sprache hat es im Mittelalter gewiss noch manche... Ich kenne allerdings zur Zeit nur wenige. Parodistisch ist ein bis ins XII. oder XIII. Jahrhundert zurückgehendes Gedicht, das mit tönenden Worten ein neues Mittel gegen Kahlköpfigkeit anpreist ». So schreibt einer der grössten Sachverständigen der mittelalterlichen Literatur[3].

Lehmann hat auf Grund einer späteren, Wiener Handschrift den Text veröffentlicht[4]. In dem in Hexametern verfassten Rezept tauchen aus den hebräischen Quellen bekannte oder ihnen ähnliche Elemente auf: das schwarze Ei des weissen Huhnes, Hasenhorn, Mondstrahl, der Schwanz eines Frosches, der Schatten eines alten Grabens, das Öl schwarzen Marmors. Auch hier kommt die Wachsschüssel vor [in der Münchener Handschrift steht anstatt *ceno* richtig *cera*]

Hier geben wir den Text:

    Carmen nobilissimum de calvitie curando.
  Ars medicinalis, partes difusa per orbis,
  cum privat variis languentia corpora morbis,

---

[1] D. MARGALIT, *Korot*, III (1966), 561–583.
[2] J. RATZAHBI, *Haarez*. 5. 10. 1965.
[3] P. LEHMANN, *Die Parodie im Mittelalter* (Stuttgart 1963), p. 172.
[4] P. LEHMANN, *Parodistische Texte. Beispiele zur lateinischen Parodie im Mittelalter* (München 1923), pp. 72–73; *Die Parodie im Mittelalter*, p. 253.

miror inesse viris tot frontes absque capillis.
Quosque frequento magis, miseresco frequentius illis.
Jamque Salerninae pede claudicat ars medicinae,
cum vis desit ei succurrere calviciei.
Tu si cunctorum fore vis medicus medicorum
atque capillorum novus insitor esse novorum,
hanc quasi divinam lege, scribe, tene medicinam:
Albe si nigrum gallinae videris ovum,
hoc cape cum cornu dextro miscens leporino,
excussus pulvis pedibus leporis fugientis
additur et nati noviter rugitus aselli
tres saltus picae, totidem radios cape lunae
et caveas, levus talpae ne desit ocellus,
cum quibus et parvae caudam sumes tibi ranae,
umbra sed antiquae fossae non debet abesse.
His adiungatur quarto qui currit in anno
ungula bissexti de sanguine plena chimerae.
His addes oleum de nigro marmore tortum.
Mixta simul vitreo contundas vase silendo
et per tres horas facies bullire patellam,
que de virgineo fiat tantummodo ceno.
Mittas in ampullam, donec bene frigida fiant,
et media nocte, lucente per omnia sole,
calviciem caute tali perfunde liquore
aspiciesque novis caput ebullire capillis,
de duro tenera ceu marmore pullulat herba.
Haec tibi divinae pars sufficiat medicinae,
cuius nec iota minimum scit Gallia tota.

Um diese Zeit gelangt es bereits auch zu literarischer Bearbeitung. Nigellus Wireker [Nigel Longchamp], ein Mönch aus Canterbury vom Ende des XII. Jahrhunderts, erzählt in seiner lateinischen Satire *Speculum stultorum*[1]: ein Esel – Brunellus oder Burnellus – hätte gerne einen grösseren Schweif. Dr. Galienus [erinnert an Galenus] schickt ihn mit einem Rezept nach Salerno. «The items which Galienus specifies are utterly fantastic and impossible to obtain»[2]. Von den Ingre-

---

[1] F. J. E. RABY, *A History of Secular Latin Poetry in the Middle Ages*, II (Oxford 1957), pp. 94–100; J. E. SANDYS, *The Cambridge History of English Literature*. Ed. A. N. BARD–A. R. WALLER (Cambridge 1963), pp. 192–193.

[2] G. W. REGENOS, *The Doctor in Nigellus Wireker and Chaucer*. Classical Mediaeval and Renaissance Studies in Honor Berthold Louis Ullman, II (Roma 1964), p. 43.

dienzen des Rezeptes führen wir nur einige Beispiele an, die zugleich auf ihren Ursprung hinweisen: Schmalz des Marmors, der Schatten eines siebenschichtigen Ofens, die Bahn des Sonnenlichts, die Stimme des Pfaus, das Lachen des Esels, der Schweif einer roten Schlange. Offensichtlich hat der Dichter das Muster schon fertig erhalten.

Hier stehe der in Distichen verfasste Text selbst [1]:

[Receptum quod dedit Galienus Burnello ad caudam prolongandam]
    Haec sunt quae referes variis signata sigillis,
        Ne pereant obiter cura laborque tuus:
    Marmoris arvinam, furni septemplicis umbram,
        Quod peperit mulo mula subacta suo;
    Anseris et milvi modicum de lacte recenti,
        De lucis cursu, deque timore lupi;
    De canis et leporis septenni foedere drachmam;
        Oscula quae niso misit alauda suo;
    Pavonis propria libram de voce sonora,
        Ante tamen cauda quam sit adepta sibi;
    De non contexta rubra sine stamine mappa,
        Nam risus asini tu dabis ipsi tibi;
    Allecis vel apum croceo de spermate libram,
        De ciroli jecore, sanguine, sive pede;
    Natalis Domini modicum de nocte salubri;
        Quae nimis est longa jure valebit ad hoc.
    In reditu de monte Jovis de vertice summo
        Accipies libras quatuor asse minus.
    Alpibus in mediis sancti de nocte Johannis.
        De nive que cecidit fac simul inde feras.
    Serpentisque rubrae necnon de cauda colubrae
        Utilis est valde, nec tamen illud eme.
    Haec bene collecta sed et ista recentia quaeque,
        Impones humeris sarcinulisque tuis.

Das Motiv ist auch in dem *Baucis et Traso* betitelten lateinischen Lustspiel eines ungenannten französischen Verfassers aus dem XII.

---

[1] *The Anglo-Latin Satirical Poets and Epigrammatists of the twelfth Century*. Ed. TH. WRIGHT, I (London 1872), pp. 33-34; *Nigel de Longchamps Speculum Stultorum*. Ed. J. H. MOZLEY-R. R. RAYMO (Berkeley-Los Angeles 1960), p. 45; J. H. MOZLEY, *A Mirror for Fools or The Book of Burnel the Ass by Nigel Longchamp* (Oxford 1961), p. 25.

Jahrhundert vorhanden [1]. Hier finden sich unter den Arzneien bekannte und bisher unbekannte Elemente: das Weiss des Raben, Rauch, der Augapfel eines Blinden, ein Haar von einem Kahlkopf, das Gehör eines Tauben, das Wort eines Stummen, das Eis eines Vulkans, das Brausen eines Teiches, eine fruchtbringende Eiche, die Runzeln eines Knaben, der Bart alter Weiber.

Die Distichen des einschlägigen Textes lauten folgenderweise [2]:

> Herbas, unguenta, potus, medicamina, cantus,
>   Que nobis breuiter enumerare libet.
> Corui candorem, fumum, tria flamina uenti,
>   Ceci cuiusdam lumina, noctis auem;
> A calui fronte crines membrumque spadonis;
>   Auditum surdi, uerba carentis eis;
> Igniuomam glaciem defunctorumque calorem;
>   Insani sensum cum ratione bouis;
> Duri molliciem lapidis cum murmure stagni;
>   Quercus pomiferas, uimina plena piris;
> Praeterea rugas pueri, barbas uetularum;
>   Virus Cerbereum querit, ut addat eis.

II. – IN DER FRANZÖSISCHEN LITERATUR.

Wir haben gesehen, dass im französischen Schrifttum das Motiv lateinisch bereits vorkommt. Nach hundert Jahren setzt es auch schon französisch ein. In der Mitte des XIII. Jahrhunderts schreibt der anonyme Verfasser der *Fatrasies d'Arras* – zur Unterhaltung und aus Spielerei – Kauderwelschverse, darunter gibt er auch die Parodie des Rezeptes [3]:

> Formaigne de grue
> Par nuit esternue
> Sor l'abai d'un chien;
> . . . . . .
> Uns escharbos li dit bien

---

[1] E. FARAL, *Les arts poétiques du XIIe et du XIIIe siècle* (Paris 1924), p. 9.
[2] J. MOUTON, *Baucis et Traso* in G. COHEN, *La « Comédie » latine en France au XIIe siècle*, II (Paris 1931), p. 82, Reihen 309-320.
[3] L. C. PORTER, *La Fatrasie et le Fatras* (Genève–Paris 1960), p. 122, No. 6.

> Qant li dos d'une sansue
> Qui confessoit un mairien
> . . . . . .
> Dient cil fusicien.

Also: durch Hundegebell während der Nacht ausgeniester Groerkäse ... ein Mistkäfer rät den Rücken eines Blutegels, der einem Balken die Beichte abgenommen hat... Das sagen die Ärzte.

Diese Einzelheiten unterscheiden sich von den bisher gesehenen, zugleich jedoch sind sie ihnen ähnlich: auch hier ist von ungereimten, ja unsinnigen Arznei–Ingredienzen die Rede.

Die späteren französischen Angaben berücksichtigen wir jetzt nicht [1].

III. – IN DER ENGLISCHEN LITERATUR.

Vom oben behandelten lateinischen Text des englischen Schrifttums führt kein gerader Weg bis zu Shakespeare. Das Rezept von Macbeth' Hexengebräu stammt aus altem englischem Aberglauben und ist nicht satirisch; es will nicht lachen machen, sondern Grauen erregen. Es findet sich wohl manches, das in die Welt des Absurden gehört, das Übrige jedoch lässt sich beschaffen [IV. 1.]:

> Scale of dragon, tooth of wolf,
> Witches' mummy, maw and gulf
> Of the ravin'd salt-sea shark,
> Root of hemlock digg'd i' the dark,
> Liver of blaspheming Jew,
> Gall of goat, and slips of yew,
> Sliver'd in the moon's eclipse,
> Nose of Turk, and Tartar's lips,
> Finger of birth-strangled babe
> Ditch-deliver'd by a drab,
> Make the gruel thick and slab:
> Add thereto a tiger's chaudron,
> For the ingredients of our cauldron.

Das Rezept in *Romeo und Julia* [V.l.] aber ist nicht « abstrakt »[2], sondern stammt aus der Praxis der zeitgenössischen Ärzte.

---

[1] M. BOUTAREL, *La médecine dans notre théâtre comique* (Paris 1918); N. F. OSBORNE, *The Doctor in the French Literature of the Sixteenth Century* (New York 1946).
[2] M. YEARSLEY, *Doctor in Elizabethan Drama* (London 1933), p. 77.

IV. – In der deutschen Literatur.

Hinsichtlich der deutschen Literatur sind wir in einer glücklichen Lage, denn ein bedeutendes Material ist vorhanden in einer Arbeit, welche die Lügendichtungen behandelt[1]. Ihr Platz ist nicht hier, diesmal jedoch freuen wir uns, dass sie einen Platz erhalten haben. « Ein grosser Teil der in diesen Lügenstücken vorkommenden ungereimten Einzelheiten und noch viele andere seltsame, unsinnige Dinge dazu bilden die Ingredienzen der 'ertzneien und medicinae ad omnes morbos', zu deren Bereitung komische Rezepte Anleitung geben ».

Freilich geben wir nur eine Auswahl aus dem Material, doch arbeiten wir auch mit Daten, die im Buche nicht vorkommen.

Bisher scheint die aus 1422 stammende Wessobrunner Handschrift die früheste zu sein[2]. Aus der reichen Fundgrube mögen hier einige Beispiele stehen: Hahnenkräh, Mondschein, Schneckensprung, Gelächter eines toten Knüttels, Glockengeläute, das Blau des Himmels. Sollte dies nicht genügen, so gibt es noch eine weitere Auswahl: Die Leber einer Scheune, die Lunge einer Türangel [im Text ist anstatt Türnagel vielleicht Türangel zu lesen, umso mehr, da später auch Türnagel vorkommt], Schneewärme, Frauengedanke, Wächtertanz bei Tagesanbruch usw. Welche unerschöpfliche Möglichkeit für das widersinnige Spiel des Gehirns!

Doch betrachten wir den Text selbst:

Ich tu euch kunt und zu wissen, daz ez gar unrecht tut und hat getan gemainkleicher. vnter den lewten über Köln an dem Rein abwartz und aufwartz in derselben gegent über mit gar grossem pörczel. Nu hat mein fraw von Tenwürk grefyn zu Hohenwerk von krankhait wegen ires leibes nach einem weisen arzt gesant in ein lant haist Holant. Derselb meister der erznei der kom von pet wegen zu diser vorgenanten grefin und half ir zu dem pörczel und andern lewten. Und do er von dannen wolt, do pat in die von Tenwurk, daz er ir gåb geschriben iede dink für den pörczel. Er gab irs geschriben gar und genzleichen. Wer ez gehaben mag, daz hernach geschriben stet, der ist genesen gar und genzleichen an allen zweifel und dorumb schenket si im m⁰ gulden. Dise ler hebt sich also an: wenn der pörczel erst an si kumen wolt oder

---

[1] C. Müller-Fraureuth, *Die deutschen Lügendichtungen bis auf Münchhausen* (Halle 1881), pp. 13-14, 94-95.
[2] A. Birlinger, *Ein scherzhaftes Recept*. Zeitschrift für Deutsches Alterthum, XV (1872), pp. 510-512.

an ander lewt kom, der nem des patschum von einem alten pelz und daz klinglen von einem parfüssen ermel und die galen von einem paderhut und kupferen mangolt und der hadern von einer alten troyen oder wammas oder hürnein kess und gahen smalz und von fischzenen ein zentner unslicz und IIII lot eselshusten und IIII wagensmalz und IIII lot von her Neitharz leber und eines hanen krehen auf einem glockhaus und des monschein und des swaiss von einem entenfuss und des sprungs von einem snecken und daz lachen von einem toten kolben und eberleins schůchflo und glockendon und kislingsmalz und des ploben von dem himmel und stoss das allez zusamen in einem glesrein mörser und gewss ez in eine stroëne pfannen und sez ez auf einen papieren dreifuss und lass ez wol erwarmen und newss ez zu cumplet zeit so die sunn aufgat on pöss gedenk: so pist du genesen von dem tot, ob dich nichtz irt. Helf daz nicht wol und pald an dir, so nim die lebern von einem stadel und der lungen von einem türnagel und des plutz von einem ofenstain und die hicz von einem sne und der linden von einem stahel und das hirn von einer agst oder peihel und II lot peimol und III lot des wassers aus dem Gordan und II lot frawen gedenk und das herz von einer hackpenk und daz krös von einem wetzstein und die füss von einer ewln und der oren von einem türnagel und V lot der trew die die rosstauscher haben auf dem jarmarkt und II lot des daës, daz der has für sich wurft mit den hindern füssen und drei alter sprung und VII lot des dons daz der wachter tut vor dem tag und misch ez allez zusammen und tu es in ain krezen, der gemacht sey aus dünen rauch und henk es ze liechtmess an die sunnen die halben nacht und mach darauss wehslers kügelein und newss die nüchterling über completzeit und wach die nach an pöss gedenk und trink darauff kolnsaft aus einem rossnagel getruckt. Dunk dich dann an dir selben das die arznei von dir well gan, daz dein schinpain sol (sic) leg dich ruckweis auff den pauch; haiss dir II ruggein dürnagel darüber pinden und XX lot stiglitzfersen gebraten auf dem sne und sei, das ez dich helffen well, daz doch unversehenlicher ist, so haiss dir einen sacktrager gewinnen und heiss dir den die schultern und die schin paine wol pern mit einem eichen dremel und den ruck liderein und gang dar nach in ein holderein pad und sicz auf ein hecklein und solt darauf gar wol erswitzen, so wirstu gesunt. Auch nim ander gemein erznei. Ez sprechen die naturleichen meister, daz kain erznei pesser sei für den pürzel und für den plaen husten dann die. Item nim II lot des zitern von den sternen und II lot und ein hand vol des rapengesangs e die sunn aufgat und nim sprüng der die sunn drei tut an dem heiligen ostertag und des monnenscheins III lot und mul daz allez zwsamen, so gewingstu ein dewigen magen; kerstu im daz vnder auss, so gewinstu ein frölichen anplick.

Datum: die ertznei ist geschriben an dem Rein des jarstag da man zalt nach Eggen gepurt IIII meil von pfingsten an dem nechsten tag nach Rugerstag des totengrabers.

Um zwei Jahrzehnte jünger ist ein anderes Rezept, das zwischen den Zeilen selbst einen historischen Anhalt bietet: den Krieg der Armagnacs und der Schweizer [1443–45]. Vier Rezepte sind hier beisammen. Darin kommen derartige Dinge vor: 1. Leber des Marmorsteines, Lunge eines Ecksteins, das Herz eines Beils, die Milz eines Spinnrads, und dies alles mit Sonnenstrahl gemischt. 2. Vogelgesang, Faschingstanz, das Blau des Himmels. 3. Der Schatten eines Kirchturmknopfes, der schnelle Lauf eines Hasen, Blumenduft, dies alles in ein Sieb geschüttet. 4. Eselsspass, der Gedanke einer Jungfrau, Frauentreue, Witwenklage, Nonnengesang, Glockenklang. Dies alles ist um Mitternacht der stechenden Sonne auszusetzen. Wein ist zu trinken aus leerem Becher, der keinen Boden hat.

Der Text selbst bietet noch mehr Einzelheiten [1]:

Medicina ad omnes morbos probata per dominum Stephanum Lunnkarm Magistrum solempnem in physica.

Item von erst nembt die leber von einem merbelstain, die lungel von ainem achstain, das hercz von einer schrothakchen, das milcz von einem garnrokchen, das bluet von einem swertsknopf, und misch es durcheinander mit IIII lot schein von der sunnen und trinch das nüchter zwischen pfingsten und Nuerenberg.

Ob das nicht hilfft, so nim IIII lot vogelgesanch, II lot swalben flugs, IIII lot kisling smalcz, V lot vaschnacht tancz, IIII U. des blaben an dem himel und mach ein rösch fewer darunder und nim ein vierdung schne der zu den sunbenten gefallen sey und terr die matery ob dem fewer und nim des nachts in dem trawm II stund vor ee du dich slaffen hast gelegt.

Und hilft das auch nicht, so nim des schads von dem kirichknopf und IIII U. des snellen hasen lawf und III lot alsterschmit, VIII lot bluemen gesmachs, VII smalcz von stigliczfersen und ein par geflichter holczschuech, von den stukchen mach ein pad und das gewss in ein reytter und verdekch es oben gar wol mit einem fischnetz, das der tampf nicht davon mug, so ward edler pad nie.

Will das alles nit helfen, so nim I U. eselwicz und III lot junchfraw gedankch, V lot weibstrew, II lot witib klag, X lot nunnengesankch

---

[1] F. Pfeiffer, *Ein komisches Recept*. Germania, VIII (1863), pp. 63–64.

und als vil glokchen klanch, X lot newer mär von den Sweynczern und X centen der grossen lug von den Armiäken und pint die zusam mit einem affenzagel und leg das zu mitternacht an die haiss sun, so wirt es dürr und darnach leg es in ein ströenew pfannen und sewd das wol ob einem fewer das von eiszepffen gemacht sey, und trinch wein aus einem lären pecher, der kainen poden nicht hat, und trinch ungerisch wein, die an dem Rein gewachsen sein.

Und will das alles nit helfen, so nim ich wais nicht was und tue im ich wais wie, so wirstu gesunt des ich nicht wais etc.

In deutschen Versen erscheint es zuerst bei Hans Folz in der zweiten Hälfte des XV. Jahrhunderts. Der Titel lautet: *Von einem griechischen Arzt* [zuerst gedruckt in Nürnberg 1479]. Er musste die früheren prosaischen deutschen Rezepte kennen, offensichtlich schöpft er aus ihnen. Auch er gibt mehrere Rezepte, darin mit solchen Ingredienzen: das Geläute einer Strohglocke, die Kahlheit des Marmors, Rauch eines Feuers aus Schnee. Neumondstrahl, der Glanz eines Kirchturmknopfes, das Blau am Himmel, das Braun eines Sattelhälters, der schnelle Lauf eines Hasen, der Gedanke eines jungen Mädchens, die Klage einer Witwe, Schritt einer Jungfrau, Flehen und Bitte eines Bettlers, Gehör eines Tauben, das Weiss eines Mohren usw.

Auch hier geben wir ein Exzerpt, indem wir Anfang und Ende weglassen [1]:

    Zum ersten für den plaben husten
    (Der manchem dut sein hercz verwusten):
    Wem diser prech zu ser anclept,
    Der merck gar eben diss recept:
    Zum ersten sol man clein zuprocken
    Das glunckern von einer schoffglocken
    Und von eim storches nest das krös
    Mit zwey lot allter weyb gekös.
    Misch es mit milch von einem pracken
    Und nim die nirn von zweyn schrothacken.
    Darzu sol man zuschnyczeln cleyn
    Die plos von einem mermellsteyn
    Und einer alten lawten thon.

---

[1] H. A. KELLER, *Fastnachtspiel aus dem fünfzehnten Jahrhundert*, III (Stuttgart 1853), pp. 1197-2101; HANS FOLZ, *Die Reimpaarsprüche*. Herausgegeben von H. FISCHER (München 1961), pp. 280-286 (*Münchener Texte und Untersuchungen zur deutschen Literatur des Mittelalters*, 1).

Und wer do sech ein rawch auffgon
Von einem feur von schne germacht,
Des nem zu ostern vor fasnacht,
Mit acht lot milcz von zweyn socken
Und des gederms von einem rocken.
Das als sol man zureyben cleyn
Mit zwey lot newes mones scheyn
Und sechs lot umblauffs von eim dopf
Und vier lot pluts von eim swertsknopf
Und von eim weydmesser das marck.
Wer das temperirt, es wirt nit arck.
Doch man es vor am salcz versuch.
Des nis der siech auf virczehen schuch
Gemessen vor der stubenthür;
So wart nye pesser kunst darfür.
Das ist versuchet gar vor lengst
An einem harschlechtigen hengst,
Dem umb des plowen hustens wiln
Eins mals fünfthalb eysen enpfiln.
  Noch ist nach einer erczney frag:
Wer sich im allter nit vermag
Mit seinem weyb nach all irm willn,
Darmit mans unter weyln muss stiln,
Der merck hie auf das edel pad
Und pad offt drin, es ist nit schad.
Wan es wart gar mit grosser acht
Dem herrn von Nindertheym gemacht,
Und doctor Nüchtern schreyb im das,
Do er des nachts am fölsten was.
Darzu so nempt morisckendancz
Und von eim kirchenknopff des glancz
Und von einr prucken das gedymel
Und des schön plaben von dem hymel
Und von eim newen weyn das firn
Und von einr meczlerdasch das hirn.
Und misch darzu, so vyl sein cleck.
Des praun von einer sateldeck
Und so vil schnels lauffs von eim hasen.
Die stuck sol man zusamen grasen
Mit fünffzehen agalasterschryten
Und temperirn mit pfabendryten
Und mit so vil küls winds im meven,

Und nim des vordancz von eim reyen
Des, der zu hinterst nachhin zafft,
Und mischs mit stigliczversensafft
Zu eim pfunt eingesalczner holczschuch,
Und seych es durch ein allte pruch
Unter einn zentner nunnenfürcz,
Darvon reucht allerley gewürcz.
Darzu man nüchterling sol schmecken,
Den dampf lon gen in alle ecken.
Und wen berür der vorgent schad,
Der mach aus diser kunst ein pad
Mit allen vorbenenten krewtern,
Und giess es darnach in ein rewtern,
Pis sich das gröbst zu boden secz,
Und deck es mit eim vischers necz,
Das nicht darvon enrich der prad.
Auff erd so wart nye pesser pad.
Wer sich nit mit seim weyb vermag
Und merckt gar eben, was ich sag,
In hilfft die erczney in eim jor,
Das er vil minder mag dan vor.
Diss hat der Kuncz Müllner von Wesel
An seim fünfzgjerigen esel
So offt und manig mal versücht,
Das in recht wol daran genücht,
Und an seim hundertjergen weyb,
Der er all runczeln mit verdreyb,
Die an irm leyb so glat seit pleybt,
Das sie zu fladen kes dran reybt.
  Darnach ist frag nach einr arczney:
Wem sulche kranckheyt wonet pey
Und in dem allter wirt so zag,
Das er nit flux mer drincken mag.
Die kunst die wart in Sachssen funden,
Als diss recept ausweyst hie unden:
Man nem die plas von einer ku,
Die so vil sawff alls ander zwu.
Darein er auff einander druck
All die hernoch gemellten stuck.
Darzu sol er gar eben remen,
Die stuck nach irm gewicht zu nemen.
Von erst, der list von allten füchssen,

(127)

Und luft aus einr darrasspüchssen,
Der ydes drithalb lot mus sein.
Die sol man peyd zuhacken clein
Mit so vil allter thorn wicz
Und fünff lot scheins von dunderplicz
Und vier lot junger meyt gedancken
Und so vil allter esel rancken,
Das hertst von allter weyber dutten,
Und von einr grünen müncheskutten
Vorn an der prust das gel und rot,
Der ydes zweyunddreyssigk lot;
Darnach des kernss von einem gattern
Und von eim jungen storch das schnattern,
Witwenclag und junckfrawendryt
Und eines petlers fle und pyt
Und eins berümten pulers steet
Mit so vil winds, der dofür weet,
Und lieb im frawenhaws gesamellt
Und so vil wort von eim, der stamellt,
Und des gehörs von einem tauben
Und der eym stummen ab künt rauben
Vierhundert wol gesprochner wort,
Die man het dot von im gehort,
Und des schlaffs von einem juden,
Der do hing zwischen zweyen rüden,
Die im flux hewlten in die orn,
Und des weyssen von einem morn,
Do er am aller swerczten wer,
Ygelsfedern und premenschmer
Und allter, plinter menner lyb
Und zweinczig löcher aus eym syb,
Zweyfallter-, fligen- und grillnsingen.
Die stuck mus man zusamen pringen
All in eins allten pilgrams hut
Und seczen auff ein heysse glut,
Pis es von kelt herausser schneyt.
Das neiss der siech umb vesperzeyt
Gancz nüchterling vor allem essen,
So er zwo proten gens hat gessen
Und ein cleins trüncklein hat getan,
Do dreyzehen seydlein hangen an.

Aus derselben Zeit kommt aufs neue in einem Fastnachtspiel [Ein Spil von einem Artz und einem kranken Paur] ein Rezept zum Vorschein mit bekannten Motiven: der lange Froschschwanz, Hasenstaub, Glockenklang, das Blau des Himmels, Hirn einer Mücke [1]:

> Ich wais nit vil neuer mer,
> Sunder ich lauf von einem grossen meister her,
> Der hat erznei, die ist gut,
> Als mich dunkt in meinem mut,
> Von einem frosch einen langen zagel
> Und stahel von einem pleien nagel,
> Hasenstaub und glockenclank
> Und das knarzen von einer alten pank,
> Das ploe von dem himel und mukenhiern,
> Wen er mit bestreicht an die stiern,
> Den kan er mit gesunt machen,
> Das er nit vil mer mag lachen.

In einem alten deutschen Schauspiel *Christi Auferstehung* kommen derartige Arzneien vor: Mückenschmalz, das Blut eines Hammers, das Hirn eines Dreschflegels, das Geläute einer grossen Glocke usw [2]:

> das smalcz von [eyner] mucken
> und das blut von eynem schlegele,
> das geherne von einer flegele
> und der grossen glocken klangk,
> und was der kucket hure gesanck.

Johann Friedrich Fischart, der Meister der Satire in der deutschen Renaissance, gebraucht es ebenfalls. In der *Geschichtklitterung* – der Umarbeitung von Rabelais' Gargantua –, die 1575 erschien, kommt der Glockenklang, der Kuckucksgesang, das Blau des Himmels als Arznei vor: « für den Schweiss, Harn von einer Geiss: den Glockenklang, und was heur der Guckgauch sang, das Plo vom Himmel, und des bösen gelts schimmel, von der Prucken das getümmel, das gelb von einer besengten Mor... » [3].

---

[1] H. A. KELLER, *op. cit.*, I (Stuttgart 1853), p. 60.
[2] F. J. MONE, *Altteütsche Schauspiele* (Quedlinburg — Leipzig 1841), p. 131.
[3] JOHANN FISCHART'S, *Geschichtklitterung und Aller Praktik Grossmutter. Das Kloster*. Ed. J. SCHEIBLE (Stuttgart 1847), 355; ed. U. NYSSEN (Düsseldorf 1963), p. 281.

Derselbe verspricht im *Kloster* Alter und Reichtum durch diese Arznei, in welcher wieder vorkommt das Blau des Himmels, das Grün des Regenbogens, ein Stück Nebel, dies alles mit einem Affenschwanz zusammengebunden ist gut für den blauen Husten: «Das blaw von Himmel zwey Lot, das grün vom Regenbogen vier Lot, ein stuck vom Nabel, das alles mit ein Affenzagel zusammen gebunden, ist gut für den blawen husten »[1].

Die satirischen Rezepte haben ein langes Nachleben auf deutschen Sprachgebieten, hiermit jedoch wollen wir uns nicht mehr befassen[2].

V. – IN DEN SLAWISCHEN LITERATUREN.

In der polnischen Literatur erscheint dieses satirische Rezept 1447 in folgender Gestalt:

«Schaffe dir Hasensprung, Marmoröl, Glockenklang an, du wirst gesund ».

Nach Krzyżanowski ist es «zweifellos tschechischer Abstammung »[3]. Prof. Ranke hingegen, der Kenntnis hatte von der Vorbereitung der vorliegenden Studie, beurteilt diese Feststellung – auch mit Berufung auf meine Studie – als unhaltbar[4].

Der hervorragende polnische Folklorist macht ebenda auf eine in Jugoslawien 1905 aufgezeichnete Posse aufmerksam: «Ein Bettler einer kranken Greisin billige Arznei gegen ihre Leiden empfiehlt: Nimm etwas Glockenklang, die Milch vom Maulesel, das Gebrüll einer schwarzen Kuh und den Hasensprung, mahle das zwischen Steinen, schlucke es und der Schmerz hört auf »[5].

VI. – IN DER UNGARISCHEN LITERATUR.

In ungarischer Sprache tritt das satirische Rezept – nach ausländischen Mustern – erst spät auf: in der Studentenliteratur von Debrecen um die Wende vom XVIII. zum XIX. Jahrhundert. Offenbar ist es auch früher erschienen, verbirgt sich jedoch noch handschriftlich oder

---

[1] J. SCHEIBLE, *op. cit.*, p. 642.
[2] J. WERNER, *Alemannia*, XV (1888), p. 59.
[3] J. KRZYŻANOWSKI, *Fabula*, VIII (1966), p. 288.
[4] K. RANKE, *ibid.*, VIII (1966), p. 291.
[5] M. BOŠKOVIČ–STULLI, *Narodne Pripovijetke* (Zagreb 1963), p. 219. No. 74. « Likarija babi ».

ist uns unbekannt. Sicherlich ist die alte Studentendichtung auf der Linie der Carmina Burana hierher gelangt.

Zwei ungarische Rezepttexte wurden unlängst herausgegeben, darin die gemeinplatzartigen Sätze[1]:

1. Dörre die Galle der Lerche im Schatten, hernach nimm einem Mückenmännchen das Herz heraus und koche es in Weinessig, stosse beides zu Staub und bestreue damit die Niere eines grünen Frosches und gib dies einer Nachteule zu fressen, am andern Tag, zur selben Stunde töte die Nachteule und du findest in ihrem Muskelmagen einen kleinen schwarzen Stein, diesen nimm heraus, hülle ihn in rote Seide und binde ihn dir auf die linke Seite mit einer schwarzen Schnur. Sein Nutzen ist: keinerlei Waffe wird dir schaden.

2. Koche das Herz eines Kuckucks. Dörre es, zerstosse es und siebe es durch, dann röste eine Schnitte Brot, das du früher einem Bettler geben wolltest, bestreue es mit dem Staub des durchgesiebten Kuckucks, hernach nimm eine Elsterzunge und suche dazu neun Körner einer vollen Pfingstrose und koche sie zusammen in Wein, in einem neuen Topfe drei Stunden lang, sodann... jenes iss, dieses trink. Sein Nutzen ist: du wirst äusserst klug werden.

Das Motiv errang sich einen Platz auch in der Oper des XIX. Jahrhunderts [z.B. Donizetti: Il Campanello], doch ist die diesbezügliche Untersuchung nicht mehr unsere Aufgabe.

Diesen Weg legte das satirische Rezept zurück vom mittelalterlichen lateinischen Schrifttum – durch das arabische, hebräische, französische, englische, deutsche, slawische und ungarische hindurch – bis zur Musik! Zweifellos wird die Forschung auch in anderen Literaturen seine Gegenstücke finden.

---

[1] I. BÁN–V. JULOW, *Debreceni diákirodalom a felvilágosodás korában* [*Studentenliteratur aus der Periode der Aufklärung in Debrezin-*] (Budapest 1964), pp. 39–40. Diese Studententradition verwertes der Dichter Johann Arany in seinem Epos *Buda Halála* [*Budas Tod*] /X. 389–392./. Siehe BERZE NAGY JÁNOS, *A Janus Pannonius Muzeum Évkönyve, 1965* (Pécs 1966), p. 131.

A Medieval Form of Jewish Oath

THE oldest statute of the city of Pozsony (Pressburg, Bratislava), dating to 1376, includes a section enacted in 1371 which deals with the Jews (*Von dem Judenpuech*). It lays down the following procedure concerning Jewish oaths: a Jew must swear by the Torah if the sum under dispute exceeds ten pounds; otherwise he is to do so by the ring of the synagogue's door:[1]

> Seezt ein kristen einem juden ein pfant für alss vil gelcz, gicht der kristen mynner und der jude mer, so soll der jud dass besteten auf dem pfande mit seinem ayde, is ess uber zheen pfunt pfenninge, so muss der jude swern einen ayd auf dem rynge, als ess vor gewenleich ist gewesen.

The law-code of the city of Buda, produced a century later, probably contained an identical article. Since, however, only its title (*Von der Iudenn aÿd*) has survived,[2] nothing definite can be asserted.

That the oath was taken by holding the ring of the door, and not that attached to the door chain,[3] may be deduced from an extant model of such an oath, a gloss appended to a German code of laws, the *Weichbild*,[4] which is the only support adduced in contemporary Hungarian scholarly literature:

> Doch so haben etliche leut viel seltzamer weis hierinnen, und sprechen, der Jüd sol diesen eyd thun, vor der Synagogen, an dem thorringk, do man zer Synagog thür mit zuzeuhet, und das sie sollen barfusz stehen, auf eine schweinshaut, denn disz ist ein fatasey. Denn es ist genug, das sie den eyd thun, in vorgeschriebener weis. Sie sollen ihn aber thun auff Moyses buch oder auff der Talmut.

There are, however, other examples. A Jew from Krems is said to have held the *Schulryngk*, the ring of the gate of the synagogue,[5] while swearing an oath. More recent evidence mentions the ring of the chain by which the door of the synagogue was secured. The original document of 1676, by which king John Soboleski III of Poland confirmed all previous Jewish privileges,

---

[1] *Monumenta Hungariae Judaica* (Budapest, 1903), Vol. I, p. 83, No. 52.
[2] *Das Ofner Stadtrecht*, ed. K. MOLLAY (Budapest, 1959), p. 127, No. 195.
[3] S. BÜCHLER, *Zsidó Szemle* [Jewish Review] 13 (1918), No. 4.
[4] S. KOHN, *A zsidók története Magyarországon* [The History of the Jews in Hungary] (Budapest, 1884), p. 169; E. WINKLER, *Magyar Zsidó Szemle* [Hungarian Jewish Review] 44 (1927), pp. 33–4; G. KISCH, *Jewry-Law in Medieval Germany* (New York, 1949), p. 72.
[5] H. VON VOLTELINI, "Der Wiener und Kremser Judeneid", *Mitteilungen des Vereins für Geschichte der Stadt Wien* 12 (1932), p. 39; G. KISCH, "Studien zur Geschichte des Judeneides im Mittelalter", *HUCA* 14 (1939), p. 441.

displays in its margin contemporaneous Hebrew glosses one of which refers to oaths:[6]

לכל עדות בעולם ואפילו לעסק נפשות לא יעידו בין יהודי לערל כי אם שני יהודים ושני ערלים: שאינם מצטרכים לישבע סופער רודאלי כי אם על חמשים זקוקים כסף צרוף, ובאם שיהיה מעט מסך זה לא ישבע כי אם אצל הקיט[7] שסוגרים בו הדלת של הבית הכנסת.

This type of oath was not devised by Jews, but prescribed for them by Gentiles on the basis of their own legal customs. The earliest attestation is by Hericus, a teacher in the monastery school of St. Germain d'Auxerre, who remarked some time between 877 and 880 that a person guilty of perjury was to be punished even though he swore by the ring of the door:[8]

Nam si quis aut cupiditatis illectu, aut animi pertinacis impulsu, mendacio patrocinari definiens, saltem *in armilla ianuae ius iurandum explere* presumpserit, hunc quod sit reus periurii, tuam rei familiaris dispendio, tuam corporeae damno valetudinis, absque dilatione, pedissequa corripit ultio, durisque implexum nexibus, aut cita satisfactione liberum, aut proximo interitu efficit condemnatum.

If it is now accepted that the procedure was modelled on a non-Jewish pattern and was in general use, it will be unnecessary to search for the gate of the medieval synagogue of Pozsony to ascertain whether it was provided with a ring.[9] After all, this type of oath was not invented for the Jews of that city.

Is it possible to explain the custom? Cathedrals and churches were often decorated with gargoyles and other grotesque figures. On their gates, we frequently find the head of a lion or some other monster. It symbolizes the devil excluded from the place of worship. Any person who commits perjury surrenders himself to Satan. Although no similar lion's head with a ring in its mouth was part of synagogue gates,[10] the custom—albeit with its original significance largely forgotten—was passed on to the Jews in an unchanged form.

[6] M. SCHORR, "Die Hauptprivilegien der polnischen Judenschaft", *Festschrift Adolf Schwarz* (Berlin-Wien, 1917), p. 536.
[7] *Keit* = Kette, chain.
[8] *Miracula S. Germani Ep. Autissioduris Civ.* I, cap. IV/48. Act. SS. Julii, tom. 7, p. 265; H. H. HAHNLOSER, "Urkunden zur Bedeutung des Türrings", *Festschrift für Erich Meyer* (Hamburg, 1959), pp. 130–1, 143.
[9] M. G. AGGHÁZY, "Contributo alla ricostruzione della vita di uno scalpellino ungherese del XIV secolo", *Acta Historiae Artium* 15 (1969), p. 233.
[10] R. KRAUTHEIMER, *Mittelalterliche Synagogen* (Berlin, 1927), p. 251.

The Legend of the Wandering Jew in Hungary

The way of the legend of the Wandering Jew in world literature, not referring to the antecedents of the formation of the legend,[1] started with the German chap-book of Leyden in 1602. As it evident from the ever-increasing Ahasuerus bibliography,[2] it has had an immense influence on the legends and literatures of various peoples. The domains of the several languages have properly been investigated from this viewpoint; only the Slav and the Hungarian material have not been included in the range of general research. This accounts for the remark of Bernard Heller: "Die slawischen und die finnisch-ugrischen Völker scheinen also die Sage vom ewigen Juden nicht zu kennen."[3]

As to the former, we may refer to the excellent bibliography of A. Yarmolinsky which for the first time enumerates the Czech, Polish, and Russian sources.[4] We learn from it that V. Adrianova published in full a Russian text of the legend after a 17th century manuscript in the Leningrad Public Library, Pogodin Collection, nr. 1565, 1. 167-170.

This Russian text had appeared originally in 1663 in *Kuranty* also known as *Vestovyia pisma*, "a gazette compiled for the Czar from foreign newspapers; the story was apparently printed to satisfy the readers' curiosity aroused by a previous mention, in a correspondence from Danzig, of the appearance of the Wandering Jew in that city. While some passages of the Russian text are literal translations of the German story of 1602, the first differs sufficiently from the

---

[1] Research is not attentive of the primary type, the legend of Buttadeus, being known by the Spanish Jew Isaac Albalag as early as the time of its appearance in the 13th century. *See* D. Simonsen, "Judaica." *Hermann Cohen-Festschrift*. Berlin, 1912. pp. 299-300.

[2] W. Zirus: *Ahasverus der ewige Jude*. Berlin-Leipzig, 1930.; H. Glaesener: "Le type d'Ahasvérus aux XVII\ee et XIX\ee sciècles, "*Revue de Littérature comparée*. XI. 1931. pp. 373-397.; K. Bauerhorst: *Bibliographie der Stoff- und Motivgeschichte der deutschen Literatur*. Berlin-Leipzig, 1932. pp. 30-31.; S. Thompson: *Motif-Index of Folk-Literature*. V. Helsinki, 1935. p. 183. Q. 502. 1.; S. Shunami: *Bibliography of Jewish Bibliographies*. Jerusalem, 1936. p. 113. Nr. 719., p. 118. Nr. 748-751., p. 291. Nr. 1882.; P. B. Bagatti: "The Legend of the Wandering Jew," *Franciscan Studies*. St. Bonaventure. New York, 1949. *Cf*. Kirjath Sepher. XXVI. 1950. p. 177.

[3] B. Heller, *Enc. Jud*. I. p. 1149.

[4] A. Yarmolinsky: *The Wandering Jew. Studies in Jewish Bibliography . . . . in Memory of A. S. Freidus*. New York, 1929. pp. 319-328.

(221)

second to warrant the belief that the text in question derives from an unknown edition of the German chap-book. Interest in the legend was furthered by the expectation of the end of the world and the coming of the Anti-Christ, which awful events the Muscovites believed would occur in 1666." In addition, several other—Podolian, Ukrainian, and Bielo-Russian—variants of the legend were noted down. The most significant of the Russian literary elaborations is the large fragment of Zhukovski from 1851.

In the domain of Hungarian literature the figure of Ahasuerus has several names,[5] such as "szüntelen futó zsidó" (the incessantly running Jew, 1811), "szüntelen vándorló zsidó" (the incessantly wandering Jew, 1847), "örökké való zsidó" (the eternal Jew, 1848), 1824), "örök zsidó" (the eternal Jew, 1840), "bolygó zsidó" (the wandering Jew, 1847), "örökké való zsidó" (the eternal Jew, 1849), "halhatatlan zsidó" (the immortal Jew after 1850).

I am preparing a detailed bibliography of the legend of the Wandering Jew in Hungarian literature, of the Hungarian translations of the foreign elaborations of the legend as well as of the pertinent Hungarian scientific literature. Here I perfunctorily allude to the Hungarian literary elaborations of the legend and present only one chapter in detail, the appearance of the Wandering Jew in Hungarian folklore and cheap literature.

I. The Legend in Hungarian Literature

The Wandering Jew as a simile first emerged in Hungarian literature in the drama "Monostori Veronka" of Joseph Katona in 1811. [See his Összes Müvei, II. Budapest 1880, p. 187].[6] It was with this legend that Joseph Eötvös began and ended his political pamphlet "A zsidók emancipátiója" ("The Emancipation of the Jews", see Budapesti Szemle, II, 1840, pp. 110-111., 155.) The Hungarian literature of the forties, dealing with the emancipation, frequently makes use of the idea that the ever-suffering and ever-wandering Jew will be saved by emancipation.[7] The most pregnant expression of this idea was the poem "A század vándora" ("The Wanderer of the Century") by Francis Mentovich [Pesti Divatlap, 1846, I, p. 604.] It was at the same time [1844] that Eugène Sue's *Le Juif errant* appeared and was taunted by John Erdélyi in the same year [Erdélyi János útinaplója és úti levelei, Budapest 1951, p.

---

[5] See in more detail with A. Scheiber, "Magyar Nyelv." XLVIII. 1952. pp. 220-221.

[6] J. Turóczi-Trostler, "Magyar Nyelvör." LXV. 1936. p. 115.; *Weltliteratur auf dem ungarischen Jahrmarkt*. Budapest, 1936. p. 12.

[7] J. Zsoldos, *IMIT Évkönyve*. 1943. pp. 296-298.

129.] Erdélyi mockingly gave expression to his hope that it was certainly about to be translated into Hungarian. Indeed, Alexander Petöfi in the same year got to work on translating it, and the translation of the preface also appeared [Pesti Divatlap, 1844, I, p. 106.; Petöfi Sándor Összes Müvei, V, Budapest 1895, pp. 447-451.] Very soon even a Hungarian parody of it appeared: Ahasuerus in search of death went to Baja on the advice of two Londoners, and died there from the medicine administered by the surgeon Bicskási [Képes Ujság, Kassa 1848, Nr. 14-16; Életképek, I, 1848, p. 723.]

The first Hungarian author to prepare a large-scale elaboration of the subject was Michael Vörösmarty. His fragment of a drama ["Az örök zsidóból", "From the Eternal Jew", 1850; see Összes Müvei, VIII, Budapest 1885, pp. 36-37] contains only two scenes: 1) The eternal Jew is averse to dying but would like to stand on the ruins of the world. Death laughs at him: it has done with everybody [motive of danse macabre], and it will settle him also. 2) The monologue of death: everything having been ruined, it wants to annihilate itself. Vörösmarty's posthumous confused notes [*ibid,* pp. 380-382] testify to his intention of writing both a tragedy and a comedy on the subject.[8] The hero of Emeric Madách's dramatic poem "Az ember tragédiája" ["The Tragedy of Man", 1859] is Adam, the eye-witness of world history. The supposition is evident that the poet was also mindful of the figure of Ahasuerus. Contrary to the negative result reached by R. Gálos,[9] it was proved by Emeric Trencsényi-Waldapfel that Madách was influenced by Andersen's dramatic poem *Ahasuerus*.[10] John Arany in his mighty lyric poem "Az örök zsidó" ["The Eternal Jew", 1860] identified his own sufferings with those of the eternal Jew. He was probably prompted by Béranger's *Le Juif errant* which, translated by Joseph Lévay [Költeményei, I, Pest 1852, pp. 213-216], appeared also in Hungarian in 1852.[11] Joseph Kiss also names himself "the wandering Ahasuerus" ["Egy képpel", "With a Picture", 1868], and calls his life "the vague way of the Wandering Jew" ["Sóhaj", "A Sigh", 1871]. In his hopeless search of a country the Wandering Jew's lamentation broke forth from his soul in his "Uj Ahasvér" ["New Ahasuerus", 1882], to which the motto was provided by the refrain of Arany's above verse. He

---

[8] J. Brisits: *A Magyar Tudományos Akadémia Vörösmarty-kéziratainak jegyzéke*. Budapest, 1928. p. 391.

[9] R. Gálos, *Heinrich-Album*. Budapest, 1912, pp. 293-297.

[10] I. Trencsényi-Waldapfel, *Semitic Studies in Memory of Immanuel Löw*. Ed. A Scheiber. Budapest, 1947. pp. 205-238.

[11] *Cf.* the note of G. Voinovich, *Arany János Összes Müvei*. I. Budapest, 1951. pp. 515-516.

was still more haunted by the parallel of Ahasuerus at the end of his life ["En", "I", 1920.; "Hogyha . . .," "If . . .", 1921], so that at the time of the white terror he made his grandfather Litvák Mayer tell the Wandering Jew's apotheosy in the last song of his epic poem "Legendák a nagyapámról" ["Legends on My Grandfather", Budapest 1926, pp. 89-94]. John Vajda identified himself with Ahasuerus and Prometheus ["Végtelenség", "Infinity", 1875; see also his poems "A bikoli fák alatt", "Under the Trees of Bikol", 1880; and "A szomorú körutas", "The Sad Tourist", 1892]. Anthony Váradi in his tragedy "Tokarióth" ["Iscariote", Budapest 1876][12] made Ahasuerus act as member of the synhedrion of Jerusalem. Ede Tóth [d. 1876] thinks that the soul of Ahasuerus had become his heritage and he had found his pleasure in wild erring ["Levél Kupay Dienes barátomhoz", "Letter to Dienes Kupay"; Tóth Ede költeményei, Budapest (1881) p. 40]. Xaver Ferenc Szabó composed an opera on the basis of Hammerling ["Ahasuerus", 1877] which was never performed [A Petöfi-Társaság Lapja, I, Budapest 1877, p. 352]. Julius Reviczky regarded his life as "the wandering of Ahasuerus" ["I.N.R.I.", 1883; see also his poems "Ma született a Messiás", "Today Messiah was born"; "A bolondok házából", "From the Lunatic Asylum"]. According to him, the vocation of the last poet is to rock Ahasuerus to death and proclaim him to be happy because he has expired ["Az utolsó költö", "The Last Poet", 1889].[13]

At the end of the last century a still keener interest is taken in the figure of Ahasuerus. In the "Ahasvér" ["Ahasuerus", in "Régi lant", "Old Lute", Budapest 1891, p. 9] of Lewis Bartók, Ahasuerus utters curses, then asks Neptune and the Syrens to stop him. Upon this, he asks the rock, the Gulf, the Fire of Volcanoes, the Serpents, the Polyps, the Hydras to annihilate him, for he has to live and take the curse of eternity with him. It is with warm sympathy that Michael Szabolcska ["Bolygó zsidó", "The Wandering Jew", in "Hangulatok", "Moods", Budapest 1894, pp. 155-157] watches the accursed personifier of Jewish destiny. The short story of Francis Herczeg "A bolygó izraelita" ["The Wandering Israelite", Budapesti Hirlap XV, 1895, Nr. 266] gives this name to an alert Jewish journalist, whereas in the poem of Aladar Bán "Egyedül" ["Alone", Budapest 1898, p. 15] we again come across the identification with the poet who is driven by the torment of Ahasuerus but can not find any rest. At the prize competition of the Hungarian Academy of

---

[12] In German translation: *Iskarioth . . . Aus dem ungarischen übertragen von Péter Somogyi.* Budapest, 1895.

[13] The first elaboration of it was printed by S. Kozocsa, *Irodalomtöreténet.* XXXIII. 1944. p. 94.

Science in 1898-99 there figured a drama under the title "Ahasuerus," in which Ahasuerus is identical with Cain, the first murderer,[14] and wanders over the world from Babylon to Budapest [Budapesti Szemle, CXCIII, 1923, pp. 91-92].

The progenitor of modern Hungarian literature, Andrew Ady, also wanders forever "like a new Ahasuerus" ["Sirasson meg", "Mourn me", 1899]. In his other poems the Jews are the "eternal wanderers" ["A bélyeges sereg", "The Marked Host", 1907], and those expecting brighter future are "the mournful Ahasueri" ["Bús Ahasvérok májusa", "The May of Mournful Ahasueri", 1909]. Julius Dezsö in his "Ahasvérus" ["Ahasuerus", in "Elbeszélö költemények", "Narrative Poems", Budapest 1902, pp. 73-78] related how God takes pity on Ahasuerus who is worried by his own conscience, and gives him eternal rest. In the dramatic scene of Francis Szilágyi, Jesus, after two thousand years, pardons the wandering Ahasuerus and shows him a phial of poison. Ahasuerus sees death through the phial and desires to live on, even in sufferings ["Ahasuerus", in "Zsarátnok", "Embers", Budapest 1902, pp. 55-63]. The fantastic poem of Géza Szilágyi "Ahasvér karácsonya" ["The Christmas of Ahasuerus", in "Holt vizeken", "On Dead Waters", Budapest 1903, pp. 19-25] acts on Christmas Eve. Ahasuerus in his imagination lives through his sin again but, out of the grace of Jesus, he sees his wife and child and thinks he may have a rest for a moment. The grace of Jesus is also the subject of a dramatic scene by Coloman Harsányi ["Ahasverus", in "Páter Benedek", Budapest 1910, pp. 97-111]. Jesus on the cross is pained for having cursed Ahasuerus and being unable to beg his pardon.

From before World War I we can but glean from the rich material. With Lewis Szabolcsi ["Áhásvér", in Egyenlöség, XXIX, Budapest 1910, Nr. 15] Ahasuerus, hurrying to the East, is again the personifier of Jewish destiny. In the short story of Alexander Simonyi ["Ahasvér", in Szegedi Napló, XXXV, 1912, Nr. 21] the curse on Ahasuerus would be broken only if three men offered him rest at their houses. In the epopee of Margaret Szerviczky ["Jézus", II, Budapest 1914, pp. 5-55; 2nd edition, Budapest 1927, pp. 165-201] Beelzebub, on the summons of Lucifer, wakes up Ahasuerus who is sleeping in the valley of Hinnom in order to fight for the Antichrist. He leads the campaign on Rome. At the trial by ordeal Ahasuerus is converted and baptised and dies. From the converted hero of Dezsö Erdösi's short story ["Ahasverus", in "Emberi irások",

---

[14] G. Heinrich: *A bolygó zsidó mondája*. Budapest, 1920. pp. 27., 66.

"Human Writings", Budapest 1914, pp. 158-170] the eternal Ahasuerus appears because his former confession was hurt.

World War I enriched the story of Ahasuerus with a new hue. Alexander Mezey represents Ahasuerus as a man weeping in the war ["Ahasvér," in IMIT Évkönyve, Budapest 1915, pp. 311-312]. Henry Lenkei in his poem ["Ahasvér", in Mult és Jövö, VI, Budapest 1916, p. 344] relates that a voice from heaven lets the eternal Jew know that he is to live until he is sensible of fight, suffering, and death training for perfection. The fundamental idea of his dramatic poem "Ahasvér álma" ["The Dream of Ahasuerus," in "Isten tábora," "God's Camp," Budapest 1931, pp. 127-139] is that death is no salvation for anybody that finds the aim of his life in making world happy. In the drama of Marcel Benedek "Az örök zsidó' ["The Eternal Jew", (1916) MS in the Section of Theatre History, Hungarian National Museum, Budapest], Act III, Ahasuerus plays a part in a dream. Should he once believe in advancing the world, he could die. In the selfconfession of Arpad Sebes, "Ahasvér fia" ["The Son of Ahasuerus", 1917, in "Stix partján," "On the Bank of Styx," Budapest 1925, pp. 149-150] he figures as a victim of the old Jewish curse. Although he has lost his left leg in the war, yet he is to go on. In the short story of Desiderius Frischmann ["Ahásvér", in Egyenlöség, XXXVII, 1918, Nr. 51-52.; Zsidó Jövö, II, Satu Mare 1931/32, pp. 30-31] the author's juvenile dream is fulfilled: he meets Ahasuerus. At a persecution of the Jews in the World War he sees him flee; however, Ahasuerus does not stop for him. Stephen Lendvai ["Ahasvér", in "Köszöntö", "Greeting", Budapest 1920, pp. 17-18] feels as if he were throttled by Ahasuerus at night. He envies the poet for his being able to take a rest and delight in the beauty of life. Lewis Áprily, having returned to his native city without being recognized by anybody, goes on his own way like Ahasuerus ["Kolozsvári éjjel," "A Night at Kolozsvár," in "Falusi elégia," "A Village Elegy," Cluj-Kolozvár 1921, p. 47]. A German painter's linen inspired him to write one of the finest Hungarian works on Ahasuerus ["Ahasvér," in "Rasmussen hajóján," "On Rasmussen's Ship," Berlin 1926, p. 26]. Ahasuerus finds in a house a dead child with a beaming smile on his face because he was able to die young. Ahasuerus, crying, runs into a new spring.

The poetry of Andrew Peterdi abounds in Ahasuerus-motives. Leaving aside these vestiges, we refer only to four of his elaborations of the theme. In all the four Ahasuerus is the embodiment of Jewish destiny. Seeing an old war refugee, he gives voice to the lamentation of Ahasuerus in search of his own grave ["Uj Ahasvér," "New Ahasuerus," Költeményei, II, Budapest 1918, pp. 69-70]. Once we find Ahasuerus wandering through ages and countries ["Az örök vándor," 1921, "The Eternal Wanderer," in "A sárga folt," "The Yellow Stain," Budapest S.a., pp. 141-142]. On another occasion we learn of him as keeping to the east ["A bolygó zsidó," "The Wandering Jew," in Zsidó Évkönyv, V, Budapest 1932/33, p. 345]. For the fourth time ["Bolygó zsidó," "The Wandering Jew," in Egyenlöség, LVI, 1936, Nr. 18], the poet thinks to find the solution of the destiny of the Wandering Jew in representing him as possessing the whole world; this is why he has no country of his own. Arnold Kiss, too, frequently returns to this motif, dedicating to it two whole poems of his. The bundled Jew takes a rest on Saturday, but when will the globe-trotting Jew have his rest on the eternal Friday night? ["Ahásvér éneke," "The Song of Ahasuerus," in "Elborult csillagok alatt," "Under Clouded Stars," Budapest 1922, pp. 10-12]. At another time he writes that unless the ideas of eternal goodness and eternal love do not find hearts, Ahasuerus can not have any rest ["Örök zsidó," "The Eternal Jew," in Országos Egyetértés, II, Budapest 1927, Nr. 15]. The Ahasuerus monologue of Lewis Szomjas reflects the effect of John Arany ["Ahasverus," in "Megyünk," "We go," Budapest 1922, p. 75], whereas Béla Zsolt shows an independent conception in elaborating the theme in his "Legenda a jeruzsálemi vargáról" ["A Legend on the Jerusalem Cobbler," in "Igaz Könyv," "A True Book," Budapest 1923, pp. 93-102]. The hunchbacked cobbler of Jerusalem is the noisiest of the celebrators in greeting Jesus marching into the capital, but receives him, who approaches with a thistlecrown, with an oak club, shouts "Crucify him!" among the crowd, and spits upon his face. In the weak musical play of Francis Siliga ["A bolygó zsidó," "The Wandering Jew," Budapest S.a. (1928?), MS in the Section of Theatre History of the Hungarian National Museum] the appearance of Ahasuerus brings evil everywhere. Having frequently attempted suicide, on his hundredth birthday he meets on the highway with Jesus who consoles him to receive pardon on his second advent. Of a converting tendency is the mystery of F[rancis] H[agymásy] of Pannonhalma ["A bolygó zsidó engesztelő napja (Jom Kippur)", "The Wandering Jew's Yom Kippur," Kisvárda S.a. (1929)]. Ahasuerus and his wife had been wandering for two thousand years, walking through the world, hell, purgatory, and Paradise. Finally, Jesus pardons them, they are converted and meet and die. In the drama of Géza Voinovich ["Magyar passio," "A Hungarian Passion," Budapest S.a. (1931), pp. 113-115, 125] the figure of Ahasuerus emerges twice, at committing sin, and among the pilgrims wandering to the cross of the risen Christ.

The theme had even a Fascist elaboration. Joseph Erdélyi in his "Ahasvér és a varázsfurulyás" ["Ahasuerus and the Magic Fluter," in "Fegyver," "Weapon," Budapest 1935, Nr. 1.; "Emlék," "Souvenir," Budapest, 1943, pp. 464-468] has, according to the sentiments of his own and his time, fitted the figure of Ahasuerus into the well-known fairy tale on the wonderful flute with an anti-Semitic tendency.[15] The poem relates that the magic fluter and Ahasuerus-Judas, the personifiers of heavenly faith and earthly interest, wander together. The latter does not accept Jesus and worships Mammon only. While the magic fluter plays he has to dance. He gives money to the fluter in order to silence him. At the kings court both are happy and both are in love with the king's daughter. The daughter reciprocates the fluter's love. Ahasuerus-Judas, therefore, accuses the fluter of having blackmailed him on the way. He is condemned to death. His last wish is to blow his flute. Ahasuerus-Judas has to dance. He leaves all his fortune to him if he only leaves off playing the flute. The people give a verdict and tear the informer to pieces. The magic fluter receives the fortune of Ahasuerus-Judas. In a manuscript dramatic piece of an anonymous author, Ahasuerus wanders for two milleniums in the shape of a rejuvenated fiddler ["Az örök vándor," "The Eternal Wanderer" (1935). MS of the Section of Theatre History, Hungarian National Museum]. In a poem of Attila József [d. 1937.] the monologue of the Wandering Jew is heard: "Where is the bed in which the worried soul may find a rest?" [Smá Jiszróel. József Attila Összes Művei, II, Budapest 1952. pp. 345., 451].

In the "Ahasvér" of Thomas Emöd (see "Versei," "Poems," Budapest, 1939, pp. 202-203] the sufferings of the Eternal Jew are reflected on a Jew in the street of Pest. According to Aladár Kemény ["Országuton," "On the Highway," in "Fintor és könny," "Grimace and Tear," Budapest, 1940, p. 40] the misery of the Jewish compulsory labour-servicemen is but a station of the Wandering Jew's destiny. In a poem of Aladár Komlós ["Bolygó zsidó hazája," "The Wandering Jew's Home," in "Himnusz a mosolyhoz," "Hymn to Smile," Budapest, 1941, p. 28] the homeless Jew's home is his

---

[15] Gy. *Gaal Magyar népmesegyüjteménye.* III. Pest, 1860. pp. 137-141. Nr. XLI.; J. Berze Nagy: *Baranyai magyar néphagyományok.* II. Pécs, 1940. pp. 256-258. Nr. 84.; pp. 258-260. Nr. 85.; *Nagyerejü János* Budapest, 1951. pp. 122-126. Illyis Gyula, *Csillag.* VI. 1953. pp. 1337-1338.

meeting with another Jew's friendly smile. In the series of dramatic scenes of Endre Farkas, finally, the Wandering Jew in his desire of death has his voice sounded among the expelled victims of Fascism ["Megmérettél . . .," "Thou hast been weighed . . ." Miskolc (1948), pp. 30-31].

These are some of the main stations of the way of the idea of Ahasuerus in Hungarian literature.

II. The Legend in Hungarian Folklore.

The people of Hungary have also known the legend. Here I think not only of the tale of the cobbler whom Jesus rewarded with eternal life[16] but also of the popular saying: "He is restless like the Wandering Jew."[17] We can read in 1824 that a tale was running among the people, though not so frequently as was the case in the past, about the Eternal Jew who incessantly wanders till the Day of Judgment.[18] From this former, traces can be inferred which have unfortunately been lost. For this reason, the statement of the Reformed Pastor Gedeon Ács of Laskó can not be conclusive, for he writes in his diary at the middle of the 19th century that he did not hear the tale of the Eternal Jew from the people;[19] neither is an anonymous writer in 1872 to be credited, according to whom "so far as we know, the figure of the Wandering Jew does not live in the tales of the Hungarian people."[20]

However, the legend was in its entirety noted down from the lips of the Hungarian people as late as 1952 at Mezőkövesd by Stephen Sándor, librarian of the Hungarian Ethnographical Museum. It is by his courtesy, for which I thank him gratefully, that I am able to publish these data here for the first time.

The fifty-seven year old Mrs. József Marcis, *née* Anna Takács, remembered a certain late Uncle Lieber among the noted cheap literature sellers of Mezőkövesd. According to her, this man wandered over the whole Kövesd, stopped at every door, and sang the following song which was recited sung by the informant also.

The text has a paired rhyme which is not rendered by the translation. I remark here that it consistently pronounces the name Aha-

---

[16] L. Arany-P. Gyulai: *Magyar Népköltési Gyüjtemény*. I. Pest, 1872. pp. 498-500.; Á. Kecskeméti, *IMIT Évkönyve*. 1896. pp. 322-323.; A. Scheiber, *Magyar Nyelv*. XLVII. 1951. pp. 86-87.

[17] E. Margalits: *Magyar közmondások és közmondásszerü szólások*, Budapest, 1897. pp. 75., 765.

[19] R. M. Hoffmann, *Ethnographia*. XXXVII. 1926. p. 142.; L. György: p. 113.

[19] R M. Hoffmann, *Ethnographia*. XXXVII. 1926. p. 142.; L. György: *A magyar anekdota története és egyetemes kapcsolatai*. Budapest, 1934. p. 86.

[20] *Magyarország és a Nagy Világ*. VIII. 1872. p. 177.

suerus in the cacophonical form "Hasvérus" [in Hungarian "Belly-blooded"]. Its translation would run thus:

> Jesus is already being dragged to death,
> His shoulders are burned by the wood of redemption.
> His body is already torn with thousand wounds,
> He is covered by its gush of blood.
>
> There was a stone-bench at the house of Ahasuerus.
> The Saviour falls on this stone-bench,
> In order to have a little rest.
> He is still to carry the cross far.
>
> But Ahasuerus now steps out of the house,
> Raises his hand in curse,
> And dealing blows on Jesus,
> Such a word of curse is uttered by him:
>
> Go away, for you must not rest here,
> Do not profane this site,
> For I am a true-believing Jew:
> I do not give any room for sinners.
>
> Jesus rose again with the cross,
> Looks at the Jew with tears in his eyes:
> Go you also, if you have no heart,
> And be persecuted by conscience.
>
> Wander round this world a thousand times,
> But find no rest in it anywhere.
> Thus said Jesus with an embittered heart,
> And went on with the heavy cross.

Then the same person related that "according to the writings, Ahasuerus has been living until this day, thus say the ancients. He also leapt even into Vesuvius several times; thus I heard from the old people who had been in Jerusalem, at the tombs of Jesus. More than once there were also people of Kövesd in the Holy Land. People from there say that they still see Ahasuerus several times passing in the shape of a white shadow and resting under a tree."

The forty-five year old Mrs. István Simon, *née* Margit Gari, related as follows: "You are like Ahasuerus—the name is pronounced 'Hasvérus' by her also; this is said to someone that is a miser, a selfish man, who drives the poor away. The legend has it that when Jesus went with the cross, he was very tired. There was a stone-bench at the gate of Ahasuerus, where Jesus sat down to have a rest. Ahasuerus came out and drove him away. Jesus rose and, turning back, said to him: 'Wander round the world and find no rest in it ever!' For this reason it is said: 'He wanders like the eternal Jew, like Ahasuerus.' He still keeps wandering. There is no news of where he is seen. He who is always in a hurry, used to say: 'I go like Ahasuerus.' He leapt from the rock into the sea but it threw him out. He is ever thrown out by everything, for he was cursed by Jesus."

III. THE LEGEND IN HUNGARIAN CHEAP LITERATURE.

It seems certain that among the Hungarian people the legend of the Wandering Jew was propagated by the chap-books of the Hungarian translation and recastings of the German chap-book.[21] So far, there is only one remark to be read on these chap-books, according to which the extract of the German chap-book first appeared in Hungary in 1861.[22]

This is a mistake, as we shall prove on the following pages.

In Hungarian cheap literature the following elaborations are known:[23]

*1. *Az örökké való zsidó*. ["The Eternal Jew"]. *Without place and date of publication*, [before 1848].

Ordinance Nr. 1, 231 dated in 1847 contains a list of the prohibited chap-books. In pursuance of it the Royal Examiner of Books of Miskolc made a search with Joseph Lövy, Israelitish bookbinder of Miskolc, and submitted to his superior authority "the list of the confiscated useless minor printed matter aimed at the extortion of the poor people and the propagation of fanaticism." This list from 1848 exists in the Hungarian National Museum, and includes the title of the above publication,[24] without indicating the place and time of the printing.[25] From that it clearly appears that as early as before 1848 the chap-book had a Hungarian edition.

---

[21] L. Neubaur, *Bibliographie der Sage vom ewigen Juden. Centralblatt für Bibliothekswesen*. X. 1893. pp. 250-267, enumerates 56 German, 3 Flemish, 10 French, 4 Danish, and 10 Swedish editions of the chap-book. He knows none in Hungarian. In Hungary the editions of the chap-book are also mentioned. See *Ifjuság Lapja*. II. Pest, 1868. p. 358.

[22] J. Turóczi-Trostler: *Op. cit.* p. 115.

[23] Here I return sincere thanks to Dr. Stephen Borzsák for his allowing me to use his voluminous forthcoming bibliography of the Hungarian cheap literature. I mark with an asterisk the publications I have not seen but know from literary references only.

[24] Judging by the title, its source may have been the following German chap-book: *Ahasuerus der ewige Jude*.-Neubaur [l.c.p.264. Nr. LV] only knows an edition of it from 1849, which, of course, does not exclude the existence of former ones.

[25] J. Bayer, *Egyetemes Philologiai Közlöny*. XXVIII. 1904. pp. 467-470.

*2. *Az örökké való zsidó.* ["The Eternal Jew"]. *Fordította* [translated by] *Tolnay Ferencz Szarvas, Réthy Lipót, 1854. 8°, pp. 16.*

Géza Petrik,[26] indicates it as existing in the University Library, Budapest, but I could not find there on repeated researches.

3. *Az örökké való zsidó.* ["The Eternal Jew."] *Fordította* [translated by] *Tolnay Ferencz. Debreczen, Telegdy K. Lajos, 1861.*

Ahasuerus does not allow Jesus to take a rest before his house. For this reason he is to wander continually and can never die. First he lives in a cave of Lebanon without eating or drinking. At Rome he becomes a gladiator, at Jerusalem he watches the destruction of the Second Temple. Then he again appears at Rome, first as a slave, then as an executioner. He walks all over the world. At a moment of despair he throws himself into the abyss of the volcano Etna but does not die. He lives as a hermit in the wilderness of Thebais. At the news of Muhammad's appearance he departs and meets the Muslims under Jerusalem. At the Holy Sepulchre, which he wants to lay waste, he is baptised by monks. He fights on the side of the Crusaders, then he takes on the job of guide for the visitors of the Holy Sepulchre. There he waits for the advent of Jesus.

4. *Az örökkévaló zsidó.* ["The Eternal Jew"]. *N. Váradon, Tichy Alajos, 1862. 8°, unpaged pp. 15.* [In the Széchenyi Library of the Hungarian National Museum.]

The translator's name is not mentioned; however, its text is identical letter for letter with the former. On the title-page there is a figure representing Ahasuerus with a stick in his hand.

5. *Az örökbolygó zsidó.* ["The Eternally Wandering Jew"]. *-Csodák könyve. Szent hagyományok és népies mondák, mellyekben százötven csodák foglaltatnak százötven képpel díszítve.* ["Book of Wonders. Holy Traditions and Popular Legends, in which Hundred and Fifty Wonders Are Included, Illustrated with Hundred and Fifty Pictures."] *Pesten, [1858]. pp. 81-82. XLVII.* [In the Széchenyi Library of the Hungarian National Museum.]

New edition: *Az örökké bolygó zsidó. - Csodák könyve. Szent hagyományok és népies mondák. Budapest, [1914]. pp. 80-82.*

After describing the legend itself the anonymous author relates Ahasuerus's wandering and thirst for death. Once he drops on the lawn, crying and quite exhausted. He dreams of the resurrection of

---

[26] G. Petrik: *Magyarország bibliographiája. 1712-1860.* III. Budapest, 1891. p. 895.

the dead and of his own death but, startled, he is to wander on. "And the accursed man will wander till the end of the world; therefore, his posterity are still wandering in the world, having no home anywhere."

6. *Karakói Pista: Borzasztó csodatörténet, vagy: Az örök zsidó eredete, ki bujdosni fog világ végéig.* ["A Horribly Wonderful Tale, or: The Origin of the Eternal Jew, Who Will Wander till the End of the World."] *Pesten, Bucsánszky Alajos, 1873. 8°, pp. 8.* [In the Széchenyi Library of the Hungarian National Museum.]

The pseudonymous author relates in verse that a rich Jew makes all pecuniary sacrifices for being able to do evil. He makes a co-religionist steal consecrated wafer for much money. On Friday, in the congregation of the Jews, he punches the wafer which begins to bleed. The terrified Jews run asunder. Two angels descend from Heaven and collect the blood on a gold dish and carry it up into Heaven. The rich Jew turns into a wolf,[27] the blood of his heart drops continually, and he finds no rest anywhere. He assumes a human shape in which he wanders. Wherever he goes, his blood drops and paints all the ways red. Death has no need of him; yet, he would perish willingly. He wanders all over the world but can not throw down the curse. He lives to see the final destruction of his nation.

7. *Varga Lajos: Ahasvérus vagy a Jézus által megátkozott örökké élö zsidó.* ["Ahasuerus or the Ever-Living Jew Cursed by Jesus."] - *Szüz Mária emléke* ["The Memory of the Virgin Mary"]. *Jász-Apáthi, 1894. 8°, pp. 72-75.*

New edition: *Eger,* [1942]. *pp. 85-89.* [Both in the Széchenyi Library of the Hungarian National Museum.]

The author relates the story of Jesus and Ahasuerus in four-lined couplets. Here Ahasuerus is an "orthodox Jew." He wanders by punishment. We find him on the shore of the Polar Sea but he

---

[27] S. Thompson: *Op. cit.* II. Helsinki, 1933. p. 12. D. 113.1.—in a chap-book of Szeged [Facsaró Ábrahám: A legujabb csoda vagy istenkáromló embernek disznóvá átváltozásának leirása, "The Newest Wonder or the Transformation of a Blasphemer into a Pig." Szeged, 1868.] A Jewish innkeeper who became rich by fattening of pigs, shoots twice into the sky when his stock of fattening pigs is visited by pestilence. For this reason he is changed into a pig. [L. Terjék, *Délvidéki Szemle.* III. 1944. p. 81.] In the legends of Jewry and Islam the Sabbath-breakers are changed into monkeys. [L. Ginzberg: *Jewish Folklore: East and West.* Cambridge, 1937. p. 14.] The builders of the Tower of Babel are punished and turned into animals [A. Scheiber, ... Budapest, 1938. Hungarian Section: pp. 260-261.] The revolter against Dionysus is, on the other hand, changed into a wild ass [J. Guttmann, ... Hierosolymis, 1949. p. 30.]

can not die. He throws himself into the sea from the top of an ice-cliff, but the wave of the sea casts him out. In battles he places himself before showers of arrows. He jumps into the abyss of a volcano. He wanders to Asia where the cholera ravaged. He catches it but does not die of it. In primeval forests he incites the wild animals but he remains alive. This state of his has been lasting for two thousand years, but he is to run on with his horrible torments.

8. *Ribó Robi: A sárkányvár vagy a bolygó zsidó viszontagságai.* ["The Dragon's Castle or the Adventures of the Wandering Jew"]. *Budapest, Népirodalmi Vállalat. S. a. 8°, pp. 3-12.* [In the Széchenyi Library of the Hungarian National Museum.]

It has little to do with the original legend of the Wandering Jew; only the motif is drawn from it: Its hero lives forever and wanders incessantly. After the revelation Eli Roboham defies Moses. Moses curses him: "Be thy name henceforth Elias, the death shall shun thee, and have no rest till the end of the world, in compunction forever shalt thou wander all the parts of the world until there be one unbeliever among the men living on the earth . . . Be thou the Wandering Jew . . ." Elias is compelled to wander by an inexpressible force. He is no body any longer, only an invisible spirit. Everywhere he sticks up against atheism. On board of a Syrian ship he frustrates the assassination of a merchant. He prevents Attila from having the priestly delegation of a besieged Italian city killed.[28] After five thousand years he defies the temptation of atheism at the Dragon's Castle in Himalaya, for which he gets his wife back from the hands of Moses that they may live the rest of their lives and be buried.

The clumsy tale is evidently the would-be-wise pseudonymous author's individual idea.

9. *Sue Jenö: A bolygó zsidó. Regény. Franciziából átdolgozta:* ["The Wandering Jew. A Novel. Recast from French by"] *Tihanyi Benö. 130 müvészi képpel.* ["With 130 Artistic Pictures."] *II. Budapest, Pannónia, 1900. 8°, fascicles 1-4, pp. 128.* [In the Széchenyi Library of the Hungarian National Museum.]

This is a fragmentary chap-book translation of Eugène Sue's *Le Juif errant*. For the other translations of it see my forthcoming bibliography.

* * * * *

---

[28] Evidently, he thinks of Attila marching off from Rome at the request of the Pope Leo I.

In addition to the Hungarian chap-books as enumerated above, there also appeared in Hungary a Slovakian chap-book about the legend of the Wandering Jew, printed at Szakolca. There exists the following edition of it in the Széchenyi Library of the Hungarian National Museum:

10. *Wecny zid. Powest z doby umucení Krista Pána.) Uh. Skalici, 1894. 8°, pp. 32.*

In a Slovakian chap-book containing directions on letterwriting [Augustin Paulovic: Slovensky listár pre pospolity l'ud. v Trnave, (1919). p. 65] there occur the following lines:

> Ked ma nechces viacej l'úbit, tak mi ver,
> ze ty budes vecne blúdit', jako Ahasver.

> ["If you do not want to love anymore, so believe me,
> that you will wander forever, like Ahasuerus."]

All this may prove that the legend of the Wandering Jew was more widely propagated among the people of Hungary by chap-books than was hitherto supposed. This circumstance has certainly its share in the frequent occurrence of the figure of the Wandering Jew in Hungarian literature. In another paper I prove in detail[29] that the *termini technici* of the Wandering Jew occurring in the works of the earliest Hungarian authors who wrote on the topic, also allude to their familiarity with cheap literature.

---

[29] A. Scheiber, *Magyar Nyelv.* ..XLVIII. 1952. pp. 220-221.

ADDITIONS TO THE HISTORY OF THE LEGEND OF THE WANDERING JEW IN HUNGARY

Recently I had an opportunity to sketch the history of the legend of the Wandering Jew in Hungarian literature, folklore, and cheap literature.[1] Since then, I have found a few data which supplement considerably the contents of my article.

I. In Hungarian Literature

The first literary source in Hungary to mention the Wandering Jew was hitherto from 1811. Now we have found a contribution earlier by over 100 years. Count Ferenc Gyulai [1674-1728] served in the imperial and royal infantry regiment Nr. 51. His regiment was directed into Italy where Gyulai fell into French captivity on 29 September, 1704. In 1703 to 1704 he kept a diary in Hungarian, sketching not only the events of the war but also noting down interesting geographical and ethnographical observations. It is to his diary that we owe the first information of the legend of the Wandering Jew in Hungarian. He wrote in Italy on 24 June, 1704: "There walked in Crescentino a certain Jew, about whom there is a rumour abroad that this is the Jew cursed by our Lord Jesus Christ to wander forever, without, however, having anything pertaining to him torn. Having heard this parable many times, I was curious to talk with him; however, on the following day he left the camp, so that I could not talk with him at all. Later I had no news of him or what he had become and where he went from our camp."[2]

Therefore, 102 years after the publication of the trashy pamphlet in German the legend was already current in Hungarian. Perhaps further contributions will turn up from still earlier times.

Since the appearance of my article the following elaborations of the topic have become known to us.

(1) The epigram of an anonymous poet has it that Ahasuerus does not die because he wanders on foot. If he wandered by railway he could have had a quiet rest for a long time ["A bolygó zsidó," "The Wandering Jew," in *Pesti Hirlap,* IV (1882), Nr. 279].

(2) József Nyitrai [with the pseudonym Yartin] dramatizes the dialogue of Ahasuerus, Judas, and the Great Pan. Judas is having remorses. The Great Pan foretells Ahasuerus, the Eternal Jew, his

(155)

fate. He is to be the scapegoat everywhere. However successful he may be, he will ever be persecuted by the curse and the suspicion ["A keresztrefeszítés után," "After Crucifixion," in *A Hét*, XIII (1902) I, 26-28].

(3) Ferenc Szécsi [under the pseudonym Franciscus] relates in his short story that Ahasuerus requested admittance to him. He complained of being elaborated by a great many bad poets. He would like to die. He narrated that at night, when he was half asleep, Lucifer appeared to him, advising him to read all the publications of the Hungarian Academy of Science. Should he not in his boredom die even of that, he could not be helped by the devil himself ["Borzalmas beszélgetés," "A Horrid Conversation," in *Pesti Napló*, LIV (1903) Nr. 123].

(4) Béla Telekes characterises in his poem Ahasuerus as the eternal seeker of happy love ["Uj Ahazvér," "New Ahasuerus," in *Magyar Géniusz*, XII (1903) II, Nr. 34].

(5) Erna Castelli in her poem represents Ahasuerus red-haired, proceeding from East to East. He presses his Talmud to his breast. How many thousand cursed tomorrows are still in await of him? ["Ahasverus," in *Élet*, I (1909) II, 131.]

(6) Károly Somlay in his novel [*Boldogasszony szolgája, The Blessed Virgin's Servant* (Budapest: 1918) 73-88] describes that the Slovaks dwelling on the banks of the river Vág look upon Jasper Domacius, the Cracow clockmaker seeking for his false wife, as being Kartaphilus, who wanders about the world tirelessly.

(7) Gyula Juhász in his precious poem narrates that when Christ entered into Jerusalem, Ahasuerus cried Hosanna. When he was led before the multitude, he cried out, Crucify him. At the resurrection he beat his breast, howling, This man was Son of God. When a just person strays into this wicked world, Stupidity always hangs around him just as the cobbler hangs around Christ. ["Krisztus a vargával," "Christ with the Cobbler," in *Népszava*, LI (1923) Nr. 69; reprinted in *Irodalomtörténeti Közlemények*, LVIII (1954) 218].

(8) Gyula Krudy, in his noble-spirited novel written on the charge of ritual murder at Tiszaeszlár, depicts how at Tiszaeszlár the Wandering Jew makes his appearance in the shape of a Shohet. ["A tiszaeszlári Solymosi Eszter," "Eszter Salymosi of Tiszaeszlár," in *Magyarország*, XXXVIII (1931) Nrs. 52, 89].

(9) Tamás Kóbor thinks that the first house offering Ahasuerus a genuine rest would absolve him from the ancient curse ["Ahasvér," in *Ujság*, X (1934) Nr. 78].

II. In Hungarian Folklore

It is only now that we have found the first contribution to the Wandering Jew in Hungarian folktale. The eminent Hungarian folklorist, Lajos Kálmány (1852-1919), whose literary remains are in the Ethnological Archives of the Hungarian Ethnographical Museum and the material of whose folktales is still unedited, noted down a tale from the environs of Szeged. It runs like this (marked: EA. 2, 801):

The Eternal Jew

When Our Lord Jesus Christ was carrying the cross, he got tired and wished to sit down under the window of the Eternal Jew. The Eternal Jew was sitting there on the stone bench, and did not allow God there and did not give Him any place. Then God said:

"I wish you would not get any place in hereafter!"

He has not got any, indeed. He is still alive, seeking for the place he can ruin himself from. He went into everything that he should perish, into every dangerous place. He leapt into a fire-spitting mountain, but it thrust him out; he lept into the sea, but it also thrust him out; he leapt into the group of lions and was torn, but he has not died and run forth; however, he does not get any place anywhere, and keeps running.

This tale appears to have the effect of its elaboration in the cheap literature. Its spread among the people may be assumed to be due to the latter (cf. *Midwest Folklore*, IV (1954) 233-234). This is also shown by the appellation *Eternal Jew* [in Hungarian *Örökkévaló zsidó*] which is exclusively used in cheap literature.

III. In Hungarian Cheap Literature

In my study I quoted ten elaborations of the legend of the Wandering Jew in Hungarian cheap literature. Now I am able to add two further items to them.

(11) *Az uj bolygó zsidó vagy az almási feszület csodálatos jelenése a hitetlen elött. Legujabb és világraszóló csodatörténet.* ["The New Wandering Jew Or the Miraculous Apparition of the Crucifix of Almás Before the Unbeliever. A Most Recent and Worldwide Miraculous Story"]. (Budapest: Bartalits Imre, 1889,8°) 8. [Property of Professor Sándor Bálint of Szeged, Hungary].

A young Jewish shopkeeper of Almás became a Christian and betrothed the daughter of a Christian craftsman. The young couple was awaited in front of the church. The Jew Elijah, walking about, asked who the bridegroom was. In his anger he struck the Redeemer's sacred image with his stick. A terrible thunder was heard, a dazzling light broke out around the cross, and the Redeemer's hand hit by the stroke of the stick broke off from the cross, made for the Jew, and began to thrash him. The Jew cast his stick away and started running. The divine hand persecuted him continuously. "Since then all trace was lost of the godless Elijah. Though carters travelling in distant countries assert seeing at night something like a fiery hand flying away and hearing horrible wailing in the meantime."

A poem of two stophes follows and epitomizes the prose story.

(12) *Vétkes! (Sinner!)* (Budapest: 1916, 8° 4.) [In the Széchenyi Library of the Hungarian National Museum].

Narrating the story of the Wandering Jew, it represents Ahasuerus as the embodiment of the sinner.

x   x   x

The above data can yet more emphatically testify to the knowledge of the legend of the Wandering Jew in Hungary.

NOTES

[1] *Midwest Folklore*, IV (1954) 221-235. Since then, its occurrence in Esthonian popular belief was also referred to: Cf. O. Loorits, *Yeda-Am*, III (1955) 99.

[2] Gróf Gyulai Ferenc naplója, *The Diary of Count Francis Gyulai, 1703-1704.* Ed. S. Márki (Budapest: 1928) 216.

THE LEGEND OF THE WANDERING JEW IN HUNGARY: TWO GERMAN TEXTS

Two decades ago I showed the path taken by the legend of the Wandering Jew in Hungary in folklore, in popular literature, and in literature proper.[1] I pointed out that it is found in Hungarian as early as 1704, and we know that it appeared in popular literature by 1848.[2] Further traces of it in folklore have been found since.[3] A German version was noted in Pozsony (Bratislava):[4]

"Auf der Schloss-Strasse in Pressburg, oberhalb der in morgenländischem Stil erbauten schönen Synagoge der Orthodoxen, war eine berühmte Weinhandlung und an der Ecke des Hauses stand ein Randstein. Auf diesem sah einmal eine Frau einen sehr alten Juden sitzen, der so mager war, wie eine Zaunlatte und der so traurig in die Welt blickte, dass einem das Herz weh tat. Mitleid erweckten auch das langelockige Haar, der schöne, weisse Vollbart, der ihm über die Brust hing, und dann der alte schäbige Kaftan. Dazu hatte er noch einen gequälten Gesichtsausdruck, der auf ein unruhiges Gewissen schliessen liess.

"Als der Wirt — ein alter Jude — diesen armen Menschen sah, bedauerte er ihn und brachte ihm ein Stück schönes, weisses Brot und einen Krug Wasser dazu. Als er ihm das geben wollte, stand der Sitzende auf und lief davon. Es war *der ewige Jude,* der Jesus Christus auf dem Weg nach Golgotha bei seinem Hause nicht hatte ausruhen lassen, und nun ruhelos bis zum letzten Tage herumirren muss."

---

1 A. Scheiber, *Midwest Folklore,* 4 (1954), 221—235; idem, ibid., 6 (1956), 155—158; G.K. Anderson, *The Legend of the Wandering Jew,* Providence 1965, pp. 68, 99, 279, 417—418.
2 A. Scheiber, *Folklór és tárgytörténet,* I, Budapest 1974, pp. 168—171.
3 L. Kálmány Legacy in the Hungarian Ethnographical Museum, Budapest (EA 2801); S. Bálint, *Karácsony, húsvét, pünkösd,* Budapest 1973, pp. 250—251; idem, *Tombácz János meséi,* Budapest 1975, pp. 547—550, no. 20; I. Nagy, *Népi Kultúra — Népi Társadalom,* XIII Budapest 1982 (in press).
4 K. Benyovszky, *Sagenhaftes aus Alt-Pressburg,* Bratislava—Pressburg 1932, p. 112.

Now an occasional newspaper in German has been found in the National Széchényi Library in Budapest: "Einzig wahre weder vor- noch nachgedruckte Darstellung der wirklichen 48ten grossen Versammlung der Spatzen und anderer Vögel in Buda-Pest... Abgelauscht von E. März. Druck von Adolf Müller" (Signature: 9602. quart. Szech.).[5]

Three versions of the legend appear on pages 1—2. The ending leads to the conclusion that this Wandering Jew is antisemitism:

"Der ewige Jude. Die Fabel von einem seit Christi Kreuzigung bis zum jüngsten Tage in der Welt herumlaufenden und niemals sterbenden Juden hat sich in vielen Ländern von Europa ausgebreitet, die Erzählung ist aber nicht vollkommen übereinstimmend, wie bei allen Legenden. Die eine ist diese: Als Christus zum Tode geführt wurde, so wollte er, von der Last des Kreuzes ermüdet, nahe bei dem Thore, vor dem Hause eines Schuhmachers, namens Ahasveros, ein wenig ausruhen; dieser aber sprang herbei und stiess ihn fort. Christus wendete sich um und sagte: 'Ich will hier ruhen, du aber sollst gehen, bis ich wieder komme.' Und von dieser Zeit an hatte er keine Ruhe mehr, sondern musste beständig herumwandern. — Die andere Erzählung ist diese, wie sie Mathias Parisiensis, ein Mönch aus dem 13. Jahrhunderte, vorträgt: Da Christus aus dem Richthause des Pilatus zum Tode geführt wurde, so stiess ihn der Thürhüter, mit Namen Cartofilus, mit der Faust von hinten zu und sagte: 'Geh, Jesu, geschwind; was säumst du?' Christus sah ihn ernsthaft an und sagte: 'Ich gehe, du aber sollst warten, bis ich komme.' Und dieser Mensch lebt noch, geht von einem Orte zum anderen, und bringt seine Zeit in beständiger Furcht zu, bis Christus zum Weltgericht erscheinen wird. Eine dritte Erzählung setzt noch hinzu: Dieser herumwandernde Jude werde alle hundert Jahre tödtlich krank, werde aber doch wieder gesund, und bekomme seine vorige Gestalt wieder, und daher komme es, dass er nach so vielen hundert Jahren nicht viel älter aussehe, als ein Mann von 70 Jahren. — So viel ist aus verschiedenen Legenden bekannt. Kein einziger von den alten Schriftstellern gedenkt mit einer einzigen Silbe einer solchen Geschichte; der erste, der etwas davon sagt, ist ein Mönch aus dem dreizehnten Jahrhundert, wo man weiss, dass die Welt mit frommen Andichtungen bis zum Eckel angefüllt war. Indessen hat sich diese Geschichte so weit ausgebreitet, dass es sogar zum Sprichworte geworden ist, — er läuft herum wie der ewige Jude.[6] Es fehlte nicht

---

[5] Now in possession of the Hungarian National Archives, Budapest.
[6] E. Dal — R. Edelmann, *Fund og Forskning*, 12 (1965), 31—46; A Scheiber, *Acta Orientalia Hungarica*, 27 (1973), 393—394; H. Lixfeld, *Enzyklopädie des Märchens*, I, Berlin—New York 1975, p. 227; S. Shunami, *Bibliography of Jewish Bibliographies*, Jerusalem 1975, p. 72, no. 5117; *ibid.*, p. 323, no. 6613; A. Scheiber, *Fabula*, 17 (1976), 81.

an Personen, die diesen ewigen Juden wirklich wollten gesehen haben, allein wenn man ihr Zeugnis nach den Gesetzen der historischen Glaubwürdigkeit untersucht, so findet sich, dass ein und der andere Betrüger sich dieses Märchens mögen bedient haben, um den guten und einfältigen Leuten aufzubinden, dieser oder jener sei der herumwandernde Jude. — Völlig unwahr ist jedoch diese Legende auch nicht; es gibt einen ewigen Juden, der fast in ganz Europa, mit Ausnahme Frankreichs, herumwandert, in jedem Säculum tödtlich krank, aber wieder gesund wird, und seine vorige Gestalt wieder bekommt: dieser ewige Jude ist, leider, der — Judenhass.''

With this contribution I wish to honor Professor L. Nemoy, the outstanding scholar of Karaite studies, to whom I am obliged for almost four decades of correspondence.[7] May Providence grant him many further fruitful years in the service of Jewish scholarship!

---

7 A. Scheiber, *Jubilee Volume in Honour of Professor Bernhard Heller*, Budapest 1941, Hebrew Part, p. 102; reprinted: *Judah ben Elijah Hadassi Eshkol Ha-Kofer*, ed. L. Nemoy, Westmead 1971.

(155)

Die Golem-Sage in der ungarischen Literatur

Der Zug der Golem-Sage[1] in der Literatur wurde in letzter Zeit mehrfach[2] – letztlich in der amerikanischen Literatur[3] – erforscht.

Diese Zusammenstellung umfasst die Vorkommnisse des Golem in der ungarischen Literatur.

Andor Roboz erzählt in seinem Gedicht *Der Golem*,[4] dass das von Rabbi Löw geschaffene Menschenwerk jeden Befehl seines Herrn ausführt – es stellt sich aber heraus, dass der Golem keine Gefühle, kein Herz hat.

> Der grosse Rabbi zuckt zusammen * und stellt sich vor den Maschinen-Menschen: »Keines Menschen-Daseins ist der würdig, der weder das Gute, noch das Böse spürt!« Den heiligen Namen des Himmelsherrn entreisst er also den künstlichen Lippen ... Und das neue Wesen wird zu Staub in demselben Augenblick.

Der Anfang von Viktor Cholnoky's Novelle *Der Bauchredner* lautet:[5] »Die folgende Geschichte wurde mir einst von dem alten Simon Manovil erzählt ..., sowie er mir, dem sich wundernden Knaben, auch andere jüdische Sagen, die Sage vom Golem, jene von den Wundertaten des geheimnisvollen kabbalistischen Rambam, des Maimonides erzählte.«

Margit Kaffka erwähnt in ihrem Gedicht *Die Stadt* den Rabbiner Löw, den Golem aber nicht:[6]

Rabbi Löw, der Selige, war ruhmvoll und Kenner der Sternenwege, – Ein ernster Jude aus dem Mittelalter – blässlich, gebückt, Seine dunklen, lebendigen Augen spähen zur Rast ins Teleskop.

Ferenc Móra erwähnt den Golem zweimal. Einmal in seinem Leitartikel vom 13. Mai 1913 des Blattes »Szegedi Napló«: *Der Golem* und in einer Variante mit zeitgemässem politischem Inhalt ebenfalls als Leitartikel im Blatt »Szeged« am 4. April 1923. Das zweite Mal im Feuilleton *Friedhof von Legenden* so: »Übrigens war der grosse Rabbi, der den Golem schuf, eine historische Figur ...«[7]

In einem Gedichtband eines heute nicht mehr bekannten Poeten, István Kornai, fand ich das Gedicht von der Golem-Sage aus 1914: *Die zwei Prager Propheten*.[8] Der von Liva Becalel geschaffene Golem wurde durch eine Schraube bewegt. Die Schraube versagte, es entstand ein Wirrwarr und führte zum Ende des tönernen Menschen.

> Der Oberrabbiner Liva Becalel War ein bekannter Wunderrabbi: In seiner Alchimie-Küche Stellte er sogar einen Menschen aus Lehm her.
>
> Wie es in der Sage hinterlassen: Hiess das Wesen Golem ... Einem Goliat ähnelnd War er so stark.

---

* Alle ungarischen Gedichte werden roh in Prosa übersetzt zitiert.

(156)

> Der Golem diente dem Rabbiner, Der ihn aus dem Nichts schuf ... Nicht nur sein Gehirn, auch sein Körper Wurden von Schrauben bewegt.
>
> Da entstand aber ein Fehler, Eine Schraube überschnappte Von dem Rabbi unbemerkt ... Und führte zum grossen Durcheinander.
> Aufgewühlt wurde die Stadt, Niemand bemächtigte sich seiner, Der Rabbi aber erschlug den Golem – Er konnte wohl nicht anders tun.

József Kiss berührte das Golem-Motiv in einer Skizze seines Gedichtes *Legende* (1914–1915):[9]

> Ein Mensch wurde von ihm aus Lehm geknetet, das ist aber nichts, Ein Steinhauer bringt das auch zustande, Er beseelte aber den trägen Ton ...

Diese Zeilen kommen in dem endgültigen Text nicht vor.

Illés Kaczér schrieb eine dramatische Szene erst unter dem Titel *Das letzte Zwiegespräch*,[10] dann als *Der Tod des Golem*.[11] Aus demselben Gegenstand schuf er ein dramatisches Symbol.[12] Der Golem verliebt sich in die Enkelin des Prager Rabbiners Löw, Hannerl. Das Mädchen erkrankt; der Rabbi entreisst den geheimnisvollen Namen der Zunge des Golem und der tönerne Mensch stürzt zusammen.

In der Novelle *Golem* von Dezső Szabó (1916) wird ein Mensch beschrieben, der sozusagen seinem eigenen Ich beraubt, »ein eckelhafter Golem von ihm Besitz ergriffen hätte ...«[13]

In der Erzählung von Ernő Szép: *Der Golem*[14] bezeichnet der Titel das Ebenbild dessen, was nicht menschlich ist. »Mit den Menschen kann man nicht sprechen, weil sie gleichgültig sind, sie sind nur auf dich neugierig, weil du ein Golem bist, gehst und schaust so umher, tust so wie sie, sodass sie glauben, selbst Golem zu sein.«

Frigyes Karinthy verfasste eine Parodie aus G. Meyrink's *Der Golem*.[15]

Lajos Szabolcsi schrieb einen Zyklus: *Die Märchen des Golem*. Die dritte Geschichte darin heisst *Nachts unter der Brücke*.[16] Bei Tagesanbruch von Selichot schuf unter der Moldau-Brücke der Rabbi Löw – mit seinen zwei Gehilfen – den Golem aus Staub und Lehm zum Schutz seines Volkes. Beseelt wird der Golem dadurch, dass der Rabbi ihm das Buch der Thora zu den Lippen führt. Als unschuldige Juden von Hellebardier geschlagen werden, schickt der Rabbi ihnen den unverletzbaren Golem zur Hilfe.

In dem Gedicht *Der Golem* von Arnold Kiss[17] symbolisiert die tönerne Figur die Menge. Falsche Propheten geben ihm Gottes Namen fehlbar auf die Lippen.

> Und der Golem: der Mensch aus Lehm Tobt verheerend herzenlos. In der Tiefe aller Wälder Brüllen heulend die Schakale ... Wo ist der grosse Priester, der wahrhaftige, Der Mut fassend käme, um Von den Lippen des Golem Den als falsche Parole Gerufenen Namen: Gottes Namen Tapfer zu entreissen!

Samu Fényes charakterisiert einen Pressburger Jeschiva-Schüler mit dem ihm anhaftenden Rufnamen Golem als: »ein Junge von riesiger Gestalt und schwerem Verstand«.[18]

Jenő J. Tersánszky schrieb ein Stück von zwei Aufzügen für das Budapester Bilderbuch-Kabarett:[19]

(157)

Die Golem-Sage in der ungarischen Literatur

> Das Märchen vom Golem ist wohlbekannt, Ein eigentümliches Märchen, komisch und trüb, Doch allgemein falsch bekannt, Weil das Märchen anders endet. Vergilbte Pergamente Flüsterten mir zu, Wie und wo vernichtet wurde Der furchtbare Golem.
>
> Wie bekannt, war es der weise Rabbi Löw Der einst eine Menschenfigur schuf. Wir wissen, der war ganz aus Lehm, Bewegt von einem Zauberspruch. Bekannt ist manch' grosse Tat von ihm, Auch wissen wir, dass er gefürchtet war. Althergebracht kam in der Sage Dann des Rabbiners Tochter vor. Von da an aber ist es im Märchen Anders geschehen, wie ich schon sagte.

Der Talmudist liebt Rabbi Löw's Tochter. Sie wird auch von einem adeligen Herrn begehrt, aus dessen Händen sie vom Golem befreit wird. Der Golem möchte sie heiraten und das Mädchen nimmt ihn aus Dankbarkeit als Gatten an; der kennt aber keine Liebe und will ihren Vater töten, um dieses Gefühl aus ihm auszusaugen. Der Talmudist will sich anstatt seiner opfern, doch der Rabbi entnimmt den Zauberspruch der Brust des Golem. So heiratet das Mädchen den Talmudisten.

Im Jahre 1936 erwähnte Emil Kolozsvári Grandpierre: »Er fühlte sich voll geheimnisvoller Gefühle, wie der legendäre Rabbi, der den Golem schuf.«[20]

Pál Bárdos ruft die Figur des Golem am Grab von Rabbi Löw in Prag wach:[21] »Als ich in Prag weilte, besuchte ich unter anderem auch das Grab des Rabbiners Löw. Ich stand zwischen den uralten, ins Nichts sinkenden Grabsteinen unter den neigenden Zweigen der Bäume und dankte meinem Schicksal für den Augenblick. Dem Lieblingshelden meiner Kindkeit, dem Meister des Golem zuliebe wiederholte Gott das Wunder der Schöpfung: es entstand etwas aus dem Nichts, es wurde eine Kreatur aus Staub. Rabbi Löw befreite die ungeheure Kraft der Materie, er, der von Leiden erschüttert, ein edles Ziel vor Augen hatte und der Golem bewegte sich auf seinen tönernen Füssen. Die Materie zeigte ihre Kraft...«

Tibor Kardos entnimmt aus den Erinnerungen seines wiederholten Prager Aufenthalts:[22] »Schliesslich ist diese Stadt die Geburtsstätte der Legende vom wundersamen Automaten, den fantastischen Golem...«

Anna Hajnal spricht – von Andor Roboz abweichend – in ihrem Gedicht *Lehmfigur* auch von dem Herzen des Golem.[23] Die Dichterin fühlt sich selbst als Golem, entstanden aus der Erinnerung an ihre verstorbene Liebe.

> Ich bin ein Golem. Eine Lehmfigur. Modernd vergessen im rötlichen Staub des Dachbodens; Doch die Hand, die mich einst formte, Die sprühende Hand, die unter meine Zunge das heiligste Wort gab, Als Zeichen des *Einmaligen,* mit dem Ruf: *Sei!* Die Hand erwachte, erinnerte sich meiner. Strombewegt, funkelnd, sich hebend Schreitet mein Bein, spricht meine tönerne Zunge. Du berührtest mein Herz mit deiner Hand.

László Bródy ruft in seiner Sonette *Im Prager Ghetto*[24] den Schatten von Löw und dem Golem wach:

> Und im steinernen Wald des alten Friedhofs Drängt sich eine grosse Menge von Besuchern aus der Ferne Und bezeigt die Ehrung bei Rabbi Löw's Grab.

Hier ging der Grosse Levit einst zur Ruhe. In der Luft schwebt ein zerzauster Vogel, Die trübe Legende vom Golem.

In einem zeitgenössischen Gedicht: *Traum, zum Deuten* von András Mezei[25] zeigt die Legende die Kehrseite – Rabbi Löw wurde lehmköpfig und riesengliederig und der Golem hatte Gedanken an seiner Statt:

Lehmköpfig wurde er, seiner riesigen Gliedern wegen gefürchtet In Prag, der verstummten Stadt, Weil anstatt seiner der Golem sann In jener Zeit – Zeichen prägend Auf die Stirn von Rabbi Löw.

Der ungarische Schriftsteller aus Siebenbürgen, András Szilágyi, erinnert sich in seinen Memoiren an seine Prager Studentenjahre.[26] Er hätte in der Nähe des alten jüdischen Friedhofs Unterkunft finden können. Aber – setzt er fort – »die Toten liegen dort in Schichten, die ältesten ganz tief, die späteren oberhalb – wohl fand die letzte Begrabung vor zweihundert Jahren statt, trotzdem wollte ich nicht da wohnen und des Nachts von Rabbi Löw und dem Golem träumen, weil ich mit jedem Nerv ans Heute gebunden war und nichts mit Legenden zu tun hatte.«

In der Novelle von András Kenessei[27] kommt nur »der ehrwürdige graubärtige Rabbi Löw« vor, ohne den Golem zu nennen.

László Gerend schreibt über seine Mithäftlinge:[28] »Die müden Gesichter wurden von dem aufgewühlten Staub bedeckt, die Menschen in tönerne Golem verwandelnd.«

Der Golem machte auch auf der Bühne Karriere.[28] In der Volksoper in Budapest wurde am 12. Januar 1917 ein dreiaktiges Singspiel von Albert Kövessy und Jenő Virányi, *Der Golem* aufgeführt. Die Verse darin stammen von Andor Gábor. In der Provinz fanden auch Vorführungen mit Premieren am 20. April in Szeged, am 30. April in Miskolc statt. (Abzüge des Stückes sind im Theaterarchiv der Ungarischen Nationalbibliothek unter MM.14.183. zu finden.) Ebendort befindet sich unter MM.3742. eine einaktige parodistische Operette von Albert Kövessy: *Das Golemfräulein*. In demselben Monat wurde im Kristall-Palast ein Couplet über den Golem von Károly Ferenczy vorgetragen. Im Februar spielte das Interessante Kabarett die Parodie *Der Golem, der Schelm* mit grossem Erfolg.

Über Béla Bartók konnte man unlängst lesen:[30] »Der Mandarin ist ein Ich-Symbol, vielleicht ist aber diese orientalische, widerliche, doch unbezwingbare Figur, der alle tödlichen Tücken der untergehenden alten Welt bekämpft, auch mehr: ein sonderbarer Golem aus Blut und Staub geformt, der in Bartók's Augen ein Sinnbild jener neuen historischen Kraft gewesen mag, die im schwülen Bordell der monarchistischen Ordnung von allen fortschrittlichen ungarischen Intellektuellen schaudernd und in Hingabebereitschaft so heiss erwartet wurde.«

Wir hoffen, dass unsere Daten durch die zukünftige Forschung weiter bereichert werden.[31]

ANMERKUNGEN

1. *G. Scholem:* Der Golem von Prag und der Golem von Rehovot. Judaica. II. (Frankfurt a/M., 1970). 77–86; *B. L. Knapp:* The Prometheus Syndrome. (New York, 1979). 97–131: Rabbi Judah Loew: The Golem and Ecstatic Mysticism; *R.*

Patai: Gates to the Old City. (New York, 1980). 636–642; *B. Keveson – Hertz:* The Golem of Prague. Jewish Spectator. XLVI. (1981). No. 1.
2. *S. Mayer:* Golem. Die literarische Rezeption eines Stoffes. (Bern – Frankfurt a/M., 1975); *B. Bausinger:* Fabula. XVII. (1976). 127–129.
3. *S. Mayer:* Der Golem-Stoff in den Vereinigten Staaten. Elemente der Literatur. Elisabeth Frenzel-Festschrift. I. (Stuttgart, 1981). 155–174.
4. Almanach. Izr. Családi Naptár. (1902/3). 150–152.
5. Nyugat. II. (1909). Band 2. 679; Az Alerion madár vére. (Budapest, 1912). 188; *J. Zsoldos:* Libanon. I. (1936). 233.
6. *M. Kaffka:* Összes versei. (Budapest, 1961). 110.
7. Magyar Hírlap. (1930. VIII. 24); Beszélgetés a ferde toronnyal. Túl a palánkon. (Budapest, 1969). 362.
8. *I. Kornai:* Magyar Világ. (Budapest, 1919). 137–140.
9. *Zs. Somlyó:* Irodalomtörténet. LIII. (1971). 656; *A. Scheiber:* Folklór és tárgytörténet. II. (Budapest, 1977). 408.
10. Mult és Jövő. VI. (1916). 60–62.
11. A király aludni akar. (Budapest, 1930), 123–162.
12. Gólem ember akar lenni. (Cluj, 1922).
13. Nyugat. IX. (1916). Band 2. 341–343; A kötél legendája. (Budapest, 1979). 85–88.
14. Kenyér. (Budapest, 1917), 159–162.
15. Igy irtok ti. II. (Budapest, 1924). 91–94.
16. Délibáb. (Budapest, 1927). 245–251.
17. Egyenlőség. XLIX. (1929). No. 17.
18. Jidli második változása. I. (Wien, 1929). 258, 283.
19. Mult és Jövő. XXIII. (1933). 47–49.
20. Nagy emberek. (Budapest, 1956). 270.
21. Dávid király. Tiszatáj. XXVI. (1972). 66.
22. Az emberiség műhelyei. (Budapest, 1973). 94.
23. MIOK Évkönyve. (1977/78). 185.
24. A biblia turistája. (Budapest, 1981). 89.
25. MIOK Évkönyve. (1981/82). 332.
26. A halhatatlan fűkaszás. (Budapest, 1981). 117.
27. Levélváltás. Magyar Nemzet. XXXVII. (1981). No. 239.
28. Kiűzettünk városunkból. (Budapest, 1982). 66.
29. *A. Alpár:* A Fővárosi kabarék műsora. (Budapest, 1979). 187; *Gy. Szilágyi:* Uj Élet. XXXVI. (1981). No. 2.
30. *T. Tallián:* Bartók Béla. (Budapest, 1981). 133.
31. *L. Rapcsànyi:* A Gólem. Uj Tükör. XVII. (1980). Nos. 37–38.

Alexander Scheiber. Geb. 1913. Direktor der Landesrabbinerschule in Budapest. Dr.h.c. Cincinnati, Baltimore, New York, Debrecen. Zahlreiche Bücher über Judaica und Folkloristik wie z.B.: »Folklór és tárgytörténet/Folklore und Motivgeschichte I–II« (Budapest 1974, 2. Auflage 1977), »Geniza Studies« (Hildesheim/New York 1981), »An Autograph of Maimonides« (Jerusalem 1981).

Die erste ungarländische Spur der Faustsage

Gy. Ortutay[1] befaßt sich neuerdings mit der Geschichte, die Peter Bornemisza 1578 in seinem Werke *Ördögi kisértetek [Teuflische Versuchungen]* erzählte. Sie enthält bereits das Wesen der Faustsage.[2]

Ihr kurzer Inhalt ist folgender: Ein trunksüchtiger Wittenberger Student schließt, um zu Geld zu kommen, mit dem Teufel einen Pakt. Er gibt eine mit Blut geschriebene Schrift davon. Den Pakt darf er nicht sehen. Als er hineinblickt, sieht er unzüchtige Zeichnungen darin. Endlich gesteht er den Pakt mit dem Teufel. Man betet für ihn und der Teufel entfernt sich — obwohl auf die Schrift bestehend — mit großem Geschrei.

Professor Eckhardt fand das Äquivalent dieser Sage nicht in Bornemiszas Hauptquelle, dem Werke des Manlius *[Locorum communium collectanea]*. Er faßt seine Ansicht so zusammen: „Es ist möglich, zwar nicht wahrscheinlich, daß er diese Geschichte während seines Aufenthaltes in Wittenberg hörte."[3] Ortutay hinwieder hält es für möglich: „In diesem Fall sei es jedoch möglich, da er diese der Faustsage zuweisbare Geschichte nicht aus seinen Lektüren, sondern aus der im Kreise der Wittenberger Studenten erzählten Überlieferung schöpfte."[4]

Er hat sie tatsächlich in Wittenberg gehört. Wir sind dem auf die Spur gekommen. Sie befindet sich in einer Handschrift der Leipziger Stadtbibliothek, die Melanchthons Anekdoten enthält. Ein Wittenberger Student — noch zu Luthers Zeiten — vermag mit seinen lumpenden Gefährten nicht Schritt zu halten, weil sein Vater ihm nicht genug Geld gibt. Der Teufel — in der Gestalt eines abgerissenen Alten — bietet ihm Geld an, wenn er ihm seine Seele verkauft. Auf Aufforderung des Teufels schreibt der Student den Pakt mit seinem Blut. Nach einem halben Jahr gesteht er seinen Pakt Georg Maior, der ihn zu Luther führt. Luther verjagt mit einem Gebet den die Schrift zurückerstattenden Teufel. Wie ersichtlich, fehlen nur die im Pakt enthaltenen Zeichnungen in der Quelle.

Der ursprüngliche Text desselben lautet:[5]

„Quidam iuvenis nobilis operam dedit literis Witenbergae tunc, cum in vivis adhuc esset Martinus Lutherus, seque Doctoris Maioris et mensae et disciplinae commendarat. Hic cum alios suos ὁμοτραπέζους crebro ingenio

---

[1] *Die Faustsage in Ungarn. Volksüberlieferung.* Herausgegeben von F. Harkort, K. C. Peeters und R. Wildhaber. Göttingen, 1968. pp. 267—268.
[2] Bornemisza Péter: *Ördögi kisértetek.* Ed. S. Eckhardt. Budapest, 1955. pp. 138—139.
[3] *Ibid.*, p. 256.
[4] *Volksüberlieferung*, p. 268.
[5] G. Milchsack: *Gesammelte Aufsätze.* Wolfenbüttel, 1922. pp. 228—229.

indulgere videret nec sibi pater tantum sumptum praestaret, ut ipsis se similem gerere possit, valde angebatur, cumque obambularet in silva, quae est oppido proxima, secum cogitarat, si quis sibi pecuniam promitteret sub quavis conditione, se eam accepturum esse. Quae dum cogitat, ecce, occurrit pannosus quidam senex, quaerens, quid cogitet? cur ita angatur? vultum enim dolorem cordis significare. Qui cum tristiciae causas percepisset ab adolescente, inquit: Sat pecuniarum tibi suggeram, si meus esse voles; quotidie enim mane surgens in calceis sub lectis tuis 4 taleros invenies, nec id uno tantum anno, sed aliquot durabit. Annuit ille laetus, cumque abire vellet et nunc pactum ratum satis esse putaret: Heus, inquit senex, chirographo opus est! Et deprompta charta et calamo iussit eum extendere dextram, quo facto leviter eum vulneravit iussitque proprio sanguine scribere. Ille, rediens domum, expertus est omnia, sicut pactum erat, nec magis tristi, sed laeto erat vultu omnibusque symposiis simul adfuit. Quod cum semestre fere continuasset, coepit res esse suspecta. Iubet igitur Maior discipulos suos omnes praeparare se ad sacram syntaxin. Alii prompti sunt, at ille in tanta fuit consternatione, ut etiam sui oblitus esse visus sit. Maior iubet eum ad se venire. Quaesita causa maeroris diu reluctatur; tandem tamen, multis tum precibus tum minis coactus, rem omnem, ut erat, exponit. Ille turbatur valde, postquam rem cognovit, arreptaque manu ducit eum ad Lutherum, consilium quaerens. Turbatur et ipse statimque interrogat, anne facti poeniteat? credatne lapsos posse reduci in gratiam? Cumque ille affirmasset ea, cogitat de recipiendo chirographo moxque consilium invenit, videlicet orans ardentissime. Prece peracta, ecce, iterum adest senex ille specie, sed re Diabolus, eodem habitu, quo iuveni occurrerat, chirographumque restituit dicebatque ad Lutherum: O Du! O Du! et statim evanuit."

Ein Augenzeuge der Teufelsbeschwörung des Wittenberger Studenten war Anton Lauterbach, ein Wittenberger Diakon, ein Abschreiber von Luthers Tischgesprächen. Er berichtet auch Datum und Namen. Demnach geschah dies am 13. Februar 1538 mit Valerius Glöckner, dem Sohn des Naumburger Bürgermeisters Veit Glöckner, der bei Georg Maior wohnte und sich verköstigte.[6] Die Geschichte wirkte — nach Kroker — auf die Ausgestaltung der Faustsage.[7]

---

[6] E. Kroker: *Anekdoten Melanchtons und Leipzig.* Schriften des Vereins für die Geschichte Leipzigs. X. Leipzig, 1911. pp. 123—125.

[7] Siehe noch K. Knortz: *Blut, Teufel und Teufelbündnisse.* In: *Hexen, Teufel und Blocksbergspuk in Geschichte, Sage und Lit.* Annaberg, 1913. pp. 42—77; F. A. Schmitt: *Stoff- und Motivgeschichte der deutschen Literatur.* Berlin, 1965. p. 325. No. 1037.

Two legends on the theme "God requires the heart"

My late master, Professor Bernhard Heller, studied the legends the basic idea of which is "God requires the heart."[1] God considers the hearts, and not the words. On the following pages I discuss two Jewish legends on this theme which appear to be known to the non-Jewish environment as well. It seems, therefore, that the Jews took it over from there.

I. ALEPH-BETH INSTEAD OF PRAYER

We read in the legends of the Baal Shem Tob (usually abbreviated to BeSHT) from the middle of the 18th century as follows:[2]

In the afternoon on the eve of Jom Kippur a Jewish villager mounted a horse and made for the city. He lost his way in the forest, and the beginning of the feast reached him there. He saw that he had to spend the feast in the forest. He had no prayerbook. He burst into tears and said: "O Lord of the world! I recite the aleph-beth, and you might put the letters together in a prayer."

Until now no one thought that this naive Hasidic legend of Jewish sentimentality had existed two centuries before in the stories seasoning the lectures of Philip Melanchton. One of his pupils, Wericus Vendenhaimer, related it in 1557 in *Historiae quaedam recitatae inter publicas lectiones* as follows:[3]

De quodam Monacho

Fuit quidam Monachus astutus, qui mane surgens debebat legere horas canonicas. Ipse autem sentiens hunc laborem esse odiosum, recitavit Alphabetum A b c. Domine Iesu Christe, accipe has literas, et fac tibi ipsi horas canonicas vel quod tibi placuerit.

The story is related in the same manner in the MS of Wolfenbüttel compiled between 1550 and 1560. This collection was probably collected by Wernerus Rolefinck under the title *Exempla insignia factorum dictorumque memorabi-*

---

[1] "Gott wünscht das Herz:" Legenden über einfältige Andacht und über den Gefährten im Paradies. HUCA. IV. 1927. pp. 365-379; cf. Tarbiz. XXV. 1955/1956. pp. 420, 426.

[2] Devarim Arevim. I. Munkács, S. a. pp. 9b—10a; *Chajim Bloch:* Priester der Liebe. Zürich-Leipzig-Wien, 1930. pp. 58-59, 118-119; S. J. Agnon, Jewish Studies issued in Honour of the Chief Rabbi J. L. Landau. Tel-Aviv, 1936. Hebrew section: p. 93; *S. J. Agnon:* Jamim Noraim. Jerusalem-New York, 1946. p. 295.

[3] Corpus Reformatorum. XX. Brunsvigae, 1854. p. 593. Nr. CCLVIII. Cf. *Georg Loesche:* Analecta Lutherana et Melanthoniana. Gotha, 1892. p. 152. Nr. 188.

lium, et principum et privatorum, collecta ex lectionibus D. praeceptoris Philippi Melanthonis et aliorum. In this we read as follows:[4]

Quidam sacrificulus, ignarus sacrae scripturae, interrogatus, cur recitaret non intellecta idque per totum diem. Respondit: Ego mane surgo et oro A. B. C. D. E. F. G. H. etc. et dico: Domine Deus, accipe has literas et fac tibi horas canonicas.

The simplest explanation of the evident identity would be that it was in his intercourse with the people that the Baal Shem Tob could hear this legend and transformed it into one of Jewish character.

II. THE CHILD LEAPING OVER THE DITCH

Professor B. Heller twice heard from Jewish lips the legends that a simple pietist was unable to express his religiosity otherwise than by leaping over a ditch at daybreak in honour of God.[5] My father, the late Dr. Lewis Scheiber, related that an orphan, not knowing how to pray, instead of the Kaddish prayer lept over a wide ditch every morning in memory of his father.

It is of particular interest that this legend exists in several variants also in Hungarian popular tradition. At Nagylengyel the following story was noted down. When Jesus once walked with Peter on the earth he saw a child leap over a ditch. To his question the child answered: "I serve God because I do not know how to pray." They began to teach him to pray but he was unable to learn it. When they left he ran after them asking to teach him again. Jesus answered him: "Go back, my son, and serve God as you can!" The child went back and kept on leaping.[6]

The legend of Sósvertike relates about a swine-herdsboy leaping over a ditch. Peter thinks him to be foolish. But he was lectured: It is more pleasing than a churchgoer thinking about vanities. The boy expresses his gratitude as he can.[7]

A variant of Katádfa introduces a swine-herdsboy living in an island. Every morning instead of praying he leaps over a ditch. He goes into the village where the priest teaches him how to pray. He forgets a word from the prayer. He is seeking the priest again, but the latter left the village by boat. The swine-herdsboy walks after him on the water without getting wet, and overtakes the boat. The priest soothed him that he might pray as he had done before. The child keeps leaping over the ditch.[8]

The end of the legend is akin to the legend in Nr. CCVI of the Törökországi levelek (Letters from Turkey) of Clement Mikes.[9]

Further and similar tales can be found in the unpublished literary remains of the great Hungarian folklorist Lewis Kálmány (1852-1919),[10] which are in the

---

[4] *Gustav Milchsack:* Gesammelte Aufsätze. Wolfenbüttel, 1922. p. 258.
[5] *B. Heller,* loc. cit. p. 378.
[6] *Gönczi Ferenc:* Göcsej népköltészete. Zalaegerszeg, 1948. p. 334.
[7] *Berze Nagy János:* Baranyai magyar néphagyományok. II. Pécs, 1940. pp. 537-538.
[8] Ibid. p. 537.
[9] *B. Heller,* loc. cit. pp. 370, 371.
[10] *Kálmány Lajos,* Népköltési Hagyatéka. I. Budapest, 1952; II. Budapest, 1954.

Hungarian Ethnographical Museum under Nr. EA 2801. One is from Szöreg, another from Battonya (?), a third from Gyorok. All the three contain the common motifs that the swine-herdsboy walks on water without getting wet or being bogged in mire, and that he can not behave devotionally at church (he keeps laughing) and when at home, he keeps leaping over the ditch instead of praying.

Anyhow, it would be interesting to come across the legend of the boy leaping over the ditch in Hebrew literary sources, that the problem of the lender and the borrower might be clarified.

Orientalische Beziehungen von drei ungarischen Märchen

MIT DER UNIVERSALEN ANSCHAUUNGSWEISE, mit welcher Sigurd Erixon die Ethnologie pflegte[1], behandelte vor einem halben Jahrhundert mein verewigter Meister, Bernát Heller, einige ungarische Märchen[2].

Dem *genius loci* entsprechend möchte ich im Folgenden auf die orientalische Beziehung von drei weiteren Märchen hinweisen.

1. *EIN BOTE VOM JENSEITS*

AUCH WIR BEFASSTEN UNS bereits mit dem Märchen, in dem zwei darüber debattieren: Was gibt es im Jenseits? Sie schwören: Wer früher stirbt, meldet dem andern, wer recht gehabt habe. Der Schluss ist verschieden. Entweder kommt der Tote nicht. Oder er kommt und berichtet, was er gesehen. Oder er teilt mit: Es ist weder so, wie es der eine noch so, wie es der andere dachte[3].

Wir wiesen auf jüdische Fundorte hin, auf Franz von Assisi, Boccaccio, endlich auf Benjamin Franklins Memoiren und Kálmán Mikszáths Romane, wo dieses Motiv öfters wiederkehrt. Durch Mikszáth angeregt hat auch der ungarische Schriftsteller Géza Gárdonyi den Gegenstand bearbeitet in seiner Jugendnovelle: Der Schwur, der den Toten verpflichtet[4].

Franz Karinthy legt seinem Vater, dem grossen ungarischen Schriftsteller, Friedrich Karinthy, folgendes in den Mund:

"Ich erzähle Euch etwas — sagte mein Vater. Ich hatte Boga sehr lieb. (Dies war seine erste Frau, vor meiner Mutter ...). Einmal besprachen wir, wenn einer von uns stürbe, so werde er sich genau übers Jahr zu Mitternacht auf irgend eine Weise vor dem andern melden. Dann, wie Ihr wisst, starb sie sehr bald. Die spanische Grippe nach dem Krieg raffte sie hin. Übers Jahr lag ich zu Hause, da fiel mir unsere Vereinbarung ein. Genau um Mitternacht erlöschte das Licht für eine Minute. Sonst geschah nichts ...

Vater, ich sage Dir etwas. Treffen wir auch eine solche Abmachung. Wenn einer von uns stirbt, so muss er, gerade übers Jahr, ein Zeichen geben.

Nein — sagte er — Es hat gar keinen Sinn, ich habe nicht gerne, wenn man die Toten nur so vergnügungshalber molestiert und ruft. Es ist ein gefährliches Spiel. Wenn ich etwas mitzuteilen haben werde und sich eine Gelegenheit bietet, es mitzuteilen, werde ich es tun. Aber nicht, wenn es Dir einfällt"[5].

Jetzt wollen wir das gesammelte Material auch mit einem zur Volksdichtung gehörigen Stoffe bereichern.

---

1. S. Erixon, European Ethnology in our Time. *Ethnologia Europaea*, 1 (1967), pp. 3-11.
2. B. Heller, A magyar mese- és mondaelemek egyetemeseft kapcsolatban. *Ethnographia* (Budapest), 20 (1909), pp. 65-73, 129-134.
3. A. Scheiber, Ein Märchenmotiv in den Memoiren von Benjamin Franklin. *Fabula* (Berlin), 5 (1962), pp. 99-100.
4. G. Gárdonyi, *Száz novella*. I. Győr, 1888. pp. 10-15; A. Scheiber, Még egyszer a másvilági hírnökről. *Filológiai Közlöny* (Budapest), 9 (1963), pp. 436-437.
5. F. Karinthy, *Szellemidézés*. Budapest, 1967. pp. 51-52.

1. Unweit von Salzwedel liegt das Kloster Distorf. Zur Zeit des Kampfes zwischen Luther und dem Papst lebten dort zwei Schwestern, Elisabeth und Ursula von Ritzebüttel, die nicht vermochten zu unterscheiden, welche die wahre von den zwei Religionen sei. Sie besprachen: wer früher stirbt, wird der anderen erscheinen und sie die Wahrheit wissen lassen. Elisabeth starb und erschien ihrer Schwester ...[6].

2. In der Gemeinde Kocs (Komitat Komárom) erzählte 1936 eine Häuslerin: "Zwei alte Jungfern beredeten sich immer darüber, wie es wohl im Jenseits bestellt sei, wenn sie stürben. Sie beteuerten: wer früher stirbt, wird nach Hause kommen und es der andern sagen, wie jene Welt beschaffen sei. Denn die eine sagte so, die andere anders. Als dann die eine starb, kam sie auch nach Hause zu ihrer Freundin und sagte ihr nur dies: Julchen, Julchen, es ist weder so, wie ich sagte noch so, wie Du sagtest ..."[7]

3. Johann Csokonyai erzählte 1959 in Kisbajom (Kom. Somogy) folgendes: "In einem gewissen Dorfe veranstaltete man eine Unterhaltung, wo auch der Pfarrer der Ortschaft und der reformierte Geistliche des nachbarlichen Dorfes zugegen waren. Es wurde reichlich Bier getrunken, man vergnügte sich. So hielten die Geistlichen zusammen, obwohl sie nicht zu einer Konfession gehörten. Dann debattierten sie ...

Sie stritten sich darüber, wie es im Jenseits zugehe. Der eine sagte so, der andere so ... Sie konnten sich in keiner Weise verständigen. Sie konnten in keiner Weise einig werden, wer recht habe.

Dann am Ende einigten sie sich dennoch. Zum reformierten Miska Pap sagte der katholische Pfarrer: "Du Miska! Wenn ich sterbe, komme ich zurück und erzähle Dir dann, wie es im Jenseits sei".

Der reformierte Geistliche antwortet: "Gut, Herr Kollege! Sollte ich sterben, so erzähle ich Dir, wie es im Jenseits sei!"

Inzwischen ... denn es schickt sich nicht, dass Geistliche bis Tagesanbruch schlemmen, geht gegen Mitternacht jeder nach Hause. Der reformierte Geistliche war von der Nachbarschaft, hatte einen Wagen samt Kutscher. Er lässt einspannen und fährt schon nach Hause. Der katholische wohnte in der Ortschaft, er geht auch nach Hause.

Als sich dann der katholische Geistliche zu Hause auskleidete, doch noch nicht einmal die Lampe auslöschte, da klopft jemand an das Fenster. Er schreit hinaus, was er wollte. Dieser sagt:

"Ich bin's, Herr Kollege, der Miska."

"Bist Du denn noch nicht nach Hause gegangen?"

"Doch, ich ging nach Hause, wollte nach Hause gehen, und ... inzwischen bin ich gestorben. Meinem Versprechen gemäss, wie wir es besprochen haben, bin ich gekommen, um zu sagen, wie es denn aussehe".

Der Geistliche geriet in Schreck, was für eine Rede das! "Nun bin ich gekommen und berichte, worüber wir gestritten haben. Es ist weder so, wie Du's sagtest noch so, wie ich's sagte".

---

6. F. Kunze, *Luthersagen*. Leipzig, 1917. No. 91, p. 141.
7. E. Fél, *Kocs 1936-ban*. Budapest, 1941. p. 173.

(167)

Weiter sprach keiner was. Der katholische Geistliche war sehr in Schrecken. Zum Teil fasste er das Ganze auch als Scherz auf.

Am nächsten Morgen war dann tatsächlich ... Freilich stand der Geistliche nicht so früh auf, er hört die Nachricht, dass der Geistliche des nachbarlichen Dorfes nachts auf seinem Wege nach Hause mit seinem Wagen in den Graben stürzte und so unter den Wagen geriet, dass er dort seinen Tod fand. Wie es also im Jenseits vollkommen bestellt sei, haben sie auch daraus nicht erfahren ..."[8].

Es scheint, dieses Märchen oder seine Parallele diente Mikszáth zur Quelle; er folgt ganz dessen Gang.

Die hebräischen Texte scheinen die frühesten zu sein. Im 13. Jahrhundert erzählte man von Jechiel b. Uri: Als sein Freund, dem er ein Gelöbnis getan, ihn aufforderte, seinen Schwur zu halten, schüttelte er vor der ganzen Versammlung sein Haupt und lachte in seinem Sarg[9].

In einer hebräischen Handschrift der Kaufmann-Sammlung in der Ungarischen Akademie der Wissenschaften (A. 590) lesen wir (p. 1a): "Es geschah mit einem Frommen, der seinem im Sterben liegenden Freund den Schwur abgenommen hatte, von seinem Tod und dem Jenseits zu erzählen. Er erschien ihm im Traum und erzählte, dass mit den Qualen dieser Welt die Qualen des Todes nicht zu vergleichen seien, und ebenso die Qualen des Todes nicht mit denen der Hölle ..."[10].

Wir irren vielleicht nicht, wenn wir annehmen, dass dieser Märchentyp jüdischen Ursprungs sei[11].

2. NOES WEINBAU

NOË BEGOSS DEN ERSTEN WEINSTOCK mit dem Blute von Tieren. Daher stammen die verschiedenen tierischen Eigenschaften der Weintrinker. Diese jüdische Legende durchwanderte die östliche und westliche Literatur und Kunst[12].

Ihren jüdischen Ursprung beweisen die frühen hebräischen Texte. Im Jüdisch-Historischen Institut in Warschau befindet sich eine illustrierte Bibel aus der Renais-

---

8. I. Dobos, *Egy somogyi parasztcsalád meséi*. Budapest, 1962. No. 9, pp. 501-502.
9. A. Freimann, Ascher ben Jechiel. *Jahrbuch der Jüdischen Liter. Gesellschaft* (Frankfurt am Main), 12 (1918), p. 240; H. Loewe, *Catalogue of the Manuscripts in the Hebrew Character Collected and Bequeathed to Trinity College Library* ... Cambridge, 1926. No. 115, p. 106.
10. M. Weisz, *Katalog der hebräischen Handschriften und Bücher in der Bibliothek des Professors Dr. David Kaufmann*. Frankfurt am Main, 1906, p. 183.
11. Die neueste Literatur des Stoffes: M. Einarsson-Mullarký, The Heavenly Message. *Indiana Folklore* (Bloomington, Ind.), 1 (1968), pp. 49-51; L. Petzoldt, AT 470: Friends in Life and Death. *Rheinisches Jahrbuch für Volkskunde* (Bonn), 19 (1969), pp. 104-125. Er zeigt schon im 12. Jht. sein Vorkommen. Siehe noch L. Petzoldt, *Deutsche Volkssagen*, München, 1970. No. 123, S. 74-75; No. 124, S. 75; No. 206, S. 129-130, 374, 390-391.
12. A. Scheiber, *Mikszáth Kálmán és a keleti folklore*. Budapest, 1949. pp. 55-61; H. W. Janson, *Apes and Ape Lore*. London, 1952. pp. 241 sq.; F. L. Utley, Noah, his Wife and the Devil. *Studies in Biblical and Jewish Folklore* (R. Patai, F. L. Utley, D. Noy (eds.)). Bloomington, Ind., 1960. p. 77; F. L. Utley, Some Noah Tales from Sweden. *Humaniora, Essays honoring Archer Taylor*. New York, 1960. pp. 265-266.

sance-Zeit. Eines ihrer mit italienischen und hebräischen Inschriften versehenen Bilder stellt Noës Weinbau mit den vier Tieren dar. Tafel III [13].

Eine bisher ausser Acht gelassene lateinische Version desselben befindet sich in der Predigtsammlung "Sermones Dormi Secure" die schon im 15. Jahrhundert in Druck erschien. Ihr Text ist folgender:

"Sed multi sunt qui utuntur hoc vino superflue, et inde inebriantur: unde multa mala committunt; unde legimus figuram in Genesi, quod Noe post diluvium invenit vitem quam habuit propagine, et divisit in quattuor partes et plantavit in quattuor vites (et hoc ut Josephus in scholastica hystoria) et fudit Noe sanguinem leonis juxta vinum seu unam vitem, juxta secundam sanguinem ovis, juxta tertiam sanguinem porcorum, juxta quartam sanguinem symiae. Bibit vinum quod postea maturum fuit et inebriatus est et dormivit, et Cham, qui fuit filius ejus, irrisit patrem suum ... Postquam fuit jejunus, vocavit filios suos juxta vites et dixit eis: "Ecce juxta primam vitem fudi sanguinem leonis, ut qui biberit vinum usque ad inebrietatem erit velut leo, opprimens, destruens et percutiens: ideo modice bibatis. Qui inebriatus fuerit juxta quam fudi sanguinem ovis, dormit, mansuescit, vel vult orare vel confiteri; quod tamen non fit cum devotione sed cum ebrietate; ideo modice utimini. Qui vero biberit de vite juxta quam fudi sanguinem porci, vult luxuriari et se velut porcus maculare; ideo modice utimini. Qui enim inebriatus fuerit de vino juxta quod effudi sanguinem symiae, facit symia; quia quicquid viderit symia, hoc etiam vult facere..." [14].

Wir hatten Kenntnis davon, dass diese Legende auch in den Kreis des ungarischen Volkes geraten war. Lajos Kálmány notierte sie in Szöreg [15].

Jetzt können wir von ihren neueren Varianten berichten.

1. Aus Eger stammt folgender Text:

"Als unser Vater Noë auf dem Weinberg Eged der Stadt Eger die erste Weinrebe pflanzte, besprizte er sie mit dem Blute des Pfaues. Als der Weinstock Wurzel trieb und Blätter ansetzte, begoss er ihn mit dem Blute des Affen. Die Weintrauben begoss er dann mit dem Blute der Bestie und die reifen Weintrauben besprengte er mit dem Blute des Schweines.

Es ist ratsam, dass die Weintrinker die Bluteigenschaften dieser vier Tiere im Auge behalten. Nach dem ersten Glas Wein wird man lustig: man spaziert und bewegt sich wie der Pfau. Trinkt man mehr, so begeht man Handlungen wie der Affe: man springt herum, benimmt sich unordentlich. Trinkt man weiter, wird man wild wie die Bestie: man zerbricht, zerschlägt, flucht. Trinkt man selbst danach noch, so wird man wie das Schwein: man wälzt sich im Kote" [16].

Auffallend in der Reihe der Tiere ist der Pfau, der nur in den orientalischen, nicht in den jüdischen Varianten vorkommt.

Frau Ilona Nagy notierte 1966 in Mikekarácsonyfa die andere Variante dieser Legende und gestattete ihre Veröffentlichung:

---

13. F. Kupfer, S. Strelcyn, Zbiór ilustracji do pięcioksięgu z epoki renesansu. *Przeglad Orientalistyczny* (Warszawa), 14 (1955), pp. 209-220.
14. S. Gaselee, *An Anthology of Medieval Latin*. London, 1925. pp. 101-103.
15. L. Kálmány, Szeged népe. Szeged, 1891. III, p. 180.
16. *Jászkun Kakas* (Eger), 19. Aug. 1956.

"Als Noë die Arche verlassen hatte, begann er Wein zu bauen. Er pflanzte die kleine Rebe zuerst in einen Vogelkopf. Aber sie ward so gross in dem Vogelkopf, dass sie nicht Platz genug darin hatte, und so pflanzte er sie in einen Löwenkopf, einen Löwenschädel. Auch darin hatte sie keinen Platz, da pflanzte er sie in den Schädel eines grossen Schweines. Hieraus können wir ersehen, was für Wirkung der Rebensaft hat. Erstens, wer wenig trinkt, gleicht dem pfeifenden Vogel. Er singt, pfeift, trillert, fühlt sich wohl. Wenn er schon mehr getrunken hat und den Boden des Glases besah, dann, wie der Löwe, randaliert er und schlägt sich herum. Hat er noch mehr getrunken und auch die zweite Flasche angefangen, dann wälzt er sich bereits wie das Schwein in den Sumpf hinein"[17].

Eine originale Wendung ist die Pflanzung in die verschiedenen Tierschädel und ohne Parallele ist die Rolle des Vogels.

3. DAS KIND, DAS DEN GRABEN ÜBERSPRINGT

DIE JÜDISCHE GESTALT DIESES MÄRCHENS hat schon Heller dargelegt[18]; wir haben sechs ungarische Parallele angeführt[19].

Jetzt können wir zwei neuere hinzufügen.

1. Über einen Schäfer lebt folgende Tradition in Rozsály (Komitat Szatmár):
"Die Zeit verlief und er lebte dort für sich allein. Aber man sollte doch auch beten, hörte er noch von seiner Mutter. Er jedoch übersprang nur den Graben mit seinen Geschwistern. Der Knabe aber, inzwischen sei es gesagt, war ein Heiliger. Wie tief auch der Kot war, er trat nie hinein"[20].

2. Ilona Dobos hörte im September 1967 in Tárnok von einem 68 jährigen Manne aus Nyirvasvár (Kom. Szabolcs), dessen Vater ein Hirte war, folgendes Märchen:
"Dort draussen wurde ein Knabe unter den Hirten erzogen. Er ging weder in die Kirche noch anderswohin. Ein Graben war auf dem Weideplatz, den pflegte er zu überspringen: "Dies für Dich, mein Gott, dies für mich, mein Gott". Dies war sein Gebet. Die Zeit verging und seine Freunde schleppten ihn in die Kirche. Als sie in die Kirche gingen, regnete es stark, doch der Knabe ging obenauf auf dem Kot. Sein Schuhwerk blieb rein. Als sie dann aus der Kirche heimkehrten, war auch er schon kotig wie die Übrigen. Auch er war herabgesunken"[21].

In beiden Varianten ist das in der Hagiologie allgemeine Motiv vorhanden: der Fromme schreitet trockenen Fusses über das Wasser, den Kot.

Die orientalischen Beziehungen des ungarischen Märchens können noch durch weitere Beispiele dokumentiert werden.

---

17. Ilona Nagy sammelte weitere ungarische Varianten: Biblikus tárgyu magyar eredetmondák. *Évkönyv. Kiadja a Magyar Izraeliták Országos Képviselete* (Budapest), 1970. Nos. 13-15, pp. 238-239.
18. B. Heller, Gott wünscht das Herz: Legenden über einfältige Andacht und über den Gefährten im Paradies. *Hebrew Union College Annual* (Cincinnati, Ohio), 4 (1927), p. 378.
19. A. Scheiber, Two Legends on the Theme "God Requires the Heart". *Fabula* (Berlin), 1 (1957), pp. 157-158.
20. A. Béres, *Rozsályi népmesék*. Budapest, 1967. No. 53, p. 307.
21. Für die Erlaubnis, diesen Text zu publizieren, sind wir Frau Ilona Dobos Dank schuldig.

Eine angebliche Bar Kochba-Sage und die Benennung des ungarländischen Bar Kochba-Spiels

Das Bar Kochba-Gesellschaftsspiel ist in Ungarn in weiten Kreisen bekannt. Der Schriftsteller *Adrian Stella* definiert es folgendermaßen: „Bar Kochba (Sohn des Sterns). Ein modernes, nach dem letzten, unglücklich endenden Freiheitskämpfer des jüdischen Volkes benanntes, den Geist schärfendes Spiel, in dem man auf die Fragen nur Ja oder Nein antworten darf."[1] Mitunter findet sich auch eine fehlerhafte Beschreibung dieses Spiels. So kennzeichnet es z. B. *Emil Szomory* als das Spiel, wo auf einen Buchstaben des Alphabets Namen berühmter Menschen zusammengeschrieben werden.[2]

Die erste Frage, die sich hier aufdrängt, ist, ob es ein ungarisches oder ein ausländisches Spiel sei. Es kann festgestellt werden, daß es im Auslande erst in neuerer Zeit, offenbar nach ungarischem Muster, gespielt wird. Der namhafte Folklorist *Prof. Raphael Patai* teilt mir mit, in New York neulich in der Television ein Bar Kochba-Spiel gesehen zu haben.

Ist es ein ungarisches Spiel, wie alt ist es? Erst glaubte ich, der berühmte Schriftsteller *Friedrich Karinthy* sei der Erfinder des Spiels. Ich stieß jedoch auf eine Äußerung, die diese Annahme widerlegt: „Man benannte dieses Spiel nach dem ‚Sohn des Sterns', dem berühmten jüdischen Revolutionär, Gott weiß, warum. In den Kriegsjahren war es in Budapest sehr in Mode, — es hatte seine Champions, man spielte es ganze Nächte hindurch, schrieb Couplets darüber."[3] *Karinthy* selbst spielte es mit großem Erfolg. Sein einstiger Sekretär berichtet über ihn: „Friedrich Karinthy, der hervorragende ungarische Schriftsteller ... erriet nach 27 Fragen, daß die Übrigen den Hausarzt des Großvaters mütterlicherseits von Benő Bárczi (dem Helden der Ballade ‚Tetemrehivás' [Bahrgericht] von Johann Arany), im Sinne hatten."[4] Wir haben aber auch ältere Spuren: „Es war ein berühmtes Spiel von Budapest in der Vorkriegszeit ... Stefan Szomaházy, der ausgezeichnete Schriftsteller ... war ein unbesiegbarer Kämpe dieses Spiels."[5]

---

[1] *Stella Adorján*, Budapest, a nevető város. Az Est Hármaskönyve, 1932. 59.
[2] *Szomory Emil*, Gyerekeknek. Mindent Tudok. Az Ujság könyve, 1922. 183.
[3] *Karinthy Frigyes*, Tiz elmult év hires pesti társasjátékai. Az Est Hármaskönyve. 1927. 265—267.
[4] *Grätzer József*, Uj sicc. Bp., 1943, 177—178; *Derselbe*, Sicc... Szórakoztató időtöltések, cseles csalafintaságok. Bp., 1957. 118—119.
[5] Játsszunk valami mást. A Szinházi Élet Ajándékkönyve, Bp., [1938?] 16—21.

Ein Bar Kochba-Spiel des großen Proletarierdichters *Attila József* fand auch in der ungarischen Literatur eine Verewigung. Wir besitzen drei Quellen darüber.

Seine Schwester, *Jolán József,* erzählt, Attila Józsefs Frau, *Judith Szántó,* habe 1933 einen Selbstmordversuch begangen und sei ins Spital eingeliefert worden. Dann fährt sie fort: „Als Judith von den Rettungsleuten weggetragen wurde, wollte Attila in seiner düsteren, trüben Stimmung mit niemandem zusammentreffen. Er begab sich zu seinem Freunde Andor Németh. Dort grüßte er kaum, warf sich der Länge nach auf die Ottomane und starrte wortlos auf die Zimmerdecke. Andor Németh und seine Frau wollten ihn ausfragen. Sie fühlten, etwas Außerordentliches müsse ihm widerfahren sein. Attila sprach kein Wort, faltete die Stirn und starrte weiter mit düsterem Blick auf die Decke, als ob er von dort erwartete, eine Stimme werde auf einmal über seinem Kopfe ertönen: beruhige Dich, es ist nichts geschehen. Die Dinge werden ins gleiche kommen.

Andor Németh, der Attila vielleicht am besten kannte, legte sich an seine Seite auf die Ottomane.

— Ich werde es mittels Bar Kochba aus Dir herausholen, was Dir zugestoßen ist — sagte er.

— Gut — antwortete Attila mit zusammengepreßten Zähnen.

Judith, Némeths Frau, horchte stumm auf das beruhigende Spiel. Attila antwortete dumpf auf die gestellten Fragen: Ja, Nein. Bestürzt schwiegen sie, als sie das letzte Ja hörten.

Später erzählten sie die Szene dem befreundeten Dichter Kosztolányi. Und dieser bearbeitete sie in seiner Novelle ‚Barkochba'."[6]

Desider Kosztolányi schildert die Leidenschaftlichkeit des Bar Kochba-Spiels jener Zeit folgendermaßen: „Man spielte Bar Kochba, indem man diese geistanregende Gedankengymnastik zu einer unerdenklichen Höhe der Vollkommenheit erhob; den Umfang der Begriffe mehr und mehr verengend und aus den Ja- und Nein-Antworten erriet man in der kürzesten Zeit alle möglichen und unmöglichen Dinge, z. B. den Feuerstein von Poincarés erstem Selbstzünder, oder den stattlichen, kräftigen Oedipus-Komplex von Oedipus selbst." Und er beschließt die Erzählung des obigen Falles: „Jancsi (so heißt Attila József in der Novelle) teilte den Tatbestand den strengsten Regeln des Bar Kochba-Spiels gemäß in gegenständlicher Weise mit, und sie nahmen ihn in ebenso gegenständlicher Weise auf."[7]

Der Dritte, der dieselbe Geschichte erzählt, ist *Arthur Koestler.* In dieser Variante ist er es, der mittels Bar Kochba die Ursache von Attila Józsefs Verstörtheit eruiert. Dem ausländischen Leserpublikum ist er bemüßigt, das ihnen unbekannte Spiel zu erklären: „‚Bar Kokhba' was a question-and-answer game much in vogue at that time in Budapest, a variant of ‚animal, vegetable or mineral'." Es gibt also ein ähnliches Spiel im Auslande, hat aber einen anderen Namen. Diese Quelle bietet aber auch mehr als die zwei vorigen, denn

---

[6] *József Jolán,* József Attila élete. Budapest, 1955. 239.
[7] *Kosztolányi Dezső,* Barkochba, Novellák. III. Budapest, 1957. 232—233, 239.

in einer Anmerkung gibt sie über den Ursprung des Namens Aufschluß: „The name of the game is derived from a legendary event: Bar Kokhba, leader of the Galilean insurrection against Rome, sent a spy to the enemy camp. The Romans caught the spy and cut out his tongue, then let him go. He nevertheless managed to convey what he had seen to his leader, by answering Bar Kokhba's questions with blinks of the eye signifying yes or no."[8] Der Schriftsteller beruft sich somit auf eine Sage, — diese ist in Budapest vielen bekannt als Erklärung für den Namen des Spiels — wonach die Römer Bar Kochbas Kundschafter gefangennahmen, ihm die Zunge ausschnitten und ihn so zu seinem Auftraggeber zurückschickten. Der Kundschafter vermochte auf Bar Kochbas Fragen nur mit seinen Augen Ja oder Nein anzudeuten.

Woher kannte das ungarische Publikum Bar Kochbas Namen? Es scheint sehr wahrscheinlich, daß dieser durch ein Theaterstück ins allgemeine Bewußtsein geraten ist. Am 6. April 1900 führte das Lustspieltheater von Budapest ein vieraktiges Drama[9] des jiddischen Schriftstellers *Abraham Goldfaden* (1840 bis 1908) auf: „Der Sohn des Sterns (Bar Kochba). Orientalisches Singspiel." Im Ungarischen Theater wurde es am 25. Mai 1906 mit dem Titel „Ein neuer Messias" wiederaufgeführt. Die Handschrift des Stückes befindet sich in der Theatergeschichtlichen Abteilung der Széchenyi Landesbibliothek, aber die fragliche Sage kommt darin nicht vor.

Woher stammt also diese Sage?

Unsere Quellen in Bezug auf Bar Kochba sind sehr spärlich. Der Freiheitskampf, der im Jahre 135 ein unglückliches Ende nahm, erweckte bei den Nachkommen keine Begeisterung, daher die Wortkargheit der hebräischen Quellen. Ähnlich steht es mit den geschichtlichen Nachrichten in lateinischer und griechischer Sprache. Es scheint, daß in dieser Hinsicht unsere Tage eine Änderung bringen. Bei der Durchsuchung der Höhlen am Gestade des Toten Meeres wurden im Januar 1952 in einer Höhle des Vadi Muraba'at Dokumente hinsichtlich des letzten jüdischen Freiheitskrieges gefunden. Man stieß auch auf Überreste menschlicher Gebeine, die bezeugten, daß die Freiheitskämpfer von da aus auf die Römer ausfielen und dahin sich vor ihnen zurückzogen. Offenbar starben sie hier des Hungertodes. Unter den schriftlichen Dokumenten befinden sich zwei Papyrus-Briefe, die auf den Aufstand Bezug nehmen. Der eine enthält eine Anklage wegen eines Kuhdiebstahls und zum Schluß einen tragischen Hinweis auf das Näherrücken des Feindes.[10] Der andere ist ein eigenhändiger Brief Bar Kochbas, der, militärisch hart und wortkarg, einen seiner Feldherren, Jeschua ben Gilgola, auffordert, jeden von der Zusammenwirkung mit den Einwohnern Galileas (vielleicht den Neuchristen) abzuhalten, andernfalls er sie in Ketten legen lasse. Diesen Brief habe auch ich im Urtext wie in ungarischer Übersetzung veröffentlicht.[11] Im Februar 1960 meldete die Weltpresse, daß in einer Höhle nördlich von Massada ein neuerlicher Papy-

---

[8] *Arthur Koestler*, The Invisible Writing. New York, 1954. 180.
[9] *Berceli Károlyné*, A Vigszinház müsora. Budapest, 1957. 45.
[10] S. *Jejwin*: Atiqot. I. 1957. 83—93; *J. Jadin*, Hamögillot Hagönuzot Mimidbar Jöhuda. Jerusalem-Tel-Aviv, 1958. 83—89.
[11] *A. Scheiber*, Antik Tanulmányok. III. 1956. 231—232.

rus aufgefunden wurde, der mit dem Freiheitskampf Bar Kochbas zusammenhängt. Der Text wurde noch nicht veröffentlicht.[12] Außerdem fand man dort Speere mit schwarzen und roten Speerschäften. Es mochte hier das Quartier einer Freischar gewesen sein. Im April des Jahres 1960 fand eine neuere Expedition zwischen Massada und En-Gedi in einem Ziegenfell-Behälter fünfzehn mit feinem Faden umbundene Bar Kochba-Briefe, vierzehn auf Papyrus, einer auf einer Holztafel, in hebräischer, aramäischer und griechischer Sprache. Der Meinung der Wissenschaft nach ein Überrest des Archivs von Bar Kochba. Es unterliegt keinem Zweifel, daß diese Höhlen noch weitere Dokumente des Bar Kochba-Aufstandes bergen und daß ihre Durchsuchung die großzügige militärische Unternehmung, die das ganze römische Weltreich in Erschütterung brachte, in neuem Lichte wird erscheinen lassen. Gleichzeitig ergab sich aus anderem Quellenmaterial, in welchem Maße die Legionen der verschiedenen Provinzen, darunter die pannonischen, an der Niederwerfung des Aufstandes sich beteiligten.[13]

Auf die uns näher interessierende Frage zurückkommend, können wir feststellen, daß weder die älteren noch die neueren Bar Kochba-Texte eine derartige Nachricht oder Sage enthalten. Meine Anfrage bei S. Jejwin, dem Verfasser der besten Bar Kochba-Monographie,[14] führte zu demselben Resultat.

Dieses Spiel wurde in Budapest an den exotischen Namen geheftet, den man aus dem Theaterstück *Goldfadens* kennen lernte. Und auch die Bar Kochba-Sage wurde — als Erklärung für den Namen des Spiels — in Budapest erfunden.[15]

---

[12] Jewish Chronicle. II. 12. 1960.
[13] A. *Scheiber*, Isaac Baer Jubilee Volume. Jerusalem, 1960.
[14] S. *Jejwin*, Milchemet Bar Kochba. Jerusalem, 1946.
[15] Von dem Antworten mit Ja oder Nein ist auch in Indien eine Sage bekannt. Siehe *Stith Thompson*, Motif-Index of Folk-Literature. IV. Copenhagen, 1957. 93 J. 1255.

ER HÄTTE SICH VIELLEICHT SELBST IN DEN KLEINEN FINGER SCHNEIDEN LASSEN

Kálmán Mikszáth, der grosse ungarische Romancier, gebraucht zweimal diese Wendung. Die erste Stelle befindet sich in seinem Roman "Ein Gespenst in Lubló" (1892): "Die schöne Frau war seit dem Begräbnis noch nicht draussen auf der Strasse, obgleich sich in der Stadt ein grosses Interesse für sie zeigte. Mancher Neugierige hätte sich vielleicht selbst in den kleinen Finger schneiden lassen, nur um zu sehen: wie sie ausschaut? ob sie noch schön ist? Ob die alten Rosen noch auf ihren Wangen blühen, seitdem ein Gespenst daran pflückt?"[1] Ähnlich schreibt er um diese Zeit in seinem Roman "Pfau und Krähe": "Denn sie war so aufgewühlt, vermochte sich so wenig zu beherrschen, dass ihre glänzenden grossen Augen sich immer an dem nichtsnutzigen Dani weideten (noch ein Glück, dass sie sich da nicht mit der Sichel in die Hand schnitt)".[2]

Im folgenden versuchen wir dies zu erklären.

Wir haben es mit einer literarischen Einwirkung zu tun, deren erste Quelle der Koran ist. Die Gattin des ägyptischen Herrn (Potifar) lud die über sie klatschenden Frauen zu einem Mahl, gab einer jeden von ihnen ein Messer und sprach (zu Josef): 'Komm heraus zu ihnen!' Und als sie ihn erblickten, lobpriesen sie ihn und schnitten sich in die Hände und sagten: 'Allah behüte! Dies ist kein Mensch, sondern ein edler Engel.'"[3]

Die unter Einwirkung des Islams stehenden hebräischen Legendensammlungen (Midraschim) bearbeiten, wenn sie Josef's Geschichte erzählten, diese Szene.[4] Die von Josef's Schönheit entzückten Frauen schneiden manchmal, anstatt in die Zitrusfrucht[5], oder ins Brot und Fleisch[6], sich in die Finger. Nach dem Midrasch kommt dieses Motiv auch in einem mittelalterlichen, für das Schawuot-Fest geschriebenen, in aramäischer Sprache verfassten Pijjut vor.[7] Es gelangte aus dem Koran in die islamische Legende, und nicht aus jüdischen Quellen, wie H. Priebatsch meint.[8] Diese Szene kommt bei persischen Bearbeitern der Josef-Legende (Firdausi, Dsami) wie auch bei persisch-jüdischen (Schahin) vor, ja, ich sah auch ihre Darstellung im British Museum im Schauschrank auf einer Firdausi- oder Dsami-Handschrift. Es ist auch in den westlichen Josef-Bearbeitungen[9], ganz bis Thomas Mann, vorhanden. Bei Jókai erzählt Koleikhab (Potifars Gattin) die Szene folgenderweise: "Ich lud dann an einem Nachmittag die Frauen von Memphis, die sich am meisten mit mir häkelten, zu einer Jause ein, und gerade als sie die Orangen schälten, liess ich Josef in den Speisesaal kommen. Da vergafften sich alle Damen so an Josef's Schönheit, dass sie sich, so viel sie waren, mit dem Messer in die Hand schnitten. Nun, wer unter den Damen schnitt sich nicht in die Hand?"[10]

Aus der Josef-Legende sickerte dieses Motiv auch in anderes Märchen- und Sagenmaterial ein.[11] R. Köhler führt deutsche, französische, russische, kirgisische Beispiele an.[12] In einem kirgisischen Volksmärchen lesen wir folgendes: "Während die Hände des Khans das Fleisch in Stücke schnitt, bewunderten seine Augen die schönen Frauen; es bemächtigte sich seiner eine grosse Leidenschaft und er vermochte seine Augen nicht von ihrem Antlitz abwenden, so dass er, als er das Fleisch aufschnitt, gar nicht bemerkte, dass er sich in den Finger geschnitten hatte."[13]

Unser Jubilar, Prof. Archer Taylor, kann dieses Material sicherlich mit zahlreichen anderen Parallelen vermehren.

[1] K. Mikszáth: ÖM. V. Budapest, 1957. S. 29-30.
[2] Ibid., S. 167.
[3] XII. 31, 50.
[4] I. Schapiro: Die haggadischen Elemente im erzählenden Teil des Korans. I. Leipzig, 1907. S. 43-44.
[5] Tanchuma, Vajjeschew. New York - Berlin, 1927. S. 120; Sepher Hajjaschar. Ed. L. Goldschmidt. Berlin, 1923, S. 159.
[6] Midrash Haggadol. Gen. Ed. M. Margulies. II. Jerusalem, 1947. S. 669.
[7] I. Davidson: Thesaurus of Mediaeval Hebrew Poetry. II. New York, 1929. S. 359. No. 2161.
[8] Die Josephgeschichte in der Weltliteratur. Breslau, 1937. S. 142, 151, 157.
[9] R. Köhler: Kleinere Schriften. I. Weimar, 1898. S. 579; II. Berlin, 1900. S. 79-83.
[10] M. Jókai: ÖM. LXXX. S. 169.
[11] S. Thompson: Motif-Index of Folk Literature. V. Copenhagen, 1957. S. 336. T. 26.1.
[12] R. Köhler: Op. cit., II. S. 83-87.
[13] A. Vámbéry vázlatai Közép Ázsiából. Pest, 1868. S. 316.

Das Sündenregister auf der Kuhhaut

Robert Wildhaber untersuchte die Geschichte und die Wanderung des im Titel angekündigten Sagenmotivs in einer gründlichen Studie.[1] Für die ungarländische Verbreitung des Motivs fehlen ihm die Belege. Diese möchte ich in diesem Artikel beitragen.

Das Motiv kommt in Ungarn überwiegend in der Fortsetzung der Legenden vor, die ich eben in dieser Zeitschrift in anderem Zusammenhange behandelte.[2] Es sind mir vier Varianten bekannt.

1. Der Schweinehirtenknabe, der anstatt zu beten, über den Graben springt, vermag trockenen Fußes auf dem Wasser zu gehen. Einmal geht er in die Kirche. Vor dem Altar erblickt er den Teufel mit einer großen Pferdehaut. Darauf schreibt er die Namen aller, die in der Kirche lachen. Einmal nimmt der Teufel die Haut ins Maul, läßt sie aber fallen. Darüber lacht auch der Schweinehirtenknabe und fällt darum der Verdammnis anheim. (Aufgezeichnet in Katádfa.)[3]

2. Ein Schweinehirt, ein Waisenknabe, springt, anstatt zu beten, über den Graben. Ein Priester lehrt ihn beten und ruft ihn in die Kirche. Hier bleibt er unter dem Chore stehen. Auf einmal sieht er den Teufel aus einer Ecke hervorkommen und eine Pferdehaut ziehen, worauf er diejenigen schreibt, die lächeln. Es waren schon so viele darauf geschrieben, daß nur am Streifen seines Schweifes ein Plätzchen übrig war. Der Teufel stolpert und fällt auf den Bauch; das Kind fängt an zu lachen, und darum schreibt der Teufel auch seinen Namen auf die Haut. Auf dem Rückwege reißt dem Schweinehirtenknaben ein Bein im Wasser ab (?). Zu Hause springt er auch weiter über den Graben. (Aufgezeichnet in Szőreg.)[4]

3. In der Kirche waren der Engel und der Teufel. Dieser schreibt die Namen derjenigen, die einnicken, auf eine Büffelhaut. Ein Mann hatte so viel Verdienste, daß er zum Lohne alles sehen konnte. Nun schrieb der Teufel so viele auf, daß kein Platz mehr auf der Büffelhaut war. Da hängt er in den

---

[1] Beiträge zur vergleichenden Erzählforschung. Herausgegeben von *Kurt Ranke*. (Walter Anderson-Festschrift.) Helsinki, 1955. FFC. No. 163. — *Stith Thompson*: Motif-Index of Folk-Literature. III. Copenhagen, 1956. p. 343. G. 303. 24. 1. 1 — G. 303. 24. 1. 7.

[2] Fabula. I. 1957. pp. 157—158.

[3] *Berze Nagy János*: Baranyai Magyar Néphagyományok. II. Pécs, 1940. p. 537. Nr. 10.

[4] Handschriftliche Märchensammlung von *Lajos Kálmány* im Ungarischen Ethnographischen Museum. (EA. 2801. Nr. 93.)

einen Rand die Kralle seines Fußes, in den anderen seine Zähne, um die Haut zu dehnen. In seiner Anstrengung läßt er sie los, und stößt seinen Kopf an die Wand. Der allsehende Mann fängt an zu lachen, worauf auch sein Name auf die Haut gelangt. Er verliert seine Fähigkeit, alles zu sehen. (Aufgezeichnet in Egyházaskér.)[5]

4. Ein Schäfer, der, anstatt zu beten, über den Graben springt, wird damit belohnt, daß er auf dem Wasser zu gehen vermag. Einmal geht er in die Kirche und erblickt hinter dem Altar zwei Teufel, wie sie die Sünder aufschreiben. Sie nehmen eine Pferdehaut vor und ziehen sie nach zwei Richtungen. Einer von den Teufeln läßt die Haut aus der Hand, der andere fällt auf den Rücken. Der Schäfer fängt an zu lachen. Hinfort vermag er nicht mehr auf dem Wasser zu gehen. (Aufgezeichnet wahrscheinlich in Battonya.)[6]

Zum Schluß sei nur bemerkt, daß die Quelle für die von Wildhaber p. 30 erwähnten Dies irae-Zeilen einerseits das hebräische poetische Gebet Unetanne Tokef, andererseits der byzantinische Hymnologe Romanos ist. Beide stützen sich auf Maleachi III. 16.[7]

---

[5] Ebenda. Nr. 134.
[6] Ebenda. Nr. 135.
[7] *Eric Werner*, HUCA. XXIII. 2. 1950—1951. pp. 426—427.

DREI UNGARISCHE REDEWENDUNGEN

I. Er schwebt wie Mohammeds Sarg

Sándor Eckhardt führt (MNy. 23, 510—1; 34, 174—6) als Hintergrund dieser Redewendung einen ungarischen Fronleichnamsbrauch an aus der Ofner Reisebeschreibung des ferraresischen Gesandten Thomas Dainero aus dem Jahre 1501.[1] Später erstreckten sich seine Untersuchungen auf die Überlieferungen über mittels des Magnets hängende Gegenstände und auf die weiteren Quellen von Mohammeds schwebendem Sarg, indem er das lateinische Gedicht von Hildebert, dem Erzbischof von Tours, aus dem 11—12. Jahrhundert als die älteste bezeichnet.[2] Gyula Csefkó hinwiederum forschte nach dem Wege der Redewendung in der ungarischen Literatur vom 17. Jahrhundert an.[3]

Eckhardts Aufmerksamkeit entging es, daß Hildebert und ein Teil der erwähnten Stellen bereits in der reichen Materialsammlung von Wilhelm Hertz angeführt sind, in der zahlreiche, bei ihm nicht behandelte Daten vorkommen.[4]

Im folgenden wollen wir das Bisherige bloß aus der orientalischen Literatur ergänzen, da man die Legende im allgemeinen dem christlichen Westen zuzuschreiben pflegt.

Nach einer talmudischen Aggada hat Gechazi, Elischas Diener, das goldene Kalb des Jerobeam — mittels eines Magnets — zwischen Himmel und Erde aufgehängt (Sanh. 107b; Sota 47a). Ebenso lesen wir, daß die Krone des ammonitischen Königs mittels eines Magnets in der Luft hängt (Ab. z. 44a; Midrasch Schemuel. Ed. Buber. 129).

In der orientalischen Literatur ist auch der schwebende Sarg selbst ein sehr häufiges Motiv. Wir bringen einige Beispiele.[5]

[1] T. Kardos: Kodály-Emlékkönyv. Budapest 1953, 145; G. O. Nagy: Mi fán terem? Bp., 1965. 231—232; Magyar szólások és közmondások. Bp., 1966. 483. No. 873.
[2] Le Cercueil Flottant de Mahomet. Mélanges de Philologie romane et de Littérature médiévale offerts à Ernest Hoepffner. Paris 1949, 77—88.
[3] Irtört. Közl. 56 [1948], 106—9; Nyr. 75, 203—5; Mikszáth ÖM. LV. Budapest 1966, 103; LXV. Budapest 1969, 26.
[4] Gesammelte Abhandlungen. Stuttgart—Berlin 1905, 405—12.
[5] M. Steinschneider: Der hängende Sarg Muhammeds. ZDMG. 5 [1851], 178—80; I. Löw: MGWJ. 76 [1932], 456—63; Fauna und Mineralien der Juden. Ed. A. Scheiber. Hildesheim 1969, 129—136. Löw führt zahlreiche altertümliche und mittelalterliche Quellen an über vom Magneten gehaltene Gegenstände. S. noch L. Dobossy: A középeurópai ember. Budapest 1973, 73—94.

1. *Der Sarg Arons.* Bereits in einem tannaitischen Midrasch — aus dem 3. Jahrhundert u. Z. — finden wir: als das Volk Moses mit dem Verschwindenlassen Arons verdächtigt, »da nahm Gott Arons Sarg und hängte ihn an den Himmel« (Sifri Deut. Ed. Finkelstein, 326).[6] Eine späte, die Einwirkung des Islam widerspiegelnde Midrascharbeit wiederholt dies: »Ganz Israel sah Arons Sarg, wie er in der Luft schwebte und flog« (Pirqe Rabbi Eliezer. XVII.). Die arabischen Schriftsteller erzählen es gleicherweise. Nach Tha'labi und Ibn al-Athir flog nach Arons Tod ein Sarg in den Himmel; als aber das Volk wegen des Todes des Hohenpriesters murrte, stieg der Sarg vom Himmel herab und schwebte in der Luft. Mit den Worten des Al-Kisa'i: Arons Sarg schwebt zwischen Himmel und Erde.[7]

2. *Der Sarg Mosis.* In der Aggada lesen wir: Während Moses vierzig Tage auf dem Berge Sinai weilte, zeigte der Satan Mosis schwebenden Sarg dem Volke (Tanchuma. Ed. Buber. II, 57a; Ex. R. XLI, 6).

3. *Der Sarg Josefs und Daniels.* Al-Kisa'i ist der Tradent der folgenden muslimischen Legende. Josef wurde in der Gegend von Fajjum begraben. Dadurch wird der Boden fruchtbar, während das Ufer gegenüber öde bleibt. Pharao wendet sich an Efrajim, er solle seinen Vater in Ägypten begraben. Nun aber verkümmert das andere Ufergebiet. Schließlich versenken sie ihn in den Nil, damit beide Ufer gesegnet sein (Vitae Prophetarum. Ed. Eisenberg. I. Leyden, 1922. 178—9).[8] Dies schuf die Legende vom Sarge Daniels. Benjamin Tudela und Petachja von Regensburg — beide jüdische Reisende im 12. Jahrhundert — erzählen, der Sarg Daniels sei in Schuschan aufbewahrt worden. Deshalb habe man dort in Wohlstand gelebt. Die Bewohner des jenseitigen Ufers möchten auch gerne des durch den Sarg gewährten Segens teilhaft werden. Sie kommen überein, den Platz jährlich zu ändern. Sandschar hingegen, der Schah von Persien, empfiehlt eine pietätvollere Lösung: er läßt die Tigrisbrücke abmessen und hängt den Glassarg in ihrer Mitte auf Ketten.[9]

4. *Der Sarg Mohammeds.* Die jüdischen Schriftsteller erwähnen — gewöhnlich in polemisierender Absicht — vom 15. Jahrhundert an den schwebenden Sarg Mohammeds.[10] Menachem Man behauptet in seinem jiddisch geschriebenen

---

[6] L. Ginzberg: Jewish Folklore: East and West. Cambridge 1937, 14, 19—20; On Jewish Law and Lore. Philadelphia 1955, 72, 245.
[7] B. Heller: MGWJ. 77 [1933], 61—3.
[8] Charles D. Matthews: Palestine — Mohammedan Holy Land. (Yale Oriental Series. Researches. Volume 24.) New Haven 1949, 118.
[9] Heller: MGWJ. 69 [1925], 50—2, 70 [1926], 271—6; Mahler-Festschrift. Budapest 1937, 439; Ignace Goldziher Memorial Volume. I. Budapest 1948, 416; S. Grotzfeld: Dāniyāl in der arabischen Legende. Festgabe für Hans Wehr. Wiesbaden 1969. 78, 81; A. Fodor: The Muslim East. Studies in Honour of Julius Germanus. Budapest 1974. 93.

Werke (Scheerit Jisrael. Amsterdam, 1743, 24a), Mohammeds eiserner Sarg hänge in Mekka mittels der in den vier Ecken angebrachten Magnete.[11]

5. *Sonstige schwebende Särge.* Aus der Midrasch-Literatur ergeben sich noch folgende Daten:

A. Jose b. Joezer aus Cerada (2. Jh.) sah im Traume seinen eigenen Sarg in der Luft schweben (Gen. R. LXV, am Ende; Midrasch Tehillim. Ed. Buber, 104).

B. Bei Hoschaja aus Tirja ist zu lesen: »Sie sahen seinen Sarg in der Luft schweben« (Lev. R. XXX. 1; Cant. R. VIII. 7).

C. Wenn jemand wahrhaft und gottesfürchtig ist, so schwebt sein Sarg in der Luft (Eccl. R. XII. 13).[12]

Die Zitate könnten wir noch mehren, unser Ziel war jedoch bloß auf ein unerschlossenes Gebiet hinzuweisen.[13]

II. Gott soll ihn so groß werden lassen wie Jónás Fátri

Diese Redewendung habe ich in einem Roman des Schriftstellers und Publizisten Szaniszló Timár (1859—1917) gefunden. Die Erklärung bleibt er uns nicht schuldig: »Jónás Fátri war nämlich der Volkssage nach so lang, daß man ihm, als man ihn ins Bett legen wollte, um hineinzugehen, den Kopf abschnitt« (Selyem és rongy [Seide und Fetzen], II. Budapest 1897, 66).

Seit Jahren forsche ich nach Parallelen zu dieser Redewendung — vergebens. Die abgeschriebenen Texte der ungarischen Volkssagen und Volksmärchen erwähnen Jónás Fátri nirgends. Der Schriftsteller mochte in der Umbebung von Baja, von wo er selbst stammte, von ihm hören. Wir haben keinen Grund zu bezweifeln, daß er — übrigens in seinem ganzen Leben und seiner Wirksamkeit ein Fanatiker der Wahrheit — tatsächlich eine solche Volkssage kannte, und somit ist seine Mitteilung authentisch.

Da ich selbst hiervon nichts gefunden habe, bringe ich die Sache vor die Öffentlichkeit der Sachverständigen. Der Typus ist auch deshalb bedeutend, weil er die Einwirkung der Prokrustes-Sage zeigt, die in die jüdische Sagenwelt

---

[10] M. Steinschneider: Polemische und apologetische Literatur in arabischer Sprache. Leipzig 1877, 310, 371.
[11] M. Grünbaum: Jüdischdeutsche Chrestomathie. Leipzig 1882, 367—8.
[12] L. Grünberger: Az aranyborjú az aggáda tükrében. Budapest 1942, 46; Scheiber: IMIT Évkönyve 1943, 114.
[13] B. Heller zitiert (MGWJ. 69, 51) aus dem französichen Epos von Renaus de Montauban, wie der große Mohammed, von Magneten gehalten, in der Luft schwebt. S. noch B. Heller: Die Bedeutung des arabischen 'Antar-Romans für die vergleichende Litteraturkunde. Leipzig 1931, 128.

ebenfalls eingedrungen ist.[14] Auch in den übrigen Werken von Szaniszló Timár traf ich diese Redewendung nicht wieder (Az aranyborjú [Das goldene Kalb]. Budapest 1893; Az élet vásárja [Der Jahrmarkt des Lebens]. Budapest 1895; Az öröm vallása [Die Religion der Freude]. Budapest 1900).

János Honti notierte übrigens ein Polyphem-Motiv in der Fabel eines Wirtes aus Nógrádszakál.[15]

III. Schade um's Benzin!

Nicht immer gelingt es, Urheber und Entstehungszeit einer Redewendung festzustellen. Diesmal ist es gelungen. Die im Titel bezeichnete ist so alt wie der Schreiber dieser Zeilen. Am 28. Juni 1913 wurde István Tisza — Aladár Széchenyi gegenüber — aufs neue zum Abgeordneten von Arad gewählt. Am Tag vorher erschien im Teil »Allerlei« der Zeitung ,,Aradi Közlöny" folgende kleine Geschichte (XXVIII, Nummer 146):

»[Károlyi fährt nach Arad.] Aus Makó schreibt man uns diese amüsante Geschichte: Auch in Makó erwartet man mit großer Erregung das Resultat der Wahl in Arad. Auf der Terrasse eines Kaffeehauses politisierte eben auch eine größere Gesellschaft, als ein mächtiges Auto vorüberraste. Da sprang ein schlanker, hochgewachsener junger Mann aus dem Auto und fragte ein Mitglied der Gesellschaft: Führt dieser Weg nach Arad? Der Angesprochene — zufällig ein begeisterter Parteigänger Tiszas — zeigte die Richtung, und als der junge Mann wieder den Wagen bestieg, erkannte jener in ihm den Grafen Mihály Károlyi. Atemlos kehrte er ins Kaffeehaus zurück und erzählte, noch immer erregt, der Gesellschaft: Haben Sie ihn gesehn? Graf Mihály Károlyi fährt nach Arad! Dann fügte er mit geringschätziger Handbewegung in unverfälschtem Jargon hinzu: *Schat* [Schade] *van* [für] *Benzin*!«

Ich weiß es von Olga Gerő, daß der Schreiber dieses anonymen Artikels ihr Bruder, der Advokat Dr. Géza Gerő (1874—1960), ein Freund des Dichters Gyula Juhász war. Der »begeisterte Parteigänger Tiszas« war ein Exporteur aus Makó, Heinrich Groß, der zur Zeit des weißen Terrors in der Umgegend von Kiskunfélegyháza ermordet wurde. Er ist somit der Vater der Redewendung *Schade um's Benzin*.[16]

---

[14] B. Heller: MGWJ. 76 [1932], 331; L. Ginzberg: On Jewish Law and Lore. Philadelphia 1955, 66; Al Halacha Veaggada. Tel-Aviv 1960, 256; A. Lichtenstein: Hagut Ivrit Be'America. I. Tel-Aviv 1972, 362—382; E. E. Hallewy: Paraschijjot B'aggada. Haifa 1972, 120—125.
[15] J. Honti: A mészároslegény meséje. Budapest 1940, 18—19.
[16] S. noch P. Ruffy in: Magyar Nemzet (vom 19. 3. 1967).

The Moment of Desires

I. JEWISH DATA

A. LITERARY SOURCES

A section of the litany *Avinu Malkenu* runs thus: "Our father, our king, let this hour be the hour of grace and the time of mercy before you."[3] "The time of mercy" (*'et ratzon*) is a quotation from the Psalms (69:14). The Talmud defines this time as that "when the congregation is at prayer" (Ber. 8a). The medieval literature defines it as the time of the afternoon—to be precise, the Sabbath afternoon—prayer, since this was when the prophet Elijah was heard (1 Kings 13:36).[4]

God, however, is angry but for one moment a day (Ps. 30:6). No one but Bileam was able to work out when this moment occurred (Num. 24:16; Ber. 7a, Ab. z. 4b).[5]

The following datum is from the later Middle Ages. In the Isaiah-commentary of the Karaite Salmon b. Yeruham or Sahl, the following is found: "Stand at noon facing the Sun and then make your wish."[6] The turn of phrase appears to have come to the Karaites from the ancient *Sefer haRazim*.[7]

B. ORAL TRADITION

1. *Rosh Hashana*. According to the Jews of Tripoli it is possible to ask for wealth, wisdom, and a male child on the occasion of the *Q'dusha* at New

---

Men have ever sought the fulfillment of their desires from the powers above. They wanted to know the most propitious time and place for making their plea.[1] My friend Professor R. Patai studied this subject in connection with appeals for rain.[2] It will perhaps not displease him if in this Jubilee Volume dedicated to him I examine in a broad context this hitherto little-studied chapter of Jewish folklore.

This Jubilee Volume is the most appropriate place for me to wish Professor R. Patai—to whom I am bound by half a century of friendship—further years of activity and successful research for the world of scholarship.

95

Year or on the Day of Atonement, at the moment when the phrase *aye m'qom k'vodo* is reached (information from N. Munkácsi, Israel, 1956).

2. *Yom Kippur*. According to the Sephardim of Jerusalem the right moment to make one's wish is at the Neila prayer, in front of the open Holy Ark (N. Munkácsi, 1956). The Jews of Tripoli stand the children face to face with those giving the Kohenite blessing, because this is the moment when desires are fulfilled (N. Munkácsi, 1956).

Sukkot. In Subcarpathian Ruthenia it is held that a wish uttered at the time of the waving of the lulav will be fulfilled (L. Eisler, now in Israel).

4. *Hoshana Rabba*. József Patai, the father of my friend Raphael, writes as follows: On this night they waited for the moment "when the sky would split open and every desire that had been uttered would be fulfilled."[8] An illustrated Hebrew manuscript of the sixteenth century, which is erroneously regarded as being of Hungarian origin, depicts this moment when the sky opens during the night of Hoshana Rabba.[9]

5. *Shavuot*. The following quotation is from a book by D. Schön: His grandfather summoned him on the eve of the festival and told him that the sky would split open at midnight and whatever he wished for at that time would be fulfilled. He watched and waited for midnight with a trembling heart, and when his grandfather finished reading the extracts from the Bible . . . he ran out into the courtyard, lifted up his eyes to heaven, and haltingly uttered his wish aloud."[10] L. Szabolcsi writes in a similar vein: ". . . on this night every year the great gates above open up . . . On this night the sky splits open for a moment . . . and every desire we have at that time is fulfilled." "In Kálló (central north Hungary) the same belief was current;[12] in fact, this was generally believed by Jews all over the world.[13]

6. *Weekday morning prayer*. Rabbi Mendel, the Kossover Rebbe, declared: "Listen . . . tomorrow, during the morning service, whatever you will pray for will be fulfilled." They spent restless hours repeating to themselves and fixing it in their minds the desire for sustenance, *lest they forget to pray for it*. Here was a chance that might never occur again.[14]

7. *Other occasions*. As the girls at a wedding pass under the *huppa*, or grasp its supports, whatever they wish for will be fulfilled (A. Róbert, Pápa, 1950). If before burial the coffin is touched and something is desired, it will be fulfilled (G. Knöpfler. Nyíregyháza, 1962). The pilgrim places an egg in the Holy Ark of the synagogue at Djerba and writes his or her name on it, while thinking hard of something. The supplicant takes the egg out the following day and eats it. This is done chiefly by girls and women seeking husbands, children, money, or good health.[15]

II. Non-Jewish data

1. *Falling stars*. "Whatever one thinks of when one sees a star falling will come true" (Baja).[16] "It was a beautiful, mild, autumn night and stars fell

one after another, and the boys shouted out their dreams and desires over and over again."[17] "Whatever one thinks of when one sees a star falling will be fulfilled."[18] In Pushkin's *Eugene Onegin* Tatiana tries to find the right words for making a wish when she sees a star falling (5:6).

2. *Opening of the sky.* If one makes a wish the very moment that one sees the sky opening, it will come true. This is held in Gömör.[19] Someone was looking after the cattle at night on the green at Szederkény. The sky opened up in the east. He wished for a good wife, and it came true.[20] A herdsman in Taktaszada saw the sky open up three times, but he made no wish, since he did not know that was the way it would come true (L. Szabó, Taktaszada, 1968). An informant from Bodrogkeresztur also failed to make a wish when he saw the sky open. "It was so bright that you could see a needle in the grass." Yet if he had asked "It would have been granted" (L. Szabó, 1968). If one saw that the sky had opened, one had to think of something (e.g., wish for a long life) and it would be granted (Tótkomlós).[21] "The sky opened up, the angels leant out and sang; anyone seeing this must ask for something and God would grant it" (Vilmos Diószegi's collection, Aszaló, 1962, EA 7076. p. 6).

3. *Other occasions.* On New Year's Eve, a lump of sugar is broken in two; whatever is wished for at that time is fulfilled.[22] In some places in Austria a wish can be made when bells are tolled: ". . . ein Wunschglöcklein macht Hoffnung auf die Erfüllung verschiedener Herzenssachen."[23] W. Somerset Maugham writes: "A wish can be made when one sees the new moon, a cream-colored horse, when a star falls, and when the chicken's 'wishbone' is broken in two."[24]

4. *Places.* There is a window in Tihany Abbey: "Whoever first walks here and gives a sigh: whatever he sighs for shall be fulfilled."[25] Of the Rózsakő (Rose Rock) on the shores of Lake Balaton: "It was disputed whether one had to sit facing the Balaton or with one's back to it, and whether three wishes are fulfilled or just one."[26] On moving into a new house or flat, "if one has beautiful dreams, they are fulfilled."[27] In Rome, one must make a pilgrimage to St. Peter's at dawn on Good Friday: "whoever makes this pilgrimage, his desire shall be granted."[28] In Bled (Yugoslavia) there is an islet in the middle of a mountain lake: whoever pulls on the church's bell, his desire is fulfilled.[29]

The material can, of course, be multiplied.

Notes

1. G. Róheim, *Spiegelzauber* (Leipzig-Wein, 1919), p. 6, n. 3.
2. R. Patai, "The 'Control of Rain' in Ancient Palestine," *HUCA* 14 (1939):251–86.
3. I. Davidson, *Thesaurus of Mediaeval Hebrew Poetry*, vol. 1 (New York, 1924), p. 12, n. 216.
4. I. Elbogen, *Der jüdische Gottesdienst in seiner geschichtlichen Entwicklung* (Frankfurt a/M., 1931), pp. 118, 532; Hebrew ed. (Tel-Aviv, 1972), p. 90.
5. W. Bacher, *Agada der pal. Amoräer*, vol. 1 (Strassburg, 1892), p. 148.

6. J. Mann, *Texts and Studies*, vol. 2 (Cincinnati, Ohio, 1935), p. 83.
7. Sefer HaRazim, ed. M. Margalioth (Jerusalem, 1966), pp. 72, 89, 93, 97. On the book see I. Gruenwald, *Apocalyptic and Merkavah Mysticism* (Leiden-Köln, 1980), pp. 225–34.
8. J. Patai, *A középső kapu* (Budapest, 1927), p. 74; Y.-T. Lewinsky, *Sefer haMoadim*, vol. 4 (Tel-Aviv, 1951), p. 206; J. Bergmann, *HaFolklor haYehudi* (Jerusalem, 1953), p. 82.
9. Ameisenowa, *Tarbiz* 23 (1958/59):198.
10. D. Schön, *Istenkeresők a Kárpátok alatt* (Tel-Aviv, 1964), pp. 218–19; I. Kaczér: *Ne félj, szolgám Jákób* (Tel-Aviv, n.d.), 1:27, 290.
11. L. Szabolcsi, *Délibáb* (Budapest, 1927, p. 84.
12. L. Szilágyi-Windt, *A kállói cádik* (Tel-Aviv, 1960), p. 118.
13. M. Kohen, *Mipij ha-am* (Tel-Aviv, 1979), 3:48. No. 239. Notes of H. Schwarzbaum, p. 122.
14. J. Heschel, *The Earth is the Lord's* (New York, 1950), pp. 78–79.
15. Tunézia: a "La Ghriba" zarándokai, *Magyarország*, 18, no. 25 (1980).
16. *Ethnographia* 10 (1899):311.
17. J. Székely, *Kisértés* (Budapest, 1972), p. 249.
18. F. Móra, *Négy apának egy leánya* (Budapest, 1960), p. 263; S. Sásdi, *Szabálytalan szerelem* (Budapest, 1980), p. 95.
19. L. Székely, *Ethnographia* 7 (1896):374.
20. L. Szabó, *Taktaszadai mondák* (Budapest, 1975), p. 524, no. 153.
21. A. Krupa, *Hiedelmek—varázslatok—boszorkányok* (Békéscsaba, 1974), p. 45.
22. I. Szabó and E. Szántó, *Bizalom* (film) (1980).
23. G. Gugitz, *Das Jahr und seine Feste im Volksbrauch Österreichs* (Wien, 1950), 2:62, 134.
24. W. S. Maugham, *Of Human Bondage*. In Hungarian translation: *Örök szolgaság* (Budapest, 1969), p. 57.
25. F. Karinthy, *Kentaur* (Budapest, 1947), p. 138.
26. L. Mesterházi, *Vakáció* (Budapest, 1979), p. 374.
27. A. Balázs, *Egy orvos az autóbuszon* (Budapest, 1973), p. 173.
28. Zs. Thury, *Barátok és ellenfelek* (Budapest, 1979), p. 125.
29. L. Szilvási, *Születésnap juniusban* (Budapest, 1972), p. 211.

Un document deux fois publié

M. Cecil Roth a imprimé dans *Etudes Orientales à la mémoire de Paul Hirschler*, Budapest, 1950, pp. 28-31 (c.-r. de G. Vajda, *REJ*, CIX, p. 134 sq.), une lettre adressée, en 1763, au naturaliste anglo-juif Emmanuel Mendes da Costa, par le théologien protestant hongrois Jean Mezö, voyageant à l'étranger pour recueillir des subsides pour les professeurs du collège calviniste de Debrecen dont les traitements avaient été supprimés en 1752 sur l'ordre de l'Impératrice Marie-Thérèse d'Autriche.

Ce document, tiré de British Museum, Add. MS. 28.539, que M. Roth croit inédit, a été en réalité publié, avec une traduction hongroise, dès 1903, par Charles Singer, professeur à l'Université de Londres, dans *Magyar Zsidó Szemle*, XX, pp. 45-48, accompagné d'une note additionnelle de L. Blau (p. 48 sq.). Le déchiffrement des deux éditeurs diffère en quelques endroits, et il y a plusieurs fautes typographiques dans la seconde impression.

Si le savant historien avait déjà pu disposer de l'index hébraïque des soixante-cinq tomes de la revue hongroise d'études juives, en cours de rédaction, selon nos informations, en Israël, il eût pu s'épargner la peine de rééditer un texte depuis longtemps publié.

Motivgeschichte des Gedichts von Ady
An den großen Walfisch

>Oh Gott, du grenzenlos scheinender Walfisch,
>Was wird aus uns im Wandel der Zeiten?
>Wir tanzen auf deinem glatten Rücken,
>Bewege dich nicht, sonst müssen wir gleiten.

So beginnt Ady's Gedicht *An den großen Walfisch* (1. Okt. 1908).[1]

Nach Gyula Földessy, der unseres Wissens sich als Einziger mit dem hier erscheinenden Motiv befaßte, „ist dieses Walfisch-Bild eine uralte finnisch-ugrische Gottesvorstellung".[2]

Wir werden sehen, daß nicht so sehr Gott — nur bei Ady findet sich dieser Gebrauch des Bildes — als vielmehr die Welt als Walfisch vorgestellt wurde. Auch ist diese Vorstellung nicht finnisch-ugrischer Herkunft.

1. Weltliterarischer Rahmen

Die frühesten Spuren führen nach dem Orient. Der babylonische Amora, der durch seine phantastischen Märchen berühmte Rabba bar Bar Chana erzählt folgendes: „Einst reisten wir auf einem Schiffe und sahen einen Fisch, auf dessen Rücken sich Sand angesetzt hatte, worauf Gras hervorgewachsen war. Da wir nun glaubten, es sei Land, stiegen wir auf ihn ab und backten und kochten auf seinem Rücken. Als ihm aber heiß wurde, drehte er sich um, und wenn das Schiff nicht in unserer Nähe gewesen wäre, würden wir ertrunken sein."[3]

Diese Aggada erzählt auch, nicht lange nach Ady, Ludwig Biró allegorisierend:

„Ein Volk mußte einmal sein Vaterland verlassen. Es bestieg Schiffe und suchte ein neues Vaterland. Nach langem Suchen fanden sie eine Insel, die war ganz verlassen, doch schien es, als könnte sie mit viel Arbeit fruchtbar gemacht werden. Diese Insel aber war keine Insel. Es war der Rücken eines ungeheuer großen Tieres. Dieses Untier lebte in den Tiefen des Meeres, manchmal aber tauchte es zum Sonnenlicht empor um auszuruhen. Was für das Ungeheuer eine kurze Rast war, war für die Menschen das Leben von vielen Geschlechtern. Und das Meer hatte über den Rücken des Ungeheuers seinen Schlamm geschwemmt; die Vögel aus den Lüften hatten in diesen Schlamm allerlei Samen fallen lassen; der Schlamm war nun fruchtbarer Boden, Bäume und Gräser wuchsen auf ihm, und das Volk, das ein neues Vaterland suchte, konnte glauben, die Insel mit harter Arbeit in Ackerland verwandeln zu können. Die Flüchtlinge machten

---

[1] A. Ady: *Auf dem Flammenwagen der Lieder. Eine Auslese.* Ins Deutsche übertragen von A. Hetényi-Heidlberg. Budapest, 1926. S. 51.

[2] Gy. Földessy: *Ady minden titkai.* Budapest, 1949. S. 72.

[3] *Baba batra* 73 b; H. Schwarzbaum: *Studies in Jewish and World Folklore.* Berlin, 1968. S. 197.

sich also an die Arbeit und arbeiteten von Sonnenaufgang bis Sonnenuntergang im Schweiße ihres Angesichtes, und der Boden brachte ihnen seine Früchte dar. Und als schon der Schweiß einiger Geschlechter diesen Boden getränkt hatte, und das Volk der Vertriebenen sich im neuen Lande schon wie in einer Heimat zu fühlen begann, da war die Rastzeit des Seeungeheuers gerade um, es schüttelte sich und verschwand in den Tiefen des Meeres. Mit seinem versinkenden Rücken versanken auch die Saaten, die Auen, die Weinberge und die Häuser. Auch ein großer Teil der Menschen ging unter. Die Wenigen, die sich auf Schiffe zu flüchten vermochten, blickten mit Tränen auf die Stelle zurück, wo ihre Insel geblüht, und auf das Meer, das all ihr Glück, ihre Väter, ihre Brüder und Söhne verschlungen hatte, und sie konnten nur dieses sagen: Wir glaubten, es sei Festland. — Warum haben unsere Altvordern diese Geschichte aufgezeichnet? Weil es die Geschichte Israels ist. Durch manche Geschlechter nährt Israel den Glauben, daß es endlich ein Vaterland gefunden habe. Dann verschwindet ihm plötzlich der Boden unter seinen Füßen. — Wo ist es, worauf wir gebaut haben? Nirgends ist es. Und wir ... hatten geglaubt, ... daß es Festland war."[4]

Die Aggada gelangte beinahe unverändert auch in die Sindbad-Geschichten von *Tausend und Eine Nacht*. Das hierauf sich beziehende Märchen der 538. Nacht lautet wie folgt:

„So faßte ich denn meinen Entschluß, machte mich auf und kaufte mir Waren und Güter und allerlei Sachen, auch Dinge, die zur Reise nötig waren; und da meine Seele nach einer Reise zur See verlangte, so bestieg ich ein Schiff und fuhr nach der Stadt Basra, zusammen mit einer Schar von Kaufleuten. Von dort reisten wir auf dem Meere weiter, viele Tage und Nächte; wir kamen von Insel zu Insel, von Meer zu Meer und von Land zu Land. Überall, wo wir landeten, trieben wir Handel und tauschten Güter ein. Und während wir so auf dem Meere dahinsegelten, kamen wir eines Tages zu einer Insel, die so schön war, daß sie einem Paradiesesgarten glich. Der Kapitän machte dort mit uns halt; und nachdem er die Anker ausgeworfen hatte, legte er die Landungsplanke an, und alle, die sich auf dem Schiffe befanden, gingen auf der Insel an Land. Nachdem sie sich dort Herde errichtet hatten, zündeten sie Feuer darin an und machten sich an Arbeiten mancherlei Art. Die einen kochten, die anderen wuschen, wieder andere schauten sich um. Ich gehörte zu denen, die auf der Insel umhergingen. Als dann alle Reisenden bei Essen und Trinken, Kurzweil und Spiel versammelt waren, rief plötzlich der Kapitän, der an Bord des Schiffes stand, uns Ahnungslosen mit lauter Stimme zu: ‚Ihr Leute, rettet euer Leben! Lauft, kommt an Bord und beeilt euch mit dem Kommen! Laßt eure Sachen im Stich! Flieht, solang ihr noch lebt, rettet euch vor dem Verderben! Die Insel da, auf der ihr seid, ist keine Insel; sie ist ein großer Fisch, der mitten im Meere feststeht. Sand hat sich auf ihm abgelagert, so daß er nun wie eine Insel aussieht und Bäume auf ihm gewachsen sind. Als ihr das Feuer auf ihm

---

[4] L. Biró: *Die Juden von Bazin*. Berlin, 1921. S. 320—322. Schon im XVIII. Jh. wurde Rabba bar Bar Chana's Aggada von J. Hermányi Dienes ins Ungarische übersetzt [OSzK. Quart. Hung. 4161. S. 64—66.].

anzündetet, da merkte er die Hitze und bewegte sich. In diesem Augenblick wird er mit euch in die Tiefe versinken, und dann werdet ihr alle ertrinken. Drum bringt euch in Sicherheit, ehe das Verderben über euch kommt!'"[5]

Die Sindbad-Geschichte — obgleich er sich auf Pontopiddan beruft — kennt auch Jókai, malt sie weiter aus und baut sie ein in den Roman *Baradlays* (1869):

„Der Krake war ein riesiges Seeungetüm und lebte auf dem Grund des Meeres, doch fiel es ihm auch manchmal ein, sich an die Oberfläche des Wassers zu erheben.

Wenn dann sein gewaltiger Rücken aus den Wellen auftauchte, vollbedeckt mit Meeresschlamm und bewachsen mit Seefeigen, Seetulpen und einem Wald von Korallen, dann glaubten die Pinguine und Kormorane, das sei eine neue Insel, ließen sich darauf nieder, nisteten und entleerten sich auf dem Rücken des Ungetüms. Dieses ließ sich alles ruhig gefallen.

Mit der Zeit bedeckt Gras seinen Rücken. Schiffer sehen es. Seht, was für eine schöne Insel! Sie legen an, nehmen sie in Besitz und bauen Häuser darauf. Der Krake läßt sich auch das gefallen.

Dann beginnen die Leute zu pflügen und säen Gerste. Der Krake duldet, daß man seinen Rücken pflügt und eineggt. Nur wenn darauf Feuer gemacht wird, denkt der Krake, wie schlimm es doch ist, daß sich ein so großes Tier nicht den Rücken kratzen kann.

Die Schiffer fühlen sich auf dem Kraken immer wohler und bohren einen Brunnen in seinen Körper. Sie freuen sich mächtig, als sie statt Wasser Fett im Eimer finden. Der Krake aber läßt sie ruhig Fett pumpen, er hat ja genug davon.

Die Schiffer sind reich geworden und errichten Lagerhäuser, lassen sich von Fremden Zoll zahlen, importieren Polizei und gründen schließlich auch eine Aktiengesellschaft. Dann, als sie schließlich so tief graben, daß sie auf Fleisch stoßen, denkt sich der Krake, jetzt ist's genug, und läßt sich wieder auf den Grund des Bodens nieder. Mit ihm versinken Mensch und Tier, Schiff und Aktiengesellschaft."[6]

Unter den arabischen Schriftstellern erwähnt bereits auch Qazwînî diese Aggada im XIII. Jahrhundert.

Sie ist auch in der mittelalterlichen lateinischen Literatur nicht unbekannt. Der heilige Brandanus, ein irischer Abt (VI. Jahrhundert) erblickt einen Wald auf dem Walfisch. Ein andermal nimmt der Walfisch das Schiff auf seinen Rücken und trägt es vier Wochen lang inmitten der Wellen.[7] Der heilige Magulus liest eine Messe auf solch einer Walfisch-Insel.[8]

---

[5] *Die Erzählungen aus den Tausend und Ein Nächten.* Übertragen von E. Littmann. IV. Leipzig, 1926. S. 105—106; B. Heller, *Bolte-Polívka.* IV. Leipzig, 1930. S. 323—324.

[6] M. Jókai: *Die Baradlays.* Übersetzung aus dem Ungarischen von Bruno Heilig. Leipzig, 1958. S. 178—179.

[7] G. Schreiber: *Der irische Seeroman des Brandan.* Festschrift Franz Dornseiff. Leipzig, 1953. S. 288; T. Dahlberg: *Brandiana.* Göteborg, 1958. [Acta Universitatis Gothoburgensis. LXIV.]; *Navigatio Sancti Brendani Abbatis from Early Latin Manuscripts.* Ed. C. Selmer. Notre Dame, Indiana, 1959. [Publications in Mediaeval Studies. XVI.]. S. 86. Über die Wirkung der Tausend und eine Nacht auf die Brandan-Legende siehe: H. L. D. Ward: *Catalogue of Romances . . . in the British Museum.* II. London, 1893. S. 519.

Einige Stationen des weltliterarischen Nachlebens des Bildes: Es ist auch bei Ariosto (Orlando. VI. 37, 40) und Milton (Paradise Lost. I. 200) zu finden.[8a] J. F. Fischart (XVI. Jh.) spricht von einem Fisch, der „soviel Land und Erd auff den Rucken nimpt, das wann er im Meer ligt, es ein Insul scheinet, und so die Schiffleut die Anker drauff auswerffen, dieselbigen zu grund gehen."[9] In der *Naturgeschichte* des Göttinger G. Ch. Raff, deren ungarische Übersetzung eine Lektüre des jungen Johann Arany war,[10] kommt es auch vor.[11] Jean-Paul Sartre hat offenbar daran gedacht, als er folgende Zeilen niederschrieb: „mit rasender Geschwindigkeit jagte ich dahin auf dem Rücken eines verrückten Walfisches, der nichts anderes war als die Welt" (il m'arrivait d'oublier mon rôle et de filer à tombeau ouvert, emporté par une folle baleine qui n'était autre que le monde).[12]

Dieses Motiv ist in der russischen Literatur sehr populär. Es sollen hier nur zwei Beispiele zitiert werden. Turgenjev verewigt es in seinem Roman *Väter und Söhne*: „Die Erde steht auf dem Rücken von drei Fischen ... erklärte der Bauer ..."[12a] Mereschkowski erwähnt es in folgender Weise: „... zu der Insel, auf der einst einige Schiffer landeten, Feuer machten und darauf ihr Nachtmahl bereiteten, und die sich später als ein Walfisch entpuppte."[12b]

Das Motiv erscheint noch Jahrzehnte nach Ady in der ungarischen Literatur. András Komor (1898—1944) gebraucht es sogar zweimal. In seiner Novelle *Goldenes Jerusalem* auf diese Weise: „Sie schifften auf dem Rücken eines Walfisches" (Tükör. 1937. S. 246.); in seinem in Handschrift gebliebenen Roman *Sahrazad* schreibt er, wo er von der Morgendämmerung spricht, folgenderweise: „er weilte in der Gegend der auf dem Rücken des Walfisches schwimmenden Inseln." Für beide Daten schulde ich dem Universitätshörer F. Katona Dank.

2. Ungarischer Hintergrund

Die Vorstellung kommt auch im ungarischen Volksglauben vor und dies bietet sich als wahrscheinliche Quelle zur Ouverture des Ady-Gedichtes. Bei der Darstellung des reichlichen Materials streben wir keine Vollständigkeit an.

In der Überlieferung vom Temesköz „wird die Welt von drei Walfischen gehalten. Sie drehen sich jedes dritte Jahr auf die andere Seite, dann erzittert die Erde ... In Magyar-szent-Mihály sind es schon vier Walfische."[13]

---

[8] C. Müller-Fraureuth: *Die deutschen Lügendichtungen bis auf Münchhausen.* Hildesheim, 1965. S. 66.
[8a] J. R. Reinhard, *PMLA.* XXXVIII. 1923. S. 448—449; Anmerkung von B. Rajan in: John Milton *Paradise Lost.* Books I—II. London, 1964. S. 17—18.
[9] C. Müller-Fraureuth: *Op. cit.*, S. 65, 133—134. Siehe noch J. Runeberg: *Le Conte de l'île-poisson.* Mémoires de la Société Néo-philologique à Helsingfors. III. Helsingfors, 1902. S. 343—395.
[10] A. Scheiber, *ItK.* LXI. 1957. S. 104—105.
[11] *Természethistória.* Übersetzt von J. Fábián. Veszprém, 1799. S. 640—641.
[12] J.-P. Sartre: *Les Mots.* S. 1., Gallimard, 1964. S. 57.
[12a] I. S. Turgenjev: *Otzü i djetji.* Berlin, 1919. S. 256.
[12b] D. Mereschkowski: *Leonardo da Vinci.* Übersetzt von A. Eliasberg. München, 1911. S. 267.
[13] L. Kálmány: *Világunk alakulásai nyelvhagyományainkban.* Szeged, 1893. S. 9.

In Aranyosszék ist das Tier, das die Erde hält, ausschließlich der Walfisch. Die Zahl der Fische ist in Torockó fünf, in sämtlichen übrigen Dörfern vier, in Torda drei. „Die Walfische werden auch in Aranyosszék nicht für regungslos gehalten, sondern zeitweise bewegen sie sich und diese Bewegung verursacht die Erdbeben."[14]

Die Ungarn von Kalotaszeg glauben, daß „die Erde von einem Tier gehalten wird; in der überwiegenden Mehrheit der Dörfer ist dieses Tier — diesem Glauben zufolge — der Walfisch ... Diese Walfische bleiben jedoch nicht ruhig unter der Erde, sondern bewegen sich hie und da, sie drehen sich von einer Seite auf die andere, und darunter hat der Mensch zu leiden, denn zu solcher Zeit gibt es eine Erderschütterung."[15]

Im Komitate Bács weiß man davon, daß das Erdbeben von einem großen Fisch verursacht wird, der sich stetig in der Welt bewegt und wo er hingelangt, dort erbebt die Erde.[16]

In Oláhlapád sind manche des Glaubens, daß die Erde „von einem Fische oder mehreren auf dem Rücken gehalten wird. Auch das Erdbeben wird so erklärt: der Fisch nämlich, der die Erde hält, dreht sich alle sieben Jahre von der einen Seite auf die andere und dabei gerät auch seine Last ins Schwanken."[17]

Im Volksglauben in der Göcsej-Gegend „steht die Erde, d. h. die Welt auf Wasser. Sie hat vier Ecken, jede derselben wird von einem Walfisch gehalten; sie ruht demnach auf vier Walfischen, die sich im Wasser befinden. Dreht sich ein Walfisch um, was jedes siebente Jahr zu geschehen pflegt, oder legt er die Erde von einer Schulter auf die andere, dann erfolgt an jener Ecke der Erde ein *Erdbeben*."[18]

Ähnliches wissen die Ungarn im Tal des Feketekörös: „Die Welt hält ein Walfisch auf seinem Rücken, und dreht sich dieser auf die andere Seite, oder schüttelt er sich, dann gibt es Erdbeben. Einige meinen, die Welt werde von mehreren Walfischen gehalten."[19]

Aufgrund der 1951—52 erfolgten Sammlung von Vilmos Diószegi lassen sich die geographischen Grenzen der Vorstellung erweitern. Einige Beispiele:

Im Volksglauben in Mezőkövesd „sind im Innern der Erde Walfische, dort leben sie und halten die Erde".[20] In Nagyhodos (Komitat Szatmár) sagt man: „Die Erde hält ein Walfisch. Bewegt sich dieser Fisch, so gibt es Erdbeben."[21] Eine Überlieferung aus Egyházaskozár (Komitat Baranya): „Da ist ein großer Fisch, der hält die Erde. Wird er abgelöst, so dreht sich die Erde."[22] In Szuha

---

[14] J. Jankó: *Torda, Aranyosszék, Toroczkó magyar [székely] népe*. Budapest, 1893. S. 231. Siehe noch: *Ethnographia*. II. 1891. S. 273.
[15] J. Jankó: *Kalotaszeg magyar népe*. Budapest, 1892. S. 186; siehe B. Munkácsi, *Ethnographia*. V. 1894. S. 272.
[16] J. Nagy: *Bácsmegyei babonák*. Ethnographia. VII. 1896. S. 99.
[17] V. F. Pápay, *Ethnographia*. XVIII. 1907. S. 218.
[18] F. Gönczi: *Göcsej*. Kaposvár, 1914. S. 181.
[19] I. Györffy, *Ethnographia*. XXVII. 1916. S. 83.
[20] EA. 3050.
[21] EA. 3052.
[22] EA. 3053.

(Komitat Nógrád) erzählt man: „Unter der Erde ist ein Walfisch. Und wenn er sich umdreht, entsteht Erdbeben."[23]

Aus den Sammlungen in den Jahren 1960—1967 ist ersichtlich, daß die Walfisch-Vorstellung auch in Kémes, Csengersima, Kishodos und Csesztve heimisch ist.[24]

Auch das ungarische Volkslied hat sie volkstümlich gemacht. In prosaischer Übersetzung:

Hei! und dennoch schwankt der Tisch, schwankt die Bank,
Hat sich etwa der Walfisch unter der Erde umgedreht?[25]

Auch in der Folklore anderer Völker ist dieses Weltbild populär.[26]

Ady las viel, kam viel in der Welt herum, hörte viel. Es ist schwer die unmittelbare Quelle eines bei ihm auftauchenden Motivs mit Sicherheit festzustellen. Dennoch — wir wiederholen es — scheint es wahrscheinlich, daß er diesmal aus der ungarischen Volksüberlieferung geschöpft hat. An Stelle der Welt setzte er Gott, mit dem er bis zu seinem Tode rang. Bei ihm ist Gott manchmal das Schicksal und das Verhängnis, manchmal ist er das Synonym von Leben und Welt.[27] Deshalb steht auch in der ersten Zeile des behandelten Gedichtes Gott, in der zweiten Schicksal und die Welt. Die drei gehören sozusagen zusammen.[28]

Anhang:
In der bildenden Kunst

Nicht als wollten wir uns dem Ady-Gedicht von der bildenden Kunst her annähern: vielleicht habe er dort solche Darstellungen gesehen. Zwar kennen wir das diesbezügliche Interesse des Dichters,[29] und es besteht immerhin diese Möglichkeit. Auf Grund des oben Ausgeführten jedoch ist dies unnötig. Mehr der Vollständigkeit halber wollen wir die Rolle des Motivs auch auf diesem Gebiete darlegen.

---

[23] EA. 3057.
[24] I. Nagy: *Magyar eredetmondák* [Handschrift]. Siehe noch Zs. Szendrey, *Ethnographia.* XLIX. 1938. S. 270.
[25] E. Limbay: *Magyar daltár.* II. Győr, 1881. S. 31. „Tisztújításkor"; I. Bartalus: *Magyar népdalok.* I. Budapest, 1896. No. 153; L. Kún: *Ezer magyar népdal.* V. Budapest, 1907. No. 75; Gy. Földessy: *Op. cit.,* S. 72.
[26] A. Strausz: *Világteremtési mondák a bolgár néphagyományban.* Ethnographia. VII. 1896. S. 203; J. Berze Nagy: *Baranyai magyar néphagyományok.* II. Pécs, 1940. S. 621 [mit reicher Literatur]; B. Gunda: *Ethnological Notes to the Leviathan Legends.* Man. XLVI. 1946. S. 104; S. Thompson: *Motif-Index of Folk-Literature.* IV. Copenhagen, 1957. S. 143. J.1761.1. Whale thought to be island; M. Eliade: *Aspects du mythe.* Saint-Amand, 1966. S. 126—127; L. Petzoldt: *Deutsche Volkssagen.* München, 1970. S. 8. No. 7. Literatur: S. 349—350.
[27] P. Takács: *Ady Endre biblialátása.* S. Hevesi-Festschrift. Budapest, 1934. S. 283, 287—288; E. Vezér: *Ady Endre.* Budapest, 1969. S. 246.
[28] P. Schweitzer erwähnt den großen Walfisch unter den symbolischen Tieren der Ady Mythologie [*Ember az embertelenségben.* Budapest, 1969. S. 170.]. Siehe jetzt I. Király: *Ady Endre.* II. Budapest, 1970. S. 434—439.
[29] J. Varga: *Ady képzőművészeti érdeklődése. Eszmei és irodalmi találkozások.* Tanulmányok a magyar-francia irodalmi kapcsolatok történetéből. Budapest, 1970. S. 315—331.

In der Kunst ist es sehr populär[30] und kommt häufig vor, gerade im Zusammenhang mit der Brandan-Legende, z. B. als auf der Insel eine Messe gelesen wird.[31]

Besonders sind es die Handschriften von zwei Arbeiten, die dieses Thema verbreiteten:

1. *Der Physiologus.* „Die zweite Eigenschaft des Walfisches ist die, daß er sehr groß ist wie eine Insel. Die ahnungslosen Schiffer befestigen ihre Fahrzeuge an ihm und steigen auf ihn heraus, ihre Speisen zu bereiten. Sobald er die Wärme spürt, taucht er in die Tiefe und versenkt das Schiff mit Mann und Maus."[32] Der Berner lateinische Physiologus aus dem IX. Jahrhundert stellt ihn auch nach seinem Kapitel „De natura secunda piscis" dar: „A mustard-colored ship with black oars and black anchor chains, and containing three animated men, is seen resting on a red and yellow fish."[33]

2. *Bestiarium.* Seit dem XII. Jahrhundert kennen wir in diesen die Illustration des Themas. Die Abbildung, die wir, dank der Freundlichkeit des Bibliothekars Dr. H. Knopf, aus der Handschrift der University Library in Cambridge, Liber Bestiarum [I. i 4.26. 54 b] bringen, stammt ebenfalls aus diesem Jahrhundert.[34] Ebenso auch die des British Museum.[35] Auf letzterem ist der Walfisch zu sehen, auf dem Bäume wachsen. Das Schiff landet an ihm und die Schiffer machen Feuer auf ihm an. Rosalie B. Green, Direktorin des Index of Christian Art [Princeton University] macht auf weitere Handschriften aufmerksam.[36]

Es kommt aber auch in Kodexen anderen Inhalts vor, wie z. B. in den Psaltern der Königin Mary,[37] oder der Königin Isabella.[38] Beide gehören zu einer verwandten Handschriftengruppe.[39]

Postscriptum

Prof. Dr. Kurt Ranke machte uns in zu Dank verpflichtender Weise aufmerksam auf Rudolf Schendas gehaltreiche Studie, die auf breitem Gebiete

---

[30] G. Ferguson: *Signs & Symbols in Christian Art.* New York, 1955. S. 28.
[31] A. Littke: *A föld felfedezése.* A föld. Budapest, 1906. S. 251, Abb. 141.
[32] J. Strzygowski: *Der Bilderkreis des griechischen Physiologus.* Leipzig, 1899. S. 25.
[33] H. Woodruff: *The Physiologus of Bern.* The Art Bulletin. XII. 1930. S. 232 [Abb. 11.], 250.
[34] M. R. James: *The Bestiary ... in the Univ. Library, Cambridge ...* Oxford, 1928. Die Angaben von L. Réau sind mangelhaft und ungenau [*Iconographie de l'Art Chrétien.* I. Paris, 1955. S. 107—108.].
[35] *British Museum. Reproductions from Illuminated Manuscripts.* III. Third Edition. London, 1925. Tafel XIII.
[36] *Cambridge:* Corpus Christi College, No. 22. Bestiarium 168a; *London:* British Museum, Harley 4751. Bestiarium 69a; *Oxford:* Bodleiana, Ashmole 1511. Bestiarium 86b; Bodleiana, Bodl. 602. Bestiarium 22b; *Leningrad:* Publ. Bibl., Lat. Q. v. V. 1.
[37] G. Warner: *Queen Mary's Psalter.* London, 1912. S. 36. Tafel 161: „The whale ... how it rests on the surface of the sea and mariners anchor to it and light a fire upon it, thinking it to be an island, and how, when roused by the heat, it plunges to the bottom and carries the ship with it."
[38] *München:* Staatsbibl., Gall. 16, 64a.
[39] D. Diringer: *The Illuminated Book.* London, 1958. S. 272—274.

unser Thema erforscht.[40] Obgleich sich unsere Daten an mehreren Punkten berühren, ist auch unsere Arbeit nicht überflüssig, die zu einem ungarischen Gedicht als annehmbare Quelle ungarisches Material sammelt, auch hier hauptsächlich volkshafte Vorstellungen vom Weltbilde. Die internationalen Beispiele führt sie — in Auswahl — nur als Hintergrund an.

---

[40] R. Schenda: *Walfisch-Lore und Walfisch-Literatur*. IV. International Congress for Folk-Narrative Research in Athens. Ed. G. A. Megas. Athens, 1965. S. 431—448 [ΛΑΟΓΡΑΦΙΑ. XXII. 1965.].

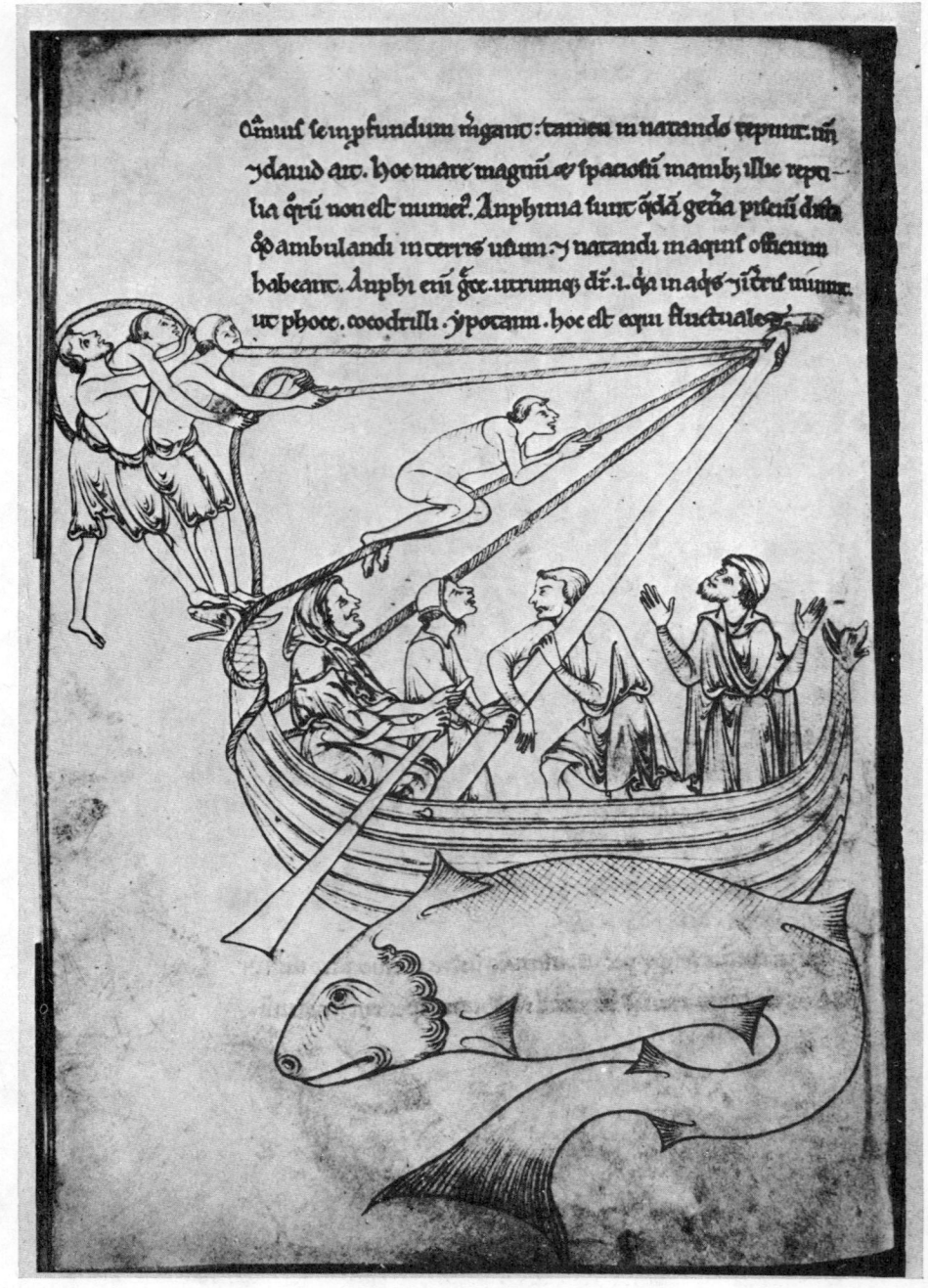

MS. Oxford, Ashmole 1511, 86 b

MS. Cambridge, I. i 4. 26, 54 b

Jüdische Musiker in Ungarn im XVIII. Jahrhundert

Ich habe einmal[1] die Liste und Daten zusammengestellt von den ungarländischen jüdischen Musikern von 1651 bis 1746. Diese fügen sich gut in das Gesamtbild, das man von den europäischen jüdischen Klesmern gezeichnet hatte.[2]

Diesmal möchte ich die Aufzählung fortsetzen von 1767 bis 1795. Diese Namen tauchten gelegentlich der jüdischen Zusammenschreibungen der Toleranzsteuer (taxa tolerantialis) auf[3]. Eine einzige Angabe ist bloß älter: sie ist aus dem Jahre 1750.

1750
Pozsony, Schloßberg (Pressburg, Bratislava)
Ein jüdischer Musikant kaufte gestohlene Sachen.[4]

1767
Apostag
Hersl Isac, musicus (XVI, p. 155.)
Salamon Mojses, musicus (XVI, p. 155.)
Dezer (Trencsén)
Jacobus Jelen, musicus (XVI, p. 285.)
Keszthely
David Lebb, musicus (XVI, p. 343.)
Nagymagyar
Simon Hegedüs, musicus (XVI, pp. 186—187.)[5]
Óbuda (Altofen)
David Aron, musicus (XVI, p. 158.)
David Konn, musicus (XVI, p. 158.)

---

[1] *A. Scheiber*, Studia Musicologica. X. 1968, pp. 199—200.
[2] *H. Schwarzbaum:* Studies in Jewish and World Folklore. Berlin, 1968, p. 413.
[3] Monumenta Hungariae Judaica. XVI. Ed. *A. Scheiber*. Budapest, 1974.
[4] MHJ. XV. Ed. *A. Scheiber*. Budapest, 1972, p. 80. No. 91.
[5] Er ist sicher der Sohn von Herschl Hegedüs (Studia Musicologica. X. 1968, p. 200.).

Sümeg
Ádám Hersli, musicus (XVI, p. 341.)
Isák Lebb, musicus (XVI, p. 341.)
Jacob, musicus (XVI, p. 341.)
Tata (Totis)
Adamus,⎫
Lebl,   ⎬ musica, quam callent, vivere solent (XVI, p. 92.)
Mandl,   ⎭

1768
Cece
Moyses Isaac, spillman (XVI, pp. 64—65.)
Görbő
Martinus Abraham, fidicen (XVI, pp. 269—270.)
Hőgyész
Jacobus Marcus, musicus (C. T. No. 567.)
Kabold (Kobersdorf)
Isac Löwel, musicant (XVI, pp. 246—247.)
Laso, musicant (XVI, pp. 246—247.)
Kismarton (Eisenstadt)
Pinckas Abraham, spielmann (XVI, p. 216.)
Nagymarton (Mattersdorf)
Moyses Elias, spielman (XVI, p. 222.)
Volff Isac Peer, spielman (XVI, p. 224.)
Németújvár (Güssing)
Jacob Fáibel, fidicen (XVI, p. 312.)
Joachim Pehr, fidicen (XVI, p. 312.)
Rábahídvég
Adamus Moyses, fidicen (XVI, p. 328.)
Rohonc (Rechnitz)
Baruch Meir, fidicen (XVI, p. 316.)
David Philep, fidicen (XVI, p. 316.)
Jacob Marx, fidicen (XVI, p. 316.)
Samson Philep, fidicen (XVI, p. 316.)
Szobotist (Nyitra)
David Moyses, musicus (XVI, p. 128.)

[6] »Venit ante annum ex Moravia.«
[7] Das ist die lateinische Übersetzung von Badchan. Über ihn ist folgendes zu lesen: »Ex Moravia.«
[8] Für die Angaben vom Komitat Tolna bin ich Dr. Michael Szilágyi zu Dank verpflichtet. C. T. = Conscriptiones Tolnenses. Dieses Material ist jetzt erschienen: MHJ. XVII. Ed. *A. Scheiber.* Budapest, 1977.

Israel Salamon, musicus (XVI, p. 128.)
Jonas Abraham, musicus (XVI, p. 128.)
1770
Adásztevel
Hersl Prosnich, musicus (XVI, p. 541.)[6]
Munkács
Zwei Musiker aus Polen (Acta Jud. 138.)
Nagyvázsony
Marcus Israel, histrio[7] (XVI, p. 543.)
1778
Bonyhád
Marcus Simon, musicus (C. T. No. 568.)
Marcus Majer, musicus (C. T. No. 568.)
Görbő
Michl Jacob, vitriarius et musicus (C. T. No. 568.)
Paks
Löbl Baroch, musicus (C. T. No. 568.)
Elias Hersl, musicus (C. T. No. 568.)
Samuel Baroch, musicus (C. T. No. 568.)
Löbl Alexander, vitriarius et musicus (C. T. No. 568.)
1781
Görbő
Jacob Mojses, fidicen (C. T. No. 569.)
1784
Paks
Salamon musicant (C. T. No. 570.)
1789
Paks
Laurentz Brucker, musicant (C. T. No. 572.)
Abraham Bichtl, musicant (C. T. No. 572.)
1795
Bonyhád
Marcus Licht, musicanter (C. T. No. 573.)
Philip Haj, musicus (C. T. No. 573.)
Marcus Kellert, musicant (C. T. No. 573.)

Im ganzen ist von 50 Personen die Rede. Das ist keine geringe Zahl.[8] Auch das stellt sich heraus, daß beinahe im ganzen Lande die Juden diese Beschäftigung betrieben.

Ein Märchenmotiv
in den Memoiren von Benjamin Franklin

Benjamin Franklin erzählt in seinen Memoiren, daß sein einstiger Freund, Charles Osborne, nach den Westindien ausgewandert und ein berühmter Advokat geworden, aber jung gestorben sei. „Wir beide kamen seinerzeit aufs ernsteste überein, daß derjenige, der von uns früher stirbt, dem anderen, wenn es ihm möglich sein wird, einen Besuch abstattet und ihm mitteilt, wie es ihm drüben gefalle. Hernach hat er sein Wort dennoch nicht gehalten." — "Osborne went to the West Indies, where he became an eminent lawyer and made money, but died young. He and I had made a serious agreement, that the one who happen'd first to die should, if possible, make a friendly visit to the other, and acquaint him how he found things in that separate state. But he never fulfill'd his promise."[1]

Offenbar dürften sie unter der Einwirkung ihrer Jugendlektüre dieses Übereinkommen getroffen haben, das als Märchenmotiv in zahlreichen literarischen Werken vorkommt. Wir wollen hier nur einige erwähnen.[2]

Einen Pakt in diesem Sinne schließt Johannes La Vernia mit dem sterbenden Jakob Fallerone, der ihm nach seinem Tode auch erscheint.[3]

Boccaccio erzählt in der 10. Novelle des VII. Tages des Decamerone Folgendes. In Siena lebten zwei junge Freunde: Tingoccio Mini und Meuccio di Tura. Diese versprachen einander, daß derjenige, der früher stirbt, zu seinem Freunde zurückkehren und ihm über das Jenseits benachrichtigen werde. Tingoccio starb plötzlich. Am dritten Tag erschien er nachts in der Stube seines Freundes und erzählte von den Übeln, die er zu erleiden habe.[4]

Die Geschichte ist auch in jüdischen Quellen vorhanden; sie erzählen sie von R. Jechiel und seinem Freunde[5] wie von R. Elimelech und seinem Mitschüler.[6]

Der große ungarische Romanschreiber, Koloman Mikszáth — 1849—1910 —, erzählt diese Geschichte sogar in zwei Romanen — Die zwei Bettelstudenten; Eine besondere Heirat —:

In zwei nachbarlichen ungarischen Dörfern lebte ein katholischer und ein protestantischer Priester. Sie diskutierten fortwährend darüber, wie es im

---

[1] *The Works of Benjamin Franklin*. Ed. J. Bigelow. I. New York, 1905. pp. 85—86.
[2] D. P. Rotunda: *Motif-Index of the Italian Novella in Prose*. Bloomington, 1942. p. 14. No. E. 374; Stith Thompson: *Motif-Index of Folk-Literature*. II. Copenhagen, 1956. p. 436. No. E. 374.
[3] *Die Blümlein des heiligen Franziskus von Assisi*. Leipzig, 1919. pp. 127—129. Kapitel 51.
[4] Marcus Landau: *Die Quellen des Dekameron*. Stuttgart, 1884. pp. 248—250; Letterio di Francia: *Alcune novelle del „Decameron" illustrate nelle fonti. Giornale Storico della Letteratura Italiana*. XLIX. 1907. pp. 280—287.
[5] Gedalja Ibn Jachja: *Schalschelet Hakabbala*. Zolkiew, 1704. p. 47 b.
[6] Micha Josef Bin Gorion: *Der Born Judas*. Berlin, 1934. pp. 749—752.

Jenseits zugehe. Bei einem Schmause, der beim katholischen Pfarrer stattfand, kamen sie dann überein, daß wer früher sterbe, zurückkommen und erzählen werde, wer von ihnen recht gehabt habe. Vom Schmause ging zuletzt der protestantische Priester weg. Nach einer Stunde klopfte jemand an des Pfarrers Fenster. Es war der protestantische Priester; er sagte: „Ich bin gestorben ... und gekommen, um dir zu sagen, daß es im Jenseits weder so ist, wie ich gesagt habe, noch so, wie du gesagt hast. Amen!"[7]

Man könnte noch weitere Parallelen anführen. Viel schwerer wäre freilich festzustellen, welche Lektüre es war, unter deren Einwirkung Benjamin Franklin und sein Freund ihr „Übereinkommen" getroffen haben, das wir nunmehr als ein Kettenglied in der Geschichte dieses Motivs zu betrachten und mit Aufmerksamkeit zu verfolgen haben.

---

[7] A. Scheiber, *Filológiai Közlöny*. III. 1957. pp. 282—284; Mikszáth Kálmán *Összes Művei*. XIII. Budapest, 1960. p. 319.

Sage ohne Erlebnis

Zu den von Richard Wolfram veröffentlichten Kriegs-„Erlebnissen" kann ich eine Paralelle anführen. Unter anderem erzählt er (Fabula V. 1962. 247), eine Dame aus Salzburg habe in Wien eine Wohnung gesucht. Als sie das für sie bestimmte, leer gewähnte Zimmer betrat, habe sie einen Fliegerleutnant an einem Tische sitzen sehen. Als sie dies der Vermieterin erzählte, gingen sie beide hinein, das Zimmer jedoch sei schon leer gewesen. Tatsächlich wohnte dort früher ein Fliegerleutnant, der — wie es sich später herausstellte — gerade zur selben Zeit fiel, als die Dame ihn im Zimmer sitzend erblickte. Der Erzähler fügt hinzu, die Dame habe nicht gewußt, wer vor ihr dort logierte.

Es ist vielleicht nicht uninteressant, wenn ich darauf hinweise, daß ein ungarischer, heute im Ausland lebender Schriftsteller Alexander Márai, in einer seiner Novellen, die zur Zeit des zweiten Weltkrieges spielt, ein ähnliches Motiv bearbeitet. Ihr Titel ist: „Das Stelldichein." Sie erschien in seinem Bande: „Mágia" (Budapest, 1946. 293—304). Die Frau, Anna, will mit ihrem Freunde brechen. Auf Flehen des Mannes geht sie auf ein Stelldichein ein, das in sechs Wochen, am 14ten, nachmittags um 5 Uhr, bei der mittleren Brückensäule stattfinden soll. Der Mann rückt ein, übernimmt jede gefährliche Sendung, denn es schützt ihn das Sicherheitsgefühl, es könne ihm nichts zustoßen, da er sich zur festgesetzten Zeit mit seiner Liebe treffen müsse. Nach einem schweren Gefecht macht er sich zwei Tage vor dem anberaumten Zeitpunkt ohne Erlaubnis auf den Weg, hier aber trifft ihn ein tödlicher Schuß, was er sich so auslegt, daß Anna nicht zum Stelldichein kommen wolle. Die Frau macht sich zur festgesetzten Zeit in geschlossenem Wagen, bei Schneefall, auf den Weg, um zu sehen, ob ihr Freund dort ist. Wenn er dort ist, fährt sie weiter, wenn nicht, läßt sie ihm sagen, daß so auch alles aus sei. Angekommen fragt die Frau den Kutscher auf dem Kutschbock, ob er jemanden auf der Brücke neben der Säule sehe. „Jawohl — antwortet er — einen Mann, einen Soldaten." Die Frau sieht niemanden. Später auch der Kutscher nicht. Der Mann erschien — die feindlichen Linien, ja den Tod durchbrechend — auf dem Stelldichein. Der treulosen Frau war es nicht gegeben, ihn zu sehen, dem Kutscher war es gegeben.

Das Motiv ist das gleiche, und beide Erzählungen beschwören die Zeit des zweiten Weltkrieges.

Was Márai erzählt, ist kein Erlebnis, sondern das Geschöpf seiner Phantasie, aber es kann ein kritisches Licht auf R. Wolframs Geschichte fallen lassen. Sicherlich bieten sich noch viele Parallelen in dem Vorstellungsmaterial, das der in den Kriegstragödien gesteigerten Phantasietätigkeit entspringt.

LE FOLKLORE JUIF
DANS LA *REVUE DES ÉTUDES JUIVES*

C'est en 1846 que le savant anglais W. J. Thomp forgea le terme technique de «folklore», en même temps qu'il jeta les bases de la discipline ainsi désignée.

Un demi-siècle plus tard—ce fut en 1896—Max Grunwald, jeune rabbin à Hambourg, diffusa ses questionnaires ethnographiques, inaugurant ainsi la collecte des matériaux ethnographiques juifs. Il en fixa le plan en six points : 1. noms propres ; 2. chansons ; 3. croyances populaires et contes ; 4. coutumes populaires ; 5. mantique, magie, médecine populaire ; 6. habitation et habillement. Il devait fonder en 1897 la *Gesellschaft für jüdische Volkskunde* («Société d'Ethnologie juive») et il lança l'année suivante le périodique ayant pour titre *Mitteilungen zur jüdischen Volkskunde*, publication dont les trente-deux années couvrirent[1], avec quelques brèves interruptions, une période qui se termina en 1929 (en 1923 et en 1925 il vit le jour sous forme de *Jahrbuch*, annuaire) quand il cessa de paraître faute de moyens matériels. Grunwald créa de même un musée juif, exemple qui fut suivi en plusieurs lieux.

Nous savons par ses «Mémoires» que S. Maybaum, rabbin à Berlin, l'avait mis en garde contre ses efforts «folkloristiques» : «je ne verrais pas d'un bon œil, aurait dit ce dernier, qu'il y eût dans nos milieux ne fût-ce qu'un semblant de populisme»[2]. Notons en passant qu'Ignace Goldziher s'opposa, à son tour, à la création d'une section d'objets du culte juifs au sein du Musée Ethnographique de Hongrie[3]. Il ne nourrissait du reste guère de sympathie à l'égard de la Société Ethnographique de Hongrie, à preuve qu'il en refusa la présidence quand elle lui fut offerte[4].

---

1. À l'attention des bibliographes : la XXVIIIe année n'est jamais parue !
2. *Edoth* II, 1946/47, pp. 7-12.
3. Voir B. Kohlbach, *IMIT* («Annuaire de la Société Littéraire Israélite de Hongrie»), 1934, p. 272 (en hongrois).
4. Ignaz Goldziher, *Tagebuch*, éd. A. Scheiber, Londres, 1978, p. 133.

Revue des Études juives, CXXXIX (1-3), janv.-sept. 1980, pp. 19-37.

En revanche, David Kaufmann apporta sans tarder son appui à Grunwald (comme il le fit aussi pour Th. Herzl)[5]. Moïse Gaster et Salomon Schechter comptèrent à leur tour parmi les premiers adhérents de la «Société d'Ethnologie juive»; Immanuel Loew les suivit dès 1899.

Grunwald avait eu des précurseurs. L'un des ouvrages de Leopold Loew, *Die Lebensalter in der jüdischen Literatur*, Szegedin, 1875, relève en grande partie du folklore. En 1882, son fils Immanuel publia, *pro manuscripto*, en trente exemplaires, une étude en hongrois, sur «le baiser»[6]. En republiant cet essai, considérablement élargi, en langue allemande, il ne manquera pas d'évoquer les circonstances dans lesquelles avait été conçu le texte original; en précisant aussi celles qui donnèrent lieu à la composition de la nouvelle version: «Im Jahre 1882 habe ich als Gelegenheitsschrift zur Hochzeit eines seither heimgegangenen Freundes ein Quartheft von 22 Seiten ... erscheinen lassen»[7], et «In unfreiwilliger Musse einer längeren Untersuchungshaft habe ich versucht eine alte Arbeit zu ergänzen»[8]. Ce premier travail fut suivi de deux autres brillantes études de folklore ayant respectivement pour thème «les doigts»[9] et «les larmes»[10]. Ces travaux, conjointement avec quelques contributions mineures, ont été republiées, il n'y a guère, dans un volume à part[11].

D'autre part, Moïse Gaster inaugura dans la *MGWJ*, vers la même époque, une série d'articles intitulée «Beiträge zur vergleichenden Sagen- und Märchenkunde», études publiées en volume à Bucarest, 1883 (c.-r. *REJ*, X, 270). Installé en Grande-Bretagne dès 1885, Gaster entrera l'année suivante à la Folk-lore Society, où il donnera une conférence en 1887[12]. Dans la même année, il fit une leçon à la Jews' College Library Society sur «Jewish Folklore in the Middle Ages» (Londres, 1887, signalée dans *REJ*, XIV, 304).

Précurseur enfin la *Revue des Études juives* où, dès la première année

---

5. *The Complete Diaries of Theodor Herzl*, éd. R. Patai, I, New York - Londres, 1960, pp. 294, 296.

6. *A csók*, Szeged, 1882.

7. «Der Kuss», *MGWJ*, LXI, 1921, p. 253; réimpression: *Wissenschaft des Judentums im deutschen Sprachbereich*, hsg. K. Wilhelm, II, Tübingen, 1967, pp. 641-675.

8. *Ibid.* (Note du traducteur: il s'agit de la longue détention préventive que, victime d'une accusation calomnieuse, I. Loew eut à subir au début du régime de l'amiral Horthy dans la Hongrie dite «chrétienne».)

9. *Kaufmann Gedenkbuch*, Breslau, 1900, pp. 61-85.

10. *Chajes Gedenkbuch*, Vienne, 1933, pp. 96-148.

11. *Studien zur jüdischen Folklore*, éd. A. Scheiber, Hildesheim - New York, 1975.

12. S. R. Burstein, «Moses Gaster and Folklore», *Gaster Centenary Publication*, Londres, 1958, p. 16.

de sa publication, Israël Lévi, l'éminent investigateur du folklore juif, fit paraître un article relevant de cette discipline.

Outre I. Lévi, de nombreux chercheurs ont apporté ici des contributions au domaine concerné pendant le premier siècle de la *Revue*, à savoir V. Aptowitzer, W. Bacher, A. Büchler, A. Danon, J. Derenbourg, I. Goldziher, M. Grunwald, J. Halévy, B. Heller, D. Kaufmann, S. Krauss, I. Loeb, A. Marmorstein, S.S. Pariente, G. Paris, J. Perles, H.J. Rose, A. Scheiber, G. Vajda.

Nous présenterons ici, groupés par thèmes, les matériaux intéressant le folklore (sans prendre en considération, en règle générale, les comptes rendus bibliographiques, encore que l'on y trouve nombre de remarques et compléments de valeur).

I. *Aggada et Légende*

L'explication du terme *aggada* proposée par J. Derenbourg (IX, pp. 301-304) d'après *wĕ-higgadtā* d'Ex. XIII, 8 a été modifiée par Bacher[13]; ce dernier précisera dans une contribution ultérieure (XXXIII, pp. 311-313) le sens de quelques termes techniques de l'Aggada (*ma'asiyōt, dĕrāšōt*).

A. Marmorstein examine les tendances théocentriques et anthropocentriques de l'Aggada. Selon lui, le changement opéré par Ben Zoma de la formule *šeha-kōl bārā' li-kebōdō* (dans la liturgie des épousailles) en *šeha-kōl bārā' le-šammĕšēnī* était le fruit d'une nécessité historique (LXXXVI, pp. 36-46).

E. Hahn a donné un aperçu des légendes cosmologiques en Islam (CI, pp. 53-72). V. Aptowitzer a étudié la création de l'homme selon l'Aggada, la littérature judéo-hellénistique et les Pères de l'Église (LXXV, pp. 1-15). Le même auteur a mis en évidence les composantes juives de la légende du Golgotha. D'après l'Aggada, Dieu a collecté sur toute la surface de la terre la poussière nécessaire à la création d'Adam; selon une autre version, c'est le mont Moria qui fournit le matériau requis, tandis que la légende d'Église en attribue la provenance au tertre du Golgotha. Quant à la légende musulmane, elle rapporte que le Créateur modela Adam d'argile rouge, blanche et noire, préformant ainsi les différentes couleurs de la peau des races humaines (LXXIX, pp. 145-162). Qirqisânî retient l'*aggada* d'après laquelle l'hébreu est la langue primitive de l'humanité (B. Heller, LXXXIX, pp. 39-44).

13. *Die Agada der Palestinischen Amoräer*, I, Strasbourg, 1892, p. XIII (le sens de l'énoncé biblique qui ressort de la teneur du texte : *ha-kātūb maggīd*).

L'assemblée des anges, *familia* [«domesticité»] céleste (avec une terminologie différente, *māqōm* [la Divinité] et le Tribunal, *bēt dīn*, d'En Haut) décide du sort de l'humanité (A. Marmorstein, LXXXIV, pp. 37-50, 138-140).

La conception des anges déchus atteint son plein développement dans les Apocryphes et l'Aggada (V. Aptowitzer, LIV, pp. 59-63). — En donnant à son héroïne le nom d'Istahar, la légende de Semḥazai et d'Azaël porte témoignage de son origine, le mythe astrologique iranien (B. Heller, LX, pp. 202-212)[14]. — D'après le *Midraš* tardif, Satan (variantes ʿUzza, ʿAzaël, Lilith) fut précipité au fond de la mer, et c'est là qu'il règne[15]. Des parallèles à ce thème, tirés du *ḥadīṯ* musulman, ont été relevés par G. Vajda (CI, pp. 94-95)[16]. — I. Lévi fait dériver de *Lilin* le nom de Lilit (LXVIII, pp. 13-21)[17]. — Le motif du démon enchaîné (le Diable dupé, *alias* le Diable en bouteille) peut être suivi à la trace depuis la Bible (Zach. V, pp. 5-11), les Apocryphes (*Testament de Salomon*) et l'Aggada jusqu'à la littérature arabe (I. Lévi, LXXXV, pp. 137-163).

B. Heller présente les figures bibliques, d'Abraham à Job, dans l'Islam (LXXXV, pp. 113-136); une bonne partie des articles concernant les personnages bibliques dans l'*Encyclopédie de l'Islam*, première édition, est de la plume du même auteur.

On repère les vestiges de la légende — chrétienne — concernant la fumée des sacrifices de Caïn et d'Abel, jusqu'au XIIe siècle sur les monuments et jusqu'au XIIIe dans les textes (A. Scheiber, CXV, pp. 9-24). Il est possible que c'est l'art qui a créé la légende, comme c'est le cas pour celle de Samson arrachant un arbre, attestée dès le XIIe siècle[18], et de la mort de Hiel qui apparaît pour la première fois sur une des fresques de la synagogue de Doura-Europos.

Une version de la légende d'Hénoch (Idrīs) et de Noé chez Ibn Bâbûyeh, auteur musulman šīʿite du Xe siècle, a été traduite et commentée par G. Vajda (CVI, pp. 124-133).

A. Reinach a illustré le récit du Déluge par des parallèles phrygiens et judéo-phrygiens (LXV, pp. 161-180; LXVI, pp. 1-43, 213-245).

---

14. L'étude la plus récente sur ce thème est celle de D. Dimant: *The Fallen Angels*, Jérusalem, 1974 (en hébreu).
15. Voir J. Z. Lauterbach, *HUCA*, XI, 1936, pp. 250-251.
16. Noter à ce propos que d'après la légende qui reflète le dualisme perse, au moment de créer l'homme, Dieu envoya Satan chercher une poignée de sable au fond de la mer; références *ap.* A. Scheiber (*Folklór és tárgytörténet* [*cf. REJ*, CXXXV, 1976, p. 266], II, Budapest, 1974, pp. 451 *sq.*
17. Article cité par G. Scholem, *EJ*, Jérusalem, 1971, IX, col. 249.
18. *Cf.* A. Scheiber, *No Graven Images*, New York, 1971, pp. 416-426.

Les légendes de la «nativité» d'Abraham et de Moïse offrent des éléments merveilleux : la beauté du nouveau-né, le coffre sauveur, le refus du lait autre que maternel. Ces traits figurent aussi dans les récits arabes (I. Lévi, LIX, pp. 1-13 ; LXXXVII, pp. 94-95).

Une version de la légende d'Abraham se rencontre dans une rédaction arabe transmise sur l'autorité de Ka'b al-Aḥbār[19] et qui servit de prototype au *Ma'aseh Abraham* hébreu (B. Chapira, LIX, pp. 86-107 ; LXX, pp. 37-43).

La légende de Melchisédec est attestée chez saint Athanase (I. Lévi, VIII, pp. 197-199)[20].

C'est pour faire pièce à la passion de Jésus que l'Aggada et la liturgie s'appliquèrent à enrichir le récit de la «ligature» d'Isaac (I. Lévi, LXIV, pp. 161-184 ; LXV, pp. 138-143)[21].

Asenath, fille de Dinah et épouse de Joseph. La légende juive s'efforce de disculper Joseph, l'une de ses figures favorites, de l'incrimination d'un mariage incompatible avec la législation postérieure. Cette intention apologétique la conduisit à identifier Asenath, fille d'un prêtre égyptien et femme de Joseph, avec la fille de Dinah ; de la sorte la fille fut rattachée à une noble lignée en même temps que l'union de Joseph se trouva légitimée (J. Perles, XXII, pp. 87-92)[22].

L'épisode «éthiopien» de la vie de Moïse selon la littérature judéo-hellénistique et Josèphe a pénétré par la suite dans le *Midrāš* tardif (Isidore Lévy, LIII, pp. 201-211).

Une anecdote au sujet de Pharaon relatée dans le *Séfer ha-Yāšār* se retrouve chez al-Bīrūnī ; Joseph Qimḥī, qui savait l'arabe, l'a empruntée à ce dernier sans préciser son nom tout en se référant à une source arabe (D. Kaufmann, XVI, pp. 144-146 ; I. Lévi, XVIII, pp. 130-131).

L'Aggada présente dans une perspective apologétique les prétentions juridiques mises en avant par les «fils de Canaan» à la possession de la Palestine (V. Aptowitzer, LXXXII, pp. 275-286).

19. Voir aussi M. Perlmann, *Joshua Starr Memorial Volume*, New York, 1953, p. 86 ; *JQR*, n.s. XLIV, 1954/55, pp. 48-58.

20. Sur ce sujet, voir Marcel Simon, «Melchisédec dans la polémique entre Juifs et Chrétiens et dans la légende», *RHPhR*, 1953, pp. 58-93 (= *Recherches d'Histoire judéo-chrétienne*, Paris-La Haye, 1962, pp. 101-126 et la note additionnelle, p. 201) ; G. Vajda, *Journal Asiatique*, 1947, pp. 173-183 ; W. Ivanow, *ibid.*, 1949, pp. 249-255 ; J. Petuchowski, *HUCA*, XXVIII, 1957, pp. 127-136.

21. Mise à jour de cette question dans Johann Maier, *Geschichte der Jüdischen Religion*, Berlin-New York, 1972, pp. 118-121 («Exkurs: Die Aqedah») ; plus récemment, P.R. Davies, «Passover and the Dating of the Aqedah», *JJS*, XXX, 1979, pp. 59-67.

22. *Cf.* l'étude détaillée faite de l'écrit apocryphe et des données de l'*Aggada* par V. Aptowitzer, *HUCA*, I, 1924, pp. 239-306 et dans le livre récent de Marc Philonenko, *Joseph et Aséneth*, Leyde, 1968.

J. Derenbourg a traité de la survie légendaire de la figure historique d'Élie dans la liturgie (II, pp. 290-293).

La légende de l'emplacement du Temple de Jérusalem qui relève du motif de la noble émulation de deux frères est un récit populaire arabe de Palestine noté le premier par Lamartine en 1832. Les Juifs ne l'empruntèrent aux Arabes qu'au XIXe siècle et c'est ainsi que la légende pénétra dans les littératures européennes (A. Scheiber, CIX, pp. 103-108)[23].

I. Lévi a retracé la légende de Salomon et d'Asmodée (XVII, pp. 58-65) et publié un fragment de la Geniza portant un morceau de la version arabe du *Ḥibbūr Maʿasiyōt* concernant ce sujet (XIV, pp. 305-308).

Les Dix Tribus perdues sont évoquées dans la légende du fleuve Sambation (D. Kaufmann, XXII, pp. 285-287), le récit d'Eldad Hadani (A. Epstein, XXV, pp. 30-43), et deux fragments de la Geniza (J. Mann, LXXIV, pp. 148-154)[24].

I. Lévi a publié deux versions auparavant inconnues de l'histoire de Suzanne (XCVI, pp. 157-174). B. Heller a examiné la variante samaritaine de celle-ci (XLVII, pp. 85-88; *cf.* H. J. Rose, *ibid.*, pp. 89-90). Se référant à des données empruntées au folklore universel, Heller rattache ce récit au cycle de contes sur la chasteté féminine faussement accusée et le jeune garçon sagace. Un jeu de mots que l'on peut rendre le plus parfaitement en hébreu est preuve que le récit fut originellement conçu en cette langue[25].

W. Bacher a relevé (XLI, pp. 147-149) dans un fragment judéo-arabe de la Geniza une version de la légende de la destruction du Second Temple (*Giṭṭīn* 56b – *Ekāh Rabbātī*).

I. Lévi a noté que l'historien musulman Ṭabarī a transféré sur Nemrod des motifs provenant de la légende de Titus (XV, pp. 62-69)[26].

La légende des «Sept frères Maccabées» a été adoptée par l'hagio-

---

23. Par la suite, un récit parallèle a été repéré en Corée: *cf.* A. Scheiber, *Yerushalayim* V, 1955, pp. 22-23; H. Schwarzbaum, *The Folkloristic Aspects of Judaism and Islam*, Tel-Aviv, 1975, pp. 103-110; H. Jason, *Märchen aus Israel*, Düsseldorf-Cologne, 1976, pp. 32-33.

24. Ce dernier texte réimprimé dans J. Mann, *The Collected Articles*, III, Gedera, 1971, pp. 340-346.

25. *Cf.* B. Heller, *ZAW*, LIV, 1936, pp. 281-287; *MGWJ*, LXXX, 1936, pp. 127-128.

26. *Cf.* D. Sidersky, *Les origines des légendes musulmanes*, Paris, 1933, pp. 41-42; A. Scheiber, *Zikrōn Yehūdāh* (Mémorial Ludwig Blau), Budapest, 1938, pp. 247-249; Heinrich Schützinger, *Ursprung und Entwicklung der Arabischen Abraham-Nimrod-Legende* (*Bonner Orientalische Studien*, n.s., t. 11, 1961); Ch. Pellat, «Nemrod et Abraham dans le parler arabe des Juifs de Debdou», *Hespéris*, 39, 1952, pp. 121-145.

chrétienne, par exemple, le parabole des trois amis (I. Lévi, XVIII, pp. 83-88)[36].

Sion est symbolisée dans une narration de la *Pesiqta Rabbātī* (131b-132a), par la mère privée de ses sept fils. Ce motif remonte à IV Esdras, IX-X (I. Lévi, XXIV, pp. 281-285).

Une nouvelle version de *Nebū'at wa-ḥalōm šel Zerūbābel* a été publiée par I. Lévi qui a précisé en même temps les rapports entre ce texte et Kalir (LXVIII, pp. 129-160; LXIX, pp. 108-121; LXXI, pp. 57-63).

Une rédaction auparavant inconnue de *'Ōtōt ha-Māšiaḥ* (Jellinek, *Bēt ha-Midrasch*, II, pp. 58-63) a été tirée de la Geniza par A. Marmorstein; celui-ci situe vers 800 l'écrit apocalyptique en question (LII, pp. 176-186).

J. Derenbourg a cru pouvoir assigner au *Tanna' debey Eliyāhū* la date de 968 (III, pp. 121-122).

Des extraits du *Yalqūṭ ha-Mākīrī* sur Isaïe et Obadyah ont été donnés par M. Gaster (XXV, pp. 44-64). — A. Epstein a montré que Mākīr étant postérieur au *Yalqūṭ Šim'ōnī*, le rédacteur de ce dernier n'a pu connaître la compilation de son cadet (XXVI, pp. 75-82).

III. *Légendes, contes et recueils de contes*

La *Revue* est particulièrement riche en matériaux concernant Alexandre le Grand; le mérite de les avoir présentés et mis en œuvre appartient principalement à Israël Lévi. L'écho de la légende d'Alexandre est maintes fois répercuté déjà dans le Talmud et les recueils de *Midraš* les plus anciens. Un groupe de ces attestations porte un caractère apologétique. Il se peut que leur origine se situe à Alexandrie où les rapports entre Alexandre et les Juifs revêtait une signification décisive aux yeux du public hellénique (II, pp. 293-300; VII, pp. 78-93; A. Marmorstein, LXV, pp. 310-311).

Le Moyen Âge juif avait connaissance de la saga d'Alexandre non seulement par l'Aggada, mais aussi par le canal des sources grecques, latines et surtout arabes. Le roman du Pseudo-Callisthène est notamment parvenu aux Juifs à la faveur de sa version arabe; celle-ci fut plusieurs fois traduite en hébreu (III, pp. 238-265; VI, pp. 279-280; LXIII, pp. 211-215). L'une des recensions du texte hébreu a été interpolée dans certains manuscrits du *Yosippon* (XXVIII, pp. 147-148)[37].

Dans ce qui suit, nous référons aux contes étudiés dans la *Revue*.

---

36. *Cf.* A. Scheiber, *Acta Or. Hung.*, XXXI, 1977, pp. 129, 133.
37. Rappelons, pour être complet, que l'édition des versions hébraïques du Roman

graphie chrétienne[27]. G. Vajda en a signalé la présence dans l'ouvrage d'al-Malaṭī, hérésiographe musulman (CI, pp. 95-96).

La narration légendaire de l'ascendance et de la circoncision de R. Méir a été analysée et illustrée par un morceau de *Bere'šīt Rabbātī* édité sur la base de deux manuscrits, par S. Krauss (LVIII, pp. 65-74).

Les âmes des damnés bénéficient du repos šabbatique; les vivants ne doivent pas les priver de l'eau dont elles ont besoin (I. Lévi, XXV, pp. 1-13)[28]; il existe des relations entre les anecdotes racontées dans le Talmud (*Ber.* 18a-19a) concernant les morts et la légende chrétienne (I. Lévi, XXVI, pp. 69-74); la commémoration des défunts dans la liturgie juive n'est pas sans lien avec les rites de l'Église (I. Lévi, XXIX, pp. 41-60).

Une consultation, probablement de Salomon ben Adret, publiée par I. Lévi, répond à la question de savoir si les bonnes œuvres des parents sont bénéfiques pour les défunts (XLVII, pp. 214-220). — B. Heller a consacré une note à l'efficacité de la prière pour les défunts (LXXXII, pp. 308-312)[29].

A. Marmorstein a examiné l'aggada concernant les personnes qui ont ou non «part au monde à venir» (la vie éternelle). On rencontre vingt-quatre cas de la promesse de salut éternel faite à un vivant. Ce *topos* passa des Juifs à la légende chrétienne. Dans le même article, cet auteur s'occupe également de l'expression «dans le giron d'Abraham», dont il croit trouver la source première dans le *Livre des Jubilés* XXII, 26 (LXXXIX, pp. 305-320)[30].

---

27. Voir W. Bacher, «Jüdische Märtyrer im christlichen Kalender», *Jahrbuch für jüdische Geschichte und Literatur*, IV, 1901, pp. 70-85; D. F. Winslow, «The Maccabean Martyrs: Early Christian Attitude», *Judaism*, XXIII, 1974, pp. 78-86; G. D. Cohen avait souligne l'influence du martyrologe chrétien du IIe siècle sur la formation de la légende: *Mordecai M. Kaplan Jubilee Volume*, New York, 1953, Hebrew Section, pp. 109-122; *cf.* les pages afférentes dans M. Simon, «Les saints d'Israël dans la dévotion de l'Église Ancienne», *RHPhR*, 1954, pp. 98-127 = *Recherches...*, pp. 154-180, plus la note additionnelle, pp. 202 *sq.*

28. Voir S. Lieberman, *Texts and Studies*, New York, 1974, p. 509.

29. *Cf.* L. Ginzberg, *Ginze Schechter*, I, New York, 1928, pp. 238-240; *cf.* l'excursus, Ḥasdēy 'Ōlām à *Séfer Ḥassīdīm*, §605 de l'éd. de Ruben Margulies, Jérusalem, 1957, pp. 591-594.

30. Une version anglaise de cette étude a été publiée dans A. Marmorstein, *Studies in Jewish Theology*, Oxford University Press, 1950, pp. 162-178. — Une interprétation sans doute plus juste a été proposée par H. Gressmann (rapportée par B. Heller, *OLZ*, XXXVI, 1933, pp. 146-149): d'après ce savant, l'image se rattache à la représentation du banquet céleste; l'un des commensaux s'allonge sur le *triclinium* à côté de l'autre et pose la tête sur les genoux de celui-ci. L'image est fréquente en iconographie chrétienne; voir M. Hain, «In Abrahams Schoss», *Festschrift Matthias Zender*, I, Bonn, 1972, pp. 447-454.

Le Messie naquit le jour de la destruction du Sanctuaire. Il attend dans la mer depuis quatre cents ans (I. Lévi, LXXIV, pp. 113-126; LXXV, pp. 113-117; LXXVII, pp. 1-11).

Parmi les obstacles à son avènement figure Gog-Magog (M. Friedlaender, XXXVIII, pp. 35-37)[31]. — Au temps messianique, les morts ressusciteront (I. Lévi, LXIX, pp. 122-128)[32].

L'étude des relations entre l'*Aggada* et l'Antiquité gréco-romaine remonte loin dans le passé de notre discipline. Dans la *Revue*, W. Bacher avait signalé depuis longtemps que les aggadistes connaissaient le motif du taureau de Phalaris (XIV, pp. 291-295). Notons quelques thèmes dans la série «Varia Midrashica» de D. Sperber (XXIX, pp. 85-92; CXXXI, pp. 161-170; CXXXIV, pp. 125-132; CXXXVII, pp. 149-157): pour prouver leur courage, des soldats se retranchent un doigt; monstres bicéphales; hommes-plantes; aliments en or[33].

Parmi les lectures des Juifs de l'Antiquité gréco-romaine figuraient Homère (*sifrēy homeros*) et d'autres auteurs classiques (J. Perles, III, pp. 109-111; M. Friedlaender, XXXVIII, pp. 194-203)[34].

II. *Textes de Midraš*

A. Neubauer a publié des citations de *Yelamdēnu*, de *Haškēm* et d'*Abkir*, sources, selon lui, du *Midraš Tanḥuma* (XIII, pp. 224-238; XIV, pp. 92-113).

Les sources du *Midraš Šīr ha-Šīrīm*, édité par L. Grünhut (Jérusalem, 1897) ont été mises en évidence par W. Bacher (XXXV, pp. 230-239)[35].

B. Heller a relevé des traces d'influence musulmane dans *Pirqēy de Rabbi Eliʿezer, Tanḥuma, S. ha-Yāšār, Midraš ha-Gādōl, Bemidbar Rabbā* (XCVIII, pp. 1-18).

Dans *PRE*, on peut déceler également des éléments de provenance

---

31. *Cf.* L'aperçu de B. Heller, «Gog und Magog im jüdischen Schrifftum», *Jewish Studies in Memory of G. A. Kohut*, New York, 1935, pp. 350-358.
32. Voir l'exposé détaillé d'A. Löwinger, «Die Auferstehung in der jüdischen Tradition», *Jahrbuch für Jüdische Volkskunde*, I, 1923, pp. 23-122.
33. Des recherches dans ce domaine ont été produites par S. Lieberman, A. A. Hallevy; *cf.* également les contributions de l'auteur de ces lignes dans la série d'articles en cours de publication depuis 1961 dans *Acta Antiqua* (Budapest).
34. *Cf.* à ce sujet M. Carmilly-Weinberger, *Censorship and Freedom of Expression in Jewish History*, New York, 1977, p. 14.
35. À l'heure actuelle on connaît plusieurs compilations similaires: Z. M. Rabinowitz, *Ginzēy Midrāš*, Jérusalem, 1976, pp. 83-117; A. Scheiber, *Acta Or. Hung.* XXXII, 1978, pp. 231-243.

I. Lévi a présenté trois contes hébraïques; l'un — trois conseils de Salomon (type de Roudlieb) relève du folklore international (XI, pp. 209-234).

Le même auteur a proposé pour Ben-Temalyon, démon qui joue un rôle dans un exorcisme effectué par R. Siméon bar Yoḥay (*Me'ila* 17a-b) la lecture Bar-Talmiyon, qu'il identifie avec Bartholomé, l'apôtre au sujet de qui la légende chrétienne raconte que lors de son voyage de mission en Inde il guérit la fille possédée par un démon du Roi Polymnius. Le démon se réfugie dans une colonne consacrée au culte idolâtrique que les gens du roi sont incapables de faire bouger. Bartholomé chasse le démon et met les idoles en morceaux (I. Lévi, VIII, pp. 200-202; J. Halévy, X, pp. 60-65; I. Lévi, *ibid.*, pp. 66-73; W. Bacher, XXXV, pp. 285-287).

C'est encore I. Lévi qui retrace le conte de «l'ange et l'hermite», en partant du Talmud (*Gittin* 68a-b) et en passant par Nissim b. Jacob (VIII, pp. 64-73, 202-205)[38].

Du conte du «compagnon au Paradis», B. Heller a rassemblé nombre de variantes en diverses langues: hébreu, arabe, latin, ancien français, allemand, espagnol, etc. (LVI, pp. 198-221)[39].

Si la légende des «Sept Dormants d'Éphèse» que l'on retrouve dans le Coran (sourate XVIII), n'a pas pénétré dans la littérature juive, on y repère néanmoins des motifs apparentés, relevés par le même savant: Siméon bar Yoḥay se cache des Romains pendant douze ans dans une caverne (*Šabbat* 33b); Ḥoni dort septante années durant (*Ta'anit* 23a). Il s'agit, en fait, d'un motif que l'on rencontre dans le cycle légendaire d'Artus et la légende de Frédéric Barberousse occulté dans le mont Kyffhaeuser, et qui figure aussi dans le mythe du *mahdī* attendu par les Musulmans et les croyances messianiques juives (XLIX, pp. 190-218; LIII, pp. 111-114).

---

d'Alexandre est également due à Israël Lévi: *Kobez al Yad*, II, Berlin, 1886; *Steinschneider Festschrift*, Leipzig, 1896, pp. 235-237; partie hébraïque, pp. 142-163. Aperçu général de sa plume: «Alexandre et les Juifs», *Kaufmann-Gedenkbuch*, Breslau, 1900, pp. 346-354. Voir en dernier lieu, I. J. Kazis, *The Book of the Gests of Alexander of Macedon*, Cambridge, Mass., 1962, sans oublier M. Simon, «Alexandre le Grand, Juif et Chrétien», *RHPhR*, 1941, pp. 177-191 = *Recherches...*, pp. 127-139, plus la note additionnelle, pp. 201 *sq*.

38. *Cf.* H. Schwarzbaum, *Studies in Jewish and World Folklore*, Berlin 1968, p. 501, *s.v.*, Angel and Hermit.

39. Dans un travail ultérieur (*HUCA*, IV, 1927, pp. 379-404), le même auteur a dressé une liste de trente-huit variantes et retracé le cheminement du récit, de l'Inde aux rédactions européennes, en passant par les versions juives (hébraïques), chrétiennes et musulmanes. *Cf.* en dernier lieu, T. Alexander, *Yeda-Am*, XIX, 1979, p. 9.

Des sources arabes connaissent la prière simple du berger, motif qui apparaît dans le *Sēfer Ḥasīdīm* (I. Goldziher, XLV, pp. 11-12)[40].

En publiant un texte sur le débat de l'âme et du corps (ms. B.N. Hébreu, 232), I. Lévi a esquissé l'histoire de la parabole de «l'Aveugle et du Cul-de-Jatte»[41] (XXIII, pp. 199-205).

Les attestations juives du motif de l'épée gardienne de chasteté, placée entre les compagnons de lit, ont été présentées par B. Heller[42] (LII, pp. 169-175). L'occurrence la plus ancienne en a été découverte par la suite[43].

L'anecdote illustrant la supériorité de l'homme de Jérusalem sur l'Athénien reparaît dans les «Mille et Une Nuits» qui ont inspiré à leur tour Voltaire dans *Zadig* (W. Bacher, XL, pp. 83-84).

J Halévy a proposé une nouvelle interprétation de la parabole du Bon Samaritain (Luc, X, 17-37): au «Samaritain» il convient de substituer «l'Israélite», étant donné qu'à l'époque de Jésus, la société juive était divisée en trois classes: prêtres, lévites et «israélites». La pointe de la parabole serait: si le prêtre et le lévite sont sans cœur, ils ne méritent pas l'affection qui revient au contraire à «l'Israélite», homme du commun, quand celui-ci se porte au secours du prochain; loin qu'il y ait eu contact entre Juifs et Samaritains, une haine réciproque les divisait (IV, pp. 249-255).

B. Cohen a publié une «histoire de Mohammed», texte hébreu qui raconte l'apparition du personnage et la légende de ses dix auxiliaires juifs[44]. À propos de la mort du «Prophète», on trouve également dans le récit en question le motif du «cercueil flottant»[45].

---

40. B. Heller en a traité plus amplement dans *HUCA*, IV, 1927, pp. 365-378, en discernant trois types dans ses analyses: prière simple, prière naïve, manière naïve de prier. Voir aussi A. Scheiber, *Fabula*, I, 1957, pp. 156-158; *Ethnologia Europaea*, IV, 1970, p. 110.

41. *Cf.* A. Scheiber, *Acta Or. Hung.* XXXI, 1977, pp. 132, 134. La bibliographie des «débats» de ce genre a été dressée par A. M. Habermann, *Sefer Ha-Yovel, A Tribute to Professor Alexander Marx*, New York, 1943, pp. 59-62. À propos d'une versification de haute époque de la parabole conservée par la Geniza (Leningrad, Antonin 912), voir G. Ormann, *Das Sündenbekenntnis des Versöhnungstages*, Francfort s/M., 1934, pp. 24-27.

42. Qui a consacré une étude d'ensemble au motif en question dans *Romania* XXXVI, 1907, pp. 36-49; XXXVII, 1908, pp. 162-163.

43. Voir W. Baumgartner, *Bertholet-Festschrift*, Tübingen, 1950, pp. 50-57; A. Scheiber, *Midwest Folklore*, I, 1951, p. 236. — Heller avait déjà connaissance d'une Haggadah illustrée où cette scène était représentée; on en a, depuis lors, repéré plusieurs autres exemples: B. Narkiss - G. Séd-Rajna, *Index of Jewish Art*, I, Jerusalem-Paris, 1976, n° 3, p. 14b; n° 4, p. 16a.

44. *Cf.* J. Leveen, *JQR*, n.s. XVI, 1925/26, pp. 399-406; XVII, 1926/27, p. 237.

45. Voir à ce sujet A. Eckhardt, «Le Cercueil Flottant de Mahomet», *Mélanges de Philosophie Romane et de Littérature médiévale offerts à Ernest Hoepffner*, Paris, 1949,

Yezdegerd, roi sassanide, périt englouti par un dragon dans sa chambre à coucher. Ce conte qui figure dans le «Livre des Rois» de Firdousi était connu de Šerīra (I. Lévi, XXXVI, pp. 295-297).

Le juge concussionnaire est désigné dans la littérature arabe comme «le cadi de Sadoûm». On y retrouve aussi le parallèle de l'anecdote de l'âne qui renversa la lampe en or narrée dans *Sabb.* 116b et *Pesiqta di R. Kahana*, éd. Buber, 122b (I. Goldziher, XLVIII, pp. 7-8).

Le conte du lion ingrat a fait l'objet d'une contribution d'I. Lévi (LXXV, pp. 205-208)[46].

I. Lévi (XVII, pp. 202-209) et B. Heller (LXXXII, pp. 312-316) ont rassemblé les données concernant le *life-token* dans la littérature juive[47].

Un passage du *Tanna debey Eliyahu* (chap. XXIX) fait allusion à la conversion des Khazars dans le cadre d'une discussion sur la vraie foi entre les représentants du Judaïsme, du Christianisme et de l'Islam. W. Bacher émet l'hypothèse que la lettre à Ḥasday Ibn Šaprūt ou des nouvelles la concernant ont pu parvenir d'Espagne en Italie à l'époque où le midraš fut composé (XX, pp. 144-146).

Du même ordre d'idées relève la parabole des trois anneaux dont le narrateur le plus ancien (dans cette version il n'est encore question que de deux bagues) est le Juif, Efraïm Sancho (Gaston Paris, XI, pp. 1-7)[48].

I. Loeb a étudié les éléments folkloriques du *Šebeṭ Yehūdāh* où la parabole en question est, entre autres, rapportée (XXIV, pp. 1-29).

I. Lévi s'est occupé, en utilisant un manuscrit arabe, du conte d'Afiquia, épouse de Ben Sira (XLIII, pp. 231-236).

Le même auteur a rattaché ses observations à une étude inachevée d'I. Loeb sur la figure du Juif dans la légende chrétienne (XX, pp. 249-252; XXII, pp. 230-235). Parmi les motifs: l'odeur du Juif, le culte qu'il rend à l'âne, l'usure. — Du même genre relève la représentation figurée du Juif qui tète une truie (D. Kaufmann, XX, pp. 269-271)[49].

---

pp. 78-88. — Pour une autre version, colportée par le karaïte Yefet ben ʿElī, de la mort du prophète de l'Islam, voir G. Vajda, dans *Revue de l'Histoire des Religions*, 1976, pp. 177-179.

46. Voir maintenant H. Schwarzbaum, *The Mishle Shualim/Fox Fables of Rabbi Berachiah Ha-Nakdan*, Kiron, 1979, pp. 93, 542, 547.

47. Ajoutons une attestation dans un manuscrit du *Ma'aseh Yerušalmi* (voir J. Dan, *Kiryath Sepher*, L, 1976, p. 496): Josias plante un arbre; desséché, il annonce la mort du planteur.

48. L'origine juive de la sublime parabole de l'anneau authentique est admise même de nos jours par la critique: E. H. Rehermann, *Das Predigtexempel bei protestantischen Theologen des 16. und 17. Jahrhunderts*, Goettingen, 1977, p. 357, n° 6.

49. L'original allemand de cette note dans *Gesammelte Schriften*, I, Francfort s/M., 1908, pp. 161-168. Plus récemment: B. Blumenkranz, *Juden und Judentum in der Mittel-*

Jetons un coup d'œil sur les contributions parues dans la *Revue* qui intéressent les recueils de fables anciens et médiévaux.

Avant la découverte des papyri d'Eléphantine, Th. Reinach s'était occupé d'Aḥīqar (XXXVIII, pp. 1-13).

Dans ses «Mélanges judéo-arabes» (XLVII, pp. 179-186) I. Goldziher a montré l'influence de la doctrine muʿtazilite de la justice divine sur les récits de consolation en judéo-arabe (recueil connu dans son ancienne version hébraïque sous le titre de *Ḥibbūr Yāfeh mē-ha-Yešūʿāh*) de Nissim b. Jacob de Kairouan (XIe siècle). L'ouvrage relève du genre fort répandu dans la littérature arabe d'*al-faraǧ baʿd al-šidda* («la délivrance après la détresse», *post nubila Phoebus*); l'auteur l'avait adressé à un ami pour le consoler de la perte d'un fils, cherchant aussi, d'une manière plus générale, à remplacer auprès du public juif les livres de consolation musulmans[50].

Les éléments fabuleux dans le «Code de Lois» (*Eškōl ha-Kōfer*) de l'auteur karaïte Juda Hadassi ont été examinés par A. Scheiber (CVIII, pp. 41-62); une partie de ces textes viennent d'Eldad Hadani, du *Yosippon*, du Roman d'Alexandre et du *Physiologus*[51].

Au type du «galant dupé» ressortit le fabliau *Constant du Hamel* dont la source est le recueil de *Sindbad* («les Ruses des Femmes»). Trois galants courtisent Isabel, l'épouse vertueuse de Constant. La dame les invite tous les trois, puis leur faisant croire que leur vie est en danger les fait se précipiter dans un tonneau plein de plumes. Le mari amène par ruse les femmes des trois galants, met le feu au tonneau et les amoureux de prendre la fuite, nus et couverts de plumes. Cette histoire se retrouve dans le *Mišlēy Sindbad*, hébreu où il faut corriger *hbyt* [*ha-bayit*] en *ḥbyt* [*ḥābīt*] (B. Heller, LVI, pp. 125-127)[52].

I. Lévi a publié d'après un manuscrit de la Bodléienne douze contes du XIIIe siècle originaires de la frontière linguistique franco-allemande et mis en évidence l'influence exercée sur eux non seulement par les

---

alterlichen Kunst, Stuttgart, 1965, p. 42; A. Scheiber, *Orientalia Suecana*, XVI, 1967, pp. 96-98; I. Shacher, *The Judensau*, Londres, 1974.

50. Voir B. Heller dans Bolte-Polívka, *Anmerkungen zu den Kinder und Hausmärchen der Brüder Grimm*, IV, Leipzig, 1930, p. 325; A. Wiener, *Der Islam*, IV, 1913, pp. 270-298, 387-420; la récente traduction anglaise de W. M. Brinner, *An Elegant Composition concerning Relief After Adversity*, New Haven-Londres, 1977, pp. XXIV-XXIX.

51. A. Scheiber a repris plus tard l'un ou l'autre des thèmes évoqués par Hadassi: «Apfel Sodoms», *Enzyklopaedie des Märchens*, I, Berlin-New York, 1977, pp. 625-626; «Baumvögel», *ibid.*, pp. 1397-1398.

52. Interprétation acceptée par M. Epstein, *Tales of Sendebar*, Philadelphie, 1967, pp. 359-360.

contes européens en général, mais aussi par la littérature d'Église (XXXIII, pp. 47-63, 233-254; XXXV, pp. 65-83; XLVIII, pp. 205-213). On y repère maints thèmes internationaux: le *Ma'aseh Yerušalmī* (n° 1)[53]; *sagittare in cadaver patris* (n° 6); le mort reconnaissant (n° 8); le motif de Fridolin (n° 12). Le recueil s'est intégré dans l'histoire du conte hébreu[54].

Les sources, le matériel relevant du folklore universel et les éléments auparavant inconnus du *Sēfer Ma'asiyyot* (*Exempla of the Rabbis*, éd. M. Gaster, Londres-Leipzig, 1924) ont été dégagés par B. Heller (LXXXI, pp. 1-26).

Le même auteur a esquissé les caractéristiques et les traits particuliers du conte hébreu (LXXVII, pp. 97-126, développement d'une communication faite au Congrès d'Histoire des Religions, Paris 1923): l'esprit juif ne s'est pas limité à transmettre des contes, il en a créé et modelé plusieurs; des deux contes bibliques, ceux de Jonatam et de Joas, on ne connaît pas de parallèles. Quand le conte hébreu accueille des apports étrangers, il les transforme, en les accommodant, par exemple, à la phraséologie scripturaire. Il introduit dans ses emprunts des éléments juifs, ainsi, la messe dans le conte de Fridolin est remplacée dans la version hébraïque par un office synagogal. Le conte hébreu se fait également porte-parole de l'enseignement du judaïsme: le conte du renard et des poissons sert à mettre en relief l'élément vital de la judéité qui est l'étude de la Tora. Par ce biais, le conte hébreu se fait à son tour le héraut de la morale juive.

IV. *Poésie populaire, proverbes*

Il était coutume au Maroc de représenter à l'occasion de Pourim des parodies en judéo-arabe. On doit à H. Zafrani la publication de trois spécimens: la *Ketouba* d'Aman, la *Ketouba* d'Aman et de la méchante Zerech, le *requiem* d'Aman (CXXVIII, pp. 377-393). Les Juifs kurdes exécutent des chants de ce genre au cours du banquet de Pourim. A. Danon avait fait connaître un poème en judéo-espagnol célébrant le «Pourim de Belgrade» (LIV, pp. 113-125).

Dans une autre contribution du même auteur, on trouve des exemples de poésie populaire gréco-karaïte: proverbes, devinettes et le début de 'Eḥād mī Yōdē'a (LXIV, pp. 147-151).

Cette dernière composition, de même que le *Ḥad Gadyā*, avait été,

---

53. *Cf.* A. Scheiber, *Enz. des Märchens*, I, pp. 26-27.
54. Voir B. Heller, Bolte-Polívka, *op. cit.*, IV, pp. 350-352.

quant à sa structure, empruntée par les Juifs à la poésie populaire allemande, sans doute au XIIIe siècle. L'un des transmetteurs fut Eléazar ben Juda. L'opinion prévalente parmi les chercheurs de nos jours n'a pas retenu celle d'A. Kohut qui croyait trouver la source de *Ḥad Gadyā* dans la tradition populaire française (XXXI, pp. 240-246). En fait, on en relève des parallèles dans nombre de traditions orales, en Castille, Galice, Catalogne, au pays basque, en Amérique hispanophone, au Portugal et au Brésil. On en a récemment relevé des variantes judéo-espagnoles auxquelles s'apparente une version grecque notée à Salonique (S. G. Armstead - J. H. Silvermann, CXXXVII, pp. 375-381)[55].

C'est encore à A. Danon que l'on doit la publication de plusieurs romances judéo-espagnoles de Turquie (XXXII, pp. 102-123, 263-275; XXXIII, pp. 122-159, 255-268; *cf.* Cte de Puymaigre, *ibid.*, pp. 269-276)[56].

La langue et la culture que les Juifs expulsés d'Espagne en 1492 ont emportées avec eux forment un monument vivant de l'espagnol ancien. Les ballades judéo-espagnoles qui subsistent encore de nos jours remontent souvent à l'époque carolingienne et perpétuent des versions plus anciennes que celles connues par ailleurs; elles se trouvent être de la sorte comme un chaînon intermédiaire entre les littératures française et espagnole. Dans leur transmission chez les Juifs — il s'agit en gros de versions des cycles de Roland et du Cid — ces chants ont reçu un coloris juif en même temps qu'on en a éliminé les éléments chrétiens (R. W. Miller, CXXXI, pp. 105-126; CXXXIII, pp. 255-263).

Le vers connu d'Abraham Ibn Ezra «si j'étais marchand de linceuls, personne ne mourrait» est la transposition d'un dicton arabe (I. Goldziher, XLIV, 72)[57].

La locution midrašique «tant que l'âne ne montera pas l'échelle» existe aussi en arabe. Des récits merveilleux et incroyables étaient colportés au sujet des habitants d'Alep. De là, le dicton: «À Alep, l'âne est capable de grimper sur l'échelle; voici l'âne et voici l'échelle!». Al-Muktafī, calife de Bagdad, fit construire une tour dénommée *Qubbat al-ḥimār* («La coupole de l'âne»), à cause de la montée en spirale qui

---

55. On ne tient généralement pas compte des variantes hongroises dont il existe pourtant un bon nombre: voir *Magyar Néprajzi Lexikon* (Dictionnaire d'Ethnographie Hongroise), II, Budapest, 1979, pp. 432-433, 657-658.
56. Dans l'exemplaire de la *Revue* que j'ai sous les yeux, ces textes sont accompagnés de nombreuses annotations marginales de la main de W. Bacher.
57. Voir J. Ratzaby, *Šenātōn Bar-Ilan* VI, Ramat-Gan, 1968, pp. 318-319; I. Levin, *Abrāhām Ibn 'Ezrā*, Tel Aviv, 1969, p. 378; A. Scheiber, *Fabula*, XII, 1971, pp. 251-252.

était aménagée à l'intérieur et par laquelle même un âne pouvait gagner le sommet, chose autrement considérée comme impossible pour cet animal. C'est ce qui explique la formule fréquente dans les colophons des copistes de manuscrits hébreux : «que nul dommage n'affecte le scripteur tant que l'âne ne gravira pas l'échelle», c'est-à-dire jamais (I. Goldziher, XLIII, p. 9)[58].

R. Attal a tracé l'image du Juif d'après les proverbes arabes musulmans d'Afrique du Nord (CXXII, pp. 419-430).

V. *Coutumes populaires*

I. Lévi a mis en relation le rite de la *Kappara* de Roch Hachana (Raši à *Šabb.* 81b, la première mention ne remontant qu'aux Gaonim) avec les «jardins d'Adonis» qui avaient laissé des traces également dans la Bible (LXI, pp. 206-212)[59].

I. Goldziher s'est longtemps intéressé aux évocations des coutumes juives dans la littérature musulmane, comportement pendant la prière, habitudes vestimentaires, célébration du Šabbat, etc.[60]. Il a donné plus tard des notes sur ce sujet à la *Revue*, en particulier concernant le jeûne de Kippour et les coutumes de deuil (XXVIII, pp. 75-95).

Au début du IIe Livre des Maccabées, les Juifs de Palestine invitent ceux d'Égypte à célébrer avec eux la fête de Hanoucca. On transféra à cette solennité les rites de la fête de Souccot : les cabanes, le feuillage, les branches (M. Liber, LXIII, pp. 20-29)[61].

Le motif folklorique du *ius primae noctis* est connu en maints pays, Allemagne, France, Hongrie, Suisse, Danemark, Écosse, Irlande et Inde. Quant à la réalité de la pratique du droit de cuissage par les seigneurs féodaux, les recherches de Frazer concluent par la négative. Le synode de Carthage (398) avait imposé aux nouveaux mariés la continence pendant leur première nuit, obligation dont l'Église les affranchit par la suite. C'est là qu'il faut chercher l'origine du *ius primae noctis*[62].

---

58. *Cf.* A. Scheiber, *Folklór...* (supra, n. 16), I, pp. 222-232.
59. La connexion entre les *Kappārōt* et Roch Hachana a été amplement étudiée par J. Z. Lauterbach, *Rabbinic Essays*, Cincinnati, 1951, pp. 297-433.
60. Voir *MGWJ*, XXIX, 1880, pp. 302-315, 335-365 (réimpr. *Ges. Schr.*, II, Hildesheim, 1968, pp. 77-101).
61. Cet article prend position vis-à-vis de celui de R. Leszynsky dans *MGWJ*, LV, 1911, pp. 400-418.
62. Voir R. Patai - J. Patai Wing, *The Myth of the Jewish Race*, New York, 1975, pp. 135-137.

D'après les sources juives, cette contrainte avait été imposée aux filles juives par les maîtres païens de la Palestine à l'époque gréco-romaine. Afin d'y mettre obstacle, les Docteurs juifs instituèrent que le fiancé allât vivre avant le mariage sous le toit du père de sa promise (*Yer. Ket.* 25a). Primitivement, on célébrait les mariages le mercredi. Pour induire en erreur les officiels (*stratiotai, strategos*) romains, on avança la cérémonie du mercredi au mardi (*b. Ket.* 3b). Par la suite on projeta cette institution dans le passé, sur l'époque syro-hellénique. À en croire la *Megillat Ta'anīt*, Matathias avait une fille qui devait subir ce sort et ce fut là, entre autres, la cause de la révolte de ses fils[63]. S. Krauss accordait du crédit à ce récit qui refléterait selon lui un décret du préteur Lusius Quietus en Palestine romaine aux environs de 117 de l'ère usuelle (XXX, pp. 37-43); I. Lévi le relègue dans le domaine du folklore (XXX, pp. 220-231; XXXI, pp. 119-120).

Les commentaires des Gaonim nous font connaître «le Saut de Pourim» (*mašwartā děe-puryā*), coutume populaire antique mentionnée dans le Talmud. Les enfants juifs se balançaient en escarpolette par-dessus les bûchers allumés à Pourim sur lesquels ils brûlaient une poupée représentant Aman. Des sources arabes et ecclésiastiques témoignent de la survie de la coutume au Moyen Âge; d'après la documentation hébraïque, elle se pratiquait encore au XIXe siècle dans les milieux juifs d'Orient (B. Heller, LXXXVII, pp. 301-307)[64]. M. Schreiner avait déjà signalé une donnée touchant ce sujet chez al-Bīrūnī, auteur musulman iranien du XIe siècle (XII, pp. 258-266). La coutume est un emprunt à l'ambiance non-juive[65].

«La coupe d'Élie» de la soirée du *Sēder* tire son nom de ce que la recommandation de vider une cinquième coupe au cours du repas pascal avait fait l'objet d'une discussion restée en suspens; or, on disait à propos de cas pareils: *yěhē' munāḥ 'ad šeyābō' 'Eliyāhū* (I. Lévi, LXVII, pp. 125-128)[66].

J. Gutwirth a décrit les préparatifs de la Pâque comme ils se pratiquent dans les dernières décennies chez les sectateurs du *rabbi* de Belz

63. H. Lichtenstein, *HUCA*, VIII-IX, 1931-32, pp. 305, 335-336: «Es handelt sich vielmehr um eine Sage, die in die Zeit des Antiochus Epiphanes gesetzt wurde».

64. Il existe sur ce thème une monographie, en hébreu, par Y. T. Lewinsky: *Kēṣad hikkū et Hāmān bitěfūṣōt Yisrā'ēl?*, Tel Aviv, 1947; *cf.* A. Scheiber, *Yeda-Am*, XV, 1971, pp. 23-24.

65. À titre d'exemple: il était de coutume en Hongrie de confectionner le soir du Jeudi saint une poupée de paille montée sur un support en bois qui représentait Ponce-Pilate et qu'on jetait ensuite au feu; *cf.* A. Bálint, *Karácsony, húsvét, pünkösd* («Noël, Pâques, Pentecôte»), Budapest, 1976, pp. 214-215.

66. *Cf.* la note en hébreu d'A. Hoffer, *Hazofeh*, XI, 1927, pp. 211-213.

à Anvers et à Montréal et chez ceux du *rabbi* de Boston à Brookline, Mass. (CXXXVI, pp. 551-552).

A. Büchler a rassemblé les indications du Talmud et du Midraš sur les funérailles ignominieuses des pécheurs (XLII, pp. 74-88). — Dans un autre article, il croit trouver des traces de coutumes hellénistiques dans le livre des *Jubilés*[67].

I. Goldziher a relevé l'écho du serment juif chez les auteurs musulmans (XLV, pp. 1-8). Un artifice de réserve mentale relaté dans les sources arabes réapparaît dans la casuistique juive: Umm Salama, une des veuves de Mohammed, avait juré qu'elle n'adresserait plus la parole à Aïcha, autre épouse du prophète. Par la suite, lorsqu'elle voulait dire quelque chose à celle-ci, elle parlait au mur (le même, XLIX, pp. 219-220)[68].

L'injurieux *iuramentum more judaico* du Moyen Âge était encore pratiqué en Roumanie en 1883; le texte en question, en yidich et en caractères hébraïques, a été publié par C. Iancu (CXXXV, pp. 169-176)[69].

Le costume juif est décrit dans le *Narrenschiff* de Sébastien Brant (D. Kaufmann, XVII, pp. 159-160)[70].

VI. *Magie et amulettes*

Entendant une imprécation, les Romains avaient coutume de prononcer aussitôt la formule: *Dii avertite omen*. En pareil cas, les Hébreux récitaient une bénédiction qui devait avoir pour effet d'annuler les paroles maléfiques (Juges, XVII, 2). Par cette croyance s'explique aussi le verset Deut. XXIX, 18 (L. Blau, LXXXII, pp. 183-198).

Plusieurs contributions concernent l'interprétation du *šēm ha-mĕfōrāš*. D'après A. Sidon: *šēm ha-mĕfōrāš še-šāma' mi-sinay* (XVII, pp. 239-246,

---

67. Rappelons ici que dans ses recherches historiques ce savant a été constamment attentif aux aspects folkloriques de la documentation mise en œuvre: les fiançailles (I. Lewy – *Festschrift*, Breslau, 1911, pp. 110-144, en anglais, *Studies in Jewish History. The Büchler Memorial Volume*, OUP, 1956, pp. 126-159); les libations de vin et d'huile répandues comme marque de respect, également lors de la cérémonie nuptiale (*MGWJ*, XLIX, 1905, pp. 12-40); l'introduction de l'épousée dans la chambre nuptiale (*Livre d'hommage à la mémoire du Dr. S. Poznański*, pp. 82-132); la dénudation de l'épaule et des bras en signe de deuil (*ZAW*, XX, 1901, pp. 81-92); l'onction et l'aspersion de la dépouille mortelle (*S. Krauss Festschrift*, Jérusalem, 1917, pp. 36-54).

68. *Cf.* B. Heller, «Eideslist», *Handwörterbuch des deutschen Märchens*, I, p. 473.

69. Plus récemment, B. Maler, *Stockholm Studies in Modern Philology*, n.s. V, 1976, pp. 117-156.

70. *Cf.* H. Pollack, *Jewish Folkways in Germanic Lands (1648-1806)*, Cambridge, Mass.-Londres, 1971, pp. 85-95.

cf. I. Lévi, XVIII, pp. 119-120; selon J. Fürst: *měfōrāš* = *měyūḥād* (XXIV, pp. 285-288).

On a essayé de déduire les noms divins de soixante-douze et de quarante-deux lettres à partir des valeurs numériques de divers textes (W. Bacher, XVIII, pp. 290-293; R. Eisler, LXXXII, pp. 157-159). Une proposition de B. Heller tendant à expliquer le nom de vingt-deux lettres (LV, pp. 60-71) a été contestée par S. Krauss (LVI, p. 251); dans sa réplique, le premier soutient que le nom d'ange אימימס est une altération de ארמסם d'Is. LXIII, 3 (LVII, pp. 105-108).

E. Lévy a montré que le *hokus-pokus* du jargon des prestidigitateurs de langue allemande a pénétré dans les textes magiques juifs sous la forme du «nom divin» אקוש פקוש (LXXXII, pp. 401-410).

V. Aptowitzer a reconstruit d'après les textes littéraires les *mezūzōt* médiévales portant des formules mystiques (LX, pp. 39-52; LXV, pp. 54-60).

F. Secret s'est occupé d'une amulette hébraïque écrite, mais certainement pas d'une main juive, à Orléans, en 1664 (CXXIII, pp. 169-173). M. Schwab a relevé et interprété les vocables hébreux dans les «mystères» français du Moyen Âge (XLVI, pp. 148-151). Voici, pour finir, deux compléments à cette note:

Moy domelach = מי דומה לך
Veen domelach = ואין דומה לך.

Jusqu'à présent, la recherche en folklore juif a certes tenu compte des principaux travaux publiés par la *Revue* dans ce champ d'études. Il appartiendra à l'ouvrage exhaustif, qui est encore une tâche d'avenir, d'en faire autant pour les contributions mineures, restées pour ainsi dire dans l'ombre.

Parallels to a Topos in Eudocia's Poem

THE recently published poem of the Empress Eudocia begins thus:

> In my life many and infinite wonders have I seen,
> But who, however many his mouths, could proclaim, O noble Clibanus,
> Your strength,...[1]

Green and Tsafrir quote parallels from Homer and Persius.[2] This topos is also found in Virgil's *Aeneid* VI, 625–627:

> non mihi si linguae centum sint oraque centum,
> ferrea vox, omnis scelerum comprendere formas,
> omnia poenarum percurrere nomina possim.

Jerome often quotes this passage from Virgil in his writings.[3] Apuleius mentions 'thousands of mouths, thousands of tongues' (nec ora mille, linguaeque totidem...).[4] Classical literature knows of several other variants.[5] In his drama *Melanippe*, Euripides does not set a limit: if we were to enumerate man's faults, the whole firmament would not be large enough to contain them.

> ......οὐδ' ὁ πᾶς ἄν οὐρανὸς
> Διὸς γράφοντος τὰς βροτῶν ἁμαρτίας
> ἐξαρκέσειεν οὐδ' ἐκεῖνος ἄν σκοπῶν
> πέμπειν ἑκάστῳ ζημίαν.[6]

The topos also found its way into Jewish literature. In the so-called Syriac apocalypse of Baruch 54,8 it takes on a religious character:

---

[1] Judith Green and Yoram Tsafrir: A Poem of the Empress Eudocia, *IEJ* 32 (1982), pp. 79–80. Κλίβανος is not the name of a person; it refers to a part of the bath which the poem describes.
[2] *Ibid.*, pp. 83–84.
[3] H. Hagendahl: *Latin Fathers and the Classics*, Göteborg, 1958, pp. 204, 206, 253, 306.
[4] *Apulei Metamorphoseon* XI, 25.
[5] H. Gärtner and W. Heyke: *Bibliographie zur antiken Bildersprache*, Heidelberg, 1964, p. 526.
[6] A. Nauck (ed.): *Euripidis Perditarum Tragoediarum Fragmenta*, Lipsiae, 1869, p. 138, No. 508.

> For if my members were mouths,
> And the hairs of my head voices,
> Even so I could not give Thee the meed of praise,
> Nor laud Thee as is befitting,
> Nor could I recount Thy praise,
> Nor tell the Glory of Thy beauty.[7]

Philo writes of God:

> οὐδὲ γὰρ ὁ σύμπας οὐρανὸς ἔναρθρος φωνὴ γενόμενος εὐθυβόλων καὶ εὐσκόπων εἰς τοῦτο ἄν εὐποροίη ῥημάτων.
>
> ....for even if the whole Heaven should become an articulate voice, it would lack the apt and appropriate terms needed for this...[8]

In Hebrew it appeared in the first century C.E., as expressed by Yoḥanan b. Zakkai:

> וכן אמרו עליו שאמר שאם יהיו כל השמים יריעות וכל האילנות קולמוסין וכל הימים דיו אינם כדי לכתוב את חכמתי שלמדתי מרבותי.
>
> If all the heavens were sheets, all the trees quills, and all the seas ink, they would not suffice for recording the wisdom which I acquired from my masters.[9]

The after-life of this image can be traced almost to the present day.[10]

---

[7] R.H. Charles (ed.): *The Apocrypha and Pseudepigrapha of the Old Testament*, II, Oxford, 1913, p. 511.

[8] Philo, *Legactio ad Gaium*, 6; F.H. Colson (ed.): *Philo, with an English Translation*, London–Cambridge, Mass., 1962, pp. 4–5.

[9] *Massekhet Soferim*, 16, 8; A. Cohen (ed.): *The Minor Tractates of the Talmud*, I, London, 1971, p. 291.

[10] A. Scheiber: Antikes in der Aggada, *Acta Antiqua* 19 (1971), pp. 396–397; idem, *Folklór és tárgytörténet*, II, Budapest, 1977, pp. 445–450, 459–461.

Additions

I.

War der Name Balaam gebräulich bei den Juden?

See *J. Braverman:* Balaam in Rabbinic and Early Christian Traditions. Joshua Finkel — Festschrift. New York, 1974. 41–50; *H. Schwarzbaum:* Biblical and Extra-Biblical Legends in Islamic Folk-Literature. Walldorf-Hessen, 1982. 155, Note 160.

Die Quelle eines Gedichtes von Manuello

S. Weöres: Három veréb hat szemmel. Budapest, 1977. 234; *Szilágyi Ferenc:* Elmét vidító elegy-belegy dolgok. Budapest, 1983. 108–112, 172–173; Hatvanhat csúfos gajd. Ed. *Hargittay Emil.* Budapest, 1983. 63–64.

Additions to the History of the Legend of the Wandering Jew in Hungary

A. Scheiber: MIOK Évkönyve. 1981/82 392–397; *L. Bernát:* A magyar legendamesék típusai. Bp., 1982. 58; O. Schnitzler: Ewiger Jude. Enz. des Märchens. IV. Berlin–New York, 1983. 577–588.

Die erste ungarländische Spur der Faustsage

L. Szabó: Taktaszadai mondák. Budapest, 1975. 270. No. 301.

Two Legends on the theme "God requires the heart"

T. Benczés: Üzen a múlt. Budapest, 1942. 169–174; *L. Rosten:* The Joys of Yiddish. New York, 1970. 98; *E. H. Rehermann:* Das Predigtexempel bei protestantischen Theologen des 16. und 17. Jahrhunderts. Göttingen, 1977. 335. No. 5; *J. Kónyi:* A mindenkor nevető Demokritus. Budapest, 1981. 234; *Y. Ellstein:* Yeda-Am. XXII. 1984. 20–40.

Orientalische Beziehungen von drei ungarischen Märchen

2. *I. Nagy:* Magyar Néprajzi Lexikon. V. Budapest, 1982. 102–103.
3. *M. Munkácsi:* Szentmártoni rózsák. Budapest, 1921; *P. Bárdos:* Az első évtized. Budapest, 1975. 16; *L. Bernát:* Op. cit., 84–85.

Das Sündenregister auf der Kuhhaut

L. Röhrich: Erzählungen des späten Mittelalters und ihr Weiterleben in Literatur und Volksdichtung bis zur Gegenwart. I. Bonn–München, 1962. 113–123, 267–274; *S. Bálint:* Das Sündenregister auf der Kuhhaut. Ethnologia Europaea. II–III. 1968–69. 40–43; *H. Rasmussen:*

Der schreibende Teufel in Nordeuropa. Festschrift Matthias Zender. I. Bonn, 1972. 455–464; *S. Bálint:* Tombácz János meséi. Budapest, 1975. 557–559. No. 24; *E. H. Rehermann:* Op. cit., 261–262. No. 8; *S. Bálint:* „Körülfogták az ördögök." Vigilia. XLV. 1980. 446–448; *idem:* A hagyomány szolgálatában. Budapest, 1981. 107–114; *L. Bernát:* A magyar legendamesék típusai. Budapest, 1982. 84.

Motivgeschichte des Gedichts von Ady An den grossen Walfisch

L. Kretzenbacher: Bilder und Legenden. Klagenfurt, 1971. 150–176; *idem:* Versöhnung im Jenseits. München, 1972. 55 squ,

Sage ohne Erlebnis

I. Dobos: Zörög a haraszt. Élet és Irodalom. XIX. 1975. No. 24.

Aggada and Classical Literature

«DIE LÜGE HAT KEINE FÜSSE»
ZU DEN ANTIKEN ZUSAMMENHÄNGEN DER AGGADA

Im Talmud lesen wir ein aramäisches Sprichwort (Schabbath 104a): קושטא קאי שיקרא לא קאי — «Die Wahrheit besteht, die Lüge besteht nicht».[1] Daraus bildete sich seine spätere hebräische und mehr verbreitete Form: שקר אין לו רגלים — «Die Lüge hat keine Füsse».[2] Seine mittelalterlichen Varianten und Erweiterungen sind diesmal für uns nicht von Bedeutung.[3]

Suchen wir die Erklärung dieses Sprichwortes, so gelangen wir in den Wirkungsbereich der griechisch-römischen Folklore,[4] genauer genommen der äsopischen Fabel, von dem wir auch bisher zahlreiche Beispiele gekannt haben.[5] Bei G. Elkoshi, der jüngstens die hebräischen Parallele der lateinischen Sprichwörter zusammenstellte, findet sich noch keine Spur davon.[6] Die Forschung hat somit bis auf unsere Tage nicht daran gedacht.

In der Neapler Handschrift des Phaedrus kommt eine Fabel vor: «Prometheus et Dolus. De veritate et mendacio». Ihr Inhalt ist folgender: Prometheus modelliert die Wahrheit. Zeus lässt ihn rufen, und er vertraut deshalb seine Werkstatt seinem Lehrling, dem Dolus an. Auch Dolus modelliert die Wahrheit — bis zur Täuschung ähnlich, nur ihre Füsse vermag er nicht zu verfertigen, da ihm der Ton ausging. Prometheus kommt inzwischen zurück und bewundert das treue Nachbild. Er schliesst beide Modelle in den Ofen ein. Sie brennen gut aus und Seele erfüllt sie. Die Wahrheit schreitet einher, die unvollendete Gestalt vermag nicht zu gehen. Dieses verstohlen verfertigte, falsche Wesen erhält den Namen: Lüge. Deshalb sagt man: Die Lüge hat keine Füsse.

---

[1] I. Cohen: Parallel Proverbs. Tel Aviv, 1954. p. 143. No. 1341.
[2] Alpha Beta di R. Akiba. Ozar Midrashim. Ed. J. D. Eisenstein. New York, 1928. p. 424.
[3] I. Davidson: Thesaurus of Proverbs and Parables. Jerusalem, 1957. p. 48. No. 681; p. 50. No. 737.
[4] L. Ginzberg: On Jewish Law and Lore. Philadelphia, 1955. p. 66; על הלכה ואנדה. Tel Aviv, 1960. pp. 255—256.
[5] B. Heller: Das hebräische und arabische Märchen. Bolte-Polivka. IV. Leipzig, 1930. pp. 316—321; S. Lieberman: Greek in Jewish Palestine. New York, 1942. p. 126.
[6] G. Elkoshi: Thesaurus Proverbiorum Latinorum. Tel Aviv, 1959.

Modesto gressu sancta incessit Veritas;
At trunca species haesit in vestigio.
Tunc falsa imago atque operis furtivi labor
Mendacium adpellatum est; q u o d   n e g a n t i b u s
P e d e s   h a b e r e   f a c i l i s   e s t   c o n s e n s i o.[7]

Über Phaedrus hinaus brauchen wir nicht zu gehen, denn von dieser Fabel haben die Forschungen Otto Weinreichs festgestellt: «Offenbar ohne Parallele in der antiken Literatur».[8] Ich glaube, es lässt sich mit Recht feststellen, dass der lapidare Satz des aramäisch-hebräischen Sprichwortes in der Fabel des Phaedrus seine Erklärung findet.

In ähnlicher Weise haben wir die mutmassliche Quelle für die talmudische Erwähnung der Matrone von Ephesus (Kidduschin 80b) — neben Petronius Arbiter — in Phaedrus zu erblicken.[9]

---

[7] Phaedri Augusti Liberti Fabulae Aesopiae. Ed. L. MUELLER. Lipsiae, 1926. p. 52. Fabula IV.

[8] O. WEINREICH: Fabel, Aretalogie, Novelle. Beiträge zu Phädrus, Petron, Martial und Apuleius. Heidelberg, 1931. p. 44. (Sitzungsber. d. Heid. Ak. d. Wiss. Phil.-hist. Kl. 1930/31. 7. Abh.).

[9] Phaedri... Fabulae. pp. 56—57. Fabula XIII. Mulier vidua et miles; O. WEINREICH: Op. cit. pp. 53—75.

DIE PARABEL VOM SCHATZ DES GELEHRTEN
ZU DEN ANTIKEN ZUSAMMENHÄNGEN DER AGGADA

Im jüdischen Schrifttum ist der Midrasch Tanchuma[1] die erste Quelle der volkstümlichen, vor den geistigen Schätzen des Gelehrten huldigenden Parabel. Sie lautet folgenderweise:

«Unsere Weisen sagen: Es geschah auf einem Schiff, auf welchem Kaufleute reisten. Auch ein Gelehrter befand sich dort, und man befragte ihn betreffs seiner Ware. Er antwortete ihnen, sie sei verborgen. Als sie ihn baten, sie zu zeigen, antwortete er, er werde es tun, wenn sie in die Stadt gelangen. Sie begannen sie auf dem Schiffe zu suchen, und da sie sie nicht fanden, lachten sie ihn aus. Kaum war dies geschehen, da wurden sie von Zolleinnehmern überfallen, die ihnen alles wegnahmen, so dass sie nichts zu essen und anzuziehen hatten. Der Gelehrte begab sich ins Haus der Gemeinde, setzte sich und lehrte; worauf sie ihm Ehre erwiesen und für seinen Unterhalt sorgten. Seine Reisegefährten kamen zu ihm und baten ihn, da er sie doch kenne, um seinen Schutz. Was verhalf ihm zum Erfolg? Die Lehre, die er in seinem Geiste verwahrte.»

Eine ganze Reihe von Quellen beweist, dass diese Aggada in der Judenschaft auch in den späteren Zeiten volkstümlich war.[2] Dies ist verständlich, denn die Geistesmenschen sahen in ihr den Wert ihres Lebens und ihrer Arbeit bestätigt. Ihre Verbreitung in der Neuzeit wurde in grossem Masse durch das Maʻasse Buch[3] (erste Ausgabe 1602)[4] gefördert, dessen Erzählungen von Mund zu Mund gingen.

Nicht uninteressant ist die Tatsache, dass eine ähnliche Geschichte viele Jahrhunderte früher auch in der römischen Literatur vorhanden war. Marcus Vitruvius Pollio, der Kriegsarchitekt des Julius Caesar und Augustus, stellte

---

[1] Ed. BUBER. II. Wilna, 1885. p. 89; ed. CHOREB. New-York—Berlin, 1927. p. 277.

[2] Der Born Judas. II. pp. 65—66, 339; M. GASTER: The Exempla of the Rabbis. London—Leipzig, 1924. p. 255. No. 386; I. BERNSTEIN: Jüdische Sprichwörter und Redensarten. Warschau, 1908. p. 292. No. 3969; M. BENAYAHU: Edoth. I. 1945/46. p. 111; A. SCHEIBER, ibid., III. 1947/48. pp. 108—110.

[3] M. GRÜNBAUM: Jüdischdeutsche Chrestomathie. Leipzig, 1882. pp. 406—407; B. PAPPENHEIM: Allerlei Geschichten. Maʻasse-Buch. Frankfurt a/M., 1929. pp. 132—133. No. 139; M. GASTER: Maʻaseh Book. I. Philadelphia, 1934. pp. 248—250. No. 136; II. p. 685.

[4] J. MEITLIS: Das Maʻassebuch. Berlin, 1933. p. 21.

(231)

in seinem Alter (cca zwischen 16 und 14 v. u. Z.) aus griechischen Quellen und seinen eigenen Erfahrungen ein Buch zusammen, das den Titel De Architectura trug. Darin lesen wir über Aristippos (geb. um 490 v. u. Z.) folgende Geschichte, deren Gang und Grundgedanke mit dem unserer Aggada identisch ist:

Aristippus philosophus Socraticus naufragio cum eiectus ad Rhodiensium litus animadvertisset geometrica schemata descripta, exclamavisse ad comites ita dicitur «bene speremus, hominum enim vestigia video». Statimque in oppidum Rhodum contendit et recta gymnasium devenit, ibique de philosophia disputans muneribus est donatus, ut non tantum se ornaret sed etiam eis qui una fuerunt et vestitum et cetera quae opus essent ad victum praestaret. Cum autem eius comites in patriam reverti voluissent interrogarentque eum quidnam vellet domum renuntiari. Tunc ita mandavit dicere eiusmodi possessiones et viatica liberis oportere parari quae etiam e naufragio una possent enatare. Namque ea vera praesidia sunt vitae quibus neque fortunae tempestas iniqua neque publicarum rerum mutatio neque belli vastatio potest nocere.[5]

Eine gleichartige Geschichte lesen wir einige Jahrzehnte später bei Phaedrus über Simonides den Lyriker (556—468).[6] Er bereiste Asien und besang den Ruhm der berühmten Städte. Eines Tages schiffte er sich ein, um nach der Insel Cea heimzukehren. Er erleidet einen Schiffbruch. Alle seine Gefährten wollen ihre Werte retten. Der eine verwundert sich: «Simonides, du nimmst gar nichts zu dir?» «Ich habe alles bei mir» — antwortet er. Nur wenigen gelang es, schwimmend das Ufer zu erreichen, viele gingen unter, von ihrer Habe hinabgezogen. Die Überlebenden werden von Räubern geplündert.

In der Stadt Clazomenae wohnt ein reicher Mann; er lädt den Dichter, von dem er so manches gelesen, zu sich, beschenkt ihn mit Kleidern, Geld und Dienern. Die Übrigen gehen betteln. Als der Dichter sie sieht, bemerkt er:

. . . . *Dixi, inquit, mea*
Mecum esse cuncta ; vos quod rapuistis, perit.

Die Wendung («*Omnia mecum porto mea*») selbst geht nach Cicero im griechischen Original auf Bias (VI. Jahrhundert v. u. Z.), nach Seneca und Plutarchos auf Stilpon (IV. Jahrhundert v. u. Z.) zurück.[7] Aber in den dem Antisthenes (V. Jahrhundert v. u. Z.) zugeschriebenen Ἀποφθέγματα (Τοιαῦτα δεῖν ἔφη ποιεῖσθαι ἐφόδια, ἃ καὶ ναυαγήσαντι συγκολυμβήσει)[8] ist bereits die Geschichte in nuce enthalten.

---

[5] Vitruvii de Architectura libri decem. Ed. V. ROSE—H. MÜLLER-STRÜBING. Lipsiae, 1867. Cap. VI. 1—2. pp. 131—132.

[6] Phaedri Augusti Liberti Fabulae Aesopiae. Ed. L. MUELLER. Lipsiae, 1926. p. 42. Fabula IV. 22. De Simonide.

[7] Die Stellen bei G. ELKOSHI: Thesaurus Proverbiorum Latinorum. Tel Aviv, 1959. pp. 285—286. No. 1256.

[8] F. G. A. MULLACHIUS: Fragmenta Philosophorum Graecorum. II. Parisiis, 1867. p. 290. No. 102.

Es ist vielleicht nicht unrichtig anzunehmen, diese in mehreren Variationen verbreitete Geschichte sei die Quelle der Parabel im Midrasch Tanchuma gewesen. Unsere Annahme können auch die griechischen Lehnwörter des hebräischen Textes unterstützen,[9] die beweisen, dass der Aufzeichner der Aggada diese aus klassischer Quelle geschöpft oder auf grund einer klassischen Quelle gehört hatte.

Ich kann meine Wahrnehmung nicht verschweigen, dass unsere Parabel auch auf die Erzählung von den vier Gelehrten wirkte. Der Historiker Abraham b. David (XII. Jahrhundert) erzählt,[10] Ibn Rumachis habe ein Schiff aufgebracht, auf dem auch vier grosse Gelehrte reisten, die er verkaufte: den R. Schemarja nach Alexandrien, den R. Chuschiel nach der afrikanischen Küste, den R. Mosche und seinen Sohn Chanoch nach Cordova. Den Namen des Vierten kennt er nicht, auch weiss er nicht, wohin er verkauft wurde. Über R. Mosche erfahren wir auch weitere Einzelheiten. In Cordova führt sein erster Weg in die Synagoge, die auch als Lehrhaus dient; er gibt die Lösung einer schweren Talmudstelle und beantwortet alle Fragen. Man bewundert seine Gelehrsamkeit. Der Dajjan R. Nathan verzichtet auf seine Stelle zugunsten des R. Mosche. Diese vier Gelehrten verbreiten die Talmudlehre der babylonischen Lehrhäuser.

Auffallend ist die Ähnlichkeit mit unserer Parabel. Auch hier ist von einem auf dem Schiffe reisenden Gelehrten die Rede, der, nachdem er das Ufer erreicht, sich ins Lehrhaus begibt und mit seiner Wissenschaft sich einen Lebensunterhalt sichert. Es wird darüber gestritten, ob die Erzählung von den vier in Gefangenschaft geratenen Gelehrten historisch beglaubigt oder eine blosse Legende sei. Ludwig Blau entdeckte einen Zusammenhang zwischen dieser Erzählung und dem Bericht von den vier, zu verschiedenen Nationalitäten gehörenden gelehrten Ärzten, die die Lehren der Ärzteschule von Salerno verbreiteten, und verwies deshalb diese Erzählung in den Bereich der Legenden.[11] Dagegen behauptete Moses Auerbach auch weiter den historischen Wert der Erzählung.[12]

Unsere Beobachtung vermag vielleicht mit einem neueren Beitrag die Ansicht zu unterstützen, dass wir die Erzählung von den vier Gefangenen als eine Legende zu betrachten haben.[13]

---

[9] פרנגמטין ($\pi\varrho\alpha\gamma\mu\alpha\tau\varepsilon\upsilon\tau\acute{\eta}\varsigma$); פרנמטיא ($\pi\varrho\alpha\gamma\mu\alpha\tau\varepsilon\acute{\iota}\alpha$).
[10] A. NEUBAUER: Mediaeval Jewish Chronicles. I. Oxford, 1887. pp. 67—69.
[11] L. BLAU: Die vier gefangenen Talmudlehrer. Simonsen-Festkrift. Kobenhavn, 1923. pp. 129—133; J. BERGMANN: העם ורוחו. Jerusalem, 1938. pp. 89—90, 181.
[12] M. AUERBACH: Die Erzählung von den vier Gefangenen. Jahres-Bericht des Rabbiner-Seminars zu Berlin für 1925, 1926, 1927. Berlin, 1928. pp. 37—39; S. W. BARON: A Social and Religious History of the Jews. V. Philadelphia, 1960. pp. 46—47, 312—313.
[13] Nach der zweiten Korrektur erhielt ich die gründliche Arbeit von G. D. COHEN (The Story of the Four Captives. PAAJR. XXIX. 1960/61. pp. 55—131.), die sich in einem Punkte mit unseren Erörterungen berührt. Wir aber haben auch *die Quelle* der Aggada nachgewiesen.

ZU DEN ANTIKEN ZUSAMMENHÄNGEN DER AGGADA

I. Die Matrone von Ephesus

Die Fabel über die Matrone von Ephesus ist indischen Ursprungs.[1] Es sind zwei Typen von derselben bekannt: ein asiatischer und ein europäischer Typus.

Die europäischen Bearbeitungen sind ziemlich einheitlich und gehen auf zwei Varianten zurück: teils auf Petronius (Satiricon CXI—CXII),[2] teils auf Phaedrus (App. XIII.)[3] und Romulus (III. 9.).[4] Der wiederholte Vergleich der lateinischen Texte[5] führte jedoch zur Feststellung, dass diese voneinander unabhängig seien. Petronius, der sein Satiricon wahrscheinlich zur Unterhaltung Neros und seiner «pauci familiares» verfasste[6], mag aus einer hellenistischen Novelle geschöpft haben. Ob diese die verlorengegangenen $Μιλησιακά$ des Aristides war — wie man früher glaubte[7] — lässt sich nicht entscheiden. Es tauchte auch der Gedanke auf, dass der Erzählung ein wirkliches Ereignis zugrunde liegen könnte, das sich um 29—35 n. u. Z. abgespielt habe.[8] Aber diese Vermutung fand keine Zustimmung.[9]

Das Thema hatte eine enorme weltliterarische Wirkung, es kommt in zahlreichen Literaturen vor, vom XVI. Jahrhundert ab auch in der ungarischen.[10]

---

[1] E. GRISEBACH: Die treulose Witwe. Vierte Auflage. Leipzig, S. a. (1877).
[2] PÉTRONE: ... Oeuvres Complètes. Ed. M. NISARD. Paris, 1856. pp. 66—68.
[3] PHAEDRI Augusti Liberti Fabulae Aesopiae. Ed. L. MÜLLER. Lipsiae, 1926. pp. 56—57. Fabula XIII. Mulier vidua et miles.
[4] PHAEDRI Fabularum Aesopiarum libri quinque. II. Ed. J. B. GAIL. Parisiis, 1826. pp. 462—463.
[5] G. THIELE: Hermes 43 (1908) pp. 361 ff.; O. WEINREICH: Fabel, Aretalogie, Novelle. Beiträge zu Phädrus, Petron, Martial und Apuleius. Heidelberg, 1931. pp. 53—75.
[6] G. BAGNANI: Arbiter of Elegance. Toronto, 1954. p. 25.
[7] R. CAHEN: Le Satiricon et ses Origines. Annales de l'Université de Lyon. N. S. II. 38. Lyon—Paris, 1925. pp. 97—100.
[8] L. HERRMANN: La matrone d'Éphèse dans Pétrone et dans Phèdre. Bull. de l'Ass. Guillaume Budé. No. 14. 1927. pp. 28—31. (Es blieb mir unzugänglich.)
[9] S. TRENKNER: The Greek Novella in the Classical Period. Cambridge, 1958. p. 174.
[10] A. WEBER: Die Novelle von der treulosen Witwe in Ungarn. Ungarische Rundschau. II. 1913. pp. 455—468; J. TURÓCZI-TROSTLER: Mesenyomok a XVIII. század magyar irodalmában. Budapest, 1927. pp. 27—28; L. GYÖRGY: A magyar anekdota és egyetemes kapcsolatai. Budapest, 1934. pp. 118—120. No. 60.

Auch die Juden wurden mit der Geschichte (allerdings durch römische Vermittlung) bereits in der Antike bekannt. Der Talmud weist mit einigen Worten auf sie hin (Kid. 80b): דההיא איתתא דהוה עובדא ואפיקתיה («Geschichte des Weibes, das seinen Gatten herausnahm»).[11] Die späteren Quellen vermögen — verlässlicher Tradition folgend — die Geschichte noch zu erzählen: ein gaonischer Text (רבנן משמא דראשונים),[12] R. Chananel b. Chuschiel (XI. Jahrhundert)[13] und Jomtob b. Abraham (XIII. Jahrhundert).[14]

Diesmal wollen wir eine neuere, unbekannte hebräische Quelle aufzeigen auf Grund einer bisher unveröffentlichten italienischen Handschrift (A. 261. p. 9.) aus der Kaufmann-Sammlung der Ungarischen Akademie der Wissenschaften;[15] ihr Ursprung aus orientalischen Quellen ist nicht zu bezweifeln, nachdem der darin vorkommende Herrscher Kalif genannt wird.

Ihr Original lautet wie folgt:

מעשה באשה אחת שמת בעלה והיתה מתאוננת וצועקת בבית הקברות. ובא שומר שהיה שומר הצלוב מן הקרובין ונתיחד עמה באנינותה. ונגנב אותו צלוב שקברוהו הקוברים. ובאה אותה אשה והוציאה את בעלה מקברו, וצלבו במקומו של צלוב שנגנ' שלא יעלל הכליף את השומר. וכששמעו השכנים אפקוה מעירם ומשכינותם.

«Es geschah mit einem Weib, dem der Mann starb. Sie weinte und jammerte im Friedhof. Da kam ein Wächter, der einen gekreuzigten Mann vor den Verwandten behütete, und buhlte mit ihr in ihrer Trauer. Inzwischen wurde der Gekreuzigte gestohlen und begraben. Da hob das Weib den Gatten aus seinem Grab, und sie nagelten ihn an die Stelle des gestohlenen Gekreuzigten, damit der Wächter vom Kalifen nicht bestraft werde. Als die Nachbarn dies hörten, vertrieben sie das Weib aus der Stadt und ihrer Nähe.»

Wir legen auch eine Photokopie der Handschrift bei.

Wir benützen die Gelegenheit, uns auch mit dem auf dem Verso desselben Blattes befindlichen Texte, um seiner klassischen Beziehung halber, zu befassen.

Diese Zeilen lauten im Original:

תפלת אריסטו בכל בקר
אדיר אשר אדיר
וקדמון אשר לא סר
והמתחיל מכל דבר
הצילני מאשך הגדולה

[11] B. HELLER: Bolte-Polivka. IV. Leipzig, 1930. p. 321.
[12] S. A. WERTHEIMER: קהלת שלמה. Jerusalem, 1899. p. 40. No. 42; אוצר הגאונים. IX. Ed. B. M. LEWIN. Jerusalem, 1940. p. 199; L. GINZBERG: On Jewish Law and Lore. Philadelphia, 1955. p. 243; על הלכה ואגדה. Tel-Aviv, 1960. p. 309.
[13] אוצר הגאונים. IX. Appendix. p. 50.
[14] Ibid., p. 222.
[15] M. WEISZ: Katalog der hebräischen Handschriften und Bücher in der Bibliothek des Prof. Dr. David Kaufmann s. A. Frankfurt a/M., 1906. p. 96.

Das tägliche Gebet des Aristoteles

Du, mächtiger als alles,
    Ewiger, der du niemals aufhörst,
Der du warst vor allem,
    Rette mich vor deinem grossen Feuer!

Abb. 1

    Dieser Text stimmt mit dem überein, was Hunain ibn Isḥâk als das alltägliche Gebet des Aristoteles mitteilt und was Jehuda Alcharisi hebräisch übermittelte.[16]

[16] Ed. A. LOEWENTHAL. Frankfurt a/M., 1896. p. 27; siehe A. LOEWENTHAL: Honein Ibn Ishâk, Sinnsprüche der Philosophen. Berlin, 1896. p. 112.

Man weiss aus dem Brief des Salomon Luria an Mosche Isserls, dass im XVI. Jahrhundert die Schüler der polnisch-jüdischen Lehrhäuser dieses Gebet in ihre Gebetbücher einschrieben (אני הגבר ראיתי כתוב בתפלות ובסידורי הבחורים רשום בהם תפלת אריסטו).[17]
Wie bekannt, machte in ihrem Kreis die griechische — des Näheren die aristotelische—Philosophie Eroberungen. Im Gebet mag die von Heraklit und den Stoikern stammende ἐκπύρωσις Anstoss in den Widerstrebenden erregen. Für den späten Widerhall klassischer Quellen ist es immerhin ein interessantes Beispiel aus dem Kreise des Judentums.

II. «Er geht auf Aehren und sie brechen nicht nieder unter ihm»

Die Aggada gebraucht für die Schnelligkeit wiederholtermassen ein sehr anschauliches Gleichnis. Von Naftali, dem Sohne Jakobs, sagt sie: «Er ging auf Aehren und sie brachen nicht nieder unter ihm» (והלך על שבלי הזרע ולא ישברו תחתיו).[18] Über Assael, den Heerführer Davids, findet sich dasselbe: »Er lief auf den Spitzen der Aehren und sie brachen nicht» (שהיה רץ על סאסי שיבוליא ואינן משתברין).[19] Der arabische Abot-Kommentar (IV. 4.) des David b. Abraham Hannagid (1212—1300),[20] der neulich auch in hebräischer Übersetzung erschien, schreibt diese Fähigkeit dem Assa, König von Juda zu.[21] Aber wahrscheinlich hat man es hier nur mit einer Korruption des Namens Assael zu tun.

B. Heller gibt eine Homer-Stelle als die Quelle dieses Gleichnisses an.[22] Über die von Boreas, dem Nordwind gezeugten Fohlen liest man in der Ilias (XX. 226—229.):

αἱ δ' ὅτε μὲν σκιρτῷεν ἐπὶ ζείδωρον ἄρουραν,
ἄκρον ἐπ' ἀνθερίκων καρπὸν θέον οὐδὲ κατέκλων.
ἀλλ' ὅτε δὴ σκιρτῷεν ἐπ' εὐρέα νῶτα θαλάσσης,
ἄκρον ἐπὶ ῥηγμῖνα ἁλὸς πολιοῖο θέεσκον.

---

[17] שו״ת הרמ״א. Warschau, 1883. No. 6; M. S. LEW: The Jews of Poland. Their Political, Economic, Social and Communal Life in the Sixteenth Century as reflected in the Works of Rabbi Moses Isserls. London, 1944. pp. 173, 182—187.
[18] Sepher Hajaschar. Ed. L. GOLDSCHMIDT. Berlin, 1923. p. 197.
[19] Koh. R. ad IX. 11.; Jalk. Jer. § 285.
[20] A. I. KATSH: JQR. 48 (1957/58) pp. 140—160.
[21] מדרש דוד. Ed. B. I. KRYNFISS. Jerusalem, 1944. p. 81.
[22] B. HELLER: Ein Homerisches Gleichnis im Midrasch. MGWJ 76 (1932) pp. 330—334. I. TRENCSÉNYI-WALDAPFEL wies darauf hin (Vallástörténeti Tanulmányok. Budapest, 1960. Zweite Auflage, p. 552, Anm. 49.), dass auch Hesiodos die Schnelligkeit des Iphiklos in der Weise charakterisiert, er habe das Getreidefeld durchlaufen können, ohne die Ähren zu beschädigen (HESIODI Carmina. Ed. A. RZACH. Lipsiae³, 1913. p. 176. Fragm. 117.).

Man kann von Zusammenhängen des Homer mit der Bibel[23] und der frühen Aggada sprechen;[24] aber die Abhängigkeit so später aggadischer Texte von Homer ist kaum glaubhaft. Glücklicher war daher die Hypothese von S. Lieberman, der — ohne die Arbeit Hellers zu kennen — auf die Aeneis des Vergil hinwies.[25] Über Camilla, die volkskische Königstochter steht hier (VII. 805—811.):

> *Bellatrix, non illa colo calathisve Minervae*
> *Femineas assueta manus, sed proelia virgo*
> *Dura pati cursuque pedum praevertere ventos.*
> *Illa vel intactae segetis per summa volaret*
> *Gramina nec teneras cursu laesisset aristas,*
> *Vel mare per medium fluctu suspensa tumenti*
> *Ferret iter, celeres nec tingeret aequore plantas.*

Vergil wiederholt dieses Bild im Georgicon, tut aber der Aehren hier keine Erwähnung (III. 193—195.):

> *.............tum cursibus auras*
> *tum vocet, ac per aperta volans ceu liber habenis*
> *aequora vix summa vestigia ponat harena.*

Freilich wurde dieses Gleichnis beider Klassiker in der späteren Literatur als Gemeinplatz fleissig abgeschrieben (das Gefilde berühren sie nicht; sie krümmen nicht die gebrechlichen Aehren; selbst ihr Staub berührt die Pflanzen nicht; sie zertreten den Strohhalm nicht; sie empfinden den Sand nicht).[26]

Wir erwähnen hier zwei bisher nicht beachtete Fundorte, die ebenfalls befriedigender sind als die homerische Stelle.

Petronius Arbiter, auch ein Aufzeichner der Fabel von der Matrone von Ephesus, schreibt in einem Gedicht[27] von seiner Geliebten (9—12.):

---

[23] F. DORNSEIFF: Antike und Alter Orient. I. Leipzig, 1956. pp. 203—363; C. H. GORDON: Homer und Bible. HUCA. XXVI. 1955. pp. 43—108; A. LESKY, Gnomon. XXIX. 1957. pp. 321—325; D. NOY: Yeda-Am. VIII (1962) pp. 48—54; S. FELDMAN: Biblical Motives and Sources. Journal of Near Eastern Studies. XXII (1963) p. 83.

[24] S. RAPPAPORT: Antikes zur Bibel und Agada. Kaminka-Festschrift. Wien, 1937. pp. 71—101; L. GINZBERG: On Jewish Law and Lore. Philadelphia, 1955. pp. 66, 243—244; על הלכה ואגדה. Tel-Aviv, 1960. pp. 255—256, 309; W. BAUMGARTNER: Zum Alten Testament und seiner Umwelt. Leiden, 1959. pp. 147—178; H. SCHWARZBAUM: Yeda-Am. VIII (1962) pp. 54—56.

[25] S. LIEBERMAN: Rays from the East. Annuaire de l'Institut de Philologie et d'Histoire Orientales et Slaves. IX. 1949. pp. 409—410; Hellenism in Jewish Palestine. New York, 1950. pp. 113—114; יוונית ויוונות בארץ־ישראל Jerusalem, 1962. pp. 234—235.

[26] M. MANILII Astronomica. V. 78—79; CALPURNII Eclogae. VI. 56—57; SILI ITALICI Punica. XIV. 507—508; C. CLAUDIANI Panegyricus de tertio consulatu Honorii. 199—200; Panegyricus de quarto consulatu Honorii. 547—548.

[27] PETRONII Saturae. Ed. F. BUECHELER. Berlin, 1958. p. XLVIII.

planta decens nescit modicos calcare lapillos
et dura laedi scelus est vestigia terra.
ipsa tuos cum ferre velis per lilia gressus,
nullos interimes leviori pondere flores.

Einen Weg bietet aber auch die arabische Legende, mit der das Judentum im Mittelalter häufig in Berührung kam. Abu 'l-Fida von Hebron zeichnet 1351 über den biblischen König Salomon folgende Legende auf: «Der Wind trug ihn, sein Heer und seine Pferde über die Felder und das stehende Getreide erzitterte gar nicht.»[28]

Dieses Bild blieb ein Teil des späteren epischen Gemeinguts auch ausserhalb der Grenzen des lateinischen Schrifttums. In der ungarischen Literatur wird es von J. Arany gebraucht.[29]

Mit diesem Gleichnis der Schnelligkeit wurde das Judentum somit entweder durch lateinische oder durch arabische Vermittlung bekannt.[30]

---

[28] CH. D. MATTHEWS: Palestine—Mohammedan Holy Land. New Haven, 1949. p. 112.

[29] O. KOMLÓS: Magyar Nyelvőr. 77 (1953) pp. 471—472; Bar—Ilan. Annual of Bar—Ilan University. Studies in Judaica and the Humanities. I. Pinkhos Churgin Memorial Volume. Jerusalem, 1963. p. 204, Anm. 52.

[30] Siehe noch R. GORDIS: «Homeric» Books in Palestine. JQR. 38 (1948) pp. 359—368; H. HAAG: Homer, Ugarit und das Alte Testament (Biblische Beiträge. N. F. 2.). Einsiedeln, 1962. (Cf. M. DAHOOD: Biblica. XLIV (1963) pp. 234—235.).

ZU DEN ANTIKEN ZUSAMMENHÄNGEN DER AGGADA

I. BITTERES IM SÜSSEN

Im Rahmen der Erforschung der antiken Zusammenhänge der Aggada[1] wollen wir uns diesmal zuerst mit einem Gleichnis des Lukrez befassen. Am Anfang von *De rerum natura* vergleicht der Dichter seine eigene schriftstellerische Methode mit derjenigen der Ärzte, die die bittere Arznei dem Kinde in einem Becher verabreichen, dessen Rand sie mit Honig bestreichen. So getäuscht, wird es gesund (I. 936—942):[2]

> *sed veluti pueris absinthia taetra medentes*
> *cum dare conantur, prius oras pocula circum*
> *contingunt mellis dulci flavoque liquore,*
> *ut puerorum aetas inprovida ludificetur*
> *labrorum tenus, interea perpotet amarum*
> *absinthi laticem deceptaque non capiatur,*
> *sed potius tali pacto recreata valescat.*

Als etwas, das wesentlich ist zu sagen, wiederholt er die Stelle Wort für Wort später (IV. 11—17).[3]

Für den raschen Erfolg des Gleichnisses ist nichts charakteristischer als dass Quintilianus es in Lukrez' Namen mit geringer Textabwandlung anführt, aber er fügt hinzu: *sed nos veremur, ne parum hic liber mellis et absinthii multum habere videatur, sitque salubrior studiis quam dulcior.*[4]

Aber sein Nachleben kann noch weiter verfolgt werden. So charakterisiert auch Tasso am Anfang seiner «Gerusalemme Liberata» mit diesem Gleichnisse die Richtung der Poesie seiner Zeit (I. 3):

---

[1] A. SCHEIBER: Acta Antiqua. IX. 1961. pp. 305—306; X. 1962. pp. 233—235; XI. 1963. pp. 149—154.
[2] Lucrèce: De la Nature. Ed. A. ERNOUT. I. Paris, 1924. pp. 39—40; Titi Lucreti Cari De rerum natura libri sex. I. Ed. C. BAILEY. Oxford, 1950. pp. 222—224.
[3] Ed. ERNOUT. II. pp. 151—152; ed. BAILEY. I. p. 362.
[4] Inst. Orator. III. 1. 4—5. Ed. L. RADERMACHER. I. Lipsiae, 1907. p. 128.

> Così all' egro fanciul porgiamo aspersi
> Di svavi licor gli orli del vaso:
> Succhi amari, ingannato, intanto ei beve;
> E dall' inganno suo vita riceve.

Johann Arany weist eben damit Zrinyis Selbständigkeit Tasso gegenüber nach: «Welcher Nachahmer hätte diesem schönen Gleichnis entsagt, wenn er schon die übrigen sich zu eigen machte? Zrinyi lässt es stehen, greift nicht danach, denn sein Weg weicht von dem des Italieners ab, und er hat ein klares Bewusstsein hiervon.»[5] Arany, der anderswo auch hinter Tasso rückwärts im klassischen Altertum nach Quellen und Parallelen forscht,[5a] deutet diesmal nichts an. Offenbar nahm er nicht wahr, dass auch dieses dichterische Bild keine selbständige Erfindung Tassos darstellt. Aber dieses Bild beschäftigte ihn ohne Zweifel, da er aus Gyula Bálinths ungarischer Tasso-Übersetzung gerade diese Strophe vorlegt, und auch seine eigene Übersetzung daneben stellt.[6]

Nach allgemeiner Meinung kommt das Gleichnis das erste Mal bei Platon vor. In den Gesetzen liest man (II. 659e):[7] «gleichwie den Kranken und körperlich Schwachen in angenehmen Speisen und Getränken die nützliche Nahrung einzugeben versuchen diejenigen, die sich darum kümmern.»[8]

Dass diese Stelle auch die Quelle des Lukrez wäre, lässt sich nicht mit voller Sicherheit behaupten, denn er konnte ohne Zweifel auch griechische Texte kennen, die uns nicht mehr zur Verfügung stehen.[9]

Dieses Gleichnis hat von Lukrez unmittelbar — wie einige Beispiele vermuten lassen[10] — oder mittelbar einen Weg zur Aggada gefunden, in der es häufig mit polemischer Tongebung angeführt wird.

Bereits in tannaitischem Texte,[11] dann auch in späteren Midraschsammlungen[12] kommt häufig Folgendes vor: «Was aus Fleisch und Blut ist, heilt das Bittere mit Süssem, aber Gott heilt mit Bitterem das Bittere» (בשר ודם במתוק מרפא את המר אבל הקדוש ברוך הוא מרפא את המר במר). Die Textvarianten sind diesmal nicht erwähnenswert.

---

[5] ARANY JÁNOS Összes Művei. V. Bp., 1884. p. 21.
[5a] Vgl. A. BERCZIK: Acta Litteraria. VI. 1963. pp. 59—89.
[6] Op. cit., X. Bp., 1889. pp. 274—275.
[7] Platon Oeuvres Complètes. XI. Ed. E. PLACES. Paris, 1951. p. 48.
[8] A. ERNOUT: Op. cit., I. p. 40; C. BAILEY: Op. cit., II. Oxford, 1950. p. 760.
[9] I. TRENCSÉNYI-WALDAPFEL: Cicéron et Lucrèce. Acta Ant. Hung. VI. 1958. pp. 372—373; Vallástörténeti tanulmányok. Bp., 1960.² p. 338.
[10] G. ELKOSHI: Thesaurus Proverbiorum Latinorum. Tel-Aviv, 1959. p. 417; S. LIEBERMAN: Hellenism in Jewish Palestine. New York, 1962. p. 175; יוונית ויוונות בארץ-ישראל. Jerusalem, 1962. p. 280.
[11] Mechilta d'Rabbi Ismael. Ed. HOROVITZ-RABIN. Frankfurt a/M., 1931. p. 156 Mekilta de-Rabbi Ishmael. Ed. J. Z. LAUTERBACH. II. Philadelphia, 1949. pp. 92—93.
[12] Tanchuma. Ed. S. BUBER. II. Wilna, 1885. p. 65; Midrash Haggadol. Exodus. Ed. M. MARGULIES. Jerusalem, 1956. p. 317.

Wie volkstümlich dieses Gleichnis auch im späteren Judentum blieb und wie verbreitet es war, beweist ein Spruch des Baal-Schem-Tob (1700—1760), des Begründers des Chassidismus; er lautet: «Es gab Ärzte, die sehr bittere Arzneien gaben, aber ein besserer Arzt gab eine süsse Arznei, denn diese nimmt man gern ein.»[13]

Dem Gleichnis des Lukrez steht ein anderes nahe, das bei Horaz die folgende Form erhält (Sat. I. 1. 25—26):[14]

*...Ut pueris olim dant crustula blandi
doctores, elementa velint ut discere prima.*

Hier wird der alte Volksbrauch verewigt, wonach die Lehrer den Kindern Gebäcke geben, um ihnen Lust zum Abc zu machen.

Man weiss nicht, wie alt die ähnliche Sitte im Judentum ist, da uns dafür nur mittelalterliche Zeugnisse zur Verfügung stehen. Moses Maimuni in Ägypten schreibt im 12. Jahrhundert in seiner Mischna-Einleitung zu Chelek: «Dem Kinde gibt der Lehrer, um in ihm Lust zur Lehre zu erwecken, Nüsse, Feigen, Honig; darum wird es fleissig lesen und einmal das Ziel erreichen.»[15]

Der im selben Jahrhundert lebende Eleasar b. Jehuda aus Worms gibt darüber eine eingehendere Darstellung: Am Morgen des Wochenfestes führt der Vater — nach alter Sitte — das Kind in die Synagoge, oder ins Haus des Lehrers, und setzt es in den Schoss des Lehrers. Man bringt eine Tafel, darauf steht das Alphabet hin und zurück, und andere Texte. Die Buchstaben auf der Tafel sind mit Honig bestrichen, und das Kind leckt den Honig davon ab. Man bringt auch Lebkuchen, worauf die Verse Jes. L. 4—5 sich befinden. Der Lehrer liest einzeln die Worte dieser Verse vor, das Kind sagt sie ihm nach. Hernach bringt man ein gekochtes, geschältes Ei, auf welchem der Vers Esekiel III. 3. steht. Auch diesen liest der Lehrer dem Kinde Wort für Wort vor, und das Kind wiederholt ihn. Nach alledem verzehrt der Kleine den Kuchen und das Ei. Und der Verfasser beendet seinen Bericht wie folgt: «Die Sitte braucht nicht geändert zu werden.»[16] Vom Text haben wir bloss das für uns Wichtigste ausgezogen.

Ähnliche Berichte haben wir aus Frankreich.[17] Die Szene befindet sich auch in der jüdischen Kunst als Illustrationsthema zum Wochenfeste (z. B. im Machsor der Leipziger Universitätsbibliothek).[18]

[13] M. UNGER: ר' ישראל בעל-שם-טוב New York, 1963. p. 219.
[14] Q. Horati Flacci Opera Omnia. Ed. I. BORZSÁK. Bp., 1961. p. 362.
[15] הקדמות לפירוש המשנה Ed. M. D. RABBINOWITZ. Jerusalem, 1960. p. 113.
[16] Roqeach § 269; S. ASSAF: מקורות לתולדות החנוך בישראל I. Tel-Aviv, 1925. pp. 3—4; E. ROTH: Isr. Wochenblatt. LXIV. 1964. No. 20.
[17] Kol-Bo § 74; Machsor Vitry. Ed. S. HURWITZ. Nürnberg, 1923. p. 628; Monumenta Judaica. 2000 Jahre Geschichte und Kultur der Juden am Rhein. Handbuch. Köln, 1963. pp. 114—115.
[18] Monumenta Judaica. Katalog. Köln, 1963. D. 24; Machsor Lipsiae. Ed. E. KATZ. Leipzig, 1964. pp. 22. 43—44.

II. MORD AUS HUNGER

In der Bibel kommt er öfters vor sowohl als Drohung wie auch als geschehener Greuel.[19] Wir finden ihn in beiden Varianten des «Fluches». Lev. XXVI. 29: «Dass ihr sollt eurer Söhne und Töchter Fleisch fressen.» Deut. XXVIII. 53—57: «Du wirst die Frucht deines Leibes fressen, das Fleisch deiner Söhne und deiner Töchter, die dir der Herr, dein Gott, gegeben hat, in der Angst und Not, damit dich dein Feind drängen wird. Dass ein Mann, der zuvor sehr zärtlich und in Üppigkeit gelebt hat unter euch, wird seinem Bruder und dem Weib in seinen Armen und dem Sohn, der noch übrig ist von seinen Söhnen, missgönnen, zu geben jemand unter ihnen von dem Fleisch seiner Söhne, das er frisset; sintemal ihm nichts übrig ist von allem Gut in der Angst und Not, damit dich sein Feind drängen wird in allen deinen Toren. Ein Weib unter Euch, das zuvor zärtlich und in Üppigkeit gelebet hat, dass sie nicht versucht hat, ihre Fussohle auf die Erde zu setzen, vor Zärtlichkeit und Wohlleben, die wird dem Manne in ihren Armen und ihrem Sohne und ihrer Tochter missgönnen die Nachgeburt, die zwischen ihren eigenen Beinen ist ausgegangen, dazu ihre Söhne, die sie geboren hat; denn sie werden sie vor Mangel an allem heimlich essen in der Angst und Not, damit dich dein Feind drängen wird in deinen Toren.» Hierher gezogen kann auch werden Esekiel V. 10: «Dass in dir die Väter ihre Kinder und die Kinder ihre Väter fressen sollen; und will solch Recht über Dich ergehen lassen, dass alle deine Übrigen sollen in alle Winde zerstreuet werden.» Siehe noch Jer. XIX. 9.

Es gibt Zeugnisse auch für die Erfüllung der Drohungen und Prophezeiungen. Zur Zeit des Joram, des Königs in Israel, belagerte Ben-Hadad, der König von Aram, Schomron. «Und da der König Israels auf der Mauer einherging, schrie ihn ein Weib an und sprach: Hilf mir, mein Herr König! Er sprach: Hilft dir der Herr nicht, woher soll ich dir helfen? von der Tenne oder von der Kelter? Und der König sprach zu ihr: Was ist dir? Sie sprach: Dies Weib sprach zu mir: Gib deinen Sohn her, dass wir heute essen; morgen wollen wir meinen Sohn essen. So haben wir meinen Sohn gekocht und gegessen. Und ich sprach zu ihr am andern Tage: gib deinen Sohn her und lass uns essen; aber sie hat ihren Sohn versteckt. Da der König die Worte des Weibes hörte, zerriss er seine Kleider ...» (II. Könige. VI. 26—30). Der Erläuterung der Aggada zufolge versteckte die Mutter ihr Kind nicht lebendig, sondern sie schlachtete und kochte es und so versteckte sie es vor ihrer Gefährtin.[20] Ähnlich erläutert es Sa'adia: «Sie bewahrte es, damit sie es selbst esse und nicht ihre Gefährtin.»[21]

---

[19] B. Heller: A Budapesti ... Orsz. Rabbiképző-Intézet Értesítője az 1929/30. tanévről. Bp., 1930. p. 25.
[20] Jalqut Melachim § 231.
[21] B. Cohen: Quotations from Saadia's Arabic Commentary on the Bible from two Manuscripts of Abraham ben Solomon. Saadia Anniversary Volume. New York, 1943. p. 116.

Während beider Belagerungen Jerusalems kam solches vor. Über die Belagerung im Jahre 586 berichtet das Buch der Klagelieder (II. 20): «Sollen denn die Weiber ihres Leibes Frucht essen, die Kindlein, so man auf Händen trägt?» IV. 10: «Es haben die barmherzigsten Weiber ihre Kinder selbst müssen kochen.» Über die Belagerung, die im Jahre 70 ihr Ende fand, erzählt Josephus Flavius zur Illustrierung des Hungers — gleichsam schaudernd — die Szene, dergleichen weder bei den Griechen noch bei den Barbaren ($\mu\acute{\eta}\tau\varepsilon$ $\pi\alpha\varrho$' "$E\lambda\lambda\eta\sigma\iota$ $\mu\acute{\eta}\tau\varepsilon$ $\pi\alpha\varrho\grave{\alpha}$ $\beta\alpha\varrho\beta\acute{\alpha}\varrho o\iota\varsigma$) geschehen war. Maria, die Tochter des Eleasar — einst eine reiche Frau — tötete ihren Säugling, briet ihn und ass ihn zur Hälfte auf. Die andere Hälfte tat sie beiseite. Diejenigen, die ins Haus einbrachen, erstarrten gleichsam vor dem Anblick und schlichen sich hinaus. Der Fall wurde sowohl in der belagerten Stadt als auch unter den belagernden Römern bekannt.[22] Der Ungar Peter Bornemisza (1578) sagt auf Grund dessen: «Auch in Jerusalem assen die Eltern zur Zeit des Titus Vespasianus (!) ihre Kinder.»[23]

Eleasar Qalir, einer der frühesten palestinischen Pajtanim (um das VII. Jahrhundert), benützt in seiner Charakteristik des Elends während der zweiten Belagerung Jerusalems — gleichsam mit philologischer Gründlichkeit — die meisten der angeführten biblischen Verse, obgleich sie sich ursprünglich nicht auf dieses Zeitalter bezogen.[24] Diese dichterische Komposition erwähnt auch Sa'adia in seinem Bibelkommentar.[25]

Josephus war jedoch in Irrtum, als er schrieb, Ähnliches käme bei anderen Völkern nicht vor. Es gibt dafür Zeugnisse.

Nur zwei Fälle seien hier erwähnt. Die übriggebliebenen Soldaten des Šamaššumukinn, denen es gelang in Babylon einzuziehen, assen das Fleisch voneinander in ihrem unersättlichen Hunger.[26]

Petronius Arbiter zeichnete es auf, dass P. Cornelius Scipio Aemilianus, als er (133 v. u. Z.) Numantia eroberte, Mütter angetroffen habe, die die zur Hälfte aufgegessenen Körper ihrer Kinder in ihrem Schosse gehalten hätten: *Cum esset Numantia a Scipione capta, inventae sunt matres, quae liberorum suorum tenerent semesa in sinu corpora.*[27]

Durch die neueren archäologischen Funde wurde der historische Kredit des Josephus in grossem Masse bekräftigt. Man hat auch keinen Grund, das

---

[22] Bellum. VI. 3. 3—4. Flavii Josephi Opera Omnia. Ed. S. A. NABER. VI. Lipsiae, 1906. pp. 99—101.
[23] P. BORNEMISZA: Ördögi kísértetek. Ed. A. ECKHARDT. Bp., 1955. p. 183. In der Anmerkung (p. 271.) ist die Geschichte nicht genau zitiert.
[24] I. DAVIDSON: Thesaurus of Mediaeval Hebrew Poetry. I. New York, 1924. p. 251. No. 5503.
[25] Qalir ist von Sa'adia auch anderswo erwähnt. Vgl. A. HARKAVY: Mittheilungen aus Petersburger Handschriften. ZAW. II. 1882. p. 12; Commentaire sur le Séfer Jesira. Ed. M. LAMBERT. Paris, 1891. p. 23.
[26] J. B. PRITCHARD: Ancient Near Eastern Texts Relating to the Old Testament. Princeton, 1955. p. 298.
[27] Pétrone: Le Satiricon. Ed. A. ERNOUT. Paris, 1922. p. 177.

von ihm erzählte entsetzliche Ereignis zu bezweifeln. Damals mochten noch Zeitgenossen leben, die davon wussten, und es bestätigen oder widerlegen konnten. Dennoch ist anzunehmen, dass er entweder auf Grund jüdisch-literarischer Reminiszenzen[28] oder seiner klassischen Lektüren[29] — vielleicht eben des Petronius[30] — oder auf Grund beider diese Szene so derb ausschmückte. Cadbury hat wohl recht, wenn er behauptet, es sei eine allgemeine Sitte der antiken Historiker, Quellen zu benützen, ohne sie zu nennen, und Quellen zu nennen, ohne sie zu benützen.

---

[28] S. RAPPAPORT: Agada und Exegese bei Flavius Josephus. Wien, 1930; B. HELLER: Grundzüge der Aggada des Flavius Josephus. MGWJ. LXXX. 1936. p. 363.

[29] H. BLOCH: Die Quellen des Flavius Josephus in seiner Archäologie. Leipzig, 1879; H. ST. J. THACKERAY: Josephus, the Man and the Historian. New York, 1929. pp. 39—43.

[30] W. BACHER: JQR V. 1893. pp. 168—170.

NEUE BEMERKUNGEN
ZU DEN ANTIKEN ZUSAMMENHÄNGEN DER AGGADA

I. DIE TIERE DER FROMMEN*

In der klassischen Literatur und in der jüdischen Legende finden sich zahlreiche Beispiele dafür, dass die Tiere — auch gegen ihre Natur — das Gesetz und die Vorschrift respektieren.[1]

Aus der Aggada wollen wir einige Beispiele herausgreifen. Die Kamele Abrahams betreten kein Haus, wo man Götzen anbetet.[2] Ein verarmter Jude verkauft seine Kuh, aber diese will am Felde ihres neuen Herrn am Sonnabend nicht pflügen. Dieser beklagt sich; der Jude raunt der Kuh ins Ohr, sie solle pflügen. Sie gehorcht. Als der Wirt dies sieht, bekehrt er sich zum Judentum und nimmt den Namen Jochanan b. Toreta (Anfang des II. Jahrhunderts) an.[3] Vom Esel des Chanina b. Dosa (I. Jahrhundert) wird erzählt: er wurde von Räubern gestohlen und in ihrem Hofe angebunden. Man gab ihm Stroh, Gerste und Wasser, doch weder frass noch trank er. Man liess ihn frei und er fand nach Hause. Hier nun, ausgehungert und ermattet, frass und trank er.[4]

Hinsichtlich unseres Gegenstandes ist Pinchas b. Jair besonders beachtenswert. Er war der Schwiegersohn des Schimon b. Jochaj. Er lebte im II. Jahrhundert, wahrscheinlich in Lydda. Er zeichnete sich durch Frömmigkeit und sittlichen Lebenswandel aus. Auf das Brot eines Fremden sprach er keinen Segen, und nachdem er grossjährig geworden war, ass er selbst am Tische seines Vaters nicht (Chullin 7b). Den Zehent der Ernte nahm er sehr streng. In einer Stadt wurde die Ernte von den Mäusen angefressen. Pinchas b. Jair, an den sich die Einwohner wandten, erklärte die Sache so, dass kein Zehent von der Ernte gegeben wurde. Sie gaben ihn, worauf die Mäuse vom

---

* Die früheren Teile dieser Bemerkungen siehe in Acta Antiqua. IX. 1961. pp. 305—306; X. 1962. pp. 233—235; XI. 1963. pp. 149—154; XIII. 1965. pp. 267—272.
[1] S. RAPPAPORT: Antikes zur Bibel und Agada. Kaminka-Festschrift. Wien, 1937. pp. 82—84.
[2] Aboth de Rabbi Nathan. VIII. Ed. S. SCHECHTER. London—Wien—Frankfurt, 1887. p. 38; Nachmanides ad Gen. XXIV. 32. Ed. C. B. CHAVEL. I. Jerusalem, 1959. pp. 138—139; I. HEINEMANN: דרכי האגדה. Jerusalem, 1954. p. 98.
[3] Pesikta Rabbati. XIV. Ed. M. FRIEDMANN. Wien, 1880. 56b—57a; Bet ha-Midrasch. Ed. A. JELLINEK. I. Jerusalem, 1938. p. 74.
[4] Aboth de Rabbi Nathan. VIII. p. 38; W. BACHER: Die Agada der Tannaiten. II. Strassburg, 1890. p. 496.

Anfressen des Getreides abliessen (Jer. Demaj. I. 3.). Die Aggada erzählt, dass auch sein Esel seiner Frömmigkeit folgte. Räuber stahlen ihn aus seinem Hause, liessen ihn drei Tage lang arbeiten, aber er war nicht geneigt zu fressen. Sie liessen ihn nach Hause, setzten ihm hier Gerste vor, er rührte sie jedoch nicht an. Es stellte sich heraus, dass sie nicht den Teil daraus entfernt hatten, von dem kein Zehent gegeben wurde.[5]

Diese Legenden hat die Literatur als jüdische Kuriositäten verbucht,[6] aber sie sind es nicht. Es finden sich Parallelen zu ihnen. M. Guttmann hat bereits auf eine hingewiesen.[7] Hieronymus schreibt von Hilarius, seine Ochsen hätten die von einem Mönch geschenkt bekommenen Erstlinge von grünen Erbsen nicht gefressen, die — ohne den Zehent abzugeben — direkt vom Felde dahin gebracht wurden:[8]

Denique unum de fratribus in quinto fere a se milliario manentem, quia comperiebat hortuli sui nimis cautem timidumque custodem, et pauxillum habere nummorum, ab oculis abegerat. Qui volens sibi reconciliari senem, frequenter veniebat ad fratres, et maxime ad Hesychium, quo ille vehementissime delectabatur. Quadam igitur die ciceris fascem virentis, sicut in herbis erat detulit. Quem cum Hesychius posuisset in mensa ad vesperum, exclamavit senex, se putorem ejus ferre non posse, simulque unde esset rogavit. Respondente autem Hesychio, quod frater quidam primitias agelli sui fratribus detulisset, non sentis, inquit, putorem teterrimum, et in cicere foetere avaritiam? Mitte bubus, mitte brutis animalibus, et vide an comedant. Quod cum ille juxta praeceptum in praesepe posuisset, exterriti boves et plus solito mugientes, ruptis vinculis in diversa fugerunt. Habebat enim senex hanc gratiam, ut ex odore corporum vestiumque, et earum rerum quas quis tetigerat, sciret cui daemoni, vel cui vitia subjaceret.

M. Guttmann folgert hieraus: «An eine unmittelbare Entlehnung ist hier kaum zu denken, wohl aber an eine gewisse Gemeinsamkeit der Denkrichtung.»

Wir haben eine fernere Parallele gefunden. Das Etienne de Besançon zugeschriebene Alphabetum Narrationum erzählt eine Legende über die Schweine des Spitals des Heiligen Antonius. Diese durften mit einer Klingel am Halse auch in Gassen laufen, wo es anderen Schweinen versagt war:[9]

«Wie uns Jacobus von Vitry erzählt, lebte im Bistum von Lincoln ein Schmied, der die Anordnungen der Kirche verachtete. Er wurde deshalb in Bann getan. Eines Tages sass dieser Mann mit anderen beisammen und ass. Da lief ein Schwein des Heiligen Antonius zu ihnen ins Haus hinein. Der

---

[5] Chullin 7a/b; Gen. R. LX. 8. Ed. Ch. Albeck. Berlin, 1927. pp. 648—649.
[6] J. A. Eisenmenger: Entdecktes Judenthum. I. Frankfurt a/M., 1700. pp. 421—422.
[7] M. Guttmann: Berührungspunkte zwischen talmudischem und umweltlichem Denken. Festschrift Immanuel Löw zum 80. Geburtstage. Breslau, 1934. pp. 180—181.
[8] Vita S. Hilarionis. 28. Frater nimis cautus. PL. XXIII. col. 42.
[9] D. P. Rotunda: Motif-Index of the Italian Novella in Prose. Bloomington, 1942. p. 3. B. 256. 2; S. Thompson: Motif-Index of Folk-Literature. I. Copenhagen, 1955. p. 410. B. 256. 2.

Schmied warf ihm ein Stück Brod hin, und sagte: Jetzt wird es sich zeigen, ob das Schwein des Heiligen Antonius mein Brod frisst, obgleich ich in Bann getan bin, oder nicht. Das Tier aber beschnüffelte das Brod, frass es jedoch nicht. Da bat der Schmied einen seiner Kameraden, dasselbe Brod in die Hand zu nehmen und es dem Tiere vorzuwerfen; er tat so, doch das Schwein wollte das Brot nicht berühren. Andere, die nicht mit dem Schmied beisammen sassen, gaben dem Schwein von ihrem Brod, und siehe, es ass es.»[10]

Auch hier ist von keiner literarischen Entlehnung die Rede. In den Legenden spiegelt sich die gemeinsame Überzeugung, dass die Tiere der Frommen dieselbe Auffassung haben wie ihre Besitzer.

II. PLÖTZLICHES ERGRAUEN

Als Eleasar b. Asarja (I—II. Jahrhundert) anstatt Gamliels II. zum Haupte des Lehrhauses in Jabne gewählt wurde, war er 18 Jahre alt. Sein Weib wollte ihn abreden und sagte: er habe doch keine grauen Haare. Am selben Tag geschah ein Wunder: 18 Haarreihen ergrauten (ואהדרו ליה תמני סרי דרי חוורתא). Deshalb sagte er: «Ich bin wie ein Siebzigjähriger», und nicht: «Ich bin siebzig Jahre alt».[11] Nach einer Variante der Legende war damals Eleasar 16 Jahre alt und sein ganzes Haar war ergraut (בן שש עשרה שנה היה ונתמלא כל ראשו שיבות).[12]

In der zweiten Hälfte des ersten Jahrhunderts erwähnt Suetonius ein ähnliches Wunder. Als Galba in Hispania Terraconensis ankam und in einem Tempel ein Opfer darbrachte, da geschah es, dass eines der diensttuenden Kinder, das ein Rauchfass in der Hand hielt, plötzlich ganz ergraute. Dies wurde als ein Vorzeichen angesehen, dass er zum Kaiser erwählt werden würde:[13]

«Acciditque, ut cum provinciam ingressus sacrificaret intra aedem publicam, puero e ministris acerram tenenti capillus repente toto capite canesceret, nec defuerunt qui interpretarentur, significari rerum mutationem successurumque iuveni senem, hoc est ipsum Neroni.»

Auch ein späteres Sagenmaterial weiss vom plötzlichen Ergrauen eines Kindes.[14] Aber die jüdische Legende erzählt ausser dem obigen keinen anderen Fall, sondern nur den gegenteiligen: Das Haar des alten Abraham wurde — als ihm sein Sohn Isaak geboren war — schwarz.[15]

---

[10] An Alphabet of Tales. Ed. M. M. BANKS. I. London, 1904. p. 215. No. CCCXII. (Early English Text Society. 126.)

[11] Ber. 28a; W. BACHER: Die Agada der Tannaiten. I³ Berlin, 1965. p. 212; W. BACHER: Tradition und Tradenten in den Schulen Palästinas und Babyloniens. Leipzig, 1914. p. 19; L. FINKELSTEIN: Akiba. Scholar, Saint and Martyr. New York, 1936. p. 127.

[12] Jer. Taanit 67d.

[13] C. Suetoni Tranquilli quae supersunt omnia. Ed. C. L. ROTH. Lipsiae, 1865. p. 203.

[14] V. CHAUVIN: Bibliographie des Ouvrages Arabes ou Relatifs aux Arabes. VII. Liège—Leipzig, 1903. pp. 112—113. No. 379 bis, Note 1.

[15] L. GINZBERG: The Legends of the Jews. I. Philadelphia, 1947. p. 206.

Die Legende nährte sich diesmal von Lebenserfahrungen. Man hat in Vergangenheit und Gegenwart viele Fälle aufgezeichnet über plötzliches Ergrauen vor Schreck und Kummer.[16]

III. EHRENBEZEIGUNG DES VATERS VOR DEM SOHN

In der Aggada und in dem jüdischen Schrifttum ist es ein häufiges Motiv, dass der Vater vor dem Sohn oder Enkel aufsteht, weil dieser ihn in der Wissenschaft oder Würde überflügelt hat.

«Da ward's Jakob angesagt: Siehe, dein Sohn Joseph kommt zu dir. Und Israel machte sich stark, und setzte sich im Bette» (Gen. XLVIII. 2.). Dazu bemerkt ein alter, palästinischer Midrasch: «Damit wollte er der Macht Ehre erweisen. Mejascha, der Enkel des Josua b. Levi erhielt eine Würde (אכסיומה $= \dot{a}\xi\iota\tilde{\omega}\mu a$) von der Regierung, und wenn er nach Hause kam, stand sein Grossvater vor ihm auf, um der Macht Ehre zu erweisen.»[17] Josua b. Levi (erste Hälfte des III. Jahrhunderts) erzählte selber, dass er vor seinem Sohn (R. Joseph) aufzustehen pflegt, um das Haus des Nasi zu beehren.[18] Sein Sohn nämlich heiratete aus der Familie des Patriarchen.

Auch aus dem Mittelalter kennen wir dafür Beispiele. Ascher b. Jechiel zeichnete auf, dass R. Meir von Rothenburg (XIII. Jahrhundert) vom Tage an, als er berühmt wurde, seinen Vater nicht besuchte und nicht wollte, dass dieser zu ihm käme.[19] Das Verhalten des hochgelehrten, aber auch in seiner Bescheidenheit bekannten Meisters kann nur so erklärt werden: er wollte nicht, dass sein Vater — der jüdischen Etikette des Zeitalters gemäss — vor ihm aufstehe.[20] Der Aufzeichner selber, Ascher b. Jechiel — ein Schüler des R. Meir von Rothenburg — pflegte in Toledo vor seinem Sohn Jechiel, wenn dieser die Synagoge betrat, aufzustehen, weil der Sohn gelehrter war als er.[21] Das Gesetzbuch Schulchan Aruch des Joseph Karo im XVI. Jahrhundert registrierte dies auch mit einiger Milderung: «Ist der Vater der Schüler seines Sohnes, so sollen beide aufstehen.»[22]

Aulus Gellius (erste Hälfte des II. Jahrhunderts) erzählt vom Konsul Q. Fabius Maximus, dass sein Vater Fabius gezwungen war, wenn er seinem Sohne begegnete, vom Pferde zu steigen, denn es handelte sich um die Würde des römischen Volkes:[23]

---

[16] TH. LOCHTE. Atlas der menschlichen und tierischen Haare. Leipzig, 1938. pp. 32—34. (Den Hinweis auf dieses Buch verdanke ich Herrn Prof. L. HARANGHY).
[17] Gen. R. XCVII. 2. Ed. CH. ALBECK. p. 1242; Midrash Haggadol. Genesis. II. Ed. M. MARGULIES. Jerusalem, 1947. p. 817.
[18] Kidduschin 33b.
[19] Kidduschin I. 57.
[20] J. WELLESZ, REJ. LVIII. 1909. p. 230.
[21] D. KAUFMANN, MGWJ. XL. 1896. p. 186.
[22] Jore Dea § 240, 7.
[23] A. Gelli Noctium Atticarum libri XX. Ed. C. HOSIUS. I. Stuttgart, 1959. p. 93. (II. 2.)

«*Deinde facti consules Sempronius Graccus iterum Q. Fabius Maximus, filius eius, qui priore anno erat consul. Ei consuli pater proconsul obviam in equo vehens venit neque descendere voluit, quod pater erat, et, quod inter eos sciebant maxima concordia convenire, lictores non ausi sunt descendere iubere. Ubi iuxta venit, tum consul ait 'quid postea?'; lictor ille, qui apparebat, cito intellexit, Maximum proconsulem descendere iussit. Fabius imperio paret et filium collaudavit, cum imperium, quod populi esset, retineret.*»

Zwischen den aggadischen Texten und der klassischen Quelle besteht nur in der Tongebung ein Unterschied zugunsten der ersteren. Geist und Auffassung ist jedoch beiden gemein.

IV. BITTERES IM SÜSSEN

Indem ich den Weg dieses Bildes verfolgte, habe ich das fehlende Kettenglied seitdem im jüdischen Schrifttum des Mittelalters gefunden.

In der in Versen verfassten Streitschrift des Saadja gegen Chiwi kommt die Strophe vor, deren vergleichenden-literaturgeschichtlichen Hintergrund die Forscher bisher ausser acht gelassen haben.

הלא כאשר ייסר איש את בנו · בשבטו ושיקויו יכאיבו וירב עצבונו · להחדילו
מרעתו ומחליו ולעשות רצונו · כן י"י אלהינו מיסר את עם המונו :

Davidson[24] und Poznanski[25] neigen zu einer Textverbesserung, obgleich der Text ganz klar ist: «Nicht wahr, wie der Mensch seinen Sohn züchtigt, mit seinem Stab und seinem Trank ihm Schmerz verursacht und sein Leiden vergrössert, damit er ablasse von seiner Schlechtigkeit und seiner Krankheit und seinem Willen willfahre, so züchtigt auch der Ewige, unser Gott sein murrendes Volk.» Der Sinn des Textes ist folgender: mit seinem Stabe will er ihm die schlechte Neigung und mit seiner bitteren Arznei die Krankheit austreiben. S. A. Wertheimer weist richtig auf eine Parallele in Saadjas philosophischem Werke hin:[26] «Die Leiden, die ihnen der Schöpfer auferlegt, sind dazu da, damit sie sich bessern, gleich der Rüge ihres Vaters, mit der er sie züchtigt und vermahnt, damit sie keinen Schaden erleiden, oder wie er sie bittere, unangenehme Arzneien trinken lässt, um ihre Krankheit zu heilen.»[27]

---

[24] I. DAVIDSON: Saadia's Polemic against Hiwi al-Balkhi. New York, 1915. p. 66.
[25] S. POZNANSKI: Ein Fragment der polemischen Schrift Saadja Gaons gegen Chiwi al-Balchi. (Hebräisch.) Warschau, 1916. p. 33; ZfHB. XX. 1917. p. 52.
[26] S. A. WERTHEIMER: גאון הגאונים Jerusalem, 1925. p. 50; M. GIL: Khivi Ha-Balkhi, the Khurasani Atheist. (Hebräisch.) Merhavya, 1965. p. 92.
[27] אמונות ודעות V. 3; ähnlicherweise lesen wir in einem anonymen hebräischen Gedicht: „Darum isst der mit weisem Herzen Begabte das Bittere, das nützt" (יועיל המר בעת). Siehe M. STEINSCHNEIDER, ZfHB. IX. 1905. p. 26. No. 7.

ANTIKE MOTIVE IN DER AGGADA*

Schon früher haben wir die klassischen Zusammenhänge zahlreicher Aggaden erforscht und auch das weltliterarische Nachleben der einzelnen Motive verfolgt.[1] Freilich könnte man jetzt die Literatur dieser Untersuchungen an einigen Punkten ergänzen. Die klassischen Quellen des Motivs «Bitteres im Süßen»[2] könnte man jetzt auf Grund einer ausgezeichneten Bibliographie präzisieren.[3] Die Rahmen des Motivs «Plötzliches Ergrauen»[4] könnten mit der Literatur über die Vorstellung *«puer senex»* erweitert werden, wobei auf die Forschungen von E. R. Curtius hinzuweisen sei.[5] Diesmal wollen wir vier neuere Motive behandeln.

I. Der Freund meines Freundes ist mein Freund

«Les amis de mes amis sont mes amis.» Dieses französische Sprichwort hat zahlreiche orientalische Vorläufer. Seine vollständigste türkische Form lautet:[6] «Der Freund des Freundes ist ein Freund, der Feind des Freundes ist ein Feind; der Freund des Feindes ist ein Feind, der Feind des Feindes ist ein Freund.»

Die türkischen und persischen Vorkommen hat L. Fekete gesammelt und behandelt.[7] In einer türkischen Quelle findet er es 1443 zuerst erwähnt, in einer persischen vor 1444. Seine Untersuchungen faßt er so zusammen: «Die

---

* [Dieser Aufsatz war für die Trencsényi-Waldapfel—Festschrift (Acta Ant. Hung. XVI. 1—4) bestimmt, konnte aber aus technischen Gründen erst in dieser Nummer veröffentlicht werden. — *Red.*]

[1] Acta Ant. Hung. 9 (1961) S. 305—306; 10 (1962) S. 233—235; 11 (1963) S. 149—154; 13 (1965) S. 267—272; 14 (1966) S. 225—229.

[2] Ibid. 13 (1965) S. 267—269; 14 (1966) S. 229.

[3] H. Gärtner—W. Heyke: Bibliographie zur antiken Bildersprache. Heidelberg 1964. S. 451, 485. Die Angabe von Curtius Rufus kommt im Werk nicht vor (V. 9.): *«sed medici quoque graviores morbos asperis remediis curant.»* Q. Curti Rufi Historiarum Alexandri Magni qui supersunt. Ed. E. Hedicke. Lipsiae 1908. S. 136.

[4] Acta Ant. Hung. 14 (1966) S. 227—228.

[5] E. R. Curtius: Europäische Literatur und lateinisches Mittelalter. Bern 1948. S. 106—109; European Literature and the Latin Middle Ages. New York 1953. S. 98—101; Gesammelte Aufsätze zur romanischen Philologie. Berlin—München 1960. S. 12—13.

[6] H. Jehlitschka: Türkische Konversationsgrammatik. Heidelberg 1895. S. 52.

[7] L. Fekete: MNy 57 (1961) S. 475—477.

Redeweise kommt in verschiedenen türkischen Sprachen vor und wie die Zahl der Beispiele zeigt, war sie in der Amtssprache der krimtatarischen Kanzlei eine übliche Phrase . . .; aber im Persischen war sie ebenfalls in der Praxis verschiedener Kanzleien gebräuchlich. Im Osmanisch-Türkischen wie in der persischen Sprache ist sie auch heute eine gewöhnliche Redeweise. Die fernere Spur ihres Textes konnte ich während meiner Umfragen weder in den europäischen noch in den asiatischen Sprachen ausfindig machen. Man kann somit annehmen, daß diese Redeweise türkischen oder persischen Ursprungs ist.»

Sehen wir nun, ob diese Redeweise nicht auch anderwärts zu finden ist. In der Bibel ist sie in dieser Fassung vorhanden: «Ich hasse ja, Herr, die dich hassen» (Ps. CXXXIX. 21.). Im Talmud kann dieses Wort angeführt werden: שלי ושלבך שלה הוא (Ket. 63a; Ned. 50a.).

Im klassischen Schrifttum finden sich zahlreiche Beispiele, darunter auch solche, die um tausend Jahre älter sind als die aus dem persisch-türkischen Schrifttum angeführten.

Bei Xenophon (ca. 430—354) lesen wir diese Zeilen (VIII. 1. 5.): «Kyros kann nichts erfinden, was ihm frommt, uns jedoch nicht, denn was für ihn nützlich ist, ist es auch für uns, *und seine Feinde sind auch unsere Feinde*» («καὶ οἱ αὐτοὶ εἰσιν ἡμῖν πολέμιοι»)[8].

M. Portius Cato (234—149) schreibt dem Aufseher des Besitzes als Pflicht vor: «Er soll sich nicht für klüger halten als seinen Herrn. Er soll *die Freunde seines Herrn als seine eigenen Freunde betrachten*» («*amicos domini, eos habeat sibi amicos*»).[9]

Polybius (im II. Jh. v. u. Z.) lehrt: «Dem rechtschaffenen Manne geziemt es, der Freund seiner Freunde und seines Vaterlandes zu sein; er soll *die Feinde seiner Freunde hassen und ihre Freunde lieben*» («καὶ γὰρ φιλόφιλον εἶναι δεῖ τὸν ἀγαθὸν ἄνδρα καὶ φιλόπατριν καὶ συμμισεῖν τοῖς φίλοις τοὺς ἐχθροὺς κα συναγαπᾶν τοὺς φίλους»).[10]

Nach Curtius Rufus (im I. Jh. u. Z.) sprach ein Soldat Alexanders des Großen zu ihm (VII. 1.): «Haben wir alle nicht deine Worte schier buchstäblich wiederholt, als wir den Eid ablegten, daß *dein Feind unser Feind und dein Freund unser Freund* sein wird?» («*Si non propemodum in tua verba, at tui omnes te praeeunte iuravimus, eosdem nos inimicos amicosque habituros esse, quos tu haberes*»).[11]

Zuletzt beginnt Plinius der Jüngere (62 — ca. 114) einen seiner Briefe folgenderweise (VII. 12.): «Hier sende ich das Buch, das ich deinem Wunsche

---

[8] Xenophon: Cyropaedia. II. Ed. W. MILLER. London—Cambridge, Mass. 1953. S. 308.
[9] M. Porci Catonis De agri cultura. V. 3. Ed. J. KUN. Budapest 1966. S. 98.
[10] Polybius: The Histories. I. Cambridge, Mass.—London 1954. S. 34. Cf. A. SCHEIBER: MNy 61 (1965) S. 221—222.
[11] Q. Curti Rufi Historiarum Alexandri Magni Macedonis libri qui supersunt. Editio maior. Ed. E. HEDICKE. Lipsiae 1908. S. 202—203.

gemäß durchkorrigiert habe, damit es *dein Freund, d. h. unser Freund (denn können wir etwas haben, was nicht gemeinsam ist?)* es gelegentlich gebrauchen kann» («*Libellum formatum a me, sicut exegeras, quo amicus tuus, immo noster [quid enim non communis nobis?], si res posceret, uteretur, misi tibi ideo tardius . . .*»).[12]

Wir können somit feststellen, daß wir die Quelle dieser Redeweise im klassischen Schrifttum zu suchen haben.

II. Der Wolf kommt!

Als Fundstätte der Fabel «Der Wolf kommt»![13] pflegt die Forschung Aesop,[14] Phaedrus[15] und Babrios[16] zu bezeichnen. In der Unmenge der Parallelen ist Xenophon nirgends erwähnt. Nach ihm lehrte Kyros seinen Sohn diese Fabel, um die militärische Kampflust seiner Soldaten zu erwecken (I. 6. 19.): «Dies ist wie wenn der Jäger immer so schrie, seine Hunde so riefe, wie wenn das Wild wirklich sich nähert. Das erstemal würden sie spornstreichs gehorchen, doch wenn ihr Herr sie mehrmals irreführt, hören sie schließlich auch dann nicht auf ihn, wenn das Wild wirklich dort ist. Ebenso ist es auch mit den Hoffnungen. Wer öfters eitle Hoffnungen erweckt, dem glaubt man selbst dann nicht, wenn das, was er verspricht, begründet ist. Mein Sohn, der Heerführer soll nie etwas sagen, dessen er nicht sicher ist.»[17] Aus der Fabel wurde ein Sprichwort: «*cum mendaci homini ne verum quidem dicenti credere soleamus*».[18]

Die sprichwörtliche Gestalt der Fabel wurde auch im Hebräischen bekannt: «Was hat dieser Lügner davon, wenn er auch die Wahrheit sagt, man glaubt ihm nicht» (מה טיבו של בדאי הזה, אפילו דברים של אמת היא א׳, אין מאמינין לו).[19]

Die parallelen Texte weichen nur in der Fassung voneinander ab (. . . כך עינש של בדאי),[20] ihr Sinn jedoch ist derselbe. Sie kommt auch in den arabischen und den europäischen Sprichwörtern vor.[21]

---

[12] C. Plini Caecili Secundi Epistularum libri novem. Ed. M. Schuster. Lipsiae 1933. S. 224—225. Cf. Appianos IV. 5. («. . . ἤ φιλίας ἐχθρῶν ἤ φίλων ἐχθρας . . .»)
[13] W. Wienert: Die Typen der griechisch-römischen Fabel. Helsinki 1925. S. 84. No. 508; S. Thompson: Motif-Index of Folk-Literature. IV. Copenhagen 1957. S. 188. J. 2172. 1.
[14] Fabulae Aesopicae collectae. Ed. Halm. Leipzig 1852. No. 353; Corpus Fabularum Aesopicarum. Ed. A. Hausrath. I. 2. Lipsiae 1956. No. 226.
[15] Babrius and Phaedrus. Ed. B. E. Perry. London—Cambridge, Mass. 1965. S. 462. No. 210.
[16] Babrii Fabulae Aesopeae. Ed. O. Crusius. Leipzig 1897. No. 169.
[17] Xenophon: Cyropaedia. I. Ed. W. Miller. London—Cambridge, Mass. 1957. S. 104—106.
[18] Cicero: De divinatione. II. 71, 146; A. Otto: Die Sprichwörter und sprichwörtlichen Redensarten der Römer. Leipzig 1890. S. 219.
[19] Gen. Rabba XCIV. 3. Ed. Ch. Albeck. Berlin 1929. S. 1173.
[20] Aboth de Rabbi Nathan. I. XXX. Ed. S. Schechter. Londoni—Vindobonae—Francofurti 1887. S. 90; Sanh. 89b; G. Elkoshi: Thesaurus proverbiorum latinorum. Tel-Aviv 1959. S. 228. No. 999.
[21] I. Cohen: Parallel Proverbs. Tel-Aviv 1954. S. 143. No. 1337.

III. Der Leichnam bleibt wohlerhalten

Die Aggada glaubt von mehreren biblischen Gestalten, daß ihr Leichnam wohlerhalten geblieben ist. Jesaja XLI. 14. («So fürchte dich nicht, du Würmlein Jakob») liest der Aggadist so: «Du Wurm, du wirst Jakob nicht sehen» (אל ת־אי תולעת, את יעקב).[22] Somit wird Jakobs Leichnam nicht von den Würmern zerfressen werden.

Nach einer Baraita blieben die Leichname von sieben Personen unberührt von den Würmern: der Abrahams, Isaaks, Jakobs, Moses', Arons, Mirjams und Benjamins. Manche meinen, auch der Davids.[23]

Ebenso bewahrt der Midrasch die Überlieferung, daß auch die Leichname der Generation, die in der Wüste umherwanderte, von den Würmern unberührt blieben (במיתתן לא נגעה בהם רמה).[24]

Auch eine klassische Quelle kennt Derartiges. Curtius Rufus (X. 10.) erzählt als eine unglaubliche Sache folgende Überlieferung: Als die Freunde Alexanders des Großen nach sieben Tagen an den Leichnam des Königs herantraten, erblickten sie nicht das geringste Zeichen der Verwesung und keinen einzigen blauen Fleck an ihm. Die Röte verließ sein Gesicht nicht, sie wagten deshalb auch nicht, ihn zu berühren, denn sie glaubten, daß er noch lebe: *Traditum magis quam creditum refero: ut tandem curare corpus exanimum amicis vacavit, nulla tabe, ne minimo quidem livore corruptum videre, qui intraverant. Vigor quoque, qui constat ex spiritu, nondum destituerat vultum. Itaque Aegyptii Chaldaeique iussi corpus suo more curare primo non sunt ausi admovere velut spiranti manus.*[25]

In den Legenden der mittelalterlichen — darunter der ungarischen — Heiligen wird dann dieses Motiv ganz allgemein.[26]

Vom Propheten Zacharja z. B. behaupten die griechisch schreibenden Kirchenväter vom V. Jahrhundert an, daß sein Leichnam auch nach zahlreichen Generationen unversehrt blieb.[27]

---

[22] Gen. Rabba C. 3. Ed. Ch. Albeck, S. 1286.
[23] Baba b. 17a.
[24] Deut. Rabba VII. 11; Midrash Debarim Rabbah. Ed. S. Lieberman. Jerusalem 1940. S: 113; L. Ginzberg: The Legends of the Jews. VI. Philadelphia 1946. S. 83, Anm. 446.
[25] Q. Curti Rufi Historiarum Alexandri Magni Macedonis libri . . ., S. 388.
[26] J. E. Keller: Motif-Index of Mediaeval Spanish Exempla. Knoxville 1949. S. 8. D. 2167; T. P. Cross: Motif-Index of Early Irish Literature. Bloomington 1952. S. 208. D. 2167; S. Thompson: Motif-Index of Folk-Literature. II. Copenhagen, 1956. S. 396. D. 2167. Der Leichnam des ungarischen Königs Ludwig II. hatte keinen Geruch ("corpus eius absque olfacto"). Siehe G. Sirmiensis Epistola de perdicione Regni Hungarorum. Ed. G. Wenzel Pest, 1857. S. 408. Der Islam geht weiter: das Grab Mohammeds und anderer Heiliger verbreitet einen guten Duft: I. Goldziher: ZDMG. LXV. 1911. S. 619—620.
[27] Sozomenus: Ecclesiastica historia. IX. 17; Nicephorus: Ecclesiastica historia. XIV 8; P. Saintyves: En marge de la Légende dorée. Paris 1931. S. 293, 315; Sh. H. Blank: The Death of Zechariah in Rabbinic Literature. HUCA 12—13 (1937/38) S. 336—337.

IV. Tod den Beuteräubern

Josua belegt — nach der Bestürmung Jerichos — die Stadt mit Fluch: niemand darf die Beute berühren. Alle Wertgegenstände kommen in die Schatzkammer des Heiligtums. Dennoch stiehlt Achan davon einen Mantel, zweihundert Silberschekel und eine Goldstange. Josua läßt ihn deshalb steinigen und die geraubten Sachen verbrennen (Josua VII. 1—15.). Die Aggada dichtet dann Tat und Geschichte Achans weiter.[28]

Als naheliegende Parallele bietet sich hier der Bericht Julius Caesars. Die Einwohner Galliens bieten die Kriegsbeute vor der Schlacht dem Gotte Mars an. Wenn sie siegen, bringen sie die Tiere als Opfer dar, alles andere tragen sie auf einen Platz zusammen. Wer sich dagegen vergeht, wird mit dem Tode bestraft: *Huic, cum proelio dimicare constituerunt, ea, quae bello ceperint, plerumque devovent; cum superaverunt, animalia capta immolant reliquasque res in unum locum conferunt. Multis in civitatibus harum rerum exstructos tumulos locis consecratis conspicari licet; neque saepe accidit, ut neglecta quispiam religione aut capta apud se occultare aut posita tollere auderet, gravissimumque ei rei supplicium cum cruciatu constitutum est.*[29]

In beiden Berichten handelt es sich um die gleiche Vorstellung,[30] die zu verschiedenen Zeiten und in voneinander fernliegenden Gebieten entstanden ist.

Budapest.

---

[28] Enc. Jud. I. *S.* 700—701; I. ABRAHAMS: Studies in Pharisaism and the Gospels. Cambridge 1924. S. 133.
[29] Bell. Gall. VI. 17. C. Juli Caesaris Commentarii. Ed. B. DINTER. Lipsiae 1890. S. 124; Cf. Appianos. II. 41, 164.
[30] B. COHEN: Jewish and Roman Law. A Comparative Study. II. New York 1966. S. 738, Anm. 18.

ANTIKES UND AGGADA

Den klassischen Beziehungen der Aggada wurden bisher sechs Mitteilungen gewidmet.[1] Da diese manchenorts Anklang hatten,[2] wird es vielleicht nicht uninteressant sein, neuere Beobachtungen den früheren folgen zu lassen.

1. Tod vor Freude

Auch in unseren Tagen hören wir davon, daß unerwartete Freude Tod verursacht hat. Es ist dies ein ewiges menschliches Verhalten, ein immer sich erneuerndes gefühlsmäßiges Reagieren, das keine zeitlichen und geographischen Grenzen kennt. Sowohl die antike Literatur wie die Aggada weiß von solchen Vorfällen.

A. Gellius stellt die ihm bekannten Fälle zusammen.[3] Polycrita, eine Frau von der Insel Naxus, stirbt eine Freudenbotschaft vernehmend. Gleicherweise der Lustspieldichter Philippides, als er in einem dichterischen Wettbewerb siegte. Diagoras aus Rhodus gab seinen Geist in den Armen seiner drei Söhne auf, die bei den olympischen Spielen den Sieg davontrugen. Eine alte Römerin hörte erst, daß ihr Sohn bei Cannae gefallen sei. Als sie ihn heimkehren sah — die Nachricht erwies sich als falsch —, starb sie an der Freude. Der Text lautet wie folgt: «*Cognito repente insperato gaudio expirasse animam refert Aristoteles philosophus Polycritam, nobilem feminam Naxo insula. Philippides quoque, comoediarum poeta haud ignobilis, aetate iam edita, cum in certamine poetarum praeter spem vicisset et laetissime gauderet, inter illud gaudium repente mortuus est. De Rodio etiam Diagora celebrata historia est. Is Diagoras tres filios adulescentes habuit, unum pugilem, alterum pancratiasten, tertium luctatorem. Eos omnes vidit vincere coronarique Olympiae eodem die et, cum ibi eum tres adulescentes amplexi coronis suis in caput patris positis*

---

[1] Siehe Acta Ant. Hung. 17 (1969) S. 55—59.
[2] The Book of Tradition... by Abraham Ibn Daud. Ed. G. D. COHEN. Philadelphia, 1967. S. 203; H. SCHWARZBAUM: Studies in Jewish and World Folklore. Berlin, 1968. S. 378—379.
[3] Noctes Atticae. III. XV.

saviarentur, cum populus gratulabundus flores undique in eum iaceret, ibidem in stadio inspectante populo in osculis atque in manibus filiorum animam efflavit.

Praeterea in nostris annalibus scriptum legimus, qua tempestate apud Cannas exercitus populi Romani caesus est, anum matrem nuntio de morte filii allato, luctu atque maerore affectam esse; sed is nuntius non verus fuit atque is adulescens non diu post ex ea pugna in urbem redit, anus repente filio viso copia atque turba et quasi ruina incidentis inopinati gaudii oppressa exanimataque est.»

Besonders dieser letzte Fall hat eine köstliche Parallele in der Aggada. In einem späten Midrasch, im Sefer Hajjaschar, können wir lesen, daß der Satan in Gestalt eines Menschen Sara verständigt, ihr Sohn Isaak sei von seinem Vater auf dem Altar geopfert worden. Dies überlebt die Mutter.[4] Als ihr der Satan später gesteht, er habe nicht die Wahrheit gesagt, der Sohn sei am Leben, da stirbt Sara vor Freude (ויהי כשמעה הדבר ותשמח מאד מאד על בנה ותצא נפשה מ מחתה ותמת ז ותאסף אל עמ׳ה).[5]

Der Gang der Erzählung — gleichwie das ganze Sefer Hajjaschar — zeigt islamische Einwirkung.[6] Dieses Detail jedoch fehlt in der islamischen Legende, wie denn diese sich überhaupt nicht mit Saras Gestalt befaßt. Die erwähnte poetische Szene im Sefer Hajjaschar stützt sich — nach L. Ginzberg — auf «alte Quellen».[7] Aber es ist uns bisher nicht gelungen, einen solchen Text zu entdecken. Ebensowenig fand sich eine Spur davon in der christlichen Legende.[8] Als Märchenmotiv ist er auf weitem Gebiet nachzuweisen.[9]

2. Ein Säugling kann reden

Herodot erzählt, der stumme Sohn des Kroisos habe, als ein persischer Soldat seinen Vater töten wollte, zu reden angefangen.[10] Bei Cicero ist der Knabe noch ein Säugling, ebenso auch bei Lykosthenes.[11] Bei Plinius ist er

---

[4] Es gibt eine Variante, wonach Sara plötzlich stirbt, als sie von Samael erfährt, daß ihr Sohn geopfert worden sei: Pirqe Rabbi Elieser. XXXII; Sechel Tob. I. Ed. S. BUBER. Berlin, 1900. S. 64; S. SPIEGEL: The Last Trial. New York, 1967. S. 31.
[5] Sefer Hajjaschar. Ed. L. GOLDSCHMIDT. Berlin, 1923. S. 82; R. GRAVES — R. PATAI: Hebrew Myths. The Book of Genesis. London, 1964. S. 175.
[6] F. L. UTLEY: Rabghuzi — Fourteenth-Century Turkic Folklorist. Volksüberlieferung. Herausg. F. HARKORT, K. C. PEETERS und R. WILDHABER. Göttingen, 1968. S. 395.
[7] L. GINZBERG: The Legends of the Jews. V. Philadelphia, 1947. S. 255, Anm. 256.
[8] D. LERCH: Isaaks Opferung christlich gedeutet. Tübingen, 1950.
[9] S. THOMPSON: Motiv-Index of Folk-Literature. III. Copenhagen, 1956. S. 264. F. 1041. 1.5. Death from excessive joy.
[10] I. 185; A. Gellius: Noctes Atticae. V. IX.
[11] A. H. KRAPPE: Der blinde König. Zeitschrift für Deutsches Alterthum und Deutsche Literatur. 72 (1935) S. 161—171.

ein halbes Jahr alt: «*semestris locutus est Croesi filius et in crepundiis prodigio quo totum id concidit regnum*».[12]

Valerius Maximus berichtet, unter Tiberius habe ein halbjähriges Kind auf dem Forum «Sieg» geschrien: «*Eiusdem generis monstra alia tumultu credita sunt: puerum infantem semenstrem in foro boario triumphum clamasse . . .*»[13]

Nach Appianos soll unter den Wunderzeichen, die sich im Jahre 43 v. u. Z. in Rom abspielten, auch vorgekommen sein, daß ein Säugling zu sprechen anfing (βρέφος ἀρτίτοκον ἐφθέγξατο).[14]

Noch häufiger als im klassischen Schrifttum kommt dieses Motiv in der Aggada vor:

a) *Im Mutterleib.* Der Embryo lernt im Mutterleib die ganze Tora. Als er zur Welt kommt, schlägt ein Engel ihn auf den Mund und läßt ihn sie vergessen (Nidda 30b). Der Embryo führt einen Disput mit dem Engel, denn er will nicht geboren werden.[15] Jakob und Esau streiten im Mutterleib, wer früher herauskommen solle. Jakob spricht: «Dieser Bösewicht würde schon bei seinem Aufbruch Blut vergießen». Und er fügte sich, daß jener als Erster geboren werde.[16] David sang eine Hymne im Mutterleib (Ber. 10a). Jeremias sprach schon vor seiner Geburt; Ben Sira jedoch erst nachher.[17]

b) *Ein elf Monate altes Kind.* In Potifars Hof fängt ein elf Monate altes Kind an zu sprechen und erzählt die Wahrheit in der Angelegenheit Josefs und Potifars Gattin.[18] Laut den Koranauslegern hat ein sieben Tage oder drei Monate altes Kind — ein Neffe der Gattin Potifars — für Josef gezeugt. Der Engel Gabriel löste ihm die Zunge.[19] Die Aggada stützt sich auch hier auf die islamische Legende.[20]

c) *Ein einjähriges Kind.* Eine eschatologische Weissagung lautet: «Einjährige Kinder werden ihre Stimmen erheben und sprechen» (IV. Esra. VI.

---

[12] Historia Naturalis. XI. LI. 112; Z. FERENCZI: Akadémiai Értesítő. XXVIII. 1917. S. 34—54; L. GYÖRGY: A magyar anekdota története és egyetemes kapcsolatai. Budapest, 1934. S. 175—176. No. 160.

[13] Valerii Maximi Factorum et dictorum memorabilium libri novem. I. VI. 5. Ed. C. KEMPF. Lipsiae, 1888. S. 27.

[14] Ῥωμαικῶν Ἐμφυλίων . . . IV. 4. Ed. I. HAHN. II. Budapest, 1967. S. 150.

[15] A. JELLINEK: Bet ha-Midrasch. I. Jerusalem, 1938. S. 154; I. LÉVI, Mélusine. IV. 1888/89. S. 323—324.

[16] Midrash Haggadol. Genesis. II. Ed. M. MARGULIES. Jerusalem, 1947. S. 434. Nach Margulies ist die Quelle der Aggada unbekannt.

[17] Alfa-beta ol Ben Sira. Ed. D. FRIEDMAN—S. LŐWINGER. Dissertationes Hebraicae. Wien, 1926. S. 253; J. BERGMANN: Die Legenden der Juden. Berlin, 1919. S. 6; חיים וגוחו. Jerusalem, 1938. S. 71.

[18] Sefer Hajjaschar. Ed. L. GOLDSCHMIDT. S. 162.

[19] M. SCHREINER: L'enfant qui parle avant d'être né. Mélusine. V. 1890/91. S. 257—258; I. SCHAPIRO: Die haggadischen Elemente im erzählenden Teil des Korans. I. Leipzig, 1907. S. 42.

[20] E. NEUMANN: A muhammedán József-monda eredete és fejlődése. Budapest, 1881. S. 60—62. Das Motiv kommt auch in den arabischen Abraham- und Jesus-Legenden vor: R. BASSET: Mille et un contes, récits & légendes arabes. III. Paris, 1926. S. 185—192; B. HELLER: Hwb. des deutschen Märchens. I. Berlin—Leipzig, 1930/33. S. 102.

21). In ihrer Freude wegen des Übergangs über das Rote Meer sangen die Säuglinge einen Dankgesang (Sota 30b).

Auch aus der christlichen Legende können wir ein Beispiel anführen. Über den heiligen Antonius von Padua lesen wir: «*Laus perfecta profluit ex lactentis ore: in quo Christus destruit hostem cum ultore*».[21] Die indische Hagiologie will dasselbe über Prithus und Buddha wissen.[22]

In der Literatur des Mittelalters,[23] ferner im Volkslied, in der Sage und im Märchen ist das Motiv ganz heimisch.[24] Im Märchen kommt auch vor, daß Salomon im Mutterleibe redete.[25]

3. Das himmlische Jerusalem — Roma coelestis

In diesem Kapitel können wir eine umgekehrte Erscheinung beobachten: die Einwirkung der Aggada auf die spätlateinische Literatur.

Dem vielmals gefährdeten, mehrmals gefallenen irdischen Jerusalem gegenüber baute bereits das apokryphe Schrifttum und später die Aggada in der Phantasie das himmlische Jerusalem auf.

V. Aptowitzer findet schon in der Bibel die Spur dieser Vorstellung (Jes. XLIX. 16); seiner geistvollen Darlegung jedoch können wir nicht folgen.[26] Auf der 25jährigen Versammlung der Israel Exploration Society in Jerusalem 1967 hielt E. E. Urbach einen Vortrag: «Heavenly and Earthly Jerusalem», und J. Prawer: «Christianity between Heavenly and Earthly Jerusalem».[27] Die Texte der Vorträge haben wir bisher nicht gedruckt gesehen.[27a]

Das himmlische Jerusalem existierte bereits vor der Schöpfung des Eden — lesen wir bei dem Syrer Baruch —, Gott zeigte es Adam, Abraham und Moses (IV. 1 – 6.). Ebenso wird es auch am Ende der Zeiten sichtbar sein (IV. Esra. XIII. 36.).

Die Aggada kennt es in vielerlei Gestalten. Einige Beispiele: im Namen des R. Jochanan wird tradiert (Taan. 5a): «Gott sagte: Ich gehe nicht ins obere Jerusalem, solange ich nicht ins untere Jerusalem gelangt bin» (לא אבוא בירושלים של מעלה עד שאבוא לירושלים של מטה).

---

[21] P. SAINTYVES: Les saints successeurs des Dieux. Paris, 1907. S. 253.
[22] A. GÜNTER: Die christliche Legende des Abendlandes. Heidelberg, 1910. S. 89 – 90.
[23] J. E. KELLER: Motif-Index of Mediaeval Spanish Exempla. Knoxville 1949. S. 11. F. 954. 5; T. P. CROSS: Motif-Index of Early Irish Literature. Bloomington, 1952. S. 496. T. 585. 2; 585. 2. 1.
[24] F. LIEBRECHT: Zur Volkskunde. Heilbronn, 1879. S. 210 – 211; S. THOMPSON: a. W., V. S. 109. N. 468; S. 404. T. 575. 1; S. 408. T. 585. 2.
[25] J. DE VRIES: Die Märchen von klugen Rätsellösern. Helsinki, 1928. S. 325 – 326.
[26] Tarbiz. II. No. 3. 1931. S. 266 – 272.
[27] Israel Exploration Journal 17 (1967) S. 281.
[27a] Siehe jetzt: Jerusalem Through the Ages. Jerusalem, 1968. S. 156 – 171, 179 – 192.

Die zwei Jerusalem waren einander gegenüber plaziert (וְבֵן אַתָּה מוֹצֵא שֶׁיְרוּשָׁלַיִם מְכֻוָּנֶת לְמַעְלָה כְּמוֹ יְרוּשָׁלַיִם שֶׁל מַטָּה. מֵרוֹב אַהֲבָתָהּ שֶׁל מַטָּה עָשָׂה אַחֶרֶת לְמַעְלָה).[28]

Jakob sah auf dem Steine schlafend die beiden, auf der Erde und im Himmel erbauten Jerusalem.[29]

Das Neue Testament[30] übernimmt die Vorstellung (Offenbarungen Johannis XXI. 2) und versetzt sie ihrer ursprünglichen Gestalt gemäß an das Ende der Zeiten: «Und ich Johannes sah die heilige Stadt, das neue Jerusalem, von Gott aus dem Himmel herabfahren, bereitet als eine geschmückte Braut ihrem Mann.» (Siehe noch Vers 10.)

Auch die mittelalterliche Kirche läßt das alte Bild nicht fallen.[31] Es ist das Verdienst des heiligen Augustinus, es als das Symbol der Kirche herübergerettet zu haben.[32] Dies wird später auf verschiedene Weise, jedoch in demselben Geiste gefaßt. Einige Beispiele mögen hier stehen. Johannes Cassianus (IV—V. Jahrhundert) schreibt über Jerusalem: «*secundum historiam, civitas Judaeorum; secundum allegoriam, Ecclesia Christi; secundum anagogen, coelestis illa civitas quae est mater omnium nostrum; secundum tropologiam, anima hominis.*»[33] Es erscheinen hier die vier Richtungen der Schriftauslegung, die Abraham Ibn Esra in der Einleitung seines Torakommentars erwähnt. Nach Walafried Strabon (IX. Jahrhundert) vereinigt das himmlische Jerusalem nur die Anhänger Christi in sich: «*Nam superna Hierusalem non potest continere nisi pacificos in fide Christi*».[34] Die gelegentlich der Einweihung der Kirche zu Poitiers verfaßte Hymne spricht es zum ersten Mal aus, eine christliche Kirche sei das Symbol des himmlischen Jerusalem:

Urbs Jerusalem beata, dicta pacis visio
Quae construitur in coelis, vivis ex lapidibus.[35]

---

[28] Tanch. Peqqude, 1.
[29] Midraš Berešit Rabbati. Ed. CH. ALBECK. Jerusalem, 1940. S. 136.
[30] H. GÄRTNER—W. HEYKE: Bibliographie zur antiken Bildersprache. Heidelberg, 1964. S. 500. s. v. Jerusalem (himmlisches, neues).
[31] Die wichtigsten Werke der einschlägigen Literatur sind folgende: K. RAAB: Die Parabeln vom himmlischen Jerusalem und von der minnenden Seele. Jahresbericht d. Landes-Obergymnasiums zu Leoben. 1885. S. 11—19. (Cf. F. A. SCHMITT: Stoff- und Motivgeschichte der deutschen Literatur. Berlin, 1965. S. 98. No. 459); W. VON DEN STEINEN: Der Kosmos des Mittelalters. Bern—München, 1959. S. 213; S. MAHL: Jerusalem in mittelalterlicher Sicht. Die Welt als Geschichte 22 (1962) S. 11—26; R. KONRAD: Das himmlische und das irdische Jerusalem im mittelalterlichen Denken. Speculum historiale (J. Spörl-Festschrift). Freiburg—München, 1965. S. 523—540; A. H. BREDERO: Jerusalem dans l'Occident médiéval. Mélanges offerts à René Crozet. I. Poitiers, 1966. S. 259—271; S. SAFRAI: The heavenly Jerusalem. Ariel 23 (1969) S. 11—16.
[32] Enarratio in Psalmum CXLIX. PL. XXXVII. S. 1952.
[33] Collationes. II. XIV. 8. D. Dionysii Cartusiani translatio librorum Joannis Cassiani Presbyteri ad stilum facillimum. Tornaei, 1904. S. 305.
[34] De subversione Jerusalem. PL. CXIV. S. 973.
[35] R. KONRAD: a. W., S. 535.

Endlich verlautet auch, das irdische Jerusalem sei bloß die Verkörperung des himmlischen. Otto von Freising schreibt in seiner Chronik 1100, alle Gläubigen hätten sich bemüht «*ad Hierusalem terrestrem, caelestis typum gerentem*».[36]

Es ist nicht zu verwundern, daß eine so volkstümliche Vorstellung sowohl in der jüdischen[37] wie in der christlichen Kunst[38] Spuren hinterlassen hat.

Dem Hispanier Prudentius fiel es im IV. Jahrhundert ein — von politischer Berechnung oder Romliebe veranlaßt — als Kontrapunkt des himmlischen Jerusalem den Begriff der «*Roma coelestis*» zu schaffen.[39] In seiner Hymne über den römischen Märtyrer, den heiligen Laurentius feiert er das christliche Rom. Er prophezeit, sein Held werde ewiger Konsul sein im himmlischen Rom:[40]

Videor videre inlustribus
gemmis coruscantem virum,
quem Roma caelestis sibi
legit perennem consulem.

Natürlich stellt er sich das himmlische Rom wie das irdische vor: «the 'Celestial' Roma is the heavenly counterpart of the Roma who presents earthly consuls...»[41] Fulgentius, der spätere Bischof von Ruspe, vergleicht schon das himmlische Jerusalem mit dem irdischen Rom (als ob er sagte: mit dem irdischen Jerusalem) zugunsten des ersteren: «*Fratres, quam speciosa potest esse Hierusalem coelestis, si sic fulget Roma terrestris!*»[42] Fr. Klingner hält die Ausgestaltung der Vorstellung des «himmlischen Jerusalem», die der »Roma coelestis» zugrunde liegt, noch für unerklärt: «Die Kirche fand in ihren Anfängen ein spätjüdisches universalhistorisches Weltbild vor, dessen Entstehung im Gesamt des orientalischen Synkretismus, vom Parsismus irgend-

---

[36] Chronica. VII. 7. OTTO BISCHOF VON FREISING Chronik oder die Geschichte der zwei Staaten. Übersetzt von A. SCHMIDT. Herausgegeben von W. LAMMERS. Berlin, 1960. S. 508. (Ausgewählte Quellen zur deutschen Geschichte des Mittelalters. XVI.)

[37] R. WISCHNITER-BERNSTEIN: Symbole und Gestalten der jüdischen Kunst. Berlin, 1935. S. 125—126.

[38] P. E. SCHRAMM—F. MÜTHERICH: Denkmale der deutschen Könige und Kaiser. München, 1962. S. 182.

[39] Die wichtigste Literatur: F. KAMPERS: Roma aeterna und sancta Dei ecclesia rei publicae Romanorum. Historisches Jahrbuch 44 (1924) S. 240—249; G. TELLENBACH: Römischer und christlicher Reichsgedanke in der Liturgie des frühen Mittelalters. Heidelberg, 1934. (Sitzungsberichte der Heidelberger Akademie der Wissenschaften. Phil.-hist. Klasse. XXXV. 1); J. ADAMEK: Vom römischen Endreich der mittelalterlichen Bibelerklärung. Würzburg, 1938. S. 20—26.

[40] Peristephanon. II. Zeilen 557—560. Aurelii Prudentii Clementis Carmina. Ed. M. P. CUNNINGHAM. Turnholti, 1966. S. 276; Contra orationem Symmachi. II. Zeilen 578 ff. Prudentius. II. Ed. H. J. THOMSON. London—Cambridge, Mass., 1953. S. 52 ff.

[41] A. CAMERON: Journal of Theological Studies 19 (1968) S. 214.

[42] S. Fulgentii Prolegomena. PL. LXV. p. 131.

wie beeinflußt, im einzelnen heute wohl noch nicht deutlich sichtbar ist.»[43] Nach der hebräisch geschriebenen Studie Aptowitzers dürfen wir das Problem als geklärt betrachten.

In der mittelalterlichen Jerusalem-Anschauung mag noch ein anderer Punkt uns interessieren. Petrus Venerabilis, Abt von Cluny im XII. Jahrhundert, schreibt, das Grab Jesu sei das Herz der Welt: «*Sic erit, ait, Christus, Filius hominis in corde terrae: erit, inquit, in corde terrae. Convertite animos ad cognoscendum cor terrae, quicumque corda, ad intelligendum habetis, convertite, inquam, corda ad cor, et videte sublime latens in isto corde terrae mysterium.*»[44]

In den Berichten der übrigen Pilgerfahrten im XII. Jahrhundert gilt das Heilige Grab als die Mitte der Welt. Dieser Typus (טבור הארץ, ομφαλος) ist sehr alt, bereits der Prophet Ezekiel nennt so Palästina (XXXVIII. 12.).[45] Eine anonyme Reisebeschreibung faßt dies wie folgt: «*Tunc intratur ad sepulcrum Domini, ubi est circulus quem Dominus dixit esse in medio mundi*».[46]

Jehuda Hallevi nennt um diese Zeit im Kusari das Land Israel die Mitte der Welt (ארץ ישראל באמצע לישוב)[47] und das Volk Israel das Herz der Völker.[48] Ob der christliche Gedanke das poetische Bild des jüdischen Philosophen beeinflußt habe, vermögen wir nicht zu entscheiden.

4. Zauberkreis

C. Velleius Paterculus (18. v. u. Z. — 31 n. u. Z.) erzählt folgendes: Der syrische König Antiochus Epiphanes belagert das Kind Ptolemaeus. Die Römer senden zu ihm M. Popilius Laenas als Gesandten, um ihn von seinem Vorhaben abzubringen. Der König versprach, die Sache sich zu überlegen. Da zog der Gesandte mit einem Stab einen Kreis um den König und forderte, daß er nicht aus ihm heraustrete, ehe er Antwort gibt. Der König leistete Folge der Bitte.

Es lohnt sich, den wörtlichen Text der Geschichte kennen zu lernen: »... *regem deliberaturum se dicentem circumscripsit virgula iussitque prius responsum reddere, quam egrederetur finito arenae circulo: sic cogitationem regiam disiecit constantia oboeditumque imperio.*»[49]

Eine überraschend ähnliche Erzählung drängt sich hier auf aus der Aggada vom kreisziehenden Choni. Er ist eine historische Person, die im

---

[43] Fr. Klingner: Rom als Idee. Römische Geisteswelt. München, 1961. S. 641.
[44] Sermones. Sermo II. In laudem sepulcri Domini. PL. CLXXXIX. S. 978.
[45] F. Dornseiff: Antike und Alter Orient. I. Leipzig, 1956. S. 52—53; M. Eliade: Patterns in Comparative Religion. Cleveland—New York, 1963. S. 231—233, 374—379.
[46] W. A. Neumann: Drei mittelalterliche Pilgerschriften. Oesterreichische Vierteljahrschrift für Katholische Theologie 5 (1866) S. 223. Parallelen in der Anmerkung.
[47] II. 20. Das Buch Kusari. Ed. D. Cassel. Berlin, 1922. S. 106.
[48] II. 44. Ibid., S. 146.
[49] C. Velleius Paterculus: Historiae Romanae. I. X. 2.

I. Jahrhundert v. u. Z. lebte.[50] Josephus Flavius erwähnt ihn mit Ehrerbietung — er nennt ihn gräzisierend Onias — und erzählt, wie er sich verbarg und unschuldig gesteinigt wurde. Er erwähnt auch sein Gebet um Regen (Ant. XIV. 2. 1.), eine von der Aggada detaillierte Szene, die uns jetzt beschäftigt (Taan. 19a, 23a):

Zur Zeit einer Dürre wurde Choni aufgefordert, um Regen zu beten. Er zog einen Kreis um sich und betete: «Herr der Welt, Deine Söhne blicken auf mich, denn ich bin bei Dir wie der Sohn Deines Hauses. Ich schwöre bei Deinem großen Namen, daß ich von hier nicht weiche, ehe Du Dich Deiner Söhne erbarmst.» Da begann es zu tropfen. Choni betete weiter: Nicht darum habe ich gebetet, sondern um Regen, der Zisternen, Gruben, Höhlen füllt. Da strömte es stürmisch aus den Wolken. Choni betete wieder: Nicht darum habe ich gebetet, sondern um Regen des Wohlwollens, Segens und Geschenkes. Da regnete es ordentlich, so daß das Volk sich aus Jerusalem auf den Tempelberg flüchtete.[51]

Es lohnt sich, auch darauf hinzuweisen, wie die lateinische und die hebräische Quelle voneinander abweichen. In der ersteren zieht der Bittsteller einen Kreis um den, an den er sich mit seiner Bitte wendet; in der letzteren zieht er den Kreis um sich selbst.

Chonis Zauberkreis und Wundertat lebt in der Liturgie weiter, in der Selicha mit dem Anfang דְּעֵי לְעֵנִי עֲנִין,[52] deren ungarische Übersetzung auch im Gebetbuch der Sabbatarier von Siebenbürgen enthalten ist.[53]

Auch das arabische Schrifttum bietet Parallelen. Der Fall des Ejjûb al-Sichtijânî ist ganz ähnlich dem des Choni.[54]

Auch von Moses spricht die Aggada anläßlich des Aussatzes der Mirjam: Er zog einen kleinen Kreis, stellte sich hinein, flehte um Erbarmen für seine Schwester und sagte: «Ich weiche nicht von hier, ehe meine Schwester Mirjam gesund wird» (. . . . : עָג משֶׁה עוּגָה קְטַנָּה וְעָמַד בְּתוֹכָהּ וּבִיקֵּשׁ רַחֲמִי).[55]

Ein Genisa-Fragment aus dem X—XI. Jahrhundert bezeugt, wenn jemand im Kreise der ägyptischen Judenschaft die Dämone und bösen Geister

---

[50] L. FINKELSTEIN: The Pharisees. II. Philadelphia, 1962. S. 615.
[51] B. HELLER: Sagen und Legenden über wundersame Schläfer und verborgene Retter. Jeschurun. IV. 1904. S. 188—189; H. SCHWARZBAUM: a. W., S. 449.
[52] I. DAVIDSON: Thesaurus of Mediaeval Hebrew Poetry. II. New York, 1929. S. 112. No. 327.
[53] Péchi Simon Szombatos imádságos könyve. Ed. M. GUTTMANN—A. HARMOS. Budapest, 1914. S. 371; A. SCHEIBER: Régi Magyar Költők Tára. XVII. század. V. Budapest, 1970. S. 437—440.
[54] I. GOLDZIHER: Zauberelemente im islamischen Gebet. Orientalische Studien Theodor Nöldeke zum siebzigsten Geburtstag. I. Giessen, 1906. S. 308; Zauberkreise. Aufsätze zur Kultur- und Sprachgeschichte, vornehmlich des Orients, Ernst Kuhn zum 70. Geburtstage 7. II. 1916 gewidmet, S. 83—86.
[55] Aboth de Rabbi Nathan. Ed. S. SCHECHTER. Wien, 1887. S. 41; L. GINZBERG: The Legends of the Jews. V. Philadelphia, 1947. S. 92, Anm. 497; S. 149—150, Anm 895.

überwältigen wollte, so begab er sich nach einem unbewohnten Ort — auf einen Berg, ein Feld oder ein leeres Haus — und zog dort einen Kreis.[56]

Es ist dieselbe Praxis, die wir in der lateinischen Quelle aus dem I. Jahrhundert sahen. Wir werden kaum fehlgehen, wenn wir annehmen, daß der Zauberkreis orientalischen Ursprungs sei.

---

[56] N. GOLB: Aspects of the Historical Background of Jewish Life in Medieval Egypt. Jewish Medieval and Renaissance Studies. Ed. A. ALTMANN. Cambridge, Mass., 1967. S. 14.

ANTIKE ELEMENTE IN DER AGGADA

1. DIE WEISEN GÄNSE

An einer talmudischen Stelle der Traumdeutung[1] lesen wir folgendes (Ber. 57a): «Wer im Traume eine Gans sieht, darf auf Weisheit hoffen» (הרואה אווז בחלום יצפה לחכמד).

Warum bedeutet die Gans Weisheit? Hierauf erhalten wir im jüdischen Schrifttum keine Antwort. Die klassischen Quellen hingegen bieten uns Beispiele dar. Das eine oder das andere mochte bekannt gewesen sein. Von den kapitolinischen Gänsen erübrigt es sich zu reden. Eine andere Geschichte zeichnet Ammianus Marcellinus von den Wildgänsen auf: Wenn sie infolge der Hitze von Osten nach Westen fliegen, nehmen sie im Taurus-Gebirge aus Furcht vor den Adlern kleine Steine in den Schnabel, um jeden Laut zu verhüten. Sind sie über das Gebirge hinweg, spucken sie die Steinchen heraus:[2] *«linquentes orientem anseres ob calorem plagamque petentes occiduam, cum montem penetrare coeperint Taurum aquilis abundantem, timentes fortissimas uolucres rostra lapillis occludunt, ne eis eliciat uel necessitas extrema clangorem, isdemque collibus agiliore uolatu transcursis proiciunt calculos atque ita securius pergunt.»*

Auch das arabische Schrifttum bewahrt diese Tradition. Bei Damîrî finden wir folgende Aufzeichnung: Als Alî von seinem Morgengebet kam, schnatterten die Gänse. Daraus verstand er. daß sie ihn beweinen (sie sagen seinen Tod vorher).[3]

2. LUMEN DE LUMINE

Von Moses erzählt die Bibel, daß sein Geist auf die siebzig Ältesten Israels übergegangen sei (Num. XI. 17.). Der tannaitische Midrasch vergleicht Moses hierbei mit der Flamme, die sich nicht verringert dadurch, daß viele

---

[1] A. LŐWINGER: Der Traum in der jüdischen Literatur. Mitteilungen zur Jüdischen Volkskunde. 11 (1908) 72—75; S. LORAND: Dream Interpretation in the Talmud. The International Journal of Psycho-Analysis 38 (1957) (Sonderabdruck).
[2] Ammiani Marcellini Rerum Gestarum Libri qui supersunt. XVIII. 3.9. Ed. C. U. CLARK. I. Berolini, 1910. 141; ed. W. SEYFARTH. II. Berlin 1968. 16.
[3] J. SOMOGYI: BSOS 8 (1935) 144.

andere Flammen sich an ihr entzünden:[4] נר שמונה על גבי מנורה ודלקו ממנו נרות הרבה ולא חסר אורו כלום.

Der Talmud drückt diesen Gedanken in Kürze folgendermaßen aus (Schabb. 122a): «Die Flamme ist sowohl für einen wie für hundert» (נר לאחד נר למאה).

Offenbar haben wir die Einwirkung der Aggada auch auf Philo zu untersuchen, um so mehr, da er das Gleichnis — gleichwie der tannaitische Midrasch — im Zusammenhang mit Moses und als Deutung des obigen biblischen Verses gebrauchet: «Das Feuer vermag tausend Fackeln zu entzünden, es ist noch immer so, wie es war, und vermindert sich gar nicht» (οἷα γένοιτ' ἂν ἀπὸ πυρός, ὅ, κἂν μυρίας δᾷδας ἐξάφῃ, μένει μηδ' ὁτιοῦν ἐλαττωθὲν ἐν ὁμοίῳ).[5]

Die klassischen Quellen sind älter. Cicero zitiert von Ennius (3 Jh. v. u. Z.) den Gedanken: Wer dem Irrenden den richtigen Weg weist, indem er ihm ein Öhllicht anzündet, dessen Öhllicht verliert nichts von seinem Scheine:[6]

Homo, qui erranti comiter monstrat viam,
Quasi lumen de suo lumine accendat, facit:
Nihilo minus ipsi lucet, cum illi accenderit.

Ovidius fügt diesem Gleichnis noch das vom Wasser des Meeres bei:

Quid vetet adposito lumen de lumine sumi,
Quisve cavo vastas in mare servet aquas?[7]

Offenbar übernimmt Descartes den Gedanken von Philo, da beide ihn von der Weisheit gebrauchen.[8]

Von den antiken Klassikern gelangte er in die Weltliteratur: zu Dante und Tasso; in die ungarische Literatur von Rimay durch Zrínyi hindurch bis Arany.[9]

3. JEMAND WIRD FÜR EIN TIER ANGESEHEN UND ERSCHOSSEN

Die Aggada beschreibt Kains Tod folgenderweise: Der blinde Lemech — Kains Abkömmling auf siebter Linie — geht, von seinem Sohn Tubal-Kain geführt, auf die Jagd. Erblickt der Knabe ein Wild, so sagt er es gleich seinem

---

[4] Siphre d'be Rab. Ed. H. S. HOROVITZ. Frankfurt a/M., 1917. p. 94; Tanchuma Num. Ed. S. BUBER. 29a/b; B. HELLER, IMIT Évkönyve. 1929. p. 82; L. GINZBERG: The Legends of the Jews. VI. Philadelphia 1946. 88, Anm. 479.
[5] De gigantibus. VI. Philo. Ed. F. H. COLSON—G. H. WHITAKER. II. London—New York 1929. p. 456.
[6] CICERO: De officiis. I. 16. 51.
[7] OVIDIUS: Ars amatoria. III. Zeilen 93—94.
[8] G. NÁDOR: Jüdische Rätsel aus Talmud und Midrasch. Köln 1967. 130—131.
[9] V. TOLNAI, MNy 4 (1908) 269—271; 6 (1910) 31—32, 130, 175—176; 7 (1911) 27, 219; A. SCHEIBER, MNyr 73 (1949) 380.

Vater. Einmal macht er ihn auf etwas, das einem Tier ähnlich sieht, aufmerksam. Lemech spannt seinen Bogen und erschießt Kain. Der Knabe läuft eiligst hin und sieht ein Horn auf der Stirne des irrtümlicherweise getöteten Mannes. Daraus erfuhr Lemech, daß er seinen Ahnen getötet hat.[10]

Hieronymus (Epist. CXXV) beruft sich auf das verlorengegangene griechische pseudepigraphische Lemech-Buch, die übrigen christlichen Quellen jedoch nähren sich aus der Aggada.[11] Petrus Comestor (XII. Jahrhundert) z. B. erzählt die Begebenheit in der Historia Scholastica (Gen. XXVIII.) folgenderweise: «*Lamech vero vir sagittarius diu vivendo caliginem oculorum incurrit, et habens adolescentem ducem, dum exerceret venationem pro delectatione tantum, et usu pellium, quia non erat usus carnium ante diluvium, casu interfecit Cain inter fructeta, aestimans feram, quem quia ad indicum juvenis dirigens sagittam, interfecit.*»[12]

Von hier geriet die Geschichte in die mittelalterlichen Literaturen: die deutsche[13] und die englische.[14] Sie zog auch in die Volksdichtung ein.[15] Zahlreiche Werke der mittelalterlichen Kunst beweisen, daß die besagte Aggada — offenbar durch das kirchliche Schrifttum hindurch — auch auf diesem Gebiete bekannt war.[16]

Das Motiv, daß jemand seinen Verwandten für ein Tier hält und tötet, beschränkt sich nicht auf die Aggada. Es ist auch in klassischer Quelle vorhanden.

In den Bacchantinnen des Euripides sieht Agaue — wahrscheinlich zeitweilig mit Blindheit geschlagen — ihren Sohn, den thebanischen König Pentheus, der auf dem Gipfel eines Nadelbaumes hockt, für einen jungen Löwen an. Mit ihren Gefährtinnen zusammen tötet sie ihn. So büßt Pentheus dafür, daß er gegen Dionysos aufstand:[17]

---

[10] Tanch. Gen. 11; Jalk. Schim. Gen. § 38; Midrash Haggadol. Genesis. Ed. M. MARGULIES. I. Jerusalem 1947. 126—127; V. APTOWITZER: Kain und Abel in der Agada. Wien—Leipzig 1922. p. 59; L. SZONDI: Kain, Gestalten der Bösen. Bern—Stuttgart—Wien 1969. 39—40. Über die Kain und Abel Legende neulich: B. OPPENHEIMER: In Memory of Gedaliahu Alon. Essays in Jewish History and Philology. Tel-Aviv 1970. 27—68.
[11] L. GINZBERG: On Jewish Law and Lore. Philadelphia 1955. 61—62. Bei Angelomus (9 Jh.): Ch. MERCHAVIA: The Church versus Talmudic and Midrashic Literature. Jerusalem 1970. 61.
[12] E. SHERESHEVSKY: Hebrew Traditions in Peter Comestor's *Historia Scholastica*. JQR 59 (1969) 273—274.
[13] J. ROTHSCHILD: Kain und Abel in der deutschen Literatur. Würzburg 1933. 21.
[14] O. F. EMERSON: Legends of Cain, especially in Old and Middle English. Publications of the Modern Language Association of America. 21 (1906) 874—877; M. J. LANDA: The Jew in Drama. London 1926. 43.
[15] O. DÄHNHARDT: Natursagen. I. Leipzig—Berlin 1907. 250—252.
[16] M. R. JAMES: Illustrations of the Book of Genesis. Oxford 1921. fol. 3a, no. 17; S. C. COCKERELL: A Book of Old Testament Illustrations of the Middle of the thirteenth Century. Cambridge 1927. No. 12; M. SCHAPIRO: The Art Bulletin. 24 (1942) 212; J. LEVEEN: The Hebrew Bible in Art. London 1944. 121, Anm. 3.
[17] J. GUTMAN, Commentationes Judaico-Hellenisticae in Memoriam Johannis Lewy. Jerusalem 1949. 30.

> ἔλεξ᾽ Ἀγαύη. φέρε, περιστᾶσαι κύκλῳ
> πτόρθου λάβεσθε, Μαινάδες, τὸν ἀμβάτην
> θῆρ᾽ ὡς ἕλωμεν, μηδ᾽ ἀπαγγείλῃ θεοῦ
> χοροὺς κρυφαίους. αἳ δὲ μυρίαν χέρα
> προσέθεσαν ἐλάτῃ κἀξανέσπασαν χθονός.[18]

4. DIE NACKTE KÖNIGIN

Nach der Aggada gab der König Achaschverosch ein Gastmahl; am 7. Tage desselben entstand bei Tische ein Streit. Einige sagten, die medischen Frauen seien die schönsten; andere behaupteten, die persischen seien noch schöner. König Achaschverosch stimmte für seine Frau, eine Chaldäerin. «Wollt Ihr sie sehen?» Sie antworteten: «Jawohl, aber nackt» (רצוניכם לראותה אמרו לו אין ובלבד שתהא ערומה).

Da die Königin Vaschti sich weigerte, zu erscheinen, ging sie ihres Thrones verlustig.[19]

Die Erzählung erinnert daran, was Herodotos von der Gattin des Kandaules erzählt:

Kandaules, König von Sardis, liebte seine Gattin leidenschaftlich. In seiner Liebe glaubte er, seine Gattin sei die schönste Frau der Welt. Einen seiner Leibwächter, Gyges, liebte er sehr und da er die Schönheit seiner Frau öfters vor ihm lobte, wollte er sie ihm nackt zeigen, «denn die Ohren des Menschen sind nicht so vertrauensvoll wie seine Augen» *(ὦτα γὰρ τυγχάνει ἀνθρώποισι ἐόντα ἀπιστότερα ὀφθαλμῶν)*. In seinem Schlafgemach versteckte er daher Gyges hinter die offene Tür. Gyges hatte auch Gelegenheit, die Königin zu sehen, als er jedoch aus dem Schlafgemach herausschleichen wollte, wurde er von der Frau wahrgenommen. Sie tat, als ob sie nichts merkte, beschloß aber, sich an ihrem Gemahl zu rächen. Tags darauf ließ sie Gyges rufen und forderte ihn auf: Entweder töte er Kandaules, den König der Lydier, oder muß er auf der Stelle sterben. Gyges wählte das Erstere und vollbrachte seine Tat an der Stelle, wo er die Königin nackt gesehen hatte. So gelangte er in den Besitz der Frau und des Königtums.[20]

Die Ähnlichkeit der zwei Geschichten zeigt sich in der Prahlerei des Gatten und im zurückweisenden Verhalten der Gattin. Sie weichen darin ab voneinander, daß Kandaules *selbst* seine Frau zeigt. Achasverosch hingegen von seinen Gästen dazu aufgefordert wird.[21]

---

[18] Bacchae. Zeilen 1106—1110. Euripidis Fabulae. Ed. A. KIRCHHOFF. I. Berlin 1867. 125—126.
[19] Megilla 12b.
[20] Herodotos. I. 8—12.
[21] E. BICKERMAN: Four Strange Books of the Bible. New York 1967. 185—186; D. DAICHES: Commentary. XLI. 1968. No. 5. p. 113.

Aus einem Dramenfragment, das sich auf einem Papyrus erhalten hat, ist ersichtlich, daß die Gyges-Geschichte auch für die Bühne bearbeitet wurde. Es stammt wahrscheinlich aus der hellenistischen Zeit.[22] Vielleicht war es daher den Juden bekannt, die nach ihm diesen Teil der Esther-Geschichte gestalteten.

5. DER RABE ALS HELFER

Der Bibel zufolge brachten die Raben jeden Morgen und Abend Brot und Fleisch dem Propheten Elijahu am Bache Kerit (I. Kön. XVII. 4—6.).[23] Dieses Wunder wiederholt sich in der christlichen Hagiologie.[24] Sankt Paul der Eremit, wird ständig von einem Raben gespeist, und als ihn Sankt Antonius, der Eremit besucht, bringt der Rabe zweimal so viel Brot (Legenda Aurea. XVIII.).

Auch die Aggada weiß von der Retterrolle des Raben. Als Og einen Berg ausreißt, um ihn auf das Lager Israels zu werfen, da hob er ihn über seinen Kopf; ein Rabe jedoch durchbohrte ihn und er fiel ihm ins Genick.[25]

Diese Vorstellung des Raben ist nicht nur dem jüdischen und christlichen Schrifttum eigen.[26] Sie ist auch dem klassischen bekannt. Als Cicero auf die Liste der Verurteilten geriet, flüchtete er auf seinen Besitz in der Nähe der italischen Stadt Caieta. «Als die zu seiner Aufsuchung ausgesandten Personen sich näherten... kamen Raben in seine Hütte geflogen, weckten ihn mit ihrem Gekrächze aus dem Schlafe und zogen ihm die Kleider vom Leibe. Sklaven erkannten dies als ein von den Göttern gesandtes Wunderzeichen...»[27]

Gellius zeichnet über Valerius Maximus folgendes auf: Er wurde Militärtribun. Zu jener Zeit überflutete eine gallische Rotte das pomptinische Feld und ihr Anführer von mächtiger Statur forderte das römische Heer auf, wer es unternehme, sich ihm zum Zweikampf zu stellen. Da trat Valerius bescheiden vor ihn hin. Ihren Kampf entschied ein Rabe, indem er den Feind ständig störte. Daher gewann der Tribun den Beinamen Corvinus. Der Text lautet wie folgt: «... *et congrediuntur et consistunt et conserebantur iam manus. Atque ibi vis quaedam divina fit: corvus repente improvisus advolat et super galeam tribuni insistit atque inde in adversari os atque oculos pugnare incipit; insilibat, obturbabat et unguibus manum laniabat et prospectum alis arcebat atque,*

---

[22] A. LESKY: Das hellenistische Gyges-Drama. Hermes 81 (1953) 1—10; E. FRENZEL: Stoffe der Weltliteratur. Stuttgart 1962. 231—232.
[23] Siehe dazu: Peristephanon. V. Zeilen 401—406. Aurelii Prudentii Clementis Carmina. Ed. M. P. CUNNINGHAM. Turnholti 1956. 308.
[24] B. HELLER: IMIT Évkönyve. 1943. 150.
[25] Midrasch Aggada. Ed. S. BUBER. Wien 1894. 132; L. GINZBERG: The Legends of the Jews. VI. Philadelphia 1946. 120, Anm. 695.
[26] S. THOMPSON: Motif-Index of Folk-Literature. I. Copenhagen 1955. 92. A. 165.1.1. Ravens as attendants of God.
[27] Appianos. IV. 19. Ed. I. HAHN. II. Budapest 1967. 170.

ubi satis saevierat revolabat in galeam tribuni. Sic tribunus, spectante utroque exercitu, et sua virtute nixus et opera alitis propugnatus, ducem hostium ferocissimum vicit interfecitque atque ob hanc causam cognomen habuit Corvinus.»[28]

Die Beispiele aus den antiken griechisch-lateinischen Quellen können noch vermehrt werden. In beiden Kulturen ist das Motiv gemein.

6. DIE FELSEN SCHLIESSEN SICH ZUSAMMEN

Nach der Aggada geschah im Tale Arnon ein Wunder. Zwei hohe Berge standen einander gegenüber, an der Seite des einen waren Felsen, an der des anderen Höhlen. In den Höhlen verbargen sich die Völker Kanaans, um von dort über Israel herzufallen. Gott rückt die beiden Berge einander nahe. Die «Brüste» der Felsen dringen in die Höhlen ein und zerdrücken die dort Lauernden. Daher das Wort אשד הנחלים (Num. XXI. 15.).[29]

Bei Pseudo-Kallisthenes ist etwas Ähnliches zu lesen: auf das Gebet Alexanders des Großen nähern sich zwei Berge — die «Brüste des Nordens» — einander und schließen zweiundzwanzig Völker samt ihren Königen ein, an der Spitze mit Gog-Magog.[30]

Nach Petrus Comestor schiebt Gott auf die Bitte Alexanders des Großen die Berge zusammen, damit sie die zehn Stämme absperren. «*Et accesserunt ad se invicem praerupta montium et factus est locus immeabilis.*»[31]

Auch das klassische Schrifttum bewahrte das Andenken eines solchen Wunders. Ammianus Marcellinus überlieferte von den Felsen der Symplegaden, daß sie sich so schnell öffneten und wieder zusammenschlossen, daß selbst der fliegende Vogel sich nicht hätte retten können:[32] «*. . . gemini scopuli in vertices undique porrecti deruptos, assueti priscis saeculis obviam sibi cum horrendo fragore collisis molibus ferri, cedentesque retrorsus acri assultu, ad ea reverti quae pulsarant. Per has saxorum dehiscentium concursantiumque crebritates si etiam ales intervolasset, nulla celeritate pinnarum eripi poterat quin interiret oppressa.*»

7. DER AUFBLÜHENDE STAB

In der Bibel wird Aron's Recht zur Priesterschaft durch einen Aufruhr streitig gemacht. Moses verlangt von den Häuptern der Stämme je einen Stab und plaziert die 12 Stäbe in der Stiftshütte. Am Morgen, siehe da, der Stab

---

[28] A. GELLIUS: Noctes Atticae. IX. 11.
[29] Num. Rabba XIX. 25; Tanch. IV. Ed. BUBER. 127; Tanch. Chukkat 20; Ber. 54a; Raschi ad Num. XXI. 15. Siehe J. BERGMANN: Die Legenden der Juden. Berlin 1919. 20; J. HERSKOVITZ, Yavneh (S. Klein Jubilee Volume). Jerusalem 1939. 112.
[30] B. HELLER: Gog und Magog im jüdischen Schrifttum. Jewish Studies in Memory of G. A. Kohut. New York 1935. 352.
[31] Historia Scholastica. Liber Esther. V. PL. CXCVIII. 1498; B. HELLER: a. W. 354.
[32] Ammianus Marcellinus. XXII. 8. 14. Ed. J. C. ROLFE. II. Cambridge, Mass. — London 1956. 222.

des Stammes Levi, Aron's Stab treibt Knospen, blüht und bringt Mandeln zur Reife (Num. XVII. 23.).[33]

In der Aggada knüpft sich dieses Wunder auch an andere Personen. Im feuerigen Ofen, der Abraham hätte verbrennen sollen, blühen die zum Heizen zusammengetragenen Balkenhölzer auf und bringen Obst zur Reife.[34] Jethro setzt einen Stab in seinen Garten und dieser schlägt Wurzel. Wer ihn herauszieht, wird Israels Erretter sein. Dies gelingt Moses allein.[35] Ein getaufter Jude kommt zu Juda Hechasid Buße tun. Juda, einen Stab in der Hand haltend, weist ihn zurück: Wie dieser Stab ergrünt und Blätter ansetzt, so wirst du Buße tun. Der Stab ergrünt.[36]

In der christlichen Legende knüpft sich dieses Motiv an die folgenden Gestalten: an Scheth,[37] an Loth,[38] an Salomon,[39] an Josef, Jesus' Vater,[40] an das Kreuz,[41] an Christophorus,[42] an Tannhäuser;[43] zur Zeit der Reformation an Luther,[44] in der islamischen Legende an Zacharias, den Vater von Johannes, dem Täufer.[45] Es ließ Spuren sowohl in der jüdischen[46] als auch in der christlichen bildenden Kunst zurück.[47] Das Motiv umfaßt folgende Typen:

«a) Beglaubigung der Unschuld (Gottesurteil der Legende), b) Zeichen der Sündenvergebung (Tannhäuser, der Räuber Maday in slawisch-ungarischen Sagen), c) Beglaubigung einer Religion, d) Erwählung eines Priesters (Arons Stab), oder eines Königs (Libussa-Przemysl, Matthias). Zu ergänzen wäre noch der Kyffhäuser-Typus und die slowenische Matthiassage, wo das aufblühende Reis das Wiedererwachen des entrückten Herrschers anzeigt . . . Für den eigentlichen Typus des Aronstabes, wo das Aufblühen des dürren Reises den Priester oder König bezeichnet, führe ich noch eine ungarisch-slawische Sage an: König Matthias stand in seiner Jugend als Knecht in fremdem Dienst. Ein König soll gewählt werden. Engel werden den krönen, — der vom

---

[33] P. SAINTYVES: Essais de Folklore Biblique. Paris 1922. 80. ff.
[34] Bet ha-Midrasch. I. Ed. A. JELLINEK. Jerusalem 1938. 34; R. GRAVES—R. PATAI: Hebrew Myths. London 1964. 141.
[35] Midr. Haschkem: Ozar Midrashim. I. Ed. A. J. EISENSTEIN. New York 1928. 139; I. LÖW: Die Flora der Juden. III. Wien—Leipzig 1924. 147—152; IV. Wien 1934. 408—411; D. SADAN: Beyn She'ila Lekinyan. I. Tel-Aviv 1968. 173—216.
[36] Ma'aseh Book. II. Ed. M. GASTER. Philadelphia 1934. 380—383. No. 178; B. HELLER: Gaster Anniversary Volume. London 1936. 241.
[37] I. TRENCSÉNYI-WALDAPFEL: Untersuchungen zur Religionsgeschichte. Budapest 1966. 479.
[38] I. TRENCSÉNYI-WALDAPFEL, Jewish Studies in Memory of M. Guttmann. Budapest 1946. 309—310; A. STRAUSZ: Bolgár néphit. Budapest 1897. 98—99.
[39] ST. JOHN D. SEYMOUR: Tales of King Solomon. Oxford—London 1924. 125—126.
[40] O. DÄHNHARDT: Natursagen. II. Leipzig—Berlin 1909. 265—268.
[41] L. GYÖRGY: Egy középkori Sibylla-vers régi magyar irodalmunkban. Pécs 1929. 34.
[42] I. TRENCSÉNYI-WALDAPFEL: Untersuchungen. 404, 455.
[43] F. A. SCHMITT: Stoff- und Motivgeschichte der deutschen Literatur. Berlin 1965. 229.
[44] F. KUNZE: Luthersagen. Leipzig 1917. 92
[45] B. HELLER: IMIT Évkönyve. 1943. 145.
[46] J. LEVEEN: The Hebrew Bible in Art. London 1944. 63, 78, 82.
[47] A. HEISENBERG: Ikonographische Studien. München 1922. 105.

eisernen Tische ißt. Matthias nimmt das Mahl auf der umgestürzten Pflugschar. Sein Knechtgenosse spottet: Dann wirst du König, wenn mein Peitschenstiel grünt und blüht. Sofort blüht der Stiel auf, Engel krönen den König.»[48]

Die griechisch und lateinisch schreibenden Schriftsteller, die dieses Motiv erwähnen, sind lauter Orientalen: in Zusammenhang mit Herakles der Kleinasiate Pausanias (II. 31.);[49] der aus Syrien stammende Lukianos, der im Laufe seiner Reise für das Merkwürdigste hält, daß «der Mast des Schiffes ergrünte, Äste trieb und an seiner Spitze Frucht hervorbrachte» *(ὁ γὰρ ἱστὸς τῆς νεὼς ἐξεβλάστησεν καὶ κλάδους ἀνέφυσεν καὶ ἐπὶ τῷ ἄρκῳ ἐκαρποφόρησεν . . .).*[50]

Die Bibelkenntnis des Lukianos ist eine erwiesene Tatsache.[51]

Ammianus Marcellinus aus Antiochien faßt das Wunder, daß die Besenstiele aufsprossen — gleichwie in der tschechischen Libussa-Przmysl- und der ungarischen Matthias-Sage — als ein Vorzeichen auf für den Aufstieg niedrig Geborener zu hohen Ämtern:[52] «*In id tempus aut non multo prius, scopae florere sunt visae, quibus nobilitatis curia mundabatur, idque portendebat, extollendos quosdam despicatissimae sortis ad gradus potestatum excelsos.*»

Lukianos und Ammianus wurden in der reichen stoffgeschichtlichen Forschung, die sich mit unserem Thema befaßt, bisher noch nicht berücksichtigt.

---

[48] B. Heller: MGWJ 80 (1936) 47—48; F. M. Goebel: Jüdische Motive im märchenhaften Erzählungsgut. Gleiwitz 1932; H. Margell: Der Aronstab im Wandel der Zeiten. Zeitschrift für Volkskunde 44 (1934) 36—50; L. Petzoldt: Deutsche Volkssagen. München 1970. 69. No. 114.

[49] I. Trencsényi-Waldapfel: a. W. 431.

[50] Verae Historiae. II. 41. Lucian. Ed. A. M. Harmon. I. Cambridge, Mass—London 1961. 346.

[51] I. Trencsényi-Waldapfel: Der Hund in der Krippe. Acta Orient. Hung. 14 (1962) 139 ff.; H. D. Betz: Lukian von Samosata und das Neue Testament. Berlin 1961.

[52] Ammianus Marcellinus. XXVIII. 1. 42. Ed. J. C. Rolfe. III. Cambridge, Mass.—London 1958. 112.

ANTIKES IN DER AGGADA

1. DER BRENNENDE DORNBUSCH

Aus zwei Stellen der Bibel (Ex. II. 2; Jud. IX. 15.) erhellt, daß die alten Hebräer im Dornbusch Feuer ahnten, das manchmal herausschlägt, ohne daß der Busch selbst verbrannte. Bereits B. Kohlbach wies — nach H. Liebert — auf eine interessante Parallele vom Hagedorn hin. «In England galt er für einen heiligen Baum. Er soll aus dem Blitze entstanden sein und infolge dessen heiliges Feuer in seinen Zweigen bewahren.»[1]

Auch in der klassischen Literatur finden sich Beispiele. Nach Livius geriet in Apulien eine grünende Palme in Flammen (XXIV. 10.): «*in Apulia palmam viridem arsisse*».

Lucretius weiß davon, daß die hohen Bäume im Winde solange ihre Wipfel aneinander reiben, bis sie in Flammen geraten und die Flamme wie ein Blitz aus ihnen herausschlägt (I. 888—892):[2]

scilicet et glebis terrarum saepe friatis
herbarum genera et fruges frondisque videri
dispertita inter terram latitare minute,
postremo in lignis cinerem fumumque videri,
cum praefracta forent, ignisque latere minutos.

Bereits im alten *Gelasianum* findet sich eine sehr eigenwillige Beschwörung zur «Segnung des Beschwörungswassers für Blitze»: «*et fulgora et sidera quae missa videntur in hanc arborem non hominibus aut pecoribus aut frugibus noceant*».

Traf der Blitz den Baum des Haines, so wurde der Stumpf nach erfolgter Sühne entfernt und an seiner Stelle ein neuer Baum gepflanzt. Das besorgten in Rom die Arvalbrüder, so oft im Haine der Göttin Dia Bäume vom Blitze getroffen wurden.[3]

[1] B. Kohlbach: JMIT Évkönyve. 1917. S. 189—190.
[2] T. Lucreti Cari De rerum natura libri sex. Ed. C. Bailey. I. Oxford 1947. S. 220.
[3] E. Bartsch: Die Sachbeschwörungen der römischen Liturgie. Münster 1967. S. 274, 367. (Liturgiewissenschaftliche Quellen und Forschungen. 46.)

«Der Blitzschlag heiligt nach der antiken Auffassung den getroffenen Baum, mit welchem sich ein Teil des Wesens der Blitzgottheit verbindet.»[4] Der Dornbusch wurde manchesmal für den Aufenthaltsort der Schechina gehalten.[5] Das Thema hinterließ auch in der Ikonographie Spuren.[6]

2. BACKWERK FÜR DIE GÖTTIN DES MONDES

Jeremia motiviert den fremden Kult, den er in Judäa erfahren hat, selbst zweimal wie folgt: «Die Kinder lesen Holz, so zünden die Väter das Feuer an, und die Weiber kneten den Teig, daß sie der Himmelskönigin *Kuchen* backen . . .» (VII. 18). Und das zweitemal: «Auch wenn wir der Himmelskönigin räuchern und Trankopfer opfern, tun wir das ja nicht ohne unsrer Männer Willen, daß wir derselbigen *Kuchen* backen und Trankopfer opfern, damit sie sich um uns bekümmere» (XLIV. 19).

Das Wort כונים entspricht dem griechischen χαυῶνες. Das Lehnwort weist schon auf seinen Ursprung hin.

Es ist nicht uninteressant, die griechische Parallele kennen zu lernen, wenn sie auch in später Abfassung zu uns gelangte. Der athenische Briefschreiber Alkiphron (II. Jh. n. u. Z.) entnahm seinen Stoff zum großen Teil aus den Lustspielen des Menander (IV. Jh. v. u. Z.). In einem seiner Briefe schreibt er: «. . . es ist hier eine bekannte Frau, die diese Tage aus Phrygien kam und sich köstlich auf alles versteht: sie kann untrüglich wahrsagen aus dem Bauch und dem nächtlichen Sichstraffen der Stricke,[6a] und in der Nacht aus Totenbeschwörung; man sagt, man brauche ihr nicht aufs bloße Wort Glauben zu schenken, sondern müsse alles sehen. Ich lasse diese Frau rufen. Denn erst muß sie unbedingt eine Reinigungszeremonie vollführen und muß einige Opfertiere vorbereiten und starkriechenden Weihrauch und Storaxbalsam und *Mondbackwerk* (πέμματα σελήνης) und Blätter irgendeiner wild gewachsenen Heilpflanze.»[7]

---

[4] A. Franz: Die kirchlichen Benediktionen im Mittelalter. II. Freiburg i. Br. 1909. S. 47.
[5] A. M. Goldberg: Untersuchungen über die Vorstellung von der Schekhinah in der frühen rabbinischen Literatur. Berlin 1969. S. 170.
[6] M. Q. Smith: Lexikon der christlichen Ikonographie. I. Rom—Freiburg—Basel—Wien 1968. S. 510—511.
[6a] «Im Talmud . . . wird das Sprechen der Palmen erwähnt. Dieses geschah nach dem Gaon Scherira folgendermaßen: An einem windstillen Tage breitet ein darin kundiger Mensch ein Tuch zwischen Palmen aus, und er stellt sich zwischen zwei einander nahestehenden Palmbäumen und sieht, wie sie ihre Zweige gegen einander bewegen. Da gibt es nun Zeichen, aus denen der Kundige allerlei erfährt. Ähnliches berichtet auch der Gaon Mar Abraham» (Aruch. VI. Ed. A. Kohut. S. 31; J. Scheftelowitz: Alt-palästinensischer Bauernglaube. Hannover 1925. S. 20—21).
[7] Alciphronis Rhetoris Epistolarum Libri IV. Ed. M. A. Schepers. Lipsiae 1905. S. 152—153.

3. DER KLANG DER SONNE

Die Sonnenhymne gebraucht in den Psalmen folgende Wendung von den Sonnenstrahlen (Ps. XIX. 5): בכל הארץ יצא קום ובקצה תבל מליהם. Das Wort קום wird übersetzt:[8] LXX: $\varphi\vartheta\acute{o}\gamma\gamma o\varsigma$ = Sprache, Symmachos: $\tilde{\eta}\chi o\varsigma$ = Rede, Vulgata: sonus = Klang. Somit gelangt ihr Klang auf die ganze Erde, und ihre Worte bis an den Rand der Welt.

Daraus dürfte sich die Vorstellung der Aggada bilden (Joma. 20b): «Drei Klänge gelangen von einem Rande der Erde bis zum andern: der der Sonnenscheibe, der von Roms Gebrause und der der Seele, wenn sie den Körper verläßt. Nach manchen auch der Klang des Gebärens» (שלש קולות הולכין מסוף העולם ועד סופו ואלו הן קול גלגל חמה...).

Es ist nicht uninteressant, als Parallele den von Tacitus in seiner Germania aufbewahrten Volksglauben anzuführen, daß dem Aberglauben nach der Klang der auftauchenden Sonne hörbar sei (XLV.): «*sonum insuper emergentis audiri.*»[9]

4. DER OPFERRAUCH

Vom Opferrauch des Heiligtums bewahrt die Aggada die Überlieferung, daß «sämtliche Sturmwinde der Welt nicht vermochten ihn von seiner Stelle zu rücken» (Abot. V. 8; Joma. 21b).

Sechstausend Schritte von der Stadt Kroton stand der Tempel der Juno von Lacinium. Von ihm erzählte man, daß in der Vorhalle des Heiligtums ein Altar gestanden habe, von dem der Wind die Asche niemals weggeweht habe: «*fama est aram esse in vestibulo templi, cuius cinerem nullus umquam moveat ventus.*»[10]

Beide Kulturen wollen gleichmäßig auf diese Weise die Ehrfurcht der Elemente vor dem Kultus illustrieren.

5. TIERE SPRECHEN

In der Bibel spricht die Schlange (Gen. III. 4), Bileams Esel fängt an zu sprechen (Num. XXII. 28). Bereits in der gaonäischen Epoche wurden diese beiden Stellen mit scharfer Kritik behandelt, und dazu nahm man den Fall der totenbeschwörenden Frau von En-Dor (I. Sam. XXVIII. 12 ff.). Samuel b. Chofni (gest. 1034) leugnet alle drei, denn — ihm zufolge — müsse die Tradition verworfen werden, wenn ihr der gesunde Menschenverstand

---

[8] D. Fokos-Fuchs: Ignace Goldziher Memorial Volume. II. Jerusalem 1958. S. 137.
[9] De origine et situ Germanorum. P. Cornelii Taciti libri qui supersunt. II. Ed. C. Halm — G. Andersen. Lipsiae 1928. S. 246.
[10] Livius. XXIV. 3.

widerspricht.[11] Betreffs des dritten Beispiels war Saadia (gest. 942) und der Gaon Hai (gest. 1038) anderer Meinung: die Wiedererweckung geschah. Jedoch nicht die Totenbeschwörerin, sondern Gott erweckte den Propheten Samuel wieder.[12]

Auch die Aggada kennt einen ähnlichen Fall: Der Wolf fängt an, vor Jakob zu reden und erzählt, er habe Josef nicht gesehen, nicht zerrissen.[13]

In der klassischen Literatur kommt das Motiv der sprechenden Tiere häufig genug vor. Zur Zeit der Konsuln P. Volumnius und Ser. Sulpicius glaubte man, daß im vorigen Jahr eine Kuh zu sprechen begann (Livius. III. 10): «*bovem locutum, cui rei priore anno fides non fuerat, creditum.*» Dasselbe wurde zur Zeit des punischen Krieges in Sizilien erzählt (Livius. XXIV. 10): «*bovem in Sicilia locutum*». Im Jahre 69 n. u. Z. begann — nach Tacitus — in Etrurien ein Ochs mit menschlicher Stimme zu reden (Historiae. I. 86): «*prolocutum in Etruria bovem.*» Appianos berichtet, im Jahre 43 (v. u. Z.) habe unter den zahlreichen Wundern ein Ochs mit menschlicher Stimme zu sprechen begonnen (IV. 4): «βοῦς τε φωνὴν ἀφῆκεν ἀνθρώπου.» Nach M. Terentius Varro habe ein Vieh gesagt, daß Plautius so lateinisch spreche wie der Prätor Hirrius: „*et hunc Plautium locutum esse Latine quam Hirrium praetorem renuntiatum Romam in senatum scriptum habemus.*"[13a] Aus Cicero und Valerius Maximus können weitere Beispiele angeführt werden.

6. HYPERBEL

Homer gebraucht zum erstenmal die Übertreibung von der Enumeration: er könnte es nicht aufzählen, selbst wenn er zehn Zungen und zehn Münder hätte (Ilias. II. 489):

οὐδ' εἴ μοι δέκα μὲν γλῶσσαι, δέκα δὲ στόματ' εἶεν.

Vergil gebraucht dieselbe Wendung von der Anführung der Sünden und Vergeltungen der Büßer in der Unterwelt. Er jedoch sagt schon: hundert. Er könnte es nicht mit Worten ausdrücken, wenn er auch hundert Kehlen, hundert Zungen hätte (Aeneis. VI. 625—627):

---

[11] David Qimchi ad I. Sam. XXVIII. 25; R. GOTTHEIL—W. H. WORELL: Fragments from the Cairo Genizah in the Freer Collection. New York 1927. S. 124. No. XXVII; A. MARMORSTEIN: REJ 85 (1928) S. 104.

[12] A. HARKAVY: Studien und Mitteilungen. III. St. Petersburg 1880. S. 15; J. MANN: Texts and Studies. I. Cincinnati 1931. S. 389—390; II. Cincinnati 1935. S. 96; B. COHEN: Saadia Anniversary Volume. New York 1943. S. 96—97. No. XX. Cf. CH. MERCHAVIA: The Church versus Talmudic and Midrashic Literature. Jerusalem 1970. S. 188.

[13] Sepher Hajaschar. Ed. L. GOLDSCHMIDT. Berlin 1923. S. 156—157; R. GRAVES—R. PATAI: Hebrew Myths. The Book of Genesis. London 1964. S. 251—252.

[13a] M. Terenti Varronis Rerum rusticarum libri tres. II. 5. Ed. S. SZÁDECZKY—KARDOSS. Budapest 1971. S. 306.

> *non mihi si linguae centum sint oraque centum,*
> *ferrea vox, omnis scelerum comprendere formas,*
> *omnia poenarum percurrere nomina possim.*

Hieronymos verwertet häufig die Vergil-Stelle in seinen Schriften.[14] Und Apuleius erwähnt geradezu tausend Münder, tausend Zungen zur Verherrlichung der Göttin:[15] «*nec ora mille, linguaeque totidem . . .*»

In der klassischen Literatur sind auch zahlreiche andere Beispiele zu treffen.[16] Euripides setzt in seinem Drama Melanippe kein Maß fest: das ganze Himmelsgewölbe wäre nicht genug, müßte man die Fehler des Menschen aufschreiben:[17]

> . . . . . . οὐδ᾽ ὁ πᾶς ἂν οὐρανὸς
> Διὸς γράφοντος τὰς βροτῶν ἁμαρτίας
> ἐξαρκέσειεν οὐδ᾽ ἐκεῖνος ἂν σκοπῶν
> πέμπειν ἑκάστῳ ζημίαν.

Zum Letzten bietet die frühe hebräische Literatur eine Parallele. R. Jochanan b. Zakkai (I. Jahrhundert) sagt: «Wenn der Himmel ein Pergament wäre, jeder Baum ein Schreibstift, alle Meere Tinte, selbst dann würde es nicht genügen, um abzuschreiben all die Wissenschaft, die ich von meinen Meistern gelernt habe.»[18] Später kommt eine derartige Variante häufiger vor: «Wäre unser Mund wie das Meer, unsere Zunge wie das Rauschen seiner Wellen, unsere Lippen wie das Himmelsgewölbe, selbst dann könnten wir unseren Dank nicht ausdrücken.»[19]

Ost und West wollten das Nichtausdrückbare mit diesen Vergleichen illustrieren.

7. IN DER EINTRACHT DIE KRAFT

Äsop wird die allbekannte Fabel zugeschrieben:[20] «Die Kinder eines Ackermanns zankten sich immer. Er tat alles, um sie zur Vernunft zu bringen, aber sie gehorchten nicht. Er sah ein, er müsse ihnen ein Beispiel zeigen. Er ließ ein Rutenbündel hereinbringen. Erst gab er es ihnen im ganzen, sie

---

[14] H. HAGENDAHL: Latin Fathers and Classics. Göteborg 1958. S. 204, 206, 253, 306. (Acta Universitatis Gothobergensis. LXIV.)

[15] Apulei Metamorphoseon. XI. Ende.

[16] H. GÄRTNER—W. HEYKE: Bibliographie zur antiken Bildersprache. Heidelberg 1964. S. 526.

[17] Euripidis Perditarum Tragoediarum Fragmenta. Ed. A. NAUCK. Lipsiae 1869. S. 138. No. 508.

[18] Massechet Sofrim. XVI. 8. Ed. J. MÜLLER. Leipzig 1878. S. 219.

[19] Seder Eliahu Rabba. Ed. M. FRIEDMANN. Wien 1902. S. 163; A. M. HABERMANN, Tesoro de Los Judios Sefardies 9 (1966) S. 55.

[20] Aesopus. Ed. HALM. No. 103.

sollten versuchen, es so, wie es ist, in einem zu zerbrechen. Wie immer sie sich auch anstrengten, sie vermochten es nicht. Da löste er das Bündel und gab ihnen einzeln die Ruten, damit sie sie so zerbrechen. Dies taten sie schon leicht. Da sagte er zu ihnen: 'Meine Kinder, dies ist euer Beispiel. Werdet ihr einig sein, so werden eure Feinde niemals gegen euch aufkommen. Wenn ihr aber uneinig seid, werden sie euch leicht überwältigen.'»

Die hebräischen Varianten stimmen sozusagen Wort für Wort überein:[21] «Nimmt man ein Rohrbündel, so kann man es schwerlich auf einmal zerbrechen, nimmt man aber die Stäbe einzeln, so vermag sie auch ein Kind zu zerbrechen.» Älter als dieser ist der Text des pseudoepigraphischen Zebulun-Testamentes, der von der Kraft der Eintracht folgendes Bild gebraucht (IX. 1—2):[22] «Forschet gut das Wasser, und ihr werdet draufkommen, daß es, wenn es in einer Richtung strömt, Steine, Bäume, Erde und alles andere mit sich reißt. Teilt es sich aber in mehrere Arme, wird es von der Erde verschlungen und verschwindet.»

Diese Fabel ist volkstümlich in der Weltliteratur.[23] Auch in der ungarischen Literatur blickt sie auf eine große Vergangenheit zurück.[24] Als ein Element der bei Constantinus Porphyrogenitus aufbewahrten Svatopluk-Sage[25] geriet sie in den ungarischen Sagenschatz.[26] P. Temesvári erzählt sie lateinisch,[27] G. Pesti im Jahre 1536 ungarisch.[28] J. Arany gebraucht sie 1848 in einem seiner Artikel, um die zum Schutz des Vaterlandes nötige einheitliche Kraft zu illustrieren.[29]

8. WIR PFLANZEN BÄUME FÜR UNSERE NACHKOMMEN

Der Kaiser Hadrian erblickte in Tiberias einen Greis, der einen Feigenbaum pflanzte. Er fragt ihn, wie alt er sei. Hundert Jahre alt. «Hoffst du denn noch zu essen von diesen Feigen?» «Erlebe ich es, so werde ich davon essen, erlebe ich es nicht, so mühe ich mich um meine Söhne, wie meine Väter sich um mich gemüht haben...» (Koh. R. II. 20).

[21] Tanchuma. Nizzavim, 4. Ed. BUBER. Wilna 1885. S. 49; Tanchuma. Choreb. New York—Berlin 1927. S. 673; Jalkut Schimoni. Nizzavim, 29. New York—Berlin 1926. S. 669. Cf. J. L. ZLOTNIK: Research of the Hebrew Idiom. Jerusalem 1938. S. 11—16.
[22] Hasefarim Hachizonim. I. Ed. A. KAHANA. Tel-Aviv 1956. S. 186.
[23] Johannes Pauli Schimpf und Ernst. II. Ed. J. BOLTE. Berlin 1924. S. 441. No. 861.
[24] L. GYÖRGY: A magyar anekdota története és egyetemes kapcsolatai. Budapest 1934. S. 104. No. 35; A. SCHEIBER: Filológiai Közlöny 2 (1956) S. 291.
[25] Konstantinos Porphyrogennetos: De administrando imperio. Ed. J. MORAVCSIK. Budapest 1950. S. 180—181, 338—339.
[26] J. SEBESTYÉN: A magyar honfoglalás mondái. II. Budapest 1905. S. 93.
[27] L. KATONA: Temesvári Pelbárt példái. Budapest 1902. S. 71.
[28] F. TOLDY: Régi magyar mesék, beszélyek és erkölcsiratok. I. Pest 1858. S. 83. No. LI.
[29] A. SCHEIBER: MNyr 77 (1953) S. 139.

Ähnlich ist der Fall des Choni Hameaggel. «Eines Tages befand er sich auf dem Wege und sah einen Mann einen Johannisbrotbaum pflanzen. Da fragte er ihn: Nach wieviel Jahren trägt er? Jener erwiderte: Nach siebzig Jahren. Dieser fragte weiter: Bist du überzeugt, daß du noch siebzig Jahre leben wirst? Jener erwiderte: Ich habe Johannisbrotbäume auf der Welt vorgefunden, die meine Vorfahren für mich pflanzten, ebenso will ich für meine Nachkommen pflanzen» (b. Taanit. 23a).

Auch bei Cicero denkt der Ackermann, er habe die Bäume nicht nur von seinen Vorfahren geerbt, sondern hinterläßt sie auch als Erbe seinen Nachkommen:[30] «*Nec vero dubitat agricola, quamvis sit senex, quaerenti cui serat respondere: 'dis immortalibus, qui me non accipere modo haec a maioribus voluerunt, sed etiam posteris prodere'.*» Von späteren literarischen und volkstümlichen Varianten — besonders aus dem Osten — wollen wir hier keine Beispiele anführen.[31]

9. AGGADISCHE REMINISZENZEN BEI CICERO

Im folgenden führen wir einige Beispiele an, in denen die ethische Lehre der Aggada mit Cicero zusammentrifft. Wir ziehen keine Folgerungen daraus, aber die Übereinstimmung ist überraschend. Es besteht die Möglichkeit, daß jüdische Gedanken — wenn auch durch Vermittlung — zu dem römischen Schriftsteller gelangten.

a) Der Freigebige soll nicht mehr spenden als ein Fünftel seines Vermögens, um nicht auf die Menschen angewiesen zu sein (Ket. 50a):

המבזבז אל יבזבז יותר מחומש שמא יצטרך לבריות.

Bei Cicero lautet die Motivierung: Sonst wäre er ungerecht gegen die Seinigen, da er es ihnen entzieht:[32] «*Alter locus erat cautionis, ne benignitas maior esset quam facultates, quod qui benigniores volunt esse, quam res patitur, primum in eo peccant, quod iniuriosi sunt in proximos; quas enim copias his et suppeditare aequius est et relinqui eas transferunt ad alienos.*»

b) Nicht der Ort macht dem Menschen Ehre, sondern der Mensch macht dem Orte Ehre:[33] לא מקומו של אדם מכבדו, אלא הוא מכבד את מקומו.

Dies findet sich beinahe Wort für Wort bei Cicero:[34] «*nec domo dominus, sed domino domus honestanda est.*»

---

[30] Cicero: Cato Maior de senectute. VII. 25. München 1963. S. 32.
[31] Der Hodscha Nasreddin. II. Ed. A. WESSELSKI. Weimar 1911. S. 235. No. 516; S. THOMPSON: Motif-Index of Folk-Literature. IV. Copenhagen 1957. S. 54. J. 701. 1.
[32] Cicero: De officiis. I. 14. 44. Ed. C. ATZERT. Lipsiae 1923. S. 22—23.
[33] Mechilta d'Rabbi Ismael. Ed. HOROVITZ-RABIN. Frankfurt a/M. 1931. S. 213; Mekilta de-Rabbi Ishmael. II. Ed. LAUTERBACH. Philadelphia 1949. S. 214—215; Taanit. 21b.
[34] Cicero: De officiis. I. 39. 139. S. 67.

c) Der Lohn der Erfüllung des Gesetzes ist das Gesetz selbst, der der Sünde ist die Sünde selbst:[35] שכר מצוה מצוה שכר עבירה עבירה.

Bei Cicero ist bloß der erste Teil vorhanden:[36] «*id enim volumus, id contendimus, ut officii fructus sit ipsum officium*».

d) In dem jetzt folgenden Punkt ist die Polemik identisch, die Lösung jedoch abweichend. Die Abweichung ist sehr charakteristisch für die Verschiedenheit der beiden Weltauffassungen, Menschenwertungen.

Das talmudische Schrifttum konstruiert folgenden Fall: «Wenn zwei Personen sich auf dem Wege befinden, und im Besitze des einen sich ein Krug Wasser befindet, und wenn beide trinken, sie beide sterben, wenn aber der eine, er eine bewohnte Gegend erreichen kann, trug Ben Petora vor, lieber sollen beide trinken und sterben, als daß der eine den Tod des anderen sehe.»[37]

Cicero spricht von zwei Schiffbrüchigen, die sich an einem Brett anhalten. Die Lösung ist: der eine soll dem anderen nachgeben:[38] «*Si una tabula sit, duo naufragi, eique sapientes, sibine uterque rapiat an alter cedat alteri? Cedat vero, sed ei, cuius magis intersit vel sua vel rei publicae causa vivere. Quid? si haec paria in utroque? Nullum erit certamen, sed quasi sorte aut micando victus alteri cedet alter.*»

Aus der Aggada geht klar hervor: Alle Menschenleben besitzen den gleichen Wert.

10. DAS VERKEHRT AUFGESCHLAGENE HUFEISEN

Die Aggada erzählt, daß sich viele zur Zeit der römischen Judenverfolgungen in Höhlen versteckten. Es wurde beschlossen: jeder dürfe *hinein* gehen, jedoch keiner *heraus*kommen, denn es sei zu befürchten — niemand kann genug behutsam in der Umschau sein — vom Feinde gesehen zu werden. Einer von ihnen zog beim Hineingehen sein Schuhwerk irrtümlicherweise verkehrt an, es ließ Spuren zurück, woraus der Feind mit Recht folgern konnte, jemand habe sich entfernt. In der Furcht vor dem Angriff des Feindes brach in der Höhle eine Panik aus, so daß man sich gegenseitig totschlug (Sabb. 60a).

Die andere Parallele ist hier noch mehr am Platze. Der römische Kaiser forderte Josua b. Chananja auf, die Gelehrten des römischen Athenaeums zu bringen, wenn es wirklich wahr sei, daß er klüger sei als sie. Als er bei ihnen ankam, brachte er in Erfahrung, daß innen gewacht wird, damit niemand hinaus kann, und außen gewacht wird, damit niemand hinein kann. Finden

---

[35] Abot. IV. 42.
[36] Cicero: De finibus bonorum et malorum. II. 22. 72. Ed. Th. Schische. Lipsiae 1915. S. 65.
[37] Baba M. 62a.
[38] Cicero: De officiis. III. 22. 90. S. 157.

sie Fußspuren, die hineinführen, so töten sie die Wächter von draußen, finden sie Spuren, die wegführen, so töten sie die von innen. Josua b. Chananja kehrte den einen Schuh in sich nähernder, den anderen in sich entfernender Richtung, worauf alle Wächter niedergemetzelt wurden. Sodann konnte er allerdings hineingelangen (Bech. 8b).

Das Motiv kommt auch in der griechisch-lateinischen Literatur vor. Von Hermes Dolios erzählt die eine homerische Hymne folgendes:[39] In Pieria weidete die Viehherde der Götter. Hermes erwählte schnell die fünfzig Kühe des Phoibos Apollo aus und trieb sie weg. Der Weg war sandig, die Fußspuren waren sichtbar darauf. Er warf sein Schuhwerk weg, band mit biegsamer Rute der Tamariske und Myrte belaubte Zweige in Bündel und steckte diese anstatt des Schuhwerkes unter seine Sohle. Die Kühe aber kehrte er um und trieb sie mit dem Rücken nach vorne weiter, damit die Fußspuren nach rückwärts führen.

> Τῶν τότε Μαιάδος υἱός εὔσκοπος Ἀργειφόντης
> Πεντήκοντ᾽ ἀγέλης ἀπετάμνετο βοῦς ἐριμύκους.
> Πλανοδίας δ᾽ ἤλαυνε διὰ ψαμαθώδεα χῶρον,
> Ἴχνη ἀποστρέψας· δολίης δ᾽ οὐ λήθετο τέχνης,
> Ἀντία ποιήσας ὁπλὰς τὰς πρόσθεν, ὄπισθεν,
> Τὰς δ᾽ ὄπιθεν, πρόσθεν·

Ebenso lesen wir in Vergils Aeneide, daß Cacus vier Stiere und vier Kühe des Hercules in seine Höhle treibt (VIII. 209—212):

> *atque hos, ne qua forent pedibus vestigia rectis,*
> *cauda in speluncam tractos versisque viarum*
> *indiciis raptos saxo occultabat opaco:*
> *quaerenti nulla ad speluncam signa ferebant.*

Dies erzählt schon Livius in Prosa (I. 7): «*ibi cum eum cibo vinoque gravatum sopor oppressisset, pastor accola eius loci, nomine Cacus, ferox viribus, captus pulchritudine boum cum avertere eam praedam vellet, quia, si agendo armentum in speluncam compulisset, ipsa vestigia quaerentem dominum eo deductura erant, aversos boves, eximium quemque pulchritudine, caudis in speluncam traxit.*»

In einer indischen Parallele ist von Verkehrung des Schuhes die Rede, in deutschen und ossetischen Sagen schlägt der Verfolgte das Hufeisen verkehrt seinem Pferde auf.[40] In einer estnischen Sage kommt der «Hundnäsige»

---

[39] Homeros: Eis Hermen. Zeilen 73—78.
[40] R. Köhler: Kleinere Schriften. I. Ed. J. Bolte. Weimar 1898. S. 381—382.

seinem Opfer auf die Spur und verfolgt es. Der Fliehende zieht seinen Schuh verkehrt an und läuft unter eine Brücke. Der «Hundnäsige» gelangt schnuppernd in seine unmittelbare Nähe, findet aber wegen der verkehrten Spuren das Versteck nicht.[41] «Damit der Feind den Pfad verliert, schlägt der räuberische wendische König Schulenburg das Hufeisen verkehrt auf.»[42] In einem slowenischen Märchen sagt die Mutter zu ihrem Sohne: «Die Hufeisen wirst du umdrehen, da werden sie meinen, du seist schon drüben».[43] Englische, schweizerische, isländische, chinesische, afrikanische Parallelen bringt S. Thompson.[44]

In Ungarn ist dieses Sagenelement besonders in Zusammenhang mit Rákóczi häufig. Nach Szegediner Überlieferung «hatte Rákóczis Pferd solche Hufeisen, wie andere Pferde sie nicht hatten, so war die Spur der Hufeisen gleich zu erkennen. Um nicht gesucht zu werden, nach welcher Richtung er ging, um nicht entdeckt zu werden, drehte er die Hufeisen an den Füßen seines Pferdes um.»[45] Einem in Szaján niedergeschriebenen Volkslied zufolge dreht Rákóczi deshalb die Hufeisen seines Pferdes um, damit er sich niemals zurückwende.[46] In Szerencs wird erzählt, die Rákóczi-Schlösser in Szerencs und Sárospatak seien durch einen Tunnel verbunden gewesen. Hierher flüchtete Rákóczi auf einem Pferde mit verkehrt aufgeschlagenen Hufeisen, um seine Verfolger irrezuführen.[47]

Nach der Volkstradition von Hódmezővásárhely drehen sowohl Kossuth wie auch S. Rózsa die Hufeisen ihres Pferdes um.[48] In Zipser Sagen zog ein Räuber die gestohlenen Rinder an ihrem Schweif in seine Höhle.[49] In der ungarischen Literatur verwertet K. Mikszáth dieses Motiv häufig.[50]

---

[41] Y. H. Toivonen: FUF 24 (1937) S. 98.
[42] Wilibald, Wendische Volkssagen und Gebräuche. Leipzig 1880. S. 1, 7; L. Kálmány: Hagyományok. I. Vácz 1914. S. 213.
[43] R. Wildhaber: «Die Stunde ist da, aber der Mann nicht». Rheinisches Jahrbuch für Volkskunde 9 (1958) S. 83.
[44] S. Thompson: Motif-Index of Folk-Literature. IV. Copenhagen 1957. S. 311. K. 534. 1.
[45] L. Kálmány: Op. cit., S. 159. No. 79.
[46] L. Kálmány: Szeged népe. II. Arad 1882. S. 43.
[47] I. Dobos: Tarcal története a szóhagyományban. Budapest 1971. S. 87—88, 166—167; I. Ferenczi — M. Molnár: Fordulj kedves lovam... Vaja 1972. S. 206. No. 266; S. 345. Anm. 259.
[48] Kálmány-Nachlass. EA. 2801-511.
[49] Ethnographia 1 (1890) S. 261.
[50] A. Scheiber: Mikszáth Kálmán és a keleti folklore. Budapest 1949. S. 51—53; Mikszáth Kálmán Összes Művei. V. Budapest 1957. S. 191; XXI. Budapest 1960. S. 232.

AGGADA UND ANTIKES[1]

1. Das Herausziehen des Stabes aus der Erde

Mit dem Motiv des erblühenden Stabes befaßten wir uns bereits in dieser Zeitchrift.[2] Es ist dies das Zeichen der Erwähltheit oder der Sündenvergebung. Die Literatur hat seitdem neuere Angaben ans Licht gebracht. Lots erblühender Stab ist auch in der Palaea Historica vorhanden.[3] Der Stab des getöteten Pilgers erblüht auf seinem Grabe und verzweigt sich zu einem Baum.[4] Ein ungarisches Volksmärchen aus Jugoslavien kennt ebenfalls das Erblühen des Peitschenstiels.[5]

Eine andere Probe der Erwähltheit ist es, daß der Held den Stab aus der Erde zu ziehen vermag. Jethro gibt seine Tochter Zippora nur in dem Falle Moses, wenn dieser den Stab, den Adam aus dem Paradies mit sich brachte und nach vielem Ungemach in Jethros Garten verpflanzte, aus der Erde zieht. Moses gelingt dies.[6]

Das Motiv kann bis zur mittelalterlichen Arthus-Legende verfolgt werden, wo nur der rechtmäßige König das Schwert herauszuziehen vermag. Arthus tut dies und wird zum König gekrönt.[7] Dies zeigt eine Verbindung einerseits mit der Attila-Sage,[8] andererseits mit der griechischen Theseus-Sage.[9]

In diesem Zusammenhang wurde folgende klassische Parallele noch nicht erwähnt. Livius erzählt: dem Flaminius wird vor seinem Abmarsch gemeldet, daß der Träger eines Feldzeichens aus vollen Kräften nicht imstande

---

[1] Vgl. H. JACOBSON: A Note on Petronius *Sat.* 31.2. Classical Philology 66 (1971) 184, Anm. 4.
[2] A. SCHEIBER: Antike Elemente in der Aggada. Acta Antiqua 18 (1970) 418—426.
[3] D. FLUSSER: Studies in Aggadah and Folk-Literature. Jerusalem 1971. 61. (Scripta Hierosolymitana. XXII.); S. LIEBERMAN: Tarbiz 42 (1972/73) 44—55.
[4] F. C. TUBACH: Index Exemplorum. Helsinki 1969. 38. No. 430. (FFC. No. 204.)
[5] O. PENAVIN: Jugoszláviai magyar népmesék. Bp. 1971. 547. No. 173; Zs. SIMONYI: Tréfás népmesék és adomák. Bp. 1902. 76.
[6] Bet ha-Midrasch. Ed. A. JELLINEK. II. Jerusalem 1938. 7; A. ROSMARIN: Moses im Lichte der Aggada. New York 1932. 75—76; L. GINZBERG: The Legends of the Jews. V. Philadelphia 1947. 412. Anm. 96, 97.
[7] C. LEVIANT: King Artus. A Hebrew Arthurian Romance of 1279. Assen 1969. 90.
[8] B. HELLER: Das Schwert Gottes. Ungarische Rundschau 2 (1913) 557—586.
[9] M. HAMILTON: Greek Legends. Oxford 1912. 35.

sei, es aus der Erde zu ziehen. Der Konsul gibt den Befehl, es auszugraben:[10] «*nuntiatur signum omni vi moliente signifero convelli nequire ... abi, nuntia, offodiant signum, si ad convellendum manus prae metu obtorpuerunt.*» Der Konsul will auf diese Weise das Unglücksomen gewaltsam nullifizieren.

2. Die den Himmel einteilen

In Jesaja XLVII. 13 lesen wir folgenden problematischen Vers «Denn du bist müde vor der Menge deiner Anschläge. Laß hertreten und dir helfen die Meister, die den Himmel einteilen, und die Sterngucker, die nach den Monaten rechnen, was über dich kommen werde.»

הברו שמים bedeutet «d. Himmel (für Sterndeutung) einteilen.»[11] Der Text von Qumran schreibt חוברי.[12]

Die Wahrsageweise des textus massoreticus beschreibt Livius wie folgt (I. 18.) Der Wahrsager bedeckte sein Haupt, hielt einen krummen Stab in seiner rechten Hand, der *lituus* hieß. Er zog einen Bogen von Ost nach West, grenzte die Himmelsgegenden ab und bat Jupiter um Zeichen: «*augur ad laevam eius capite velato sedem cepit, dextra manu baculum sine nodo aduncum tenens, quem lituum appellarunt. inde ubi prospectu in urbem agrumque capto deos precatus regiones ab oriente ad occasum determinavit, dextras ad meridiem partes, laevas ad septentrionem esse dixit, signum contra, quoad longissime conspectum oculi ferebant, animo finivit; tum lituo in leavam manum translato dextra in caput Numae imposita precatus ita est: 'Iupiter pater, si est fas hunc Numam Pompilium, cuius ego caput teneo, regem Romae esse, uti tu signa nobis certa adclarassis inter eos fines, quos feci.' tum peregit verbis auspicia, quae mitti vellet.*»

3. Viele Sonnen

Jesaja gebraucht einmal folgendes eschatologisches Bild: «Und des Mondes Schein wird sein wie der Sonne Schein, und der Sonne Schein wird siebenmal heller sein als der von sieben Tagen ...» (XXX. 26.). Sacharja hinwiederum prophezeit folgendes: «Und um den Abend wird's Licht sein» (XIV. 7.).

Von Hispanien sprechend erzählt Livius, man habe in Alba angeblich zwei Sonnen gesehen, in Fregellae sei nachts Tageslicht entstanden (XXVIII. 11): «*et Albae duo soles visos ferebant et nocte Fregellis lucem obortam.*» Dasselbe habe man später auch in Rom beobachtet (XXIX. 14.): «*eo plura vulgabantur:*

---

[10] Livius, XXII. 3.
[11] L. Köhler: Lexikon in Veteris Testamenti Libros. Leiden 1953. 224.
[12] E. Y. Kutscher: The Language and Linguistic Background of the Isaiah Scroll. Jerusalem 1959. 177.

duos soles visos, et nocte interluxisse.» Vgl. XXXII. 29: «*Frusinone inter noctem lux orta.*»

In der aus aesopischer Tradition entstandenen Phaedrus-Fabel fürchten sich die Frösche vor der Heirat der Sonne. Schon eine Sonne brennt den Teich aus, wie wird es erst sein, wenn sie Kinder gebären wird:[13]

> *Uxorem quondam Sol cum vellet ducere,*
> *Clamorem ranae sustulere ad sidera.*
> *Convitio permotus quaerit Jupiter*
> *Causam querelae. Quaedam tum stagni incola:*
> *Nunc, inquit, omnes unus exurit lacus*
> *Cogetque miseras arida sede emori.*
> *Quidnam futurum est, si crearit liberos?*

Bei den aus klassischen Überlieferungen sich nährenden mittelalterlichen Schriftstellern ist dies ein beliebtes Thema.

Zahlreiche Volksmärchen und Vorstellungen beweisen, daß es auch in Europa verbreitet ist.[14]

4. Bienen im Löwen

Die Bienen heißen auf griechisch βουγενεῖς, vom Rind Geborene. In der Antike war die Auffassung verbreitet, daß die Bienen aus dem Leib des getöteten Stiers oder der getöteten Kuh entstehen.

M. Terentius Varro befaßt sich selbst an zwei Stellen mit dieser Vorstellung (II. 5.5.): «*denique ex hoc putrefacto nasci dulcissima apes, mellis matres, a quo eas Graeci bugenis appellant.*»[15] Anderwärts beruft er sich auf einen früheren Schriftsteller, namentlich auf Archelaus, und ihm schreibt er auch die Zeile des Nikandros zu (III. 16. 4.):

«*Primum apes nascuntur partim ex apibus, partim ex bubulo corpore putrefacto. Itaque Archelaus in epigrammate ait eas esse*

βοὸς φθιμένης πεπλανημένα τέκνα,

idem

ἵππων μὲν σφῶκες γενεά, μόσχων δὲ μέλισσαι.*"*

Im Lichte dieser Anführungen haben wir in einer Szene des Buches der Richter die Spur einer alten, verlorengegangenen folkloristischen Auffassung zu erblicken. Simson zerreißt den jungen Löwen. Im Leibe des Löwen schlagen

---

[13] L. HERVIEUX: Les fabulistes latins. II. 8.
[14] J. BERZE NAGY: A sok nap. Ethnographia 54 (1943) 148—154; S. THOMPSON: Motif-Index of Folk-Literature. I. Copenhagen 1955. 142. A. 716. 1.
[15] M. TERENTI VARRONIS Rerum rusticarum libri tres. Ed. S. SZÁDECZKY-KARDOSS. Bp. 1971. 306.

Bienen ihr Lager auf, und Simson, frohgelaunt, gibt eine scherzhafte Frage auf bei seiner Hochzeit: «Speise ging von dem Fresser und Süßigkeit von dem Starken» (XIV. 5—19.).

Wir denken daran: im alten Israel meinte man, die Bienen entstünden aus dem Aas des Löwen.[15a]

5. *Verbrennen von dem Atem*

Über Jonatan b. Uziel, laut der Überlieferung Verfasser des Targums der Propheten, erzählte die Legende, daß die über ihm hinfliegenden Vögel von der Begeisterung seines Lernens verbrannten (Sukka 28a): בשעה שיושב ועוסק בתורה כל עוף שפורח עליו מיד נשרף

Den R. Chuzpit,[16] der nach der Niederwerfung von Bar Kochba's Freiheitskampf ebenfalls hingerichtet wurde, vergleicht die Aggada mit Jonatan b. Uziel.[17] Daher konnte Meir b. Jechiel in seiner Elegie, die mit ארזי הלבנון beginnt,[18] über ihn schreiben: «der fliegende Vogel verbrannte vom Atem seines Mundes wie auf einem Scheiterhaufen» (עוף הפורח בהבל פיו נשרף כבמדורה).[19]

Eine interessante Parallele drängt sich hier auf aus dem klassischen Schrifttum. Als Scipio sich nach Afrika begab — so erzählt Livius mit Berufung auf Caelius — war seine Armee so groß, daß vom Geschrei der Soldaten die Vögel auf die Erde herabfielen («*volucres ad terram delapsas clamore militum ait*».).[20]

6. *Bestrafung des Überbringers einer schlechten Nachricht*

Als David einen Kampf eingeht mit dem gegen ihn sich auflehnenden Absalom, erwartet er eine Nachricht über den Ausgang der Schlacht und über Absaloms Schicksal. Achimaaz, der erste Bote, wagt nicht, sich zu äußern. Der äthiopische Sklave antwortet nur mit einer Umschreibung: «Es müsse allen Feinden meines Herrn Königes gehen, wie es dem Knaben gehet, und allen, die sich wider dich auflehnen, übel zu tun» (II. Sam. XVIII. 29—32.).

Der Überbringer einer schlechten Nachricht wurde bestraft. Daher sagt Onesimos im 'Επιτρέποντες des Menandros, schließlich werde er — der Überbringer und Wisser der Nachricht — verschwinden (III. 1.):[21]

[15a] E. E. HALLEWY: Paraschijjot B'aggada. Tel-Aviv 1973. 297. Vgl. VERGILIUS: Georgicon. IV. 284—314.
[16] L. FINKELSTEIN: Akiba. Scholar, Saint and Martyr. New York 1936. 76, 256.
[17] Bet ha-Midrasch. VI. Ed. A. JELLINEK. Jerusalem 1938. 30.
[18] I. DAVIDSON: Thesaurus of Mediaeval Hebrew Poetry. I. New York 1924. 343. No. 7564.
[19] סדר הקינות לתשעה באב. Ed. D. GOLDSCHMIDT. Jerusalem 1968. 84; J. DAN: Studies in Literature. Presented to Simon Halkin. Jerusalem 1973. 15—22.
[20] LIVIUS, XXIX. 25.
[21] MENANDROS: Ítéletkérők. Ed. GY. MORAVCSIK. Bp. 1971. 60.

> .... Λέγει γὰρ ἐπιεικῶς πυκνά·
> „Ὡς τὸν φράσαντα ταῦτά μοι κακὸν κακῶς
> ὁ Ζεὺς ἀπολέσαι." Μή με δὴ διαλλαγεὶς
> πρὸς τὴν γυναῖκα τὸν φράσαντα ταῦτα καὶ
> συνειδότ' ἀφανίσῃ λαβών........

Im alten Israel schwiegen daher die Besucher der Trauernden. Hiobs Freunde saßen sieben Tage und sieben Nächte stumm in seinem Haus, als sie ihn besuchten (Hiob. II. 13.).

7. *Ein Mädchen im Turm*

In der Oxforder Handschrift der Tanchuma befindet sich folgende Erzählung:[22] der König Salomo hatte eine wunderschöne Tochter. Ihr Vater ersah aus den Sternen, ihr Gatte würde der ärmste Sohn Israels sein. Er ließ einen hohen Turm im Meere bauen (בנה מגדל גבוה בים), brachte seine Tochter dahin und gab ihr siebzig Eunuchen mit. Den Jüngling trägt ein großer Vogel in den Turm. Endlich vereinigen sie sich.

Wir denken sogleich an die Danaë-Sage. Dem König Akrisios wird prophezeit, er werde durch seinen zukünftigen Enkel umkommen und läßt seine Tochter Danaë in ein mit Erzplatten bekleidetes unterirdisches Gemach sperren. Zeus Goldregen jedoch erreicht auch hier das Mädchen. Danaë gebärt ein Kind: Perseus. Akrisios läßt Mutter und Kind in eine Kiste stecken und ins Meer werfen. Sie gelangen aber glücklich aufs Trockene. Das Kind erwächst und tötet seinen Großvater.

Die Sage war außerordentlich volkstümlich bei den Griechen. Unter den Dichtern wird sie von Simonides, Sophokles und Euripides bearbeitet.

Bereits bei Virgil wird aus dem Erzsaal des unterirdischen Gebäudes eine Festung (Aeneis, VII. 408—411.):

> *protinus hinc fuscis tristis dea tollitur alis*
> *audacis Rutuli ad muros, quam dicitur urbem*
> *Acrisioneis Danaë fundasse colonis,*
> *praecipiti delata noto ...*

Seit der Ode des Horaz kennt ihn die ganze Welt als Erzturm (Carm. III. 16.):

> *Inclusam Danaen turris aenea*
> *rotustaeque fores et vigilum canum*
> *tristes excubiae munierant satis*
> *   nocturnis ab adulteris.*

[22] Tanchuma. ED. S. BUBER. Wilna 1885. 136; E. Z. MELAMED: Tarbiz 40 (1970/71) 206.

Dies mochte zum Aggadisten gelangen. Das Christentum christianisierte die Erzählung der klassischen Quelle und erschuf daraus die entsprechende Szene der Legenden der heiligen Irene, Barbara, Euphemia, Dorothea und Christina, daß die Väter einen Palast, einen Turm bauen und ihre Tochter dahin einsperren, um ihre Reinheit zu bewahren.[23] Die Aggada mochte dann zur Ausbildung des Apokryphs jüdischen Ursprungs Asenat beigetragen haben.[24]

8. Weißer Rabe

Unter den unmöglichen Dingen erwähnt Lukianos folgendes: Es ist leichter einen weißen Raben zu finden als einen wahren Redner (XI. 436.):[25]

$$\Theta\tilde{\alpha}\tau\tau o\nu\ \tilde{\epsilon}\eta\nu\ \lambda\epsilon\nu\varkappa o\dot{\nu}\varsigma\ \varkappa\acute{o}\varrho\alpha\varkappa\alpha\varsigma\ \pi\tau\eta\nu\acute{\alpha}\varsigma\ \tau\epsilon\ \chi\epsilon\lambda\acute{\omega}\nu\alpha\varsigma$$
$$\epsilon\acute{v}\varrho\epsilon\tilde{\iota}\nu\ \ddot{\eta}\ \delta\acute{o}\varkappa\iota\mu o\nu\ \dot{\varrho}\acute{\eta}\tau o\varrho\alpha\ K\alpha\pi\pi\alpha\delta\acute{o}\varkappa\eta\nu$$

Sein Gegenstück bei Juvenal ist der schwarze Schwan (VI. 165.): «*rara avis in terris nigroque simillima cycno.*»[26]

In der Aggada werden oft vier unmögliche Dinge zusammengestellt:[27] «Vier Dinge sagten die Weisen: wie man einen Sack weißwaschen kann, so kann man Wissen finden bei den Blödsinnigen; wenn der Esel auf die Leiter steigt, findest du Verstand bei den Törichten; wenn das Zicklein sich mit dem Parder verträgt, wird sich die Schwiegertochter mit ihrer Schwiegermutter verträgen; und wenn du einen ganz weißen Raben findest, wirst du auch eine ordentliche Frau finden» (ואם תמצא עורב כולו לבן). Von dem einen Element — dem auf die Leiter steigenden Esel — wurde schon viel gesprochen.[28] Seine Parallele wurde dem Petronius entnommen (Satirae LXIII. 2.): «*Asinus in tegulis.*»[29] Das letzte jedoch wurde bisher noch nicht erwähnt in Zusammenhang mit der griechischen Redensart.

9. Trockenen Fußes das Meer passieren

Die Bibel beschreibt, wie die Kinder Israels trockenen Fußes das rote Meer passierten. Der Ostwind trocknete das Meer aus. Das Wasser stand wie eine Wand sowohl rechts wie links (Ex. XIV. 15—22.).

---

[23] C. HORVÁTH: A Krisztina-legendáról. A Budapesti VIII. ker. községi Vörösmarty Mihály Reáliskola Értesítője az 1928/29. iskolai évről. Bp. 1929. 5—28; F. C. TUBACH: Index Exemplorum. Helsinki 1969. 84. No. 1045; AARNE—THOMPSON. No. 310.
[24] V. APTOWITZER: Asenath, the Wife of Joseph. HUCA 1 (1924) 239—306.
[25] Parallelen bei E. PRITTWITZ—GAFFRON: Das Sprichwort im griechischen Epigramm. Giessen 1911. 51—52.
[26] F. GAUGER: Zeitschilderung und Topik bei Juvenal. Greifswald 1937. 36.
[27] Ozar Midrashim. Ed. J. D. EISENSTEIN. New York 1915. 171, 570.
[28] A. SCHEIBER: Folia Ethnographica 1 (1949) 99—101; S. LIEBERMAN: Shkiin. Jerusalem 1970. 100; A. M. HABERMANN: Jewish Book-Plates. Safed 1972. 10.
[29] G. ELKOSHI: Thesaurus Proverbiorum Latinorum. Tel-Aviv 1959. 35. No. 180; Yeda-Am 6 (1960) 56.

Das Thema beschäftigte viel die Aggada und die schöne Kunst. Bei der Wiege der letzteren steht die monumentale Komposition der Synagoge von Dura-Europos.[30]

Im Mittelalter gab es eine rationalistische Richtung, die das biblische Wunder mit Ebbe und Flut erklären wollte. Der aus Persien stammende Chivi Al-Balchi ist ihr Fürsprech anfangs des X. Jahrhunderts.[31]

Es wird veilleicht nicht uninteressant sein, folgende klassische Stelle zu erwähnen. Von Scipio's Erfolgen sprechend, erzählt Livius, wie er Neu-Chartago erobert habe. In der Ebbe näherte er sich den Mauern. Auch der Südwind trieb das Wasser. Scipio stellte die im voraus berechnete Aktion als ein Wunder hin (XXVI. 45.): «*ipse, ut ei nuntiatum est aestum decedere, quod per piscatores Tarraconenses nunc levibus cumbis, nunc, ubi eae siderent, vadis pervagatos stagnum conpertum habebat, facilem pedibus ad murum transitum dari, eo secum armatos quingentos duxit. medium ferme diei erat, et ad id, quod sua sponte cedente in mare aestu trahebatur aqua, acer etiam septemtrio ortus inclinatum stagnum eodem quo aestus ferebat et adeo nudaverat vada, ut alibi umbilico tenus aqua esset, alibi genua vix superaret. hoc cura ac ratione compertum in prodigium ac deos vertens Scipio, qui ad transitum Romanis mare verterent et stagna auferrent viasque ante numquam initas humano vestigio aperirent, Neptunum iubebat ducem itineris sequi ac medio stagno evadere ad moenia.*» Die Ähnlichkeit zwischen den zwei Szenen ist überraschend. Die Vorstellung ist auf der ganzen Welt bekannt in der Folklore der verschiedenen Völker.[32]

10. Kynokephaloi

Nach Strabo (XVI. 771.) schreibt Plinius, der äthiopische Stamm *Cynamolgi* sei hundsköpfig: «*Cynamolgi caninis capitibus*» (VI. 35.).[33] Aelian kennt in seinem Werke *De natura animalium* (XVI. 31.) noch andere Einzelheiten über sie.[34] Pseudo-Kallisthenes ergänzt den einschlägigen Stoff mit Sagen über Alexander den Großen.[34a]

---

[30] C.-O. Nordström: The Water Miracles of Moses in Jewish Legend and Byzantine Art. Orientalia Suecana 7 (1958) 87—98; *idem*: The Duke of Alba's Castilian Bible. Uppsala 1967. 88—96.

[31] I. Davidson: Saadia's Polemic Against Hiwi al-Balkhi. New York 1915. 98—99, 101.

[32] W. D. Hand: Crossing Water: A Folkloristic Motif. For Max Weinreich on his seventieth Birthday. London — The Hague—Paris 1964. 82—92. [Siehe noch T. H. Gaster: Myth, Legend, and Custom in the Old Testament. New York — Evanston 1969. 239—240, 386. — Korrekturnachtrag.]

[33] C. Plinii Secundi Historiae Naturalis libri XXXVII. Berolini 1766. I. 200.

[34] A. F. Scholfield: Aelian on the Characteristics of Animals. III. Cambridge, Mass. 1959. 306. ff.

[34a] R. Reich: Tales of Alexander the Macedonian. New York 1972. 91.

Das diesbezügliche Kapitel des schönen Buches von Kretzenbacher[35] kennt nicht die Angabe der altertümlichen jüdischen Literatur: der König Merodach Baladon wurde hundsköpfig (Sanh. 96a): בלאדן מלכא הוה ואישתני אפיה והוה כי דכלבא. Die Stellen in der mittelalterlichen jüdischen Literatur sind zum großen Teil gesammelt.[36]

---

[35] L. Kretzenbacher: Kynokephali Dämonen südosteuropäischer Volksdichtung. München 1968. 27—36.
[36] A. Scheiber: REJ 108 (1948) 46—48.

BEISPIELE DER KLASSISCHEN ZUSAMMENHÄNGE DER AGGADA

In letzterer Zeit steigert sich das Interesse für die klassischen Zusammenhänge der Aggada. Außer den einschlägigen Abhandlungen und Anmerkungen[1] müssen wir E. E. Hallewys Buch hervorheben, das eine Menge kurzer Monographien — jede die Geschichte eines Motivs — in einem Band zusammenfaßt.[2] Mit seinen Ergebnissen wollen wir uns anderswo eingehender befassen.[2a]

1. Deine Füße waren nicht in Fesseln gesetzt

In Davids Trauerlied über Abner kommen folgende Zeilen vor (II. Sam. III. 34.): «Deine Hände waren nicht gebunden, deine Füße waren nicht in Fesseln gesetzt.» Ihr Sinn ist folgender: Nicht als Kämpfer kam Abner um. Nicht ein Feind band ihm Hände und Füße. Mit Tücke haben ihn niederträchtige Mörder zu Falle gebracht.

Das ist die Auffassung des exegetischen Schrifttums: «Abner . . . has experienced a death that was undeserved: he has died the death of a נבל, a reprobate, godless person, whom an untimely end might be expected to overtake. There was nothing to prevent Abner from defending himself, had he suspected Joab's treachery (34[a]); as it was (34[b]), he had succumbed to the treacherous blow of an assassin.»[3] Oder anderwärts: «Abner had not even the honour of being made a prisoner of war, or of suffering death after being overpowered in battle.»[4] Josef Kara, ein jüdischer Bibelexeget des Mittelalters, deutet dies irrtümlich.[5]

---

[1] D. SPERBER: REJ 129 (1970) S. 85—92; 131 (1972) S. 161—170; A. W. POULTON: The martial poetry of Greece and Israel. High Wycombe, 1971; L. FINKELSTEIN: Pharisaism in the Making. New York 1972. S. XVI; S. LIEBERMAN: Archives of the New Dictionary of Rabbinical Literature. I. Ed. E. Y. KUTSCHER. Ramat-Gan 1972. S. 174.
[2] E. E. HALLEWY: עולמה של האגדה. Tel—Aviv 1972; IDEM: פרשיות באגדה Haifa 1973.
[2a] A. SCHEIBER: Antik Tanulmányok 21 (1974) S. 109.
[3] S. R. DRIVER: Notes on the Hebrew Text and the Topography of the Books of Samuel. Oxford 1913. S. 251.
[4] H. P. SMITH: A Critical and Exegetical Commentary on the Book of Samuel. Edinburgh 1961. S. 282.
[5] Ed. S. EPPENSTEIN. Jerusalem 1972. S. 80.

Eine sehr interessante Parallele bietet sich aus Aischylos.[6] Agamemnon wurde von seiner Gattin Klytaimnestra in seiner Badewanne erdrosselt. Seine zwei Kinder klagen in den Choephoren darüber, daß ihr Vater auf unwürdige Weise, durch eine Falle umgekommen, nicht vom Feind in Jagdketten gesetzt worden sei:[7]

OP.   πέδαις δ' ἀχαλκείτοις γ' ἐθηρεύθης, πάτερ.
HΛ.   αἰσχρῶς τε βουλευτοῖσιν ἐν καλύμμασιν.

Da die hebräische Übersetzung die Farben des ursprünglichen Textes verwischt, nimmt die Anmerkung die biblische Parallele nicht wahr.[8]

Auch in der bildenden Kunst wurde man auf die Ähnlichkeit zwischen dem trauernden David und dem Orest aufmerksam:

«The Vatican manuscript ... provides merely an interstice for a miniature which was not executed. At the left the corpse of Pylades, lying on a bier, is carried by two men, and Orestes marches behind it, displaying signs of deep grief ... In a manuscript of the Books of Kings in the Vatican Library, cod. gr. 333, there is an illustration of Abner's death ... in which his corpse lies on a similar bier ... and is followed by the mourning David, a figure not unlike the mourning Orestes.»[9]

2. Das Bündel der Lebendigen

In der Bibel sagt Abigajil zu David von ihrem Manne: «Und wenn sich ein Man erheben wird, dich zu verfolgen, und nach deiner Seele stehet, so wird die Seele meines Herrn eingebunden sein im Bündlein der Lebendigen bei dem Herrn, deinem Gott, aber die Seele deiner Feinde wird geschleudert werden mit der Schleuder» (I. Sam. XXV. 29.).

Vor anderthalb Jahrzehnten gab O. Eißfeldt die Lösung dieser vielumstrittenen und problematischen Wendung. In Nuzi bezeichneten die Hirten oder die Wirte — da sie Analphabeten waren — die Zahl des Viehbestandes mit Steinen. War er vollzählig, so blieben alle Steine im Bündel; fehlten Tiere, so nahm man ebenso viele Kieselsteine aus dem Bündel und verschleuderte sie. Dementsprechend bedeutet der biblische Satz, daß David am Leben bleibt, während seine Feinde umkommen. Im Laufe der Entwicklung, als man das Bezeichnen nicht mehr mit Steinen bewerkstelligte, sondern die Fehlenden

---

[6] C. H. GORDON: Before the Bible. New York—Evanston—London 1962. S. 237, 267, 300.
[7] Choephori. Zeilen 493—494. The Oresteia of Aeschylus. Ed. G. THOMSON. I. Prague 1966. S. 158; II. Prague 1966. S. 151; A. LEBECK: The Oresteia. Washington 1971.
[8] Aischylos: שבע הטרנדיות. II. Jerusalem 1965. S. 134.
[9] K. WEITZMANN: Greek Mythology in Byzantine Art. Princeton 1951. S. 29.

aufschrieb, trat an die Stelle des Lebensbündels der Begriff des «Buches des Lebens».[10]

In der Bibel ist nur eine einzige Spur der ursprünglichen Wendung vorhanden, diese findet sich aber in den Psalmen der an der Küste des Toten Meeres entdeckten Rollen.[11]

Eine ähnliche Vorstellung gab es auch im klassischen Altertum. Im Bündel waren Kerne — Kerne der Seele —, ihr Dasein bedeutete das Leben, ihr Ausfall den Tod.

Im Trinummus des Plautus lesen wir folgende Zeilen:[12]

> ... uerum nos homunculi
> Satillum animae qui quom extemplo emisimus,
> Aequo mendicus atque ille opulentissimus
> Censetur censu ad Acheruntem mortuos.

Eißfeldt verfolgt die Vorstellung in der jüdischen Liturgie und auf Grabinschriften bis auf unsere Tage. Auf Grabinschriften ist sie sozusagen obligat.

Die rabbinischen Quellen sind ziemlich spärlich vertreten. Schade, daß der Verfasser nicht das reiche Material von M. Vogelmann benützen konnte, das die ganze Geschichte der Wendung gibt.[13] Die Sammlungen beider können nach Belieben durch weniger bekannte Parallelen ergänzt werden. Jehosef Hannagid, der Sohn von Samuel Hannagid, schreibt in seinem Brief an seinen Vater über Nissim b. Jakob im XI. Jh.: «Seine Seele sei eingebunden im Bündel der Lebendigen unter dem Throne des Ruhmes.»[14] Auf einem Wormser Grabstein kommt dies zum erstenmal 1076/77 vor.[15]

3. Die Hunde bellen ihn nicht an

Als eine Episode des Auszuges aus Ägypten wird in der Bibel erwähnt, daß «bei allen Kindern Israel soll nicht ein Hund mucken, unter Menschen sowohl als unter Vieh» (Ex. XI. 7.).

Nach der Aggada ward den Hunden eine Belohnung zuteil: das den Ju-

---

[10] O. EISSFELDT: Der Beutel der Lebendigen. Berlin 1960 (Berichte über die Verhandlungen der Sächsischen Akademie der Wissenschaften zu Leipzig. Phil.-hist. Klasse. 105/6.); J. KOMLÓS: The Bible in the Light of the Aramaic Translations. Tel-Aviv 1973. S. 322. (Hebräisch.)

[11] E. L. SUKENIK: The Dead Sea Scrolls of the Hebrew University. Jerusalem 1955. S. 36, Zeile 20; A. M. HABERMANN: Megilloth Midbar Yehuda. Tel-Aviv 1959. S. 116, Zeile 20. (Hebräisch.)

[12] T. MACCI PLAUTI Trinummus. Ed. G. GOETZ—F. SCHOELL. Lipsiae 1926. S. 28, Zeilen 490—494.

[13] M. VOGELMANN: Sinai 49 (1961) No. 9. S. 176—180.

[14] A. M. HABERMANN: Tesoro de los Judios Sefardies 4 (1961) S. 58.

[15] E. L. RAPP: Die mittelalterlichen hebräischen Epitaphien aus der Zitadelle von Spandau 1244—1347. Jahrbuch für brandenburgische Landesgeschichte 23 (1972) S. 21; *idem*: Die hebräischen Epitaphien des Mittelalters im Landesmuseum Trier. Trierer Zeitschrift 33 (1970) S. 155—157.

den verbotene Fleisch bekommen sie.[16] Auch Judith prophezeit dem Holofernes: Er gelangt bis Jerusalem und «kein einziger Hund bellt ihn an» (Judith XI. 19.).[17] Das Motiv kommt auch in einem neuen ungarischen Roman vor, dessen Gegenstand Judith ist.[18]

Die bildende Kunst wurde darauf aufmerksam. In der Kaufmann Haggada, in der Darstellung des Auszuges aus Ägypten hat der Hund keine Zunge.[19]

Auch die klassische Literatur bietet uns ein Beispiel. Wenn sich P. Scipio Africanus (Maior) allein auf das Capitolium begab, wurde er von den sonst wütenden Hunden nicht angegriffen, ja sogar nicht einmal angebellt:[20] *aeditumosque eius templi saepe esse demiratos, quod solum id temporis in Capitolium ingredientem canes semper in alios saevientes neque latrarent eum neque incurrerent.* Und wie die Hunde für ihr Schweigen beim Auszug aus Ägypten belohnt wurden, so erhielten sie für dasselbe in Rom eine Strafe. Als 390 v. u. Z. die Gallier das Capitolium gefährdeten, da versäumten die Hunde zu bellen.[21] Zum Andenken daran wurde jedes Jahr eine Prozession veranstaltet, die von an eine Stange festgebundenen Hunden begleitet wurde. Ihr Leiden hatten sie diesem ihrem Versäumnis zu verdanken.[22]

Wir wissen auch vom mittelalterlichen Nachleben des Motivs. Beim Tode eines Heiligen bellten die Hunde nicht.[23]

4. Das Wasser fließt nach rückwärts

Im Psalm lesen wir (CXIV. 3.): «Das Meer sah und floh, der Jordan wandte sich zurück.» Dieses Wasserwunder[24] wiederholt sich in der Aggada. Das Wasser floß Abrahams Herde,[25] die Quelle Rebekka entgegen.[26] Zum

---

[16] Mekilta de-Rabbi Ishmael. III. Ed. J. Z. LAUTERBACH. Philadelphia 1949. S. 159; V. APTOWITZER: HUCA 3 (1926) S. 131—132; L. GLESINGER: Le chien dans la médecine et dans la superstition médicale juives. Revue d'Histoire de la Medecin Hebraïque. 1956. S. 242.

[17] Hassefarim hachizonim. II. Ed. A. KAHANA. Tel-Aviv 1956. S. 370; The Book of Judith. Greek Text with an English Translation, Commentary and Critical Notes by M. S. ENSLIN. Leiden 1972. S. 142—143.

[18] MAGYAR IMRE: Judit. Bp. 1973. S. 186.

[19] The Kaufmann Haggadah. Ed. A. SCHEIBER. Bp. 1957; H. L. HEMPEL: No Graven Images. Ed. J. GUTMANN. New York 1971. S. 351—352.

[20] A. Gellius: Noctes Atticae. VI. 1.

[21] C. Plini Secundi Nat. Hist. XXIX. 57.

[22] E. E. BURRISS: The Place of the Dog in Superstition as revealed in Latin Literature. Classical Philology 30 (1935) S. 36.

[23] J. R. W. SINNINGHE: Katalog der niederländischen Märchen-, Ursprungssagen-, Sagen- und Legendenvarianten. Helsinki 1943. (FFC. 132.) S. 143. No. 551. Tiere (Hunde) schweigen.

[24] G. DELLING: Studien zum Neuen Testament und zum hellenistischen Judentum. Gesammelte Aufsätze 1950—68. Göttingen 1970. S. 73—71; L. SABOURIN: Hellenistic and Rabbinic «Miracles». Biblical Theology Bulletin 2 (1972) S. 281—307; G. VERMES: Jesus the Jew. London 1973. S. 69—78; B. MURDOCH: The River that stopped flowing; folklore and biblical typology in the apocryphal lives of Adam and Eve. Southern Folklore Quartely 37 (1973) S. 37—51.

[25] Gen. R. LIV. 5. Ed. THEODOR-ALBECK. S. 582.

[26] Ibid., LX. 5. S. 645. Siehe I. HEINEMANN: Jubilee Volume in Honour of B. Heller. Bp. 1941. S. 176.

Beweis, daß Eliezer b. Hyrkanos (I. Jahrhundert) im Recht war, floß die Wasserquelle nach rückwärts.[27]

Aus dem griechisch-römischen Schrifttum lassen sich zahlreiche Beispiele anführen. In Euripides' Medeia fließen die Gewässer der heiligen Ströme aufwärts (Z. 410):[28]

ἄνω ποταμῶν ἱερῶν χωροῦσι παγαί.

Bei Appolonios Rhodios ist es ein Beweis der Wirksamkeit der Zaubermittel der Medeia, daß sie den Wasserlauf zum Stehen bringt:[29]

καὶ ποταμοὺς ἵστησιν ἄφαρ κελάδεινα ῥέοντας.

Ähnlicherweise sind in Vergils Werken[30] zahlreiche parallele Stellen zu finden. In der Aeneide eilt der Fluß erschreckt zurück (VIII. 240.):[31]

dissultant ripae refluitque exterritus amnis.

In Dirae eingehender (Z. 67—70):[32]

flectite currentis lymphas, vaga flumina, retro
flectite et adversis rursum diffundite campis:
incurrant amnes passim rimantibus undis,
nec nostros servire sinant erronibus agros.

Auch bei Ovid kommt das Motiv zumeist in Zusammenhang mit Medea vor: sie ruft Hilfe zur Zauberhandlung, um den Fluß zurückzuleiten:[33]

Quorum ope, cum volui, ripis mirantibus amnes,
in fontes rediere suos . . .

Dipsas, die Kupplerin, versteht sich auf Hexerei und Medeas Zauberei. Sie spricht und das Wasser fließt in seinem Bett nach rückwärts:[34]

Inque caput liquidas arte recurvat aquas.

Von der Macht des Zauberliedes sagt er, daß auf seinen Klang das Wasser zu seiner Quelle zurücklaufe:[35]

Inque suos fontes versa recurrit aqua.

---

[27] Baba Mezia 59b. Siehe A. GUTTMANN: HUCA 20 (1947) S. 376—377.
[28] EURIPIDIS Tragoediae. II. Lipsiae, 1871. S. 208.
[29] Apollonius Rhodius: The Argonautica. Ed. R. C. SEATON. Cambridge, Mass. — London 1955. S. 230, Zeile 532 (Hinweisung von E. SZEPES).
[30] H. DILLER: Kleine Schriften zur antiken Literatur. München 1971. S. 593; A. WLOSOK: Vergil in der neueren Forschung. Gymnasium 80 (1973) S. 129—151.
[31] C. H. GORDON: Vergil and the Bible World. Gratz College Anniversary Volume. Philadelphia 1971. S. 121.
[32] P. VERGILI MARONIS Opera. Ed. O. RIBBECK. Lipsiae 1868. S. 170—171.
[33] Metamorphoses. VII. 199—200.
[34] Amores. I. VIII. 5—6.
[35] Amores. II. I. 26.

Nach der mittelalterlichen christlichen Sankt Emmeran Legende gestaltete sich die R. Amram Legende des Maasse Buches. Er starb in Köln, hätte sich aber gerne in Mainz begraben lassen. «Da schwimmt der Sarg mit seinem Leichnam stromaufwärts von Köln nach Mainz.»[36] Als der heilige Dominikus anfangs erfolglos die Albigenser von Toulouse zu bekehren sucht, fährt die Natur aus ihrem Gleis. Die Flüsse fließen nach rückwärts.[37]

5. Brennender Bart, brennendes Haar

Nach der Aggada eilt Sancherib — die Belagerung Jerusalems einstellend — nach Hause nach Assyrien. Er fürchtet jedoch den Zorn und die Rache der zur Belagerung zusammengescharten Könige. In der Gestalt eines alten Mannes erscheint vor ihm jemand und rät ihm, sich den Bart abzuschneiden, um sich unkenntlich zu machen. In einem Hause bat er, als es schon dunkel ward, um eine Schere. «Da sprach er zu ihm: Geh, hole Feuer. Da ging er fort und holte Feuer; und als er es anfachen wollte, wurde sein Bart in Brand gesetzt. Alsdann schor er ihm den Kopf und den Bart» (Sanh. 96a).[38] Dies war das Vorzeichen seines Sturzes und seines Todes.

Bei Vergil fängt Lavinias Haar Feuer und dies bedeutet Latiums Ende (Aeneis VII. 73—76.):

> *visa nefas — longis comprendere crinibus ignem*
> *atque omnem ornatum flamma crepitante cremari*
> *regalisque accensa comas, accensa coronam*
> *insignem gemmis . . .*

Parallele kommen auch in anderen Literaturen vor,[39] aber für unseren Zweck genügt auch dies.

6. Eine Pflanze, ein Gegenstand blutet

Von Titus erzählt die Legende,[40] er sei in den Tempel von Jerusalem eingebrochen: «Er nahm das Schwert, zerstach den Vorhang und es geschah ein Wunder, es zeigte sich Blut. Aber er ward im Treiben seines Unwesens nur noch mehr dadurch bestärkt, denn er glaubte nun, den Gott der Juden

---

[36] B. HELLER: Gaster Anniversary Volume. London 1936. S. 242.
[37] H. GÜNTER: Legenden-Studien. Köln 1906. S. 182; B. HELLER: IMIT Jahrbuch 1942. S. 49.
[38] L. GINZBERG: Legends of the Jews. VI. Philadelphia 1946. S. 364, Anm. 60.
[39] C.-M. EDSMAN: Ignis divinus. Lund 1949 (Skrifter Utgivna av Vetenskaps-Societeten i Lund. XXXIV.); E. N. BORZA: Fire from Heaven: Alexander at Persepolis. Classical Philology 67 (1972) S. 233—245.
[40] Gittin 56b.

getötet zu haben»[41]   ‏(נטל סייף וגידר את הפרכת ונעשה נס והי' דם מבצבץ ויוצא‎
‏וכסבור הרג את עצמו).‎

Aeneas will die Myrte ausreißen und diese beginnt zu bluten. Ein böses Vorzeichen, das ihn mahnt, aus dem Lande der Thraker zu fliehen (Aeneis. III. 26—30.):

> horrendum et dictu video mirabile monstrum.
> nam quae prima solo ruptis radicibus arbos
> vellitur, huic atro liquontur sanguine guttae
> et terram tabo maculant. mihi frigidus horror
> membra quatit, gelidusque coit formidine sanguis.

Auch von anderen Gegenständen ist derartiges zu lesen. In Lanuvium im Junotempel schwitzten die Götterstandbilder Blut (Livius. XXIII. 31.): *signa Lanuvii ad Iunonis Sospitae cruore manavere.* In der Umgegend von Capena im Haine der Feronia weichten vier Standbilder eine Nacht und einen Tag hindurch in blutigem Schweiß (Livius. XXVII. 4.): «*et in agro Capenate ad lucum Feroniae quattuor signa sanguine multo diem ac noctem sudasse.*»[42]

Von diesem Typus ist auch späteres Material bekannt.[43]

7. Vision von den kommenden Generationen

In der Aggada zeigt Gott Adam die kommenden Generationen. Resch Lakisch lehrt: «Das ist das Buch über die Nachkommen Adams etc.; hatte denn Adam der Urmensch ein Buch ? Dies lehrt, daß der Heilige, gepriesen sei er, Adam dem Urmenschen jedes Zeitalter und seine Leiter zeigte; als er aber an das Zeitalter R. Akibas herankam, freute er sich über seine Gesetzkunde und war betrübt über seinen Tod . . .»[44]

Nach einer anderen Variante erblickt Adam David in der Reihe. Er erfährt von Gott, David werde nur kurze Zeit leben. Er bietet für David siebzig von seinen tausend Jahren an.[45]

Hanoch liest die Geschichte der kommenden Geschlechter (Buch Hanoch. LXXXI. 2.).[46]

Gott zeigt auch Moses die Richter und die Könige der einzelnen Geschlechter.[47]

---

[41] D. SPIEGEL: Die Kaiser Titus und Hadrian im Talmud und Midrasch sowie bei den zeitgenössischen Geschichtsschreibern. Wien 1906. S. 18.
[42] Siehe noch S. RAPPAPORT: Kaminka-Festschrift. Wien 1937. S. 86.
[43] SINNINGHE: Op. cit., S. 130. No. 141. Das Bild blutet.
[44] Ab. z. 5a; Sanh. 38b; Pesikta Rabbati. XXIII. Ed. M. FRIEDMANN. Wien 1880. S. 115a; Aboth de Rabbi Nathan. XXXI. Ed. S. SCHECHTER. Wien 1887. S. 91.
[45] Bereschit Rabbati. Ed. CH. ALBECK. Jerusalem 1940. S. 25—26; Pirke Rabbi Eliezer. XIX; A. SCHEIBER: Etudes Orientales à la mémoire de Paul Hirschler. Bp. 1950. S. 95. Arabische Parallelen bei M. GRÜNBAUM: Neue Beiträge zur semitischen Sagenkunde. Leiden 1893. S. 63—64; B. HELLER: Ethnographia 41 (1930) S. 156; A. SCHEIBER: Folklór és tárgytörténet. I. Bp. 1974. S. 245—246.
[46] Hassefarim hachizonim. I. Ed. A. KAHANA. Tel-Aviv 1956. S. 75.
[47] Lev. R. XXVI. 7.

Der Aggada zufolge sehen auch noch andere die Zukunft.[48]

Bei Vergil sind ebenso auf dem von Vulcan verfertigten Schilde Roms Zukunft, die kommenden Geschlechter und ihre Kriege ausgeschlagen (Aeneis. VIII. 626—629.):

Illic res Italas Romanorumque triumphos
haud vatum ignarus venturique inscius aevi
fecerat Ignipotens, illic genus omne futurae
stirpis ab Ascanio pugnataque in ordine bella.

Der Gedanke ist derselbe, auch wenn er in je anderer Form erscheint.

---

[48] I. Heinemann: Darke Haaggada. Jerusalem 1954. S. 40—41.

DAS NACHLEBEN EINES ACHIKAR-MÄRCHENS

Prof. J. Harmatta befaßte sich in seiner wissenschaftlichen Tätigkeit auch mit den Papyri von Elephantine. Es wird deshalb vielleicht nicht uninteressant sein, wenn wir in der zu seinem 60. Geburtstag erscheinenden Festschrift aus diesem Gegenstandkreise unser Thema wählen.

Die Achikar-Märchen werden von unseren Gelehrten bis auf den heutigen Tag erforscht.[1] In der syrischen Variante kommt folgendes Märchen vor: Dem Wolf wird das Alphabet gelehrt, er aber wiederholt nur immer: «Lamm, Schaf.»[2] D. Simonsen[3] ist der Meinung, dass ursprünglich dieser alphabetische Text stehen mochte: אמרא, ברחא, גדיא.

Schon die indische Fabel kennt den Wolf, der bei der Lehre des Priesters nur an die Schafe denkt.

«Der älteste mittelalterliche Beleg vom Wolf in der Schule findet sich ... in einer Bulle, die Papst Urban II. am 14. April 1096 in Frankreich erließ und in der er bei Gelegenheit eines Klosterstreites von der Gegenpartei bemerkt: *Nos uero animaduertentes, non eos pro spiritualibus causari, sed pro carnalibus, serio diximus quoddam proverbium, quod debuerat eis verecundiam inferre, si advertere voluissent, de lupo ad discendas litteras posito, cui cum magister diceret A, ipse agnellum, et cum magister B, ipse dicebat porcellum.*»[4]

Marie de France (XII. Jahrhundert) bearbeitet dies in der Fabel Nummer 81.[5]

De presbytero et lupo

Uns prestre volt jadis aprendre
un lou a letres faire entendre.

---

[1] J. C. GREENFIELD: The Background and Parallel to a proverb of Aḥiqar. Hommages à André Dupont-Sommer. Paris 1971. S. 49—59; R. DEGEN: Achikar. Enzyklopädie des Märchens. I. Berlin—New York 1975—1977. S. 53—59.

[2] B. MEISSNER: ZDMG 48 (1894) S. 185.

[3] D. SIMONSEN: ibid., S. 698; S. LŐWINGER: MZsSz 47 (1930) S. 163.

[4] K. WARNKE: Die Quellen des Esope der Marie de France. Halle 1900. S. 77—79. (Sonderdruck aus: Forschungen zur Romanischen Philologie. Festgabe für Hermann Suchier.)

[5] TH. WRIGHT: A Selection of Latin Stories. London 1842. S. 55. No. 59. Anm.; Die Fabeln der Marie de France, herausg. von K. WARNKE. Halle 1898. S. 271 -272.

> *'A', dist li prestre, 'a', dist li lous,*
> *ki mult ert fel e engignous.*
> *'B', dist li prestre, 'di od mei!'*
> *'B', dist li lous, 'la letre vei.'*
> *'C', dist li prestre, 'di avant!'*
> *'C', dist li lous, 'a i dunc tant?'*
> *Respunt li prestre: 'Or di par tei!'*
> *Li lous li dist: 'Jeo ne sai quei.'*
> *'Di que te semble, si espel!'*
> *Respunt li lous: 'Aignel, aignel!'*
> *Li prestre dist que verté tuche:*
> *tel en pensé, tel en la buche.*
>
> *De plusurs le veit hum sovent:*
> *cel dunt il pensent durement*
> *est par lur buche cuneü,*
> *anceis que d'altre seit seü;*
> *la buche mustre le penser,*
> *tut deië ele d'el parler.*

Verbreitet und abgerundet ist dies in der Budapester Handschrift der Mischle Schualim, der Fuchsfabeln des im XIII. Jahrhundert gelebten englisch-jüdischen Berachja Ha-Nakdan zu finden:[6] איש לזאב אותזת מאלף. ויאמר לו: אמר אל"ף. זאב אחריו אל"ף ענה. עוד אמר: בי"ת אמר נא. הזאב מוצא שפתיו שמר. בי"ת וגמ"ל כמוהו אמר. ויאמר האיש: שמע נא באזניך. את אשר אערך לפניך. ותכיר האותיות לחבר. למצא חפצך ודבר. ועת תחבר אותם יחד. והיינו לעם אחד. אל"ף בי"ת כאשר אעשה. זאב ענה: הנה השה.

H. Schwarzbaums in der nahen Zukunft erscheinende Berachja-Monographie wird sicherlich auch über den Weg dieses Märchens, von Achikar bis Berachja Aufschluß geben.[7]

Berachjas Zeitgenosse, Odo de Ceritona kennt das Märchen christianisiert:[8]

---

[6] S. Löwinger: Dissertationes in honorem Dr. Eduardi Mahler. Budapest 1937. Hebr. Abt.: S. 35. No. 9; משלי שעלי. Ed. A. M. Habermann. Tel-Aviv 1946. S. 125. No. 113. Siehe J. Berg: MZsSz 48 (1931) S. 350.

[7] H. Schwarzbaum: The Mischle Shu'alim of Rabbi Berechiah Ha-Nakdan, a Study in Comparative Fable Lore and Folklore. Siehe H. Schwarzbaum: Aspects of the Medieval Animal Epic. Mediaevalia Lovaniensia. Series I. Studia III. Leuven—The Hague 1975. S. 229—239.

[8] Odonis de Ceritona Fabulae. XXII. L. Hervieux: Les Fabulistes Latins. IV. Paris 1896. S. 195; F. C. Tubach: Index Exemplorum. Helsinki 1969. S. 403—404. No. 5338. (FFC. No. 204.)

DE LUPO QUI VOLUIT ESSE MONACHUS
Contra malam consuetudinem

Ysengrinus semel voluit esse monachus. Magnis precibus optinuit, quod Capitulum consensit; coronam, cucullam et cetera monachalia suscepit. Tandem posuerunt eum ad litteras; debuit addiscere *Pater noster*, et semper respondit *Agnus* vel *Aries*. Docuerunt eum, ut respiceret ad Crucifixum, ad sacrificium, et ille semper direxit oculos ad arietes.

Die spanische Sammlung Libro de los Gatos (XIV. Jahrhundert), die die freie Umarbeitung der Parabeln von Odo ist, enthält selbstverständlich dieses Märchen:[8a]

Enxemplo del lobo con los monjes

El lobo una vegada quiso ser monje é rogó á un convento de monjes que lo quisiesen y recebir, é los monjes ficiéronlo ansi, é ficieron al lobo la corona é diéronle cugula é todas las otras cosas que pertenescen al monje, é pusiéronle á leer *Pater noster*. Él en lugar de decir *Pater noster*, siempre decia «Cordero ó carnero»; é decíznle que parase mientes al Crucifijo é al cuerpo de Dios. Él siempre cataba al cordero ó al carnero. Bien ansi acaesce á muchos monjes, que en lugar de aprender la regla de la Orden, é sacar della casos que pertenescen á Dios, siempre responden é llaman «carnero», que se entiende por las buenas viandas, é por el vino, é por otros vicios deste mundo. Esto mesmo se entiende en este enxemplo por algunos viejos que son envejecidos en mal é en locura, é en malas costrumbres; onde por mucho que otros los castiguen, nunca quieren dejar sus viejas costumbres. Onde el homme viejo antes le podrás quebrantar que non doblar. Toma mal rocin, pónle buena silla é buen freno cuanto bien podieres, é munca podrás dél facer buen caballo en cuanto vivas.

In Ungarn erzählt es Pelbart von Temesvár (XV. Jahrhundert) lateinisch,[9] Peter Bornemisza (XVI. Jahrhundert) ungarisch.[10] Ersterer gibt als Quelle an: Kilik. Hinter dieser Signatur versteckt sich irgendein lateinisch geschriebener Abkömmling der ursprünglich indischen Märchensammlung Kalilah wa-Dimnah. Letzterer hingegen führt sie so an: »Wie immer er aber zum Wolf sagt: Pater noster, so sagt er immer nur: Lammfuß.«

[8a] P. DE GAYANGOS: Biblioteca de Autores Españoles, LI. Madrid 1952. S. 548. No. 19.
[9] L. KATONA: Temesvári Pelbárt példái. Budapest 1902. S. 51. No. 4.
[10] P. BORNEMISZA: Ördögi Kísértetek. Ed. S. ECKHARDT. Budapest 1955. S. 177; A. SCHEIBER: Folklór és tárgytörténet. II. Budapest 1974. S. 21—22, 38, 52—53. Siehe noch: I. CZEGLÉDI: Veres trempf. S. l. 1666. S. 87; IDEM: Redivivus Japhetke. Kassa 1669. S. 104. (Hinweis von L. SZABÓ.)

Die Parallelen werden in der Zukunft vielleicht noch zu vermehren sein.[11]

[11] J. E. KELLER: Motif-Index of Mediaeval Spanish Exempla. Knoxville 1949. S. 57. U 125.1; S. THOMPSON: Motif-Index of Folk Literature. V. Copenhagen 1957. S. 422. U 125.1. Eine ausführliche Literatur befindet sich jetzt bei H. SCHWARZBAUM: The Mishle Shu'alim (Fox Fables) of Rabbi Berechiah Ha-Nakdan. A Study of Comparative Folklore and Fable Lore. Kiron 1979. S. 533—536.

Additions

II

Zu den antiken Zusammenhängen der Aggada

I. Cabaniss: Liturgy and Literature. Alabama, 1970. 81–96; *J. Dan:* Yeda-Am. XVIII. 1976. 75–77; *Rehermann:* Op. cit., 436. No. 32; *H. Schwarzbaum:* Female Fickleness in Jewish Folklore. The Sepharadi and Oriental Heritage. 591–593.

Zu den antiken Zusammenhängen der Aggada

I. *L. Schmidt:* Volksglaube and Volksbrauch. Berlin, 1966. 260–274; *H. Pollack:* Jewish Folksways in Germanic Lands (1648–1806). Cambridge, Mass. — London, 1971. 51; *Fernando de Rojas:* Celestina. Transl. S. *Károlyi–F. Szőnyi,* Budapest, 1979. 10.
II. *P. Vargyas:* MIOK Évkönyve. 1977/78. 414–415.

Neue Bemerkungen zu den antiken Zusammenhängen der Aggada

I. *F. C. Tubach:* Index exemplorum. Helsinki, 1969. 291. No. 3776; Volkserzählung und Reformation. Ed. *W. Brückner.* Berlin, 1974. 248; *Rehermann:* Op. cit., 155. No. 26, 458. No. 3.
II. *M. Julesz:* Kirándulás a pokolba. Budapest, 1971. 324; *A. Siev:* Rabbi Moses Isserles (Ramo). New York, 1972. 301; A bizánci irodalom kistükre. Budapest, 1974. 367.

Antike Motive in der Aggada

I. *K. Benda:* A Bocskai szabadságharc. Budapest, 1955. 25; *R. Dán:* MIOK Évkönyve. 1977/78. 109.
III. See Antik Tanulmányok. XVI. 1969. 318.

Antikes und Aggada

I. *Livius,* XII. 7.
II. *Livius* XXI. 62; XXIV. 10; A bizánci irodalmi kistükre. Budapest, 1974. 515, 516.
III. *H. F. Reske:* Jerusalem caelestis. Göppingen. 1973; *D. Sperber:* Midrash Yerushalem. Jerusalem, 1982. 82–88.

Antike Elemente in der Aggada

VII. *G. Frenken:* Wunder und Taten der Heiligen. München, 1925. 71; *D. Flusser:* Palaea Historica. Scripta Hierosolymitana. XXII. Studies in Aggadah and Folk-Literature. Jerusalem, 1971. 61–62; *T. Preschel:* Hadoar. LVI. 1976. 138.

Antikes in der Aggada

V. *Livius*. XXVII. 11; XXVIII. 11; XXXV. 21; *Vergilius:* Georgicon. I. 479–480; Jalkut Shimoni ad I. Kings XVIII.

VI. *Vergilius:* Georgicon. II. 143; *F. Green–Y. Isafrir:* IEJ. XXXII. 1982. 83–84.

VIII. *E. Schoenfeld:* Bäume für die nächste Generation. Enz. d. Märchens. I. Berlin–New York, 1977. 1391–1392.

X. *Ammianus Marcellinus.* XXII. 15, 22.

Aggada und Antikes

V. *David Onkeneira.* Ed. *J. Patai.* Kobez al-Yad. XII. Jerusalem, 1937. 100. No. 29.

VIII. Das Buch der Jubiläen. XXXVII. 23.

Old Stories in New Garment

Alte Geschichten im neuen Gewande

I. Eine Geschichte des Curzio Malaparte

Der italienische Schriftsteller Curzio Malaparte (1898—1957) durchwanderte zur Zeit des zweiten Weltkrieges als Kriegsberichterstatter beinahe alle Frontabschnitte, so auch den östlichen. Dank seines Hauptmannsranges und seines Rufes als Schriftsteller vermochte er auf Plätze zu gelangen, wo andere nicht einmal den Versuch machten hinzukommen.

Im Herbst 1941 war er in der Ukraine, in der Gegend von Poltava. Dort hörte er folgendes: Eines Tages führte ein deutscher Artillerieoffizier seine Kolonne durch ein von den Deutschen bereits zerstörtes Dorf. Die Partisanen schießen der Kolonne nach. Der Offizier nimmt in seiner Wut das Dorf ringsherum unter Feuer. Aus dem Flammenmeer stürmt eine Partisanenschar heraus. Der Offizier läßt sie alle hinrichten. Den Abziehenden schießt noch jemand nach, und darauf wagt sich ein Kind mit erhobenen Händen hervor. Es ist kaum zehn Jahre alt. Der Offizier will es erst hinrichten lassen besinnt sich dann eines anderen, bleibt vor dem Knaben stehen, blickt ihn lange still an und sagt in langsamem, müdem, ärgerlichem Tone:

„Hör' mich an, ich will dir nichts Böses. Du bist noch ein Fratz, und ich führe nicht gegen Fratze Krieg. Du hast auf meine Soldaten geschossen, aber ich kämpfe nicht gegen Fratze. Bei Gott, nicht ich habe diesen Krieg erfunden."

Plötzlich schweigt er, dann wendet er sich mit besonderer Freundlichkeit dem Knaben zu:

„Hör' mal zu. Das eine meiner Augen ist aus Glas. Es ist also schwer vom wahren zu unterscheiden. Wenn du mir ohne Nachdenken sagen kannst, welches das Glasauge ist, kannst du gehen, ich lasse dich frei."

„Das linke", sagt der Knabe ohne Zögern.

„Woher weißt du das?"

„Denn darin ist noch etwas Menschliches."

Wer dies liest,[1] meint ein historisch beglaubigtes Kriegserlebnis vor sich zu haben. In Wahrheit ist es eine Wanderanekdote. Dies warnt uns zu Behutsamkeit auch betreffs der Glaubwürdigkeit der übrigen Daten des Schriftstellers.

---

[1] Curzio Malaparte: *Kaputt*. Firenze, 1963. pp. 411—413.

Fritz Muliar erzählt sie als eine Lagergeschichte auf einer Platte.[2]

Das Glasauge

Diese Geschichte spielt in einem deutschen Konzentrationslager, — in welchem, ist egal — eines war wie das andere.

Eines Tages war ein SS-Obersturmführer — einer war wie der andere — sehr lustig. Und wenn so ein SS-Obersturmführer sehr lustig war, war das für die Insassen des KZs sehr traurig. Er ließ sich einen kleinen, unscheinbaren Juden kommen, stellt ihn vor sich hin und sagt: „Hör' zu, Kleiner! Ich hab' da Glasauge. Dieses Glasauge ist wohl das Beste, was in Deutschland erhältlich ist. Und kein Mensch kann erkennen, ob denn Glasauge ist, oder ob denn echt ist. Du weißt Bescheid, du überlebst es hier nicht. Solltest du aber erraten, welches Auge mein Glasauge ist, dann laß ich dich frei." Verschreckt blickt der kleine Jude in die beiden Augen des Mannes und sagt nach kurzem Überlegen: „Das linke Auge ist Ihr Glasauge." Da reißt der SS-Mann beide Augen auf, das echte und das Glasauge, und sagt: „Kolossal! Großartig! Das zu erraten! Aber sag' mal, Jude, woran hast du es gemerkt?" Da schaut der kleine Jude zu Boden und sagt: „Sie werden es mir verzeihen. Aber das Glasauge hat so einen gütigen Schimmer."

G. Bronners Kommentar stellt richtig fest: „Denn was Fritz Muliar hier erzählt, sind einige Geschichten, welche unter Kennern seit urdenklichen Zeiten als klassische Beispiele des tiefsten, menschlichsten Humors gelten..."

Vielleicht wird der eine oder der andere Leser auf eine ältere Notierung stoßen.

II. Eine Geschichte von Ilja Ehrenburg

In seiner Selbstbiographie schreibt Ilja Ehrenburg auch über den Schauspieler Aleksandr Jakowlewitsch Tairow. Unter anderem erzählt er folgendes: „Er wollte allen alltäglichen Naturalismus vermeiden, wo die Schauspieler auf der Bühne wirklich Tee trinken oder leise gähnen. Er führte gern die Geschichte an, die Coquelin, ein berühmter französischer Schauspieler des vorigen Jahrhunderts, einmal erzählte. Ein Wanderschauspieler ahmte auf dem Markte das Quieken eines Ferkels nach. Er hatte großen Erfolg, alles applaudierte ihm. Ein Bauer aus der Normandie ging eine Wette ein, daß er es auch nicht schlechter mache. Der Schlaue versteckte ein lebendes Ferkel unter seinem Mantel und zwickte es. Das Ferkel quiekte, aber die Anwesenden zischten den Normandier aus, weil er das Ferkel nicht gut nachgeahmt habe."[3]

---

[2] Fritz Muliar: *Bochtes und Lozelach*. Kabarett aus Wien. No. 6. 4. Auflage im November 1962.

[3] Ilja Ehrenburg: люаи, гоаы, жцэн. I—II. Moskau, 1961. pp. 591—592.

Coquelin und sicherlich auch Ehrenburg ahnten nicht, daß diese Geschichte vor zweieinhalbtausend Jahren in Griechenland entstanden ist. Sie wurde zuerst von Aesop abgefaßt (No. 80), von ihm ging sie zu Phädrus über (V. 5).[4] Dem Letzteren entnahm sie Lesage,[5] und wahrscheinlich dem Ersteren der Ungar Johann Arany.[6]

---

[4] M. Wienert: *Die Typen der griechisch-römischen Fabel.* Helsinki, 1925. p. 84. No. 510; p. 119. No. 291; Stith Thompson: *Motif-Index of Folk-Literature.* IV. Copenhagen, 1957. p. 196. No. J. 2232.

[5] Lesage: *Histoire de Gil Blas de Santillane.* Paris, 1862. pp. 158—159.

[6] Arany János *Összes Művei.* I. Budapest, 1951. p. 304; VI. Budapest, 1952, p. 26.

Alte Geschichten im neuen Gewande
(Zweite Mitteilung)

3. *Schibbolet-Sibbolet*

1884 erschien zum erstenmal als erstes Kapitel von Mikszáths „Wo auch das Wasser blüht" die Novelle "Wozu der Dialekt gut ist". Darin wird erzählt, daß auf der alten Anlegebrücke in Szeged der Bürger dieser Stadt keine Mautgebühr entrichtete, sondern nur der Provinzler. Wie könnte man nun erfahren, wer ein Szegeder sei und wer nicht — darüber dachte sich István Nagy eine sichere Methode aus. Jeder, der über die Brücke ging, wurde befragt, womit bei ihnen die Suppe gegessen werde. Die Antwort — „mit dem Löffel" — sprach der Mann aus Szeged so aus: „kánállal", der Provinzler hingegen so: „kanaóval".[1]

István Rejtös vorzüglicher Anmerkungsapparat sammelte die Stellen, wo der Schriftsteller — seiner Gewohnheit gemäß — auf dieses Motiv zurückkommt. Derselbe stellt fest: „Mikszáth trägt die Rahmengeschichte so vor, als ob er sie von einem Tiefländer gehört hätte. In Wahrheit aber erneuern diese kleinen Geschichten seine eigenen Erlebnisse in Szeged, oder er hörte sie von seinen dortigen Bekannten während seines Aufenthaltes in dieser Stadt."[2]

Es gibt vielleicht auch eine dritte Möglichkeit: er dichtete sie unter dem Einfluß seiner literarischen Lektüren. Die Bibel erzählt im Buch der Richter (XII. 1—6.), daß Jiftach — mit den Männern aus Gilead — gegen Efraim kämpft und siegt. Sie erobern die Überfahrten des Jordan gegen Efraim und wollen Efraims Flüchtlinge gefangennehmen. Sie erkennen sie in der Weise, daß sie sie das Wort „Schibbolet" aussprechen lassen (es bedeutet „Ähre" oder „Zug des Flusses"). Die Efraimiten sprachen es „Sibbolet" aus.

Hat Mikszáth diese biblische Stelle gekannt? Wahrscheinlich, obgleich wir dies derzeit nicht zu beweisen vermögen. Es wird sich aus der jetzt im Erscheinen begriffenen vollständigen Mikszáth-Ausgabe herausstellen. Goethe hat sie gekannt. „Weiß und schwarz Brot — schreibt er — ist eigentlich das Schibbolet, das Feldgeschrei zwischen Deutschen und Franzosen."[3] In der ungarischen Literatur erwähnt Sándor Baksay: „Oh, der Aber hat soviel Verstand, daß er nicht jede Frage beantwortet. Wenn der Aber sein Schibbolet ausspricht, da kannst du ihm reden."[4]

Es finden sich in der Geschichte zwei weitere Parallelen. Bei der Sizilianischen Vesper am 30. März 1282 metzelten die Italiener in der Nähe von

---

[1] Mikszáth Kálmán *Összes Művei*. XXXV. Budapest, 1965. pp. 97—99.
[2] *Ibid.* pp. 302—303.
[3] *Campagne in Frankreich 1792.* Goethes *Werke.* XXXIII. Weimar, 1898. p. 83.
[4] Baksay Sándor: *Gyalog-ösvény.* I. Budapest, 1887. p. 61.

Palermo in der Kirche Monte Reale die sie unterdrückenden Franzosen nieder. Sie erkannten sie daran, daß sie das Wort „ciceri" als „siseri" aussprachen. Zwanzig Jahre später wurde den Franzosen in Brügge die Aussprache der niederländischen Wörter „schilde" und „vriend" zum Verhängnis.[5]

Die Quellenfrage der Mikszáth-Geschichte ist somit schwer zu entscheiden.

4. Glas und Spiegel

In seinem 1956 erschienenen Roman „Stimmen im Dunkeln" schildert der polnische Schriftsteller Julian Stryjkowski (1905—) mit großem Verständnis das innere Leben der jüdischen Bevölkerung eines polnischen Dorfes vor dem zweiten Weltkrieg. Das Buch ist ein wahres Schatzkästchen der osteuropäischen jüdischen Folklore.

An einer Stelle gebraucht er dieses Gleichnis: „Als Gott die armen Juden strafen wollte, eiferte er sie an, sich ein goldenes Kalb zu machen. *Ist das Glas rein, so kann man auch andere Menschen durch es sehen, überzieht man aber die eine Seite mit Silber, da sieht man nur sich selbst.* Das Gold macht das Auge starblind. Das Gold ist der böseste Feind unserer Seele. Das Gold ist der Satan selbst."[6]

Die erste Quelle dieses sehr volkstümlichen Märchens, das als das typischste jüdische Märchen gilt,[7] ist schwer zu ermitteln.

Der russisch-jüdische Schriftsteller und Folklorist S. An-Ski (1863—1920) legt in seinem Drama „Dybuk" dem Meschulach folgendes Gleichnis in den Mund: „Ich will Euch ein Gleichnis von ihm erzählen. Es kam einmal zum Rabbi ein Frommer, ein reicher Mann, aber ein großer Geizhals. Der Rabbi aber faßte ihn an der Hand, führte ihn zum Fenster und befahl: „Blicke hinaus!" Der Reiche blickte hinaus. Dann frug der Rabbi: „Was siehst Du draußen?" Der Reiche antwortete: „Ich sehe Menschen." Der Rabbi faßte ihn wieder an der Hand, führte ihn vor den Spiegel und sagte: „Blicke hinein, was siehst Du jetzt?" Der Reiche erwiderte: „Jetzt sehe ich mich." Da sagte der Rabbi: „Verstehst Du mich? Im Fenster ist eine Glasscheibe und im Spiegel ebenfalls. Aber die Glasscheibe im Spiegel ist versilbert. Durch dieses Silber hört man auf, Menschen zu sehen, und beginnt nur sich allein zu sehen ..."[8]

Vielleicht wird man seine Fundstelle einmal in den literarischen Texten des Chassidismus entdecken, woher ihn auch An-Ski entlehnt haben könnte.

5. Flucht vor dem Tod

Lajos Szilvási, ein zur jüngeren Generation gehörender ungarischer Schriftsteller, erzählt in seinem unlängst erschienenen Roman folgendes Märchen:

---

[5] A. J. Storfer: *Wörter und ihre Schicksale.* Berlin-Zürich, 1935. pp. 311—312.
[6] J. Stryjkowski: *Głosy w Ciemności.* Warszawa, 1957. pp. 111—112.
[7] I. Newman: *Märchen und Sagen aus aller Welt.* Wien, 1931. p. 19.
[8] An-Ski: *Zwischen zwei Welten. Der Dybuk.* Einzig autorisierte Übersetzung von Rosa Nossig. Berlin-Wien, 1922. p. 31.

„Ein Märchen kam ihm in den Sinn, das er einst auf seiner Reise im Zug gelesen hatte: von einem persischen König war darin die Rede, den sein beliebtester Diener außer Atem aufsucht, verzweifelt klagend, er sei, als er sich in den Palast begab, dem Tode begegnet. Dieser habe ihn erst verwundert angeblickt und dann gesagt, er müsse ihn um Mitternacht holen. Er bat nun den König, ihm sein schnellstes Pferd zu geben, damit er flüchten und bis Mitternacht wenigstens Indien erreichen könne. Der König erfüllte sofort die Bitte seines geliebten Dieners; dieser bestieg das Pferd und floh. Als der König später den Palast verließ, erblickte er selbst auch den Tod vor dem Tor. Er winkte ihn zu sich und zog ihn zornig zur Verantwortung: warum er seinen Diener bedroht habe. Der Tod entschuldigte sich höflich: „Ich wunderte mich nur über deinen Diener, mein Herr, als ich ihn hier sah, denn mir wurde befohlen, ihn zu Mitternacht aus Indien zu holen."[9]

Der Romancier berührte ein im orientalischen Schrifttum sehr volkstümliches Märchen, das zahlreiche Varianten hat.[10] Der Talmud kennt es in folgender Form: „Einst hatte Schelomo zwei Mohren vor sich stehen, Elichoreph und Achija, Söhne des Schischa; sie waren Schreiber Schelomos. Als er eines Tages den Todesengel traurig sah, fragte er ihn: Weshalb bist du traurig? Dieser erwiderte: Man verlangt von mir diese beiden Mohren, die da sitzen. Da übergab er sie den Geistern und schickte sie nach der Umgegend von Luz. Als sie nach der Umgegend von Luz kamen, starben sie. Am folgenden Tage sah er, daß der Todesengel lustig war; da fragte er ihn: Weshalb bist du lustig? Dieser erwiderte: an die Stelle, da man sie von mir wünschte, hast du sie hingeschickt. Hierauf begann Schelomo und sprach: Die Füße des Menschen sind seine Bürgen, wo er verlangt wird, da bringen sie ihn hin."[11]

Das Nachleben des Märchens läßt sich somit bis zu unseren Tagen und bis Budapest verfolgen.

---

[9] Szilvási Lajos: *Albérlet a Sip utcában*. Budapest, 1964. p. 255.
[10] M. Gaster: *The Exempla of the Rabbis*. London-Leipzig, 1924. p. 215. No. 139 a; J. D. Seymour: *Tales of King Solomon*. Oxford-London, 1924. pp. 54—55; M. Gaster: *Ma'aseh Book*. I. Philadelphia, 1934. pp. 135—136. No. 81, II. p. 657; L. Ginzberg: *The Legends of the Jews*. VI. Philadelphia, 1946. pp. 302—303, Note 99.
[11] *Sukka* 53 a.

Alte Geschichten in neuem Gewande
(Dritte Mitteilung)

6. *Eine jüdische Anekdote bei Maugham*

Bei W. S. Maugham findet sich eine Novelle, die zuerst mit dem Titel *The Man who made his mark* (1929), später mit dem *The Verger* erschien.[1] Er erzählt darin, daß Albert Edward Foreman 16 Jahre hindurch Mesner in der Sankt Peter Kapelle auf dem Neville Platz war. Da stellte es sich heraus, daß er weder schreiben noch lesen kann. Daher ist man gezwungen, ihn zu entlassen. Mit seinem ersparten Gelde kauft er einen Tabakladen und wird nach zehn Jahren — nachdem er ein ganzes Trafiknetz ausgebaut hat — ein reicher Mann. Als der Direktor seiner Bank ihm vorschlägt, sein Geld anzulegen, und er deshalb die Bedingungen lesen müßte, gesteht er, ein Analphabet zu sein. Der Bankdirektor fragt erstaunt: „Herrgott, was wäre aus Ihnen geworden, wenn Sie auch lesen könnten?" „Ich kann es Ihnen sagen, mein Herr", sagte Herr Foreman mit einem kleinen Lächeln in seinem noch immer aristokratischen Gesicht, „Ich wäre Mesner in der Sankt Peter Kapelle auf dem Neville Platz."

Diese erfolgreiche Novelle, die auch als Film bearbeitet wurde, geht auf eine allbekannte jüdische Anekdote zurück. Ich habe sie mehrmals als ungarländische gehört, wobei bald Paks, bald Miskolc, bald Sátoraljaujhely als ihr Schauplatz erwähnt wird.

A. Drujanow[2] läßt die kleine Gemeinde unerwähnt, wo jemand ein „Schammasch" (Gemeindediener) werden will. Er konnte jedoch die Stellung nicht bekommen, weil er nicht schreiben konnte. Er wurde Hausierer, besuchte die Kaserne des Dorfes und verkaufte den Soldaten Zigaretten und Zündhölzer.

Ein Krieg brach aus und der Kaufmann wurde ein reicher Mann. Er eröffnete ein Geschäft und wurde bald Armeelieferant. Als er einmal ein Übereinkommen, bei dem es sich um Hunderttausende handelte, hätte unterschreiben sollen, tauchte er seinen Daumen in die Tinte, um es zu signieren. Dem sich wundernden General gesteht er, nicht schreiben zu können.

Der General ließ einen Pfiff hören und sagte:

„Wenn du es ohne schreiben zu können so weit gebracht hast, was wäre aus dir geworden, wenn du auch schreiben könntest!"

Der Lieferant antwortete:

---

[1] R. T. Stott: *The Writings of William Somerset Maugham.* London 1956, p. 114. D. 78.

[2] A. Drujanow: *Sefer Habedicha Vehachiddud.* I. Tel-Aviv, 1935. p. 3. No. 6.

„Gottes Name sei gesegnet, daß ich es nicht kann. Wenn ich schreiben könnte, wäre ich 'Schammasch' in einer kleinen Gemeinde."

Salcia Landmanns Quelle läßt die Geschichte sich in Zablotow ereignen.[3]

Ein reicher, aber fast analphabetischer Kaufmann feierte sein Geschäftsjubiläum. Der Prokurist trat auf ihn zu und sagte: „Sie sind heute ein großer und bewunderter Mann. Was wären Sie erst geworden, wenn Sie hätten lesen und schreiben können!"

„Das kann ich Euch genau sagen, was ich dann geworden wäre", sagte der Kaufmann. „Mein Vater war Schammes in Zablotow, er starb dreimal täglich vor Hunger, aber dennoch wollte er auch mich zum Schammes heranbilden... Es scheiterte daran, daß ich nicht lesen und schreiben lernen wollte... Hätte ich es gelernt, so wäre ich heute Schammes von Zablotow."

Tibor Benczés, ungarischer Schriftsteller (1903) bearbeitete die Geschichte als die des Schammasch-Anwärters von Paks in seiner Novelle *Wenn er hätte schreiben können*...[3a] Über seine Quelle gibt er am Ende seiner Schrift an: „Diese Geschichte erzählte mir einmal mein Großvater, als wir am Theißufer im Gras liegend den azurblauen Himmel betrachteten."

Zweifellos hat Maugham diese Anekdote irgendwo gelesen oder gehört und als Novelle bearbeitet.

7. Die literarischen Bearbeitungen einer chassidischen Legende

Über Baalschem gibt es eine Legende, die in den Kreis „Gott wünscht das Herz" gehört.[4] In der Wiedergabe von Martin Buber lautet sie folgenderweise:[5]

„Ein Dorfmann, der Jahr für Jahr an den ‚furchtbaren Tagen' im Bethaus des Baalschem war, hatte einen Knaben. Der war stumpfen Verstandes und konnte nicht einmal die Gestalt der Buchstaben empfangen, geschweige denn die heiligen Worte erkennen. Der Vater nahm ihn an den furchtbaren Tagen nicht mit sich in die Stadt, weil er nichts wußte. Doch als er dreizehn Jahre war und mündig vor Gottes Gesetzen, nahm ihn der Vater am Versöhnungstag mit, damit er nicht etwa esse am Tag der Kasteiung aus Mangel seines Wissens und Verstehens. Der Knabe aber hatte ein Pfeifchen, darauf pfiff er immer in der Zeit, da er im Felde saß, die Schafe und Kälber zu weiden. Das hatte er nun in der Tasche seines Kleides mitgenommen, ohne daß sein Vater es wußte. Der Knabe saß in den heiligen Stunden im Bethaus und wußte nichts zu sagen. Als aber das Mussafgebet angehoben wurde, sprach er zu seinem Vater: ‚Vater, ich habe mein Pfeifchen bei mir, und ich will darauf singen.' Da war sein Vater sehr bestürzt und fuhr ihn an: ‚Hüte dich, daß du dies nicht tuest.' Und er mußte es in sich bewahren. Aber als das Minchagebet kam,

---

[3] S. Landmann: *Der jüdische Witz, Soziologie und Sammlung*. Olten — Freiburg im Breisgau 1960, p. 318.
[3a] T. Benczés: *A gettó hegedüse*. Budapest 1941, pp. 141—144.
[4] B. Heller: *HUCA*. IV. 1927, p. 378.
[5] M. Buber: *Die Legende des Baalschem*. Frankfurt a. M. 1918, pp. 18—19; *Die chassidischen Bücher*. Berlin 1927, pp. 147—148.

sprach er wieder: ‚Vater, erlaube mir doch, mein Pfeifchen zu nehmen.' Wie der Vater sah, daß seine Seele bangte zu pfeifen, wurde er zornig und fragte ihn: ‚Wo hast du es?' und da er ihm den Ort zeigte, legte er die Hand auf die Tasche und hielt sie fortan darauf, um das Pfeifchen zu hüten. Aber das Neïlagebet begann, und die Lichter brannten zitternd in den Abend, und die Herzen brannten wie die Lichter, unerschöpft vom langen Harren, und durch das Haus schritten noch einmal müde und aufrecht die achtzehn Segenssprüche, und das große Bekenntnis kehrte zum letztenmal wieder und lag vor der Lade des Herrn, die Stirn auf der Diele und die Hände gebreitet, noch einmal, ehe der Abend sich neigt und Gott entscheidet. Da konnte der Knabe seine Inbrunst nicht länger niederhalten, er riß das Pfeifchen aus der Tasche und ließ dessen Stimme mächtig schallen. Alle standen erschreckt und verwirrt. Doch der Baalschem erhob sich über ihnen und sprach: ‚Das Verhängnis ist durchbrochen und der Zorn zerstreut vom Angesicht der Erde.' "

Diese Legende hat überraschend viele literarische Bearbeitungen. Schalom Asch schrieb daraus — ohne Baalschem zu erwähnen — 1909 in jiddischer Sprache eine Erzählung (*A Dorf-Zaddik*).[6] Jaschek, ein polnisch-jüdischer Hirtenknabe, konnte nicht beten. Statt des Gebets pfiff er in Wald und Feld. Am Neujahrstag betritt er den Tempel und in seiner Andacht steckt er zwei Finger in den Mund und läßt einen Pfiff erschallen. Die Gemeinde erschrickt zu Tode, der heilige Rabbi jedoch erklärt, dieser Pfiff habe den Himmel durchbrochen und die Gebete durch die bleigrauen Wolken hindurch in den Himmel getragen.

Josef Patai (1882—1956), der ungarisch-jüdische Dichter, Schriftsteller und Übersetzer, bearbeitet die Legende ein Jahrzehnt später in seiner Erzählung *„Das Gebet mit der Flöte"* (ungarisch).[7] Der Hirtenknabe bläst am Jom-Kippur-Abend bei dem Neïla-Gebet in die Flöte. Baalschem umarmt ihn und küßt ihn auf die Stirne, denn das Gebet mit der Flöte trug sämtliche Gebete mit sich.

Ilja Ehrenburg legt sie auch als eine Baalschem-Legende dem sterbenden Lasik in den Mund auf den letzten Seiten seines Romans *„Lasik Roitschwantz"* (1928). Die Blechpfeife Joschkes, des drei—vierjährigen Söhnchens des Schneiders Schulim, rettet am Jom-Kippur die Gemeinde. Nach mehr als drei Jahrzehnten kehrt Ehrenburg zu ihr zurück — offenbar übte sie eine so große Wirkung auf ihn aus — und er gesteht, sie in Paris in der Rotonde gehört zu haben entweder von Warschawski, dem polnisch-jüdischen Schriftsteller, oder von einem Kunstmaler, dessen Namen ihm entfallen ist. (Der Name des Kindes weist meines Erachtens eher auf Schalom Asch hin). Diesmal erzählt er ihren Inhalt kürzer, indem er die Namen der Gestalten, selbst den des Baalschem wegläßt:[8]

„In einer kleinen Stadt in Wolhinien lebte ein berühmter Zadik — so nannten die Chasidim die gottesfürchtigen Menschen. Es gab in der kleinen Stadt, wie überall auf Wucherzinsen Geld verleihende Reiche, es gab Haus-

---

[6] Schalom Asch: *Erzählungen*. Warschau 1909, pp. 66—71.
[7] Patai József: *Kabala*. Budapest 1919, pp. 78—85.
[8] Ilja Ehrenburg: Люди, годы, жизнь. III—IV. Moskau 1963, pp. 154—155.

besitzer, Kaufleute, es gab solche, deren einziger Traum es war, in rechtem oder unrechtem Wege sich zu bereichern: mit einem Wort, reichlich gab es dort unrechte Menschen. Da kam der Lange Tag heran, an welchem nach dem Glauben der religiösen Juden Gott über die Menschen urteilt und ihr zukünftiges Geschick beschließt. Am Langen Tag essen und trinken die Juden nicht, bis der Abendstern aufgeht und der Rabbi sie aus der Synagoge entläßt. An jenem Tag herrschte eine bedrückende Stille in der Synagoge. Vom Gesicht des Zadik sahen die Menschen, daß Gott erbost ist wegen der Handlungen der Bewohner der kleinen Stadt; der Stern wollte nicht aufgehen; alle waren des strengen Urteils gewärtig. Der Zadik flehte zu Gott, die Sünden der Menschen zu vergeben, doch Gott blieb taub. Die Stille wurde plötzlich durch den Ton einer kleinen Flöte unterbrochen. Unter den rückwärts gedrängt stehenden Armen befand sich ein Schneider mit seinem fünfjährigen Söhnchen. Das Kind hatte schon genug von den Gebeten, da fiel ihm die billige Schalmei in seiner Tasche ein, die er den Tag vorher von seinem Vater bekommen hatte. Die ganze Gemeinde fuhr den Schneider an: Siehe, wegen eines solchen Benehmens straft Gott die kleine Stadt . . .! Doch der Zadik sah, daß der strenge Gott nicht umhin konnte zu lächeln."

Die — vorläufig — letzte Station der Legende ist der Nobelpreisträger S. J. Agnon, der den Flötenbläser des Baalschem hebräisch sprechen läßt.[9]

Es scheint, ein tief-menschliches Gefühl drückt die Legende aus, wenn die Schriftsteller an verschiedenen Orten und in verschiedenen Sprachen durch sie ein Geständnis ablegen wollten.

---

[9] S. J. Agnon: *Jamim Noraim.* Jerusalem 1938, p. 369.

Alte Geschichten in neuem Gewande
— Ergänzung zu No. 7. —

Schalom Asch erwähnt diese Legende auch im *Psalmist*, gleich am Anfang des Romans. Es geschah während des Gottesdienstes, daß Jechiel, „der Wilde", „als die andachtsvollste Stille herrschte, sich auf den Kopf stellte oder Purzelbäume schlug, ja, einmal zwei Finger in den Mund steckte und einen schrillen Pfiff verlauten ließ".[1]

Als eine Baal Schem-Legende erzählt sie auch Rodion Markovits, ein in Rumänien wohnhafter ungarischer Schriftsteller (1888—1948). Der Rabbiner betet für seine Gemeinde Medziebos und das Seelenheil der ganzen Judenschaft. Die Gebete vermögen nicht durch den Vorhang des Himmels zu dringen. Auch das Söhnchen eines des Schreibens unkundigen Fuhrmanns ist zugegen. Der Ton seiner Pfeife kommt den Gebeten zu Hilfe. Die Männer wollen sich auf das frevlerische Kind stürzen, aber das heilige Antlitz des Baal Schem heitert sich auf und er spricht:

„Die reine Andacht dieses Kindes durchriß den Vorhang des Himmels und unsere Gebete gelangen nun schon leicht vor den Thron des Herrn... Wir werden ein schönes und glückliches Jahr haben, Ihr Männer..."[2]

In einer Schuljahr-Eröffnungsrede von Prof. M. Tsevat (Cincinnati) las ich Folgendes: „I, too, like Yitzhak Leibush Peretz and love the story he tells of the country boy who finds himself in the synagogue not having learned to pray. But as his desire becomes irresistible, he puts two fingers in his mouth and, to the horror of his parents and the whole concregation, sounds a piercing whistle."[3]

Es sei noch bemerkt, daß wir diese Legende bei Peretz nicht gefunden haben.

---

[1] Seine hebräische Übersetzung liegt uns vor: Baal Hattehillim. Tel-Aviv, 1936.
[2] *R. Markovits:* Jom Kippur csodái — Jom Kippur-Wunder. Im Bande: Reb Ancsli és más havasi zsidókról szóló széphistóriák. Timişoara, 1939, pp. 64—65.
[3] *M. Tsevat:* The Beginnings of Wisdom. Cincinnati, 1967, pp. 7.

Alte Geschichten in neuem Gewande

— Vierte Mitteilung —

8. Das Motiv des Waldes von Birnam in Ungarn

Der ungarische Romanschreiber Maurus Jókai (1825—1904) erzählt in seiner Novelle „Die Kapelle von Tarcal",[1] daß zur Zeit des 1848er Freiheitskrieges eine Zigeunerin aus der Handfläche eines österreichischen Generals folgendes weissagte: „Solange nicht die Bewohner des Friedhofs sich vor Deine Kanonen hinstellen, hast Du Dich vor keinem Menschen zu fürchten, niemand vermag Dich zu besiegen!" Am nächsten Tag halten die Kaiserlichen im Nebel die Statuen und Grabhölzer eines kalvinistischen Friedhofs für die Honved und beschießen sie mit Kanonen. Manchmal fällt ein Grabholz um — man glaubt, es sei ein Honved —, aber sie ergreifen die Flucht nicht, sie stehen nur vor den Kanonen. Bald darauf fällt das ungarische Heer den Kaiserlichen in die Flanke, die die Flucht ergreifen. Die Weissagung ging so in Erfüllung.

Die Sage lebt bis auf den heutigen Tag in Tarcal, nur wird die Weissagung in die Kurutzenzeit verlegt.[2]

Es ist dies das bekannte Motiv des Waldes von Birnam in Shakespeare's Macbeth.[3]

Es ist bereits bei dem Griechen Achilles Tatius, dem Perser Tabari, dem Franken Aimon, dem Araber Hariri vorhanden.[4] Auch in den europäischen Volkssagen ist es bekannt.[5]

Jókai entnahm es — offenbar — der ungarischen Volkstradition.

9. Eine Maupassant-Reminiszenz bei Mikszáth

Im Pesti Hirlap (VII. 18. März 1885) erschien eine Erzählung von Koloman Mikszáth (1849—1910): „Der Tod als Betrüger".[6]

Der Schriftsteller sieht eines Nachts in der Mitte der Kettenbrücke einen alternden Mann sich entkleiden. Als dieser sich über das Geländer werfen will, hält ihn der Schriftsteller zurück. Der Selbstmörder-Kandidat, Johann Vandrák, erzählt, warum er sich das Leben nehmen wollte: sein Kind liege tot, er hungere und habe keine Stelle. Mit seinem Märchen entlockt er zehn Gulden dem leichtgläubigen Zuhörer. Später erzählt bei einem Festessen ein Tischnachbar dem Schriftsteller, warum er einen Orden im Knopfloch trage: er habe den Johann

---

[1] Sajó [M. Jókai]: *A tarcali kápolna.* Forradalmi Emléklapok. 1850. No. III.
[2] I. Dobos: *Tarcal története a néphagyományban.* Budapest 1967. [Handschrift].
[3] S. Thompson: *Motif-Index of Folk-Literature.* IV. Copenhagen 1957. p. 447. K. 1872.1.
[4] E. Rhode: *Der griechische Roman und seine Vorläufer.*³ Leipzig 1914. p. 516.
[5] K. Müllenhoff: *Sagen, Märchen und Lieder der Herzogthümer Schleswig Holstein und Lauenburg.* Kiel 1845. pp. 13—14. No. IX; p. 591.
[6] Mikszáth Kálmán: *Összes Művei.* XXXVI. Budapest 1966. pp. 55—59.

Vandrák auf der Kettenbrücke vom Sichertränken zurückgehalten. Nach dem Festessen begibt sich der Schriftsteller auf der Kettenbrücke nach Hause. Johann Vandrák schickt sich gerade an, ins Wasser zu springen. „Warum springen Sie nicht schon hinunter, Onkel Vandrák? Warum lassen Sie mich da vergebens in der Kälte warten?" „Ja, hätte ich Sie erkannt, würde ich diese Komödie nicht aufgeführt haben."

Maupassant hat eine Novelle vom Jahre 1881 oder von früher: „Les tombales".[7] Der Junggeselle Joseph de Bardon spaziert im Friedhof des Montmartre. An einem Grabe erblickt er eine kniende, schluchzende junge Frau. Er begleitet sie, die seit einigen Monaten Witwe ist, nach Hause. Ihre Freundschaft dauert drei Wochen lang. Nach einiger Zeit spaziert unser Held wieder hinaus in den Friedhof. Und siehe, wen erblickt er? Ein Mann stützt die in tiefe Trauer gekleidete Witwe ebenso wie er es tat seinerzeit. „Sie erblickte mich, errötete, und als ich im Vorübergehen sie gleichsam streifte, gab sie ein winziges Zeichen, mit einem flüchtigen Augenblinken; dies bedeutete: ‚Erkenne mich nicht', und zugleich auch: ‚Kommen Sie wieder zu mir, Lieber' ".

Die beiden Novellen haben ein verwandtes Thema — das Leben vom Tode. Es scheint ein originaler Einfall Maupassants zu sein.[8] Mikszáth dürfte den Inhalt von jemandem gehört haben, denn eine ungarische Übersetzung habe ich in der zeitgenössischen Presse nicht gefunden. Dies mochte ihm den Impuls gegeben haben, das Erpressungsmanöver „des Todes als Betrüger" auszudenken.

10. Traum und Wirklichkeit

Der ungarische Dichter, Schriftsteller und Übersetzer Mihály Babits (1883 bis 1941) schrieb unter der Einwirkung des Freudismus in seinem ersten Roman, dem „Storchkalifen" 1916 die Geschichte eines schizophrenen jungen Mannes. Elemér Tábory ist in Wirklichkeit Mathematikhörer an der Universität, in seinem Traume hingegen ist er ein armer Diurnist. Um seinem Doppelleben ein Ende zu bereiten, faßt er den Entschluß, im Traum sein zweites Ich zu töten. „Damals geschah die mysteriöse Tragödie, über die auch die Zeitungen schrieben: man fand ihn tot in seinem Zimmer, mit einer Schußwunde auf der Stirne, und keinerlei Waffe war in seiner Nähe."

Bereits nach drei Jahren erschien eine deutsche Übersetzung des Romans[9] und so ist unsere Annahme wahrscheinlich, daß er Maughams Novelle „Lord Mountrago" beeinflußte.[10]

Lord Mountrago — englischer Außenminister, ein dünkelhafter Magnat — trägt seine Beschwerden dem Psychoanalytiker Dr. Audlin vor. Er habe beklemmende Träume, in denen ständig ein Abgeordneter von Wales, Owen

---

[7] Guy de Maupassant: *Contes et nouvelles*. I. Ed. A.-M. Schmidt—G. Delaisement. Paris 1962. pp. 1206—1213.

[8] H. Kessler: *Maupassants Novellen. Typen und Themen*. Braunschweig 1966. [Archiv für das Studium der neueren Sprachen und Literaturen. Beiheft 2.]

[9] M. Babits: *Der Storchkalif*. Leipzig 1919.

[10] W. S. Maugham: *The Mixture as Before*. London-Toronto 1940; R. T. Stott: *The Writings of William Somerset Maugham*. London 1956. pp. 70—71. A. 59.

Griffiths, vorkommt. In den Träumen werde der Lord immer lächerlich gemacht. Am nächsten Tag erfährt er, der Abgeordnete betrage sich, als sei er tatsächlich Zeuge seiner Beschämung gewesen, als wüßte er von seinen Träumen, als träumte er seine Träume. Er fürchtet sich, sich niederzulegen. Er faßt den Entschluß, im Traume den Abgeordneten zu töten, um dann auch in Wirklichkeit ihn los zu werden. Der Doktor ermittelt es, der Lord habe einmal den Abgeordneten im Unterhaus erniedrigt. Er rät seinem Patienten, ihm Abbitte zu leisten, wolle er sich von seinen quälenden Träumen befreien. Der stolze Magnat verweigert dies. Er wird lieber Selbstmörder. Gleichzeitig stirbt auch Griffiths. Der Schriftsteller läßt ahnen, daß der Lord im Traume mit ihm ein Ende machte und dies erfolgte auch in Wirklichkeit.

Es ist dasselbe Motiv, wie in der Babits-Novelle. Wir haben in dieser Zeitschrift schon einmal auf Maughams derartige Gegenstandsentlehnungen hingewiesen.[11]

Auch Agatha Christie baut ihre Novelle „The Dream" hierauf auf.[12] Der englische Millionär Benedict Farley träumt jede Nacht, daß er um 3.28 Uhr an seinem Schreibtisch sitzt, aus seiner Tischlade seine Pistole herausnimmt und beim Fenster sich eine Kugel durch den Kopf jagt. Er bittet den Detektiv Hercule Poirot um Rat. Nach einer Woche jagt er sich zum selben Zeitpunkt tatsächlich eine Kugel durch den Kopf. Es stellt sich heraus, daß der Hofierer seiner Tochter dieses bereits bekannte literarische Motiv zum Beweis der Umstände des Todes benützt. In Wirklichkeit nahm der zukünftige Schwiegersohn vor dem Detektiv Farleys Gestalt an, um seinen Mord auf diese Weise vorzubereiten und zu verbergen.

11. Das Mutterherz

Erzsébet Galgóczi (geb. 1930), eine ungarische Schriftstellerin der Gegenwart, schrieb eine Novelle: „Erwachen";[13] darin ist folgendes zu lesen: „Es fiel ihm das in seiner Kindheit gehörte Märchen vom bösen Sohn ein, der seine Mutter tötete. Er schnitt ihr das Herz heraus und rannte weg. Er stolperte jedoch über etwas und fiel. Das fallengelassene Mutterherz fragt besorgt: „Hast Du Dir nicht weh getan, mein Söhnchen?""

Erzsi Szenes, die sich mit dieser Stelle befaßte, faßt ihre Ansicht folgenderweise zusammen:[14] „Meines Wissens gehörte dieses Märchen niemals zum ungarischen Volksmärchenschatz, selbst als Wandergegenstand nicht. Es ist ursprünglich ein französisches Volkslied und der Dichter Richepin arbeitete es in seinem Roman 'La glu' ein. Ich habe kein Lexikon zur Hand, um nachzusehen, ob Richepin's Roman Josef Kiss bekannt war, oder ob dieser den Gegenstand unmittelbar einer französischen Volksliedersammlung entnahm. Aber die Bearbeitung von Josef Kiss ist so formvollendet, ihre Instrumentation so allein-

---

[11] A. Scheiber: *Fabula*. X. 1969. pp. 212—213.
[12] Agatha Christie: *The Adventures of the Christmas Pudding*. London-Glasgow 1960. pp. 174—199.
[13] E. Galgóczi: *Inkább fájjon* ... Budapest 1969. p. 268.
[14] E. Szenes: *Kiss József körül*. Uj Kelet. 1969. III. 14.

stehend, sie kann aus dem ungarischen Schrifttum ebenso nicht herausgehoben werden, wie es ein Stein nicht kann aus dem Gebäude einer Kathedrale. Es ist jedoch möglich, daß der Verstext irgendwo im Gedächtnis eines Menschen verstümmelt-lückenhaft haften blieb und als Volksmärchen heute weiter lebt. Auch so zeugt es von der Zauberkraft des Dichters."

Vor etwa anderthalb Jahrzehnten befaßten wir uns mit diesem Thema.[15] Was wir damals sagten, möchten wir nicht wiederholen, sondern erweitern und weiterführen.

Auch wir bezeichneten das von Richepin zitierte bretonische Volkslied als Quelle für Josef Kiss. Dafür sprachen auch die Daten. Richepin's Roman erschien 1881, Josef Kiss schrieb sein Gedicht zwischen 1883 und 1889. Wir können hinzufügen, daß es eine Beziehung gab zwischen den zwei Dichtern. Im Nachlaß von Josef Kiss befindet sich ein Brief von Richepin. Wir wiesen auf die deutsche Bearbeitung des Volksliedes, ferner auf den Spartacus von Howard Fast hin, wo das Motiv gleichfalls vorkommt.

Das Pariser Brett hielt noch um 1900 die Geschichte auf seinem Programm: „In zwölf Zeilen erzählt es (— susala, dusala! —) vom herausgeschnittnen Herzen der Mutter, das den fallenden, muttermörderischen Sohn fragt: Tut's weh, mein Kind?"[16]

Wir lasen, konnten jedoch nicht nachprüfen, die folgende Angabe: „Ein großartiger italienischer Schriftsteller benützt dieses Motiv in seinem weltberühmt gewordenen Buch."[17] Wir sind nicht darauf gestoßen.

Erzsébet Galgóczi behauptet nicht, ihr Held habe es als ungarisches Volksmärchen gehört. Béla Zsolt zitiert es auch aus französischer Quelle:[18] „Ich verriet ihm meine Mutter, bot das Herz meiner Mutter als Opfer an, wie der Sohn im Richepin-Gedicht es seiner Geliebten anbietet."

Das Motiv, das bereits einen langen Weg zurückgelegt hat, wird außer den obigen sicherlich noch weitere Stationen haben.

---

[15] A. Scheiber: *Journal of American Folklore.* LXVIII. 1955. pp. 72—89.
[16] A. Kerr: *Eintagsfliegen oder die Macht der Kritik.* Die Welt im Drama. IV. Berlin 1917. p. 332.
[17] V.: *Az utolsó sóhaj.* Ungarische Wochenschrift. V. 1899. No. 10.
[18] B. Zsolt: *A dunaparti nő.* Budapest 1936. p. 210.

Alte Geschichten in neuem Gewande

Fünfte Mitteilung

12. Händedruck mit dem Toten

Im Pesti Hirlap [IV. 18. April 1882] erschien zum ersten Male Kálmán Mikszáths Erzählung „Ein neuer Salomon",[1] die umgearbeitet unter dem Titel „Salomons Urteil" bekannt ist.[2]

Der Inhalt der ersten Version, die das Erlebnis des Hörensagens besser vermittelt, ist folgender: Zur Dämmerzeit klopfte ein kranker, alter Jude an bei Nathan Weisz in Komorn. Er bat um Nachtquartier. Im warmen Stall erhält er einen Platz. Er wird dort morgens tot aufgefunden. Seine Glaubensgenossen waschen ihn der Vorschrift gemäß. Als sie den Verband von seinem kranken Finger nehmen, kommt darunter ein eingewickeltes Papier zum Vorschein mit dem hebräischen Text: „Ich bin gestorben; fünfhundert Gulden sind in meiner Tasche." Da man das Geld nicht findet, fällt der Verdacht natürlich auf Nathan Weisz. Dieser schwört bei allem, was heilig ist, daß er davon nichts wisse. Simon Schwarz, der Weiseste unter ihnen, fällt folgendes Urteil:

„Hörst Du, Nathan. Du wirst in Anwesenheit von zwei Zeugen ins Totenzimmer hineingehen, faßt an die steife Hand des Alten, die von unter der Trauerdecke herabhängt. Und wenn Du so Hand in Hand mit ihm sein wirst, wirst Du sagen: ‚Ich schwöre, nicht ich habe Deine fünfhundert Gulden herausgenommen.'"

Zur festgesetzten Zeit ging er auch in Anwesenheit von zwei Zeugen hinein ins Totenzimmer. Der Tote war zugedeckt, nur seine wachsgelbe Hand hing herab. Nathan faßte die Hand an und legte den Eid ab. Die tote Hand schloß sich krampfartig zusammen und ließ nicht locker. Nathan gesteht nun mit Entsetzen, wohin er das Geld verborgen hat. Da wirft Simon Schwarz die Trauerdecke von sich herunter, denn er spielte den Toten, um dem Beschuldigten die Wahrheit zu entlocken.

Nach Gyula Bisztray, dem Herausgeber des Bandes, „verdanken Kálmán Mikszáths entlehnte Fabeln ihre Frische dem Umstand, daß er sie zumeist nicht mittelbar aus Lektüren, sondern unmittelbar aus mündlichem Vortrag schöpfte.[3] Die Angabe der Quelle blieb er jedoch schuldig.

Als wir diese jüdische Anekdote lasen, dachten wir auch sogleich, er mochte sie noch in Szeged oder in Pest von einem seiner Bekannten gehört haben.

Es sind uns vier Varianten bekannt:

---

[1] *K. Mikszáth* Összes Művei. XXXIII. Budapest, 1969. pp. 305—307.
[2] Ibid., pp. 110—112.
[3] Ibid., p. 304.

1. Vor R. Dobrisch Meisels, den Rabbiner von Warschau, brachte man einen des Diebstahls beschuldigten Mann. Sein Brotgeber starb im Krankenhaus von Warschau. Die Verwandten wußten, daß er Geld gehabt hatte, fanden es aber nicht. Man verdächtigte den Diener, der bei dem Kranken gewesen war. Man fragte ihn aus, er jedoch leugnete. Der Rabbiner dachte ein ähnliches Verfahren aus. Dies führte zum Erfolg.[4]

2. Eine Variante in jiddischer Sprache. Identisch mit der vorigen. Am Ende bemerken die Anwesenden: „Fühltest Du nicht, daß die Hand die eines Lebenden ist, sie war doch warm?"[5]

3. Der Beschuldigte ist der Oberinspektor des Krankenhauses. Der Rabbiner ist hier nicht genannt.[6]

4. Identisch mit der vorigen. Knüpft sich wieder an Meisels.[7]

Mikszáths Verdienst ist die lebhafte Stilisierung und individuelle Neuabfassung der fertig erhaltenen Anekdote.

13. Nemo propheta in patria sua

Der ungarische Schriftsteller Béla Illés [1895—] baut diese Anekdote von seinem Oheim in seinen autobiographischen Roman ein.[8]

„Gute siebzehn Jahre sind es her", erzählte mein Vater, „daß der weltberühmte deutsche Professor der Medizin, Dr. Koch, der Entdecker des Bazills der Lungenschwindsucht, einmal nach Budapest kam. Am Bahnhof erwarteten ihn viele Akademiker, viele Universitätsprofessoren und viele Journalisten. Nachdem Koch die Begrüßungsreden angehört hatte, fragte er den Präsidenten der Akademie, ob Dr. Szevella unter den Anwesenden sei. Dr. Szevella war freilich nicht unter den am Bahnhofe versammelten Notabilitäten. Der Präsident der Akademie hörte diesen Namen jetzt zum ersten Mal. Beim Festessen, das die Stadt Budapest zu Ehren des Gastes gab, fragte Professor Koch den neben ihm sitzenden Kultusminister, wie er sich mit Dr. Philip Szevella treffen könnte. Der Minister hatte freilich keine Ahnung, wer dieser Szevella sein mochte. Um sich aber seinem berühmten Gaste gefällig zu erweisen, ersuchte er den Polizeipräsidenten, der freilich auch dem Bankett beiwohnte, einen gewissen Dr. Philip Szevella herbeizuschaffen.

Der Polizeipräsident gab dem diensttuenden Polizeirat telefonisch die Anweisung, bis zum Morgen den Dr. Philip Szevella — unter allen Umständen — herbeizuschaffen. Der diensttuende Polizeirat gab die Anweisung weiter an den Detektivchef, und dieser an einen Subalternbeamten... So geschah es, daß morgens um vier zwei Detektive Philip aus dem Bette zogen, der damals Assistenzarzt im Rochus-Spital war. Da der Polizeipräsident nach dem Bankett

---

[4] *M. Lipson:* Midor Dor. I. Tel-Aviv, 1929. p. 136. No. 351.
[5] *I. Isbitz:* Der lustiger Hojs Freind. St. Louis, 1919. p. 117. No. 411.
[6] *S. F. Mendelsohn:* The Jew laughs. Chicago, 1935. p. 145. A ready Confession.
[7] *E. Teitelbaum:* An Anthology of Jewish Humor and Maxims. New York, 1945. p. 33. Nach meinem Freund, H. Schwarzbaum — der mir beim Sammeln der Parallelen Hilfe leistete — sind weitere Texte im Archiv für Folklore in Israel zu finden.
[8] *B. Illés:* Kárpáti rapszódia. Budapest, 1965. pp. 45—46.

lange schlief, saß Philip bis zwölf Uhr in einer Polizeizelle. Als der Polzeipräsident sich endlich in sein Amt begab und der Polizeichef ihm meldete, es sei gelungen den gesuchten Szevella herbeizuschaffen — na, Ihr könnt Euch vorstellen, was für einen Lärm der Polizeipräsident schlug.

— Wegen Einsperrung eines Juden schlägt niemand einen Lärm! — meinte meine Mutter.

„Es stellte sich heraus", fuhr mein Vater fort in der Erzählung des ersten Romans des Onkels Philip, „es stellte sich heraus, daß der dreiundzwanzigjährige Dr. Szevella bereits seit zwei Jahren lange Artikel in eine dickleibige, sehr wissenschaftliche deutsche Zeitschrift schrieb, und, wie Professor Koch sagte: sensationell gescheite Artikel. Diese Artikel brachten Philip in die Polizeizelle. Aber diesen Artikeln hatte er es auch zu verdanken, daß er mit vierundzwanzig Jahren Privatdozent an der Universität von Pest wurde."

Es unterliegt keinem Zweifel, daß der Schriftsteller die Geschichte des Mathematikers Leopold Fejér [1880—1959] umdichtete. Als der französische Mathematiker Henri Poincaré, den die Universität Kolozsvár zum Doktor ehrenhalber promovierte und die Ungarische Akademie der Wissenschaften mit dem Bolyai-Preis auszeichnete, nach Budapest kám, erkundigte er sich in ähnlicher Weise nach dem jungen Fejér. Dieser wurde hiernach an die Universität Budapest berufen.[9]

Bei Béla Illés verschmelzen sich vielmals Dichtung und Wirklichkeit.

14. Der säugende Mordechai

Salomon Beck [1885—], Rechtsprofessor in Ruhestand an der Universität Budapest, gab eine Sammlung juristischer Anekdoten aus seinen Erlebnissen heraus. Darunter findet sich folgende:[10]

„... Ich erzählte den Fall des biblischen alten Mordechai, der ein Witwer war und auf der Gasse einen weinenden Säugling fand. Er hob ihn auf und nahm ihn mit in sein Haus. Nur als das Kind vor Hunger wieder zu weinen anfing, besann er sich darauf, welche Sorge er auf sich genommen hatte. In seiner Frömmigkeit betete er zu Gott um Hilfe. Während des inbrünstigen Betens schlief er ein, und als er des Morgens erwacht, wird er gewahr, daß Gott ein Wunder getan — seine Brüste haben sich vergrößert und sind geschwollen vor Milch. Diese Geschichte erzählt der Rabbiner während des Unterrichts den um ihn versammelten Jungen, worauf der eine die Frage stellt, warum Gott in seiner Allmacht nicht eine Geldsumme dem Mordechai zukommen ließ, womit doch dieser dem Kinde allerlei hätte verschaffen können. Der Rabbi kam durch diese Frage zuerst in Verlegenheit, nach kurzem Nachdenken jedoch antwortete er: auch diese Geschichte sei ein Beweis von Gottes unendlicher Weisheit — wozu sollte er Geld geben, wenn er auch ein Wunder tun könne?"

Dies ist tatsächlich die Meinung der Aggada. R. Abahu erklärte einmal: als Esther verwaist zurückblieb und man keine Amme für sie fand, habe Mordechai

---

[9] K. R. *Farkas:* Magyar Nemzet. XXV. 1969. No. 240.
[10] S. *Beck:* Öreg jogász tövistermése. Budapest, 1969. p. 24.

sie gesäugt. Es ist nicht zu verwundern, daß die Zuhörer ihn wegen dieser Erklärung auslachten.[11] Der Talmud erwähnt dieses Wunder auch bei einem anderen: Ein armer Mann säugt selbst seinen verwaist zurückgebliebenen Sohn.[12] Klassische und kirchliche Quellen wissen von ähnlichen Beispielen.[13] Es kommt auch als Märchenmotiv vor.[14]

15. Eine Kuh, die nur mit einem Hahn zusammen zu haben ist

Man hält dies für eine typisch jüdische Anekdote. Letztlich wurde sie in ungarisch-jüdischem Kreise folgenderweise aufgezeichnet:[15]

„Gelb wollte das Purimfest feiern, er hatte aber kein Geld. Er beschloß daher, sein Pferd und seine Henne auf dem Markt zu verkaufen. Auf dem Wege dahin brach ein mächtiger Sturm aus. Gelb erschrak und begann zu beten: ‚Wenn ich heil davonkomme, gebe ich den Erlös des Pferdes zu wohltätigem Zwecke.'

Der Sturm legte sich, Gelb kam am Markte an, wo er gefragt wurde:

— Was kostet das Pferd?

— Eine Krone, aber ich verkaufe es nur mit der Henne zusammen.

— Und die Henne?

— Zweihundert Kronen..."

Auffallenderweise ist dieser Typus [Nr. 1553] im Kreise der Ostjuden nicht bekannt.[16]

Er ist aber von Romulus Roberti an durch Marie de France hindurch bis Johannes Pauli,[17] oder bis zum Heptameron[18] vorhanden.

In Ungarn wurde er zum ersten Mal 1964 von Agnes Kovács in Telki [Komitat Pest] aufgezeichnet, nach der mündlichen Erzählung eines 77jährigen Waldarbeiters, der aus Magyaró [Komitat Maros-Torda, Rumänien] stammte.

Der Text ist folgender:

Es war einmal ein reicher Mensch. Der hatte eine brave Frau. Sie lebten schön miteinander, auf einmal aber wurde die Frau schwer krank. Der Mann versuchte es mit allerlei Ärzten, führte die Frau von einem zum anderen, sie hatte aber eine so unheilbare Krankheit, daß die Ärzte sich gar nicht mehr mit ihr befassen wollten. An wen wandten sie sich nun, die Frau und der Mann? Sie konnten nur mehr beten. Da sagt der Mann:

— Lieber Gott, wenn Du mein Weib gesund machst, so werde ich meine einzige Kuh verkaufen und den Erlös an die Armen verteilen!

Und Gott erhörte das Gebet. Freilich wußte er, daß der Mann auch bauern-

---

[11] Gen. R. XXX. 8. Ed. *Theodor,* p. 275.
[12] Schabbat 53b.
[13] *H. Günter:* Die christliche Legende des Abendlandes. Heidelberg, 1910. p. 85.
[14] *B. Heller,* IMIT Évkönyve. 1942. p. 50.
[15] *L. Palásti,* Uj Élet. XXV. 1970. No. 6; *H. Schwarzbaum:* Studies in Jewish and World Folklore. Berlin, 1968. p. 55; *A. Drujanow:* Sepher Ha-Bedicha Ve-Ha-Chiddud. I. Tel-Aviv, 1963. p. 318. No. 995.
[16] *H. Jason,* Fabula. VII. 1964/65. p. 211.
[17] *H. Schwarzbaum:* Op. cit., p. 451; *S. Thompson:* Motif-Index. K. 182.
[18] *M. de Navarre:* L'Heptaméron. Paris, 1964. No. 55.

schlau ist. Aber zum Versuch ließ der liebe Gott die Frau gesund werden. Als sie nun gesund war, sagte sie:

— O weh, Du Mann, was hast Du gelobt? Daß Du die Kuh verkaufst und den Erlös an die Armen verteilst?

Und auch der Mann blieb stehen und sagte:

— O weh, eine einzige Kuh habe ich, die soll ich verkaufen, und den Erlös den Armen geben? Dann bleibt mir ja keine Kuh, wovon lebe ich dann?

Nachdachte der schlaue Mann, da fiel ihm ein, daß er einen Hahn hat. Was tat der Mann? Er band der Kuh einen Strick an, und dem Hahn einen Bindfaden, band die Kuh und den Hahn zusammen, und quotierte den Hahn auf hundert Gulden und die Kuh nur auf einen Gulden. Und so führte er sie auf den Markt. Da kamen die Käufer und fragten:

— Was verlangen Sie für die Kuh?
— Einen Gulden — war die Antwort.

Die Menschen schauten einander an, was der da spricht.

— Was sagen Sie da, Mensch? Sind Sie verrückt?
— Ich bin nicht verrückt — antwortet er — denn die Kuh ist nur mit dem Hahn zusammen zu haben.
— Und was verlangen Sie für den Hahn?
— Hundert Gulden.

Die Menschen schauten einander an und besichtigten die Tiere. Und sie sahen, daß die Kuh hundert Gulden wert ist und auch der Hahn einen Gulden.

Er aber stellte zur Bedingung: nur zusammen seien sie erhältlich, gesondert seien sie nicht zu haben. Und dann fand sich so ein mutiger Mensch, der beides kaufte, sowohl die Kuh wie den Hahn. Er bezahlte sie, der Verkäufer aber legte den Gulden, den er für die Kuh erhielt, beiseite. Zu Hause angekommen sagt er zur Frau:

— Nun geh und rufe die Armen her, damit wir den Erlös der Kuh an sie verteilen!

Und die Frau rief alle Armen, die sie kannte, und der eine bekam einen Groschen, der andere zwei oder drei oder vier Groschen. Jenen Gulden verteilte der Mann an die Armen. Vom Erlös des Hahnes aber kaufte er eine andere Kuh.

Und von dieser lebten sie lange weiter, und leben noch heute, wenn sie nicht gestorben sind.

16. Satte Mücken

Im Familienroman von Anna Lesznai [1885—1966] lasen wir zuletzt ungarisch dieses Motiv: „Hungrige Fliegen lösen die satten ab auf dem Leichnam der Menschheit, wie dies der alte Märchenerzähler geschrieben hat."[19]

In Lajos Kálmánys Nachlaß, der im Ungarischen Ethnographischen Museum aufbewahrt wird, erzählt ein Märchenerzähler, der aus Kiszombor nach Szeged kam, folgendes:[20]

---

[19] A. *Lesznai:* Kezdetben volt a kert. II. Budapest, 1966. p. 14.
[20] EA. 2801. p. 308. No. 168.

„Der Gutsverwalter bestahl die Herrschaft, diese ließ ihn zur Strafe entkleiden, im Walde an einen Baum binden und so den Mücken preisgeben. Nach zwei-drei Stunden schickte er den Förster hinaus, um nachzusehen, was er mache. Der Förster ging hinaus, der Körper des Verwalters aber war vor lauter Mücken nicht zu sehen. Schon damals fingen sie an, sich vollzusaugen. Der Förster versuchte sie wegzutreiben. Die Herrschaft ging dem Förster nach, denn dieser kam lange nicht zurück, und lauerte ihm auf. Als der Förster die Mücken vertreiben wollte, sagte der Verwalter: ‚Treibe sie nicht weg von mir, denn tust Du das, so kommen noch hungrigere.' Da sagte die Herrschaft: ‚Laß den Gauner los, er soll in sein Amt zurückkehren, er hat schon genug für sich gestohlen. Nehme ich einen andern auf, so beginnt dieser das Stehlen aufs neue.' "

Diese Fabel stimmt in ihrem Gange und ihrer Bedeutung mit der Parabel des Tiberius überein. Nach Josephus[21] veranschaulichte der Kaiser mittels ihrer warum er nicht in dichtem Nacheinander neue Beamten seinen Untertanen auf den Hals schicke:

„Ein Verwundeter lag auf der Erde und eine Unmenge von Fliegen ließen sich auf seine Wunden nieder. Zufälligerweise ging ein Mann vorüber, erbarmte sich seiner, und da er sah, daß jener in seiner Schwäche die Fliegen zu vertreiben nicht imstande war, so trat er hin und begann die Fliegen zu verscheuchen. Der Verwundete jedoch bat ihn, dies zu unterlassen, und auf die Frage, warum er sich seiner Qualen nicht entledigen wolle, antwortete er: Du verursachst mir noch größere Schmerzen, wenn Du die Fliegen vertreibst: denn diese sind schon satt geworden von meinem Blut und quälen mich nicht so wie anfangs und verursachen keine so großen Schmerzen. Verjagst Du aber diese, so kommen andere, hungrige Fliegen und martern mich, da ich schon ganz erschöpft bin, zu Tode."

Bei Apuleius[22] wird der Körper des Sklaven zur Strafe mit Honig beschmiert und in gleicher Weise den Mücken ausgesetzt. Nach der Aggada wurde in Adma bei Sodom die wohltätige Frau von ihren bösen Richtern auf diese Weise bestraft: sie setzten ihren mit Honig verschmierten Körper in die Nähe eines Waldbienennestes aus.[23]

Aus Josephus gelangte die Geschichte in die Gesta Romanorum[24] und von hier in ihre weiteren europäischen Fundstellen.[25] Auch in Shakespeares Winter's Tale [IV. 3.] lesen wir:

[21] *Josephus:* Ant. XVIII. 6. 5.
[22] *Apuleius:* The Golden Ass. VIII. 22. Ed. *W. Adlington - S. Gaselee.* London-New York, 1922. p. 380; *E. H. Haight:* Apuleius and his Influence. London-Calcutta-Sidney, 1927; *S. Rappaport,* Kaminka-Festschrift. Wien, 1937. p. 75.
[23] Sanh. 109 b; Sepher Hajaschar. Ed. *L. Goldschmidt.* Berlin, 1923. pp. 64—65; *R. Graves - R. Patai:* Hebrew Myths. London, 1964. p. 168.
[24] Gesta Romanorum. Ed. *H. Oesterley.* Berlin, 1872. pp. 348—349. Cap. 51; Anm.: p. 721.
[25] *L. György:* A magyar anekdota története és egyetemes kapcsolatai. Budapest, 1934. p. 144. No. 103.

"He has a son, who shall be flayed alive; then 'nointed over with honey, set on the head of a wasp's nest..."

Wir glauben hier die Geschichte des Apuleius herauszuhören.

17. Ein Husar im Himmel

Zwei ungarische Dichter bearbeiteten — unabhängig voneinander — dieselbe Fabel in Versen.

Der Inhalt des Gedichtes von Géza Gárdonyi [1863—1922] „Ein Husar im Himmel"[26] ist folgender: Der Husar stirbt. Er kommt in den Himmel. Dort flucht er fortwährend. Kommt der Jude. Petrus will ihn nicht einlassen. „Und der Husar paßt besser dorhin?" Petrus seufzt: „Daß ihn der Kuckuck hole!" Sie kommen überein: Wenn er den Husaren hinauslockt, kann er hereinkommen. Der Jude macht den Husaren glauben, daß seine Kameraden draußen tanzen. Der Husar geht hinaus und wird ausgeschlossen. Er findet eine alte Trommel und ruft damit zu einer Versteigerung. Der Jude will hinaus, auch er wird nicht mehr eingelassen.

Das Gedicht von Gyula Vargha [1853—1929] „Der Husar und der Jude im Himmel"[27] weicht bloß in der milderen Intonation vom vorigen ab, der Inhalt ist derselbe.

Die Quelle von beiden ist — wie es auch der Untertitel andeutet — das ungarische Volksmärchen, das Lajos Kálmány in Szőreg niederschrieb.[28] Er veröffentlichte auch eine handschriftliche Bearbeitung in Versen davon.[29] Ein ähnliches Märchen kennen wir aus Patóháza [Komitat Szatmár][30] und Nagyszalonta [Komitat Bihar].[31]

So inspiriert die Volksdichtung die Schriftsteller.

---

[26] G. Gárdonyi: Április. Budapest, 1902. pp. 100—105.
[27] Gy. Vargha: A végtelen felé. Budapest, 1923. pp. 78—82.
[28] L. Kálmány: Szeged népe. III. Szeged, 1891. pp. 175—176.
[29] Ibid., pp. 303—306; J. Berze-Nagy, Ethnographia. XXXVI. 1925. p. 39.
[30] J. Bartók: Magyar Nyelvőr. XVII. 1888. pp. 470—471.
[31] Magyar Népköltési Gyüjtemény. XIV. Ed. Zs. Szendrey. Budapest, 1924. pp. 225—226.

Alte Geschichten in neuem Gewande
— Sechste Mitteilung —

18. Ein jüdischer Witz bei Johann Arany?

Im letzten Buch von G. Mikes lesen wir folgendes: „A wellknown story tells about the Jewish soldier in World War I, who shouts at the enemy in the opposite trench: ,Are you meshugge to shoot this way? There are people here'."[1]

Dies kommt als Zigeunerwitz 1851 bei Johann Arany, dem größten ungarischen Epiker (1817—1882) vor in seinem satirischen Epos *Die Zigeuner von Nagyida* (III, 111—112):[2]

Und obgleich das Zigeunervolk mehrmals schrie:
„Schieß' nicht hierher, Verrückter, du siehst doch, da sind Menschen!"

Es ist kaum vorstellbar, daß der jüdische Witz zu Arany gelangte. Viel wahrscheinlicher ist es, daß der Zigeunerwitz sich später als jüdischer gab.

19. Die Weisheit der Vorsehung

Die junge ungarische Schriftstellerin, Agnes Gergely, erwähnt in einem ihrer Romane die folgende Anekdote: „Es lebte einst in alten Zeiten ein Mann, der sich über die göttliche Ordnung der Natur zornig ausließ. ,Warum wächst die kleine Eichel so hoch oben auf dem Baum? — fragte er indigniert. — In der Höhe sollten der Gerechtigkeit nach die schönen, hochgewachsenen Lebewesen ihren Platz haben.' Dann geschah es, daß dieser Mann einmal unter einem Baume ruhte und aus der Höhe eine Eichel herunterfiel, gerade auf seinen Scheitel. Da schrie er: ,Wie weise ist die Vorsehung! Was wäre jetzt geschehen, wenn Kürbisse dort oben auf dem Baume wüchsen.' "[3]

Dies ist ein mittelalterliches italienisches Novellenthema.[4] Es findet sich auch bei Granucci.[5]

20. Eine jüdische Anekdote bei Scholem Alechem

Der Inhalt der Erzählung *Chabno* von Scholem Alechem ist folgender: Jemand trägt Geld — nicht sein eigenes — zu einem Gutsbesitzer. Er muß einen Sabbat in Chabno verbringen. Er trägt das Geld zu einem reichen Mann und

---

[1] G. Mikes: *Humour in Memoriam*. London, 1970, p. 88.
[2] Arany János *Összes Művei*. III. Budapest, 1952, p. 243.
[3] A. Gergely: *Glogovácz és a holdkórosok*. Budapest, 1966, p. 145.
[4] D. P. Rotunda: *Motif-Index of the Italian Novella in Prose*. Bloomington, 1942, p. 79. J. 2571.
[5] *La Piacevol Notte, et Lieto Giorno* ... di Nicolao Granucci di Lucca. Venetia, 1574, p. 165.

übergibt es ihm in der Gegenwart von zwei ehrbaren Alten zur Bewahrung. Sabbat abends, als unser Mann sein Deposit zurückverlangt, will der Reiche von nichts wissen. Die Zeugen verhalten sich ebenso. Nachdem sich die Zeugen entfernten, „trat der Reiche plötzlich zu mir, legte mir die Hand auf die Schulter, öffnete dann den Kasten und sagte: ‚Nehmen Sie sich das nicht so zu Herzen, junger Mann! Hier haben Sie Ihr Geld! Ich wollte Ihnen nur zeigen, was dieses Chabno ist und was für Leute diese ehrwürdigen Männer sind! ...'"[6]

Hier erzählte der Schriftsteller eine fertige jüdische Anekdote.[7] Die Abweichungen sind bloß folgende: Das Deposit läßt unser Mann beim Rabbi und die zwei Zeugen sind die zwei Leiter der Gemeinde. Die Lehre aber am Ende lautet: „Ich wollte dir nur zur Kenntnis bringen, was für Menschen die Leiter der Gemeinde sind und daraus kannst du Schlußfolgerungen auf die ganze Gemeinde ziehen."

21. Die Gesellschaft, die ihre Füße nicht zu zählen vermag

Sacchetti erzählt, der Gastwirt Messer Gentile da Camerino habe einige gemeine Soldaten aus Bovegliano abgehen lassen. Diese bestürmten in ihrer Betrunkenheit einen Heuschober. Vor Müdigkeit abgequält warfen sie sich hinein. Als sie sich mit schwerer Mühe erheben wollten, fanden sie ihre Füße nicht, so sehr hatten sie sich verwickelt. Zum Glück übernahm es Giovanni da Casuccio, ihnen zu helfen. Er ergriff einen Stock und führte sie damit darauf, welcher Fuß einem angehört (Nr. 119).

Giuseppe Vidossi bringt aus einem deutschen Volksbuch vom Jahre 1597 eine Parallele, die dasselbe von den Schildauer Bürgern erzählt.[8]

Zu dem reichen internationalen Material[9] kann der Ungarische Volksmärchenkatalog nur eine Variante beitragen:[10]

„Damit geht der Mann weiter. Auf einmal sieht er, daß in einer Schanze viele Weiber sitzen, es mochten etwa zehn an ihrem Saume gewesen sein, und ihre Füße waren verwickelt miteinander. Da stritten sie sich mit großem Lärm.

Da sagt er:

— Was ist bei Euch los, Weiber, warum streitet Ihr?

Sie fuhren einander sogar mit den Krallen in die Augen.

Antworteten die Weiber:

— Wie sollten wir uns nicht streiten, da wir uns daher setzten, um zu plaudern und unsere Füße sich vermischten und wir nicht die unsrigen finden.

— Wieso denn — sagt er — eure Füße haben sich vermischt und Ihr findet sie nicht?

---

[6] *Kitve Scholem Alechem.* Übersetzt von I. D. Berkowitz. XV. Tel-Aviv, 1962, pp. 145—159.

[7] A. Drujanow: *Sepher Ha-Bedicha Ve-Ha-chiddud.* I. Tel-Aviv, 1963, pp. 119—120. No. 368.

[8] G. Vidossi: *Saggi e scritti minori di Folklore.* Torino, 1960, pp. 16—18.

[9] S. Thompson: *Motif-Index.* J. 2021.

[10] A. Kovács: *A Rátótiádák tipusmutatója.* Budapest, 1966, pp. 88—89. No. 1288.

— Wie sollten wir uns nicht streiten, wenn die eine sagt, dieser Fuß gehört mir, und die andere, er gehört mir, so sind wir in Streit geraten.

— Nun wartet nur, ich werde sie gleich auseinanderbringen — sagt er.

Er hatte noch den Stab in der Hand, mit dem er dem Kind auf die Hand geschlagen hatte, und so schlug er so stark auf ihre Füße, daß jeder die seinigen zurückzog."

Dieses Märchendetail erzählte eine Märchenerzählerin aus Kakasd.[11]

22. Ungarische literarische Bearbeitungen einer jüdischen Legende

Das Gedicht *Legende*[12] des ungarisch-jüdischen Dichters Josef Kiss (1843 bis 1921) hat den hochberühmten Hohen Rabbi Löw zum Gegenstand. Der Rabbi von Prag lugt an einem grauen Morgen zur Brüstung seines Hauses hinaus. Er sieht, daß ein armer Bauernwagen einen Sarg führt, im Sarg einen armen Musiker, der von keiner Seele begleitet wird. Der Rabbi nimmt eilends seinen Mantel, seine Mütze, und geht hinter dem Toten her. Die Gasse füllt sich mit andächtigen Leuten und sie fragen den Rabbi, wem die große Ehrenbezeugung gelte. Löw antwortet:

> ... ich sah den heiligen David hinter ihm schreiten,
> Hinter dem Sarg in königlicher Pracht,
> Die Krone auf dem Haupte,
> Die Harfe in der Hand ...

Zuerst wurde diese Legende von dem österreichisch-jüdischen Dichter Emil Kuh (1828—1876) bearbeitet.[13] Daher stammt Titel und Rahmen des Gedichtes von Josef Kiss.

Die den letzten Zeilen des angeführten Teils entsprechende Stelle lautet:

> Denn ich sah den König David,
> Lächelnd hinter diesem Sarge,
> Mit der goldnen Harfe gehn ...

Die geringe Abweichung, die sich hier zeigt, ist dem Gestaltungssinn Josef Kiss' zuzuschreiben.

Sollte Josef Kiss den ursprünglichen Text nicht gekannt haben, so mochte er doch seine ungarische Übersetzung kennen, denn diese wurde von Siegmund Bródy (1840—1906) bereits 1862 verfertigt.[14]

Achtzig Jahre später erzählt der ungarische Schriftsteller und Dichter Endre Barát (geb. 1907) dieselbe Geschichte in seiner Prosanovelle *Ein Dichter wird zu Grabe getragen*.[15] Wahrscheinlich entnahm er ihren Gegenstand dem Gedicht von Josef Kiss.

---

[11] L. Dégh: *Kakasdi népmesék*. I. Budapest, 1955, p. 419. No. 41.
[12] J. Kiss *Háborús versei*. Budapest, 1916, pp. 71—73.
[13] *Jüdische Legende*. Kalender und Jahrbuch für Israeliten für das Jahr 5615. Wien, 1854, pp. 368—370.
[14] B. Zs.: *A költő temetése*. Magyar Izraelita. II. 1862, pp. 368—369.
[15] E. Barát: *Hontalan*. Budapest, 1941, pp. 92—95.

23. Das Insektenpulver

Der ungarische Schriftsteller Frigyes Karinthy (1887—1938) erzählt folgendes in einer seiner Karikaturen: Herr Sauerkraut handelt mit einem Insektenbekämpfungsmittel. Er bereichert sich davon. Nach zwanzig Jahren wirft ihm jemand vor, daß das Mittel schlecht ist. Da erklärt er seinen Gebrauch. Man packt die Schabe und streut ihr das Mittel ins Maul. „Aber da kann ich sie doch gleich auch totschlagen?" — „Totschlagen ... das ist auch gut."[16]

Nach der Facetia aus dem XV. Jahrhundert von Lodovico Carbone gibt ein venezianischer Krämer dieselbe Anweisung zum Gebrauch des Insektenpulvers.[17]

Es besteht eine türkische und eine englische Variante. Auch Balzac erwähnt sie.[18]

24. Das Märchen von der Mandragora in moderner Bearbeitung

Der schwedische Schriftsteller Pär Lagerkvist (geb. 1891) erzählt in seinem Roman *Der Henker* das Märchen der Mandragora: „... Es ist nicht so leicht sie herauszuholen unter dem Galgen, gar nicht leicht ... Und auch das ist wahr, daß der des Todes ist, der dabei den Aufschrei hört! ... Denn die, die es selbst nicht wagen, lassen das (nämlich das Herausziehen aus der Erde) durch Hunde tun!"[19]

Das Märchen reicht bis zur Aggada zurück, die bereits auch Josephus kennt.[20] Die Literatur gebraucht es häufig, z. B. Shakespeare in Romeo und Julia.[21]

Der Roman des schwedischen Schriftstellers beweist, daß es auch in unseren Tagen bekannt ist.

25. Ein Gedicht von Abraham Ibn Ezra in der Weltliteratur

Der spanisch-jüdische Dichter Abraham Ibn Ezra (XII. Jh.) hat ein humoristisches Gedicht. Darin klagt er darüber, daß er unter einem bösen Stern geboren worden sei. Handelte er mit Kerzen, so würde niemals Abend. Und handelte er mit Totenhemden, so würden die Menschen niemals sterben.[22]

---

[16] F. Karinthy: *Igy irtok ti*. Budapest, 1963, p. 211.
[17] *Facezie* di Lodovico Carbone. Ed. A. Salza. Livorno, 1900. No. 106; D. P. Rotunda: *Op. cit.*, p. 130. K. 1955. 4.
[18] L. György: *A magyar anekdota története és egyetemes kapcsolatai*. Budapest, 1934, pp. 99—100. No. 125.
[19] P. Lagerkvist: *Bödeln*. Stockholm, 1955, pp. 40—45.
[20] A. Scheiber, *REJ*. CVIII. 1948, pp. 55—56; R. Graves — R. Patai: *Hebrew Myths. The Book of Genesis*. London, 1964, pp. 219—220; I. Löw: *Die Flora der Juden*. III. Hildesheim, 1967, pp. 364, 365, 367.
[21] A. Schlosser: *Die Sage vom Galgenmännlein im Volksglauben und in der Literatur*. Münster, 1912; L. Petzoldt: *Deutsche Volkssagen*. München, 1970, pp. 267—269. No. 434. Literatur: p. 447.
[22] I. Davidson: *Thesaurus of Mediaeval Hebrew Poetry*. II. New York, 1929, p. 96. No. 147.

I. Goldziher bewies, daß der Dichter beim zweiten Satze ein arabisches Sprichwort benützte.[23]

Wir wollen im folgenden darauf hinweisen, wie populär das Gedicht von Abraham Ibn Ezra bei den jüdischen Schriftstellern war und wie populär es noch heute bei ihnen ist.

Der ungarische Roman- und Dramenschreiber Lajos Biró (1880—1948) benützt es in seinem Roman *Die Juden von Bazin* folgenderweise: „Ich bin so ein Mensch, daß, wenn einmal ich mit Bahrtüchern handle, der Todesengel sofort und ein für allemal sein Handwerk einstellt."[24]

Der Schriftsteller mochte das erwähnte Gedicht von Abraham Ibn Ezra aus der ungarischen Übersetzung von Emil Makai[25] oder Josef Patai[26] gekannt haben.

Der sowjetisch-russische Erzähler und Dramenschreiber Isaak Babel (1894 bis 1941) beruft sich auch auf seine Quelle in seinem Schauspiel *Dämmerung* (I. Szene): „Wenn du dich auf Bahrtucherzeugung verlegst, dann stirbt von heute angefangen kein Mensch mehr, in alle Ewigkeit Amen! ..."[27]

Der amerikanische Schriftsteller B. Malamud (geb. 1914) führt in *The Fixer* die erste Hälfte des Satzes, somit Abraham Ibn Ezras selbständigen Gedanken an: „It's my luck, he thought bitterly. What do they say? — ‚If I dealt in candles the sun wouldn't set.' Instead, I'am Yakov Fixer and it sets each hour in the stroke."[28]

26. Dank

In einem Roman des ungarischen Dichters Gyula Illyés (geb. 1902) lesen wir folgendes: „Man erzählte als Anekdote die Redensart des alten Onkels Pálinkás, eines Bekannten unserer Familie. Als ihn sein Sohn durch das gemeinsame Zimmer und die Küche hindurch bei seinen Haaren bis zur Schwelle der Gesindestube schleppte, pflegte Onkel Pálinkás aufzuschreien: ‚Hier laß' mich schon los, mein Sohn, ich habe meinen Vater auch nur bis bisher geschleppt!' "[29]

In der ungarischen Literatur ist nicht er, sondern Peter Bornemisza der erste, der im Jahre 1578 diese Anekdote erwähnt.[30] Nach ihm auch andere.[31]

Ähnliches erzählt Leo Tolstois Novelle (*Ein altes Väterchen und sein Enkel*). Der vergreiste Großvater erhält sein Mittagessen neben dem Ofen in einer Holzschüssel. Einmal sieht sein Sohn und seine Schwiegertochter, daß das Kind etwas herumbastelt. Auf ihre Frage antwortet es: „Ich mache eine Holzschüssel,

---

[23] I. Goldziher: *Gesammelte Schriften*. IV. Herausgegeben von J. De Somogyi. IV. Hildesheim, 1970, p. 332; J. Ratzaby, *Bar-Ilan. Annual of Bar-Ilan University*. VI. Ramat-Gan, 1968, pp. 318—319; I. Levin: *Abraham Ibn Ezra*. Tel-Aviv, 1969, p. 378.
[24] L. Biró: *Die Juden von Bazin*. Übersetzt von E. Lorsy. Berlin, 1921, p. 105.
[25] E. Makai munkái. II. Budapest, 1904, p. 106.
[26] J. Patai: *Héber költők*. I. Budapest, 1910, p. 162.
[27] I. Babel: *Izbrannoje*. Moskau, 1957, p. 291.
[28] B. Malamud: *The Fixer*. Harmondworth, 1967, pp. 130—131.
[29] Gy. Illyés: *Puszták népe*. Budapest, 1937, p. 109.
[30] P. Bornemisza: *Ördögi kisértetek*. Ed. S. Eckhardt. Budapest, 1955, p. 175.
[31] L. György: *Op. cit.*, p. 134. No. 85.

Vater, wenn du und meine Mutter alt werdet, will ich Euch aus der Holzschüssel zu essen geben."[32]

Die erste Quelle dieser Anekdote ist die Ethik des Aristoteles. In den mittelalterlichen Beispielsammlungen ist sie sehr populär.[33]

27. Die Eltern schicken Geld, ohne voneinander zu wissen

Die Zeitung Szegedi Napló veröffentlichte (I. 1878. Nr. 38) anonym, jedoch aus der Feder Kálmán Mikszáths in der Rubrik „Neuigkeiten" folgende Geschichte:[34]

„Die Elternliebe. Eine hiesige Familie erhielt heute einen Brief vom Jungen, der Freude der Familie, zwar nicht aus Bosnien, sondern nur aus Budapest, von der Unversität. Es ist nur eine Woche, daß der Schelm dahin gebracht wurde, und schon hat er das ganze Monatsgeld ausgegeben, und bittet nun flehentlich die Eltern, ihm fünfzig Gulden zu senden. Vater und Mutter beraten sich, jeder möchte gerne nachsichtig sein, sie schämen sich jedoch voreinander, und demzufolge überbieten sie einander in den Drohungen. Ein schlimmer Junge, nie wird was aus ihm werden, keinen Heller soll man ihm schicken. Nein, selbst dann nicht, wenn man soviel Geld hätte, daß man damit herumwerfen könnte. Nach dem grausamen Beschluß gingen beide Eltern beiseite und der eine Teil gab der Magd, der andere dem Kutscher, unter strenger Diskretion, geheime Anweisungen. Nach einer Stunde begegnen sich Kutscher und Magd bei der Post: — Was machst du hier, Borcsa? — fragt der Kutscher. — Ich sag's Ihnen schon, wenn Sie es niemandem verraten, daß ich einen Geldbrief aufgegeben habe von der Frau für 'unseren Jungen', und was führt Sie her? — Und ich bringe vom Herrn einen Geldbrief, antwortete der Kutscher. Der junge Herr ist wirklich gut gefahren: anstatt eines zwei Fünfzig-Gulden-Briefe."

1880 erzählt er die Geschichte daselbst in einem Feuilleton als sein eigenes Pester Erlebnis.[35] 1881 macht er daraus eine Novelle, wo aber seine Person keine Rolle mehr spielt.[36]

1901 baut er dieses Motiv in die Erzählung *Der schwarze Hahn* ein: zwei Leute schmuggeln — nicht wissend voneinander — Weizen zum Haufen des alten Kupolyi.[37]

Schon früher bewiesen wir den Zusammenhang dieses Motivs mit der Legende vom Platze des Tempels in Jerusalem, die sich mit dem Zusammentreffen der insgeheim Weizen zueinander tragenden Geschwister befaßt.[38] Unsere Schlußfolgerung wurde von der wissenschaftlichen Literatur angenommen.[39]

---

[32] *Fatányér*. Esti Hirlap. 1970. IX. 9.
[33] S. Thompson: *Op. cit.*, J. 121; L. Röhrich: *Erzählungen des späten Mittelalters*. I. Bern-München, 1962, pp. 93—112; E. Moser-Rath: *Predigtmärlein der Barockzeit*. Berlin, 1964, pp. 122—123. No. 25. Literatur: pp. 439—440.
[34] K. Mikszáth *Összes Művei*. LV. Budapest, 1966, p. 229.
[35] K. Mikszáth *Összes Művei*. LIX. Budapest, 1969, pp. 16—19.
[36] K. Mikszáth *Összes Művei*. XXXI. Budapest, 1966, pp. 68—79.
[37] K. Mikszáth *Munkái*. VIII. Budapest, 1910, pp. 14—17.
[38] A. Scheiber, *Yerushalayim*. IV. Jerusalem, 1953, pp. 291—299; V. Jerusalem, 1955, p. 336.

In Verbindung mit Geldsendung kommt die Geschichte anderthalb Jahrzehnte nach dem Erscheinen der Erzählung Mikszáths, jedoch von dieser unabhängig, auch anderwärts vor.[40]

28. Er schuf und hernach zerbrach er die Form

In der Mischna lesen wir (II. Jh.): „Wenn ein Mensch mehrere Münzen mit einem Stempel prägt, so gleichen sie alle einander, der König der Könige aber, der Heilige, gepriesen sei er, prägt jeden Menschen mit dem Stempel des Urmenschen, und doch gleicht nicht einer dem anderen" (Sanh. IV. 5.).[41]

Daher entnahm der italienisch-jüdische Manuello (XIII—XIV. Jh.) den Gedanken, gebrauchte ihn jedoch anders zum Lob der bewunderten Frau:[42]

Am Tag, als der Gestalten-Formende sie schuf
unterließ er jede andere Arbeit,
Nichts Ähnliches brachte er hervor und wiederholte
nicht ihr Ebenbild.

Das Gleichnis findet sich bei Ariosto (1474—1533) im *Orlando Furioso* (X. 84.):[43]

Natura il fece, e poi roppe la stampa.

Der ungarische Schriftsteller Josef Fodor bemerkt folgendes in seiner Autobiographie: „‚Die Natur warf, nachdem sie sie schuf, das Muster weg, damit sie nicht noch einmal hervorgebracht werden könne' (nun, nicht deshalb, fügen wir hinzu, weil vielleicht auch eines davon genügt, sondern deshalb, damit sie in dieser ihrer Alleinheit verbleibe): lautete das große dichterische Wort, ich weiß nicht mehr, wen betreffend, in einem Shakespeare-Drama."[44]

Wir haben dieses Gleichnis bei Shakespeare nicht gefunden, sondern nur das Gegenteil desselben (Sonnets. 11.):

She carv'd thee for her seal, and meant thereby
Thou shouldst print more, not let that copy die.

Daß es bis auf den heutigen Tag lebt, zeigt eine Stelle bei dem englischen Romancier John Braine (geb. 1922), die wir hier anführen: „There was a man for you; they broke the mould when he was made."[45]

---

[39] Z. Vilnay: *Aggadot Erez Jisrael.* Jerusalem, 1962, pp. 4—5, 40—41; J. Lewinsky, *Yeda-Am.* XIII. 1968, pp. 35—38; H. Schwarzbaum, ibid., pp. 41—45; *Studies in Jewish and World Folklore.* Berlin, 1968, pp. 111, 462—463.

[40] *Az igazi barátság.* Zsidó Hiradó. IV. 1894. Nos 32, 37—8.

[41] S. Rappaport, *Kaminka-Festschrift.* Wien, 1937, p. 100; B. Heller, *Semitic Studies in Memory of Immanuel Löw.* Budapest, 1947, p. 108; J. Stryjkowski: *Austeria.* Warszawa, 1966, p. 194.

[42] *Mahberoth* Immanuel Haromi. Ed. D. Yarden. I. Jerusalem, 1957, p. 78. Zeilen 158—159.

[43] *Tutte le opere* di Ludovico Ariosto a cura di C. Segre. I. Verona, 1964, p. 215; *Orlando Furioso.* Ed. R. Ceserani. I. Torino, 1962, p. 342: „espressione proverbiale".

[44] J. Fodor: *Emlékek a hőskorszakból.* Budapest, 1964, p. 288.

[45] J. Braine: *The Jealous God.* London, 1964, p. 179.

29. Der jüdische Brauch des aus dem Tisch verfertigten Sarges in der Literatur

In seinem Roman *Der Psalmist* sagt Schalom Asch vom Sarge des Rabbis folgendes: „Sie hobelten ihn aus dem Tisch, an dem er solange saß, lernte und speiste, und der sein Altar war."[46]

In dem Novellenband des in Israel lebenden ungarischen Schriftstellers und Redakteurs Dezsö Schön findet sich folgende Geschichte: Der Schneider Frojim aus Horodenka ordnet an, „man solle ihm aus seinem Arbeitstisch einen Sarg verfertigen und seine Schneiderschere neben ihn legen. Er sagte, der Tisch und die Schere würden dafür zeugen, daß er niemals ein Zenti Tuch von jemandem gestohlen habe."[47]

Die Spuren des Brauchs finden wir im Mittelalter. Die erste Quelle ist der spanische Exeget Bachja b. Ascher Ibn Chalawa (gest. 1340): „Wir hörten und viele sprachen uns davon, daß die Vornehmen in Frankreich, die gastgebenden Vorsteher, einen sehr ehrwürdigen, altherkömmlichen Brauch ausüben: die das ewige Leben Antretenden lassen ihre Särge aus den Tischen verfertigen, an dem sie die Armen bewirteten..."[48] In seinem Torakommentar (ad. Ex. XXV. 23.) drückt er dies folgenderweise aus: „Es ist ein Brauch der Frommen in Frankreich, daß sie aus ihrem Tisch einen Sarg verfertigen, damit darstellend: der Mensch nimmt nichts anderes mit sich als die Wohltätigkeit, die er in seinem Leben übte, und das Gute, das er an seinem Tisch gewährte."[49]

Israel Al-Nakawa, ebenfalls ein Spanier (getötet 1391), übernimmt Wort für Wort diesen Text und zieht dieselbe Lehre daraus.[50]

Zebi Hirsch Koidanower gab 1705/6 in Frankfurt a/M. sein Werk *Kab Ha-Jaschar* heraus, dessen Handschrift er vielleicht noch in Vilna beendete; darin zeichnete er dieses persönliche Erlebnis auf: „In der litauischen Gemeinde Brisk sah ich einen Schneider, der vor seinem Tode dem Heiligen Verein hinterließ, ihm aus seinem Tisch seinen Sarg zu verfertigen und das Maß, womit er die Kleider gemessen hatte, ihm in die Hand zu geben. Und als der Heilige Verein ihn über den Sinn seines Testaments befragte, antwortete er: Der Tisch und das Maß sollen die beeideten Zeugen sein, daß er in seinem ganzen Leben nichts von dem ihm übergebenen Material gestohlen hat" (XLVI. Kapitel).[51]

Über Isaak Lampronti, den namhaften italienisch-jüdischen Gelehrten (1679 bis 1756) wird berichtet, daß er, als in seinem Lehrhaus die alten Tische vermorschten, einen derselben sich erbat und seinen Sarg daraus verfertigen ließ. Noch in seinem Leben brachte er darüber eine zur Bekehrung anregende, in hebräischen Versen verfaßte Inschrift an.[52]

---

[46] S. Asch: *Baal Ha-Tehillim*. Übersetzt von J. L. Baruch. II. Tel-Aviv, 1952, p. 251.
[47] D. Schön: *Az örökség*. Tel-Aviv, 1960, p. 283.
[48] *Sepher Schulchan Arba*. Venezia, 1546, p. 100 (anstatt Frankreich steht Spanien); *Kitve Rabbenu Bachja*. IV. Ed. Ch. D. Shevel. Jerusalem, 1969, p. 474.
[49] *Beur Al-Ha-Tora*. Venezia, 1566, p. 111 b; ed. Ch. D. Shevel. II. Jerusalem, 1967, p. 279.
[50] *Menorat Ha-Maor*. Ed. H. G. Enelow. I. New York, 1929, p. 35.
[51] *Kab Ha-Jaschar*. Wilna, 1882, pp. 168—169.
[52] Jicchak Baruch Hallevi Ferrara: *Sepher Toldot ... Lampronti*. Lyck, 1871, p. 3 b.

Bis zu den letzten Jahrzehnten war dieser Brauch auch in ungarländischen Kreisen lebendig.

30. Der jüdische Brauch, Steine auf das Grab zu legen, in der ungarischen Literatur

Ilona Dobos zitiert es im Namen einer Frau aus Bodrogkeresztur, daß „vor der Jahreswende des Todes des dortigen Wunderrabbis ihre christlichen Bekannten ihre Wünsche in Briefen niederschreiben, auf Grund deren sie jiddisch sprachige Zettel unter die Steine aufs Grab legt. Bekanntlicherweise pflegen die Besucher Steine auf das Grab zu legen."[53]

Über diesen Brauch schrieb M. Grunwald,[54] und in ungarischer Sprache László Vajda,[55] zu dessen Händen ich die jüdischen Quellen lieferte.

Im Laufe der Jahre zeichnete ich auf, wie sich das Andenken dieses jüdischen Volksbrauches in der ungarischen Literatur spiegelt. Die Anführung dieser Daten beweist, daß er in weiten Kreisen bekannt und verbreitet ist.

György Szántó: „Wir legten kleine Steine auf den Saum der Sockel der beiden hohen Grabsteine aus grauem Granit."[56]

György Sós: „Er beugte sich und tat einen Kieselstein auf den Grabstein, er erinnerte sich, daß es so Brauch sei."[57]

Lajos Hatvany: „Manche werfen einen Stein auf das Grab eines Bekannten, zum Zeichen der seiner gedenkenden Freundschaft."[58]

András Mezei: „Er beugte sich, hob einen Kieselstein auf, küßte ihn und legte ihn aufs Grab."[59]

Gábor Thurzó: „Die Verwandten taten je einen Stein neben das Goldkreuz zur Erinnerung ... die Steine blieben auf dem Grabe."[60]

Pál Bárdos: „Ihr Grab ist voll mit Steinen ..."[61]

Josef Solymár: „Einmal, schon sehr lange her, zeigte ihm der große Gyuri, welches das Grab des Rav Chajim, des Wunderrabbis sei. Bedauerlicherweise vergaß er, welches es war, und er hätte doch gerne ein Stückchen Stein darauf gelegt. Er hatte zwar keinen einzigen Wunsch, zumindest keinen solchen, der durch die Intervention des besten Wunderrabbis hätte erfüllt werden können. Übrigens waren die Gräber der Rabbis sozusagen ohne Ausnahme voll mit kleinen Steinen. Ein Zeichen, daß die Menschen noch immer reichlich Wünsche haben."[62]

Freilich würde sich, wenn wir aus der ausländischen Literatur die einschlägige Dokumentation sammelten, das gleiche Resultat ergeben.

[53] I. Dobos, Évkönyv. Budapest, 1970, p. 218.
[54] M. Grunwald, Der Morgen. 1938. Apr.
[55] L. Vajda, IMIT Évkönyve. 1948, pp. 209—241.
[56] Gy. Szántó: Öt fekete holló. Budapest, 1942, pp. 107, 186, 189.
[57] Gy. Sós: Végtisztesség. Budapest, 1962, p. 130.
[58] L. Hatvany: Urak és emberek. I. Budapest, 1963, p. 366.
[59] A. Mezei: A csodatevő. Budapest, 1966, p. 50.
[60] G. Thurzó: Hamis pénz. Budapest, 1967, p. 275.
[61] P. Bárdos: Különös ismertetőjele a félelem. Budapest, 1967, p. 161.
[62] J. Solymár: Az Isten szeretője. Budapest, 1968, p. 320.

Alte Geschichten in neuem Gewande
— Siebente Mitteilung —

31. Eine Anekdote über Josef Kiss

Über den ungarisch-jüdischen Dichter Josef Kiss (1843—1921) erzählt man folgende Anekdote:[1]

„Es geschah zur Zeit des 'großen Friedens', daß Leo Lánczy, der legendenhaft reiche Bankier, an einem Frühlingsmorgen, als er sich in die Pester Ungarische Kommerzialbank begab, in der Fürdő-Gasse in der Auslage einer Delikatessenhandlung eine herrliche Ananasmelone erblickte. Ananasmelone — im Frühling: das ist die erste der Erstlingsfrüchte ... Er ging hinein in das Geschäft und fragte, was sie koste.

— Dreihundert Kronen — sagte sich verbeugend der Delikatessenhändler, worauf Leo Lánczy sofort der Appetit vor der Ananasmelone verging. Dann warte er lieber eine Weile, aber soviel Geld ... für eine Melone ... Das doch nicht!

Vormittags suchte ihn in der Bank Josef Kiss auf. Er erzählte, daß er sein ganzes Einkommen auf sein Blatt draufzahle, daß er hungere, daß er zu Spott und Schanden eingestehen müsse, es gebe Tage, wo er keinen warmen Bissen zu sich zu nehmen habe.

Die Darstellung des Dichters war so erschütternd, daß ihm Lánczy diskret dreihundert Kronen in die Hand schob. Er vermochte es nicht zu ertragen, daß Dichter vor seinen Augen hungerten.

Mittags spazierte Lánczy in der Fürdő-Gasse frohgelaunt nach Hause, denn es war ihm am selben Tag gelungen, eine mächtige Transaktion durchzuführen, woraus viele tausend Kronen auch für seine Privatrechnung abfielen.

Bei der Delikatessenhandlung an der Ecke fiel ihm die Melone ein. Er hatte das Gefühl, er dürfe sich ruhig mit einer kleinen Neuheit belohnen. Heute hat er ihren Preis wirklich verdient. Schnell trat er ein und sagte entschlossen zu dem Händler:

— Die Melone, die ich morgens anschaute, packen Sie mir ein, bitte!

— Tut mir unendlich leid, Herr Generaldirektor — schlug der Kaufmann die Hände zusammen — wir haben sie verkauft. Bald darauf, nachdem Sie wegzugehen beliebten.

Lánczy wurde verdutzt. Eine Ananasmelone, die dreihundert Kronen kostet ... Und so absatzfähig ... Kopfschüttelnd fragte er:

— Wer hat soviel Geld in Pest, daß er ohne Bedenken dreihundert Kronen für eine Melone gibt? Wenn es kein Geschäftsgeheimnis ist, verraten Sie mir, wer sie gekauft hat.

[1] I. Békés: *Uj magyar anekdótakincs.* Budapest, 1963. p. 261.

— Der Herr Redakteur Josef Kiss — lautete die Antwort — er ist mein ständiger Kunde. Er ist ein großer Feinschmecker..."

Ich glaube, dies ist eine Nachdichtung einer Geschichte Zangwills.[2] Manasse de Costa bittet um Almosen und erhält ein solches vom reichen Grobstock. Dieser erblickt später einen Lachs auf der Gasse. Er kostet zwei Dukaten. Grobstock möchte ihn kaufen. Aus der Menge läßt sich eine Stimme vernehmen: „Verzeihung... eben ich handle jetzt darum!" Manasse schickte sich an, den Lachs für das Geld zu kaufen, das er vom Reichen gebettelt hatte. Grobstock wird wütend, daß jener für solchen Luxus das Geld hinauswirft.

„Wann soll ich denn kaufen, wenn nicht jetzt, wo ich zwei Guineen habe, sagen Sie mir? — antwortete er ruhig."

32. Wein und Durst

In Josef Kiss' Versroman, den er über seinen Großvater geschrieben hat, können wir folgende Zeilen lesen:[3]

> Du hinterließest kühn mir deine klingende Saite,
> Doch trankst du weg mir meinen Wein:
> Oh, hättest du wenigstens — mein frommer Großvater!
> Deinen Durst mir hinterlassen.

Es scheint, der Dichter verwertete hier ein Sprichwort, denn unabhängig von ihm und Jahrzehnte später wird dieses von der rumänischen Schriftstellerin Veronica Porumbacu (°1921) so zitiert:[4] „Dem einen hat der Herrgott den Wein gegeben, dem anderen den Durst."

33. Drei Varianten einer Redewendung

Die jüdische Redewendung lautet:[5] „Sage mir, was deine Bücher sind, und ich ersehe daraus, wer du bist."

Die ungarische Redewendung ist folgende:[6] „Sage mir, wer dein Freund ist, und ich sage dir, wer du bist."

Zoltán Kodály, der weltberühmte ungarische Tondichter und Musikologe (1882—1967) sagte einmal:[7] „Sage mir, was du singst, und ich sage dir, wer du bist."

Sicherlich gibt es noch andere Varianten.

34. Werwolf

In einem Roman des polnisch-jüdischen Schriftstellers Julian Stryjkowski (°1905) lesen wir die Legende, wie der jüdische Lehrer die Kinder vom Werwolf rettete:[8]

[2] I. Zangwill: *The King of Schnorrers*. London, 1910. p. 11—12.
[3] J. Kiss: *Legendák a nagyapámról*. Budapest, 1926. p. 40.
[4] V. Porumbacu: *Porţile*. Bucuresti, 1968. p. 56.
[5] A. M. Habermann, *Golomb Jubilee Volume*. Los Angeles, 1969—70. p. 500.
[6] G. O. Nagy: *Magyar szólások és közmondások*. Budapest, 1966. p. 73. No. 346.
[7] Z. Kodály: *Arany János népdalgyüjteménye*. Budapest, 1952. p. 9.
[8] J. Stryjkowski: *Austeria*. Warszawa, 1966. p. 131—132.

„Noch mein Vater gesegneten Andenkens erzählte mir vom jüdischen Lehrer, der die Kinder zum Gebet in die Synagoge führte. Was macht nun der Satan? In einen Werwolf verwandelte sich der Niederträchtige, fängt an zu bellen wie irgendein Hund, schreckt die Kinder, und diese ergreifen die Flucht. Er schlägt sie mit einem Stock, einer Keule, wo er sie trifft, er taucht sie in Teer, brennt sie mit glühender Kohle. Er prügelt sie, daß die Funken stieben, wer beschützt die Armen? Und was macht der jüdische Lehrer? Zuerst weint er wie ein Mensch. Der Werwolf aber bellt nur und hüpft hin und her: die Kinder müssen vernichtet werden, sie sollen nicht beten können. Der Lehrer jammert: — Töte sie nicht, die unschuldigen Schäfchen! — Der Werwolf lacht nur — Ich zünde drei Kerzen an für deine Seele. — Und die Kinder, werden sie noch beten? Dem jüdischen Lehrer geht die Kraft zur Neige. Schon fällt er zusammen. Seine Hoffnung verläßt ihn, er fühlt, seine letzte Stunde hat geschlagen. Plötzlich entströmt seiner Kehle der letzte Gesang, das Gebet, das jeder Jude vor seinem Tode betet. Der Werwolf aber, der Niederträchtige, krümmt sich vor Entsetzen, wälzt sich im Staube, der Bauch knurrt ihm ... Keineswegs will ich den Kindern etwas zuleide tun, ich werde sie von nun an in Ruhe lassen. — So weinte und flehte er, jedoch zu spät kam die Reue. Und so rettete der jüdische Lehrer die Kinder vor dem Verderben. Vom Himmel aber ertönte eine Stimme und verkündete einen Lohn: „Du hast die Kinder gerettet, du wirst daher den Messias erleben."

Der Schriftsteller mochte dies bei Buber gefunden haben.[9] Zweifellos übernahm er es von ihm.

35. Ewiger Jude

In dem angeführten Roman von Veronica Porumbacu lesen wir noch folgende Partie:[10]

„Deine Augen sind blutunterlaufen, mein Vater, und alle haben Ringe unter den Augen, das Blut deiner Nase fließt auf deinen Bart und deinen Kaftan, und ich bin wieder mit dir in Ninive und Worms, und raffe schnell deine Siebensachen zusammen, es ist keine Zeit zu verlieren, Isaak Laquedem, komm, wirf also dein Bündel weg, entkleide dich, auf daß du leichter bist, ziehe deine Schuhe aus: ob in die Erde oder in den Himmel, wir alle, wieviel wir auch sind, gelangen dahin nackt, wie am ersten Tag ..."

Dieser Name des ewigen Juden taucht 1640 in Brüssel auf.[11]

Die rumänische Schriftstellerin liefert einen neueren Beitrag zum nie aufhörenden literarischen Widerhall der Sage.[12]

---

[9] M. Buber: *Die chassidischen Bücher.* Berlin, S. a. p. 166—170; J. J. Maitlis, *Fabula.* XII. 1971. p. 216—217.
[10] V. Porumbacu: *Op. cit.,* p. 135.
[11] G. Heinrich: *A bolygó zsidó mondája.* Budapest, 1920. p. 16.
[12] G. K. Anderson: *The Legend of the Wandering Jew.* Providence, 1965; E. Dal: *Ahasverus, den evige Jode.* Fund og Forskning. XII. 1965. p. 31—42; R. Edelmann, *ibid.,* p. 42—46; idem, *Fourth World Congress of Jewish Studies.* Papers. II. Jerusalem, 1968. 111—114; B. Af Klintberg, *ibid.,* p. 115—119; L. Petzoldt: *Deutsche Volkssagen.* München, 1970. p. 178—179. No. 297.

36. Vor dem Weggehen setzt man sich

In Ungarn — und überhaupt im Kreise der osteuropäischen Judenschaft — lebt heute noch der Brauch, daß man sich vor Verlassen der Synagoge für einige Augenblicke auf seinen Platz niedersetzt.

Diesen Brauch habe ich literarisch fixiert zum erstenmal bei dem Rabbiner von Frankfurt Juspa Hahn (gest. 1637) gefunden. Er schreibt:[13] „Vor dem Weggehen soll man sich für ein Weilchen setzen und folgenden biblischen Vers sagen: „Auch werden die Gerechten deinem Namen danken, und die Frommen werden vor deinem Angesichte bleiben" (Ps. CXL. 14).

Ich glaube, wir haben es mit einem slawischen Brauch zu tun. Zum Beweis wollen wir einige Beispiele anführen.

In L. N. Tolstois Krieg und Frieden befindet sich folgende Szene.[14] Die Rostows sind im Begriffe das von Napoleon bedrohte Moskau zu verlassen. Sie gingen in den Salon, „machten die Tür zu, alle setzten sich und saßen wortlos einige Sekunden, ohne einander anzusehen."

In A. N. Ostrovskijs Drama, Sturm:[15] „Setzt euch alle!" (alle setzen sich und schweigen).

In Tschechows Drama Kirschgarten:[16] „Laßt uns noch einen Augenblick sitzen."

In der Novelle „Nocturne" (1945) von K. Paustovskij lautet es: „Setzen wir uns vor der Reise, wie es auch unsere Vorfahren zu tun pflegten."

B. Pasternak schreibt in einer Anmerkung seines letzten großen Romans:[17] „Ein russischer Brauch: bevor sie umziehen oder abreisen, setzen sie sich für einige Augenblicke, damit sie Glück haben."

Ein unlängst erschienenes ungarisches Drama faßt dies folgenderweise:[18] „... bei den Russen gibt es einen Brauch: wenn jemand, der sehr beliebt ist, abreist, da kommen die Freunde zusammen und sitzen still einige Minuten."

Der ungarische Schriftsteller Josef Lengyel (*1896) erwähnt dies in seinem neuen Roman ebenfalls als russischen Brauch:[19] „Vor einer weiten Reise soll man eine Minute lang oder zwei wortlos und reglos sitzen."

Von ihrer slawischen Umwelt mochten die Juden diesen Brauch übernommen haben, wenn er auch von einem deutsch-jüdischen Autor am frühesten verewigt wurde.

37. Warum die Bizyklisten?

Aus Katherine Anne Porters Roman „Ship of Fools" (Boston, 1962) wurde ein Film hergestellt. Darin befindet sich das Zwiegespräch, in dem der eine Partner behauptet, daß die Juden und die Radfahrer den Krieg verursachten.

---

[13] *Josef Omez.* Frankfurt am Main, 1928. p. 16. No. 68.
[14] L. N. Tolstoj: *Bojna i mir.* III. Moskau, 1951. p. 325.
[15] A. N. Ostrovskij: *Groza.* II. 5.
[16] Čehov: *Vischnovij sad.* Aufzug IV. Ende.
[17] A. Pasternak: *Doctor Zhivago.* London, 1968. p. 59.
[18] G. Molnár: *Vasárnap mindig esik az eső.* Kortárs. XV. 1971. p. 221.
[19] J. Lengyel: *Igéző.* Budapest, 1971. p. 29.

— Aber warum die Radfahrer?
— Und warum die Juden?

Im Roman kommt dies nicht vor. Der ihn zum Film bearbeitete, fügte diesen Witz ein als etwas für die Zeit des Faschismus sehr Charakteristisches.

Ich habe ihn noch vor dem Film oft als Moritz Kohn-Witz gehört. Hiermit antwortet er in der Schule auf die Frage des Lehrers, warum Deutschland den ersten Weltkrieg verloren habe?

Es scheint, den Widerhall dieses Witzes vernehmen wir auch bei dem Ungarn Frigyes Karinthy:[20] „Die Motorradfahrer und Fischzüchter sind als unmittelbare Urheber und Ursachen des zukünftigen Weltkrieges aller ihrer politischen Rechte zu entkleiden."

Das Drama des Slowaken Peter Karvaš „Die große Perücke" weist ebenfalls darauf hin:[21] „Es ist unrichtig zu fragen, warum nicht die Radfahrer."

38. Das Mädchen, das seinen Vater säugt

Veronica Porumbacu zeichnet auch folgendes auf:[22] „Während meines ersten Aufenthalts in Italien hatte ich ein großes Erlebnis, und dieses kam mir auf meinem zweiten Wege wieder in den Sinn: das Bild eines anderen San Pietro, diesmal das eines außerhalb der Mauern — extra muros —, richtiger die Legende des zum Tode verurteilten Patriziers ..., den Jahre hindurch seine Tochter am Leben erhielt auf die Weise, daß sie ihn durch eine Spalte der Kerkermauer hindurch säugte."

Valerius Maximus spricht zum erstenmal von einem Mädchen namens Pero, das ihren in Gefangenschaft geratenen Vater Mykon mit der eigenen Milch nährte und vom Hungertod rettete. Die Behauptung des Valerius Maximus, daß die Szene auch Bilder verewigt hätten, wurde durch Kopien eines pompejanischen Gemäldes wirklich bestätigt.

Das Nachleben der Legende wurde in der ausländischen und ungarischen Literatur zum Gegenstand eingehender Forschung gemacht.[23]

39. Freuds Witz über den Kantor

Freud schreibt am 25. X. 1933 an Arnold Zweig:[24] „It was a coronary thrombosis; however, I am still alive and as I do not smoke any more I am hardly likely to write anything again — except letters. It reminds me of that Chasen of whom it was said: he'll live, but he won't sing."

Der Witz, auf den der Briefschreiber anspielt, lautet folgenderweise:[25]

---

[20] F. Karinthy: *Propaganda*. Hököm-szinház. III. Budapest, 1957. p. 113.
[21] P. Karvaš: *Velka parochňa*. Bratislava, 1965. I.
[22] V. Porumbacu: *Op. cit.*, p. 99.
[23] L. György: *A magyar anekdota története és egyetemes kapcsolatai*. Budapest, 1934. p. 124—125. No. 69; J. Berze Nagy: *Baranyai magyar néphagyományok*. II. Pécs, 1940. p. 18—19. No. 218.
[24] *The Letters of Sigmund Freud & Arnold Zweig*. Ed. E. L. Freud. London, 1970. p. 54.
[25] J. Dessauer: *Der jüdische Humorist*. Budapest, S. a. p. 118—119.

„Zwei umherziehende Schnorrer, beide ganz borniette Leute, spekulierten, wie man sich einen guten Erwerb verschaffen könnte. Eine rettende Idee stieg dem einen in den Kopf und er sagte: Ich habe schon was Gutes gefunden! Ich werde reisen als Balschem (Wunderrebbe) und Du als Kantor. Wir benöthigen dazu gar keine Vorkenntnis! Du wirst immer 1—2 Tage früher in eine Khille eintreffen, als ich, und wirst dort erzählen, daß Du mich irgendwo gesehen hast und mich als Schwindler, Betrüger u. dgl. schimpfen. Mittlerweile komme auch ich in dieselbe Khille über Schabbes und werde beim Rosch hakohl sagen, daß ich ein Balschem bin, und daher weiß, daß hier ein fremder Chasen, ein Schegez und ein Hergelaufener mich bei den Leuten schwer beleidigt hat, ich muß ihm zeigen, wer ich bin, er muß an mich denken, so lange er leben wird! Ich werde nämlich in Schül öffentlich über Dich eine Klole (Fluch) aussprechen, daß Du in deinem Leben nie sollst mehr singen können. Aus Mitleid werden wir überall Geld verdienen und es unter uns dann auftheilen. Der Vorschlag gefiel dem Kameraden ungemein sehr. Sie machten den ersten Versuch, welcher vollkommen gelungen war. Der angebliche Kantor erhielt die Erlaubniß, am Samstag sich produziren zu dürfen — hörte aber nicht auf, auf den dort angekommenen Balschem zu schimpfen und zu fluchen. Der Rosch hakohl empfing nun den Balschem zwar sehr leutselig, doch sagte man ihm, daß der Kantor von N. eine ganze Fluth von Verwünschungen über ihn ausgegossen hat! „Gut, sagte der Balschem, er soll bald sehen, daß ich ein wahrer Balschem bin!" — Freitag Abend wollte sich der Kantor zum „lecho doidi" hinstellen, da rief der Balschem ihm zu: „Du sollst, weil Du mich geflucht hast, in einen Hund verwandelt werden!" Der Kantor stürzte sofort zur Erde, bäumte sich wie ein wildes Thier, kroch auf Händen und Füßen und bellte förmlich wie ein Hund! Die Andächtigen in der Synagoge waren bei dieser Schreckensszene entsetzt. Alles schrie und jammerte voll des Mitleids über den armen Menschen. Der Rosch hakohl eilte zum Balschem und bat ihn im Namen der ganzen Gemeinde, er möge dem Kantor doch verzeihen, ihn als Familienvater doch nicht für ewig ins Unglück stürzen; und ihm wieder zu einem menschenwürdigen Dasein verhelfen! Der Balschem ließ sich erweichen und sagte: Er soll wieder ein Mensch werden! Er soll aufstehen, aber singen soll er nie im Leben können! Die Gemeinde betete schnell ohne Kantor, und war den ganzen Schabbes von Mitleid und Erbarmen ergriffen und für den Balschem von Ehrfurcht ganz erfüllt. Sonntag eilte alles zu Kantor und Balschem und überbrachte ihnen ansehnliche Geldsummen. Den Löwenantheil bezog der Kantor, worauf sie gleich die Khille friedlich und ausgesöhnt verließen. Unterwegs teilten beide Individuen ehrlich das Geld."

40. Sagittare in cadaver patris

W. Stechovs Studie forscht nach dem Wege einer altertümlichen Sage in der Kunst.[26] Der gesetzmäßige Erbe wird vom gerechten Richter in der Weise

[26] W. Stechov: *„Shooting at Father's Corpse"*. The Art Bulletin. XXIV. 1942. p. 213—225; XXXVII. 1955. p. 55—56.

aufgedeckt, daß dieser anordnet: die Söhne sollen den Leichnam des Vaters beschießen, oder sie sollen sein Grab mit Ruten schlagen. Der leibliche Sohn verweigert dies. Der Richter urteilt ihm das Erbe zu.

Die erste Quelle dieser Sage ist der Talmud (Baba batra 58a). In der Weltliteratur wird sie zuerst von Alexander Neckam im XII. Jahrhundert erwähnt (De naturis rerum. Lib. II. Cap. CLXXVI.). In der Kunst taucht sie im XIII. Jahrhundert auf in einer französischen Bibelhandschrift der Pierpont Morgan Library in New York (MS. 494. p. 330a).

In der Weltliteratur[27] wie in der ungarischen[28] ist der Gegenstand gleicherweise sehr volkstümlich.

Die Daten der jüdischen Literatur hatten wir bereits Gelegenheit zu ergänzen.[29] Jetzt wollen wir noch zwei Daten hinzufügen.

In einer hebräischen Märchensammlung lesen wir:[30] Ein Mädchen führt ein unzüchtiges Leben. Seine Mutter macht es aufmerksam, es solle es nicht öffentlich tun. Von ihren zehn Kindern sei nur ein Sohn von ihrem Manne, doch niemand wisse, welcher es sei. Der Vater stirbt, seine Habe hinterläßt er dem rechtmäßigen Sohn. Der Rabbi trifft folgendes Urteil: Die Kinder sollen mit Stöcken das Grab ihres Vaters schlagen. Neun sind geneigt es zu tun, der echte verweigert es. Er erhält das Erbe.

Dasselbe Thema bearbeitet auch der ungarisch-jüdische Schriftsteller Peter Ujvári (1869—1931) in einer Novelle.[31]

---

[27] E. Moser-Rath: *Predigtmärlein der Barockzeit*. Berlin, 1964. p. 373. No. 215; F. C. Tubach: *Index Exemplorum*. Helsinki, 1969. p. 102. No. 1272. (FFC. No. 204).
[28] L. György: *Op. cit.*, p. 195—196. No. 203.
[29] A. Scheiber, *Antik Tanulmányok*. IV. 1957. p. 123.
[30] *Sefer Kehal Chassidim*. Lemberg, 1911. p. 28—29.
[31] P. Ujvári: *Legendák és krónikák*. Szeged, 1905. p. 81—92.

Alte Geschichten in neuem Gewande

— Achte Mitteilung —

41. Die zwei Wanderer

Endre Neményi erzählt in einem ungarischen Gedicht, daß in Worms ein Knäblein verschwindet. Die Juden werden beschuldigt, sie hätten es ermordet. Die zum Tode Bestimmten gewärtigen seiner im Friedhofe. Da kommen zwei Wanderer aus der Fremde und nehmen den Mord auf sich. Das Knäblein kehrt heim. Zum Andenken der Märtyrer brennen zwei Ewige Lichter in der Wormser Synagoge[1].

S. Tschernichovski bearbeitet später dieselbe Geschichte in seinem Gedicht „Nerot haalmonim" (1942). Die Beschuldigung lautet diesmal, die Juden hätten das Kreuz angespuckt. Er beruft sich auch auf eine Quelle: Peter, der Enkel des R. Tam, schrieb die Geschichte in das Wormser Memorbuch ein[2].

Die Legende ist in Prosa in ungarischer Sprache folgenderweise zu lesen: Am 7. Tage von Pesach zieht eine Prozession durch die Judengasse. Man schreit Tod ihren Bewohnern, weil sie den Bischof und die heiligen Fahnen begossen hätten. Zwei Wanderer nehmen die Sünde und den Scheiterhaufen auf sich. Auf dem zu ihrem Andenken gestifteten Ewigen Lichte steht: „Zwei Wanderer.[3]"

Freilich gibt es Derartiges auch in deutscher Sprache[4]. Die Quelle ist angegeben: „Nach dem Archive der isr. Gemeinde befindlichen ‚Maaseh-Nissim' Buche, Offenbach, 1777":

„Es war kurz vor dem Pesachfeste. Eine Prozession zog durch die Judengasse. Niemand hatte hiervon eine Ahnung. So kam es, daß unabsichtlich eine Flüssigkeit auf die Straße geschüttet wurde und zufällig ein Kruzifix traf. Allgemeine Erregung bemächtigte sich der bei der Prozession beteiligten Personen. „Das haben die Juden mit Absicht getan," rief man von allen Seiten. Die erregte Menge verlangte nach Tod büßen zu lassen. Er stellte sich nicht. Man gewährte den Juden eine Frist bis zum siebenten Tage Pesach. Sollte der Täter bis dahin sich immer noch nicht genannt haben, dann müßten alle Juden der Judengasse für die Tat des einzelnen büßen; sie sollten getötet werden. Der

---

[1] E. Neményi: *A két vándor.* Zsidó szavalókönyv. Ed. E. Molnár. Budapest, 1921, pp. 12—14.

[2] *Kochbe schamajim rechokim.* Jerusalem — Tel-Aviv, 1944, pp. 95—98.

[3] *Zsidó mondák és legendák.* Budapest, 1937, pp. 6—8.

[4] S. Rothschild: *Aus Vergangenheit und Gegenwart der israelitischen Gemeinde Worms.* Frankfurt a. M., 1905, pp. 34—36.

traurige Tag kam heran. Anstatt Festesfreude herrschte Trauer in der Judengasse. Schon freute sich der Pöbel der bald beginnenden Mordtaten. Da öffnete der Synagogendiener am Morgen, als er die Leute zum Gottesdienst rief, das Tor der Judengasse. Zwei in Worms unbekannte Männer standen vor dem Tore und begehrten Einlaß. „Wer seid ihr? Wo kommt ihr her und noch dazu am Jomtof (Feiertag)? Was ist euer Begehr?" redete sie der Diener an. „Wißt ihr nicht, welches Unglück uns heute noch bevorsteht? Wenn euch euer Leben lieb und teuer ist, so setzet euren Fuß nicht in diese unglückliche Gasse, die heute noch getränkt wird von dem Blute vieler unserer unschuldigen Brüder! Meidet so schnell als möglich die Stätte, an der man in wenigen Stunden nichts hören wird, als das Jammern und Stöhnen der Sterbenden, nichts sehen wird als das verzweifelte Händeringen der in den Tod Gejagten!" „Traurig ist allerdings die Botschaft; die du uns sagst" antworteten die Fremden, „aber sie ist uns nicht neu, wir hörten in der Ferne von dem Unglück, das den Wormser Juden bevorsteht, und so sind wir gekommen, sie von ihm zu retten. Wir wollen uns als die Täter bekennen." In der „Gasse" verbreitete sich schnell die Nachricht von der Ankunft und Absicht der beiden Männer. Man brachte sie auf den Richtplatz und vollzog an ihnen eine grausame Todesstrafe. Sie hauchten ihre reine Seele aus und retteten dadurch eine ganze Gemeinde vor schrecklichem Tode. „Wer die beiden Gäste gewesen," so schließt das M.N.-Buch, „weiß man bis auf den heutigen Tag nicht. Es ist möglich, daß der Allgütige zwei Engel in der Gestalt von Menschen geschickt hat, um das unsägliche Elend von der Gemeinde abzuwenden."

42. Das Aushängeschild

Daniel Katz, ein gegenwärtig lebender finnischer Schriftsteller frischt in einem seiner Romane folgenden Witz auf[5]:

„Meine Tante Chava aber erzählte einen Witz von einem polnischen Beschneider, einem Mohel. Der Mohel absolvierte die nötigen Kurse und ließ sich in einer polnischen Kleinstadt nieder, deren Einwohner zur Hälfte Juden waren. (All dies hat sich vor dem Kriege zugetragen.) Nun wollte er seine Praxis beginnen, es kamen jedoch keine Patienten. Da beschloß er, sich eine Reklame zu verschaffen. Er ließ auf die äußere Wand seines Behandlungsraumes eine große Tafel anbringen, an der ein Augenglas prangte. Sogleich meldete sich auch ein Kunde und wollte ein Augenglas kaufen. Der Mohel erklärte, er sei kein Optiker, sondern ein Beschneider. Der Kunde war ganz verdutzt und fragte, was denn das Augenglas auf dem Aushängeschild zu bedeuten habe. Da fragte der Mohel den Kunden: Was hätte ich sollen Ihrer Ansicht nach auf die Tafel malen lassen?"

[5] D. Katz: *Kun isoisä Suomeen hiihti.* Helsinki, 1969, p. 140. Ungarische Übersetzung: *Amikor nagyapám átsielt Finnországba.* Übersetzt von E. Gombár. Budapest 1972, p. 184.

In der uns vorliegenden Variante steht anstatt des Augenglases eine Uhr[6]:

„Im Schaufenster liegt eine Uhr. Ein Kunde betritt das Geschäft und fragt den Ladenbesitzer, einen bärtigen Juden, nach dem Preis.

„Ich verkauf' keine Uhren" — erklärt der Jude.

„Ja, aber im Schaufenster ist doch eine Uhr!"

„Gewiß. Das ist so: ich bin Beschneider ... der Kultusgemeinde. Was, glaubt der Herr, soll ich denn ins Schaufenster hängen?"

43. Das Meditieren des Pferdewächters

Der Schriftsteller Gábor Goda (1911) erzählt von seinem Vater Géza, der selbst auch Schriftsteller war, in seinem Familienroman folgendes[7]. Als Kind fuhr er mit seinem Onkel Joachim mit dem Wagen nach Preßburg. Nachts war es seine Aufgabe, die Pferde zu bewachen. Nach einiger Zeit stellte der Onkel seine Wachsamkeit auf die Probe. Das Kind sann darüber nach, wie soviel Wasser in die Donau gelangt. Bei seinem zweiten Besuche meditierte es darüber, wie so viele Sterne an den Himmel kämen. Drittens: wie werden sie ohne Pferde nach Preßburg gelangen.

Der Schriftsteller vergaß, daß er diese Geschichte irgendwo gelesen hatte und wandte sie mit poetischer Freiheit auf seinen Vater an[7a]. Eine Variante derselben z. B. lautet wie folgt[8]:

Eibenschütz ist mit seinem Fuhrwerk nachts in einem verkommenen Nest gelandet. Er legt sich zwar in der Wirtsstube ein wenig hin, den Kutscher Eisik läßt er aber im Wagen, damit er auf die Pferde aufpasse.

Gegen Mitternacht ruft er aus dem Fenster: „Eisik, bist du wach?"

„Ich bin wach", bestätigt Eisik.

„Was tust du?"

„Ich kläre"

„Was klärst du?"

„Ich kläre: wenn man für ein neues Haus eine Grube aushebt — wohin verschwindet die ausgeworfene Erde?"

„Schön, kläre weiter."

Es vergeht eine Stunde. Eibenschütz wird wieder unruhig und flüstert: „Schläfst du, Eisik?"

„Ich bin wach. Ich kläre."

„Was klärst du?"

[6] S. Landmann: *Jüdische Witze.* München, 1968, p. 85.

[7] G. Goda: *Útravaló. Volt egyszer egy család.* Budapest, 1971, pp. 28—35.

[7a] Ähnliches bei L. Kretzenbacher: *Ein makabrer Alpenschwank lebt fröhlich weiter.* Blätter für Heimatkunde, XLV. 1971. pp. 25—29.

[8] S. Landmann: *Jüdische Witze.* München, 1968, p. 125; E. Wiesel: Souls on Fire. New York 1972, pp. 224—225.

„Ich kläre: wenn der Rauch aus dem Schornstein aufsteig, wohin verschwindet er?"

„Schön, kläre weiter."

Wieder vergeht eine Stunde, es tagt schon bald. Da fragt Eibenschütz zum drittenmal: „Eisik, schläfst du?"

„Ich bin wach. Ich kläre."

„Was klärst du?"

„Ich kläre: ich habe die ganze Nacht gewacht und achtgegeben und die Pferde, wohin sind die verschwunden?"

44. Der halsstarrige Hund

Aus einem Novellenband des jungen ungarischen Schriftstellers, Zsolt Csalog, führen wir folgendes an[9]:

„Wie kommt der Hund auf die andere Seite des Flusses, wenn es keine Brücke, keinen Nachen, kein Schiff gibt, wenn es Sommer ist, das Wasser nicht eingefroren ist und er hinüber muß? Schwimmen ist verboten. Wie soll er hinüber? — Er soll schwimmen. — Aber das Schwimmen ist doch verboten! — Ja, das ist eben ein halsstarriger Hund!"

In ungarischer Abfassung lautet der Witz folgenderweise:[10]

— Rätsel: Gegeben ist ein Fluß, darüber eine Brücke, diesseits der Brücke ein Hund. Dieser muß unbedingt auf die andere Seite des Flusses gelangen, darf jedoch nicht auf der Brücke hinübergehen, auch nicht das Wasser durchschwimmen. Wie kommt er hinüber?

— Wenn er nicht über die Brücke gehen, noch durchs Wasser schwimmen darf und auch nicht fliegen kann, so kann er nicht hinüber.

— Er geht aber doch hinüber.

— Wie?

— Er schwimmt hinüber.

— Aber er darf doch nicht.

— Er schwimmt dennoch hinüber.

Die Pointe ist besser in der folgenden Variante[11]:

— Wenn ein Hund vor einem Teiche stehen bleibt, er ihn aber weder durchschwimmen noch umgehen darf, wie kommt er auf die andere Seite?

— Ich weiß nicht. Ich glaube, auf keine Weise.

— Das ist ein Irrtum. Er schwimmt hinüber.

— Er darf aber nicht hinüber schwimmen.

— Das ist aber ein Dafkehund und schwimmt dennoch hinüber.

[9] Zs. Csalog: *Tavaszra minden rendben lesz.* Budapest, 1971, p. 55.
[10] T. Kis: *1000 vicc a javából.* Budapest, 1971, p. 103. No. 290.
[11] L. Palásti: *Zsidó humor.* Uj Élet. XXVII. 1972. No. 2.

45. Auf der Abbildung des Pferdes sind alle Krankheiten zu sehen

Der gegenwärtig lebende ungarische Schriftsteller, Lajos Mesterházi (1916) behauptet von einem nicht erschienen Roman[12]:

„Der Roman ist ein Roman. Dies aber ist etwas, ähnlich dem gewissen Pferde der tierärztlichen Hochschule, wo auf einer Abbildung sämtliche vorstellbaren Pferdekrankheiten vorhanden sind."

Der Schriftsteller wiederholt zweifellos die berühmte Kritik von Franz Deák. Der Historiker David Angyal (1857-1943) erwähnt in seinen jetzt erschienenen Memoiren[13], ein gräflicher Neffe der fürstlichen Familie Dohna habe ihn im Schloß zu Schlobitten gefragt, ob „das ungarische Komitatsleben auch heute noch so sei, wie es Eötvös in dem in der *Universal Bibliothek* erschienenen neuen *Dorfnotar* dargestellt hatte. Darauf erzählte ich ihm, wie Franz Deák den *Dorfnotar* beurteilte. Nach Deák gleicht dieser Roman dem Pferdebild, das den tierärztlichen Büchern beigefügt ist. Auf diesem Bilde sind sämtliche Pferdekrankheiten angemerkt, es ist aber natürlich, daß diese vielen Krankheiten sich niemals in einem einzigen Pferde zusammenfinden, sondern sich auf das ganze Pferdegeschlecht verteilen. Ebenso hat Eötvös die in den sämtlichen ungarischen Komitaten zerstreut vorkommenden Mißbräuche in ein einziges Komitat zusammengebracht. Dem Grafen gefiel Deáks Gleichnis sehr. Dieses Erlebnis in Schlobitten erzählte ich Riedl, der in seinen Vorträgen Gebrauch davon machte, um zu beweisen, wie weit der Ruf von Eötvös's *Dorfnotar* reichte."

Diese Deák-Anekdote erzählt auch Voinovich[14], aber vielleicht am gedrängtesten Riedl: „Was für ein Pferd das Pferd der Pferdebücher als Pferd ist, ein ebensolches Komitat ist das Komitat Eötvös's als Komitat.[15]"

46. Sabbat rechts, Sabbat links

Ján Bohúň, ein gegenwärtig lebender slowakischer Schriftsteller, gebraucht in einem seiner Romane folgende Wendung[16]:

„Simon Löwy sitzt in der Kasse, streicht das Geld ein, gleich ist Schabbes rechts und Schabbes links, nur gerade dort, wo dieser häßliche Jude Löwy sitzt, nur dort ist kein Schabbes."

Es ist dies ein Hinweis auf einen allgemein bekannten jüdischen Witz, der folgenderweise lautet[17]:

---

[12] L. Mesterházi: *Apasziv*. Budapest, 1971, p. 437.
[13] D. Angyal: *Emlékezések*. London, 1971, p. 120.
[14] G. Voinovich: *B. Eötvös József*. Budapest, 1904, p. 31.
[15] F. Riedl *középiskolai tanítása a magyar regény történetéről*. Budapest, 1928, p. 49; K. Mikszáth ÖM. LXVI. Budapest 1972, pp. 269—270.
[16] J. Bohúň: *Zranená jazoa*. Smena, 1966. Ungarische Übersetzung: *Felszakadt seb*. Übersetzt von E. Tóth. Bratislava, 1971, p. 24.
[17] S. Landmann: *Der jüdische Witz*. Alten-Freiburg im Breisgau, 1960, pp. 186—187.

Chassid: „Ich habe mit meinem Rabbi einmal etwas Wunderbares erlebt. Wir waren auf einer offenen Bauernfuhre unterwegs, da begann es heftig zu regnen. Die Leute jammerten, aber da breitete der Rabbi die Arme aus — und was soll ich euch sagen? Es regnete links vom Wagen, es regnete rechts vom Wagen — und mitten drin, wo der Wagen fuhr, blieb alles trocken!"

Der Mitnaged: „Das ist noch gar nichts gegen das Wunder, das ich mit einem Rabbi erlebt habe. Wir saßen miteinander im Zug, und die Strecke war durch Schneewehen gesperrt. Es war Freitagnachmittag, wir sollten schon angekommen sein, aber wir waren noch weit vom Bestimmungsort, als der Zug endlich wieder anfuhr.

Inzwischen fing es an zu dämmern, es ging schon auf Schabbes zu, der Zug fuhr immer noch, die Juden im Zug wurden unruhig und fingen an zu jammern ...

Da breitete der Rabbi die Arme aus, murmelte ein Gebet — und was soll ich euch erzählen? Links war Schabbes, und rechts war Schabbes — und in der Mitte fuhr der Zug!"

47. Auch dies führt zu Gutem

Professor Miklós Julesz, der weltberühmte Endokrinologe, schrieb die Erlebnisse seiner Deportierung. In der Tiefe seiner Leiden will er aus einem alten Beispiel Kraft schöpfen[18]:

„Von meinem Vater lernte ich ein Märchen über den Weisen, dessen Lieblingsredensart war: alles führt zu Gutem."

Dies ist der Tanna Nachum Gamzu aus dem II. Jahrhundert. Über ihn ist im Talmud folgendes zu lesen (Taanit 21a):

„Weshalb nannte man ihn Nahum (aus) Gamzu? — Weil er zu allem, was ihm passierte, zu sagen pflegte: Auch dies (gam zu) zu Gutem. Einst wollten die Jisraeliten dem Kaiser ein Geschenk überreichen, und nachdem sie überlegt hatten, wer es hinbringen soll, beschlossen sie, es durch Nahum (aus) Gamzu zu senden, weil er an Wundertaten gewöhnt war. Hierauf sandten sie durch ihn eine Kiste mit Edelsteinen und Perlen. Als er auf der Reise in einer Herberge übernachtete, entwendeten die Wirtsleute (den Inhalt) der Kiste und füllten sie mit Erde. Am folgenden Tage bemerkte er dies, aber sagte: Auch dies zu Gutem. Als er da hinkam, wollte der Kaiser alle (Absender) töten, indem er sprach: Die Juden verspotten mich! Da kam Elijahu, der ihnen wie einer der ihrigen erschien, und sprach: Vielleicht ist dies von der Erde ihres Vaters Abraham? Wenn er Erde warf, ward sie zu Schwertern, und Stroh wurde zu Pfeilen."

---

[18] M. Julesz: *Kirándulás a pokolba*. Budapest, 1971, p. 295.

48. Der Mann, der aus dem Paradiese kommt

Isaak Babel (1894—1941) schrieb 1918 eine Novelle, die aber erst neulich erschien: Schabos Nachamu[19]. Ihr Inhalt ist folgender: Herschele ist ein sehr armer Mann. Er hat gar keinen Verdienst. Er macht sich auf den Weg zum Rabbi Boruchl. Inzwischen kehrt er in ein Gasthaus ein. Die Wirtin, Zelda, ist allein zu Hause. Die dumme Frau fragt: wann haben wir Schabos Nachamu? Ihr Mann nämlich ihr versprach, daß sie dann ihre Mutter besuchen könne, ein neues Kleid, eine neue Perücke, usw. bekommen werde. Herschele stellt sich vor, er sei der Schabos Nachamu und aus dem Jenseits gekommen. Zelda fragt sofort nach dem Befinden ihrer verstorbenen Verwandten. Die Antwort ist sehr traurig: sie frieren und hungern, wie er selbst auch. Da bekommt er ein herrliches Nachtmahl und nimmt auch für die verstorbenen Verwandten Lebensmittel und Kleider mit. Als er sich entfernte, vergrub er das schwere Bündel, entkleidet sich splitternackt und umarmt einen Baum. Es kommt auch bald der seinen Gast verfolgende Gatte. Herschele gibt vor, er sei vom Jenseits her gekommen, jemand habe ihn aber ausgeraubt. Der Gastwirt suche auch eben denselben. Da verlangt ihm Herschele das Pferd ab, um den Räuber zu verfolgen. Er nimmt das Bündel zu sich und macht sich davon.

Ein wohlbekanntes Wandermotiv kleidete hier der Schriftsteller in jüdisches Gewand. Es erscheint bereits unter den ältesten Andenken der indischen Volksdichtung. Seine früheste westliche Aufzeichnung ist ein Gedicht in lateinischen Hexametern aus dem XV. Jahrhundert[20]. Auch in der neuzeitlichen Facetia-Literatur ist es sehr verbreitet[21].

Seine ungarischen Gegenstücke hält János Berze Nagy in Evidenz[22]. Eines führen wir an aus Nagyszalonta[23].

„Einst verirrt sich ein ausgedienter Soldat in ein Dorf hinein zu einer Frau; diese fragt ihn: Woher kommt ihr? Vom Himmel — antwortet der Soldat. Sagt mir doch, wie geht es dort meinem Sándorka? Na, sein Gewand ist ganz zerfetzt. Weh, mein süßer Sándorka, hier sind hundert Gulden, wenn Ihr zurückkehrt, gebet sie ihm! Ich werde sie ihm übergeben. Damit geht er fort.

Abends kommt der Hauswirt vom Felde nach Hause, er fragt, wer da gewesen sei. Nun, ein Soldat aus dem Himmel — sagt die Frau — da gab ich ihm hundert Gulden, er möge sie mitnehmen für Sándorka, denn das Gewändchen des Armen ist ganz zerfetzt. Als der Wirt das hört, wirft er sich auf das gute

---

[19] I. Babel: *You Must Know Everything*. New York, 1969, pp. 39—46. Ungarische Übersetzung von E. Bollobás, Magyvilág. VII. 1972, pp. 1333—1336.

[20] A. Aarne: *Der Mann aus dem Paradiese in der Literatur und Volkskunde*. Helsinki, 1915, FFC 22; J. Binder, *Ethnographia*. XXX. 1920. pp. 106—111; L. György: *A magyar anekdota története és egyetemes kapcsolatai*. Budapest, 1934, p. 180. No. 169.

[21] H. Bebels *Schwänke*. I. Ed. A. Wesselski. München — Leipzig, 1907, p. 189. No. 50.

[22] J. Berze Nagy: *Magyar népmesetipusok*. II. Pécs, 1957, pp. 549—550. No. 1540.

[23] P. Kántor: *Tréfás mesék*. Magyar Nyelvör. XII. 1883. p. 376.

Pferd, reitet dem Soldaten nach, um das Geld, wie immer es geschehe, zurückzufordern. Wie er gegen den Wald sprengt, hört der Soldat, daß man ihm auf den Fersen ist. Er weicht vom Wege ab und versteckt sich in einem Strauch. Der Wirt sieht, daß er so zu Pferde den Soldaten nicht finden werde, er bindet sein Pferd an einen jungen Baum und geht dann auf die Suche hierhin und dorthin. Auf einmal springt der Soldat hinter dem Strauche hervor, schwingt sich auf das Pferd und sprengt davon. Der Wirt nahm es zu spät wahr und trollte verschämt weg. Zu Hause angelangt, setzt er sich in eine Ecke, ohne sich zu mucksen. Fragt die Frau, ob er nun den Soldaten gefunden habe. Ich habe ihm auch das Pferd gegeben — murmelte der Alte — damit er schneller in den Himmel reite."

49. Der Topf, der Junge wirft

Im Laufe seiner Berichte aus dem Hohen Haus im Jahre 1883 erzählt Mikszáth, als der Zusammenhang von Autonomie und Staat verhandelt wurde, das folgende „kleine Märchen"[24]:

„Ein armer Mann ging zu seinem Nachbarn und wollte sich bei ihm einen Topf ausborgen.

Als er den Topf zurücktrug, nahm er noch vier bis fünf kleinere Töpfe mit und gab sie dem Eigentümer des Topfes.

— Was ist mit diesen? — fragte der Eigentümer des Topfes.

— Nun, Ihr Topf hat bei mir Junge geworfen, lieber Nachbar. Das sind die kleinen Töpfe.

Der Geizhals freute sich sehr über die Töpfe und machte von nun an seinem armen Nachbarn allerlei Zugeständnisse ...

Wie gesagt, der Geizhals hatte großes Vertrauen zu dem armen Nachbarn, und als dieser einmal zu ihm kam, um sich seinen teueren Winterrock auszuborgen, so gab er ihn ganz bereitwillig her.

Den Rock aber brachte der arme Mann nicht mehr zurück. So daß er ihm über den Hals gehen mußte.

— Wo ist mein Rock?

— Dein Rock? — sagte der arme Mann. — Er starb, ich habe ihn begraben, er ist dahin.

— Er starb? Das ist unmöglich, sprich doch keine Dummheiten! Ich glaube es nicht. Gehen wir zum Richter.

Sie gingen zum Richter und dieser fällte folgendes Urteil: wenn der Topf Junge werfen konnte und der Eigentümer dies glaubte, so könne er auch glauben, daß der Rock selig geworden.

Es ist dies eine Nassreddin-Anekdote, die lautet wie folgt[25]:

[24] K. Mikszáth *ÖM.* LXVI. Budapest, 1972, p. 28.
[25] I. Kunos: *Naszreddin hodsa tréfái.* Budapest, 1899, pp. 42—43. No. 36.

„Der Hodscha borgt sich bei seinem Nachbar einen Kessel aus, und als er ihn nicht mehr nötig hatte, tat er ein winziges Kesselchen hinein und trug ihn so zurück. Fragt ihn sein Nachbar, was das Gefäß hier mache. Der Hodscha antwortet, der große Kessel habe den kleinen geboren. Der Nachbar freut sich und nimmt dies an. Einmal verlangt der Hodscha wieder den Kessel, gebraucht ihn eine Zeit lang, als aber sein Eigentümer sieht, daß der Hodscha ihn nicht zurückbringt, geht er darum zu ihm. ‚Du sollst leben, dein Kessel ist tot', sagt der Hodscha. ‚Kann denn ein Kessel sterben?' fragt der Nachbar. ‚Wenn du geglaubt hast, daß er gebären kann, so glaube auch, daß er stirbt', antwortete der Hodscha."

Dieses Märchen hat maltesische, griechische, serbische Pendants[26]. Die internationale Literatur hält auch indische, rumänische und andere Parallelen in Evidenz[27]. In Ungarn ist es als Witz im Schwange: Die Schüssel wirft Teller, die Wasserflasche Gläser, die Kerzenleuchter sterben[28].

50. Das versprochene Kind

Gleichfalls 1883 erwähnt Mikszáth in einer seiner Parlamentsskizzen das folgende Märchen: „Der Teufel verlangte vom ehemals armen Manne das Gut, von dem dieser nichts wußte."[29]

Das Schema des allgemein bekannten Märchentypus ist folgendes[30]:

Ein König befiehlt dem Fischer, Fische für ihn zu fangen. Der Fischer bemüht sich den ganzen Tag, jedoch vergeblich. Ein *Mann in grünem Gewande* (= der Teufel) verspricht ihm, Fische für ihn zu fangen, wenn er ihm gibt, *wovon er in seinem Hause nichts weiß*. Der Fischer läßt Blut aus seinem kleinen Finger, mit diesem Blute schreibt der „grüne Mann" einen Zettel, und er fängt soviel Fische, daß sie mit einem Wagen weggeführt werden müssen. Der Fischer nimmt zu Hause wahr, daß sein Weib schwanger ist. Sie gebärt einen Knaben.

Neuerlich kamen Parallele aus Baranya[31], Somogy[32] und Tolna[33] zum Vorschein.

[26] *Der Hodscha Nasreddin.* Ed. A. Wesselski. I. Weimar, 1911, p. 19. No. 35.
[27] S. Thompson: *Motif-Index.* V. Copenhagen, 1957, p. 122. J. 1531. 3 = AaTh. 1592 B.
[28] I. Nagy: *5000 vicc.* II. Budapest, 1932, No. 1306.
[29] K. Mikszáth ÖM. LXVI. Budapest, 1972, p. 119.
[30] J. Berze Nagy: *Magyar népmesetipusok.* II. Pécs, 1957, pp. 367—368. No. 811; F. C. Tubach: *Index Exemplorum.* Helsinki, 1969, p. 129. No. 1574.
[31] J. Berze Nagy: *Baranyai magyar néphagyományok.* II. Pécs, 1940, pp. 387—388. No. 181.
[32] I. S. Dobos: *Egy somogyi parasztcsalád meséi.* Budapest, 1962, pp. 236—238. No. 27a; pp. 238—241. No. 27b.
[33] Z. Kelemen: *Tolna megyei székely népmesék.* Szekszárd, 1964, p. 107.

Für das Umschlagen der Gattung bietet die Mikszáth-Variante ein interessantes Beispiel. Der Teufel verlangt ein Gut vom armen Mann. Die Abänderung Kinder-Gut bewirkt das Umschlagen des Zaubermärchens in einen Spaß. Es gibt zahlreiche solcher Grenzfälle im Falle der Späße und Witze, wenn das Spaßthema in Witzform erscheint oder umgekehrt[34].

---

[34] K. Ranke: *Grenzsituation des volkstümlichen Erzählgutes.* Europa et Hungaria. Budapest, 1965, p. 291.

Alte Geschichten in neuem Gewande
— Neunte Mitteilung —

51. Der Geschmack des Mannas

Der ungarische Schriftsteller Tibor Déry (geb. 1894), erwähnt in einem seiner neuesten Bücher folgende Aggada[1]:

„Und wieder sah das Volk Israel, was es bedeutet, gehorsam zu sein, als in der Wüste Sin... als Lohn seines dreißigtägigen Hungers hunderttausend Wachteln sich als Fleischspeise herabließen auf ihr Lager, und vom Himmel Manna herabfiel als Gemüse... und das Volk auf seine Frage Man-hu, was ist das, aus dem Munde Mosis, des guten Befehlshabers, erfuhr, es sei Engelsspeise..., die im Gaumen und zwischen den Zähnen eines jeden sich zu dem verwandelt, was er haben möchte."

Vor ihm erwähnt der Schriftsteller Ferenc Móra (1897—1934)[2]: „sein Geschmack ist süß, wie der des biblischen Mannas".

Der erste, der dies in der ungarischen Literatur gebraucht, ist Josef Eötvös (1813—1871)[3]. „Wie das Manna, mit dem sich das Volk Israel in der Wüste nährte, den Geschmack annahm, den sich jeder einzelne wünschte, so werden die Tausende, die auf dem dürren Felde der politischen Wissenschaften herumirren, in der Weise zufriedengestellt, daß ihnen eine Geistesnahrung verabreicht wird, bei deren Verzehrung sich jeder vorstellen kann, wozu er eben Lust hat." „Manna ist das Schicksal, das von unserer Phantasie seinen Geschmack erhält." „Wie beim Manna der Bibel, findet ein jeder den Geschmack daran, der ihm am liebsten ist."

Die Quelle des Gleichnisses ist Salomos Weisheit (XVI. 20.): Gott berücksichtigte die Wünsche der Manna-Genießer und verlieh ihm den Geschmack, den man sich wünschte. In dieses Pseudoepigraphische Buch gelangte es aus der Aggada, die das Manna mit der Muttermilch vergleicht: wie diese, hat auch jenes allerlei Geschmack (Joma 75a); das Kind empfand es als Honig, der Jüngling als Brot, der Greis als Öl (Joma 75b). Nach einer anderen Auffassung das Kind als Öl, der Jüngling als Brot, der Greis als Honig (Ex. R. XXV. 3.).

Das Bild fand seinen Weg auch zu den Kirchenvätern. Bei Ephraëm lesen wir vom Wasser, das dem Felsen entspringt (Deut. XXXII. 13.): „das Ge-

---

[1] T. Déry: Képzelt riport egy amerikai pop-fesztiválról. Budapest, 1971. pp. 82—83.
[2] F. Móra: Georgikon. Budapest, [1925] p. 60; Véreim. Budapest, 1927. p. 187; Elkallódott riportok. Napok, holdak, elmult csillagok. Budapest, 1958. p. 291.
[3] B. Heller: IMIT Évkönyve. 1913. p. 38.
[4] L. Ginzberg: Die Haggada bei den Kirchenvätern. Studies in Jewish Bibliography and related Subjects in Memory of Abraham Solomon Freidus. New York, 1929. p. 515.

tränk aus dem Felsen war gemäß den Wünschen eines jeden: der Honig begehrte, dem schmeckte es wie Honig, dem anderen mundete es wie Öl, dem Dritten wiederum wie Butter und wie Weizenfett[4]."

52. Lebensalter

Marcell Benedek (1885—1969) zitiert in seinem Tagebuch aus der Selbstbiographie seines Vaters das folgende ungarische Volksmärchen[5]:

„Als Gott dem Menschen und den Tieren ihr Lebensalter verteilte, war der Mensch nicht zufrieden und erbat sich noch einige Jahre von verschiedenen Tieren. In diesen Jahren lebte er dann wie das Tier, von dem er sie als Geschenk bekommen hatte. Zwischen vierzig und fünfzig zieht er das Joch wie der Ochs..."

Dies wurde in zahlreichen Variationen in Ungarn aufgezeichnet: Lajos Kálmány in den achtziger Jahren des vergangenen Jahrhunderts im Temesgebiet[6], Moses Rubinyi anfangs des Jahrhunderts bei den moldauischen Tschangos in Szabófalva[7], Peter Kiss in den 1910er Jahren in Kunszentmárton[8], zuletzt Ilona Nagy 1969 in Istensegits-Závod[9]:

„Als Gott das Leben dem Volk verteilte, nahm er sich vor, jedem dreißig Jahre zu geben. Das fand der Hund für zuviel, er brauchte keine dreißig Jahre, zwanzig würden genügen. So nahm ihm der Mensch zehn Jahre ab und so hatte er vierzig. Da kam das Pferd, auch dieses fand die dreißig für zuviel, der Mensch nahm ihm zehn ab. Da kam der Affe, auch ihm waren sie zuviel. Wieder nahm sie der Mensch. Ich halte jetzt bei dem Affen, denn ich bin siebzig. Er klaubte Jahre zusammen bis neunzig. Daher kommt es, daß der Mensch bis dreißig-vierzig am kräftigsten ist, er arbeitet soviel wie ein Hund. Dann kommt das Alter des Pferdes, des Ochsen, des Affen. Also, so steht es mit dem Menschen."

Auch Kálmán Mikszáth kannte dieses Volksmärchen[10].

Sein Ursprung reicht zurück bis auf das 3. Jahrhundert, bis auf den Syrer Babrios (74. Märchen) und seinen jüdischen Zeitgenossen, den Tanna Simon b. Eleazar (Koh. R. ad I. 2.)[11].

Er hinterließ auch Spuren im jüdischen Humor, an die Person des Kantors sich knüpfend[12].

[5] *M. Benedek:* Naplómat olvasom. Budapest, 1965. p. 433.
[6] *L. Kálmány:* Szeged népe. II. Arad, 1882. pp. 151—152.
[7] *M. Rubinyi,* M. Nyelvör. XXXI. 1902. pp. 143—144.
[8] EA. 461 / Handschrift.
[9] *I. Nagy,* MIOK Évkönyve. Budapest, 1970. p. 232. No. 4.
[10] *A. Scheiber,* A Biblia világa. Budapest, 1972. pp. 242—243.
[11] *B. Heller,* Ethnographia. XLI. 1930. pp. 153—157.
[12] *A. Drujanov:* Sepher Habedicha Vehachiddud. I. Tel-Aviv, 1963. pp. 162—163. No. 517.

H. Schwarzbaum verfolgte unlängst die Geschichte des Märchens und seine Verbreitung überall in der Welt[13]. Bedauerlicherweise fehlt das ungarische Material ganz und gar darin. Es ist, seit langem zusammengestellt, vorhanden[14].

53. Die Hand des Kopisten nach seinem Tode

Der Mönch Caesarius Heisterbach, der Prior der Abtei Heisterbach, schrieb zwischen 1220 und 1235 sein Werk Dialogus Miraculorum. Darin lesen wir von einem Scriptor namens Richard, daß zwanzig Jahre nach seinem Tode seine rechte Hand unversehrt blieb, während sein ganzer Körper zu Staub wurde[15]:

„In Arinsburgh monasterio ordinis Praemonstratensis, sicut audivi a quodam sacerdote eiusdem congregationis, scriptor quidam erat Richardus nomine, Anglicus natione. Hic plurimos libros in eodem coenobio manu propria conscripserat, mercedem sui laboris praestolans in coelis. Hic cum fuisset defunctus, et in loco notabili sepultus, post viginti annos tumba eius aperta, manus eius dextera tam integra et tam vivida est reperta, ac si recenter de corpore animato fuisset praecisa. Reliqua caro in pulverem redacta fuit. In testimonium tanti miraculi manus eadem usque hodie in monasterio reservatur. Bene erat manus huius sciptoris pennata, id est opus eius caritate informatum."

Caesarius Heisterbach berührt sich in vielen Punkten mit hebräischen Quellen[16], besonders mit den Schriften von Juda dem Frommen (tätig zwischen 1190 und 1217)[17]. Der mittelalterliche deutsche Volksglaube beeinflußte beide. Der eine notierte lateinisch, der andere hebräisch, was er hörte.

Wir vermögen diesmal keine frühe Quelle anzuführen, es lohnt sich jedoch, auf folgende hebräische Legende aufzumerken. Auch diese bewahrt ein Wunder von der Hand des Kopisten[18]. Einst lebte ein frommer Kopist, David Albaz, der seine Rohrfeder von seinen Ahnen erbte. Vor seinem Tode verfügte er, man solle ihm die Feder in die rechte Hand legen, damit er sie auch im Grabe bei sich habe. Einige Jahre später starb er und seine Hand blieb ausgestreckt, man konnte sie nicht bewegen. Da fiel seiner Witwe die Verfügung ihres Gatten ein. Man legt ihm seine Feder in die Hand und diese fiel dann herab.

---

[13] *H. Schwarzbaum:* The zoologically tinged stages of Man's Existence. Folklore Research Center Studies. III. Jerusalem, 1972. pp. 267—290.

[14] *L. György:* A magyar anekdota története és egyetemes kapcsolatai. Budapest, 1934. pp. 116—117. No. 57.

[15] Caesarii Heisterbacensis monachi ordinis cisterciensis Dialogus Miraculorum. II. Ed. *J. Strange.* Coloniae, Bonnae et Bruxellis, 1851. p. 354. Cap. XLVII. De manu sciptoris in Arinsburgh; *F. C. Tubach:* Index Exemplorum. Helsinki, 1969. p. 191. No. 2418.

[16] *J. Dan:* Five Versions of the Story of the Jerusalemite. PAAJR. XXXV. 1967. pp. 99—111.

[17] *J. Dan:* Rabbi Judah the Pious and Caesarius of Heisterbach. Studies in Aggadah and Folk-Literature. Jerusalem, 1971. pp. 18—27.

[18] *D. Noy,* Machanayim. No. 106. Tel-Aviv, 1966. p. 37.

Wir kennen auch eine Legende, in der die Almosen austeilende Hand nicht zu Staub wird nach dem Tode[19].

54. Man taucht die Feder in Tränen, in Blut

In einer Aggada hat Gott die Thora dem Moses diktiert, auch den Teil, der sich auf dessen Tod bezieht. „Bis dahin sprach Gott und Moses schrieb mit Tinte, hernach sprach Gott und Moses schrieb mit Tränen[20]."

Im Midrasch Abba Gorion lesen wir vom Verhängnis: „Ist es mit Kot besiegelt, so wird unser Flehen um Gnade erhört, ist es mit Blut, so bleibt es[21]."

Auch die chasidische Legende macht davon Gebrauch. Von Jizchak Eisik sagte man: Als er seinen Thora-Kommentar schrieb, tauchte er zweimal seine Feder ein: einmal in Tinte, sodann in sein Herzblut[22].

Im Zusammenhang mit dieser Vorstellung wurde bereits auf Prudentius, Calderon, Corneille, Gottfried Keller hingewiesen[23].

Das Philobiblon des Bischofs von Durham, Rechard de Bury (XIV. Jahrhundert) bewahrt die Sage: als Aristoteles das Werk Peri Hermeneias schrieb, tauchte er die Feder in sein Herz[24].

Der Ungar Ferenc Kazinczy (1759—1831), der als politischer Gefangener jahrelang in den Burgverliesen von Kufstein und Munkács eingekerkert war, gebrauchte in Ermangelung von Schreibutensilien sein eigenes Blut anstatt Tinte[25].

Frau Devesceri Elisabeth Guthi erzählt in ihren Memoiren, daß in Berlin ihr Verehrer, ein Cellist, seine Liebesbotschaft „mit seinem eigenen Blute schrieb"[26].

Aus Alexander Márai's neuestem Roman führen wir an: In Canudos „unterhielten sich die Verwundeten in ihrer Qual und ihrem ohnmächtig-betäubten Ekel damit, daß sie mit ihrer in ihr Blut getauchten Fingerspitze an die Wände der gelegentlichen, flüchtig hergestellten Lagerspitäler schrieben . . ."[27].

55. Reservatio mentalis

Im großen Familienroman des in Amerika lebenden ungarischen Schriftstellers Lajos Zilahy (geb. 1891) lesen wir über die 15jährigen Soldaten des

---

[19] *F. C. Tubach:* Op. cit., p. 191. No. 2413.
[20] Men. 30 a.
[21] Sammlung agadischer Commentare zum Buche Ester. Ed. *S. Buber.* Wilna, 1886. p. 33.
[22] *N. Ben-Menachem:* Gewile Sefarim. Jerusalem, 1947. p. 142.
[23] *E. R. Curtius:* Europäische Literatur und lateinisches Mittelalter. Bern, 1948. pp. 314, 348, 351.
[24] Philobiblon. Ed. *A. Altamura.* Neapel, 1954. Cap. IX; ungarische Übersetzung von *A. Bodor.* Bukarest, 1971. p. 115.
[25] A magyar irodalom története. III. Budapest, 1965. p. 268.
[26] *E. Devecseriné Guthi:* Búvópatak. Budapest, 1963. p. 103.
[27] *S. Márai:* Itélet Canudosban. Toronto, 1970. p. 17.

ungarischen Freiheitskrieges im Jahre 1848: „Diese Kinder gebrauchten die List, daß sie die Zahl achtzehn auf ein Papierstückchen schrieben, dieses in ihren Stiefel steckten und dann bei der Aufnahme schworen, daß sie ‚über achtzehn sind'. Die Zigeuner machten dies umgekehrt. Die Papierstückchen mit der Zahl achtzehn steckten sie in ihre Kappe und dann schworen sie, daß sie unter achtzehn sind, denn sie vertrugen den Pulvergeruch nicht[28]."

Wir haben es mit einem internationalen Typus zu tun. Bei Grenzstreitigkeiten begeht der Bauer zweierlei pia fraus:

1. Er gibt etwas Erde vom eigenen Boden in seinen Schuh und schwört dann, auf eigenen Boden zu stehen. Dies bearbeitete Johann Arany in seinem Gedichte Der falsche Zeuge (1852).

Die älteste Stelle seines Vorkommens wurde neulich aufgeklärt. Im IV. Kapitel der Biographie des um 720 verstorbenen englischen Bischofs, des heiligen Egwinus — ihr Verfasser ist der Erzbischof von Canterbury Brithwaldus (gestorben 731) — kommt folgende Geschichte vor Ein Bauer eignete sich einen Teil des Grundbesitzes des heiligen Egwinus an. Es kam zum Schwur. Der Bauer tat zu Hause Staub in seinen Schuh und schwor, auf eigenen Boden zu stehen. Als er die Hand ausstreckte, um auf die Reliquien des heiligen Egwinus zu schwören, bohrte sich die Sichel, die er in der Hand hielt, in seinen Kopf und er starb. Der ursprüngliche Text lautet wie folgt[29]:

„Post ejus obitum, multa Deus miracula pro ipso operari dignatus est. Rusticus quidam partem terrae S. Egwini surripuit, et cum Judices sanxissent, ut certo die veniret, et terram illam suam esse juraret, pulverem de domo sua sumpsit, et sotulares implevit, ut tute jurare posset, quod super terram staret. Cumque super reliquias Sancti Egwini juraturus manum porrigeret, ferro falcastro, quod in manu gestabat, nescio casu in cerebro percussus, subito ad terram mortuus ruit, et vitam cum terra coram omnibus amisit."

2. Er legt einen „Schöpflöffel" unter die Kappe und schwört: „So wahr ein Schöpfer über mir ist"[30].

56. Zwei Bearbeitungen einer chasidischen Legende

In einem Roman des bereits mehrmals zitierten polnisch-jüdischen Julian Stryjkovski lesen wir die folgende Legende[31]:

„Am Tag des Gerichtes erscheint am Marktplatz ein Jude mit einem Stück Schweinefleisch in der Hand und beginnt aus vollem Halse zu schreien: ‚Da

---

[28] *L. Zilahy:* A Dukay család. I. Novi Sad — Budapest, 1965. p. 297.
[29] Acta Sanctorum. I², col. 710 / ad Jan. 11./; *E. Maróti,* Irodalomtörténeti Közlemények. LXXVI. 1972. p. 509; cf. *D. P. Rotunda:* Motif-Index of the Italian Novella in Prose. Bloomington, 1942. p. 41. J. 1161. 3.
[30] *J. R. W. Sinninghe:* Katalog der niederländischen Märchen-, Ursprungssagen-, Sagen- und Legendenvarianten. Helsinki, 1943. p. 40. No. 1590. Der Eid beim Schöpfer über mir; *I. Müller — L. Röhrich:* Der Tod und die Toten. Deutsches Jahrbuch für Volkskunde. XIII. 1967. p. 370. H. 49; *L. Petzoldt:* Deutsche Volkssagen. München, 1970. p. 85. No. 142.

schauet her, was ich esse!' Auf dem Marktplatz war keine Seele, alles saß im Tempel, todmatt vom Fasten und Beten. Nur der Rabbi kam heraus zu dem Gottlosen. Er verbeugte sich tief und sprach zu ihm: „Mein lieber Sohn, gewiß weißt du nicht, was du in der Hand hältst.' Der Gottlose aber lachte. ‚Warum sollte ich es nicht wissen? Ich weiß es sehr gut. Ein Stück Schweinefleisch.' Und lacht nur weiter. ‚Und weißt du gewiß nicht, daß heute Fasttag ist.' ‚Wie sollte ich es nicht wissen? Ich weiß sehr gut, daß heute der Tag des Gerichts ist.' ‚Dann weißt du gewiß nicht, daß Gott am Tag des Gerichts ins Buch des Lebens einschreibt, wer am Leben bleibt bis zum nächsten Tag des Gerichts und wer ihn, Gott behüte es, nicht erlebt.' ‚Warum sollte ich das nicht wissen? Ich weiß es sehr gut, daraus aber mach' ich mir keine Sorge.' ‚Möglicherweise hältst du gar kein Schweinefleisch in der Hand, tust nur so, als ob es das wäre.' ‚Aber doch, dies ist ein Stück Schweinefleisch. Und wenn du willst, kann ich es auch sofort verspeisen.' Und der Gottlose streckt seine Hand aus und führt das Schweinefleisch an seinen Mund. Gott behüte jeden davor. Der Rabbi aber erhebt seine Hand zu Gott und spricht: ‚Siehst du, mein Gott, was für ein Volk du hast. Selbst der schlechteste Jude will seinen Mund nicht am Tag des Gerichtes mit einer Lüge beschmutzen. Mein Gott, sieh diesen Menschen an. Er wollte dich nicht am Tag des Gerichtes mit einer Lüge beleidigen.' Tränen quollen dem Rabbi aus den Augen und er warf sich zu Boden. Auch der Gottlose begann zu weinen. ‚Ich wollte Gott erzürnen, denn ich war erbost über ihn, jetzt aber sehr ich, wie dumm ich war; wenn es mir nicht einmal gelang den Rabbi zu erzürnen, wie hätte ich vermocht den Allerhöchsten zu erzürnen!' "

Der in Amerika lebende jüdische Schriftsteller, Eli Wiesel (geb. 1928) erzählt dieselbe Legende, knüpft sie aber an die Person des Levi Jizchak von Berditschew. Anstatt des Jom-Kippur wird hier der Bruch des Sabbats als Sünde hingestellt[32]:

"On his way to the synagogue to celebrate Shabbat services, he meets an 'enlightened' young man who pulls out his pipe in overt defiance and lights it. The Rebbe stops to remind him: 'Surely you're forgetting that today is Shabbat?'

'No, I haven't forgotten.'

'Then surely you are ignorant of the law that forbids us to smoke on Shabbat?'

'No at all, I know all your laws', the smoker impudently replies.

The Rebbe looks the young man over. He refuses to be provoked; instead he turns to Him for whom every being also signifies provocation: 'Did you hear? True, he violates certain of Your commandments. But You must admit one thing: nobody will coerce him into telling a lie.' "

[31] *J. Stryjkowski:* Austeria. Warszawa, 1966; ungarische Übersetzung von *R. Gimes.* Budapest, 1971. pp. 146—147.
[32] *E. Wiesel:* Souls on Fire. New York, 1972. pp. 89—90.

57. Ein besonderer Blasebalg

Kálmán Mikszáth schreibt im Noszty-Roman: „Aus einem Munde Kälte und Wärme blasen und die Achtung der Menschen einheimsen ist eine unedle Sache[33]."

Frau Devecseri Elisabeth Guthi sann in ihrer Kindheit darüber nach: „Hauche ich mir auf den Handrücken, so spüre ich Wärme auf meiner Haut, blase ich darauf, so spüre ich Kälte, wo doch in beiden Fällen die Luft aus meinem Munde strömt[34]."

Es ist die neuere Erscheinung eines antiken Motivs. Es kommt schon vor bei Aesop (Fab. 126), bei Avianus und nachher während des Mittelalters bis auf unsere Tage[35]. Aus der Barockzeit erhielten wir unbekannte Daten im letzten Jahrzehnt[36].

58. Die dem Himmel hingereichten Schlüssel

Eli Wiesel zitiert folgende Aggada[37]: "When the Temple in Jerusalem was set on fire, the priests interrupted the sacred services, climbed on the roof and spoke to God: 'We were not able to safeguard Your dwelling, therefore we surrender to You its Keys.' And they hurled them toward heaven."

Franz Werfel läßt den König Jekonja die Schlüssel des Heiligtums und Jerusalems gegen den Himmel werfen[38].

Ludwig August Frankl veröffentlichte zweimal sein Gedicht: Der Hohepriester: erst in der Sammlung von Jolowicz (Polyglotte der orientalischen Poesie), dann 1851 in seinem Helden- und Liederbuch. Der Tempel wurde zerstört, nur der Hohepriester rettete sich. In seiner Bitterkeit überreicht er Gott die Schlüssel des Tempels.

„Du bist von deinem Volk gewichen,
Dein heil'ger Tempel ist verheert,
Die hellen Schimmer sind erblichen
Die durch des Tempels Dunkel strichen
Mit Glanz der Engel Haupt verklärt.

Dein Zorn hat den Altar gespalten,
Als Opfer fiel der Priester Schaar.
Du hast uns würdig nicht gehalten
Um deinen Tempel zu verwalten,
Dein Volk ist todt und dein Altar.

So nimm des Tempels Schlüssel wieder,
Ihn reich' ich lebend dir empor!"

---

[33] *K. Mikszáth:* ÖM. XXI. Budapest, 1960. p. 118.
[34] *E. Devecseriné Guthi:* Búvópatak. Budapest, 1963. p. 38.
[35] *L. György:* Op. cit., p. 151. No. 117.
[36] *E. Moser-Rath:* Predigtmärlein der Barockzeit. Berlin, 1964. p. 281. No. 127; p. 472.
[37] *E. Wiesel:* One Generation After. New York, 1972. p. 57.
[38] *F. Werfel:* Höret die Stimme. Wien, 1937. pp. 505—506.

Aus der Luft läßt sich eine strahlende Hand herab und nimmt den Schlüssel zu sich. Der Hohepriester wird tot aufgefunden.

Erwähnenswert ist es, daß der große ungarische Epiker, Johann Arany, das Gedicht auf Grund seines ersten Fundortes, noch im Jahre 1857 mit dem Titel A főpap übersetzte[39], das Helden- und Liederbuch im Jahre seines Erscheinens anerkennend besprach und aus dem genannten Gedichte die obigen Zeilen in ungarischer Übersetzung anführte. Er hielt es für möglich, daß „sein Keim tatsächlich irgendeine talmudische Sage war"[40].

Tibor Benczés/1903—1944/setzt die Szene auf die Zeit des Brandes des zweiten Tempels. Der Hohepriester reicht den Schlüssel hinauf[40a].

Beide Versionen sind bekannt in der Aggada: a) Die jungen Priester reichen die Schlüssel des Tempels hinauf[41], b) Jojachin tut dies[42].

Nach der Jeremias-Legende der orientalischen Kirche (Paralipomena Jeremiae. IV. 3. Ed. R. Harris. London 1889) wirft Jeremias die Schlüssel des Tempels gegen die Sonne. In der Baruch-Apokalypse (X. 18) fordert Baruch b. Nerijja, Jeremias' Schreiber, die Priester auf, die Schlüssel in den Himmel zu werfen[43].

59. Einjähriges Königtum

Gábor Goda hat eine Legende, deren Gegenstand Gordon, der kleine jüdische Gewürzkrämer ist. Dieser ging zugrunde und zog in die weite Welt hinaus. Er wanderte zwölf Jahre lang. Am Ende seiner Wanderschaft erblickte er ein Land im Tale. Nach dem dortigen Gesetzbuch mußte der erste Fremde, der dieses Land betritt, zum König ausgerufen werden. Nach einem Jahr entfernte er sich so, wie er gekommen war[44].

Im jüdischen Schrifttum kommt dies zum erstenmal im philosophischen Werk des Bachja Ibn Pakuda (XI. Jahrhundert) vor[45]. Er schließt damit: Einmal wählten sie einen gescheiten Menschen zum König und dieser rettete im Verlaufe des Jahres alle seine Schätze von dort heraus, um auch weiter gut zu leben.

Abraham b. Samuel Ibn Chisdaj (gest. 1240) übersetzte die Barlaam-Legende ins Hebräische, wo ihr Gang derselbe ist[46]. Wahrscheinlich diente ihr arabisches Original (es gibt dessen vier)[47] dem Bachja als Quelle.

---

[39] *J. Arany* ÖM. I. Budapest, 1951. pp. 278—280.
[40] *J. Arany* ÖM. XI. Budapest, 1968. pp. 126—138, 676—682.
[40a] *T. Benczés:* Ab hó 9. Üzen a mult. Budapest, 1942. pp. 53—57.
[41] Taanit 29 a.
[42] Jer. Schekalim VI. 3; Jalkut Schim. ad II. Reg. XXIV. Siehe *M. Pollák:* Arany János és a Biblia. Budapest, 1904. pp. 173—175; *S. Rappaport: Schlüssel and Schloss.* Kaminka-Festschrift. Wien, 1937. pp. 56—57.
[43] Hasepharim Hachizonim. I. Ed. *A. Kahana.* Tel-Aviv, 1956. p. 371.
[44] *G. Goda:* Legendák. Budapest, 1940. pp. 23—44.
[45] Chovot Halevavot. Warschau, 1875. pp. 185—186.
[46] Ben Hammelech Vehannazir. Ed. *A. M. Habermann.* Tel-Aviv, 1950. pp. 97—100, 330—336.

Auch David b. Abraham Hannagid (1212—1300) erzählt sie in seinem arabischen Abot-Kommentar[48].

Sie ist ein beliebter Gegenstand in den kirchlichen[49] und weltlichen[50] Exempla.

60. Jehuda Hallevi's Tod

I. Babel schreibt in einer seiner Novellen: „Ich war bestrebt, mich des Namens jenes Mannes zu erinnern, der am Ende seines Weges von den Hufen der arabischen Rosse zerstampft wurde. Es war Jehuda Hallevi[51]."

Die Legende wurde weltberühmt durch Heines Gedicht Jehuda ben Hallevi[52]:

> Doch ein frecher Sarazene
> Kam desselben Wegs geritten,
> Hoch zu Roß, im Bug sich wiegend
> Und die blanke Lanze schwingend,
>
> In die Brust des armen Sängers
> Stieß er diesen Todesspeer,
> Und er jagte rasch von dannen,
> Wie ein Schattenbild beflügelt.
>
> Ruhig floß das Blut des Rabbi,
> Ruhig seinen Sang zu Ende
> Sang er, und sein sterbeletzter
> Seufzer war Jerusalem!

Der ungarisch-jüdische Dichter Emil Makai (1870—1901) weist in seinem Gedicht Orient, dessen Untertitel „Beim Lesen des Juda Halevy" ist, mit folgenden zwei Zeilen auf die Legende hin[53]:

> Hinsterben dort — wie er, mit solchem Tod,
> Gilt nicht als Schmerz, sondern als Lust.

In seiner kurzen biographischen Skizze erzählt Makai auch Jehuda Hallevi's Tod, indem er die Legende als historische Tatsache nimmt: „Das bedeutsamste

---

[47] *H. Peri / Pflaum:* Der Religionsdisput der Barlaam-Legende, ein Motiv abendländischer Dichtung. Salamanca, 1959. p. 17.

[48] Midrasch David. Jerusalem, 1944. pp. 138—139; *A. Scheiber,* Tesoro de los Judios Sefardies. VI. 1963. pp. 40—41.

[49] *F. C. Tubach:* Op. cit., pp. 227—228. No. 2907.

[50] *S. Thompson:* Motif-Index of Folk-Literature. IV. Copenhagen, 1957. p. 55. J. 711.3.

[51] *I. Babel* müvei. Ungarische Übersetzung von L. Wessely. Budapest, 1964. p. 244.

[52] Libanon. Ein poetisches Familienbuch. Herausgegeben von *L. A. Frankl.* Wien, 1855. p. 114.

[53] *E. Makai* munkái. II. Budapest, 1904. p. 170.

Moment seines Lebens war: seine Reise nach dem heiligen Lande, wo ihn das Schwert eines Beduinen durchstach, als er eben in seine Gebete versunken war[54]."

Ihre gemeinsame Quelle ist die hebräische Chronik des Gedalja Ibn Jachja Schalschelet Ha-Kabbala (XVI. Jahrhundert). Hier steht folgendes[55]:

„Die Sage erzählt, daß, als der Dichter Juda Halevi die Tore Jerusalems erreichte, er seine Kleider zerriß und sich knieend auf der Erde fortbewegte, als wollte er den Vers erfüllen: ‚Deine Knechte haben Gefallen an den Steinen des Landes und lieben seinen Staub.' Und er sagte das Klagelied her, das er verfaßt hatte: Und fragst du mich, Zion, wie es um deine Gefangenen steht ... Ein Ismaeliter aber wurde ob dieser Hingebung von Wut erfaßt, und er überrannte ihn mit seinem Pferde, das ihn mit den Hufen zertrat und tötete. Juda Halevi war fünfzig Jahre alt, als er das Heilige Land betrat."

---

[54] *E. Makai:* Op. cit., II. Budapest, 1904. p. 149.
[55] *M. J. Bin Gorion:* Der Born Judas. Berlin, 1934. p. 573. No. 228.

Alte Geschichten in neuem Gewande

— Zehnte Mitteilung —

61. Herausstehlen eines lebendigen Menschen in einem Sarge

Es ist eine bekannte Aggada, daß Jochanan ben Zakkaj sich im Jahre 70 u. Z. während der römischen Belagerung in einem Sarge aus Jerusalem zu Vespasian heraustehlen läßt und den Kaiser um die Erlaubnis bittet, ein Lehrhaus in Javne zu gründen (*b. Gittin* 56 a; *Abot di R. N.* IV.)[1].

In der ungarischen Literatur bearbeitete dies in Versen Heinrich Lenkei mit dem Titel *Die Legende des Sarges*[2].

Otto Major widmet dieser Geschichte ein besonderes Kapitel in seinem Roman *Justus aus Tiberias*[3]. Auch Georg Moldova erzählt sie in seinem Roman *A Szent Imre-induló* (Der Marsch des heiligen Emmerich)[4]. Er benützt dieses Motiv auch in einem satirischen Roman: Der aus seiner Hibernation auferstandene Hitler kommt nach Ungarn. Hier gelangt er in eine pfeilkreuzlerische Bewegung und sucht sich zu retten. Man gibt ihm den Rat: „In einem Sarge, glaube ich, können wir Sie leicht aus dem Belagerungsringe herausstehlen; wenn man auch den Deckel lüftet, ist es nicht wahrscheinlich, daß man viel Aufmerksamkeit auf einen offenbar Toten verschwende"[5].

62. Stein und Krug

Im Drama *Isabella aus Spanien* von Endre Illés gebraucht ein Rabbiner folgendes Gleichnis: „Ob der Stein an den Krug anschlägt, oder der Krug an den Stein: wehe dem Krug". Der König bemerkt hierauf: „Die Klage des Kruges ist ein aragonisches Sprichwort"[6].

Das ist ein Irrtum. Es ist ein jüdisches Sprichwort. Es hat sich in aramäischer Sprache erhalten: „Wenn der Stein auf den Krug fällt, weh dem Kruge. Wenn der Krug auf den Stein fällt, weh dem Kruge"[7].

---

[1] Neusner, J.: Development of a Legend. Studies on the traditions concerning Yohanan ben Zakkai. Leiden 1970; id.: A Life of Yohanan ben Zakkai. Leiden 1970, 157—166; Vermes, G.: Post-Biblical Studies. Leiden 1975, 220.

[2] Bán, M.: Zengő hárfa. Budapest 1921, 46—51; Lenkei, H.: Isten tábora. Budapest 1931, 28—31.

[3] Major, O.: Három apokrif. Budapest 1975, 527—530.

[4] Moldova, G.: A Szent Imre-induló. In: Kortárs 19 (1975) 286.

[5] Moldova, G.: Titkos záradék. Budapest 1973, 125. Über M. Strem schreibt S. Benamy: „Nach der Invasion Hitlers ließ er sich in einem Sarg aus Wien herausstehlen" (7. Izétől Szent József Attiláig. Budapest 1980, 45).

[6] Illés, E.: Spanyol Izabella. In: Kortárs 20 (1976) 179; id.: Spanyol Izabella. Budapest 1976, 149.

[7] Ester Rabba 7, 10; Baron, J. L.: A Treasury of Jewish Quotations. New York 1956, 476, num. 857.4.

Auch Béla Vihar gebraucht es in seinem Tonspiel *Der Reisende*[8]:

„Wenn ein Stein auf den Krug fällt,
Weh dem Kruge.
Wenn ein Krug auf den Stein fällt,
Weh dem Kruge".

63. Ein Brief an Gott

Imre Farkas (1879—1976) erzählt in einer Novelle, wie David Weiss in Deutschkreuz vor dem Pesachfeste Gott einen Brief schreibt, ihn um Hilfe bittend. Den Brief wirft er hinaus in den Sturm. Der Graf findet ihn auf einem Rosenstrauch seines Kastells. Er läßt den Juden rufen und teilt ihm mit, Gott habe ihn zum Vermittler erwählt. Er übergibt ihm fünfzig Pengő. Weiss erzählt das Ergebnis seinem Weibe und fügt hinzu: „Gott schickt keine fünfzig Gulden. Entweder schickt er hundert, oder gar nichts. Ich könnte schwören, daß er hundert geschickt hat: fünfzig hat sich der Graf behalten als Frankogebühr"[9].

Nach sieben Jahrzehnten erzählt ähnliches Benjamin Schreiber. Mirel sagte zu ihrem Manne Jankel: „Wir haben kein Geld, Seder zu machen". Der Gatte schreibt Gott einen Brief. Der Diener des Bankiers, ein Analphabet, findet ihn und übergibt ihn seinem Herrn. Der Bankier schickt dem armen Juden Geld. Als dieser es bekommt, sagt er zu seinem Weibe: „Dies ist auch gut, aber ich hätte gern auch das, was der Bankier als Vermittlungsgeld behalten hat"[10].

Die Anekdote ist allgemein bekannt[11]. Ich habe sie in meiner Kindheit gehört.

64. Die Entdeckung des Diebes

Der schwarze Hahn entlarvt den Dieb. Wenn der Dieb den schwarzen Hahn streichelt, kräht er. Der Rücken des Hahnes wird insgeheim eingerußt. Jeder streichelt ihn und zeigt seine Hand. Alle Hände sind rußig, nur die des Diebes nicht. Dieser traute sich nicht, den Hahn zu berühren.

Diese Szene kommt vor in Tibor Cseres' über Armin Vámbéry geschriebenem Drama *Rokonkereső* (Auf der Suche der Verwandten)[12]. Seine Quelle ist Vámbéry selbst, der dies in seinen Memoiren folgenderweise beschreibt[13]:

„[...] während des Aufenthaltes in diesem Hause wurde ich mit einer ganz originellen Art dessen bekannt, wie der Aberglaube in den Dienst der Polizei

---

[8] Vihar, B.: Küzdelem az Angyallal. Budapest 1973, 87; weitere Beispiele: Schön, B.: Gyöngyvirágok a Talmudból. Győr 1888, 105; Kaczér, I.: Jerichó ostroma. Tel Aviv s. a., 108; Takács, T.: Dervistánc. Budapest 1970, 313; Szilvási, L.: Vizválasztó. Budapest 1972, 319; Janke, J.: Von armen Schnorrern und weisen Rabbis. Berlin 1975, 154; Galgóczi, E.: Törvényen belül. In: Kortárs 24 (1980) 1058.
[9] Farkas, I.: Instáncia az Uristenhez. In: IMIT Évkönyve 1898, 165—173.
[10] Schreiber, B.: Zechor Yemos Olām (Remember the Early Days). New York 1969, 123 sq.
[11] Kossoff, D.: A Small Town is a World. New York 1979, 110—113; Cohen, M.: Mi-Pi Ha'am 3. Tel-Aviv 1979, 74 sq., num. 276 (Anmerkungen von H. Schwarzbaum: p. 130); Szécsi, J.: A sócherek. In: Uj Élet 36 (1981) num. 1.
[12] Cseres, T.: Rokonkereső. — Itt a földön is. Budapest 1973, 312—315.
[13] Vámbéry, A.: Küzdelmeim. Budapest 1905, 175 sq.

gestellt werden kann. Der Pascha verlor seinen teuren Diamantring, und weil er am selben Tag das Haus nicht verlassen hatte, mochte er füglich vorauszusetzen, daß er zu finden sein werde, wenn nur einer seiner zahlreichen Bediensteten ihn nicht gestohlen habe. Da alles Suchen vergeblich war, ließ Hidajet efendi einen wundertätigen Scheich zu sich kommen. Dieser setzte sich in die Vorhalle des Hauses, wohin man schon vorher das ganze Hausgesinde kommen ließ. Auch der Pascha war dort, mit seinem ganzen Gefolge. Ich wartete ungeduldig auf das Kommende, als der Scheich, in türkischer Weise mit überschlagenen Beinen sitzend, einen schwarzen Hahn aus seinem Mantel hervornahm und indem er ihn in seinen Schoß legte, die Diener aufforderte, daß sie alle der Reihe nach an ihm vorüberzögen, mit der Handfläche schwach den Hahn berührten, die Hand dann sogleich in die Tasche steckten, denn — sagte der Scheich — der Hahn werde sogleich den Dieb mit einem Krähen verraten. Als nun schon alle Diener den Hahn berührend an dem Scheich vorbeigezogen waren, forderte dieser alle der Reihe nach auf, ihre Hand zu zeigen. Sämtliche Hände waren schwarz, mit Ausnahme der einen, die weiß blieb und in deren Besitzer man sogleich den Dieb feststellte. Denn das Gefieder des Hahnes war mit Ruß bestreut und da der Dieb befürchtete, sich zu verraten, traute er sich nicht, den Hahn zu berühren, seine Hand blieb weiß, und seine Schuld kam auf natürliche Weise an den Tag. Der Dieb wurde bestraft, der Scheich belohnt".

Es finden sich weitere Parallelen[14].

65. Der Grabstein der Mutter bekommt einen Sprung

In einem Gedichte von Emil Makai lesen wir, daß in Kordova Al-Mohad, ein frommer Muselmane, sich nach Mekka begibt. Er gibt den Auftrag, von Zeit zu Zeit das Grab Fatimas, seiner Mutter, zu besuchen. Al-Mohad stirbt am Ziele seines Weges, am Grabe des Propheten. Gleichzeitig bricht der Sturm den Grabstein seiner Mutter entzwei[15].

Dieselbe Legende erzählt die mittelalterliche hebräische Chronik *Schalschelet Hakkabbala* von Nachmanides. In seinem Alter begibt er sich ins Heilige Land. Er prophezeit, daß bei seinem Tode das Grab seiner Mutter einen Sprung bekommen werde. Nach drei Jahren stellt sich das tatsächlich ein[16].

66. Aus einem Maler wird ein Arzt

Eine arabische Anekdote erzählt folgendes: „There was a painter in his days [that is, in the days of Diogenes] who gave up painting and became a physician. [Diogenes] said to him: ,I suppose, when you saw that mistakes in paint-

---

[14] Wardroper, J.: Jest upon Jest. London 1970, 68 sq., num. 75; Jason, H.: Types of Oral Tales in Israel 2. Jerusalem 1975, 926 *E-B. In einem ungarisch-jüdischen Jugendroman wird der Mörder auf diese Weise entlarvt: Fleischer, Z. M.: Az ötödik fiú. Satu-Mare 1935, 100 sq.
[15] Makai, E.: A zarándok. Makai Emil munkái 1. Budapest s. a., 80 sq.
[16] Bin Gorion, M. J.: Der Born Judas. Berlin 1934, 605 sq.; v. Scheiber, A.: Le folklore juif dans la Revue des Études Juives. In: Revue des Études Juives 139 (1980) 30.

ing lie open before the eye, while mistakes in medicine are covered by the earth, you gave up painting and entered medicine' "[17]. Das griechische Muster schreibt man entweder Nikokles, Solon oder Stratonicus, oft dem Diogenes zu[18]. In der späteren Anekdoten-Literatur taucht es öfters auf. Es findet sich bei Lodovico Domenichi (1515—64)[19] und bei Johannes Gastius[20]. In der Fassung des Luscinius lautet es wie folgt[21]:

„Medicus quidam egregij pictoris artem in re quadam minutula carpsit. Reprehensus, ut erat ingenio simplici, ac facile irritabili, sed quo par pari referret, vicissim arguere medicum, omnemq; simul artem maledictis lacerare coepit, communibus hisce usus in medicos conuitijs, summa impunitate caedem mortalium omnes sibi permittere, verumque esse quod ait vulgus, tyrones medicos singulos coemiteria singula cadaueribus defunctorum implere. At medicus scomma illud acutum ioco facetissimo elusit. Bona verba, inquit, magister, nostra disciplina multo est in hac re, quam sit tua felicidor, quippe praetantiam tuae artis et errata iudicat dies, et hominum de utrisq; iudicat aspectus. At nostrae quidem artis absoluta opera lux et aspectus aeque ut tua probant, sicubi superstitis sunt qui nostra cura viuunt, alioqui iamdudum sepulti. Verum in erratis magis propitiam habemus fortunam, quae illa subducit oculis, et terra abscondit".

Johann Peter de Memel sagt mit prägnanter Kürze: „Ein trefflicher Mahler ward ein Artzt darumb weil er ein Mahler gewesen hätte jederman seine Fehler sehen und tadeln können, des Artztes Fehler aber würden begraben"[22].

Die erste ungarische Spur taucht bei János Kónyi (18. Jahrhundert) auf[23].

67. Die Antwort des Generals Hovin

In dem jüngsten Roman von György Moldova kommt folgender Dialog vor[24]:

„— Kennen Sie das Gespräch des Zaren Nikolaus mit einem seiner alten Generäle, mit Hovin?

— Nein.

— Bei einer Parade erblickt der Zar den alten General, tritt hin zu ihm und fragt ihn:

— Stellst du noch deinen Mann, Hovin? Flammt noch dein Blut?

— Majestät — antwortete Hovin — das Blut flammt schon längst nicht mehr, der Dienst flammt".

---

[17] Rosenthal, F.: Four Essays on Art and Literature in Islam. Leiden 1971, 3.
[18] Schwarzbaum, H.: Studies in Jewish and World Folklore. Berlin 1968, 479.
[19] Speroni, C.: Wit and Wisdom of the Italian Renaissance. Berkeley/Los Angeles 1964, 217 sq., num. 45.
[20] Gastius, J.: Tomus primus convivalium sermonum. Basileae 1554, 221.
[21] Luscinius, O.: Joci ac sales mire festivi. Lipsiae 1703, 413 sq., num. 86.
[22] de Memel, J. P.: Wider erneuwerte und augirte Lustige Gesellschaft. s. l. 1660, 143, num. 374.
[23] György, L.: Kónyi János Democritusa. Budapest 1932, 143, num. 118; Kónyi, J.: A mindenkor nevető Demokritus. Budapest 1981, 79.
[24] Moldova (wie not. 4) 133.

Der Schriftsteller übernahm dies von Martin Buber, wo dies ein Gleichnis des Rabbiners von Kobrin ist[25].

Aus demselben Roman stammt auch dieses Detail: „Heiligkeit? Was ist das? Ich glaube, es kann ein Kleidungsstück sein: sein Stoff ist Stolz, sein Futter Zorn und es wurde mit dem Zwirn der Düsterheit genäht"[26]. Auch dies hat der Schriftsteller von Buber übernommen[27].

68. Die drei Wahrheiten des zum Tode Verurteilten

In *Fortunátus*, dem historischen Schauspiel von Zsigmond Móricz, erzählt der Hauptheld: „Es war ein König, gnädige Frau, unter den Römern. Er hieß [...] Asmodeus. Dieser erbrachte folgendes Gesetz: Wenn ein zum Tode Verurteilter ihm solche drei Wahrheiten sagte, im Verhältnisse zu denen niemand größere Wahrheiten kennt: dem erläßt er den Tod! [...] Nun geschah es, daß ihm ein Soldat vorgeführt wird, der für seine Vergehen von den Richtern zum Galgen verurteilt wurde. Da sagte der König: ‚Geliebter Freund, kennst du das Gesetz?' ‚Jawohl', antwortete der Mann, ‚und ich erfülle es mit Freude'. ‚Sage daher drei Wahrheiten, im Verhältnis zu denen kein Mensch größere Wahrheiten sagen kann!' [...] Da antwortete der Verbrecher: ‚Die erste Wahrheit ist, daß ich zeit meines Lebens, seit meiner Kindheit immer ein Bösewicht war! [...] Die zweite Wahrheit: ich fühle mich hier, Herr König, sehr unbequem! [...] Meine dritte Wahrheit: wenn ich von da weggehe, komme ich aus eigenem Willen niemals mehr zurück!' [...] Da sagte der König: ‚Du hast dich wirklich weise befreit, also gehe!' "[28]

Ein bekannter Typ: der Verbrecher entgeht dem Galgen, wenn er drei Wahrheiten weiß[29]. Pelbart Temesvári erzählt es schon so wie Zsigmond Móricz: „[...] Primam dixit: A principio semper malus fui et mala feci [...]. Secundam veritatem ait: Mihi displicet valde, quod in ista forma mori me oportet [...]. Tertiam veritatem dixit: Si hac vice euasero, nunquam ego ad istum locum iudicii et formam huius mortis voluntarie veniam [...]. Et sic liberatus est ab illa morte iuxta decretum regis"[30].

69. Bad im Blute junger Mädchen macht schön

In einem Roman von Anna Balázs, *Ein Arzt auf dem Autobus*, lesen wir: „Sagen Sie, Herr Doktor, ist es wahr, daß in wessen Adern man das Blut junger Mädchen einläßt, jung wird? [...] Es war eine Fürstin, die machte dies, denn

---

[25] Buber, M.: Hundert chassidische Geschichten. Berlin 1933, 16.
[26] Moldova (wie not. 4) 168.
[27] Buber (wie not. 25) 12.
[28] Móricz, Zs.: Fortunátus. Budapest 1918, 83 sq.
[29] Thompson, S.: Motif-Index of Folk-Literature 3. Copenhagen 1956, 419, Mot. H 505.1; Tubach, F. C.: Index Exemplorum (FFC 204). Helsinki 1969, 179, num. 2233; Középkori anekdoták. ed. G. Szabó. Bukarest 1976, 27 sq.
[30] Katona, L.: Temesvári Pelbárt pédái. Budapest 1902, 123 sq.

sie wußte [...]"[31]. Die Fürstin war Erzsébet Báthory. Die ungarische Volksdichtung bewahrt bis auf heute das Andenken ihrer Grausamkeit[32].

1. Erzsébet Báthory schlug ihr Stubenmädchen ins Gesicht, so daß das Blut daraus hervorquoll. An dieser Stelle wurde ihre Haut schöner als anderswo. Darauf ließ sie es eine Bildsäule umarmen, aus der ein Dolch herausstand: er tötete den, der die Säule umarmte. Dies ließ sie das Stubenmädchen tun. Sie badete in seinem Blute. Sie tat dasselbe auch mit anderen Mädchen[33].

2. Erzsébet Báthory brachte die Mädchen um, badete in ihrem Blut, um schön zu werden[34].

3. Um ihre Schönheit zu bewahren, badete sie im Blute junger Mädchen[35].

4. Eine Kartenschlägerin prophezeite ihr, daß sie schön sein würde, wenn sie in Blut bade. Sie ließ die Töchter ihrer Mägde holen, schnitt ihnen den Hals ab und badete in ihrem Blute[36].

Das Baden in Blut ist ein weit verbreitetes, häufig vorkommendes Motiv[37].

70. Die in dem Tefillinbeutel verborgenen Dukaten

Tefillin bedeutet Gebetsriemen, die der religiöse Jude an Wochentagen morgens auf seinem linken Arm und seinem Kopf befestigt. Er betet damit. Dies muß man wissen, um das folgende Detail aus dem Roman *Der Spaziergang* von Maria Földes zu verstehen[38]:

„Selig bekam Szasas nicht endenwollende Studienreisen schon satt, und einmal, als sein Sohn wieder nach Paris reisen wollte, drückte er ihm eine kleine Schachtel, worin er ein Tefillin gepackt hatte, in die Hand.

— Wenn du täglich betest, mein Sohn, — sagte angeblich Papa Selig zu seinem jüngsten Sohn — erhältst du auch dieses Jahr von mir die Apanage zu deinen Studien.

Als dann Szasa immer häufiger die Depeschen mit dem wohlbekannten Text sandte ‚Ich kann weder gehen, noch bleiben', und da ihm das Geld ausging und er in der Mitte des Universitätsjahres nach Hause kam, besser gesagt, sich nach Hause schleppte in die dörfliche Familienkurie am Fuße der rauchenden Berge und er seinem Vater Vorwürfe machte, daß alle seine Depeschen auf taube Ohren stießen, soll der alte Herr gesagt haben:

— Und sage mir, mein lieber Sohn, bei deiner Seele, hast du jeden Morgen Tefillin gelegt?

— Mais pour l'amour de Dieu, Tata, — schrie nach der Familienfama der jüngste Smilovits — wie können Sie denken, daß ich es wagte, Ihrem Willen nicht Genüge zu leisten?

---

[31] Balázs, A.: Egy orvos az autobuszon. Budapest 1973, 8 sq.
[32] Elsberg, R.: Elisabeth von Báthory. Breslau 1904; Rexa, D.: Báthory Erzsébet. Budapest 1908.
[33] Debreceni Néprajzi Intézet, num. 1029 (Nyirbátor 1967).
[34] Debreceni Néprajzi Intézet, num. 1035 (Nagykereki 1968).
[35] Ethnologiai Adattár, num. 5870 (gesammelt von A. Béres in Kismarja [Bihar]).
[36] Gesammelt von I. Dobos 1969 in Cegléd.
[37] Tubach (wie not. 29) 43, num. 503.
[38] Földes, M.: A séta. Bukarest 1974, 67 sq.

Da nahm der alte Selig — wie man erzählt — gemächlich die Reliquie aus ihrer Schachtel. Und zehn Dukaten, zehn Napoleon fielen heraus".

In ernstem, ja düsterem Tone erzählt schon früher diese Geschichte Lajos Szabolcsi in seiner Novelle *Fünf Dukaten*[39]: „Ein armer junger Mann aus Tolcsva will sich auf die medizinische Fakultät der Pariser Universität begeben. Der Vater gibt ihm in einem Samtbehälter einen Tallit [Bettuch] mit, damit er bete, wenn er in Schwierigkeiten gerate. Vor seinen Rigorosa erkrankt er und vermag die Prüfungsgebühren nicht zu zahlen. Er will sich umbringen. In der letzten Minute will er beten. Er nimmt den längst vergessenen Tallit hervor, und es fallen fünf Dukaten heraus. Daneben eine Schrift: „Wenn du beten wirst, mein Sohn, wird dir Gott helfen".

Diese Erzählung findet sich schon im Jugendroman von Zs. Mészáros Fleischer[40]. Die obige Variante erzählte auch mein Vater. Auf meine Erkundigung habe ich erfahren, daß auch andere sie ähnlich in verschiedenen ungarischen Gegenden hörten.

[39] Szabolcsi, L.: A mainzi rabbi. Budapest 1941, 29—35.
[40] Fleischer, Z. M.: Az ötödik fiú. Satu-Mare 1935, 171—173.

Alte Geschichten in neuem Gewande
— Elfte Mitteilung —

71. Wie sich der Zigeuner verteidigte, der ein Pferd gestohlen hatte

Eine slowakische Anekdote erzählt folgendes: „Der Zigeuner stahl ein Pferd und brachte es zu Markte. Der Eigentümer erkannte es. Der Zigeuner verteidigte sich folgendermaßen: ,Ich schnitt Äste von der Flechtweide, als ein Pferd auf den Baum zukam. Ich fiel auf seinen Rücken, und es sprang davon. Es hatte nichts zu fressen, deshalb wollte ich es verkaufen'"[1].

Kurt Ranke schreibt, es seien ihm davon keine genauen Parallelen bekannt[2]. Wir haben es hier jedoch mit einer Wanderanekdote zu tun, die erstmals in einer italienischen Komödie belegt ist[3]. In Ungarn ist diese Geschichte sehr populär. In einer 1792 aus Győr (Raab) berichteten Anekdote verteidigt sich der Zigeuner so: „Als ich einen schmalen Weg entlangbummelte, verstellte mir auf einmal dieses Vieh den Weg. Auf seinen Kopf traute ich mich nicht zuzugehen, denn ich fürchtete, es könnte mich beißen; seiner Kruppe aber traute ich mich deshalb nicht nahezukommen, weil ich befürchtete, daß es mir einen Tritt versetzen würde. Da entschloß ich mich endlich dazu, über das Pferd zu springen. Dabei ist mir leider passiert, daß ich dem Pferde auf den Rücken fiel. Es erschrak und lief davon mit mir"[4]. Diese Anekdote findet sich in der Zeit von 1799 bis 1845 öfters als Kalendergeschichte[5] und wird auch von zwei großen ungarischen Schriftstellern erwähnt.

Johann Arany läßt Csimaz in seinem satirischen Epos *Die Zigeuner von Nagyida* (1851) sagen: „Ich habe es nicht gestohlen. Ich wollte nach rückwärts gehen, aber es schlägt aus; ich wollte nach vorne gehen, aber es beißt. Ich wollte es überspringen, da springt es auf, und ich fiel ihm auf den Rücken (Z. 153 bis 160)"[6]. Diese Szene wurde vom Dichter auch gezeichnet, und die Arany-Forschung sammelte zahlreiche Parallelen dazu[7].

Maurus Jókai schließlich nimmt sie in folgender Form in seinen Roman *Die armen Reichen* (1890) auf: „Der Zigeuner verteidigte sich, daß nicht er das Pferd, sondern das Pferd ihn gestohlen habe. Er kletterte auf einen Baum, der Ast brach, darunter weidete das Pferd, er fiel darauf. Das Pferd rannte mit dem Zigeuner davon — und so stahl das Pferd den Zigeuner"[8].

[1] Ranke, K.: European Anecdotes and Jests. Copenhagen 1972, 63, num. 81.
[2] ibid., 153.
[3] Dictionnaire d'anecdotes (1767) = Anekdoten 2. Leipzig 1767, 238.
[4] Timár, K. in: Győri Szemle 2 (1931) 236 sq.
[5] Dömötör, S. in: Ethnographia 40 (1929) 97, num. 211.
[6] Arany, J.: Összes Müvei 3. Budapest 1952, 221.
[7] ibid., 332; Tolnai, V. in: Irodalomtörténet 4 (1915) 252 sq.; ibid. 6 (1917) 505; Debreczeni, F. in: Irodalomtörténeti Közlemények 33 (1923) 105; György, L. in: Irodalomtörténet 21 (1932) 47 sq.
[8] Jókai, M.: A gazdag szegények. Budapest 1969, 103.

ALTE GESCHICHTEN IN NEUEM GEWANDE

I. Der Bocher unterrichtet französisch

Ferenc Molnár, der weltberühmte ungarische Dramatiker und Romanschreiber [1878-1952], erzählt in seinem letzten Roman folgendes:[1] "... der neureiche Bauer hat sich vorgenommen, seinen Sohn französisch lernen lassen. Er bot dem Lehrer so lange Unterkunft, gute Verköstigung und eine ansehnliche Entlohnung an, bis der Sohn die fremde Sprache sein eigen macht.

Die Nachricht von dem Angebot des Neureichen erreichte einen blutarmen, schäbigen, fast mit dem Hungertod ringenden jungen Mann. Obwohl er kein Wort französisch sprach, meldete er sich, die einbringliche Stelle zu erhalten. Der Bauer stellte den "Herrn Professor" an; nach einem ergiebigen Mittagmahl setzten sich Lehrer und Schüler sofort zum Lernen. Täglich dauerte der Französischunterricht stundenlang. In seiner Verzweiflung erfand der junge Mann eine neue Sprache ...

Schliesslich konversierten Lehrer und Schüler — selbst während des Mittagessens — fliessend "französisch" und die Familie hörte mit stiller Ehrfurcht zu. Die Geschichte endete damit, dass der Lehrer krank wurde und starb. Der Bauernsohn reiste nach Paris und entdeckte dort, dass er eine Sprache spricht, die ausser ihm jedem auf der Welt unverständlich ist."

Eine ähnliche Geschichte wird von dem Journalisten György Fazekas

---

* Diese Abschnitte meiner Studienreihe widme ich freundlichst Professor D. Noy, dem Forscher der jüdischen Folklore, anlässlich seines 60. Geburtstags. Es sei ihm gegeben, seine reiche Sammlung in Israel noch lange zu ergänzen und zu bearbeiten. Die früheren Kapitel erschienen in der Fabula, vol. VIII (1966), pp. 107-109, 246-248; X (1969), pp. 212-215; XI (1970), pp. 144, 277-280; XII (1971), pp. 90-96, 248-256; XIII (1972), pp. 160-166; XIV (1973), pp. 253-262; XV (1974), pp. 114-123; XXIII (1982), 99-105.

1. F. Molnár, Utazás a számüzetésben, Budapest 1958, pp. 294-295; L. Rosten, The Joys of Yiddish, New York 1970, pp. 30-31; P. Királyhegyi, Elsó kétszáz évem, Budapest 1979, pp. 370-372.

[1914 —] in seinen Memoiren von seinem Kollegen Gézi Demeter berichtet:[2]

"... ein unbekannter Mann besuchte mich und fragte mich geheimnisvoll aus; so stellte es sich heraus, dass ich früher jahrelang in Abessinien lebte. Da stellte der Mann das überraschende Angebot: ich soll ihn abessinisch unterrichten; er ist nämlich Zahntechniker, könnte einen vorteilhaften Kontrakt erhalten und möchte — sagte er — draussen als Zahnarzt wirken. Zu diesem Zwecke will er ein wenig abessinisch erlernen. Er bot fünf Pengö für jede Stunde an.

Der kalte Schweiss rann über mich. Ich habe in Abessinien kaum die dortige Sprache benützt, weil ich der Leiter von Engländern war und auch im Bureau mit jedermann englisch sprechen konnte; was ich aus der Landessprache aufgefischt habe, war wenig und längst vergessen. Doch sind fünf Pengö ein grosses Geld! Sogar täglich, weil der Zahntechniker jeden Tag eine Stunde wünschte. Vor meinen Augen schwebten Mittag- und Abendessen, Kaffee, Zigaretten, hie und da ein Gläschen Wein. Ich nahm an.

Und was geschah danach?

Ich setzte mich noch am selben Tage hin und erfand dreissig bis vierzig Grundworte. Als einziger Ausgangspunkt summte mir noch die Musik der Sprache vor. Als ich im Heft zwei volle Seiten zusammenschrieb, büffelte ich es. Nächsten Tag gelang es mir, dies fliessend wiederzugeben und ich überredete meinen Schüler, sich mit der Grammatik nicht abzurackern, schliesslich sei es ihm nur wichtig, abessinisch nicht "verloren" zu sein. So ging das wochenlang. Abends beschäftigte ich mich immer mit Wortbildung und Lernen, mittags unterrichtete ich und versuchte aufgrund meiner lateinischen Kenntnisse aus der Schulzeit und der englischen Grammatik Sätze in dieser neuen Sprache hervorzuzaubern. Letzten Endes konversierten wir sogara abessinisch. Meine Not begann damit, dass mein Zahntechniker ein verblüffendes Gedächtnis hatte. Er erinnerte sich eines jeden Wortes, ich hingegen begann, die anfangs erfundenen zu vergessen. Die Situation war schier zum verrückt werden. Es gab eine Sprache, auf der ganzen Welt bloss von uns zweien gesprochen und von mir immer schlechter. Da tötete ich meinen Onkel. Eines schönen Tages teilte ich mit, dass mein Onkel todkrank wäre; eine bedeutende Erbschaft erwartet meiner, wenn ich aber am Sterbebette nicht anwesend bin, ist es zu befürchten, dass die

2   Gy. Fazekas, Miskolci toronyóra, Budapest 1976, pp. 99-100; Ch. Bloch, Das jüdische Volk in seiner Anekdote, Berlin 1931, p. 85; M. Cohen, מפי העם. III, Tel-Aviv 1979, p. 56. No. 251. Anmerkungen von H. Schwarzbaum: p. 125.

Verwandten mich hintergehen. Der Zahntechniker wollte mich zwingen, noch ein-zwei Wochen zu bleiben, dann wird er die Sprache schon ganz gut beherrschen. Nächsten Tag sagte ich vorwurfsvoll, mein Onkel sei gestorben und fuhr heim nach Miskolc."

Curt Leviant, der amerikanische Universitätsprofessor und Hebraist, hörte dasselbe von der jiddischen Sprache:[3]

"A Chinese waiter spoke to the customers in perfect Yiddish. People took this for granted for a while until one man asked the owner, 'Tell me, sir, how is it that this Chinaman speaks such an excellent Yiddish?' 'Shh' the owner replied: 'He thinks he's learning English'."

Die ursprüngliche Anekdote spricht von einem Bocher, der den Unterricht eines am Meierhof lebenden Privatschülers übernahm, unter anderem auch auf Französisch, obwohl er davon nichts wusste. Er verfertigte also ein Wörterbuch und eine Grammatik. Der Schüler bestand die Prüfung am Schuljahresende erstklassig — die Eltern waren mit dem Bocher sehr zufrieden. Die Arbeit wurde im zweiten Jahre fortgeführt, mit so grossem Erfolg, dass die beiden schon "französisch" plauderten. Der Bocher wurde aber auf einemmal krank und der Arzt teilte dem Vater des Schülers mit, dass der Patient kaum den nächsten Tag erleben würde. Der Vater wollte dem armen Teufel noch Freude bereiten und befragte ihn, ob er etwas wünsche. Der Bursche, der sein Ende spürte, bat, seinen Schüler sprechen zu können. Der Vater widerstrebte, doch der Bocher sagte, das Kind soll nur kommen, damit er noch das letzte Mal französisch spreche, denn es wird nach seinem Tode niemanden geben, mit dem der Kleine französisch plaudern kann."[4]

II. Hemd wechseln

Der ungarische Schriftsteller Ferenc Móra [1879-1934] schreibt die Geschichte von den zwei Juden ab, die zum Ministerpräsidenten in Audienz gehen wollen. Der Sekretär fordert sie auf, Hemd zu wechseln. Unter dem Tor ziehen sie sich gegenseitig das Hemd des anderen an.[5]

Dies ist eine bekannte jüdische Anekdote:[6]

"Zwei polnische Juden kommen nach Wien, suchen ihren reichen Landsmann Goldbaum auf und bitten ihn um Quartier für einige Tage.

3   C. Leviant, The Yemenite Girl, New York 1977, p. 64.
4   S. Beck, Öreg jogász tövistermése, Budapest 1969, p. 50.
5   F. Móra, Véreim. Parasztjaim, Budapest 1958, p. 332.
6   H. Blumenthal, Die besten jüdischen Anekdoten, Wien 1924, p. 10; L. György, A magyar anekdota története és egyetemes kapcsolatai, Budapest 1934, p. 95. No. 19; idem, Világjáró anekdoták, Budapest 1938, pp. 296-297. No. 170; L. Rosten, Op. cit.,

'Gern', sagt dieser, 'ihr könnt bei mir wohnen. Ich stelle aber eine kleine Bedingung: bevor ihr euch zu Bett begebt, sollt ihr die Wäsche wechseln'.

'Wenn es weiter nichts ist, sehr gern' ruft der eine und der andere fügt hinzu: 'Wir wollen deinen Wunsch ohneweiters erfüllen'.

Die Beiden entfernen sich. Im Stiegenhaus bleibt der eine nachdenklich stehen und meint:

'Sag', was hat schon Goldbaum davon, wenn du *mein* Hemd anziehst und ich das *deinige*'?"

III. Wie verändert!

Eine berühmte Novelle des ungarischen Schriftstellers Géza Gárdonyi [1863-1922] erzählt von einem Maler, der ehedem in Nünchen studierte. Nun arbeitet er in einem Dorfe. Frau Bozóki bittet ihn um ein Bild ihres an Diphtherie verstorbenen Töchterchens, Ilonka. Keine Photographie ist vorhanden. Der Maler stellt sich die Mutter als Siebenjährige vor und malt die Tochter so. Als die Mutter das Bild erblickt, bricht sie in Tränen aus. Der Maler fragt sie gerührt:

— Nun, erkennen Sie sie?

— Und ob ich sie erkenne — war die Antwort — wenn sie sich auch im Jenseits sehr veränderte...[7]

Der Musikhistoriker Zsigmond László besuchte 1913 Professor E. Sievers in Leipzig und deklamierte ihm ungarische Gedichte. Für die Verse erzählte ihm der Professor folgende ungarische Anekdote:[8]

"Mikosch fällt in tiefe Trauer: sein Vater ist gestorben. Er möchte sein Andenken verewigen. Irgend etwas hat er davon gehört, dass es gewisse geschickte Menschen gibt, die das Gesicht eines jeden abmalen können. Er besuchte also einen solchen Maler von gutem Rufe und bat ihn, das Antlitz seines Vaters abzumalen. Der Künstler war wohl geneigt, fragte aber, ob er eine Photographie des Verewigten sehen könnte. 'Ein Photo, das gibt es nicht' — war die Antwort. 'Aber bitte, ich hatte nicht die Ehre, den Verstorbenen zu kennen!' — 'Ei, ei — erwiderte der brave Mikosch — man sagte mir doch, dass Sie einen jeden abmalen können!' Der Maler erkannte die Lage, nahm schliesslich den Auftrag an und sagte dem trauernden Mann, er soll, sagen wir, in einem Monat wieder-

pp. 163-164; D. Kossoff, A Small Town is a World, New York 1979, pp. 100-101; N. Ausubel, A Treasury of Jewish Folklore, New York 1980, p. 79.

7   G. Gárdonyi, Az én falum. I, Budapest 1908, Magyar Elbeszélök, 19., század. Ed. *A. Szalai*. II, Budapest 1976, pp. 1105-1112; L. Rosten, Op. cit., pp. 188-189.

8   Zs. László, Uj Élet, XXXII (1977) No. 10; E. Frenzel, Motive der Weltliteratur, Stuttgart 1980, pp. 501-513.

kommen. Unser Mikosch tat auch so. Der Maler empfing ihn ehrfurchtsvoll und hüllte in seinem Atelier das Bild ab. Mikosch stand gerührt vor dem Portrait, sagte dann mit echtungarischer Aussprache: 'Armer Vater, wie hast du *dich* verändert'!"

Wie die Geschichte zu Géza Gárdonyi und woher sie zu E. Sievers kam, kann ich nicht feststellen.

IV. Nichts ist mir geblieben, nur was Du anhast
György Száraz, ein junger Dramatiker und Erzähler, schreibt in einem seiner Werke: "Wer erinnert sich des seinerzeitigen bitteren Witzes? 'Wie geht's Dir'? — fragt der nichtjüdische Freund den Heimkehrer. 'Frag' gar nicht — sagt jener. Nichts ist mir geblieben ausser was Du anhast'."[9]

Später erzählte man das weit und breit.[10]

Zum erstenmal wurde es von Ferenc Heves als eigenes Erlebnis abgeschrieben.[11]

V. Gebetbuch oder Bibel als Schutz vor Kugel
Arthur Linksz, Professor der Augenheilkunde in New York, erwähnte: "Eine andere Lieblingsgeschichte meines Vaters sprach von dem Soldaten, der in der linken oberen Tasche seiner Montur, 'über's Herz' eine kleine Bibel trug, worin einmal eine Flintenkugel stecken geblieben ist. Gewiss ist das wahrlich geschehen."[12]

Diese Geschichte wurde von dem ungarischen Schriftsteller Ferenc Herczeg [1863-1954] in seiner Novelle *Die Heilige Schrift* bearbeitet:[13]

"Lasset mich euch eine schöne Geschichte erzählen. Eine alte Geschichte, stammt noch von meiner Grossmutter aus der Zeit als ich in die Schule ging. Ich sage es Euch, wie ich von ihr hörte.

Der König führte Krieg gegen einen seiner Nachbarn. Da in Kriegszeiten wohlgestaltete Burschen eben recht kommen, hat man auch Sándor, den einzigen Sohn einer armen Witwe zum Militär assentiert. Assentiert und vor den Feind geführt.

Der armen Witwe ist fast das Herz gebrochen, so traurig war sie. Sie war sehr arm, konnte ihrem Sohne nichts anderes mitgeben, als die

---

9 Gy. Száraz: Egy elöítélet nyomában, Budapest 1976, p. 262.
10 Idem: Élet és Irodalom. XXI (1977), No. 53.
11 F. Heves: Ludas Matyi, 8. VII 1945; Uj Élet. (XXXII) 1977, No. 9.
12 A. Linksz, Visszanézek, New York 1977, p. 234.
13 In: Az uj nevelö, 1898, *K. Kemény*, A. zsidó tanulóifjuság könyve, Rákospalota 1921, pp. 21-22.

Heilige Schrift, die sie allabendlich zu lesen pflegte.

— Ich kann dir nichts anderes geben — sagte sie. — Nimm dieses Buch, wohin dich immer dein Schicksal führt, mit. Blättere es eifrig, in schweren Stunden wirst du Trost darin finden.

Sándor übernahm dankbar die Gabe, verbarg sie sorgfältig an der Brust and Nahm Abschied von der Mutter . . .

Wenn nach dem blutigen Alltag die Truppen sich zur Ruhe zurückzogen, holte Sándor gewöhnlich die Heilige Schrift hervor und las bei dem Lichte des Lagerfeuers. Leg' doch das Buch schon nieder — riefen ihm selbst seine Offiziere zu. Wozu schleppst du es mit dir? Das gehört sich für einen Priester, aber nicht für einen Soldaten. Sándor hörte ihnen nicht zu und verbarg es sorgfältig unter seinem Mantel. Einmal wurden sie gegen eine kleine Festung kommandiert, wo sich der Feind festsetzte. Ein mörderischer Kampf entfaltete sich um die Mauern. Der Feind hielt sich fest und schüttete einen wahren Kugelregen über die Stürmer. Als es endlich doch gelungen war, die Festung zu nehmen, war Sándor der erste, der die ungarische Fahne an der Bastei hisste. Im nächsten Augenblick aber zielte ein feindlicher Soldat auf sein Herz und schoss ihn nieder. Die Kugel drang in seine Brust, Sándor stürzte lautlos zu Boden. Das Gefächt stürmte über seinen leblosen Körper hinweg.

Als man gegen Abend die gefallenen Helden zusammenholte, fanden sie auch Sándor. Da ist ja auch unser armer Gefährte Sándor — sagte ein Soldat. Die Heilige Schrift hat ihm wohl wenig geholfen. Einer aber kniete sich bei Sándor nieder und knöpfte seinen Rock auf. Er lebt doch! — rief er überrascht. Sándor war nicht tot, nur ohnmächtig. Die Kugel, die an sein Herz zielte, ist in der Heiligen Schrift — auch damals an seiner Brust — steckengeblieben, bohrte sich bis zur Hälfte des Buches, blieb aber im Papier hängen . . . "

Das jüdische Wochenblatt *Egyenlöség* brachte während des ersten Weltkrieges [XXXIII, 1914, No. 48] eine Illustration von einem Gebetbuch mit folgendem Text: "Das lebensrettende Gebetbuch. Es ist das Gebetbuch eines jüdisches Landwehr-Korporals aus Silezien, dessen Leben wunderbarerweise dadurch gerettet wurde. Der russische Schrapnellsplitter — auf dem Bilde zu sehen — bohrte sich durch den Tornister des Soldaten, ist aber in dem von der Mutter als Talisman mitgegebenen Gebetbuch steckengeblieben."

Die Soldaten in Israel nehmen heute noch einen kleinen Psalter mit.[14]

---

14 I. Ben-Ami, D. Sadan Jubilee Volume, Tel Aviv 1977, p. 101.

VI. Der ehrliche Finder

Der Humorist Pál Királyhegyi [1900 — 1981] erzählte folgende Geschichte:[15]

"Res Alsis verlor seine Ledertasche mit 25.000 persischen Talern. Er bot dem Finder fünftausend Taler an. Der Finder war der arme Derkes Ezra. Res Alsis aber verweigerte ihm den Finderlohn, weil er behauptete, in der Tasche seien 30.000 Taler gewesen. Er ging zum Schah, der entschied: wenn dreissigtausend Taler drin waren, so gehört diese Tasche offensichtlich nicht ihm und überreichte sie dem ehrlichen Finder."

Der Verfasser bearbeitet hier eine Sage aus dem Mittelalter:[16]

"Ein türkischer Kaufmann verlor seinen Geldbeutel mit zweihundert Goldstücken, liess daher verkünden, dass er den Finder mit der Hälfte des Betrages belohnen würde.

Die Börse wurde von einem armen Seemann gefunden, der lieber den rechtmässigen Gewinn haben wollte, als zum Diebe zu werden, da doch der Koran es Diebstahl nennt, wenn man das Gefundene seinem Inhaber nicht zurückerstattet. Daher meldete er dem Ausrufer, dass der Geldbeutel bei ihm sei.

Der Kaufmann ging zum Schiffer, da er aber geizig war, suchte er einen Ausweg, um sein Versprechen nicht einhalten zu müssen und log: er behauptete, dass sich ausser den zweihundert Goldstücken ein wertvoller Schmuck im Beutel befand und forderte das Juwel auch zurück. Der Schiffer beschwor den Propheten, es war kein Schmuck in der Börse.

Sie gingen zum Kadi, der wohl den Schiffer nicht Dieb nannte, weil es aber so schien, dass der Schmuck wegen seiner Nachlässigkeit verloren ging, das Urteil fasste, dass die zweihundert Goldstücke unvermindert dem Kaufmann gehören.

Der Seemann, des ehrlichen Finderlohns beraubt und in seiner Ehre gekränkt, ging zum Grossvezier und erzählte ihm den Vorfall.

Der Grossvezier verhörte den Kaufmann, fragte dann den Verkünder, was er ausrief. Der sagte wahrheitsgemäss: zweihundert Goldstücke sind verloren gengangen. Der Kaufmann fügte schnell hinzu, er liess das Juwel deshalb nicht ausrufen, weil er befürchtete, der Beutel käme in die Hände eines einfältigen, der den wahren Wert nicht kennend, ihn sofort verkaufen würde. Der Schiffer schwor zugleich, dass er im Beutel nur die Goldstücke fand.

15 P. Királyhegyi, Ami sürgös, az ráér, Budapest 1972, pp. 31-36.
16 Gy. Szabó, Középkori anekdoták, Bukarest 1976, pp. 25-27.

Der Grossvezier dachte eine Weile nach und urteilte dann folgendermassen:

— Da der Kaufmann einen solchen Geldbeutel verlor, der zweihundert Goldstücke und einen Schmuck enthielt, der Schiffer hingegen beschwört, dass die von ihm gefundene Börse kein Juwel enthielt, ist dieser Beutel nicht gleich mit dem vom Kaufmann verlorenen. Der Kaufmann soll also noch einmal verkünden lassen, was er verloren hat, vielleicht meldet sich jemand, der jenen Beutel mit dem Gold und dem Schmuck fand. Der Schiffer soll diese Börse vierzig Tage lang aufbewahren, ob sich der Eigentümer meldet; wenn nicht, so gehören ihm nach vierzig Tagen die zweihundert Goldstücke.

So ist der geizige Kaufmann um seine eigenen zweihundert Goldstücke gekommen."

VII. Das Gebet des Tempeldieners

In dem Roman *Dubin's Lives* von B. Malamud kommt ein Hinweis auf einen jüdischen Witz vor: "Der Schammes betet laut: 'Herr, mein Allmächtiger, Du bist das All, ich bin ein Nichts'. Da sagt der Rabbi: 'Sieh' nur den unverschämten, was er sich einbildet'!"[17]

Der Hinweis ist ohne Kenntnis des jüdischen Witzes kaum verständlich:

Am Vorabend des Versöhnungstages geht der Rabbi hinauf zum heiligen Schrein: "Ich bin der Rabbi der Gemeinde, ein bekannter Mann. Was bin ich aber vor Dir, mein Gott, ein Niemand, ein Nichts".

Angeeifert, geht der Gemeindevorsteher auch hin: "Ich bin der Vorsteher der Gemeinde, ein reicher Mann, eine Macht. Was bin ich aber vor Dir, mein Gott, ein Niemand, ein Nichts."

Der Schammes, der Tempeldiener, sieht all das und stellt sich auch vor den Schrein: "Mein Gott, was bin ich vor Dir, ein Niemand, ein Nichts".

Da bemerkt der Gemeindevorsteher:

"Sie Niemand, wie unterstehen Sie sich, hier ein Nichts zu sein"?

VIII. Zwei Liebende

Kálmán Mikszáth schreibt in 1886: "Erst erzählte er ihnen eine prachtvolle Anekdote vom alten Liebhaber, dessen graue Haare von der

---

17 B. Malamud, Dubin's Lives, New York-London 1979, p. 3; Nagyvilág. XXII (1977), p. 1812.

jungen Liebe ausgezupft wurden, die schwarzen hingegen von der eifersüchtigen alten".[18]

Bereits J. Bolte wies auf Aesopus (ed. Halm. No. 56) und auf Phaedrus [II.2.] hin.[19] Man könnte auch Babrios (No. 22) anführen. Die Anekdote ist im Talmud [Bab. Qamma 60b] zu finden.[20] Volkstümlich wurde sie durch die mittelalterlichen Parabelsammlungen.

Jacques de Vitry's Abfassung lautet:[21]

"Hii miseri et incauti homines similes sunt cuidam misero seni qui duos habebat amicas, unam juvenem et aliam senem. Senex volebat ut amasius ejus assimilaretur ei; unde quando in gremio suo dormiebat, capillos nigros ei subtrahens, albos ex canicie illi relinquebat. Quando vero dormiebat in gremio junioris amice, illa, volens ut juvenis appareret, canos capillos ei subtrahebat, ex quo accidit quod totus depilatus tam albos quam nigros crines amisit. Ita accidit hiis miseris marinariis quos meretrices spoliant et emungunt".

Étienne de Bourbon hinterliess es so: [22]

"Luxuria facit miserum, in misera servitute redigens luxuriosus, ut sint servi vilissimorum membrorum genitalium... Dicitur, et audivi hoc a quondam Fratre Minore, dicto fratre Guillelmo de Cordellis, in sermone, quod quidam fuit sacerdos qui in juventute sua adamavit quamdam, quam in concubinatu tenens, habuit de ea multam familiam; qua facta vetula, adamavit quamdam aliam juvenculam, quam etiam focariam tenuit, aliam amore prolis, istam amore libidinis. Vetula, pediculans eum, removabat de ejus capite capillos nigros, ut senex appareret; junior albos, ne senex videretur et vetule adhéretet; et iste due sanguisuge miserum non solum in capite deplumabant, sed in rebus et bonis omnibus depauperabant."

Die sehr populäre Mensa philosophica verbreitete es auch.[23]

Es gibt freilich auch andere Quellen.[24]

18 K. Mikszáth, ÖM. LXXII, Budapest 1978, p. 142.
19 J. Bolte, Zeitschrift des Vereins für Volkskunde, XXI (1911), p. 15.
20 H. Schwarzbaum, Talmudic-Midrashic Affinities of Some Aesopic Fables. Essays in Greco-Roman and related Talmudic Literature. Ed. H. A. Fischel. New York 1977, p. 441.
21 The Exempla or illustrative Stories from the Sermones Vulgares of Jaques de Vitry. London 1890, p. 84. No. 201.
22 Anecdotes Historiques... d'Étienne de Bourbon. Ed. A. Lecoy de la Marche. Paris 1877, pp. 389-390. No. 451.
23 Th. F. Dunn: The Facetiae of the Mensa Philosophica. St. Louis 1934, p. 41. No. 135.
24 S. Thompson: Motif-Index of Folk-Literature, IV, Copenhagen 1957, p. 179. J. 2112. 1; F.C. Tubach, Index Exemplorum, Helsinki 1969, p. 190. No. 2401.

IX. Der Pate

Folgender Fall aus Pest, der — angeblich — vor Gericht kam, wird ebenfalls von Kálmán Mikszáth in 1885 erzählt:[25]

"Einem armen jüdischen Kaufmann wurde ein Sohn geboren. Er bat seinen Bekannten Jakob K. als Paten. Der Pate veranstaltete einen grossen Schmaus. Am dritten Tag erhielt er Anspielungen von seinen Freunden auf seine Patenschaft, er solle doch dem 'Buben' nachsehen. Er lief ins Haus des Neugeborenen, wo es sich herausstellte, dass wahrlich ein Mädchen zur Welt kam. Man hat ihm die Zeremonie nur vorgetäuscht."

Von einem gewesenen Schüler hörte ich: Jakob Adler, ein jüdischer Grabsteinschnitzer in Pest, war ein grosser Spassmacher. Während des ersten Weltkrieges lud er seinen Freund zur Zirkumzision ein und es stellte sich heraus, dass das Kind ein Mädchen war.

Einen ähnlichen Fall hörte auch Mikszáth.

In einer deutschen Anekdote ist eine nicht sehr abweichende Variante zu lesen [*D. Schulz — H. Griesbach:* Leseheft für Ausländer. München 1968, pp. 44-49]:

"Die alte Baronin war eine sehr wohltätige Frau. Sie kümmerte sich um die Armen und Kranken in dem Dorf, bei dem ihr Schloß lag. Ihre besondere Sorge galt den Kindern. Wurde bei armen Leuten ein Kind geboren, so ließ sie es sich nicht nehmen, bei ihm Pate zu stehen. Jedem Täufling gab sie 50 Mark als Patengeschenk, und außerdem schickte sie der Mutter eine Zeitlang gutes Essen ins Haus. Zur Taufe allerdings pflegte sie nicht zu kommen; hierbei ließ sie sich von einer Verwandten des Kindes vertreten.

Eines Tages plötzlich hieß es, die Baronin wolle in Zukunft keine Patenschaft mehr annehmen. Wie kam das?

Schuld daran war der Schneider Merkel, oder vielmehr seine Frau Grete. Bei Merkels Sohn Karl hatte die Baronin Pate gestanden, und der Junge war nun schon zwei Jahre alt und recht groß für sein Alter. Er war ein sehr lebhaftes Kind, dessen Plappermund nie stillstand.

Plötzlich traf den Schneider ein Unglück ums andere, wie das manchmal im Leben so geht. Er wurde krank und konnte monatelang nichts verdienen; seine alte Mutter, die bei ihm wohnte, starb, und der Schneider mußte auch noch die Kosten für die Beerdigung bezahlen; eines Nachts wurden ihm noch Stoffe aus der Werkstatt gestohlen und sein Schwein im Stall dazu; kurz, er konnte ein halbes Jahr lang seine Miete

---

25   K. Mikszáth: ÖM LXXI, Budapest 1977, pp. 54-55.

nicht bezahlen, und der Hausbesitzer drohte, ihn auf die Straße zu setzen.

Da hatte Grete, seine Frau, einen guten Einfall. 'Fritz', sagte sie zu ihrem Mann, 'geh zur Baronin und sage ihr, wir hätten wieder ein Kind gekriegt, und bitte sie, Pate zu stehen. Wir kriegen dann 50 Mark als Patengeld, und das hilft uns aus der schlimmsten Not. Es ist zwar eine Lüge, aber doch nur eine Notlüge. Unser Herrgott wird uns schon verzeihen, weil wir doch jetzt so arg in der Tinte sitzen.'

Fritz tat, was Grete gesagt hatte, und am Tag darauf schickte die Baronin den beiden das Taufgeld ins Haus. —

Vierzehn Tage später blickte der Schneider, als er bei seiner Arbeit saß, zufällig durch das kleine Fenster seiner Werkstatt auf die Straße. Auf einmal sprang er von seinem Sitz, warf seine Schere auf den Boden, rannte in die Küche, wo seine Frau gerade das Essen kochte, und schrie: 'Grete, Grete! Eben kommt die Baronin auf unser Haus zu; sie will sicher ihr Patenkind sehen. Was fangen wir nun an? Ich halte sie eine Zeitlang auf; sieh zu, wo du jetzt schnell ein kleines Kind herkriegst!'

Das war aber leichter gesagt als getan. In der ganzen Nachbarschaft war natürlich gerade kein Kind von vierzehn Tagen aufzutreiben. Grete wußte sich keinen anderen Rat, sie nahm den kleinen Karl, der bei ihr in der Küche spielte, legte ihn in die Wiege und versprach ihm ganze Berge von Süßigkeiten, wenn er nur zehn Minuten lang seinen Mund halten wollte.

Da kam die Baronin schon in die Küche, grüßte freundlich und sagte, sie wolle sich nur nach der Gesundheit von Mutter und Kind erkundigen. Ob sie wohl ihr Patenkind einmal sehen könne? 'Gewiß', sagte Grete und wurde rot wie ein Krebs. Sie ging mit der Baronin in die Schlafkammer, wo in der dunkelsten Ecke die Wiege stand. Das muntere dicke Gesichtchen des Jungen lachte der Baronin freundlich entgegen.

Die Baronin war erstaunt. 'Das Kind scheint ja für sein Alter merkwürdig groß zu sein', sagte sie 'wie heißt es denn?' Auf diese Frage war Grete nicht gefaßt. An einen Namen für das Neugeborene hatte sie natürlich nicht gedacht und schwieg verlegen. Ihr Mann, der mit den Frauen ins Schlafzimmer gekommen war, wußte auch nichts zu antworten. 'Es heißt..., es heißt...', stammelte er.

Mit einem Mal schreit der kleine Junge so laut er kann: 'Ich heiß' doch Karlchen!'

Von dieser Zeit an mochte die Baronin keine Patin mehr sein."

X. Es kräht schon der Hahn...

Eli Wiesel schreibt in einem Roman:[26]

"First let me tell you the history of this song. Rabbi Yitchak Eizik, the famous shepherd of Kalev, was walking in the woods one afternoon when his ear was struck by the words and melody of an infinitely sad, infinitely beautiful song. He followed the voice and discovered the singer. It was a young Hungarian guarding his flock. 'Sell me your song,' the rabbi said to him. 'I offer you twenty crowns. Will you accept?' The young man stared at the rabbi, uncomprehending. 'Well, will you take it? Twenty crowns? Thirty? Forty?' The young Hungarian stretched forth a hand, and the rabbi dropped fifty crowns into it. At that instant an astonishing thing took place: the song fled the Hungarian and was received by the rabbi. The one had forgotten it, while the other had learned it, and that in less than a second. Later the rabbi explained to his disciples that this love song, composed by David the King, had wandered for many centuries, waiting to be 'liberated'...

And leaping to his feet with surprising grace, Moishe paced the room, chanting the *Szól a kakas már*, a feverish, nostalgic song in which the lover implores his distant mistress to wait, to wait even until God consents to unite their separated hearts."

Die Legende ist in der ungarischen Literatur in verschiedenen Varianten bekannt.[27] Die Melodie wurde mehrmals aufgezeichnet.[28] Vor 1840 gibt es aber keine schriftliche Spur davon.[29]

Es scheint auch diesmal ein Wandermotiv zu sein. Eine ähnliche Legende wird von Baal Schem Tow erzählt:[30]

"Der Zadik R. Israel Baal Schem Tow spazierte einst mit seinen Chassidim im Felde. Da ertönte eine Hirtenflöte. Der Rabbi schenkte dem Hirten einige Münzen und er wiederholte die Melodie einige Male. Der Rabbi sagte zu seinen Chassidim: 'Der Hirte spielte eine Levitische Melodie, die vom Tempel stammt. Sie wanderte mit Israel aus und gelangte zum Hirten. Jetzt kehrt die Melodie zum Ort ihres Heiligtums zurück. Sie wird am Schabbat nach dem dritten Mahl von Chassidim gesungen werden'."

26 E. Wiesel: The Town Beyond the Wall, New York 1964, pp. 16-17.
27 Zs. Mészáros: A négy fiu, Budapest 1909, pp. 23-24; J. Patai, Kabala, Budapest 1923, pp. 47-55; Rabbi Eizik, translated by A. Handler, London 1978, pp. 26-33.
28 M. Pásztor: IMIT Évkönyve 1903, pp. 226-239; I. Bokor, Mult és Jövo. VII (1917), p. 141; T. L. Szilágyi-Windt, Ha-Zadiq Mi-Qalov Uqehillato, Haifa, 1970, pp. 200-201.
29 S. Weöres, Három veréb hat szemmel, Budapest 1977, p. 603.
30 Z. Sofer: Der Fremdgläubige in der chassidischen Legende, Theokratia, II, 1970-1972. Leiden 1973, p. 372.

Alte Geschichten in neuem Gewande
– Zwölfte Mitteilung –

72. Entsagen – dem Dieb zuliebe

Der betagte zeitgenössische ungarische Schriftsteller Sándor Sásdi erzählt in einem seiner Romane folgende Geschichte: „Reb Borsch[...] wird in der Nacht von Lärm geweckt. Er schleicht sich zum Fenster und sieht, daß sein noch ärmerer Nachbar, der Fuhrmann Slojme, von den Holzscheiten im Hof etwas abzwackt. Reb Borsch legt sich wieder hin, damit der andere nicht merkt, daß er alles gesehen hat, und ruft dreimal laut: ‚Hefker... hefker... hefker'. Das bedeutet: ‚Gestattet... gestattet... gestattet'. Wenn man sich etwas frei nehmen kann, dann ist keine Rede von Diebstahl, also verstößt Fuhrmann Slojme nicht gegen das Gebot"[1].

Es mag sein, daß der Schriftsteller die Geschichte bei Martin Buber in dieser Form gelesen hat: „Diebe schlichen sich eines Nachts in Rabbi Wolfs Haus und steckten ein, was ihnen unter die Hand kam. Der Zaddik sah ihnen von seiner Kammer aus zu und störte sie nicht. Als sie fertig waren, nahmen sie mit anderen Geräten einen Krug mit, in dem vorhin einem Kranken der Abendtrunk gereicht worden war. Rabbi Wolf lief ihnen nach. ‚Ihr guten Leute', rief er, ‚was ihr bei mir gefunden habt, das seht als mein Geschenk an und wißt, daß ich's euch gönne. Aber mit diesem Krug, darum bitte ich euch, geht vorsichtig um; es haftet Krankenatem daran, der euch anstecken könnte'. Seither sagte er jeden Abend vor dem Schlafengehen: ‚Ich gebe all meinen Besitz frei'. So wollte er, wenn wieder Diebe kämen, die Schuld von ihnen wenden"[2].

73. Psalm gegen Hunde

In der zweiten Auflage der Gedichte von József Kiss befindet sich der seinerzeit auch von János Arany gelesene[3] dreiteilige Zyklus *Orientalia*[4]. Das Mittelstück („Phantasiereise") ist Goldziher gewidmet: „Meinem Freunde Dr. Ignácz

---

[1] Sásdi, S.: Szabálytalan szerelem. Budapest 1980, 116 sq.
[2] Buber, M.: Hundert chassidische Geschichten. Berlin 1933, 55.
[3] Scheiber, A. in: Magyarok 4 (1948) 282.
[4] Kiss, J.: Költeményei (1868–1881). Budapest 1882, 79 sq. Alle drei Gedichte sind schon in der ersten Ausgabe zu finden, aber nicht als ein selbständiger Zyklus (Kiss, J.: Költeményei. Budapest 1876, 113 sq., 128 sq., 144 sq.).

Goldziher, als er von seiner Reise im Orient zurückkehrte"[5]. Dieses Gedicht blieb beiden eine Herzensfreude. Der Wissenschaftler schrieb darüber im Jahre 1907: „In alten Zeiten – vor etwa 33 Jahren – haben Sie mir die ‚Phantasiereise', auch von Ihnen als eines Ihrer schönsten Gedichte geschätzt, zugeeignet. Ich bin Ihnen unablässig dankbar, daß Sie mich seinerzeit, in meinen jungen Jahren, einer so poetischen Anrede würdig hielten"[6]. Der Dichter schrieb dann 1910: „Ich feiere Sie in warmer Erinnerung an die Jugendjahre. Das Gedicht, das Sie vor mehr als 30 Jahren inspirierten, ist auch heute noch frisch; so oft ich es aufschlage, bin ich Ihnen dafür dankbar"[7]. Das erste Gedicht in dem genannten Zyklus heißt *Der Perser*. Der Anfang lautet:

> „Der Straßenbettler prahlte stadtentlang:
> Vor Hunden sei Euch meinethalb nicht bang!
> Ich kenn' ein Sprüchlein, dessen Zauberkraft
> Mir jeden Köter rasch vom Halse schafft.
> Da riss ein Hund den Mantel ihm entzwei ...
> Der Bettler aber klügelte dabei:
> Mein Sprüchlein hätt' mich zweifellos gefeit –
> Es herzusagen nur gebrach's an Zeit"[8].

Der Perser ist eigentlich ein Jude, der eine jüdische Anekdote erzählt, nur war in jener Zeit ein Perser ‚salonfähiger'.

In einer Variante der Anekdote mahnt der Rabbi seine Schüler auf dem Feld: „Wenn ihr einen Hund seht, fürchtet euch nicht, sondern sagt den Vers aus der Bibel her: ‚Gegen alle Kinder Israels wird kein Hund seine Zunge spitzen'" [Ex. 11,7]. Hunde kommen herbei, und der Rabbi läuft samt seinen Jüngern fort. Diese fragen ihn dann, warum er geflüchtet sei, obwohl er doch den biblischen Spruch ‚bei sich hatte'. Der Rabbi antwortet: „Was tun, wenn mir die Hunde keine Zeit ließen, ihn herzusagen"[9].

In einer anderen Fassung klagt ein Händler darüber, daß er mit einem angesehenen Herrn ein gutes Geschäft hätte machen können, er habe nur nicht ins Haus gekonnt, weil die Hunde über ihn hergefallen seien. Jemand empfiehlt ihm, einen Vers aus einem Psalm herzusagen, dann würden ihm die Hunde die Hand lecken. Der Händler geht zurück, wird aber wiederum überfallen. Als er seinen Ratgeber zur Rede stellt, entschuldigt sich dieser: „Der Psalm hätte sicherlich geholfen, nur haben diese nichtsnutzigen Hunde dich daran gehindert, ihn herzusagen"[10].

---

[5] Kiss, J. in: Zsidó Évkönyv. Budapest 1875, 59.
[6] Scheiber, A./Zsoldos, J.: Ó mért oly későn. Budapest 1972, 71.
[7] ibid., 68.
[8] Kiss, J.: Gedichte (1868–1881). Übers. J. Steinbach. Wien 1886, 79.
[9] Drujanow, A.: Sefer Habedicha Vehachiddud 1. Tel-Aviv 1963, 211, num. 677.
[10] Teitelbaum, E.: An Anthology of Jewish Humor and Maxims. New York 1960, 124 sq.; Ausubel, N.: A Treasury of Jewish Folklore. New York 1980, 60 sq.; Keren, A.: Advice from the Rothschilds. 28 Humorous Stories from Poland. ed. O. Schnitzler. Jerusalem 1981, 45 sq., num. 20, 71 sq.

Es gibt eine dritte Version, die der ehemalige Schuldirektor József Rosenfeld aus Baja erzählt hat, mit demselben Anfang, nur folgendem Ende: Der Gefährte fragt: „Hast du denn den Vers aus dem Psalm nicht gewußt?" „Ich ja, aber die Hunde nicht".

Die vierte Variante habe ich von meinem seligen Vater gehört. Zwei Bettler treffen sich. Der eine ist zwar arm, aber ordentlich gekleidet, das Gewand des anderen ist zerfetzt. Die Hunde haben es ihm zerrissen. Der glücklichere enthüllt ihm, es gebe einen biblischen Spruch, mit dem man die Hunde wegjagen könne; er verkauft ihn dem Pechvogel, weil auch er ihn für Geld erworben habe. Als sie sich wieder treffen, sind die Kleider des zerlumpten Bettlers in noch üblerem Zustand. „Hat denn der Vers aus der Bibel nicht genützt?" „Er hätte wohl genützt, aber die Hunde ließen mich nicht zu Wort kommen".

Die fünfte Version stammt aus Böhmen. Dem armen Juden empfiehlt sein Freund gegen die Hunde einen Spruch aus der Bibel. Ein anderer Freund überredet ihn, auf jeden Fall auch Steine in die Tasche zu stecken:

> „Ein armer Landjude in Deutschböhmen klagte seinem Nachbarn in der Synagoge, dass in dem Dorfe Wudau, in welchem seine besten Kunden wohnten, ein riesiger Hund herumlaufe, der ihn stets anfalle, beisse, ihm die Kleider zerreisse, so dass er den Besuch dieses Dorfes schon aufgegeben hätte, wenn ihm nicht der Gewinn, den er dort erziele, zur Erhaltung seiner zahlreichen Familie unentbehrlich wäre. Schliesslich frug er den Freund, den er in seiner eigenen Unwissenheit für einen Gelehrten und ein grosses Lumen hielt, ob er ihm nicht ein Mittel gegen die Angriffe des bösen Hundes angeben könne, worauf der Freund geschmeichelt erwiderte, er wäre mit seiner Anfrage an den richtigen Mann gekommen, er könne ihm nämlich ein probates Mittel gegen den Angriff böser Köter angeben. Bei der Annäherung eines solchen habe er nichts anderes zu thun, als laut und vernehmlich den pasuk Exod. Kap. 11 V.7 (Gegen alle Kinder Israels wird kein Hund seine Zunge spitzen) zu sprechen und das Tier würde sofort schreckerfüllt, so schnell als es seine zitternden Füsse gestatteten, davoneilen. Der brave Hausierer fühlte sich überglücklich und bat den Freund, er möge sein Rettungswerk noch dadurch krönen, dass er ihm den ‚posek', der seinem Gedächtnis entschlüpfen könne, aufschriebe, eine Bitte, die ihm huldreichst gewährt wurde. Am nächsten Tage schritt Schlome, so hiess der Hausierer, wohlgemut in das bisher für ihn gefährliche Dorf, und als der böse Hund in gewohnter Weise unter wütendem Kampfgebell auf ihn zulief, zog er den posek aus der Tasche und las ihn dem Hunde vor, aber das unvernünftige Tier sprang auf ihn, warf ihn zu Boden, zerriss seine Kleider, biss ihn und es bedurfte grosser Anstrengungen seitens der ihm zu Hilfe eilenden Dorfleute, ihn dem Hunde zu entreissen. Der Hausierer ging, aus mehreren Wunden blutend, mit zerrissenem Gewande zu jedem Geschäfte unfähig, in sein Heimatsdorf zurück. Auf dem Wege dahin begegnete ihm sein bester Freund, der Bauer Michel, mit dem er einst gleichzeitig in die Dorfschule gegangen war. Als dieser den Genossen im jämmerlichsten Zustande sah, frug er ihn teilnehmend, was ihm zugestossen sei, worauf der Hausierer seine Leidensgeschichte erzählte und nicht verschwieg, dass sich der posek unwirksam erwiesen und er sich nun endgiltig entschlossen habe, den Besuch des Dorfes Wudau ganz aufzugeben, obwohl er nicht wisse, wie er dann seine zahlreiche Familie werde ernähren können, und dabei begann der arme Mann bitterlich zu schluchzen. Aber der gutherzige Michel, ein ungebildeter, aber mit gesundem Menschenverstand begabter Bauer, tröstete ihn und sprach: ‚Schlome, wein nöat, Du bist fein der grösste Heuochs auf der ganzen

runden Welt, ein Bibelvers is jo fein ganz schön, wir Christen halten die Bibel auch heilig, aber weisst, Schlome! man dörf ihn nöat zu gemeine irdische Dings missbrauchen. Ich werd' Dir ein besseres Mittel sagen, die Hund sein fein komische Tiere, vor einem aufgehobenen Stock, vor einem Schlog fürchten sie sich nöat, aber wenn man einen Stein gegen sie aufhebt, da fürchten sie sich vor dem Wurf und laufen weg, als wenn der leibhafte Satanas hinter ihnen her wäre. Schau mal, Schlome, da kommt grad dem Wirt sein Hund Stöpsl, auch so ein miserables Bist.' Michel hob einen Stein gegen das Tier, und der Hund lief eiligst davon. ‚Siehste, Schlome, so musst Du's machen, steck nur einen Stein in die Taschen und geh morgen fein ruhig nach Wudau zu Deinen Kunden!' Die beiden Männer trennten sich, und der Hausierer sprach: ‚Dass der posek gar nix helfen soll, kann ich nit glaben, ešer (vielleicht) hab ich nur nit recht den nign (Tonfall) gemacht, aber boruch hašem (gelobt sei Gott)! jetzt kann ich auf e jedern Fall nach Wudau gehen, jetzt hab ich e posek und e Stein' "[11].

Zweifellos war diese Anekdote vor hundert Jahren in Ungarn bereits bekannt. József Kiss hat sie irgendwo gehört, so wie später ich und auch andere. Vorläufig ist das oben zitierte Gedicht die früheste schriftliche Aufzeichnung.

74. *Deute nicht mit dem Finger auf die Sterne!*

Aus dem Roman der Schriftstellerin Ágnes Gergely stammt dieses Zitat: „‚Deute nicht auf die Sterne', – sagte mein väterlicher Großvater [...]. Später erfuhr ich, daß ein uralter arabischer Glaube besagt, ein gegen Himmel zeigender Finger bekomme eine Warze"[12].

Sándor Török erzählt von einem ähnlichen Glauben, ohne eine Begründung dafür anzugeben: „[...] Mein Vater taucht vor mir auf. Dort gehen wir Hand in Hand, damals in Székelyudvarhely [...]. Ich sehe den Fluß Küküllő, die Kirchentürme, es dämmert, mein Vater spricht von den Sternen und mahnt mich, nicht mit der Hand auf sie zu zeigen, die Sterne haben es nicht gern, aber warum?"[13]

Es ist nicht nötig, auf einen arabischen Ursprung hinzuweisen, denn man kann diese Auffassung in der ungarischen Folklore finden. „Beim Szegeder Volk ist es ein allgemein verbreiteter Glaube, daß man nicht auf die Sterne zeigen soll, wenn man kein Unglück herbeirufen will [...]"[14]. Ebenfalls aus Szeged stammt die Vorstellung, daß „jemand, der auf den Himmel deutend seinen eigenen Stern anzeigt, sofort stirbt"[15]. Im Komitat Baranya (in Püspökbogád) meint man, daß es „verboten ist, auf einen Stern oder auf den Regenbogen mit dem Finger zu deu-

---

[11] Kohn, S. in: Mitteilungen der Gesellschaft für Jüdische Volkskunde (1900) Heft 2, 119 sq.
[12] Gergely, Á.: A chicagói változat. Budapest 1976, 104 sq.
[13] Török, S.: Egy kis kertet szerettem volna. Budapest 1979, 529.
[14] Kálmány, L.: A csillagok nyelvhagyományainkban. Budapest 1893, 4.
[15] Kovács, J.: Szeged és népe. Szeged 1901, 350; Bálint, S.: Szegedi szótár 1. Budapest 1957, 246; id.: A szögedi nemzet 3. Szeged 1980, 447.

ten, da davon unser Finger verdorrt"[16]. Ein in Ungarn allgemein herkömmlicher Volksglaube ist: „Zeige nicht mit dem Finger auf den Himmel – das bedeutet Übel"[17]. Ähnlich glaubte man in Deutschland, es sei verboten, den Finger gegen Himmel, Regenbogen, Sonne, Mond und Sterne zu heben[18].

75. Liebenden ist eine Säbelkante breit genug

György Moldova schreibt in seinem letzten Roman: „Wie steht es doch in der Bibel? ‚Solange wir uns lieb hatten, bot uns beiden eine Säbelkante Raum genug, seitdem wir uns nicht mehr lieben, ist uns ein Zimmer von achtzig Klaftern zu klein'"[19]. Wer bei Moldova nach folkloristischen Daten sucht, sei gewarnt und suche nicht in der Bibel. Die Parabel ist im *Talmud* zu finden, zwar heißt es anstatt „ein Zimmer von achtzig Klaftern" „ein Bett von sechzig Klaftern" (*Sanhedrin* 7 a). Die hebräische Literatur des Mittelalters kennt zahlreiche, meist folgendermaßen formulierte Varianten: „Zwei Freunden ist ein Nadelöhr nicht zu eng, zwei Feinden genügt die weite Welt nicht"[20].

Die Spur der Parabel kann von den Arabern bis hin zu Schiller (*Der Jüngling am Bache*) verfolgt werden:

> „Raum ist in der kleinsten Hütte
> Für ein glücklich liebend Paar".

Der ungarische Schriftsteller Ferenc Móra, dessen Werke zahlreiche Wandermotive enthalten, formt die Parabel um, wie er es auch sonst zu tun pflegt: „Ich bin ein dicker Mann, meine Frau ist noch dicker, doch haben wir Raum in einem Bett, wenn wir uns gut verstehen, wenn wir uns aber zanken, genügen uns nicht einmal vier Zimmer"[21].

76. Eine verlorene Kuh als Vermächtnis

Im Jahre 1878 spielte Kálmán Mikszáth auf eine Anekdote an: „Die Rechtspflege sieht in der Sache ebensowenig Nutzen wie die ehemaligen ‚grauen' Mönche, denen einst der arme Mann seine verlorene Kuh für den Fall vermachte, daß sie nicht mehr gefunden würde"[22].

[16] Berze Nagy, J.: Baranyai magyar néphagyományok 3. Pécs 1940, 331, num. 5; Faragó, J./ Fábián, I.: Bihari gyermekmondókák. Bukarest 1982, 143: „Deutet man auf den Regenbogen, muß man in den Finger beißen, sonst vertrocknet der Finger, stirbt entweder der Vater oder die Mutter".
[17] Krupa, A.: Hiedelmek – varázslatok – boszorkányok. Békéscsaba 1974, 45.
[18] Löw, I.: Zur jüdischen Folklore. ed. A. Scheiber. Hildesheim/New York 1975, 19.
[19] Moldova, G.: Elhuzódó szüzesség. Budapest 1981, 485 sq.
[20] Blankstein, L./Ashkenazi, S.: A Collection of Hebrew Proverbs and their Origin 1. Jerusalem 1964, 457 sq., num. 871; Wilsker, L.: Entdeckte Ojzres. Moskau 1981, 35, num. 88.
[21] Móra, F.: Négy apának egy leánya. Budapest 1960, 210.
[22] Mikszáth, K.: Összes Müvei 2. Budapest 1956, 65.

Rund hundert Jahre später erzählte Zsuzsa Thury die ganze Geschichte: „Ein alter Sekler Wirt liegt in den letzten Zügen und diktiert dem Notar sein Vermächtnis: Wenn mein verirrtes Schaf aufgetrieben wird, vermache ich es meinem Sohn Moses, wenn es nicht gefunden wird, der Kirche"[23].

Auf meine Frage antwortete die Schriftstellerin (Brief vom 18. 10. 1981), daß sie die Geschichte in New York anläßlich eines Jubiläumsfestessens der Reformierten Kirche von dem Pfarrer gehört habe. Ich kenne sie als jüdischen Witz. Kohn diktiert sein Testament: „Ich besaß eine Kuh, die ist verlorengegangen. Wenn sie gefunden wird, soll sie meinem Sohn Isaak gehören, wenn nicht, der jüdischen Gemeinde". Ob der Witz jüdischen Ursprungs ist oder bloß übernommen wurde, vermag ich nicht zu entscheiden.

77. Die Kirche wird verschoben

Kálmán Mikszáth schrieb im Jahre 1877 über Balassagyarmat: „Das ganze Land lacht höhnisch über die jahrhundertelang währende Schande des Städtchens, die es ebenso verfolgen wird, wie die verschobene Kirche die Bewohner von Göcsej, wie die verlaufene Weizensaat usw."[24]. Zwei Jahre später erzählte der Schriftsteller von den Ortschaften Rátót, Göcsej und Kóka: „In einer dieser Gemeinden baute man eine Kirche aus Topfen, in einer anderen schob man die Kirche auf Erbsen zu einem geeigneteren Platz"[25].

Göcsej kommt nur bei Mikszáth in diesem Zusammenhang vor. Von der Anekdote existieren 19 Varianten; eine aus dem Komitat Baranya (Nagyváty) lautet:

„In einer Gemeinde stand die Kirche auf dem Berg. Da es aber den alten Leuten schwerfiel hinaufzugehen, beschloß man, die Kirche in das Tal hinunterzuschieben. Die Dorfleute greifen zu, auch der Richter stellt sich zu ihnen, um zu helfen. Er wirft seine Jacke auf den Boden, und zwar in die Richtung, in die man schieben will, und reiht sich hinter der Kirche bei den anderen ein. Während sie dort stoßen und rücken, kommt vorne ein Bettler herbei, sieht die Jacke und nimmt sie gleich mit. Auf einmal fällt es dem Dorfrichter ein, man müsse nachschauen, ob die Kirche weitergerückt sei. Er geht zu der Stelle, an der er die Jacke gelassen hat, sieht sie nicht und läuft zurück. ‚Halt', sagt er, ‚genug! Ihr habt sie bereits auf den Mantel geschoben'"[26].

Mit der Geschichte werden die Dörfer Rátót, Csicsó, Gyüd, Görgő, Kerepes, Pázmánd, Mucs und Oláfalu verspottet[27], sie wird auch als Sekler Anekdote aus

---

[23] Thury, Z.: Barátok és ellenfelek. Budapest 1979, 150; Vöő, G.: Kilenc kéve hány kalangya? Bukarest 1982, 42.
[24] Mikszáth (wie not. 22) t. 53 (1968) 208.
[25] ibid., t. 54 (1968) 297.
[26] Berze Nagy (wie not. 16) t. 2, 399 sq., num. 195.
[27] id.: Magyar népmesetípusok 2. Pécs 1957, 488 sq., 1299*.

der Gegend von Gyergyó mitgeteilt[28]. Sie ist „eines der volkstümlichsten, überall im Lande bekannten Dorfspottmärchen, auch in Varianten mit beiden Motiven bekannt: wo man die Kirche auf Erbsen weiterrückt und zugleich auf eine Bauernjacke schiebt"[29]. In der Literatur finden sich auch Parallelen aus anderen Ländern[30].

78. Du hast auch recht

In dem Roman *Exil* von Lion Feuchtwanger steht folgende Anekdote: „Erscheinen da vor dem Rabbi als Schiedsrichter die Gemeindemitglieder Reb Mendel und Reb Leeser. Reb Mendel behauptet, ihm gehöre das Kalb, Reb Leeser behauptet, es gehöre ihm. Der Rabbi läßt sich von Reb Mendel den Fall umständlich darlegen und kommt zu dem Schluß: Du hast recht, Reb Mendel. Dann läßt er sich den Fall von Reb Leeser darlegen und kommt zu dem Schluß: Du hast recht, Reb Leeser. Da mischt sich Menuchim ein, des Rabbi Schüler, und sagt: Rabbi, wenn Reb Mendel recht hat, dann kann doch nicht auch Reb Leeser recht haben. Worauf der Rabbi zu dem Schluß kommt: Da hast du wieder recht, Menuchim"[31].

Aus einer neueren Publikation geht hervor, daß die Anekdote auch in der sephardischen Folklore bei bulgarischen Juden vorkommt: „Mann und Frau gehen zum Rabbi. Der Rabbi hört die Frau an und gibt ihr recht. Dann wendet er sich dem Mann zu und gibt ihm auch recht. Die Frau des Rabbi hat aber das ganze Gespräch gehört und findet das Vorgehen ihres Mannes seltsam. Der Rabbi denkt eine Weile nach, schaut der Frau ins Gesicht und sagt: ‚Du hast auch recht'"[32]. Diese Anekdote ist aber nicht auf Bulgarien und die Sephardim beschränkt, sondern im jüdischen Kulturkreis auch anderswo zu finden[33].

79. Ein Vater ernährt zehn Kinder ...

Der ungarische Schriftsteller Tamás Kóbor (1867–1942) zitiert in einem Roman den Spruch: „Ein Vater, eine Mutter erhält leichter zehn Kinder als zehn Kinder einen Vater, eine Mutter"[34]. Der früheste mir bekannte Beleg des Sprichworts ist eine Stelle bei Johannes Agricola: „Ein Vater kan eh zehen Kinder erneh-

---

[28] id.: Régi magyar népmesék. ed. I. Banó/S. Dömötör. Pécs 1960, 121 sq.; Vöő, G.: Tréfás népi elbeszélések. Bukarest 1981, 202 sq., num. 17; id. (wie not. 23) 148.
[29] Kovács, Á.: A rátótiádák tipusmutatója. Budapest 1966, 153 sq.; Penavin, O.: Jugoszláviai magyar népmesék 2. Budapest-Újvidék 1984, 53 sq., num. 28.
[30] Thompson, S.: Motif-Index of Folk-Literature 1–6. Copenhagen 1955–58, t. 4, 204, J 2328.
[31] Feuchtwanger, L.: Exil. Berlin 1957, 713 sq.
[32] Moscona, S. in: Annual 14 (1979) 78 sq.
[33] Von Rothschild, Schnorrern und anderen Leuten. ed. H. Hakel. Freiburg/Br. 1957, 54 sq.; Rosten, L.: The Joys of Yiddish. New York 1970, 100; Ausubel (wie not. 10) 24; Eröss, L.: A pesti vicc. Budapest 1982, 242 sq.
[34] Kóbor, T.: Ki a Gettóból 2. Budapest 1911, 205.

ren, denn zehen Kinder einen Vater"[35]. In einem alten ungarischen Kalender lautet es: „[...] Eine Mutter ernährt zehn Kinder mit weniger Klage als zehn Kinder eine Mutter"[36]. Im Komitat Békés wurde es folgendermaßen aufgezeichnet: „Ein Vater erhält leichter sieben Kinder als sieben Kinder einen Vater"[37]. Manchmal ist von sechs Kindern die Rede[38].

Es gibt auch eine hebräische Version des Sprichworts. Jeschaja Horowitz (ca 1556–1630), ein Rabbiner und Kabbalist polnischer Herkunft, der in Frankfurt, Prag, Jerusalem und Tiberias wirkte, hat den Spruch (maschal hedjot) irgendwo – vielleicht in Deutschland – gehört und zitiert: „Ein Vater ernährt zehn Kinder liebevoll und gerne, aber zehn Kinder erhalten den Vater nicht liebevoll und gerne"[39]. Die weiteren Belege aus der jüdischen Literatur liegen gesammelt vor[40].

Die größte Kinderzahl nennt ein arabisches Sprichwort aus dem Irak: „ab ghabbā alif walad, alif walad wa-alif walad mā ghabbū ab" (ein Vater kann tausend Kinder ernähren, aber tausend Kinder können einen Vater nicht erhalten)[41].

80. Traum vom Schatz auf der Brücke (AaTh 1645)

In einem in Israel erschienenen ungarischen Gedicht habe ich folgendes Märchen gelesen: Der arme Jekeles Eisig in Krakau träumt, wenn er nach Prag gehe, werde er dort unter der Brücke einen Schatz finden. Er geht hin, findet aber nichts. Während er so gräbt, wird ein Wächter auf ihn aufmerksam, der einen ähnlichen Traum über Krakau hatte. Als der Wachmann auch die Stelle dort beschreibt, stellt es sich heraus, daß eben dort Eisigs Haus liegt. Er kehrt also heim und findet den Schatz. Aus Dankbarkeit läßt er eine Synagoge in Krakau errichten[42].

Der Geschichte liegt ein altes Wandermotiv zugrunde. Sie findet sich im Orient in *Tausendundeinenacht*, im Westen in Frankreich, Deutschland, England, Dänemark, Böhmen, Sizilien[43], weiter in Japan und Israel. Angaben dazu sind in

---

[35] Agricola, J.: Siebenhundert und funfftzig Deutscher Sprichwörter [...]. Wittenberg 1592, 177 sq., num. 321.
[36] Komáromi uj és ó kalendáriom [...] 1810-dik esztendőre. Komárom s. a., 45.
[37] A Békésmegyei Régészeti és Müvelődéstörténelmi Társulat Évkönyve 16. Gyula 1892, 105.
[38] O. Nagy, G.: Magyar szólások és közmondások. Budapest 1966, 49, num. 505.
[39] Horowitz, J.: Schne Luchot Habrit. Fürth 1764, 64 b.
[40] Zlotnik, J. L.: Research of the Hebrew Idiom. Jerusalem 1938, 9.
[41] Nemoy, L. in: Jewish Quarterly Review 67 (1976/77) 242.
[42] Klein, J. A.: Ereb Eisig Jekelesz temploma. In: Őszi rózsák. Jerusalem 1975, 108 sq.
[43] Wesselski, A.: Mönchslatein. Leipzig 1909, 235, num. 101; Pauli, J.: Schimpff und Ernst 2. ed. J. Bolte. Berlin 1924, 335, num. 328; Thompson (wie num. 30) t. 5, 113, N 531.1; Bolte, J.: Zur Sage vom Traum vom Schatze auf der Brücke. In: Zeitschrift für Volkskunde 19 (1909) 289–298.

jüdischen Quellenwerken zu finden[44]. In Ungarn ist sie sowohl als Volks- als auch als Kunstmärchen bekannt[45].

Das Motiv erscheint erstmals im 10. Jahrhundert bei At-Tanūḫī (939–994), dem Begründer der arabischen Trostliteratur, und zwar in seinem Werk *Farağ ba'd aš-šidda* (Glücklicher Ausgang nach der Bedrängnis):

„Es erzählte mir *Abū Rabi' Sulaimān Ibn Daud,* dessen Großmutter unter dem Namen «Sonne der Wärterinnen» bekannt war und im Hause des Kadis Abū 'Amr Muhammad Ibn Yusuf lebte, möge Gott Sich seiner erbarmen.

Sie berichtete ihm: «Früher lebte in der Nachbarschaft des Kadis ein Mann, über den viele Geschichten umgingen. Er war plötzlich sehr reich geworden, nachdem er lange Zeit arm gewesen war. Ich hatte vernommen, daß Kadi Abū 'Amr ihn vor dem Sultan verteidigt hatte. Ich fragte ihn nach der Geschichte, und er weigerte sich lange, sie zu erzählen, doch dann berichtete er mir, der Mann habe gesagt: ‹Ich erbte von meinem Vater her bedeutenden Reichtum, doch ich verschwendete ihn und kam in großes Elend, daß ich mich gezwungen sah, die Tore meines Hauses zu verkaufen und auch seine Zimmerdecken. Ich hatte nichts mehr auf der Welt, um mich aus der Schlinge zu ziehen. Einige Zeit verblieb ich ohne Speise außer dem, was meine Mutter verschaffte, indem sie spann. Ich wollte sterben. Eines Nachts sah ich im Schlaf einen Mann, der mir zu sagen schien: „Dein Reichtum liegt in Kairo, geh dorthin!" Ich stand früh auf und lief zum Kadi Abū 'Amr; ich hatte Zugang zu ihm als Nachbar und weil mein Vater dem seinen Dienste erwiesen hatte. Ich bat ihn, mir einen Empfehlungsbrief für Kairo zu schreiben, damit ich dort eine Anstellung finde. Er tat es, und ich zog fort.

Als ich nach Kairo gelangte, lieferte ich den Brief ab, bat um eine Stellung, doch Gott ließ nicht zu, daß ich Staatsangestellter wurde. Am Ende hatte ich weder eine Anstellung, noch fand ich sonst Arbeit. Ich gab mein Reisegeld aus und verblieb verwirrt und verloren. Ich dachte daran, die Leute anzubetteln und meine Hand am Wegrand auszustrecken, doch mein Stolz erlaubte es mir nicht. Ich sagte mir daher: „Ich will des Nachts ausgehen und die Vorüberkommenden am späten Abend anbetteln." Ich ging immer weiter durch die Straßen; mein Stolz verbot mir die Sache, und mein Hunger trieb mich dazu. Ich tat nichts, bis die halbe Nacht vorbeigegangen war. Ein Wächter traf mich an und nahm mich fest. Er bemerkte, daß ich ein Fremder war, den er nicht kannte, und er fragte mich, wer ich sei. Ich sagte: „Ein Mann aus der Fremde, der krank ist." Er wollte mir nicht glauben, warf mich zu Boden und schlug mit seinem Stock auf mich ein. Ich rief ihm zu: „Ich will dir die Wahrheit sagen!" – „Her damit!" Da erzählte ich ihm von Anbeginn meine Geschichte, die mein Traum war, und er sagte zu mir: „Du bist der blödeste Mann, den ich je gesehen habe! Bei Gott, vor soundso vielen Jahren habe ich im Traum erfahren, wie einer zu mir sprach: ‚In Bagdad, in der Straße Soundso, an diesem und jenem Ort'" – und er erwähnte meine Straße und mein Quartier, aber ich schwieg und hörte aufmerksam hin, während der Wächter zu reden fortfuhr und sagte: „‚Im Haus Soundso'" – und er erwähnte mein Haus und meinen Namen – „‚ist ein Garten, und in dem Garten ein Lotosstrauch; darunter sind dreißigtausend Dinar vergraben. Geh hin und nimm sie für dich!' Aber ich habe nie an diese Geschichte geglaubt und mich nie darum gekümmert. Doch du Idiot hast dein

---

[44] Schwarzbaum, H.: Studies in Jewish and World Folklore. Berlin 1968, 74 sq., not. 11; Jason, H.: Types of Oral Tales in Israel 2. Jerusalem 1975, 84, num. 1645; Buber, M.: Der Weg des Menschen nach der chassidischen Lehre. Heidelberg 1981, 43 sq.

[45] Binder, E.: Álom a hidon levő kincsről (Der Traum vom Schatz auf der Brücke). In: Ethnographia 31 (1921) 41–45; György, L.: A magyar anekdota története és egyetemes kapcsolatai. Budapest 1934, 89, num. 7; Berze Nagy (wie not. 27) 151, num. 557.

Land und deine Familie verlassen und kamst nach Kairo um eines Traumes willen!" Mein Herz erstarkte, als ich dies hörte. Der Wächter hieß mich gehen. Ich schlief in einer Moschee, verließ Kairo am nächsten Morgen und brach nach Bagdad auf. Ich riß den Lotosstrauch aus, grub an seiner Stelle und fand dort einen Behälter mit dreißigtausend Dinar darin. Ich nahm sie an mich und richtete mir meine Existenz neu ein. Ich lebe bis heute von jenen Dinaren sowie von Dörfern und Grundstücken, die ich mit ihnen gekauft habe.›»"[46].

Wahrscheinlich gelangte das Märchen durch die Kreuzfahrer vom Orient nach Europa, in erster Linie nach Frankreich[47].

---

[46] At-Tanūkhî: Ende gut, alles gut. Auswahl, Übersetzung aus dem Arabischen und Nachwort von A. Hottinger. Zürich 1979, 132 sq.
[47] An Elegant Composition Concerning Relief after Adversity by Nissim ben Jacob Ibn Shāhîn. Übers. W. M. Brinner. New Haven/London 1977, XXIV sq.

Additions

III

1. *Z. Altschuler:* Yeda-Am. VI. 1960. 60; *G. Mikes:* Lächelnd lebt's sich leichter. Düsseldorf-Wien, 1981. 152.
2. *A. Scheiber:* Folklór és tárgytörténet. II. Budapest, 1977. 323-328.
4. *L. Rosten:* The Joys of Yiddish. New York, 1970. 13; *J. Janke:* Von armen Schnorrern und weisen Rabbis. Berlin, 1975. 6; *M. Kohen:* Mipi Ha-Am. I. Tel-Aviv, 1974. 42. No. 11. Notes of *H. Schwarzbaum:* 182; *A. Scheiber:* Élet és Irodalom. XXVII. 1983. No. 38.
5. *A. Scheiber:* Élet és Irodalom. XXVI. 1982. No. 26.
7. *T. Benczés:* Üzen a múlt. Budapest, 1942. 140-143.
8. *I. Dobos:* Tarcal története a szóhagyományban. Budapest, 1971. 85-86, 97-98, 102.
10. *G. Hegedüs:* Valló Bonifác történetei. Budapest, 1972. 321-345.
11. *A. Scheiber:* Folklór és tárgytörténet. II. Budapest, 1977. 401-407.
13. *L. Bálint:* MIOK Évkönyve. 1973/74. 258.
14. *M. Schnitzer:* Rabbi Lach. Berlin, s. a. 31-32; *J. Janke:* Op. cit., 174; *M. Kohen:* Op. cit., II. Tel-Aviv, 1976. 118; *M. Gáspár-A. Scheiber:* ItK. LXXXI. 1977. 96; *D. Kossoff:* A Small Town is a World. New York, 1979. 24-25; *N. Ausubel:* A Treasury of Jewish Folklore. New York, 1980. 68; *A. Scheiber:* Élet és Irodalom. XXVII. 1983. No. 42.
15. *Zs. Mészáros:* A négy fiú. Budapest, 1909. 103-104; *J. Janke:* Op. cit., 10-11; *Gy. Szabó:* Középkori anekdoták. Bukarest, 1976. 142-143.
16. *Rehermann:* Op. cit., 426. No. 8.
17. *Ch. Bloch:* Das jüdische Volk in seiner Anekdote. Berlin, 1931. 104; *M. Jókai:* Följegyzések. II. Budapest, 1967. 376; *J. Wardroper:* Jest upon Jest. London, 1970. 119. No. 164; *J. Berze Nagy:* Nap és tükör. Pécs, 1982. 167; *L. Bernát:* Op. cit., 75-76.
18. *A. Scheiber:* Élet és Irodalom. XXVI. 1982. No. 13.
19. *J. Péczeli* meséi. Ed. *S. Takáts.* Budapest, 1887. 15-16. No. IX. (From the Year 1788); *I. Hatvani* meséi. Debrecen, 1799. No. 6. See *N. Ember:* ItK. XXVIII. 1918. 380; *A. Komlós:* Élet és Irodalom. XVI. 1972. No. 5; *I. Harsányi:* Magyar Nemzet. XXXV. 1979. No. 99; *J. Fraenkel:* Studies in Aggadah, Targum and Jewish Liturgy in Memory of Joseph Heinemann. Jerusalem, 1981. 154-155.
20. *I. Kiss:* 1000 vicc a javából. Budapest, 1971. 284-285. No. 804; *M. Kohen:* Mipi Ha-Am. I. Tel-Aviv, 1974. 192. No. 40; *J. Janke:* Op. cit., 183-185; *D. Kossoff:* Op. cit., 163-165.
21. *Gy. Szabó:* Op. cit., 80-81; *G. Vöö:* Tréfás népi elbeszélések. Bukarest, 1981. 190-191.
23. *J. Wardroper:* Op. cit., 89-90. No. 96.
25. *A. Scheiber:* Élet és Irodalom. XXVI. 1982. No. 10.
26. *L. Hollós Korvin:* Hátsólépcső. Budapest, 1968. 492; *Tubach:* Op. cit., 161. No. 2001;

Volkserzählung und Reformation, 741; *S. Bálint:* Tombácz János meséi. Budapest, 1975. 623–624. No. 43; *Rehermann:* Op. cit., 264–265. No. 12; *L. Szabó:* Monda nékik egy példázatot. Budapest, 1982. No. 88.

27. Baba b. 16a; *W. Saroyan:* Fiúk és apák. Új Tükör. XVI. 1979. No. 48; *J. Stryjkowski:* Austeria. Warszava, 1966; A vendégfogadó. Budapest, 1971. 186.

30. *A. Ágai:* IMIT Évkönyve. 1902. 79; *S. Sásdi:* A rigó sírja. Budapest, 1973. 282; *M. Ember:* Élet és Irodalom. XXII. 1978. No. 12; *B. Malamud:* Dubin's Lives. London, 1979. 224.

31. *A. Scheiber:* Élet és Irodalom. XXVI. 1982. Nos. 16, 19.

33. *L. Szilvási:* Ördög a falon. Budapest, 1973. 366; *I. Békés:* Napjaink szállóigéi. I. Budapest, 1977. 580; *A. Moravià:* A fegyelem. Budapest, 1979. 261; *I. Lakatos:* Írás a porban. Budapest, 1981. 134.

34. *J. J. Maitlis:* Fabula. XII. 1971. 216–217.

37. *L. Rosten:* Op. cit., 107; *V. Newall:* The Witch Figure. Folklore essays... honouring the 75th birthday of Katharine M. Briggs. Ed. *V. Newall.* London–Boston, 1973. 118; *D. Kossoff:* Op. cit., 91–92; *N. Ausubel:* Op. cit., 18; *P. Bárdos:* A második évtized. Budapest, 1981. 259.

38. *T. Déry:* Kedves bópeer...! Budapest, 1973. 141; *Rehermann:* Op. cit., 165–166. No. 81.

40. *Tubach:* Op. cit., 102. No. 1272.

41. *A. Scheiber:* Folklór és tárgytörténet. II. 478–489.

42. *L. Rosten:* Op. cit., 256.

43. *A. Galgóczi:* Der Wunderrabbi. Drama aus dem jüd. Volksleben im nordöstlichen Ungarn. Galgócz, 1905. 136–137; Von Rothschild, Schnorrern und anderen Leuten. Ed. *H. Hakel.* Freiburg im Breisgau, 1957. 15–18.

44. *J. Janke:* Op. cit., 98–99.

46. *J. Janke:* Op. cit., 27–28; *P. Bárdos:* Az első évtized. Budapest, 1975. 41; *L. Hatvany:* Urak és emberek. Budapest, 1980. 145.

47. *L. Feuchtwanger:* Exil. Berlin, 1957; Száműzetés. Transl. *P. Vámosi.* Budapest, 1973. 48–49.

52. *O. Nagy:* Paraszt dekameron. Bp., 1977. 400–401. No. 232.

54. *Aviva Barzel:* Hadoar. LIV. 1974. 87; *E. Roidisz:* Johanna nőpápa. Budapest, 1974. 106.

55. *J. Wandroper:* Op. cit., 172–173 (from the Year 1300); *H.-J. Uther:* Enz. des Märchens. III. Berlin–New York, 1981. 1142–1150.

57. *Rehermann:* Op. cit., 270. No. 22; *G. Vöő:* Op. cit., 370. No. 132; *D. Mészöly:* Századok színháza. Budapest, 1982. 635; *G. Vöő:* Kilenc kéve hány kalangya? Bukarest, 1982. 31.

66. Bestrafte Neugier. Ed. *R. Beer.* Leipzig–Weimar, 1981. 62.

68. *L. György:* A magyar anekdota története és egyetemes kapcsolatai. Budapest, 1934. 212. No. 233.

Alte Geschichten in neuem Gewande

Die Nachträge, die zu den einzelnen Punkten gehören, wurden von dem Drucker irrtümlich an die Fussnoten angeschlossen. So sind die Nachträge zu den Fussnoten 2, 6, 7, 8 falsch. Hier geben wir wieder die Stellen an, wohin sie richtig hätten eingeschaltet werden sollen.

No. *II. Ch. Bloch:* Das jüdische Volk in seiner Anekdote. Berlin, 1931. 85; *M. Cohen:* Mipij Haam. III. Tel-Aviv, 1979. 56. No. 251. Anmerkungen von *H. Schwarzbaum:* 125.

No. *VI. L. György:* A magyar anekdota története és egyetemes kapcsolatai. Budapest, 1934. 95. No. 19; *idem:* Világjáró anekdoták. Budapest, 1938. 296-297. No. 170; *E. Kolozsvári Grandpierre:* Elmés mulatságok. Budapest, 1955. 182; *L. Rosten:* Op. cit., 163-164; *D. Kossof:* A Small Town is a World. New York, 1979. 100-101; *N. Ausubel:* A Treasury of Jewish Folklore. New York, 1980. 79.

No. *VII. L. Rosten:* Op. cit., 188-189.

No. *VIII. E. Frenzel:* Motive der Weltliteratur. Stuttgart, 1980. 501-513.

Hebrew Section

היסודות העממיים והפולקלוריים ביצירות של זריני. את גדלותם האנושית של
סופרי הונגריה ומשוררים הוא מודד לפי משפטם על התנ״ך ועל היהדות. הוא
מתאר את עמדתו הנשגבה של וורסמארטי בשאלת היהודים בשנת 1848, בוחן את
דמות היהודי אצל אטווס הסופר ואת פעולת אטווס המדינאי למען היהדות,
ולבסוף — את עקבות השפעת התנ״ך והאגדה על רעיונותיו של אטווס.

מעניין אותו לדעת, כיצד עיצב אראני את דמותה של אסתר היהודיה
בשירו ״דאליאס אידוק״ (ימי גבורה) על הרקע של גירוש ״ישראל המסכן״
מהונגריה על ידי לודביג הגדול, ונדודיו לארץ פולין. הוא בורר ומעלה את חוטי
מסכת הארג שקשר המשורר אל אגדת ישראל, המובנת ויקרה לנפש המשורר
ההונגרי הזה, משתי נקודות־ראות אלה הוא יוצא לבדוק גם את שירתי
של טומפא.

ידיעותיו העצומות בספרות המזרחנית, הקלאסית והאירופית העלו את
ברנארד הלר למדרגה רמה ביותר של כשרון מדעי יוצא מן הכלל ושל חוקר שהוא
למעלה מהמצוי. התורה הכתובה שבכתביו, היה לה ערך מכריע בתקופתו,
בגלל תוצאות החדשים והמחדשים שבתוכה. תורתו שבעל פה חשיבותה
רבה בהשפיעה על רבים מתלמידיו, ופתחה תקופה חדשה בתולדות המדע היהודי־
ההונגרי. מתוך מפעליו אלה תקרין זיו דמותו הרוחנית של פרופיסור ברנרד
הלר עוד משך שנים רבות.

ה ע ר ו ת

ס פ ר ו ת : אלכסנדר שייבר: ביבליוגרפיה של כתבי ברנרד הלר (בגרמנית). בספר
היובל לכבוד פרופסור ברנרד הלר. העורך א. שייבר. בודפסט 1941, עמודים
51—22, 326—325.

א. שייבר: זכרונות על ברנרד הלר (בהונגרית). ״אוי אלט״, VII, 1951,
מספר 13.

1) לצורך הביוגרפיה של הלר השתמשתי באוטוביאוגרפיה שלו מיום 11 בינואר 1938.
2) מכתביו אל גולדציהר שמורים באקדמיה ההונגרית למדעים, והם נכתבו מן 1900
עד 1919.
3) ״הצופה לארץ הגר״, IX, עמוד 171, 1925.
4) אנציקלופדיה ״אשכול״, I, 573—507.
5) ״ציון״, IV, 1930, עמוד 94—72.
6) שם, 1933, V, 217—214.

עמנואל לב קיבל את ההוצאה הגרמנית של מחקרו זה בתלהבות ממש. בכתבו להלר: "אני מתפעל מספר רומאן־אנטאר החדש ומשפע הידיעות שהערתה בת־שירתך כתוך אוצר בלום זה. כמה היה גולדציהר זצ"ל מרבה לשמוח בספר זה!"

במחקר אנטאר שלו שירת הלר אף את המדע היהודי, כי הוא נתקל ברומאן בעקבותיה של תנועה ערבית־יהודית פסבדו־משיחית מן התקופה שלפני האישלם ולכל המאוחר — מתקופת מוחמד. תנועה שגיבורה הוא יושע אל אכבר, ושהרומאן־אנטאר הוא מקורה היחיד. אבל אני רואה, כי רודי פארט איננו סבור שזוהי תנועה משיחית מתקופה מוקדמת; ייתכן שהתנועה קמה זמן רב אחרי ימי מוחמד, מעשה שהיה בימי עריכתו של רומאן־אנטאר, או שהיא תוספת עוד יותר מאוחרת לרומאן, והיא תופעה לא־נדירה ביצירותיות ספרותיות מסוג זה.

את ידיעותיו המקצועיות המרובות, שאגר ממזרח וממערב העמיד לרשות חקר האגדות ההונגריות, כדי לבדוק אותן במסגרת הקשרים הנרחבים יותר, האוניברסליים. הוא מצרף יחד את המקבילות ההונגריות של טיפוס אגדות־קיפהויזר; הוא מעלה את המקבילות לאגדת מאתיאס, הוא מביא את המקבילות האירופיות והאורייננטליות לאגדה על חרב־האל; הוא מחפש את הנוסחאות האורייננטליות לאגדה על "הסוס הלבן", ואת עקבות קורבן־הבנייה, המשמש נושא לבלדה של קמיווש קלמנה, בספרות היהודית, והוא בודק את הרקע ואת המקור של נוסח האגדה הסקיתית־הונגרית על גוג ומגוג. הוא מוצא את ההוואריאציה היהודית־ליטאית כקרובה ביותר לבדיחה על התיישים שנחלבו של המלך מאתיאס.

4. היסטוריה משווה של הספרות

כאחד מגדולי הבקיאים בספרות האוריינטליה ובספרויות אירופה, פנה ברנארד הלר לעבודת החקר המדעי בתחומי ההיסטוריה המשווה של הספרות. הוא גילה התעניינות יתרה בהשפעות רוחניות הדדיות, בקשרי נושאים, בנגיעות מוטיבים ובגלגוליהם של מוטיבים.

הוא מנתח את השפעת 'מאקבת', ו'יוליוס קיסר' לשקספיר על 'וואלנשטיין' ו'טל' של שילר. הוא מעלה עניין אהדתו של היינה להונגרים; הוא בודק, כיצד ניצל ופיתח תומאס מאן את האגדה ואת סיפורי האישלם בטרילוגיה שלו על "יוסף ואחיו".

הוא בודק את דעותיו של ויקטור הוגו על התנ"ך, התלמוד והיהדות. הוא מוצא, כי טולסטוי השתמש באחד מסיפוריו הקצרים ("היי"ש הראשון") באגדה על כרם נח.

גם עיוניו בשטח תולדות הספרות ההונגרית הם בתחומי ההיסטוריה המשווה של הספרות הוא בודק ביסודית את הקשרים התנ"כיים וכן את

מחקרו הובא בשנת 1923 לפני הקונגרס הבינלאומי לתולדות הדתות בפאריס.
כשהחברה ההיסטורית והאתנוגרפית של ארץ הקודש החלה בפעולותיה,
הוזמן הלר לעבד את תכנית העבודה של איסוף הפולקלור. תכניתו הגדולה
והנרחבה של הלר מסכמת את העבודה שנעשתה בעבר וקובעת את התפקידים
לעשרות השנים הבאות.[5])

3. עולם האגדות של האישלם

חיבור ההיסטוריה של האגדות והמעשיות הערביות של הלר היה תוצאה
של חקירות מפורטות רבות חשיבות. רוב הערכים על האגדות והמעשיות של
האישלם, ואף על דמויות התנ"ך, באנציקלופדיה של האישלם, במלון האישלם
שלאחריו, הוצאת לידן — לייפציג, 1941, וכן ב"אנציקלופדיה יודאיקה" —
נכתבו בידי הלר. אבל הוא הרגיש, כי ערכים אלה, שמחמת יעודם היה צורך
לנסחם בקיצור נמרץ, הצריכו עיבוד מחודש בצורת מאמרים נרחבים. הוא
מתאר משום כך את דמויותיהם המשורטטות באגדת האשלם בהפרזה, ולעתים
אף בסילוף, של אדם, קין והבל, נח, נמרוד, משה, שאול, ועזרא, ומראה בכל
מקום את השפעת האגדה העברית על מעשיות האישלם ואגדותיו.

במחקריו הערביים ניכרת השפעת גולדציהר. ביחוד ניכרת השפעה זו
במחקרי אנטאר שלו. "עוד בזמן היותי שומע לקח הרצאותיו — כותב הלר —
הטיל עלי פרופ' גולדציהר — בהיותו יודע את התעניינותי בספרות השמית
העתיקה, מחד גיסא, ובספרות ימי הביניים הצרפתית מאידך גיסא — את
המשימה לבדוק את רישומי המיפגש שבין מזרח למערב ברומאן־אנטאר. זמן
רב לא יכולתי לגשת למשימה זו, אך מעולם לא ויתרתי עליה. לבסוף, אחרי
עשרות בשנים, אני יכול כעת למלא את חובתי המדעית בעבודה זו. חדלתי
להיות אסיר חובה, אך לעולם אהיה אסיר תודה".

כל ימיו התכונן למילוי חובה זו. ב־22 בנובמבר 1915 הוגש מחקרו
"הרומאן אנטאר" לאקדמיה ההונגרית למדעים בהונגריה. הוא פירסמו גם
כן בלשון הגרמנית. הספר, המחזיק 25 גליונות־דפוס, הוצא על ידי האקדמיה
כעבור שלוש שנים.

אנטאר הוא גיבור היסטורי בתולדות ערב שלפני האישלם. זוהי דמות
של משורר ולוחם כאחד, אשר כוח־הדמיון וכוח היוצר של חמש מאות השנים
שלאחר־מותו ארגו סביבה מסכת אגדות ומעשיות, הממלאה רומאן בשלושים
ושנים כרכים! הלר מנתח את תכנו המסועף של הרומאן־אנטאר; את אופי
דמויותיו; את היסודות הפרסיים, היהודיים והנוצריים; ומתוך בקיאות מפליאה
בספרות רומאני־האבירים מימי הביניים, הוא מביא מקבילות ספרותיות ופולקלוריות
למוטיבים שלו.

(54)

תיאור מהירות ריצתו של נפתלי (אילה שלוחה) הוא מביא את דברי המדרש (ספר ישר, הוצ' גולדשמידט, 1923. עמ' 212):

„כי הלוך אלך על שיבולת הזרע ולא תישבר..."

והנה, הומרוס משתמש בתיאור כזה ביחס לסייחים אשר בוריאס, רוח הצפון, מרסנם במרוצתם:

„על שיבולת הזרע יטוסו ולא תישבר".[35]

האגדה הכנסייתית הנוצרית העסיקה אותו כבר בעבודת הדוקטוראט שלו, שבה בדק את הקשר (או, יותר נכון, את הפולמוס) שבין האגדה ובין המשלים של האבנגליון. אך את התוצאות המבורכות ביותר השיג בשטח המגע של האגדה עם אגדות האישלם. הוא מוכיח, כי האוסף המדרשי ,פרקי רבי אליעזר' משקף את השפעת האישלם. האגדה על ארונו של אהרן היא כפולמוס נגד האגדה על ארונו של מוחמד (פרק י"ז). שתי נשותיו של ישמעאל הן עיסה ופטימה, (פרק ל) האחת היא אשתו האהובה של מוחמד והשניה – בתו. מאת הלר אנו נמצאים למדים, כי אותה אגדה, המופיעה באוסף האגדות של נסים בן יעקב, (י"א) אגדת־אליהו, ושעובדה על ידי ישי בן מרדכי למזמור ליל שבת – מקורה אינו אלא בסיפורי הנביא לתא'לבי (גם מקור זה זמנו מאוחר – המאה הי"א – ולא לפני כן).

את האגדה היהודית מכניס הלר לתחום חקירתו. תחילה הוא מעבד את החומר הזה, במונוגרפיות מושלמות בצורתן, לפי חוג הנושאים של אוצר האגדות והמעשיות האוניברסלי. בדרך זו האגדות האלה משתלבות במערכת אוצר האגדות והמעשיות הכללי. ממנו אנו מקבלים חומר על אגדות ומעשיות יהודיות (בהונגרית, בספרי־השנה אימט) על הרדומים הנפלאים, המשחררים הנסתרים (ישני אָפסוס טיפוס קיפהויזר); על הטבעת האמיתית; על החרב השומרת על טהרת הרדומים; על השכן שמעבר מזה והתפילה התמימה; על המלאכים־הנפילים; על היראים שהועמדו בנסיון; על הסימנים המעידים כי בא מיפנה גורלי, תמורה לרעה, על גוג ומגוג.

אחרי כמה חקירות מוקדמות הוא ניגש לסיכום תולדותיה של האגדה העברית והערבית.

האנס שטומה הציע שאת החלק על המעשיות והאגדות העבריות והערביות של החיבור המונומנטלי על האגדה של בולטה ופוליבקה יחבר הלר („כידען מצויין בשטח זה", במכתבו מ־17 בספטמבר, 1919.) הלר טווה את חוטי האגדה העברית – מן התנ"ך, דרך התלמוד והמדרשים עד לאוספי האגדות העבריות המקוריות של ימי הבינים, ועד ליצירות האגדות והמעשיות המתורגמות לעברית מלשונות נכר. תרומתו של הלר מוכרת כפרק החשוב והמצויין ביותר בכרך מצויין זה. על יסוד אוסף תעודות ומקורות משלו הוא מצליח לפענח את התכונות האופייניות של המעשיות והאגדות הערביות.

(53)

הרצאותיו על התנ״ך: "השקפה זו, המונחת ביסוד המסקנות דלקמן, עלתה במוחי מזמן, תוך כדי הרצאותי על התנ״ך, ובשעת ההוראה כבר הבאתי אותה לידי ביטוי, זה כמה שנים".

בתקופת חייו המאוחרת התעניין בעיקר בספרים החיצוניים. בהוצאת הספרים החיצוניים של כהנא תירגם לעברית ואף פירש כמה תוספות לדניאל וכן את ספר טוביה. הוא התחקה על עקבות תולדות שושנה ("שושנה והזקנים") בספרות היהודית. על יסוד הקבלות של אגדות הוא מצרפה למחרוזת האגדות של ההאשמות נגד תומת־אשה ושל הנער החכם. תחת כותרת צנועה מסתתרת ההערה החשובה, כי משחק מלים, שאין למסרו בשלמותו אלא בעברית, מעיד על כך שהלשון המקורית, שבה חובר בראשונה סיפור שושנה, היתה הלשון העברית. הלר מעלה לנגד עינינו את קירבת הספרים החיצוניים לאגדה, בה במידה שהספרים החיצוניים ואף האגדה נמנעים, בדרך כלל, מכל אי־ודאות. אם יש מקומות בתנ״ך, שבהם חסר שם האיש או המקום, או הזמן, באים הספרים החיצוניים והאגדה ומשלימים חסר זה.

2. האגדה וחקר האגדות העבריות

"כל מקום שאתה מוצא באגדה דברי אלעזר בן יוסי הגלילי שים אזנך כאפרכסת" — אומר הכלל התלמודי (חולין פ״ט, א׳). במימרא זו ביקש הלר לבטא הוקרתו לגאסטר[4], אבל היא הולמת עוד יותר אותו בעצמו. אין לך עוד חוקר אגדה, שאופק ראייתו היה רחב משלו. האגדה היתה בתחילתה — כפי שהוכח על ידי באכר מבחינה פילולוגית — פרשנות התנ״ך. אבל בזאת לא מיצינו את המושג האגדה ותכנה. "האגדה היא צורת ההתגלות, צורת ההתגלות היחידה, של מחשבת ישראל במשך מאות בשנים בתקופה, שתחילתה לפני היות הנצרות וסופה בימי התהוות האישלם... באגדה מתגלים השקפת העולם ותפיסתה, והרגש והמחשבה של היהדות". תוכן רבגוני זה של ספרות בת אלף שנה סוכם על ידי באכר, והוסדר באורח שיטתי. הוא שראה לראשונה את חשיבות המשימה של איסוף המימרות האגדיות של התנאים והאמוראים הידועים. אך ביצירתו בת שבעת הכרכים על האגדה חסר עיבודה של האגדה נטולת־השם.

לא היה אדם הראוי יותר למילוי תפקיד זה מאשר הלר. הוא חיבר את תולדות האגדה בקווים כלליים[5]. חקרי־הפרטים שלו הם מיטב ההוכחה להכשרתו לעבודה זו בתחום תולדות הרוח. הוא סקר והשלים את הרכבם של היסודות המצריים באגדה. הוא גילה את הקשר שבין האגדה על ארונו של יוסף ודניאל ובין המיתוס על אוזיריס. הוא הוכיח השפעתה של המעשיה הפרסית בדבר דשמשיד על האגדה בדבר ישעיה שנחתך במשור לשנים. מתוך עולם־הרוח היווני הוא מראה לנו, באחד המדרשים, את השפעתה של השוואה משל הומרוס. בשביל

הלווייתו נערכה ב־28 בפברואר. נכבדי יהדות הונגריה הלכו אחרי ארונו. על מצבת קברו, שנחנכה על ידי ב־19 במרץ, 1944, יום כניסתם של הגרמנים לעיר, יאיר הפסוק, המשמש סיום לספרו האבטוביוגראפי, והמיטיב לבטא את מסירותה של נפש מאוכזבת אך דבקה באמונתה:

"אכן משפטי את ה׳ ופעלתי את אלהי" (ישעיה, מט, ד).

ההיקף הגדול של לימודו ומחקריו של ברנארד הלר נתנו לו את האפשרות לפעול בשטחי מדע רבים ונרחבים ביותר. כחוקר יהודי — איזן חקר את כתבי הקודש ואת הספרות היהודית הדתית; כמזרחן — התעמק בלשון ובספרות הערבית ואף בתולדות דת האישלאם; וכמורה לגרמנית, צרפתית ולאטינית — היה ידען מצויין בספרות העתיקה הקלאסית וכן בספרות ימי הביניים, הגרמנית והצרפתית. נסכם בזה בקצרה את התוצאות של עבודתו המדעית הענפה והרחבה.

1. חכמת ישראל

דרכו והשפעתו של באכר היו בנותני־כיוון לתלמידיו בהרחבת חוג ההתענייניות שלהם; הם שנתנו כיוון גם לדרך של עבודתו של הלר, כשהתחיל שוקד על חכמת ישראל. מאמרו הגדול הראשון, שפירסם בשפת־נכר, שייך לחוג זה: בו הוא מנתח את פירושו של סעדיה גאון לספר משלי ומעלה מקורותיו.

מחקריו בתנ"ך היו פרי הוראתו בבית המדרש לרבנים בבודאפשט. הוא מגלה פרט מעניין בדברי הנביא ישעיה: כשהוא משמיע דבריהם של הנענשים והמתייסרים ביד ה׳ — הוא שם בפיהם את פסק דינו הקטלני. דוגמה הולמת ביותר לכך הוא פסוק ו׳ בפרק ג׳: העם הנחרד מפני חוסר כל שלטון וסדר, "יתפש איש באחיו בית אביו שמלה לך קצין תהיה לנו והמכשלה הזאת תחת ידך". והלא בדרך זו לא יתכן כלל לשדל את מישהו שיקבל עליו את חובת השלטון. במקום "והמכשלה הזאת" היה העם צריך לומר: "והממשלה הזאת". את מחקרו זה פתח הרב הלר במלים: "אני מעלה כאן מקצת ממעבדת הוראת התנ"ך בבית המדרש לרבנים שלנו.

לפי שופנהאואר, ספר התנ"ך הוא שגרם לכך, שכל גילויי החיים הטבעיים המשותפים לאדם ולבעלי החיים והמוכיחים באופן בלתי־אמצעי ביותר, כי מותר האדם מן הבהמה אין, כגון: אכילה, שתיה, לידה, מיתה וכו׳ — מוגדרים לגבי החיה במלים אחרות לגמרי מאשר לגבי האדם. וכה יאמר במקום אחד: "עלינו להיות לקויים בכל חושינו, או להיות מורדמים לחלוטין בכלורופורם של הפייטנות העברית, בשביל שלא לעמוד על כך שהמהותי והעיקרי בחיה ובאדם — הם היינו הך".

נוכח התקפה זו של שופנהאואר מוכיח הלר, כי המלון התנ"ך אין בו שום הבדלי הגדרה לגבי גילויי־החיים של האדם והחיה. גם הכרה זו בשלה בו במהלך

לדעת, למגינת לבבו, כי בלי בית־המדרש וההוראה אין חייו חיים. "בית המדרש — אומר הוא — נחוץ לי כמים לדג, כאויר לאדם, כתורה לישראל; כללו של דבר: יסוד חיי הוא בית הספר! כשניתקתי עצמי לזמן מה מבית הספר, לקיתי בחולי !" הוא מחזור, לפי בקשתו, לפעולה, ובפברואר הוא מקבל עליו, "כפרופיסור־בפנסיה הנותן שיעורים" את הוראת התנ"ך בכיתה נמוכה של בית המדרש לרבנים. אולם בראשית שנת הלימודים 1935/1936 הוא נאלץ לעזוב את המוסד "מטעמים שהם מחוץ לתחומי ההוראה". ידידיו, המבקשים להציל את בריאותו הרופפת ואת תשוקתו לעבודה מנסים למצוא לו חוג פעולה והשפעה, כראוי לאישיות דגולה כזאת, והוא חושב, כי חוג פעולה־והשפעה זה הוא בשבילו "הצלת חיים, הארכת חיים ובעיקר — מילוי חייו תוכן", משעה שנתמנה מפקח־לימודים של הקהילה היהודית דאופן. הוא מלמד להועיל, מפקח על לימודי הדת, ואף מארגנם ארגון חדש — לברכה ולתפארת לבני קהילתו. אף על פי כן, יש משהו מכאיב בזה, שחוקר התנ"ך הגדול ביותר במדינת הונגריה צריך היה להיות מפקח על לימודי־דת אלמנטריים ומורה לדת בבית ספר למסחר. אכן, הרגשת הקלה ניתנת לנו בדבריו: "מזל רע ארב לחכמי ישראל באירופה... המלומד היהודי היה זה אח לגורל היהודי הכללי אשרי המחכה...."

אך לא היינו צודקים אילו ביקשנו לומר כי החיים התייחסו אליו תמיד כאם חורגת. היו בחייו הרבה רגעים נעלים ונישאים. גולדציהר הציע את מועמדותו של ד"ר הלר כמרצה לפילולוגיה שמית, ורק "מבוכת החיים הציבוריים מנעה הגשמת כוונתו זו". הפרופ. מן המניין באוניברסיטה של בודאפשט, יוליוס נמת, הציע לו להיכנס לפקולטה הפילוסופית, בשביל לייצג את הפילולוגיה השמית ולנהל את הבחינות. אלא "המהומות שפרצו באוניברסיטה גרמו לביטולה של תכנית זו". בשנת 1931 נבחר כחבר הועדה האטנוגרפית של האקדמיה ההונגרית למדעים. הועדה המזרחנית של אותה אקדמיה בחרה בו בשנת 1935 כחבר נוסף. אכן להכרה ללא שיור וסייג לא זכה אלא בערוב ימיו, ביום הולדתו השבעים. בישיבה החגיגית של מורי בית הספר של קהילת אופן, הביעו לו ידידיו, תלמידיו, ומוקיריו את רגשי הערצתם. "היום הזה ובשעה הזאת הגעתי אל שיא הפסגה של חיי" — אומר הוא מתוך תחושת העתיד, בנאום־התשובה שלו לברכות הנואמים. לרגל הזדמנות זו פורסם לכבודו ספר יובל, שהחזיק כשלושים גליונות דפוס, ושבו השתתפו 42 מלומדים וחוקרים מהונגריה ומחו"ל, שהגישו לו את תשורותיהם מחקריהם. בשנת היובל פורסמו בבטאונים שונים כמה מאמרים המוקדשים לאישיותו של הלר, שהיו כשמן־מרפא לנפשו, שנפצעה רבות.

לצערנו הרב לא נמצא מזור גם לגופו! בסוף שנת 1942 פגעה בו מחלת סרטן הריאה, שהפילתהו חלל תוך חדשים מעטים. עד יומו האחרון היה קורא ועובד על ערש דוי בבית החולים היהודי. רוחו הכבירה נאבקה בכוחות גופו שהותש. בבוקר ה־26 בפברואר, 1943 נרדם תרדמת־נצחים.

אחרים, ספר בהונגרית בשם „עיונים אוריינטאליים", בודאפשט, 1910. הוא מתרגם להונגרית את ספרו של גולדציהר „הרצאות על האישלם" (היידלברג, 1910). גולדציהר מביע הכרתו „לעבודה הזהירה והדייקנית של המתרגם". את יצירת חייו העיקרית הוא מקדיש לגולדציהר „ברגשי תודה עמוקים".

קארמאן השפיע בעוז אישיותו וברבגוניותו הנפשית על דרך חייו של הלר. מי שבא במגע עמו היה נתון להשפעתו. היינריך מארצאלי אמר פעם על קארמאן „זהו האדם המצויין ביותר בהונגריה". בתקופת לימודיו הראשונה של הלר היתה השפעתו של קארמאן מורגשת כל כך עד שבפתח כתבי עלומיו הוא מעיד לפניו: „ראה כי ממך בא הכל ומשלך אנו נותנים לך".

בשנת 1894 הוכתר הלר בתואר ד״ר לפילוסופיה, וביום 24 בפברואר הוסמך לרב. אבל גם אחרי כן לא עמד על עמדו, כי בה בשנה קיבל את הדיפלומה של מורה לספרות וללשון הגרמנית והצרפתית, וב-25 במאי, 1899, את הדיפלומה ללשון הלאטינית.

הוא יצא לשם לימודי השתלמות לפאריס, בקיץ 1896, ובקורס הקיץ של „אליאנס פראנסז" קיבל את תעודת ההצטיינות — „דיפלום סופיריייר". עוד בזמן לימודיו בבודאפשט, ב-1896, הוזמן על ידי כמה בתי ספר תיכוניים לשמש בהם כמורה, ולבסוף קיבל משרה בביה״ס הריאלי העליון של המדינה, ברובע השני של בודאפשט. כאן לימד, בשנים 1896—1919, צרפתית, גרמנית, ולפעמים אף הונגרית וספרותה, ואפילו דברי ימי הונגריה. הוא שמר על עקרונות-חייו הדתיים ; לא כתב בשבתות והיה מעתיק את שעות-ההוראה שלו לימות החול.

בשנת 1919 נקרא להיות מנהלה של הגימנסיה של הקהלה היהודית לבנים ולבנות בפשט. פעילותו היתה חדורה רוח עילאית ובית הספר כולו היה מלא רוח מסורתית-דתית יהודית. הוא בחן ובדק ואף קבע איזו גילויי רוח היהדות והיצירות הרוחניות של ישראל סבא יש לכלול בתכנית הלימודים של הגימנסיה. הוא לא ידע ליאות בעבודתו, ובכושר הפעולה ובמידת ההתלהבות — לא היה דומה לו. אך ההזמנה לבית המדרש לרבנים גרמה לו שיעזוב חוג פעולתו זה, שבו היה אולי פחות מופרע מבכל שאר ימי חייו.

בשנת 1922 מצליח פראנץ מיזיי לשדלו שיקבל את הקתדרה לתנ״ך של פרופ. באכר בבית המדרש לרבנים. הוא קיבל עליו כהונה זו כתלמיד ותיק ההולך בדרך שהיתווה רבו דגול ומשווה אותו לנגד עיניו כמופת אידיאלי.

אין ספק כי העשור 1922—1931, שבו שימש פרופיסור מן המנין בבית המדרש לרבנים היה תקופת הפיסגה בתולדות המוסד הזה. עם פטירת באכר, בשנת 1913 ניכרת ירידה במוסד. רק פעילותו של הלר מסמנת תקופת התפתחות חדשה טובי דור הרבנים והחוקרים החדשים מעידים על עצמם שהם תלמידיו של הלר ובעבודות-הגמר שלהם ניכרים סימני עזרתו ותיקוניו. עבודתו ומסירותו לא זכו למלוא ההכרה הראויה. בדצמבר 1931 הוא עובר לפנסיה, אך עד מהרה הוא נוכח

פְּרוֹפֶ. בֶּרְנַרְד הָאלֶר

א. מתולדות חייו

פרופ. הלר נולד ב־16 במרץ, 1871,¹) וגמר את בית הספר היסודי היהודי בעיר מולדתו נאגיביצה, שבה למד בשנים 1877—1881. בשלב לימודיו זה השפיע עליו ביותר פיליפ גרינברגר, שלימדו את דת ישראל ואף הכניסו להיכל התלמוד, מחוץ לכתלי בית־הספר. מורה זה לא פסק פיו מגירסה ולא חדל מלהרחיב ידיעותיו בשדה הספרות וההיסטוריה. הוא קורא את ספריהם של גרץ, שטיינטאל ולצארוס ואף כותב שירים בעברית.²) זכרו של מורה זה שמור בלבו של הלר מתוך הכרת טובה: "פיליפ גרינברגר היה המורה והמדריך שלי בתקופת ילדותי; הוא שהכשירני להיות תלמידו של פרופ. וילהלם באכר". בשנת 1885 החליט, על דעת עצמו, להיכנס לבית המדרש לרבנים בבודאפשט, ושם למד בשנים 1885—1895. משנת 1890 ועד שנת 1895 ביקר גם באוניברסיטה של בודאפשט.

אישיותו ודרך הגותו המדעית של הלר הצעיר עוצבו בעיקר בהשפעת רבותיו. "כבר בכיתתו, הנמוכה של הסמינאר לרבנים הושפעתי השפעה עמוקה מהרצאותיו של פרופ. באכר על התנ"ך. דויד קאופמן לימדנו גרמנית ויוונית; דבריינותו המזהירה והשכלתו עשירת המחשבה פתחו לפנינו אפקים נרחבים... בכיתה הגבוהה קסמו לי שוב הרצאותיו המדעיות של פרופ. באכר בתנ"ך. ועדיין אני נתון להשפעתו עד היום הזה. בו אני רואה עד היום הזה את מורי ורבי, את האידיאל של המצפון הדתי והמדעי".

בלימודיו באוניברסיטה הדריכוהו גולדציהר וקארמאן. בהשפעת גולדציהר עסק בלימוד מדעי האישלם ובהשפעת קארמאן — בחכמת הפדגוגיה. על התקשרותו לגולדציהר מעיד אחד ממכתביו:³) "בסוקרי את העבר, על גבול שנתיים ימים שחלפו, אין אני רואה עוד אדם חי, שאני אסיר תודה לו במידה שאני אסיר תודה לאדוני, פרופיסור נכבד, על יחסו המיטיב, יחס לא־אכזב, שגילה לי כמורה, בטוב־לב אבהי ממש".

ליום הולדתו הששים של גולדציהר הוא מוציא, בהשתתפות מלומדים

28. A szegedi hitközség története (קורות הקהילה בסגד). — Mult és Jövö. IV. 1914. 32.

29. Asszonysorsok. Vásárhelyi Júlia novellái. Szeged, 1914** — Mult és Jövó. IV. 1914. 347—348.

1916

30. Rechts und Links in Bibel und Tradition der Juden* (ימין ושמאל במקרא ובמסורת היהודית). — Mitt. zur Jüdischen Volkskunde. XIX. 1916. 1—70.

1917

31. Levél egy halotthoz (אגרת לבר מינן). — Egyenlöség. XXXVI. 1917. No. 24.

1918

32. A pápa (האפיפיור). — Zsidó Szemle. XIV. 1919. No. 3.

1920

33. Kötelezö hitoktatás (לימוד דת חובה). — Zsidó Szemle. XIV. 1919. No. 7.

34. Die Wiener Geserah**. (S. Krauss) — Egyenlöség. XXXIX. 1920. No. 44.

1921

35. Löw Immánuel. — Egyenlöség. XL. 1921. No. 1.

1923

36. Die Auferstehung in der jüdischen Tradition*. — Jahrbuch für Jüdische Volkskunde. I. Berlin—Wien, 1923. 23—122 (1923 pp. 106).

1925

37. Der Windgeist Keteb (קטב מרירי) — Jahrbuch für Jüdische Volkskunde. II. Berlin—Wien, 1925. 157—170.

1926

38. A forgószél (קטב מרירי). — Jubileumi Emlékkönyv Dr. Blau Lajos... jubileuma alkalmából. Bp., 279—290. (= MZsSZ. XLIII. 1926. 279—290).

39. Der böse Blick* (עין רעה) — Nach jüdischen Quellen. — Menorah. IV. 1926. 551—569 (= Mitt. zur Jüdischen Volkskunde. XXIX. 1926. 551—569).

1927

40. Vom Livjathan*. (על הלויתן) — Menorah. V. 1927. 619—628 (= Mitt. zur jüdischen Volkskunde. XXX. 1927. 21—26., 49—53).

ובלוויה יפה גם זכה. בשנת 1926 נסתלק מהעולם כתוצאה ממחלת לב. ובבית הכנסת החדש שבסגד הספידו עמנואל לעף.
בנו היחיד ד"ר שמעון לוינגר, הימאטולוג בעל שם עולמי, נפטר ב־1951 בגיל 49.

5) rabbi Adolf Löwinger .Dr, סגד, 1926.

והרי רשימת עבודותיו:*

1896
1. R. Eleazar Kalir*. Bp., 1896. pp. 30.

1897
2. Az Izraelita Magyar Irodalmi Társulat díszülése. (ישיבה־חגיגית של החברה היהודית־ההונגרית לספרות) MZsSZ. XIV. 1897. 10—13.

1898
3. Brill Azriél. MZsSZ. XVI. 1899. 272—278.

1899
4. Egy akadémiai emlékbeszédről (על נאום־זכרון באקדמיה) Egyenlöség XVIII. 1899. No. 6.

1903
5. Búcsú a régi zsinagógától (פרידה מבית הכנסת הישן) Magyar Zsinagóga. IV. 1903 258—262.

1904
6. Búcsú a régi templomtól (פרידה מבית הכנסת הישן) — A Szegedi Zsidó Hitközség jeleníése az 1903 évről· Szeged, 1904. 10—11.

7. "Zsidó prepotenczia" („חוצפה יהודית") Egyenlöség. XXIII. 1904. No. 1.

8. Egy tankönyvről** (Varga Ottó Világtörténet a középiskolák számára). Egyenlöség. XXIII. 1904. Nos· 20—21.

9. A Livjathan (הלויתן) — MZsSZ. XXI 1904. 374—382.

1905
10. Isten tíz ruhája (מלך בעשרה לבושים) — Emlékkönyv Bloch Mózes tiszteletére. Bp., 1905. 8—12.

1907
11. Beszéd Klein Salamon koporsójánál (הספד על שלמה קליין) — Izr. Tan. Ért. XXXII. 1907. 278.

1908
12. Der Traum in der jüdischen Literatur* (החלום בספרות היהודית) — Mitt. zur jüdischen Volkskunde. XI. 1908. 25—34., 56—78. (Leipzig, 1908. pp. 35).

1909
13. Magyar Zsidó Szemle 1908. Nr. 4**. Mitt. zur jüdischen Volkskunde. XII. 1909. 1277.

14. A zsidók istenéről (על אלהי היהודים) — Egyenlöség. XXVIII. 1909. No. 44.

1910
15. Der Schatten in Literatur und Folklore der Juden* (הצל בספרות ובפולקלור של היהודים) — Mitt. zur jüdischen Volkskunde. XIII. 1910. 1—5., 41—57 (Wien, 1910).

16. Verzeichnis der Bibelstellen in A. Geigers Schriften (רשימות המובאות מהמקרא בכת־בי אברהם גייגר) — Abraham Geiger, Leben und Lebenswerk von Ludwig Geiger. Berlin, 1910. 471—491.

17. Löw Lipót (1811. V. 22—1875. X. 13) — Szombat. I. 1910. No. 6.

18. A zsidó irodalom története** (Kecskeméti Ármin dr.) — Szombat. I. 1910. No. 12.

19. Wellesz Gyula dr. — Szombat. I. 1910. No. 15.

1911
20. Löw Lipót emlékezete. — Szegedi Zsidó Népiskola Értesítője 1910—1911. Szeged, 1911. 5—8.

21. Löw Lipót. — Magyar Zsidó Almanach. Bp., 1911. 149.

22. Löw Lipót emlékezete. — Egyenlöség. XXX. 1911. No. 24.

1912
23. Die Himmel in nachbiblischer Auffassung*. — (השמים לפי ההשקפה שלאחר המקרא) Mitt. zur jüdischen Volkskunde. XV. 1912. 12—37.

24. Dr. J. Preuss: Biblische-talmudische Medizin (הרפואה במקרא ובתלמוד) Hebräisches Register*. (S. a. et 1) pp. 20.

25. The Memory of Leopold Löw. Dedicatory Sermon. — William N. Loew: Leopold Loew. New York, 1912. 71—75.

26. Várhelyi Rózsa Izsó dr. — Egyenlöség. XXXI. 1912. No. 23.

1914
27. Löw Immánuel. — Magyar Izrael. VII. 1914. 45—48.

* = עבודות עצמאיות ; ** = רצנזיות

ביבליוגרפיה מעבודותיו הספרותיות של הפולקלוריסט א. מ. לוינגר
(במלאות שלשים שנה למותו)

את זכרונם של הפולקלוריסטים היהודים בהונגריה — עמנואל לעף[3], ב. קוהלבך[2] וב. הלר[3] — העליתי זה מכבר. רק בהעלאת זכרונו של הפולקלוריסט אברהם מנשה הלוי (אדולף) לוינגר חב אני עוד. במאמרי זה רוצה אני לצאת ידי חובתי זו. נוסף, שגם מ. גרונוואלד ז״ל בזכרונותיו הבליט אותו במיוחד[4].

כינסתי ובזה אני בא לפרסם את הביבליוגרפיה שלו וזאת תהיה לו מצבת זכרון נאמנה ביותר. בהקדמה אביא כמה פרטים מתולדות חייו.

נולד בשנת תרכ״ד (1864) בטורמוש פלך ניטרא. אביו שמעון, בן שבעים השתקע בירושלים בשנת 1897 ומקץ שתי שנים מת שם. הנער אברהם מנשה למד בישיבת ונשלי, אח״כ בישיבת פרסבורג, ובשנת 1887 נכנס לבית המדרש לרבנים בבודפשט. עשר שנות למודיו בביה״מ לרבנים היו לו שנות רעב ועוני. למד את הלשון היוונית והרומית והשתלם בשפות האירופיות. גם הקנה לו ידיעות בספרות העולמית ובמדעי הטבע. ב־1896 הוכתר באוניברסיטה בבודפשט בתואר דוקטור ובשנת 1898 נסמך לרב. עוד באותה שנה נקרא עפ״י בקשתו האישית של עמנואל לעף לסגד וכיהן שם כרב־משנה במשך 28 שנים עד יום מותו.

על ידו של עמנואל לעף ובהשפעתו היה לחוקר הפולקלור. מתמסר הוא לעבודה זו בכל נפשו. כדי לברר וללבן בעיה אחת בלבד מוכן היה לחקור ולעבור על הספרות היהודית כולה. את הנושאים ושיטת העבודה מקבל הוא מאת לעף, הוא גם היה מגיה ומתקן את מאמריו. ב. הלר כותב לו באחת מאגרותיו (18.6.1917): ״אני רואה בשמחה רבה, אולם אך לא בלי קנאה, עד כמה אתה מנצל את ההזדמנות המוצלחת, שהנך חי ועובד במחיצתו של לעף. בהשבי על כך, מתעוררת בי כלפיך קנאה לשמה, קנאת סופרים, כי אני לא זכיתי לכך, שתורתי תהא אומנתי״.

נוסף לעבודתו זו הוא גם מלמד דת בבתי הספר, דורש דרשות בבתי הכנסת ואף מקדיש מעתותיו לבקר אצל בעלי הבתים שבקהילתו. אהוב הוא על הבריות בגלל צניעותו, ענוונותו ומזגו הטוב. את מרירותו הוא מכסה בהומור רך. רק פה ושם נותן הוא בכתב ביטוי לקשי רוחו: ״משרת הרב אצלנו היא בבחינת מטת־סדום: את הקטנים מותחים ובגדולים מקצצים. והכאב שנגרם גם לאלה וגם לאלה גדול הוא כאחד״. (Szombat כרך א׳, 1910, מס׳ 15). באחד ממכתביו הוא כותב לוללש (29.12.1911): ״שכר אחיזת העינים, הרמאות והיהירות — הוא ,עולם הזה', שכר הרעב והעבודה המסורה — היא לויה יפה, וזהו ,עולם הבא׳״.

---

1) בודפשט, 1947, Löw Immánuel és a zsidó néprajz 2) Kohlbach Bertalan és a zsidó néprajz 1948, בודפשט. 3) Dr. Heller Bernát élené és munkássága 1943, בודפשט.
4) ב״עדות״, כרך ב׳, תש״ו, עמ׳ 9—10.

101

בית המשפט, נשמטה רגלו, המקל נפל מידו ונתגלגל הישר אל מתחת לעגלת הטוחן שעברה שם במקרה. אחד הגלגלים עלה על המקל ושברו, וכך נשפך הכסף חוצה).

האגדה, שמקורה הראשון בעולם ההלניסטי, חדרה גם אל עולמן של אגדות האיסלם וגם אל ההגיאולוגיה הנוצרית. משם חדר הסיפור לפי העם, והוא ממשיך לחיות במסורות שבעל פה. בשנת 1551 הפיץ אותו האנס זקס (Hans Sachs) באזורים דוברי הגרמנית. זקס שאב את הסיפור מחיבורו של גיאורג פרוליך פון דר לומניץ (Georg Frölich von der Lömnitz) Johannis Stobei scharpf-sinniger Sprüche, שהופיע זמן קצר לפני כן.[7]

*

את הרשימה הקצרה הזאת אני מקדיש בהוקרה לזכרו המבורך של פרופ' יוסף היינימן, חוקר רב פעלים ורחב אופקים, שהשפיע הרבה מכוחות העיון שלו בחקר גלגולי אגדות חז״ל במסורות־התרבות של ימי הביניים.

---

[7] עיין גם: H. Lewy, *Zeitschrift des Vereins für Volkskunde*, כרך לז/לח (1928), עמ' 83—84; F. M. Goebel, *Jüdische Motive im märchenhaften Erzählungsgut*, גלייוויץ 1932, עמ' 196—198; B. Heller, *Geld im Stock*, *Handwörterbuch des deutschen Märchens*, כרך ב, ברלין־לייפציג 1938, עמ' 478—480; מ' כהן, מפי העם, כרך ג, תל אביב 1979, עמ' 80—81 ושם הערת ח' שוורצבוים, עמ' 130—131.

עקבות 'קניא דרבא' בספרות הרפורמאציה

(Winzig), דרשן־חצר בווהלאו (Wohlau) וסופראינטנדנט במיליטש (Militsch). כמה כרכים של דרשות נותרו בעזבונו הספרותי. באחד מהם, 'Historiae Passionis Analysis' שהופיע בלייפציג בשנת 1622, הוא מביא את הסיפור, בעקבות Geitzwagen של Sigismundus Svevius, כאילו אירע בעיר פרנק־פורט על נהר אודר. וזה לשונו:[6]

Zu Franckfort an der Oder ist für Jahren ein alter geitziger Mann gewesen welcher einem hundert floren schuldig war. Und da er ihn zahlen solte sagte er dass ers ihm gegeben hette. Da ihme aber von Gerichten aufferleget ward dass er auff folgenden Gerichtstag die Sache mit einem Eyde bethewren solte liess er ihm unter des / als ein alter Mann der sonsten stets am Steblein gieng / einen holen Stab machen verspindete die hundert floren darein kam auff bestimpten Tag für Gerichte. Und Weil der ander dem er schuldig war neben ihm stund bath er ihn dass er ihme weil er den Eyd thete seinen Stab halten wolte. Darauff that er den Eyd dass er deme sein Gelt wahrhafftig in seine Hände uberantwortet hette. Der Tropff meynete das Gelt im Stabe von welchem der ander nichts wuste. Gott aber endete die List wunderbarlich. Da der alte Geitzhalss nach gethanem Eyde wil heimgehen unnd da er unten am Rathhause zur Tür hinaus tritt entgleitet ihm der Fuss dass ihme der Stab aus der Hand springt und gleich unter den Mühlwagen / der ohne gefehr fürüber fuhr / felt unnd das eine Rath drüber gehet zerbricht der Stab dass der Gelt heraus felt.

(תרגום: בפרנקפורט על נהר אודר היה לפני שנים זקן קמצן שהיה חייב למן־דהו מאה פלורינים, וכשהגיע זמנו לשלם אמר שכבר פרע לו. ואולם כש־נתחייב מטעם בית המשפט לאשר את הדבר בשבועה בישיבה הבאה של בית הדין, ציווה שיעשו לו (לפי שבהיותו איש זקן היה מהלך גם בלאו הכי על משענת) מקל חלול. הוא הכניס את מאת הפלורינים במטה, ובא למשפט ביום שנקבע לו. ולפי שהמלווה עמד לידו ביקש ממנו שיחזיק את המטה עד שיישבע. אחר כך נשבע שבאמת כבר מסר לידיו (של הלווה) את כספו. השוטה התכוון לכסף שבתוך המטה שהמלווה לא ידע עליו כלום. אבל האלהים הביא את התרמית לידי גמר מופלא. כשהקמצן הזקן ביקש ללכת לביתו אחרי שנשבע, ויצא משער

6 עיין E. H. Rehermann, *Das Predigtexempel bei protestantischen Theologen des 16. und 17. Jahrhunderts*, Göttingen 1977, pp. 516—517, No. 2

[קעג]

עקבות 'קניא דרבא' בספרות הרפורמאציה

הסיפור בקנהו של רבא מובא בבבלי, נדרים כה ע"א כדלהלן:

ההוא גברא דהוה מסיק בחבריה זוזי. אתא לקמיה דרבא א"ל ללוה זיל פרע ליה. אמר ליה פרעתיך. א"ל רבא אם כן זיל אישתבע ליה דפרעתיה. אזל ואייתי קניא ויהיב זוזי בגויה והוה מסתמיך ואזיל ואתי עליה לבי דינא. אמר ליה למלווה נקוט האי קניא בידך. נסב ס"ת ואישתבע דפרעיה כל מה דהוה ליה בידיה. ההוא מלוה רגז ותברא לההוא קניא ואישתפך הנהו זוזי לארעא (אותו איש שהיה תובע בחברו כסף. בא לפני רבא אמר לו ללוה אמר לך שלם לי. אמר לו שילמתי לך. אמר לו רבא אם כן לך השבע לו שפרעת לו. הלך והביא קנה ושם המעות בתוכו והיה הולך ונשען עליו. בא לבית הדין. אמר לו למלווה קח קנה זה בידך. לקח ספר תורה ונשבע שפרע כל מה שהיה לו בידיו. המלווה רגז ושבר את הקנה ההוא, ונשתפכו המעות ההן לארץ).[1]

האמנות הפלאסטית היהודית הקדומה הנציחה את הסיפור באיור של מחזור אשכנזי, מראשית המאה הי"ד.[2]

הרישום הקדום ביותר של המעשה הזה, עד כמה שידוע לנו עד כה, בא אצל המדקדק היווני קונון, בן המאה הראשונה לפנה"ס, בחיבורו 'דיאגזיס', פרק לח. הסיפור ידוע גם מקובצי משלים של ימי הביניים,[3] והוא מן הטופוסים הידועים בפולקלור[4] ובספרות.[5]

לאחרונה נתברר שגם דרשנים פרוטסטאנטיים עשו בו שימוש בחיבוריהם. נתנאל טילזיוס (Nathanaël Tilesius), 1565—1616, שימש כדיאקון בווינציג

---

1 מקבילות לסיפור עיין בבלי שבועות כט ע"א, פסיקתא רבתי, מהד' איש-שלום, קיא ע"א.
2 עיין אלכסנדר שייבר, *Folklór es Tárgytörténet*, כרך ב, בודפשט 1977, עמ' 202—203 ; אלכסנדר מרכס, *Bibliographical Studies and Notes* (מהד' מ"ח שמלצר), גיו-יורק 1977, עמ' 100—101.
3 השווה F. C. Tubach, *Index Exemplorum*, Helsinki, 1969, p. 261 No. 3352
4 עיין Aarne-Thompson, 961 B.
5 עיין S. Thompson, *Motif-Index of Folk-Literature*, IV, Copenhagen 1957, p. 80, No. J. 1161 4.

[קעב]

Ein Medicus ward zu einer krancken Jungfrawen beruffen welche da er ihn den Puls greiffen wolte aus Schamhafftigkeit damit er ihren blossen Arm nicht betastete den äussersten Theil vom Ermel ihres Hembds über die Handzoge. Als der Medicus diss gesehen hat er das eusserste seines Mantels genommen und damit die gantze Hand bedeckt und darnach den Puls griffen und gesagt: Zu einem leinwatinen Puls gehöret ein tüchener Medicus".

השירה העברית של ימי הביניים היא מקור לא אכזב של מוטיבים אירופיים נודדים, והחומר מחכה לגואליו.

גם בטכסטים ההונגריים מופיע המוטיב לעתים קרובות. בשיר מן המאה הי״ז דרך משל כך: בֵּין פֶּשְׁט וּבוּדָה הדנובה כבר נשרפה פעם׳.[8]
בפולקלור הבין-לאומי הטופוס הוא כמעט שגרתי.

ג. דופק מכוסה בשמלה

לפני שנים אחדות טיפלתי במתכון הסאטירי של עמנואל הרומי וציינתי את מקבילותיו בספרות העולם.[9] מחקרי עורר עניין גם בעיני פרופ׳ הברמן.[10] בשיר המביא את המתכון כתוב, קדם לנוסח המתכון עצמו, כך:[11]

...וְשָׁלַחְתִּי אֲנִי אֶת יַד יְמִינִי / לְמַשֵׁשׁ בּוֹ בְּדָפְק יַד יְמִינָה
וּמִגְדַּל לְבָבָהּ נָתְנָה עַל / יְמִינָה סוּת, כְּמוֹ מַטְלִית לְבָנָה.
אֲזַי גָּדַל מְאֹד לִבִּי בְּעֵינַי / וְחָשַׁבְתִּי לְהָחֵל בָּהּ כְּזוֹנָה,
וְעִם חָשְׁבִי יְעָצַנִי לְבָבִי / וְשַׂמְתִּי עַל מְקוֹם דֶּפֶק לְבֵנָה,
וּמִשֵׁשְׁתִּי אֲזַי עַל הַלְּבֵנָה / בְּמַחְתָּה, הָיְתָה אֶצְלִי נְתוּנָה.

גם דברים אלה אינם בלעדיים לעמנואל. מוטיב נייד הוא בימי הביניים. אמת, אין בידי מקבילה קדומה, אבל מן המאה הי״ז ידועות שתי ואריאנטות לסיפור. זו הצרפתית כך לשונה:[12]

"Un Medecin fut appellé pour visiter une Damoiselle malede, à laquelle voulant taster le poulx esmeuë de quelque petite honte, faisant de la delicate, & craignant qu'il ne maniast son bras nud, elle tira le bout de la manche de sa chemise iusques sur la main; ce que voyant le Medecin, il prit le bout de son manteau, & s'en couvrit toute la main, puis maniant lę poulx de la Damoiselle, il luy dict: Ah poulx de toile: Medecin de drap."

וכך לשון הסיפור בתרגום גרמני קדום:[13]

---

8. כתב על זה מאמר בשם Fenékkel felfordult világ ‏J. Turóczi—Trostler, בודפשט, 1942, עמ׳ 4, 16, 18 (תדפיס).
9. הופיע ב־ Rivista degli Studi Orientali, כרך מ״ב, 1967, עמ׳ 211 — 227.
10. תולדות הפיוט והשירה, כרך ב׳, רמת-גן, תשל״ב, עמ׳ 43 — 44.
11. מחברות עמנואל הרומי. הוצ׳ דב ירדן, כרך א׳, ירושלים, תשי״ז, עמ׳ 197 ; י. רצהבי בספרו ילקוט המקאמה העברית. ירושלים, תשל״ד, עמ׳ 123.
12. בחבורו של L. Garon בשם Le Chasse ennoy, פריס, 1641, עמ׳ 228, מספ׳ XIX.
13. Exilium Melancholiae, שטרסבורג, 1643, עמ׳ 22, מספ׳ 61. את המקורות ההונגריים אסף L. György בספרו —Kónyi János Democrittusa, בודפשט, 1932, עמ׳ 148, מספ׳ 171.

> Ante lupos rapient haedi, vituli ante leones,
> delphini fugient pisces, aquilae ante columbas
>
> (Dirae, 4—5)

בימי הביניים, אצל קרטיין דה טרוא (Chrétien de Troyes) בורח הכלב מפני הארנב ואילו הכבש רודף את הזאב.[5]

מחבר גרמני קדום, היינריך קוגלר (Heinrich Kugler) מעמיד ב-Windbeutel שלו רשימה של כל הצירופים האפשריים. הנה אחדים מהם: צרצר בולע שני פרים, שפן כופת אריה, שבלול הופך בית, אנקור מנצח דרקון, תרנגולת אוכלת מאה שועלים, כבש טורף שלושה זאבים וכו'.[6]

הרעיון הקדום חבוי גם בין קפלי דבריו העוקצניים של יצחק אבן כלפון.

ב. מים העולים באש

שלמה בונפיד אומר באחד משיריו:

...וּמַיִם בּוֹעֲרִים כָּעֵץ וְדוֹלְקִים[7]

'הים הבוער' נמנה אף הוא עם התמונות הפייטניות הקדומות. לפי וירגיליוס, נוח לו לטורנוס לשלוח אש בים הגדול, מאשר בעצים הקדושים:

> ...maria ante exurere Turno
> quam sacras dabitur pinus...
>
> (Aeneis IX, 115—116)

המקבילות הביניימיות מרובות. האנס זאקס (Hans Sachs) כותב בשנת 1546 ב'ששת השקרים הגדולים' שלו (Die sechs grosen lügen): ברגנסבורג נשרפה הדנובה עד היסוד בה:

> Zw Regensburg mit nome,
> Sprach er: "Da ist die ganz Thonaw
> Pis an den grünt ausprünen"

---

5. E. R. Curtius בספרו Europäische Literatur und lateinisches Mittelalter, ברן 1948, עמ' 104.
6. ע"י מה שכתב J. Turóczi–Trostler בספרו Magyar irodalom–Világirodalom כרך א', בודפשט, 1961, עמ' 281 — 294.
7. השירה העברית בספרד מאת ח. שירמן, כרך ב', ירושלים — תל-אביב, תשי"ז, עמ' 628, מספ' 453.

מַקבילות מספרות העולם לתמונות מן השירה העברית של ימי הביניים

באחד ממחקריו רבי־הפנים והמאלפים עיין פרופ' מ"א הברמן עיון מדוקדק בשורה של צירופים פיוטיים שמצאם חוזרים ונשנים בפי משוררים שונים.[1] אני מקווה ששורות אלו, הנוגעות אף הן בתחום זה, יפיקו רצון ממנו; הן מוגשות לו כשי לחג יובלו.

א. עז טורפת אריה ודוב

יצחק אבן כלפון לועג לחותנו, יצחק אבן קפרון (קפרון=Cabron בספרדית: עז) בלשון זו:[2]

הֲרָאִיתָ אֲרִי נוֹהֵם / וְדֹב שׁוֹקֵק טָרְפוֹ עֵז?

ה'עולם ההפוך' ('mundus inversus') הוא טופוס עתיק, שנתקיים זמן רב גם בימי הביניים, הן באמנות והן בספרות: דגים החיים בצמרות העצים, צפורים החיות במים, בני־צאן הבולעים זאב, שועל המטיף מוסר לאווזים, ארנבות הצולות ציידים, שפנים המרמים אריות, דובים, זאבים, שועלים וכדו'.[3]

הצירוף מופיע כבר בכתבי ורגיליוס: עז טורפת זאב, עגל — אריות, דולפין נס מפני דגים, נשר — מפחד היונים:[4]

---

1. עי' בספרו "עיונים בשירה ובפיוט של ימי הביניים". ירושלים, תשל"ב, עמ' 51 — 57; בספרי Folklôr és târgytörténet, כרך ב', בודפשט, 1974, עמ' 432 — 434; טוביה פרשל ב"הדואר", כרך נד, 1975, עמ' 415.
2. שירי ר' יצחק אבן־כלפון. הוצ' א. מירסקי. ירושלים, תשכ"א, עמ' 118, מספ' מד.
3. H. Kenner בספרה Das Phänomen der verkehrten Welt in der griechisch-römischen Antike. Klagenfurt, 1970. L. Castiglione ב השווה עמ' 97, 163 — 175; Antik Tanulmányok כרך יט, 1972, עמ' 151 — 153; עי' עוד H. F. Grant במאמרה El mundo al revés, בספר היובל Hispanic Studies in Honour of J. Manson, אוכספורד, 1972, עמ' 119 — 137; R. Schenda ב־ Fabula, כרך טו, 1974, עמ' 279 — 280.
4. P. Vergili Maronis Opera, הוצ' O. Ribbeck, ליפסיה, 1868, עמ' 167.

חנות הישנים בבית־מדרשו ביקש אחד מהם והתקין ממנו ארון־מתים לעצמו, ובעודו בחיים חיבר עליו כתובת עברית בחרוזים, ובה הוא מעורר לתשובה:

הַבט ילוד אשה עזב דרכך
כי עד הלום בא אחרית כל גבר
את בראך בימי בחורותיך
תזכר ותשש יום מצא הקבר.[14]

ועד הזמן האחרון היה מנהג זה מקובל גם בחוגים היהודיים בהונגריה.

14 יצחק ברוך הלוי מפיראָרא, תולדות הרב הגדול יצחק לאמפרונטי זצ״ל, ליק 1871, עמ׳ 36.

ב. ארון עשוי משולחן

שלום אש בסיפורו "בעל התהלים" כותב על ארונו של הרב: "התקינו אותו מהשלחן שישב לידו כל כך הרבה, עליו למד ואכל ואשר היה המזבח שלו." [8]

באחד מסיפוריו של דוד שון, סופר ועורך הונגרי בארץ-ישראל, מצויה פיסקה זו: "אפרים החייט מהורודנקי מבקש בצוואתו להתקין את ארון המתים עבורו משולחן-העבודה שלו, להניח על ידו את מספרי-החייטים שלו, למען ששולחן ומספריים אלה יעידו עליו, שמעולם לא נטל אפילו חתיכת-בד כלשהי מאיש." [9]

עקבות מנהג זה ניכרים כבר בימי-הביניים. המקור הראשון הוא המחבר הספרדי רבינו בחיי בן אשר (נפטר בשנת 1340). בפירושו לתורה הוא מתבטא כדלקמן: "ומנהג חסידים שבצרפת שעושים משולחנם ארון לקבורה, להורות כי האדם לא ישא מאומה בידו ולא ילונו בעמלו כי אם הצדקה שעשה בחייו והטובה שהוא מיטיב על שלחנו." [10]

בספרו "שלחן של ארבע" כך הוא מביא את העניין:

והנה באזנינו שמענו ורבים ספרו לנו בגדולים שבצרפת והפרנסים בעלי אכסניא שנהגו מנהג נכבד מאד, נתפשט ביניהם מימים קדמונים, שהשלחן שלהם שהאכילו עליו את העניים בלכתם לבית עולמים שעושין ממנו ארון ולוחות שנקברים בהם. וכל זה לעורר ולקבוע בלבבות כי האדם אלו יגיע שיאו לעב ויעלה עטרו לעושר המלך שלמה, ולא ישא בידו מאומה מעמלו שיעמול תחת השמש, כי אם הטוב שעושה והצדקה שהוא מרחם את העניים. [11]

גם ישראל אל-נקוה, שחי ונהרג בספרד בשנת 1391, מביא מלה במלה את הנוסח ומוציא ממנו את אותו מוסר ההשכל:

ושמעתי שגדולי צרפת והפרנסים בעלי אכסניא שנהגו מנהג נכבד מאד ונתפשט ביניהם מימים קדמונים שהשולחן שהיו מאכילין עליו את העניים שהיו עושין ממנו לוחות וארון שנקברים בהם וכל זה להתעורר ולקבוע בלבם כי האדם אלו יגיע שיאו לעב ועושרו עד מאד שלא ישא בידו מאומה מעמלו שיעמול תחת השמש כי אם הטוב שעשה והצדקה שהיה מרחם על העניים. [12]

צבי הירש קאידנובר בספרו "קב הישר" שפורסם בתס"ה בפראנקפורט דמיין ושאת כתב-היד שלו סיים אולי עוד בווילנה, רשם את חוויותיו האישיות כדלקמן:

וראיתי חייט אחד בק"ק בריסק דליטא קודם מותו צוה להחבורה קדישא שיעשו משולחנו שהיה בביתו ארונו והאמה שהיתה מותח בו הבגדים יתן לו בידו ושאלו אותו החבורה קדישא מה כוונתו בזה הצוואה והשיב שהשלחן והאמה יעידו לו כשני עדים נאמנים שכל ימיו לא גנב מאומה מן מלאכתו. אשרי לו שלא היה רוצה ליהנות רק מיגיע כפו ולא משום גזל. [13]

מספרים על המלומד האיטלקי יצחק למפרונטי (1679—1756), כי כאשר נרקבו השול-

---

8 בעל התהלים (תרגם י"ל ברוך), ב, תל-אביב תשי"ב, עמ' 251.
9 D. Son, *Az örökség*, Tel-Aviv 1960, p. 283
10 רבינו בחיי: ביאור על התורה, מהדורת ח"ד שעוועל, ב, ירושלים תשכ"ז, לשמיכה: כג, עמ' רעט—רפ.
11 כתבי רבינו בחיי, מהדורת ח"ד שעוועל, ירושלים תש"ל, עמ' תעד.
12 מנורת המאור, א, מהדורת ח"ג אנלוב, ניו-יורק תרפ"ט, עמ' 35.
13 קב הישר, וילנה תרמ"ב, עמ' 168—169.

שני מנהגי עם יהודיים

א. לפני הפרידה יושבים

מנהג מקובל הוא בחוגי היהודים בהונגריה ובארצות מזרח־אירופה בכללן לשבת קמעה על מקומם לפני שעוזבים את בית־הכנסת. מקור ספרותי ראשון למנהג זה מצאתי אצל ר׳ יוזפא האן, הרב בפראנקפורט (נפטר בשנת 1637), אשר בספרו "יוסף אומץ" כותב: "קודם היציאה ישב מעט ויאמר פסוק אך צדיקים יודו לשמך ישבו ישרים את פניך."[1] סבורני, שזהו מנהג עממי סלאבי. כחיזוק לסברתי זו נוכל להביא לפי שעה כמה דוגמאות למנהג זה אצל הרוסים כדלהלן.

אצל ל״נ טולסטוי ב"מלחמה ושלום" אנו מוצאים את התיאור שלהלן: שעה שהרוסטובים עמדו לצאת את מוסקבה מפני אימת צבאות נאפוליאון, נכנסו לטרקלין, "סגרו את הדלת, כולם ישבו קמעה בדומיה ולא הסתכלו איש ברעהו."[2]

בדומה לכך נמצא בדראמה של א״נ אוסטרובסקי, "סער": "כולם יושבים ושותקים."[3]

בדראמה של צ׳חוב, "גן של דבדבנים", אנו קוראים: "נשב נא כהרף עין."[4]

ב׳ פסטרנק כותב ב"דוקטור ז׳יבגו": "מנהג רוסי הוא כשעוקרים דירה או כשנוסעים יושבים מעט למען יצליחו בדרכם."[5]

גם במחזה הונגרי שנכתב לא מזמן מוצאים אנו את המסורת הזאת: "...מנהג הוא אצל הרוסים, כאשר אדם שאוהבים אותו מאוד נוסע, מתכנסים ידידיו ויושבים אצלו כמה דקות בדומיה."[6]

ברומן חדש של הסופר ההונגרי י׳ לנג׳ל כך נזכר המנהג הרוסי: "לפני נסיעה רחוקה צריך לישב דומם ובלי תנועה."[7]

יש אפוא לשער, שהיהודים קיבלו את המנהג הזה מחוגים סלאביים, אף־על־פי שלראשונה מצאנו ביטוי לכך דווקא אצל מחבר יהודי־גרמני.

---

1 יוסף אומץ, פפד״מ תרפ״ח, עמ׳ 16, סי׳ 68.
2 Boyna i mir, II, Moscov 1951, p. 325
3 Groza, מערכה ב, מחזה ה.
4 Vishnovij sad, סוף מערכה ד.
5 Doctor Zhivago, London 1968, p. 59
6 G. Molmer, "Vasa'rnap mindig esik az esc", Kortárs, XV (1971), p. 221
7 "Jgézo", Budapest 1971, p. 29

(35)

Wittenberg, 1561, p. 127: "Judeorum Bachanalia, quibus diebus legunt historiam Esther ubi quotes fit mentio Amon, pugnis et malleis pulsant scamna Synagogis.

היהודים קבלו מנהג עממי זה מסביבתם. בין פתגמי העם ההונגריים מופיעה אימרה זו: "מכים אותו כמו את פילאטוס" לזאת הוסיף כבר Dugonics András את ההסבר הבא: "הילדים, בעיקר בסאָגאָד, חובטים במחצלאות שבידיהם את הרצפה ללא ליאות, בימי הששי־הגדול (חג נוצרי), ואומרים כי מכים את פילטוס"[2].

יש עוד דוגמאות נוספות מהונגריה.

בעיירה בשם Csanádapáca למשל, בימי רביעי וחמישי הגדולים, לאחר שהכומר קורא מזמור ומתחיל ב־"Misere Re Mei" הוא מכה בספרו על מדרגת המזבח. לאחר זאת מתנפל הקהל במקלות על הספסלים וחובט בהם במשך מספר שניות. הדבר נחשב כהכאת פילאטוס[3].

בעיר Tolna בכמה מקומות, מציירים הצעירים על לוח עץ דמותו של פילאטוס, ואחרי התפילה, לאחר קריאת קינות ירמיהו (מגילת איכה) מכים דמותו זו[4].

כדאי איפוא לשים לב לעובדה כי מנהג יהודי מוזכר ע"י מקורות הונגריים קדומים.

(מהונגרית א. בשן)

---

1) Eszter Dolga, Kolozsvar 1577
2) מתוך הספר: Magyar Példa Beszédek és Jeles Mondasok, I, Szeged, 1820, p. 208 (פתגמים ואימרות בנוסח ההונגריים).
3) Roheim Géza, Magyar Néphit És Népszokasok, Budapest 1925, p. 244—248
4) Balint Sandor, Nepünk Unnepei, Budapest 1938, p. 195—196

רמזים ראשונים על מנהג הכאת המן בהונגריה

המקורות על מנהג הכאת המן בקהילות יש־ראל נאספו ע"י ד"ר יום־טוב לוינסקי בספרו המצוין „כיצד הכו את המן בתפוצות ישראל", ת"א 1947.

בשורות הבאות נשלים נושא זה מן הידוע מהמקורות הקדומים בהונגריה.

כומר ומורה בעל רוח רדיקאלית בשם Bogáti Fazekas Miklós מטראנסילוואניה, כותב בחרוזים, ביצירתו האפית על אסתר, את המשפטים הבאים: „עוד היום קוראים היהודים את מגילת אסתר, ובכל פעם כשמגיעים לשמו של המן, חובטים בספסלי בית הכנסת"[1] המקור שעמד לנגד עיניו של הנ"ל היה ספרו של Paulus Eber, Calendarium Historicum,

23

באגרת אישית אחת ממצרים הכתובה עברית מוזכר מוטיב זה כמובאה
שירית:

דמאעי (!) אם כמטר יערופון
מעט קט מתשוקתי מגלים
ולו שערות גופי לשונות
להגיד תאוה עצרו במלים [8]

מתוך מקורות יהודים הוא עבר לקוראן (יח, קט; לא, כו), לספרות הפרסית
והתורכית ובאמצעות יהודית או ערבית נכנס בימי הביניים לספרות הלטינית
ולספרויות של עמי המערב. [9]

בהשפעת הדוגמאות האירופיות הוא מופיע פעמים רבות גם בספרות העממית
ובשירה האמנותית ההונגרית. [10]

תלמידי לשעבר, ד"ר נפתלי נתן סג"ל ברגר ז"ל, שנפטר לא מזמן באבו כתב
— עפ"י עצתי והדרכתי — עבודת דוקטור על ה,,אקדמות" ובתוכה על המוטיב
הזה. לצערנו, רק חלק ממנה נתפרסם בדפוס. [11] לזכרו אני מקדיש הערות אלו.

---

8 ע' ש. ד. גויטיין בספרו סדרי חינוך, ירושלים, תשכ"ב, עמ' מו.
9 ע' R. Köhler בספרו Kleinere Schriften, כרך ג', ברלין, 1900, עמ' 293—318; I. Linn
ב-PLMA, כרך נ"ג, 1938, עמ' 951—971; ח. שוורצבוים ב-Sefarad, כרך כ"א, 1961,
עמ' 276.
10 ע' מאמרי ההונגרי ברבעון ההונגרי Irodalomtör ténet, כרך ל"ה, 1946, עמ' 13—23.
11 ע' מאמרו בשם ,,אקדמות מלין" ב,,חג הסמיכה". בודפשט, תש"ז, עמ' 5—14.

ח

גויל אלו רקיעי...

— הקבלות לצירוף פיוטי אחד —

א. מ. הברמן דן באוצר יהודי ספרד, ספר ט׳ בתולדות הצירוף הזה [1]. הבה ונשלים בנוסח מאוחר [2].

יש לומר, כי הצירוף הזה צף לראשונה בהודו, אם כי הוא בא לידינו רק את החומר שנלקט על ידו בכמה נתונים נוספים.

המקורות היהודיים הם מהקדומים ביותר שבידינו, כלומר, מהמאה הראשונה לספה״נ. [3] משתמש בו כבר ספר המקבים ג׳ בדבר האפשרות של קביעת מספר היהודים (ד, כ) : ״ויאמרו לו ויוכיחו באותות כי כבר חסרו גליונות וקני-סופרים למלאכתם״. [4]

בצורתו השלמה הוא מופיע אצל ר׳ יוחנן בן זכאי : ״וכן אמרו עליו שאמר שאם יהיו כל השמים יריעות וכל האילנות קולמוסין וכל הימים דיו אינם כדי לכתוב את חכמתי שלמדתי מרבותי״. [5]

בימי הבינים מצוי הוא גם בשני הפיוטים למשה בר קלונימוס שנאמרו ביום השמיני של פסח :

גדל נוראותיך מי יוכל לספר
רבו עד למאד ועצמו מספר
דיו הים וכל יציר סיפר
קצת נוראותיו לא יוכלו לחק בספר

(איום ונורא מי לא ייראך) [6]

ובמקום אחר :

אמץ גבורותיך מי ימלל
ומי יעצר כח שבחך למלל
אלו פינו מלא כים שירה והלל
וכל שערות ראשנו לשונות להתפלל
וגם אנו עסוקים יומם וליל
לא נוכל להספיק מלל

(אמן גבורותיך מי ימלל) [7]

---

1 ע׳ מאמרו בעמ׳ 54—58.
2 ע׳ Th. Zacharias בספרו Kleine Schriften, בוך-ליפסיה, 1920, עמ׳ 206.
3 השוה לעף בספרו Die Flora der Juden, כרך 1/2, וין-ליפסיה, 1928, עמ׳ 680—685; כרך 17, וין, 1934, עמ׳ 514—515; ב-MGWJ, כרך פ״א, 1937, עמ׳ 187.
4 הספרים החיצונים. הוצ׳ א. כהנא, כרך ב׳, תל-אביב, תשט״ז, עמ׳ רמט.
5 מסכת סופרים טז, ח. הוצ׳ יואל הכהן מילר. ליפסיה, תרל״ח, עמ׳ XXX; ע׳ מ. היגר בספרו הלכות ואגדות. ניו-יורק, 1933, עמ׳ 136.
6 י. דודזון באוצר השירה והפיוט, כרך א׳, עמ׳ 125.
7 שם, כרך א׳, מספ׳ 1872.

אלכסנדר שייבר / המשל על מלכות שנה אחת אצל סופרים יהודים בספרד 41

התחבר אליו ושניהם הוציאו מאוצר המדינה כל מה שניתן היה להוציא וכעבור שנת המלוכה יצאו בעושר רב[4].

אפשר שדוד הנגיד לקח את המשל הזה מבחיי אבן פקודה (מחצית המאה היא)[5], המציין את מקום האירוע בהודו[6]:

"והוא שבקצת איי הודו עיר אחת הסכימו יושביה למנות עליהם איש נכרי בכל שנה וכאשר תשלם לו השנה יוציאוהו מביניהם ויחזור על הענין אשר היה עליו קודם שיתמנה עליהם. והיה במתמנים עליהם איש אחד סכל לא ידע סודם בו וקבץ ממונות ובנה ארמונות וחזקם ולא הוציא מעירם דבר והשתדל להביא כל אשר היה לו חוץ לעיר ממון ואשה ובנים אליה. וכאשר נשלמה לו השנה הוציאוהו אנשי העיר ההיא נעור וריק מן הכל והפרידו בינו ובן כל מה שבנה וקנה תחלה וסוף לא מצא בצאתו מאומה מכל מה שהיה לו בעיר וחוצה לה והיה מתחרט ומתאבל על טרחו והשתדלותו במה שבנה וקבץ והיה לזולתו. ואחר כך הסכימה דעתם למנות עליהם איש נכרי נלבב ונבון וכאשר נתמנה עליהם בחר מהם איש אחד והטיב אליו ושאל אותו על מנהגי האנשים ודתיהם עם מי שנתמנה עליהם קודם וגלה לו סודם ודעתם בו. וכאשר ידע ידע הדבר לא נתעסק במאומה ממה שנתעסק בו הראשון אשר זכרנו אך השתדל וטרח להוציא כל דבר יקר שהיה בעיר ההיא לעיר אחרת ושם כל מכמניו ומחמדיו בזולתם ולא בטח בגדולתם ובכבודם והיה בין האבל והשמחה כל ימי עמדו בעיר מתאבל במהירות יציאתו מאתם ועל שמעט בעיניו מה שמוציא מן החמודות כי אם היה עומד היה מוציא יותר. והיה שמח בצאתו מהרה ממנה להתישב במקום אשר שם שם חמודותיו וישתמש בהם באופני תועלתיו ומיני הנאותיו בלב שלם ונפש בטוחה והתמדת ענין. וכשנשלמה שנתו לא דאג על צאתו מאתם אך מהר לדבר בשכיחת לב ובסבר פנים משבח מעשהו והשתדלותו והלך לטובה רבה וכבוד גדול בשמחה מתמדת ושמח בשני הענינים והגיע אל תאותו בשני המקומות".

יתכן והמקור ממנו שאב בחיי את המשל הזה היה איזה סופר ערבי: אולי אלרואי רופא במאה העשירית[7], או סיפורו של ברלם בשנוי צורה ערבית-איסלמית (קיימים ארבעה כאלה), נושא שעסקו בו המתרגמים הערבים החל מהמאה התשיעית[8].

המשל הזה נשאר חביב גם בתקופת ימי הביניים והוכנס לאוצר המשלים של הכנסיה (.Jacques de Vitry, Johannes Gobii Fun) וגם לאוספי המשלים החילוניים של תקופת ימי הביניים (Gesta Romanorum) המביאים אותו כחתיכה הראויה להתכבד[9].

4 ע״י N. Weisslovits בספרו Prinz und Derwish. Ein indischer Roman, enthaltend die Jugendgeschichte Buddha's in hebraïscher Darstellung aus dem Mittelalter מינכן, 1890, עמ׳ 89—91.
5 ע״י יהודה אריה וידה בספרו La Théologie ascétique de Bahya Ibn Pakuda פריס, 1947, עמ׳ 7—8. 6 תורת חובת הלבבות, וארשא, 1875, עמ׳ 185—186. בשער השלישי.
7 ע״י F. Hommel בספרו של Weissolvits הנזכר, עמ׳ 159—160.
8 ע״י א. ש. יהודה בספר ... al-Hidâja ליידן, 1912, עמ׳ 111 ; ח. פרי בספר: Der Religionsdisput der Barlaam-Legende, ein Motiv abendländischer Dichtung סלמנקה, 1959, עמ׳ 17.
9 ע״י S. Thompson בספרו Motif- Inder of Folk- Literature כרך V, קופנהגין, 1957, עמ׳ ס׳. ע״י עוד מה שכתב א. מ. הברמן בספרו בן המלך והנזיר, תל־אביב, תשי״א, עמ׳ 330—336.

המשל על מלכות שנה אחת אצל סופרים יהודים בספרד

בפירושו על אבות לדוד בן אברהם הנגיד (1212—1300) [1] מצוי המשל הבא [2]:

"אמרו שהיה מנהג בני מדינה גדולה כל שנה להמליך עליהם מלך איש זר שאינו מבני המדינה, והיו יוצאים כולם למדבר רחוק מן המדינה וכל זר הנראה להם מתקרב למדינה היו ממליכים אותו עליהם, וישליטו אותו על כל עניני המדינה. ומה שיש בה מן הנכסים ויוציא בהם, שיעשה בה כאשר ירצה ויבחר ובתנאי שלא ימלוך עליהם אלא שנה אחת בלבד לא יותר, ובגמר השנה יפשיטוהו בגדיו ויוציאוהו מן המדינה ערום מכל מה שיש בה ולא יתנו לו מה שהוא לקחת עמו ממנה ויצא ערום אעפ״י שהוא במשך מלכותו היה עושה כחפצו ובונה ארמו־ נות ונוטע גנים ולובש מבחר המלבושים ואוכל מבחר המאכלים ורוכש כל דבר יקר ויפה ומתענג בשמע כל מיני כלי שיר ועניני התאוות לא יתמיד בזה, וכאשר תגמר השנה יפשיטוהו מן הבגדים שעליו ויוציאוהו במלבוש שנכנס בו לעיר. פעם אחת מינו עליהם איש זר שהיה בעל דעת, מיושב בידיעותיו פקח בעל דעת רחבה וצלולה בהיר הראות בעל הבנה והרגשה. וכשמינו אותו השליטוהו בכל גנזי המלכות והמטמוניות ואוצרות ההון והעתיקות בעלי הערך ואמרו לו אנחנו ובנינו ומדינתנו ושדותינו כל קנינינו הכל יהא שלך ואתה שליט עליהם תתכלכל בהם בשנה הזאת כאשר תחפוץ ותרצה לפי שאנחנו עבדיך וסרים למשמעתך. וכל הארמונות והעליות והפרדסים הם רכושך. ואמר בדעתו אמנם כן הוא. אבל איזה תועלת יהיה לי בזה כיון שתעבור השנה והם יפשיטוני ויוציאוני מ! המדינה ואחזור כמו שהייתי. ולא עוד אלא שאהיה מוכרח שאיגע ואעבוד אחר שטעמתי העושר והמנוחה בזמן שלטוני על המדינה ואנשיה. זה לא מתקבל על הדעת, ומשלימות דעתו והבנתו כל אשר מצא חפץ יקר הערך היה נוטלו ומשלחו למדינתו ואומר שזה יועיל להבא. וכשהגיע תשלום השנה היה האיש בוכה וצוחק והיו אצלו סיעה מנבחרי מלכותו וישאלו אותו מה קרה לך מלכנו, ומה הוא שגורם לך לצחוק ומה הוא שגורם לך לבכות האם יש סיבה לזה? ויאמר להם אני צוחק משמחתי על האוצרות שאצרתי במדינתי שמחר אסע אליה ואהנה מהם, אבל בכיתי על תשלום השנה והסרת שלטונותי ממני ולא תאריך יותר כדי שאוכל לאצור יותר ממה שאצרתי".

בן ציון קרינפיס, שתרגמו מערבית לעברית, מונה אותו בין המשלים "שלא נודע מקורם". [3]

והלא המשל הזה היה לו כבר עבר עשיר בספרות היהדות הספרדית. אברהם בן שמואל אבן חסדאי (נפטר בשנת 1240 בברצלונה) תרגם לעברית את הספור הערבי לברלם בשם "בן המלך והנזיר", ובו אנו מוצאים את המשל הנ״ל: בארץ הפתאים נבחר מדי שנה בשנה איש אחד חסר דעת הבא מארץ רחוקה למלך עליהם. עם תום שנה אחת למלכותו גרשוהו מארצם בערום ובחוסר כל. שנה אחת נפלה הבחירה על חכם. לחכם זה נודע מפי אחד מתושבי הארץ על הצפוי לו. מה עשה?

1 ע׳ מה שכתב אברהם יצחק כ״ץ ב־JQR, כרך מ״ח, 1957—1958, עמ׳ 140—160.
2 מדרש דוד, ירושלים, תש״ד, עמ׳ קלת—קלט.   3 ע׳ שם, עמ׳ ח׳.

(29)

האגדה על מקום בית־המקדש שבירושלים בקוריאה

בקובץ "ירושלים" (שנה רביעית, תשי"ב, עמ' רצא—רצט) נסיתי לגלות את מקורה של האגדה על דבר מקומו של בית המקדש בירושלים ודרכה בספרות העולמית. והנה נתגלה לי נתון חדש ומעניין. מעשיה דומה לגמרי ידועה בקוריאה. פרופ' דנטה לטס (ברומה) העיר את תשומת לבי, כי העתון של המפלגה הקומוניסטית האיטלקית (L'Unità) כרך ב', 1953, מס' 3) המופיע במילאנו פירסם אותה תחת הכותרת "Una favola coreana" והמתרגם, אמיליו פריסיה, מסר לי לפי שאלתי, שהוא תרגם אותה מנוסח רוסי. רכשתי את המקור שציין, ונתברר, שהוא החלק הראשון מה Корейские сказки (ספורים קוריאניים) בעיבודו של נ. הודז'א (Огонёк, שנת 1953, מס' 1).

תכנו בקצור הוא:

שני האחים צ'ן מו וצ'ן סו ישבו בכפר אחד. הבכור נשא אשה ונשאר עם הוריו, והצעיר יחד עם אשתו העתיקו את אהלם לקצה הכפר. לשניהם נולדו ילדים ושניהם חיו בתנאים קשים. באסוף צ'ן מו את יבול השעורה בסתיו, לקח שנים מעשרת השקים אשר לו, והעבירם בסתר אל אחיו. בדרכו הוא נפגש בבן אדם, אך בגלל החשך לא ידע ולא הכיר מי הוא. בשובו הביתה ראה לתמהונו, כי גם אחרי העברת שני השקים נותרו לו עשרה כמקודם. ובחפצו לחזור על מעשהו הקודם, והנה לאור הירח, נפגש עם אחיו נושא השק, שפניו היו לעבר אהלו. שני האחים חבקו זה את זה. "אמנם קשים היו שקי השעורה על גבם, אך בלב קל היה, יען כי אהבת האחים מקילה כל משא כבד" *.

כותב המאמר, נ. הודז'א, הודיעני במכתבו (לנינגרד 1953.4.2), כי בחודש אפריל עומד להופיע בלנינגרד קובץ מעשיות קוריאניות על יסוד האוסף של תלמידים קוריאניים הלומדים בלנינגרד. את המעשיה הלזו מסר לו תלמיד קוריאני של הטכניון בלנינגרד בפברואר 1952. ומוסיף שזה לא מכבר נודע לו מפי פרופסור לאוריאנטליסטיקה באוניברסיטת לנינגרד, שהמעשיה הזאת נתפרסמה בשנות השלושים בעתון אחד בסיאול.

קשר המעשיה הזאת עם אגדת בית־המקדש הוא למעלה מכל ספק. אפס קשה להשיב על זה, אימתי וכיצד היא נתגלגלה ובאה לקוריאה.

אלכסנדר שייבר (בודפשט)

---

* מאז היא נתפרסמה גם בלשון ההונגרית: Nök Lapja כרך ה', 1953, מס' 22. [בינתיים הגיע לידי הספר הרוסי וזה כתבתו: Корейские сказки מוסקבה–לנינגרד, 1953, עמ' 64—67].

אגדה על מקום בית־המקדש בירושלים

פנים בזמן מוקדם יותר מאשר העדויות בכתב מוכיחות. הלא יכולנו לעקב אחרי מקורו של אוירבך עד תחילת המאה הי״ט, ואז היא היתה כבר מושרשת אצל היהודים. ג) לאירופה ולספרותה הובאה האגדה הערבית ההיא בחלקה בתיווך היהודים ובחלקה על ידי למרטין, ולהם יש ליחס את מקור העיבודים השונים. ד) באמצעות הספרות האירופית חדרה האגדה לתוך ספורי־העם ההונגריים ולספרות ההונגרית.

בדרך הצינורות האלה הגיעה לאירופה האגדה המזרחית הזאת המצטיינת ביפיה והמדגימה את אהבת האחים המסורה.

[רצט]

המלמדות מוסר ומידות טובות.[16] קרוב לוודאי, שהוא הלך בעקבות למרטין[17], ומכאן לקח אותה מלקט "המעשיות" בספר "מעשי נסים"[18] והוסיף להפיצה[19]. זאב יעבץ (1848—1924) מוסר אותה כאגדה ערבית באחד ממאספיו המשמשים למטרה פדגוגית.[20] התרגומים והעיבודים הרבים, שנעשו לה בחוגים היהודיים, הכשירו אותה להתפשט בין ההמונים היהודיים.[21]

IV

תחנות תולדות האגדה

אם נרצה לתאר את דרך האגדה הזאת לאור המקורות ועל יסוד הנוסחאות המצויות בידינו, עלינו לקבוע את הדברים הבאים: א) היא נראית כאגדה ערבית מאוחרת. למרטין שמע אותה בשנת 1832 מפי ערבים בא"י, ושם שמע אותה גם הנזיר בשנת 1907, אם כי זה האחרון רשם אותה כבר בצורה מקוטעת. אולם בספרות האגדתית המוסלמית המוקדמת, אין לה כל זכר.[22] ב) היא אינה אגדה יהודית קדומה, אם כי לוי גינצבורג סובר, כי יתכן שהיא שמשה לבאור תהלים קל"ג, א ("הנה מה־טוב ומה־נעים שבת אחים גם יחד").[23] יתכן שהיהודים קבלוה מהערבים, על כל

16 מקוה ישראל, ליוורנו, 1851, מס' ע"ט.
17 לפי א' ש' הרטום, ע": שייבר ב־Rassegna Mensile di Israel, כרך XVII, 1951, עמ' 311.
18 בגדד (לפני תר"ס), עמ' כ"ג, מס' ל"ה. הפרופ' אלכסנדר מרכס נ"י הואיל בטובו לבדוק את הספר הזה בשבילי.
19 תרגומה אצל מיכה יוסף בן גוריון בספרו Der Born Judas, ברלין 1934, עמ' 662—663. — הצפירה (כרך XXIV, 1897, מס' 172, עמ' 855), מביאה את הנוסח של אוירבך בעברית.
20 על פי בקשתי עבר ידידי הפרופ' רפאל פטאי על חיבוריו של יעבץ ולא מצא בהן את האגדה הזאת. בשם יעבץ מביאים אותה משה ראטה בשפת עמנו (וינה תרפ"א, עמ' 83—84) ונ. רויטמן במקראה "תרבות" (בוקרשט תש"ה, עמ' 100—101). לפי ב' דינבורג (תרביץ, שנה כ', [תש"ט], עמ' 243—244, הערה 22 ; ב־Rassegna Mensile di Israel כרך XVI, 1950, עמ' 124, הערה 2), קבל אותה יעבץ מקושטא.
21 ע" למשל H. Reuss בספרו Sammlung preisgekroenter Maerchen und Sagen, שטוטטגרט, עמ' 106—109 (בעקבות קופיש); א. אפשטיין ב־Der Jude כרך III, 1919, עמ' 203—204; F. Kantner בספרו Neue Gleichnisse [1921], עמ' 24—27. על בית תפלה הבנוי על מקום שבו באה לידי גילוי אהבת אחים יש גם אגדה חסידית, ע" אנ־סקי: געזאמעלטע שריפטען, כרך XV, ווארשע 1925, עמ' 249—251 (הערירני על כך ד"ר חיים שוארצבוים).
22 ע" G. Salzberger בספרו Salomos Tempelbau und Thron in der semitischen Sagenliteratur, ברלין 1912, עמ' 9, בהערה.
23 ע" בספרו The Legends of the Jews, כרך VI, פילדלפיה 1946, עמ' 293, הערה 57. — רצוני לתקן מספר טעויות בקשר לאגדה שלנו: א) לפי גינצבורג, הרי אוירבך הנהו הראשון שעיבד את האגדה ההיא. הנתונים הנ"ל הכחישו זאת. ב) לפי ישראל קושטא לקח את נושא האגדה מאוירבך. וזה לא יתכן. הלא האגדה של הראשון הופיעה כבר בשנת 1851, וזו של האחרון רק בשנת 1881. ג) אוירבך עיבד את האגדה לא בספרו Schwarzwaelder Dorfsgeschichten כפי שגינצבורג חלל ההולך בעקבותיו כותב (ע" ב־JQR, סדרה חדשה, כרך XXV, 1934—1935, עמ' 47) אלא בספר היובל שצויין לעיל. ד) פ. קנטנר (בספרו Neue Gleichnisse, עמ' 24, בהערה) מציין את המקור בילקוט שיר השירים, אולם שם אין זה נמצא כלל.

[רצח]

להעביר בלילה כל אחד חצי שק משלו אל גורן האחר הם נפגשו בדרך. וברגע
ההוא הבריקו השמים. התחוללה רוח חמה, שנשאה את השקים ואת זרע הדגן
שהיה בתוכם ופזרה אותו לארבע רוחות העולם. "יהא מבורך מעשה ידיהם, שנתקדש
ע״י אהבת האחים אמר האלהים, ומאותו יום נעשה הדגן לשיח מסועף, עתיר
שבלים, דשני גרעינים, צמח ברוך ה׳״.

ה. זלאי סלאי לאסלו • 1927

מן הדין היה, כי זלאי סלאי לאסלו (1879—1944) יוסיף לעבד את אגדת־העם
ההונגרית לפי הדרך שהשתוותה על ידי מורה. ואמנם הוא מסר את האגדה על
מקום בית המקדש, אפס השמיט ממנה דוקא את הסיום הרומז על מקום בית
המקדש[14]. סלאי התמצא היטב ביצירות הסופרים היהודיים, וזה נותן מקום לשער,
שהוא הכיר גם את יצירות אוירבך. לפי דברי הפתיחה — שהאם מספרת לבניה
הקטנים הרבים זה עם זה את האגדה על אהבת האחים — מתחזקת דעה זו. רק
בזאת הוא סוטה מהמקור, שאצלו שני האחים הם נשואים והמניע למעשיהם הוא,
כי בעיני שניהם נראית הערמה של האחד קטנה משלו. וגם הוא נותן לסיפורו
גוון הונגרי.

III
האגדה במזרח

בחפשנו אחרי מקורה של האגדה נושאים אותנו צורותיה למזרח. דרכי למרטין,
קופיש ואורבן באלאז' מובילות אל הערבים, ודרכי אוירבך, כהן יעקו וסלאי אל
היהודים.

א. אגדת־עם ערבית

האגדה היתה נשמרת בפי הערבים הארצישראליים עד הזמנים האחרונים. השיך
מוחמד דבי דאוד מוסר אותה ומציין גם מקום אחד על הר ציון, שאליו קשורה
המסורת[15]. מסופר כאן על אחים תאומים. הסוף לקוי בחסר: האחים אינם נפגשים.
אללה מגלה להם מדוע ערמותיהם נשארו שוות גם לאחר "הברחת תבואותיהם"
מהאחד אל השני. המקום ההוא מבורך, אולם לא נאמר כי עליו נבנה בית המקדש.

ב. מסורת יהודית

אם גם — כפי שראינו — מקורו של אוירבך הנהו לכל המוקדם מתחילת המאה
הי״ט, אין למסורת היהודית עדות בכתב הקודמת לאמצע המאה הי״ט. ישראל
קושטא, רבה של ליוורנו (1810—1897), הוציא בשנת תרי״א (1851) ספר בשם
"מקוה ישראל" בשביל בתי הספר היהודיים — Ad uso delle Pie Scuole)
Israeelitiche"), שבו הוא מביא את האגדה לראשונה בין יתר המעשיות

---

14 עי׳ בספרו Sallangos acskom, בודפשט [1927], עמ׳ 253—256.
15 עי׳ J. E. Hanauer, Folk-Lore of the Holy Land, לונדון 1907, עמ׳ 167—168;
מהדורה חדשה: לונדון 1935, עמ׳ 123—124.

[רצז]

מחזק יותר את הדמיון שביניהן. בטורים אחדים אחרי הנוסח המצוטט כאן הוא ממשיך:

פתאום עברה חרדה בגופו של הזקן. דבר מה מגבוה נפל על עפעפיו. הוא נוגע בעיניו, והנה גרעין של דגן אדמדם בידו. הוא נושא את עיניו למעלה, והנה יונה לבנה מעופפת בכנפיה הצחורות מעל לראשו באויר. היא היא אשר הפילה את הגרעין מחרטומה. הגרעין היה עוד רטוב מרוק פיה.

ראה נא ראה — נהם הזקן אל עצמו — הגם את משתתף פעולה אתנו?

לפי דברי אשת הסופר[10], שמע בעלה את המעשה הזה במוהרא: "אחד מאבותיו אשר מצודתו היתה סגורה ומסוגרת מפני האויב, כלכל את כל בני ביתו הנצורים בלחם, שקמחו נטחן מאותם מאות הגרעינים, שיונים לבנות הביאו מדי לילה בלילה אל חצר המצודה..." בקשר לחורבן בית המקדש מספת האגדה היהודית[11], שדרורים הביאו בחרטומיהם לחם לנצורי ירושלים.

ד. מורה פרנץ * 1925

מעניין ביותר הוא ספור האגדה הזאת בפי העם בהונגריה. מורה פרנץ (1879—1934) שמע אותה ב"שדה קונאגוטה" מפי הדודה "מארי המלקטת", וכן הוא מוסר אותה, כמובן בצורה ובסגנון המיוחדים לו[12]. ולפיכך רק התוכן לבד יכול להחשב כפרי ספור העם. ואם גם הוא משמש כאן כאגדה לזריעת התבואה הראשונה, זהותה עם האגדה על דבר בית המקדש של שלמה אינה מוטלת בספק. גם מורה גופו הרגיש בחושו האינסטינקטיבי במקורה, יען כי הוא מקדיש לה את הדברים האלה: "טעמו מתוק כטעם המן שבתורה". ד"ר יצחק קרוס זצ"ל, רבה הראשי של קורמנד (הונגריה), העיר את תשומת לב הסופר לאגדה על דבר יסוד בית המקדש, והסופר אמנם הכיר בכך ש"דמיונם של שני הספורים גדול מהבדל שביניהם"[13]. מורה יהודה, כי "בהחלט אין לראות בזה יד המקרה בלבד", ואת כבוד הבכורה הוא מעניק לאגדה העברית, שמקורה בודאי "מדרש" בלתי ידוע. מורה משער, כי קרוב לוודאי שההשפעה היהודית באה על ידי מתווך אישי. אפס בקשר לאגדה אין מן הצורך לחשוב על מתווך יהודי דוקא, אם מקורה בעיירה קונאגוטה. אולם אפשר להניח כדבר הזה, כי הלא בשנת 1930 היו בה עוד 92 תושבים יהודים. לדעתנו — כפי שנוכיח בסיכום — נתחבבה האגדה הערבית אף בספרות העולמית וקרוב לוודאי, כי בעיבוד ספרותי זה הפרו את הספרות העממית ההונגרית.

וזהו תכנו בקצרה:

בני האדם לא מצאו כל ענין בדגן הואיל והיה רק דגן בר. רק שני אחים בלבד קבלו את מתנת שמים זו. צמח להם אך שק אחד דגן לגלגולת. וברצותם שניהם

---

10 Mikszáth Kálmánné visszaemlékazései, בודפשט, 1922, עמ' 163.
11 ע' אברהם ברלינר, Aus dem Leben der deutschen Juden im Mittelalter, ברלין 1900, עמ' 94; יהודה ברגמן מספר ב"החשוב העם ורוחו", ירושלים תרצ"ח, עמ' 75, 180, הערה 13. שתי יונים מגינות על ביה"כ אלטניי בפראג בעת הדליקה שפרצה בשנת 1558; ע' Sippurim, וינה—ליפסיה 1921, עמ' 15. אגדה דומה על היונים מוסר אנסקי בקשר לדליקת ביה"כ הברינצי; ע' Zwischen zwei Welten. Der Dybuk בתרגום של Rosa Nossig, ברלין — וינה 1922, עמ' 22.
12 ע' בספרו Georgikon [1925], בודפשט, עמ' 60—63.
13 ע' בספרו Véreim, בודפשט 1927, עמ' 192—199.

[רצו]

(24)

אגדה על מקום בית־המקדש בירושלים

הולך בעקבות הנוסח שלו (עי' ו, א). קרוב לוודאי כי זכרונו הטעהו, הואיל ושניהם בני צרפת היו, וגם שטובריאן כתב תיאורי מסע לא"י. (Itinéraire de Paris a Jérusalem, 1811).

ב. כהן יעקו * 1863

מקץ שתי שנים הופיעה האגדה בהונגרית בלבוש שירי. כהן יעקו, שפרסם תכופות אגדות בצורה של שירים בשבועון היהודי Magyar Israelita, מוסר את האגדה הזאת בשירים גרועים על יסוד „מדרש", שבאמת אינו קיים כלל. (עי' III, ב). הוא גם מוסיף לספור המעשה את הפרט הבא[7]:

שלמה מודאג למצוא מקום ראוי לבנות עליו את בית המקדש. בחצות הלילה הוא יוצא לשדה, בו הוא עד ראיה לפגישת שני האחים. כבר בשלש הזדמנויות קודמות הם נסו את ידיהם בהברחת עשר עשר אלומות מתבואתיהם איש אל ערמת אחיו.

היצירה ההיא — אם לדון על פי מקום פרסומה — לא היתה לה כל השפעה על הסופרים ההונגריים הבאים.

ג. מיקסאת קלמן * 1901

„התרנגול השחור" (a Fekete Kakas), הוא אחד הסיפורים העדינים והקרובים ביותר ללבו של מיקסאת (1849—1910). נושאו הוא עיבודו של משל עתיק: המת המכיר תודה[8]. בו נמצא פרט קטן, שבמוטיב שלו אפשר להכיר בבירור את האגדה הנידונה:

קופולי יוסף עובד באחוזתו יחד עם נכדו היתום פאלי ועבדו הזקן פאף וינצה. קופולי חלה במחלת דלקת הריאות והמשפחה רוצה לפי עצת הרופא, לשלחו במחיר תבואת השנה לגלייכנברג כדי להתרפא שם. בלילות שומרים וינצה ופאלי חליפות את ערמת התבואה של הזקן שלא יאבד ממנה אף גרעין אחד.

בלילה הראשון עומד וינצה על המשמר. בהקיצו משנתו הוא רואה, כי עגלה באה אל הגורן. קופץ הוא ממקומו, ותופס את הקלשון אשר על ידו, והנה מה רואות עיניו? על יד העגלה עומד פאלי ובפקודתו פורקים מעליה שקים כבדים ואת תכנם שופכים אל הערמה. יותר לא ראו עיניו, כי הדמעות שנקוו בעיניו האפילו עליו מלראות. התבואה היתה לפאלי השכר הראשון מיגיעת כפיו. בלילה הבא הקיץ פאלי משנתו, והנה וינצה ובני ביתו עומדים על יד ערמת התבואה ושופכים אליה תבואה משקים[9].

אם נעיין היטב ב„הברחת התבואה" הזאת, שנעשתה מתוך אהבה וחסד, נמצא בה דמיון חזק מאד לאגדה בדבר מקום בית המקדש בירושלים. פרט אחד קטן

---

7 עי' Magyar Israelita, כרך III, 1863, עמ' 438—439.
8 עי' ספרו של Sven Liljeblad בשם Die Tobiasgeschichte und andere Maerchen mit toten Helfern, לונד 1927; Franz M. Goebel בספר Juedische Motive im maerchenhaften Erzaehlungsgut, לייפציג 1932, עמ' 38—43; Stith Thompson בספר Motif-Index of Folk-Literature, כרך II, הלסינקי 1933, עמ' 965, סי' .1 .E 341; כרך V, שם 1935, עמ' 457; דוב הלר, בקובץ הספרים החיצוניים, הוצ' אברהם כהנא, כרך ב', תל אביב תרצ"ז, עמ' שו—שז; מ. גרונוואלד, עדות, כרך ב' (תש"ז), עמ' 230—231; 241.
9 עי' Mikszáth Kálmán Munkai כרך VIII, בודפשט 1910, עמ' 14—17.

[רצה]

(23)

vom Himmel zu: "Steh auf und geh hinauf auf den Berg Zion, da ist der Boden. Dort haben zwei Brüder zwei Acker nebeneinander; der eine Bruder ist reich und hat viele Kinder, der andere Bruder ist arm und hat keine Kinder. Sie haben heute am Tage geerntet und Garben gebunden, und jetzt in der Nacht steht der arme Bruder am unteren Ende seines Ackers und denkt: mein Bruder ist zwar reich, aber er hat so viele Kinder, ich will ihm von meinen Garben geben.

Der reiche Bruder steht am oberen Ende seines Ackers und denkt: Ich habe zwar viele Kinder, aber mein Bruder ist so arm, ich will ihm von meinen Garben geben.

Geh hinaus, und du wirst sehen.

König Salomo ging hinaus, und da sah er, wie der eine Bruder am oberen Ende Garben herüberschob und der andere Bruder am unteren Ende Garben hinüberschob.

König Salomo hat die Äcker erworben und darauf den Tempel erbaut.

Kinder, merkt euch das: Auf Grund und Boden der Geschwisterliebe ist der Tempel erbaut worden.

האגדה בספרות ההונגרית

II

א. אורבן באלאז' * 1681

אורבן באלאז' (1829—1890) סייר את אסיה הקטנה, ארץ ישראל, מצרים, סוריה, יון ואחרי כן שוב בצאתו מקושטא גם את ערב. בתיאורי מסעותיו מצאה מקום גם האגדה שלנו[6]:

"אגדה ערבית על תולדות מקום ביה"מ של שלמה מוסרת כדלקמן:

המקום הזה היה לפנים שדה, אשר שני אחים עבדו בו יחד. הבכור היה בעל אשה ואב לילדים רבים, והצעיר היה ערירי. אחרי הקציר המה חלקו ביניהם את תבואת השדה חלק כחלק. בלילה אמר הצעיר בלבו: "אני ערירי וצרכי הם מעטים משל אחי, הלא עליו לכלכל משפחה גדולה, וע"כ מן היושר, שהוא יקבל חלק גדול ממני מהתבואה". הוא קם ממשכבו, לקח מספר אלומות מערמתו ונשאן אל ערמת אחיו. בלילה ההוא דבר האח הבכור עם אשתו ואמר לה: "אחי הצעיר ערירי הוא, אין מי שיעזור לו בעבודתו, ומי ידאג לו לעת זקנתו. לא טוב הדבר שאני עושה בקחתי חלק כחלקו בתבואה". קם ולקח אלומות מערמתו להעבירן אל ערמת אחיו. בבוקר השתוממו בראותם, כי ערמותיהם נשארו כמקודם. וכן עשו בלילה הבא, ואז נפגשו האחים בדרך בשאתם את האלומות איש אל ערמת אחיו ואת המקום ההוא, שעליו התנהלה ההתחרות האצילה של אהבת האחים, מצא שלמה לראוי להקים עליו את בית האלהים. ויקן מאת האחים את חלקת השדה ויבן שם את בית המקדש".

המחבר שאב את החומר ממקור ספרותי, שהוא מציין בהערה "על פי שטוברִיאָן". אולם אצל שטובריאן אין זה נמצא כלל. ודאי הוא קרא זאת אצל למרטין, והוא

6 עי' ספרו: Utazás Keliten, כרך II, קולושוואר 1861, עמ' 119—120.

[רצד]

(22)

אגדה על מקום בית־המקדש בירושלים

ג. ברטהולד אוירבך • 1881

נוסחה הדומה לקודמת פירסם גם ב׳ אוירבך (1812—1882). אפשר לשער, שהיתה לפניו נוסחה עברית. הלא הוא התמצא יפה בלשון העברית. בילדותו ביקר בישיבה בהֶכִינְגֶן. בשנת 1840 שאף אפילו לקבל משרת מטיף בהמבורג[3], ועד ימיו האחרונים היה מקיים את קשריו עם היהדות[4]. הוא שאב את תוכן סיפורו, כנראה, מזכרונות ילדותו. עד גיל י״ג נתחנך במקום לידתו בנורדשטטן שבשווארצוולד והיה דבק בנאמנות יתירה לזכרונות ילדות אלה. באחרית ימיו רצה להנציח את זכרונותיו, אפס הוא העלה בכתב רק אי־אלה פרטים מהם. את האגדה על בית המקדש שמע מפי אמו אדל פרנק (נפטרה 1852), שעולם אגדות קינן בתוך נפשה. עוד בהיותה נערה (בתחילת שנות 1800) סיפר לה רבי יהודה, הרב בנורדשטטן, את האגדה. הוא קבל אותה בלי ספק ממקור יהודי. ב־1881 — שנה אחת לפני מותו — העלה אותה אוירבך על הכתב בספר היובל שהוכן לכבוד חתונת הכסף של הנסיך הגדול מבאדן (Festschrift zur silbernen Hochzeit des Grossherzogs von Baden)[5]. הפתיחה וכמו כן כל צורת ההרצאה הן מהמשובחות ביותר שבעיבוד האגדה ההיא. רק בחתימה חסרה פגישתם של שני האחים:

Mein Vater starb 1840, meine Mutter 1852. Wir waren elf Geschwister, sechs Schwestern und fünf Brüder. Meine Mutter hatte von uns allen Enkel erlebt.

Als wir Geschwister noch alle zu Hause waren, gab es natürlich auch Reibereien und Streitigkeiten unter uns, und da erzählte die Mutter gerne eine Geschichte.

Sie hatte in ihrer Jugendzeit viel im Hause des Rabbi Jehuda gelebt, der neben meinem grosselterlichen Hause, dem Gasthofe zum Ochsen, in Nordstetten wohnte. Wenn meine Mutter den Namen Rabbi nannte, verbeugte sie sich stets ehrfurchtsvoll und sagte die üblichen hebräischen Worte, die in deutscher Sprache lauten: "Das Andenken des Frommen sei gesegnet". Wenn wir Geschwister also in Streit geraten waren, sagte sie: Kinder, lasst euch erzählen, was ich von Rabbi Jehuda, gesegnet sei sein Andenken, gehört habe.

Auf dem Grund und Boden der Geschwisterliebe ist der heilige Tempel zu Jerusalem erbaut worden.

Als König Salomo den Tempel bauen wollte, lag er eines Nachts unruhig in seinem Bette und konnte nicht schlafen, denn er wusste nicht, wohin er den Tempel bauen sollte. Da rief ihm eine Stimme

---

3 ע׳ מאמרו של Emil Lehmann בשם Berthold Auerbach als Jude בירחון Populaerwissenschaftliche Monatblaetter, כרך IX, 1889, עמ׳ 25.

4 ע׳ ספרו של ל. גייגר, Die deutsche Literatur der Juden, ברלין 1910, עמ׳ 231—249 ובספר היובל להרמן כהן: Judaica, ברלין 1912, עמ׳ 457—468.

5 הדפיסו Anton Bettelheim בספרו Berthold Auerbach שטוטגרט־ברלין 1907, עמ׳ 13—14; ע׳ עוד Berthold Auerbach, Eine Auswahl aus seinen Schriften, היצ׳ E. Gut (בשורה מספ׳ 6) Juedische Lesehefte, ברלין 1935, עמ׳ 6—7.

[רצג]

(21)

il ne s'en apercevra pas demain, et ne pourra ainsi les refuser"
Et ils firent comme ils avaient pensé. Le lendemain, chacun des frères se rendit au champs, et fut bien surpris de voir que les deux tas étaient toujours pareils: ni l'un ni l'autre ne pouvait intérieurement se rendre compte de ce prodige; ils firent de même pendant plusieurs nuits de suite; mais comme chacun d'eux portait au tas de son frère le même nombre de gerbes, les tas demeuraient toujours égaux, jusqu'à ce qu'une nuit, tous deux s'étant mis en sentinelle pour approfondir la cause de ce miracle, ils se rencontrèrent portant chacun les gerbes qu'ils se destinaient mutuellement.

"Or, le lieu où une si bonne pensée était venue à la fois et si persévéramment à deux hommes devait être une place agréable à Dieu hommes; et les hommes la bénirent, et la choisirent pour y bâtir une maison de Dieu." [1]

ב. אוגוסט קופיש * 1836

אוגוסט קופיש (1799—1853), משורר וצייר גרמני, פירסם כעבור שנים מספר את עיבודה השירי בגרמנית. קופיש נמשך בעיקר אחרי נושאים תנכיי״ם. בדומה ללמרטין הוא מעבד תופעות מעלילות הבל, יובל, נח, דור ההפלגה, המרגלים ושמשון. גם כתובת השיר המעניין אותנו כעת (Die Sage von Salomons *Moschee*) מעידה, כי היה לפניו שני נוסח של מקור ערבי. אמנם אין אני חושב לודאות גמורה, כי הוא שאב מתיאורי מסעות המזרח ללמרטין, יען כי פתיחתו שונה היא משלו שינוי מוחלט:

שלמה אומר לבנות את בית המקדש. אך הקרקע אינו נושא את הבנין. הוא גועש כנחשול הים. לשוא נגש הבנאי למלאכתו זו בפעם השלישית. האדמה מיעצת לו לבחור במקום שיהא ראוי לבנין הקדוש הזה. המלך אינו יודע איפה לבקשו, הלא כל מקום בעולם מלא חטא ורשע. אין איש אשר ידע והאלהים אינו רוצה להגיד לו. הוא יוצא אל השדה ומכנס את כל עוף השמים. אולם גם ביניהם אין אף אחד שידע את המקום ההוא. השמש שקעה, והמלך חסר העצה נופל על פניו ארצה ובוכה בכי מר. קרוב לאותו מקום עומד עץ זית ועליו צפור המשמיעה את שירתה יומם וליל בלי הרף לעת הקציר. שלמה מטה אזנו לשירת הצפור, והיא מגלה לו, כי הוא עומד על המקום המבוקש. היא מספרת לו על שני האחים הנושאים אלומות מתבואותיהם איש אל ערמת אחיו זה פעמיים. ובראות שלמה במו עיניו את האחים החוזרים על מעשיהם זו הפעם השלישית ונפגשים בדרך, הוא מבקש מהם את חלקת אדמתם זו לבנין בית־המקדש, והקרקע ההוא נושא את הבנין [2].

[1] עי׳ A. de Lamartine: Voyage en Orient. Hachette édit. כרך I, פריז, MDCCCLXXV, עמ׳ 329—330.
[2] עי׳ August Kopisch: Gesammelte Werke, כרך I, הוצ׳ C. Boetticher, ברלין, 1856, עמ׳ 73—77; עי׳ עוד Gedichte von August Kopisch: ליפסיה, (בשורה) Universal-Bibliothek מספ׳ 2281—2283, עמ׳ 149—152. נוסחתו זו של קופיש נפוצה בקרב החוגים היהודיים הודות לכך, של א׳ פרנקל הדפיסה בתוך האנתולוגיה שלו Libanon, וינה 1855, עמ׳ 142—145.

[רצב]

אגדה על מקום בית־המקדש בירושלים

ישנה אגדה יפה ופיוטית המדברת על מקום בית המקדש בירושלים. ברצוני להציג במחקרי זה את תולדות האגדה ההיא והתפשטותה.

I

האגדה בספרות העולמית

א. אלפונס דה לַמַרטין • 1832

אגדה זו מובאת בספרות העולמית אצל אלפונס דה לַמַרטין (1790—1869), ופה — לפי ידיעתי — היא הופיעה גם לראשונה בכתב. לַמַרטין נמשך בכל לבו אל התנ״ך ואל מקור מחצבתו, אל הארץ הקדושה. את מסעותיו לארץ ישראל הוא הנציח בתאוריו המגוונים בשנת תקצ״ה (1835), בהם הוא רשם ב־29 לאוקטובר 1832 את האגדה על מקום בית המקדש של שלמה, שאותה ו״מאה״ דומות לה שמע במו אזניו מפי ערבים ארציישראליים, הוא נתרשם מן "היופי התמים של אופיה הפטריארכלי". ראוי לציין, כי גם כעבור שבע עשרות שנים נרשמו הדברים מפי ערבי א״י בדומה לה, רק נשמט מהם דוקא הקשר אל ביה״מ של שלמה (עי׳ III, א).

וזוהי נוסחתו של לַמַרטין:

Voici comment ils racontent que Salomon choisit le sol de la mosquée:

"Jérusalem était un champ labouré; deux frères possédaient la partie de terrain où s'élève aujourd'hui le temple; l'un de ces frères était marié et avait plusieurs enfants; l'autre vivait seul; ils cultivaient en commun le champ qu'ils avaient hérité de leur mère; le temps de la moisson venu, les deux frères lièrent leurs gerbes, et en firent deux tas égaux qu'ils laissèrent sur le champ. Pendant la nuit, celui des deux frères qui n'était pas marié eut une bonne pensée; il se dit à lui-même: "Mon frère a une femme et des enfants à nourrir, it n'est pas juste que ma part soit aussi forte que la sienne; allons, prenons de mon tas quelques gerbes que j'ajouterai secrètement aux siennes; il ne s'en apercevra pas, et ne pourra ainsi refuser " Et il fit comme il avail pensé. La même nuit, l'autre frère se réveilla, et dit à sa femme: "Mon frère est jeune, il vit seul et sans compagne, il n'a personne pour l'assister dans son travail et pour le consoler dans ses fatigues, il n'est pas juste que nous prenions du champ commun autant de gerbes que lui; levons-nous, allons et portans secrètement à son tas un certain nombre gerbes,

[רצא]

עקבות דרמטיזציה בטכסי הפסח בהונגריה

זה שנים אשר חוקרי הפולקלור היהודי מתחקים על עקבות הגורמים שהביאו בחוגים היהודיים לידי התפתחותה של הדרמה העממית. במיוחד בטכסי פורים [1] ופסח הננו נפגשים בכגון אלה. הבחינו כאלה בטכסי הפסח בתימן, אצל יהודים ספרדיים בירושלים, בקוקז, בבוכריה, בגאורגיה, בדגסטן, אצל יוצאי האנוסים שבפורטוגל וכו' [2]. אך מעטים יודעים, שיסודות דרמטיים דומים — במקרים רבים בלי כל הקבלה — נמצאים בטכסי הפסח אצל יהודי הונגריה. כמובן, שיש להביא בחשבון ב"יבוא" מארצות מזרח אירופה, וגם העובדה שהמנהגים נשתמרו רק במשפחות בודדות.

בחוג תלמידי בית המדרש לרבנים בבודפשט, אשר מוצאם הוא מסביבות שונות של המדינה, עלה לי לאסוף אחדים מהם, ואני ממלא בזה אך תפקיד של מקבץ ומנסח, למען ידעו עם:

א) בנאדישוראני קשטו את השלחן הערוך לסדר בכל עדי הכסף והזהב של המשפחה לרמז בזה על ביזת הים של יוצאי מצרים (שמות ג, כ"ב, י"ב, ל"ה-ל"ו). כן קשטו בזה את שלחן הסדר גם ברקושפאלוטה.

ב) בחוגים היהודיים בסטמר, באי בושטיאהאז, לוקח בעל הבית לפני התחלת הסדר תרמיל ושם מצות לתוכו, ומניחו על שכמו — סמל ליציאת מצרים. וכן נוהגים גם בזמפלן. בואץ — שם בעל הבית את האפיקומן לתוך סודר ולוקחו על שכמו. בטיספולגר מקבלים כל בני הבית מצה וסודר, את הסודר מקפלים בצורת תרמיל, שמים על השכם ונכנסים ככה לחדר לפני פתיחת "הסדר". בפוטנוק, כשמגיעים ל"יחץ" צורר בעל הבית את האפיקומן לתוך סודר שם אותו על שכמו, קם, ופונה אל בני משפחתו באידיש: "געהמער, געהמער!" ("הבה נלך!"). דומה לכך נהגו גם בואץ אך בלי הקריאה. בבלקני כשאומרים "בצאת ישראל ממצרים"

צורר בעל הבית מצות שם על שכמו, אוחז בידי ילדיו ומתהלך עמהם מסביב לשולחן בחדר.

ג) בפההדריארמאט, שואל האב בשעת הסדר שאלות לילדיו, ומתפתח ביניהם דו-שיח. בשעת חלוקת המרור הוא פונה לכל בן-בית בשאלה, אם יש בידו שעור כזית. וכן נהגו גם בטוקאי.

ד) במנהגים הבאים אנו רואים את הדרמטיזציה של מעבר ים-סוף בג' או בח' של פסח, במקומות שונים במדינה. בטורונו מתכנסים אור ליום השביעי של פסח, ראשי העדה והחסידים בבית פרטי ואוכלים. אחרי חצות מביאים כלי מלא מים, או ממלאים את כד היין עם מים ועם הרב בראש קופצים עם הכד, עד שהמים נשפכים על הרצפה, ויש רוקדים עליה עד אור הבוקר ובפיהם השירה: "היום בא המשיח!" בפוטנוק עוברים מעל לקערה מלאה מים. במוזולבורג, ביום השביעי של פסח אחרי הצהרים, שופכים מים על הרצפה, מעמידים פנים של פחד ובשירת "אז ישיר" עוברים בהם. בסרנץ' שופכים מים בבית המדרש ורוקדים עליהם עד שנחרבים. במונקץ' היו קופצים בדירת הרב אלעזר שפירא דרך עריבת מים. בשטורא-ליאוויהלי מעמידים את העריבה בבית המדרש החסידי ועוברים עליה בקפיצה. במקו שפכו על הרצפה בבית המדרש רובינשטין ביום השמיני של פסח אחרי הצהרים, 10—12 דליי מים ורקדו בהם.

*

אלה הן חוליות זעירות, מהן אפשר ללמד על נסיונות הדרמטיזציה של טכסי הפסח בהונגריה.

[1]) ע" יום-טוב לוינסקי, כיצד הכו את המן בתפוצות ישראל. תל-אביב, תש"ג.
[2]) פרופ. נ. סלושץ האנוסים בפורטוגל, ע" בהעולם, כרך כ"ד, 1937, עמ' 553—554.

מתוך סידור כתב יד, מאה י"ז בדובנה

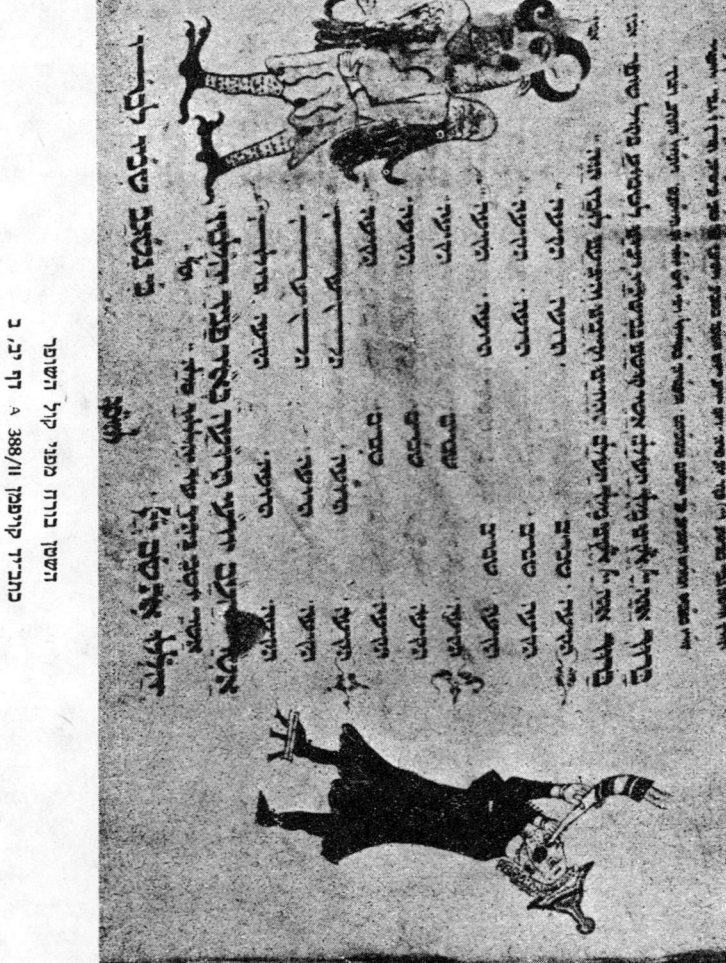

11

תמונה מתוך כתב יד A 388/11

את העקבות לזה עלינו לראות גם במנהג שהיה נהוג בירושלים עוד בסוף המאה שעברה. את ה„שמות" של הספרים וכתבי-היד וכן את בלויי ספרי התורה היו קוברים לפרקים במערת קבר מחוץ לעיר. בהזדמנות זו הכאת התוף וקולות שירה ולפעמים גם תקיעת שופר ליוו את התהלוכה, כי לפי מסורת הספרדים הירושלמיים "תוצאות הגניזה סגולה לעצירת גשמים ועל כל צרה שלא תבא, וע״כ בכל עת יעצר הגשמים וירחי החורף הראשונים חלפו מבלי אשר ירד גשם על הארץ אז יעשו הסגולה הזאת ואז ילוה אל כלי השיר גם קול השופר ואצל שער ציון אומרים מזמורי תהלים וי״ג מידות ויתקעו בשופר"[42].

ואולי זהו גם הפירוש של אותה תופעה מיוחדת, שעל מצבות הקברות של היהודים הרומיים על יד הסמלים הרבים מצוי תכופות גם השופר[43]. מיצירתו החשובה של פריי[44] יכולים אנו להשיג נתונים מדוייקים. על מצבות ועל כלי מזכרת אחרים — העשויים זכוכית מוזהבת, ברונזה או אבן — ב-35 מקרים הננו נפגשים בשופר ולפעמים אפילו בשנים (עי׳ מס׳ 162, 520, 646).

בזמן מאוחר יותר נשתכחה הסיבה העיקרית וכיום רואים בתקיעת שופר מעין נתינת כבוד מיוחד לנפטר, אשר נחשבת כמו תקיעת חצוצרה חגיגית ממש, ולפיכך צמצמו את השימוש בשופר למקרים מיוחדים בלבד, לטכס הקבורה של רבנים חשובים.

לשופר נועד עוד תפקיד נוסף אחד בקשר לקבורה: אם אשה הרה מתה, אשר עוברה הוא בר קיימא, נוהגים עדיין בקהילה חרדית, שבית הדין כופה בקללה ובשופר את האם המתה לילד את זרעה[45]. ברם כאן השופר הוא דבר השייך לחרם ולא לטכס קבורה כלל.

---

[42] "ירושלים" של לונץ, שנה א (תרמ״ב), החלק העברי, עמ׳ 16. תקיעת השופר כאן היא גם חלק מטכס של תפילת הגשמים. גם בטכס של שמחת בית השואבה בסוכות השתמשו בתקיעת השופר (סוכה ה, ד). אם עד ר״ח כסלו לא ירדו הגשמים גזרו שלוש תעניות על הציבור. ואם גם בזה לא הצליחו אז גזרו שלוש תעניות אחרות. "עברו אלו ולא נענו ב״ד גוזרין עליהם עוד שבע, שהן שלשה עשרה תעניות על הצבור, הרי אלו יתרות על הראשונות שבאלו מתריעין" (תענית א, ו). עד ימינו עוד קיים המנהג של צום ושופר אצל יהודי תימן וכורדיסתאן בתפילותיהם על הגשמים, ואמנם גם עמים אחרים נוהגים לעשות בלהטיהם להורדת הגשמים בכלים שיש בהם לתקוע. עי׳ א. בראואר בספר מאגנס, ירושלים תרח״ץ, עמ׳ 50—53; עי׳ עוד רפאל פטאי ב- HUCA, כרך XIV, 1939, עמ׳ 274, 279—281.

[43] עי׳ Müller-Bees בספר Die Inschriften der jüdischen Katakombe am Monteverde zu Rom ליפסיה 1919, מספ׳ 6, 66, 129, 175, 184; עי׳ עוד Beyer-Lietzmann בספר Jüdische Denkmäler. I. Die jüdische Katakombe der Villa Torlonia in Rom ברלין-ליפסיה, 1930, לוחות 6, 12, 26. שפטלוביטץ (עי׳ במאמרו Das Fisch-Symbol im Judentum und Christentum ב AfRW כרך XIV, 1911, עמ׳ 23, 385) מפרש את סמל השופר על המצבה — על יסוד ישעיה כג, יג — לתחיית המתים.

[44] עי׳ Frey בספר Corpus Inscriptionum Judaicarum כרך ו, רומה-פאריס, 1936, עמ׳ 663; עי׳ עוד משה שובה ב Israel Exploration Journal כרך א, 1950—51 עמ׳ 49.

[45] עי׳ הרב מ. אנטן בספר היובל האונגארי לבלוי, בודפשט 1926, עמ׳ 153—154 (= Magyar Zsidó Szemle כרך XLIII (1926), עמ׳ 153—154); יהודה ליב זלוטניק ב„עדות", שנה ב, תש״ז, עמ׳ 222.

המיסטיקה היהודית קיבלה ופיתחה את הרעיון הזה והוא נתקבל אצל היהודים בתקיעת שופר של ראש השנה ובצורה משוכללת זו נכנסה לליטורגיה של החג. אם בשעת התקיעות לא יצא קול מן השופר, יש שחשדו בזה את השטן (עי׳ באוצר דינים ומנהגים לאייזנשטיין, ניו-יורק 1928, עמ׳ 406). בפירוש התפילות של מחזור תימני בכתב-יד מצאתי, כי שופ״ר היא ראשי תיבות של ״אין שטן ואין פגע רע״ (כתב-יד קויפמן מספ׳ 390/II A דף 34, ב—35, א)[36]. בספריית קויפמן נמצא בכתב-יד מחזור, מקורו בגרמניה, בן מדה ובעל צורה אומנותית, ובו מצויירה אילוסטרציה מעניינת: מימין הדף בעל התוקע, ברגל אחת על שבדרף, לבוש בגד שחור, גרבים אדומים, נעלים שחורות וכובע יהודי, תוקע בשופר. משמאל הדף השטן בנוסו ולו קרנים, כנפים כתומות ורגלי תרנגולת (כתב-יד קויפמן מספ׳ 388/II A דף 12, ב)[37]. תמונה דומה אנו רואים בסידור תפלה כתוב על קלף מן המאה הי״ג—י״ד: חיה בורחת מפני קול השופר של בעל התוקע[38].

על מציאות דמיון זה מוצאים אנו עקבות עד דורנו. ידוע לנו, כי ברוסיה בתחילת המאה העשרים גרשו בשופר את הדיבוק בבית הכנסת[39].

וכן זהו, איפוא, הרקע הפולקלוריסטי של השימוש בשופר בטכס האבל; וכמו שהובררה מכאן, אינו אפילו פרי דמיון מאוחר כל כך וגם אינו רחוק ביותר ממסורת השמית כפי שסבר המנוח כורש אדלר[40].

וזוהי גם הסיבה לכך, כי הרומים תקעו בחצוצרה בשעת הקבורה (:Persius Sat. III. 103: „Hinc tuba, candelae". והנוצרים עד היום הזה מצלצלים בפעמון, הלא באותן צלצולי הפעמון הם מתגוננים גם בפני שטפון, בערה ועננים זועמים. ראוי לציון, כי שלמה בן היתום כבר במאה הי״ב הרגיש בקרבת השופר והפעמון. בקשר לתקיעת השופר למת שבתלמוד (מועד קטן דף כז, ב) הוא מעיר: ״כך היה מנהגם לתקוע בשופר שידעו שיש מת וירוצו לקוברו, כמו שעושים אדומיים עכשיו שתוקעין הפעמונים והכל יודעין שמת אחד מהן״[41].

בירושלמי״ יש לקרוא ״כתוב בירושלם״, וזה מדבר על ירושלים באחרית הימים. ובשני כ״י הערוך של ר׳ ישראל לוי ז״ל הרב הכולל בפאריז מצא אמנם כתוב מפורש: ״בירושלם״. עי׳ מאמרו ״ערבוב השטן בראש השנה״ ב״התור״, שנה ו, תרפ״ו, גליון מ—מא; אוצר הגאונים, כרך ה, ספר ג, ירושלים תרצ״ג, עמ׳ 89—93.

[36] עי׳ בטור אורח חיים סוף סי׳ תקפ״ה; מנורת המאור לרבי ישראל בן יוסף אלנקאוה, הוצ׳ הלל גרשם ענעלאו, חלק ב, נוירק תר״ק, עמ׳ 365.

[37] את תיאור הקובץ בן שני הכרכים ראה אצל מאיר צבי וייס בקטלוג שלו: Katalog der hebräischen Handschriften und Bücher in der Bibliothek des Professors Dr David Kaufmann פראנקפורט 1906, עמ׳ 129—130.

[38] עי׳ בחוברת Témoignages de Notre Temps מסִ׳ ב Les Juifs פריס, 1933, עמ׳ 13.

[39] עי׳ שפטלוביטץ ב AfRW כרך XV, עמ׳ 487.

[40] עי׳ מאמרו בשם The Shofar — its use and origin בספר השנה Annual Report of the Board of Regents of the Smithsonian Institution... for the Year... 1892 וושינגטון 1893, עמ׳ 446.

[41] פירוש מסכת משקין לרבינו שלמה בן היתום, הוצ׳ צבי פרץ חיות, ברלין תר״ע, עמ׳ 128; עי׳ עוד חיות בהשקפה האיטלקית Rivista Israelitica כרך ג, 1906, עמ׳ 183.

על בניין חרב שראה גדול שישרוק ויתמה עליו״ (מנחם בר שמעון מפשקיירש
[1191] על ירמ׳ נא, לז, בכתב־יד המוזיאון הבריטי מספ׳ Add 24,896 דף קכז, א).
בארץ ישראל בשעת טכס הקבורה הנשים המקוננות מטפחות (מועד קטן ג, ח—ט),
הכו אירוס (כלים טז, ו) והגיעו את הרביעית (שם טז, ז) כמו במצרים את הסיסטרום
כדי לגרש את הטיפון מביא המוות.[29]

ב) המוטיב של קרן החיה.[30] הקרן היא כלי ההגנה של החיה בפני
המתנפלים עליה. מזה נתהוותה האמונה אצל עמים רבים, כי קרן החיה — גם
לאחר מיתתה — היא סמל הכוח וההגנה מפני הכוחות המזיקים. אמונה זו נפוצה
באירופה, באסיה, באפריקה ובאמריקה (שם, עמ׳ 464, 467). הקרן הפכה סמל
הכוח בסימבוליותם של העמים השונים: הלוחמים קשטו את עצמם ואת כובעם
בקרנים; את השתייה מכוס עשוייה קרן חשבו להוספת כוח שמימי. הקרן, או
הקמיע בדמות קרן נפוץ בכל העולם (שם, 474—483). האטרוסקים פארו את הכלים
בהם שמו את אפר המת בקרנים (שם, עמ׳ 478), כדי להרחיק את השד (או את רוחות
המתים). בטורקסטן קשטו את קברי הקדושים בקרן איל (שם, עמ׳ 480); בקברים
של מצרים העתיקה מצאו רבידים בקמיעות קרן (שם, עמ׳ 481).[31]

ג) השופר מגרש שדים. בהשפעת שני המוטיבים הקודמים נבעה
אחרי כן, כי יחסו כוח של גירוש שדים לקול השופר שהותכן מקרן. מסופק הדבר,
אם כתבי הקודש יודעים על כוח גירוש שדים של השופר,[32] אך אין ספק, שהספרות
התלמודית כבר יודעת על כך. בתלמוד (ראש השנה כח, א) אנו קוראים
בשם רבא ״התוקע לשיר יצא״. כך גורס גם רש״י בשם מורו הזקן (יעקב בן יקר);
אמנם מיסודו של מורו רבי יצחק בן יהודה ממגנצא מביא את הנוסח: ״התוקע
לשד״ (להבריח רוח רעה מעליו) יצא, שינויי הנוסחאות שבכתב־יד התלמוד מאשרים
גרסה זאת (עי׳ עוד ראש השנה דף כח, ב; דף לג, ב).[33]

התלמוד הבבלי בקשר עם תקיעת השופר רומז אך בקצרה, כי היא משמשת
״לערבב השטן״ (ראש השנה דף טז, ב),[34] אולם הערוך לר׳ נתן בן יחיאל (הוצ׳
קאהוט, כרך ו, עמ׳ 259) ושורה שלמה של מקורות מימי הבינים תלויים או בלתי
תלויים בו (מובאים על ידי קאהוט בה׳ 4 ו־7) מיחסים לתלמוד הירושלמי את
הנוסח הבא: ״כתוב בירושלמי[35] בלע המות לנצח (ישע׳ כה, ח) וכתיב (שם כז, יג)
והיה ביום ההוא יתקע בשופר גדול וכו׳ וכי שמע שטן קל שיפרא זימנא חדא בהיל
ולא בהיל וכד תניין ליה אמר ודאי ההוא שופר דיתקע בשופר הגדול מטא זמנא
למתבלע ומרתיע ומתבלבל ולית ליה פנאי למעבד קטיגוריא״.

---

[29] עי׳ ש. קרויס בקדמוניות התלמוד (בגרמנית), כרך II, עמ׳ 481, הע׳ 468; כרך III, עמ׳ 94, 282, הע׳ 116.

[30] עי׳ שפטלוביטץ ב AfRW כרך XV, 1912, עמ׳ 451—487.

[31] על כוח הקסם של הקרן עי׳ עוד מרמורשטיין בספר השנה Jahrbuch für Jüdische Volkskunde כרך א, 1923, עמ׳ 304—305.

[32] עי׳ פיינסינגר ב HUCA כרך VIII—IX, 1931—1932, עמ׳ 195—196, 198, 202.

[33] עי׳ בדקדוקי סופרים לרבינוביץ כרך ד, דף לז, ב; דף ג, א.

[34] לפי פירושו של רבינו נסים ברב יעקב מקירואן ״לדחותו מעלינו״. עי׳ ש. פוזננסקי בהצופה לחכמת ישראל, כרך ה, תרס״א, עמ׳ 296.

[35] על דבר הציטט המובא בערוך מהירושלמי משער ב. מ. לוין ז״ל, כי במקום ״כתוב

נוהגים לתקוע בשופר בבית עלמין. ותוקעים גם בשעת הרחיצה". במקום אחר הוא כותב (שם, עמ' תרע״ב) על סדר הלויה שנהגו לעשות בלונדון כשהרב הראשי נלב״ע. בשנת תקפ״ח נפטר הרב הראשי ד״ר מילדולה בלונדון ועדת הספרדים חלקו לו כבודו האחרון... הגוף נתן בארון... אנשי המעמד הלכו לפניו... ותקעו בשופר על הארון ואח״כ השיאו אותו מביתו... אח״כ השיאו ארונו סביב הביהכ״נ. וחזרו והריעו ותקעו בשופר... וכאשר הביאו הארון לב״ע שם הספידו הרב... וחזרו ותקעו (מאגרתו של הרב יהודה אבידע מיום כ״ח שבט התשי״א).

בכתב־יד הליכות עולם ליונה בן יושפה סליגס העוסק במנהגי האבל (ליסא 1848, דף 97, ב) הגנו קוראים, כי קודם שתהלוכת האבל הגיעה לשער בית העלמין, השמש בשם הרבנות מצווה לבני הנפטר, שאל ילכו בתהלוכת האבל ואל יגעו בארון ואחרי כן תוקעים בשופר.[24]

זכרון בכתב בידינו על מנהג שהיה נהוג בצפון־אפריקה. עמראן בן פרץ צבאן כותב בספרו הקטן "ארצות החיים" (כל הענינים לצורכי המתים... הכל כאשר לכל כמנהג עירנו ק״ק גרדאיא. אי ג'רבה,[25] שנת רצית ה' ארצך) בסדר ז' ההנחות: "ואם היה זקן או תלמיד חכם או חבר תוקעין השופר תשר״ת ואומר ויעבור' וכו' (נמסר לי מאת הרב יהודה אבידע).

וכן איפוא הזוהר כבר מפרש, כי טעם תקיעת השופר בשעת הקבורה הוא להניס את מלאך המוות. הידיעות על אמונת המוות של העמים השונים הרחיבו את הגבולות של תפקיד תקיעת השופר, כלומר תעודתה לא רק לגרש את מלאך המוות או את השטן גורם המיתה,[26] אשר חרבו עדיין שלופה על משפחת המת במשך שבעה ימים (ירושלמי מועד קטן ג, ז, דף פג, ג), אלא אף להרחקת רוח הנפטר החוזרת שאינה מוצאת מנוחה בקבר ושבה אל החיים ורוצה לקחת אותם עמה.

הפחד ממלאך המוות או מרוח החוזרת של המת וההתגוננות מפניהם הם היסוד לרוב טכסי הקבורה.[27] מבחינתנו חשובות לנו שלושת אמצעי הגרוש או ההתגוננות: א) קול, המולה, שאון. ב) קרן החיה בכל צורה. ג) פי שנים איפוא קול השופר היוצא מקרן החיה.

א) קול, המולה, שאון. באמונה של העמים הפרימיטיביים הקול החזק, השאון, הכאת התוף והמצלתיים יש להם כוח של גירוש השדים המזיקים.[28] מקום משכנם של המזיקים הן החרבות (ברכות ג, ב). "וכן דרך כל הרואה חורבן פתאום לשרוק" (רש״י על מל' א, ט, ח; על ירמ' יח, טז). "מנהג האדם כאשר יעבר

---

24 ע" גרונוואלד ב Mitteilungen כרך ה, 1900, עמ' 18, הערה 1; ע" עוד ב Jahrbuch für jüdische Volkskunde כרך א, 1923, עמ' 219.

25 ע" נחום סלושץ בספרו הקטן "נפוצות ישראל באפריקה הצפונית", ירושלים, תש״ו, עמ' 79—81.

26 את השטן על יסוד איוב ב, ו מזהה התלמוד (בבא בתרא טז, א) עם מלאך המוות.

27 ע" מאמרו של פיינסינגר ב HUCA כרך VIII—IX, 1931—1932, עמ' 224, הערה 67; ע" עוד Karl Meuli במאמרו Entstehung und Sinn der Trauersitten ב Schweizerisches Archiv für Volkskunde כרך XLIII 1946, עמ' 92.

28 ע" פרידר בספרו החשוב Folk-Lore in the Old Testament לונדון 1923, עמ' 417—439; שפטלוביטץ ב Alt-Palästinensischer Bauernglaube הנובר 1925, עמ' 76—78; מרמורשטיין ב Studi e Materiali di Storia delle Religioni כרך IX, 1933, עמ' 35—36.

הוכחה ברורה, כי גם זה היה חלק בלתי נפרד — בתקופת הגאונים — לקבורה.

על מנהג חי אנו קוראים בספר הזוהר: „תא חזי: לאו למגנא אתקינו קדמאי שופר לאמשכא מיתא מן ביתא לבי קברי. אי תימא דעל מיתא וקרא דיליה לחוד איהו. לא, אלא בגין לאגנא על חייא דלא ישלוט עלייהו מלאך המות לאסטאה לעילא ויסתמרון מניה. פתח ואמר (במדבר י, ט) וכי תבאו מלחמה בארצכם על הצר הצרר אתכם וגו' ודייקנא על הצר דא מלאך המות הצורר אתכם תדיר וקטיל לבני נשא (ואעיק לון לחייא) ובעי לקטלא אחרנין. מאי תקנתיה והרעתם. אם בראש השנה דהוא יומא דדינא לעילא האי מלאך המות לתתא נחית בגין לאשגחא בעובדין דבני נשא ולסלקא לעילא לאסטאה לון, וישראל דידעי דהא מלאך המות נחית לתתא וסליק לעילא בגין למהוי קטיגורא עלייהו מקדמי בשופר ליבבא עליה דלא יכיל לון ולאגנא עלייהו. וכל שכן בשעתא דעביד דינא וקטיל בני נשא ואשתכח לתתא. וכל שכן בשעתא דאזלי לבי קברי ואהדרו מבי קברי דהא בשעתא דנשי נטלי רגלייהו עם מיתא איהו נחית ואשתכח קמייהו דכתיב (משלי ה, ה) רגליה ירדות מות ירדות למאן להההוא אתר דאקרי מות. וע"ד חוה גרמת מותא לכל עלמא".[20]

עדויות בכתב בידינו, כי תקיעת השופר בטכס הקבורה לא הצטמצמה אך ורק על אדמת ספרד. מספר „מעבר יבק" של המקובל האיטלקי, אהרן ברכיה בן משה ממודינה (מת בשנת 1639) נודע לנו, כי „היו נוהגים לתקוע בעת שהיו נושאים המת לבית הקברות".[21] וטעמו עמו בהסתמכו על דברי הזוהר. תלמתו של ר' ישראל בן בנימין (בראשית המאה הי"ז) בזוהר היא גלויה בילקוטו הקבלה שלו בכתבו: „ומזה הטעם שהיו נזהרים מקטרוג מלאך המות היו נוהגים בימי חכמי התלמוד לתקוע בשופר כשהוציאו מת".[22]

ממקורות של ארצות מערב וצפון אירופה החל במאה הי"ז נמסר לנו, כי בזמן הקדום כשמת אדם תקעו בשופר, משום שלא רצו לבשר בשורה רעה בפה: „איך וויל דיר זאגן ווארום מן ואשר אויז שיט ווען איין מת איז. דען פאר צייטן הט מן איין הארן גבלאזן ווען איין מת איז גוועזן דאז מן הט גוויזט דאז איין מת איז. דען מן זאגט ניט גערן איין ביזי שמועה מיט דען מול".[23]

בספר „כתר שם טוב" להרב שם טוב גאגין, כתוב על מנהג הספרדים שבלונדון (תרצ"ד, עמ' תרס"ה): „ואם החכם הראשי נלב"ע [נפטר לבית עולמו]

---

20 ספר הזוהר, כרך ב, פ' ויקהל, וילנא תרמ"ב, דף קצז, ב.

21 מעבר יבק, מאמר ג, פרק י, אמשטרדם תצ"ב, קיז, ב.

22 ילקוט חדש, פראג תמ"ז, ערך מיתה, מספ' מז; עי' Eisenmenger: Entdecktes Judenthum כרך ו, 1700, עמ' 878.

23 מנהגים, וויא מן זיך נוהג איז דאז גאנצי יאהר הינדורך אין גאנץ אשכנז, פולין מעהרין פיהם שלעזיגה בכלל... זולצבאך תקס"א, דף טז, א (הוצ' אמשטרדם תפ"ח, דף יג, ב; אפנבאך חש"ד, דף טו, א. עי' באוצר הספרים לבן-יעקב, עמ' 336, מספ' 1407, 1408). עי' בספרו Abraham Tendlau Sprichwörter und Redensarten deutsch-jüdischer Vorzeit פראנקפורט 1860, עמ' 189, מספ' 613 (הוצ' ברלין 1934, עמ' 57); עי' עוד יהודה ברגמן בקובץ מדעי לזכר משה שור, נויורק תש"ה, עמ' 48. גלוי הדבר כי גרונואלד (עי' Mitteilungen כרך א, 1898, חוברת א, עמ' 93) שאב מס' מנהגים זה ובטעות הוא רומז על Schudt (כרך II, עמ' 341) ושם אין זה נמצא כלל.

מפני הספק הנחתי לאחרונה, אך אולי אפשר להכניס לעניננו עוד נתון נוסף. "ר' מאיר אומר משום ר' אליעזר קשה דין הקבר יותר מדינה של גיהנם, שגיהנם משלשה עשרה שנה ומעלה, אבל חיבוט הקבר אפילו צדיקים גמורים, ואפילו גמולי חלב, ואפילו יונקי שדים, ואפילו נפלים בו נדונים. אמרו חז"ל הדר בארץ ישראל, ומת בערב שבת ונקבר קודם שתחשך השמש בשעת תקיעת שופר[16], אינו רואה חיבוט הקבר"[17]. כידוע ששת קולות השופר הודיעו על בוא השבת (ברייתא שבת לה, ב). ניתן מקום להשערה, כי זהו המקור הראשון ממנו נובע המנהג לתקוע בשופר למת. במרוצת הזמן אפשר ונשתכחו שלושת היסודות של אמרה מסורתית (א"י, ערב שבת, חשכה) ונשמרה האמונה, כי את אשר קוברים בתקיעת שופר ניצל מחיבוט הקבר. דבר זה שימש סיבה מספקת להנהגת תקיעת השופר בשעת הקבורה.

על המשכת מנהג זה ושימושו בו נודע לנו מתקופת הגאונים. פלטוי, גאון פומבדיתא (במחצית המאה התשיעית) בעת השבועה — כדי למנוע שבועת שוא — הנהיג טכס שיש בו לעורר פחד בלב הנשבע: "וכשמתחייב אדם שבועה ובקשתם להשביעו מוציאין ס"ת ויכינו אותו על הקללות הכתובות בתורה, ויביאו מטה שנונשאין בה מתים ויפרשו עליה כלים שהם פורשין על המתים ויוציאו שופרות ותינוקות של בית הכנסת ויביאו נאדות נפוחים וישליכו אותן לפני המטה ויאמרו לב"ד לאותו אדם שמשביעין אותו, הוי יודע שלמחר אותו האיש מושלך כנאדות הללו ומביאין תרנגולין ומדליקין נרות ומביאין אפר ומעמידין את האיש שנתחייב שבועה על האפר ותוקעין בשופרות ומגידין אותו בפניו. ואומרים לו אתה פב"פ אם יש לו לפלוני עליך ממון זה ואתה כופר כל הקללות הכתובות בספר הזה ידבקו בו. ומגידין אותו לפניו כל הנדוי כלו ותוקעין בשופרות ועניין התינוקות וכל העומדים שם אמן"[18].

בבירור הננו רואים שערכו כאן בשביל העומד להשבע כעין קבורה ממש כדי להטיל אימה על הנשבע: זכר ליום המיתה! מטכס הקבורה באו לכאן המטה, התכריכים, הנאדות הנפוחים (הפרסוניפיקציה של גוויית המת), התרנגול (גם כן מסמל את האדם, כי השם האחר לתרנגול: גבר, והוא משמש בהוראת אדם ותרנגול גם יחד. ומשום כך לוקחים גם לכפרה תרנגול), הנרות והאפר. בשינויי נוסח של ר' נתן בן יחיאל: "ונודות נפוחין שמבקעין אותן או מתירין אותן בשעת השבועה כדי שתצא הרוח ונרות דולקין שמכבין אותן בשע' השבועה... ושקין מוטלין באמצע"[19] כדי לחזק את מצב רוח האבל. ומטכס הקבורה בא לכאן גם השימוש בשופר וזוהי

הפרש תוקע תקיעות אחדות לפני בית שופט ואחרי כן הוא מכריז על מקרה המות ועל מועד הקבורה. עי': Wetzstein ב Zeitschrift für Ethnologie כרך 7, 1873, עמ' 295, הערה 2 ; עי' עוד Verhandlungen der Berliner Gesellschaft für Anthropologie, Ethnologie und Urgeschichte ב Zeitschrift für Ethnologie כרך XII 1880, עמ' 67.

16 מפרקי חבוט הקבר, חסרה דוקא תקיעת השופר. עי' מיכאל היגר בחורב, כרך א, תרצ"ד, עמ' 103.

17 ספר חבוט הקבר, מסכת שמחות, הוצ' מ. היגר, עמ' 259. נוסח משובש נותן אשתורי הפרחי בס' כפתור ופרח שלו, הוצ' עדלמן, ברלין 1852, דף לה, ב.

18 תשובות הגאונים, הוצ' יעקב מוסאפיה, ליק תרכ"ד, דף ז, ב—ח, א, מסמ' י.

19 ערוך השלם, הוצ' חנוך יהודה קאהוט, כרך ג, ווינה תרס"ז, עמ' רכט.

אל המקום אשר שם גוית אדם ויקחוה"[9]. אין ספק שהמחבר זה מביא לפנינו מנהג קבורה של תקופתו הוא בהקדימו לתקופתו של אדם הראשון.

גם במשנה נמצאים על כך נתונים רבים. רבי יהודה מכריז: "אפילו עני שבישראל לא יפחות משני חלילים[10] ומקוננת" בקבורת אשתו (כתובות ד, ד). ידיעה מאוחרת מזו מדברת על "שני חלילין ומקוננות"[11]. "עו"ג שהביא חלילין בשבת לא יספוד בהן ישראל אלא אם כן באו ממקום קרוב" (שבת כג, ד). בחלילים אלה השתמשו בטכס החתונה וגם בטכס הקבורה (בבא מ' ו, א; תוספתא מועד קטן ב, יז, הוצ' צוקרמנדל, עמ' 231). גם האונגליון (מתי ט, יח, כג) מעיד על הדבר הזה: "ויהי הוא מדבר אליהם את הדברים האלה והנה אחד השרים בא וישתחו לו ויאמר עתה מתה בת בא־נא ושים את ידך עליה ותחיה... וירא את המחללים ואת העם ההומה" (...καὶ ἰδὼν τοὺς αὐλητὰς καὶ τὸν ὄχλον θορυβούμενον)[12]. אף יהודי בן גילו מחזק את הנתון שבמשנה. הלא מיוסיפוס פלאויוס הננו יודעים, כי על השמועה של נפילת יודפת ומיתת יוספוס לא פסקה שלשים יום התאניה ואניה בירושלים. "רבים שכרו להם מחללים בחלילים ללוות בהם את קינותיהם" (πλείστους δέ μισθοῦσθαι τοὺς αὐλητάς, οἳ θρήνων αὐτοῖς ἐξῆρχον)[13]. תמונה ברורה לגמרי הננו מקבלים מתקופת התלמוד. רב המנונא, אמורא מסורא שחי במאה השלישית, "איקלע לדרומתא"[14], שמע קל שיפורא דשכבא[14], חזא הנך אינשי דקא עבדי עבידתא, אמר להו ליהוו הנך אינשי בשמתא לא שכבא איכא במתא, אמרו ליה חבורתא איכא במתא, אמר להו אי הכי שריא לכו" (מועד קטן כז, ב). מכאן הננו רואים בבירור, כי קול השופר (ודאי בקולות מסוימים) הודיע על מקרה המוות[15]. מסורת המובאת שתי פעמים בשם רב ממחצית הראשונה של המאה השלישית — כמובן בהפרזה — קובעת את מספר השופרות לששת אלפים בשעת הקבורה (כתובות י, א; מגילה כט, א).

---

[9] פרק לח, א—ד. הספרים החיצוניים, הוצ' אברהם כהנא, כרך א, תל אביב תרצ"ז, עמ' טז.
[10] לפי רש"י: chalemels. עי' Darmesteter-Blondheim בספר Les Gloses françaises dans les Commentaires talmudiques de Raschi כרך א, פאריס 1929, עמ' 23 מספ' 182; עי' עוד L. Brandin בהשקפה הצרפתית REJ כרך XLIII, 1901, עמ' 87.
[11] מסכת שמחות יד, ז, הוצ' מיכאל היגר, נויירק תרצ"א, עמ' 206.
[12] עי' בספר Strack-Billerbeck Kommentar zum Neuen Testament aus Talmud und Midrasch כרך ו, מינכן 1922, עמ' 521—523.
[13] מלחמת היהודים ג, ט, ה, הוצ' Niese, עמ' 331, שורות 20—21.
[14] דרומתא מזדהית עם דרוקרת (תענית כא, ב) — מתא וקרתא הן שמות נרדפים והוראותיהן ערים — ואת שתיהן אפשר לזהות עם דרוקת שבבבל הדרומית עי' יעקב אוברמייר בספרו: Die Landschaft Babylonien im Zeitalter des Talmuds und des Gaonats פראנקפורט 1929, עמ' 197; עי' עוד ספרו החשוב של ישראל אברהמס Jewish Life in the Middle Ages הוצ' בצלאל רות, לונדון 1932, עמ' 357—358.
[14א] [עי' בשערי שמחה לר' יצחק אבן גיאת, חלק ב, הלכות אבל, הוצ' במברגר, פירטה תרכ"ב, עמ' לז; ובתורת האדם להרמב"ן ענין מי שמתו ד' ויניציאה, כד, ג ואילך. — הערת הפרופ' שאול ליברמן].
[15] בתיאור משנות השבעים של המאה שעברה נמצא, כי בכפר אחד שבסוריה הרן

ממוצא מורביה, שהיה עוזר בטהרת המת סח לו, כי הוא שמע תקיעת שופר באוסטרליטץ בשעת קבורה של איש צדיק וירא שמים.

ד״ר ה. אורבך, רבה הראשי לשעבר דק״ק סאראיבו (כעת בירושלים), כתב לי, כי בימי הפרעות בקישינוב, בשנת 1903, תקעו שופר בשעת ההספד שנערך בבית כנסת ספרדי אחד בסאראיבו.

הרב יוסף ציטרון, ראש מועצת הרבנים החרדים באונגאריה, הגיד לי את הדברים הבאים: בורטש (אונגאריה) ביום כ״א סיון תרס״ה מת הרב יעקב צבי קאלטמאנן[4], ואביו, פ. ציטרון, הרב של האידודורוג, קיבל טלגרמה כי יבוא להלוויית המת ויביא עמו שופר, כי כן צוה הרב בצוואתו, שבקבורתו יתקעו בשופר.

אהרן הלר ז״ל, החזן הקשיש בדונאוצ׳ה, סיפר לי, כי בשנת 1905 במארגיטה (מחוז ביהור) היה נוכח בקבורתו של ר׳ שלמה רובין, איש ישר וירא אלהים, ולחפתעתו הגדולה תקעו בשופר.

החכם שפטלוביטץ כתב כי בטקס קבורתם של לב, רב באמדן, והרב ד״ר דינר באמשטרדם (זה האחרון נפטר בשנת 1911) תקעו בשופר[5]. על פי רשימותיו של ב. קוהלבך ז״ל ב־1914 בעיר ששבר (בגרמניה: שוסברג, בצ׳כית: ששטין, היום טשכוסלובאקיה) נפטר הרב מ. ל. אנגל. בשעת קבורתו הקיפו את הארון, שהיה מונח בבית הכנסת, בספרי תורה בידיהם ואחרי כן תקעו בשופר. קוהלבך מנסה לבאר את הדבר כך: "אפשר שהטעם הוא, שמיתת אנשי מעלה דומה ליום הכיפורים בו כן תוקעין בשופר"[6].

על פי ידיעה החסרה כל ציון המקור השתמשו בשופר בימי הבינים בארצות המזרח במקרים בודדים בטקס קבורתם של רבנים אנשי שם[7]. וכן אנו קוראים על טריפולי, כי בלילה "השופר משמיע קול חרדה, רב מת". בבוקר נשמעת יללת אנשים ונשים בלוית קולות נוגים של ילדים שרים מזמורי תהלים וקול השופר קורע לבבות עולה מבינתיהם[8].

על יסוד המקורות המצויים בידינו יכולים אנו לצייר את תולדות המנהג הזה ובעזרת הפולקלור הננו להציע ביאור השונה מזה של קוהלבך.

על השימוש בשופר או בכלי אחר שיש לתקוע בו בשעת הקבורה יש לנו ידיעה מה, זה מזמן קדום. ספר אדם וחוה (במאה הראשונה לפני ספירת הנוצרים) מתאר את קבורתו של אדם הראשון: "ואחרי־כן נשא מיכאל השר הגדול תפלה בעד קבורת עפרו, ויצו אלהים אשר יאספו כל המלאכים לפניו איש על מקומו. ויאספו כל המלאכים אלה מחזיקים מחתות בידיהם ואלה שופרות. והנה ה' צבאות רכב על ארבע רוחות וכרובים נוהגים ברוחות ומלאכי השמים עברים לפניו ויבאו

---

4 עי׳ פנחס זעליג הכהן שווארטץ בספרו שם הגדולים מארץ הגר, פאקש תרע״ד, עמ׳ ג, אות קפג.

5 עי׳ במאמרו Das Hörnermotiv in den Religionen במאסף Archiv für Religionswissenschaft כרך XV 1912, ע׳ 487.

6 עי׳ במאמר: Das Widderhorn (Schôfar). Beiträge zur jüdischen Volkskunde ב־Zeitschrift des Vereins für Volkskunde כרך XXVI (1916), עמ׳ 128.

7 עי׳ בספרו Das Ritual (Imago-Bücher XI) ליפסיה־וינה־ציריך 1928, עמ׳ 211.

8 עי׳ עזריאל קרליבך בספרו Exotische Juden ברלין 1932, עמ׳ 100.

השופר בטכס הקבורה*

משה גסטר (1856—1939), חכם העדה הספרדית והפורטוגיזית בבריטניה, היה חוקר בעל שם עולמי של הפולקלור. בשעת קבורתו של פולקלוריסט מובהק זה ב־9 במרס 1939 בלונדון בבית הקברות "גולדרס גרין" הייתי עד ראייה לשני טכסים פולקלוריסטיים.

באולם שנערך הטכס הקיפו את מיטת המת שבע פעמים ובכל הקפה שרו בית אחד מפיוט המתחיל "רחם נא" (הידוע גם במנהג התימני)[1]. אחר כך תקעו על־יד הארון בשופר. תקיעת השופר נשנתה גם על־יד הקבר. דבר תקיעת שופר זה המיוחד במינו עורר את התענינותי. ועוד בשובי מבית הקברות שאלתי את הפרופ' אברהם מרמורשטיין זצ"ל מה שהוא יודע על מנהג זה, אך הוא לא יכול היה להאיר את עיני. וזה הניעני לחקור ולמצוא טעמו ותולדותיו. תוצאות חקירותי הנני לסכם בקצרה.

בספרות הפולקלוריסטית מצאתי רק מעט מזעיר על מנהג זה. ה. פ. שרודר, רקטור ה"אנדראונם" שבהילדסהיים, מתאר בוודאי את מנהג דורו ב־1851: "עת ארון הרב מגיע לשער בית החיים תקעו בשופר תקיעה אחת ואמרו: "וה' עליהם יראה ויצא כברק חצו ואדני ה' בשופר יתקע והלך בסערות תימן' (זכריה ט, יד). אחרי כן תקעו תרועה ואמרו: "עלה אלהים בתרועה ה' בקול שופר' (תה' מז, ו). ושוב תקעו תקיעה באמירת הפסוק הבא: "כל יושבי תבל ושוכני ארץ כנשא נס הרים תראו וכתקע שופר תשמעו' (יש' יח, ג)"[2].

בקבורתו של אליקים געץ כ"ץ שווערין, רבה הראשי של באיא (אונגריה), תקעו בשופר. את תולדות חייו כתב נכדו ד"ר שמואל כהן, רב ראשי בבודפשט, מחבר קורות היהודים באונגריה. בביוגרפיה זו אנו קוראים על הקבורה ב־18 בינואר 1852 בבאיא: "את תהלוכת האבל פתחו שני נכדיו; האחד נשא על כר שחור את ספר תורת כהנים בו הגה בשקידה יתירה בשנותיו האחרונות והשני נשא את המקל, עליו היה נשען בהליכתו. שבע פעמים הקיפו את בית הכנסת במיטת המת ולאחר כל הקפה תקעו בשופר"[3].

א. שווארץ, החזן הזקן בסגד (אונגריה), מסר לי, כי משה סכס סנדלר

---

* להרב יהודה אבידע, חוקר מובהק של הפולקלור היהודי, מנחה ליובלו הששים.
1 עי' Burial Service according to the Rite of the Spanish and Portuguese Jews לונדון תרפ"ז, עמ' 2—3; עי' עוד ישראל דוידזון, אוצר השירה והפיוט, כרך ג, ניורק תרצ"א, עמ' 392, אות ר, מס' 826.
2 J. F. Schröder: Satzungen und Gebräuche des talmudisch-rabbinischen Judenthums ברמן 1851 עמ' 565.
3 עי' בספרו Kohn Schwerin Götz bajai és bácsmegyei főrabbi בודפשט, 1899 (עי' גם ברבעון האונגארי Magyar Zsidó Szemle כרך XVI (1899), עמ' 162), עמ' 114.

הפרוש המקורי הזה של המלה פיתום עוזר לנו לברר את מושג הנחוש משחי שנגלה לנו תודה לאברהם בן שלמה, בפרושו של אברהם בן שלמה (במחצית השניה של המאה הי"ד)[33] לנביאים ראשונים מצאתי את הטקסט הבא שבו הוא מבאר — בלי ספק על יסוד מסורה קדומה ונאמנה — את המושג אוב — (שופטים י"ח י"ט : לאב) וז"ל (בכ"י של מוזיאום הבריטי[34] סי' Or. 2387 עמ' 70a ובכ"י הנמצא בספרייתו של דוד ששון[35] סי' 80 עמ' 132) : "נא[36] אוב מפשיטין עור האדם[37] ונופחין אותו ומקטירין לפניו קטרת ידועה[38] ומכין באצילי ידיו על מקום צלעותיו ונשמע קול מדבר עם השואל". ע"י זה מאיר ומשלים אברהם בן שלמה את הפרוש הדחוק והקצר של רש"י (סנהדרין דף ס"ה ע"א ד"ה פיתום) : "מעלה את המת מן הארץ ומושיב לו בשחיו תחת זרועותיו ומדבר משחי אייש"לה בלעז".[39] מזה נראה שמקור משורתף היה לשניהם. מדוע משים האוב את המת דוקא תחת אצילי ידיו ?

חשיבות גדולה לשחי[40] כמו לכתף[41] בעניני מאגיה ומנטיקה, כמה מינים של דברי קסם נהוגים בשחי, בשעיצירה מביטים בבית השחי הימין להעלות נכסים, בית השחי הוא מקום שהייה אהוב על השדים.[42]

מורי הרב אברהם האפפער בפעולתו המדעית התעסק גם בשאלה הנוגעת בעניני הכשוף העברי (עי' מאמרו בשם פירוש על שם בן י"ב ובן מ"ב ע"ב אותיות, בהצופה כרך II. 1912. עמ' 127-132), הייתי חפץ שכבודו יקבל את עבודתי בשדה המדע הזה בתוך ספר-היובל שלו בסבר פנים יפות.

---

[33] עי' על אודותיו רמש"ש בעתון HB כרך XIX. 1879. עמ' 131-136. כרך XX. 1880. עמ' 7-12, 39-42, 61-65; ובספרו Die arabische Literatur der Juden פפד"מ. 1902. עמ' 248. סי' 194.
[34] עי' G. Margoliouth: Catalogue of the Hebrew and Samaritan Manuscripts in the British Museum. I. London. 1899. 167a/b. סי' 226.
[35] עי' רשימתו של דוד ששון אהל דוד (Ohel Dawid). Descriptive Catalogue of the Hebrew and Samaritan Manuscripts in the Sassoon Library, London. I. Oxford-London. 1932. עמ' 57a-61a.
[36] בכ"י ששון : פא.
[37] בכ"י ששון : אדם.
[38] בכ"י ששון חסר.
[39] עי' Aisselle בס' Darmesteter-Blondheim Les Gloses françaises dans les Commentaires talmudiques de Raschi כרך I. פאריס. 1929. עמ' 4. סי' 23; כרך II. פאריס. 1937. עמ' 71-72.
[40] עי' Róheim בספרו Spiegelzauber עמ' 155 הע' 1.
[41] עי' Róheim בספרו הנ"ל עמ' 57, 148, 169, 171, 172, 176, 177.
[42] עי' הח' Stemplinger באנציקלופידיה Hwb. des deutschen Aberglaubens כרך I. 1927. עמ' 152, 153.

של דייכם מקרבת לודאי שמשמעו אופן נחוש ע"י הבטה על איזה דבר.[25] בפרושו לתורה של ר' בחיי בן אשר (בשנת 1291) אנו מוצאים את המתאים בדיוק למונה היוני: "ויש שפירש ומנחש[26] זה ה מ ב י ט ב ע ו פ ו ת בכנפיהם או בצפצופ".[27]

II.

אני מנצל את ההזדמנות כדי לפרש בקשר עם חכמת הכתף גם אופן נחוש אחר: נחוש מתוך בית השחי הראוי להזכר בזה המקום גם מהסבה שיש קרוב־מקום בין הכתף והשחי. . .

הנוסחאות של התנאים בדברן על "אוב" מזכירות אופן נחוש שלא נפרש עוד במדה מספיקה:

א. משנה (סנהדרין ז' ו'): בעל אוב. זה פיתום המדבר משחיו.[28]

ב. ספרא (סוף קדושים הוצ' הוסיאטין. תרס"ח. עמ' 414): אוב זה פיתום המדבר משחיו.

ג. ספרי (דברים סי' קע"ב הוצ' מאיר איש שלום קכ"ז ע"ב): ושואל אוב זה פיתום המדבר משחיו.

ד. תוספתא (סנהדר' י' ו' הוצ' צוקערמאנדל עמ' 430 שורה 25): בעל אוב זה הפיתום המדבר בין פרקיו ומבין אצילי ידיו.

ה. ברייתא (סנהדר' דף ס"ה ע"ב): ת"ר בעל אוב זה המדבר בין הפרקים ומבין אצילי ידיו.

את המלה πύθων מתרגמים לרוב למדבר מתוך הכרס [29].(Bauchredner) אולם משמעו המקורי אצל הכלדיים־בבליים הוא רוח המת אשר לפיהם היא נמצאה במדבר מתוך הכרס[30] ואצל היונים הרוח שהשמיעה קול מתוך המנחש.[31] גם אוב שבכתבי הקדש משמעו הראשון דהוא רוח המת העצורה במנחש ומתנבאת מקרבו.[32]

[25] עי' מאמרו בשם "קסם Die Bedeutung von„ בקובץ Festschrift zum siebzigsten Geburtstage David Hoffmann's ברלין. 1914. עמ' 87-91.

[26] דברים י"ח י'.

[27] רבינו בחיי ביאור על התורה הוצ' קראקא 1643. רכ"ג ע"ד.

[28] הנוסח בהעתקת המשנה שבקמברידש הוצאת לו הוא בטעות (סנהדר' ז' י"ד): "ובעל אוב זה הפיתום (!) והמדבר משחיו". עי' המשנה אשר עליה נוסד התלמוד הירושלמי. קמברידש. 1883. עמ' 127a.

[29] עיין לוי במלונו התלמודי כרך IV. עמ' 43; ערוך השלם הוצ' ב'. כרך VI. עמ' 466; קרויס ב־Lehnwörter שלו כרך II. עמ' 453.

[30] עי' Lenormant בספרו Die Magie und Wahrsagekunst der Chaldäer עמ' 514, 516.

[31] עי' Th. Hopfner בספרו Griechisch-Ägyptischer Offenbarungszauber כרך II. עמ' 133. סי' 276.

[32] השוה שמואל א' כ"ח ז', ח'; ישעיה ח' י"ט. עי' עוד Trude Weiss Rosmarin בהשקפה הצרפתית REJ כרך XCVIII. 1934. עמ' 95—99.

משתמשים בו הכלדיים[18] והערביים. גם זה מתאים למקורות הבלתי יהודיים בדבר חכמת הכתף: Michael Psellos אומר שזה הוא מנהג ברברי (זאת אומרת לא יוני) ובלתי רגיל ולפי הכ״י מאתינו מצאו מתורקים וברברים (זאת אומרת לא מיונים). אמנם אם אינו יוני היכן שרשו? קרוב לודאי שגם המקרה שלפנינו הוא אופן נחוש ממוצא כלדי-בבלי.[19] דרך הנחוש מתוך האברים הפנימיים של הבהמה הנקרבת היתה נוהגת בתחילה אצל הכלדיים. הסימנים הנזכרים בנוסחאות היוניות דלעיל דומים בכל לאלה אשר המקורות הכלדיים מזכירים אותם בתור סימני הנחוש ע״י המעים והכבד.[20]

G. Michael Psellos דן באותו מקום יחד עם ההבטה בכתף גם על ה-οἰωνοσκοπία, שהוא אופן הנחוש ע״י הבטה בעופות. מעניין מאד שמשה אבן עזרא באיתו העמוד אשר בו הוא מביא את חכמת הכתף בשם דונש אבן תמים בשורות אחדות לפניו הוא מזכיר גם את הנחוש בעופות: "אחד המומחים בדברי הימים אמר שלאחדים מן השבטים הערבים היו זכרון טוב ודמיון חזק לדברים שחלפו ולקורות שעברו, משום שלשונם היתה צחה ודבורים רך. הם התעסקו בכשוף ובחכמות נסתרות... והם היו קוסמים במעוף הצפרים".[21] גם אברהם בר חייא אחרי הרעסקו: בהבטה בכתף מזכיר את אופן הנחוש הזה: "ואלה הם המדברים על מאורעות העולם מן האותות הנמצאים בכוכבים ובחיות ובעופות".[22] אף בחקירתנו אחרי מוצאו של אופן הנחוש הזה העקבות מולים אותנו אל הכלדיים-בבליים. ישנן לנו ראיות מתוך כתבות שהכלדיים ידעו את הנחוש מרתוך מעוף הצפרים וצפצופי קולן וגם השתמשו בו.[23] גם המקורות העבריים הקדומים ברצונם להראות את גודל חכמת הכלדיים-בבליים מציינים שידם רבה להם בידיעת המזלות ובנחוש ע״י העופות. על הפסוק "ותרב חכמת שלמה מחכמת כל בני קדם" (מ״א ה׳ י׳) דורשת הפסיקתא: "מה היתה חכמתן של בני קדם, שהיו יודעים במזל, ועוזמים בטייר...".[24] פרושו של "בני קדם" במקום הזה הוא כלדיים-בבליים כי החלק השני של הפסוק מדבר על המצרים. ההגהה שבקהלת רבה כאילו מנסה לתרגם ארת המונח היוני οἰωνοσκοπία שהוא הבטה בעופות (על קהלת ז' כ״ג): "ומה היתה חכמתן של בני קדם שהיו יודעין במזל ו ק ו ס מ י ן ב ע ו פ ו ת ובקיאין בטייר". ההגהה משתמשת פה בשורש ק ס ם אשר חקירתו

---

[18] על הכלדיים אצל אברהם בר חייא עי' הה' מארכס בקובץ HUCA כרך III 1926. עמ' 312-313. עוד עיין I. Efros ברבעון האנגלי JQR שורה חדשה כרך XX 1929-1930. עמ' 128-130.

[19] לתורקים אין פה כי אם תפקיד התוך.

[20] עי' מה שכתב החוקר Lenormant בספרו Die Magie und Wahrsagekunst der Chaldäer עמ' 452-453.

[21] ספר שירת ישראל עמ' נ'.

[22] עי' הנוסח בספר היובל לאריה שווארץ עמ' 34.

[23] עי' Lenormant בספרו הנזכר עמ' 449-451.

[24] פסיקתא... לרב כהנא הוצאת באבער ל״ג ע״ב וההקבלות המובאות בהערתו. עי' עוד הה' בלוי בספרו Das altjüdische Zauberwesen הוצ' ב' Berlin. 1914. עמ' 38.

שעל החלק האמצעי של הכתף — בהביט בהם משני צדדי חוט השדרה — נראים לבנים ובהירים סימן למצב חריטי באוירה, ואם הם מכוערים או מתנבאים על ההפך. אם מי שהוא מתעניין לדעת על דבר המלחמה, אז אם על צד הימין של הכתף נ״אה כתם אדום דומה לענן או קו ממושך שחור על הצד שכנגד, תדע שתהיה מלחמה גדולה; אבל אם תראה ששני הצדדים הם מצבע לבן טבעי משמעו שלום בעתיד. ובדרך כלל בכל שאלה ושאלה הכתמים האדומים והשחורים והמכוערים יותר הם סימני המצב הרע יותר בעוד שהחלפיהם מסמנים את הטוב יותר״.

קודקס ממאה השלש עשרה הנמצא בספריה הלאומית באתינה (Cod. bibl. nat. then. 1493. עמ' 155b) עלול להרחיב את שדה ידיעתנו בפרטים אחדים ביחס לחכמת הכתף. כ״י הזה מכיל בין השאר את המסכת הבאה: ״ספר מקובל במסורה מן התורקים וברברים המגלה את העתידות לבוא בעזרת הסימנים המתראים על הכתף״ (Βιβλίον παραδοθέν ἐκ τε Τούρκων καὶ Βαρβάρων προδηλωτικὸν τῶν ἐσομένων [ἐκ τῶν] ἐν τῷ ὠμοπλάτῃ φαινομένων τεκμηρίων).[14] מפה בולט שע״י אופן הנחוש הזה ניתן לדעת את הבאות בנוגע למזג האויר, נצחון או מפלה במלחמה, עניני מסחר, נסיעה סכנות נפשות, אורך-חיים והצלחה בפעולות שונות. אין לנו ידיעה מספיקה על דרך הנחוש עצמו כי חסר הדף שלאחריו מתוך הכ״י אבל השורות שבראש הענין מעידות שפה מדובר על אופן נחוש דומה לזה שהבאנו לעיל מאת Michael Psellos. בהמשך המאמר הוא מזכיר סימנים יותר הרבה נותנים תשובות שונות על שאלות יותר הרבה מאלה שעליהן דברנו לעיל. את הכ״י בחן G. A. Megas בחינה מדוקדקה[15] אבל למרות השתדלותי הרבה לא עלה בידי לרכוש את העתון אשר בו הופיע מאמרו. אני מצטער מאד על זה בפרט בקראי את דברי בקרת של Gustav Soyter האומר:[16] "Megas hat in seinem Aufsatz diese Kunst so eingehend in Wort und Bild (3 Tafeln mit Schulterblatt-knochen!) geschildert, dass ein aufmerksamer Leser in den Stand gesetzt wird, sich jederzeit selbst die Zukunft aus solchen Knochen herauszulesen."

יש לקבוע את הבאות:

א). הבטוי ״המביט בכתף״ מתאים בכל למונה ה'וני ὠμοπλατοσκοπία[17] שפרושו גם כן הבטה בכתף.

ב). דונש אבן תמים מזכירו כאופן נחוש זר (פלישתי?) ולפי אברהם בר חייא

---

[14] עי' A. Delatte בספרו Anecdota Atheniensia כרך I. 1927. עמ' 206 והלאה.
[15] בעתון היוני Λαογραφία כרך IX. 1926. עמ' 3-51.
[16] עי' Philologische Wochenschrift כרך XLVII. 1927. עמ' 1087.
[17] עי' ביחוד מה שכתב Th. Hopfner, Pauly-Wissowa-Kroll: Real-Encyclopädie der classischen Altertumswissenschaft כרך XVIII. חלק 1. Stuttgart. 1939. בערך Omoplatoskopia עמ' 382-383. כבר השתמשנו לעיל במסקנות המאמר החשוב הזה.

פה אנו מוצאים איפוא הגבלה יותר ברורה המדברת בעליל על ה ב ט ה ב כ ת ף.
המנוח זכרי׳ שוואריץ מוציאו לאור בפעם הראשונה של נוסח האגרת השלם
מעיר בנוגע למבטא האחרון: ״בספרי תולדות הכשפים לא מצאתי אלא הכנסת הראש
בין הברכים בלבד״.[12]

אני חושב שבעבודתי הנוכחית יעלה בידי לפתור את מהות האופן של הנחוש
המעורפל הזה ולברר אותו.

באותו הזמן שהיהודי דונש אבן תמים בצפון־אפריקא פירש שהפסוק בישעיה
מדבר על חכמת הכתף, כתב הסופר הביזנצי Michael Psellos (1018—1079)
בקושטנטינה מסכת על דרך הנחוש ע״י הבטה בכתף ובעופות.[13] המסכת הזאת נותנת
בפי סוקרטס את התשובה הבאה: ״אתה שואל איזו היא דרך הנחוש מן הבטה בכתף
(τί ποτέ ἐστι τὸ τῆς ὠμοπλατοσκοπίας χρηστήριον) ומה כחו, כי ברצונך לדעת את
הסבות הטבעיות והנסתרות על אודות העתיד. שנית: יכול אדם לבחון מתוך התעניינות
יתירה את חכמת הכתף, הגם שהיא ברברית ובלתי רגילה (βάρβαρον μὲν καὶ ἀλλόκοτον)
היות ובידה היכולת — כפי הנראה בעיני המשתמשים בה — להגיד מראש את
העתידות, החפצים לנחש בזה האופן, אחרי אשר בחרו להם בצאן או בשה מן העדר,
ראשית מעלים בנפשם או גם מבטאים בשפתם את הדבר שעליו הם שואלים. אחרי
כן הם שוחטים אותו ומוציאים מתוך גופו את הכתף שהוא האבר המיועד לנחוש
(ὡς μαντεύματος ὄργανον), בשרפם (מלה במלה: בהקשיבם) על נחלים ובהקרחם
מבשרו הם מקבלים סימנים על תוצאות שאלורתיהם. אמנם הם מתנבאים גם מרתוך
שאר אברים, את השאלה לחיים או למות פותרים מתוך ראש חוט השדרה
(ἐν τῇ ἐξοχῇ τῆς ῥάχεως). אם החלק הזה הוא לבן ובהיר על שני צדדיו זה סימן
לחיים ואם הוא עכור רמז למות יש בו, על פי החלק האמצעי של הכתף דנים על
התופעות שבאוירה (זאת אומרת: שאלות מיטיאורולוגיות, במקרה ששני העורות (?)

(כ׳ כ״ו): ״וכל זה ממעשי הקסם . . . והוא שמחדדין ומלטשין פני ברזל החץ עד
שיהיה בהיר מאד ורואין בו בעלי הקסם כמו שרואים בבוהן היד בצפורן לבהירות
הצפורן וכן רואים בסיף וכן במראה וכן רואים בכבד שיש לו בהירות״. יש למצוא
אותו גם בקודמס אחד (סי׳ 315) שבאוסף גסטיר: ״ומשח צפורנו ומצחו בשמן זית
זך ויסתכל הנער הטב בצפורנו״. ש. דייכס פירסמו בראשונה בספרו Babylonian Oil
Jews׳) 1913. לונדון Magic in the Talmud and in the later Jewish Literature
(College Publications No. 5. עמ׳ 14 סי׳ 1. לפני זמן לא רב ביאר בזה הנחוש
את המנהג להביט בצפרנים במוצאי שבת הח׳ פיינסנגר במאמרו The Custom of
Looking at the Fingernails at the Outgoing of the Sabbath בקובץ HUCA
כרך XII-XIII. 1937-1938. עמ׳ 364. דוגמאות להרחבת הנחוש הזה יש למצוא אצל
Róheim בספרו Spiegelzauber עמ׳ 21-24.

[12] ע״י בספר היובל לאריה שוואריץ עמ׳ 33 הע׳ 9.
[13] הוציאו לאור R. Hercher בשם Michaelis Pselli ΠΕΡΙ ΩΜΟΠΛΑΤΟ-
ΣΚΟΠΙΑΣ ΚΑΙ ΟΙΩΝΟΣΚΟΠΙΑΣ ex codice Vindobonensi. בעתון Philologus
כרך VIII. 1853. עמ׳ 166-168. התרגום המדויק של המלה הוא עצם־השכם.

לר' יהודה בר ברזילי הברצלוני על דבר הנחוש של הכלדיים ובה אנו קוראים את השורות האלה:[8] ״ויש מלאכות אחרות כמותם ואם אינם ראויות להקרא חכמה הם נקראות מלאכה וערמה והכתוב קרא אותן או רובן קסמים . . . והתרפים היו צורות ותמונות כגון מראות זכוכית על דמיונות רבות שהיו מסתכלין בהם בכל עת שהיו נמלכים לעשות דבר לראות אם טוב הוא ואם מוטב ומה שהיו רואים במראה ההיא היו סומכים עליו,[9] ואתה מוצא בארצות האלה מה שהוא דומה לתרפים כגון אלו שמביטין בזכוכית מלאה מ ם מונחת על דבר אדום ומסתכלין בה ואין מרימין עפעפיהם ממנה עד שיראה להם בתוך המים אשר בזכוכית דמות הדבר אשר הם שואלים.[10] וכמוהו ה מ ב י ט ב צ פ ר נ י ם[11] א ו ב כ ת ף . . .״

״נשלם הספר הזה והוא חשבון המהלך לנשיאנו הגדול לר' אברהם צאחב אלשרטה זק״ל בן הנשיא ר' זצ״ל במדינה ברצלונה שנת תתצ״ו״. עיין ב. שאפירא בהשקפה הצרפתית REJ כרך CV. 1940. עמ' 61. השיבותה בולטת גם מתוך העובדה שבשנת 1136 ראשי התיבות ז״ל אחר שמו נמצאים גם בכ״י אחר, ע״י מאמרו של פרופ' מארכס באוסף Essays and Studies in Memory of Linda R. Miller. ניוארק, 1938. עמ' 132 ה״ע' 48.

[8] אגרת ר' אברהם ב״ר חייא הנשיא שכתב לר' יהודה ב״ר ברזילי על שאלה בכלדיים הוציאה לאור זכרי' שווארץ במאסף Festschrift Adolf Schwarz zum siebzigsten Geburtstage. Berlin und Wien. 1917. בחלק העברי עמ' 33. מ. מ. גוטמן נעלם (Enc. Jud.) כרך I 1928. עמ' 431, 434) שהאגרת נדפסה כבר בשלימותה.

[9] ביחוד יש להזכיר על אודות נחוש זה את מחקריו המצויינים של G. Róheim בספרו: Spiegelzauber. Leipzig und Wien. 1919. עמ' 34-162. על אופן הנחוש מן המראה ויש ידיעה כבר בספרות המדרשית (מכילתא יתרו הוצ' האפפמאנן עמ' 90 ; הוצ' האראוויטץ־רבין עמ' 198). הח' לעף מפרש את זה על ענין אחר במאמרו בשם אספקלריא בספר־היובל לפרופיסור שמואל קרויס, ירושלים תרצ״ז, עמ' 14, אבל ראה דעתו של י. ברגמן המתנגדת לזו והנראה להיות יותר קרוב לאמת בירחון MGWJ כרך LXXXI. 1937. עמ' 478—479 ; כרך LXXXII. 1938. עמ' 57 — 58.

[10] צורת הנחוש הזה נודעה בשם hydromantia או kyathomantia או lekano- mantia. ע״י F. Lenormant בספרו Die Magie und Wahrsagekunst der Chal- däer. Jena. 1878. עמ' 463-464 ; ע״י נ״כ את ספרו של Th. Hopfner: Griechisch- Ägyptischer Offenbarungszauber כרך II. ליפסיה. 1924. עמ' 170 בערך Leka- nomantie. ראיות מתוך כתובות מעידות על מוצאו מבבל ע״י Th. Hopfner שם כרך II. עמ' 114-115 סי' 230-232. אופן הנחוש הזה ידוע בארבע רוחות העולם ע״י Róheim בספרו Spiegelzauber עמ' 16, 17, 18, 20, 35-45, 123-128, 169. משתמשים למטרה זו גם בנחל אדום. שם. עמ' 52. לפי חות דעתו של פרויזר כבר בכתבי הקדש אצל גביעת־יוסף (בראשית מ״ד ה', ט״ו), יש לחשוב על נחוש כזה ע״י בספרו .Folk-Lore in the Old Testament. Abridged edition לונדון, 1923. עמ' 258—262.

[11] את הנחוש מתוך הצפרנים מזכיר הרד״ק במאה הי״נ בפרושו ליחזקאל

חכמת הכתף
— פתרון אופן נחוש בלתי מפורש —

I.

את ספרו של דונש אבן תמים הקירואני (בראשית המאה העשירית) על הבלשנות המשווה עברית־ערבית יש לחשוב עד היום הזה כחמדה גנוזה. רק מן צטטים אחדים שנשתמרו בספרי הסופרים שלאחריו אפשר לרכוש אי־אלה פרטים על טיבו של הספר הזה.[1] משה אבן עזרא (נולד בשנת 1070) בספרו הערבי על השירה והמליצה העברית מביא מתוכו את השורות דלהלן: "ואמר דונש בן תמים הקירואני שהפסוק ,ועפו בכתף פלשתים ימה'[2] כונתו ,יקסמו ב ח כ מ ת ה כ ת ף'.[3] והבאור הזה יותר רחוק ואין לו שום ערך."[4]

ב. הלפר, שתרגם לעברית את ספרו של משה אבן עזרא מן הכתב יד אשר באוכספורד[5], מלוה את הבטוי "יקסמו בחכמת הכתף" בהערה הבאה: "קשה לדעת לאיזו הכמה כון המחבר".[6] ובאמת ההודעה הקצרה הזאת של דונש אבן תמים אין בה כדי להטיל אור על אופן הנחוש המוזר הזה אבל המאמר הבא שמצאתי מגלה דבר־מה יותר ממנו.

ר' אברהם בר חייא הספרדי (בחציה הראשונה של המאה הי"ב)[7] כתב אגרת

---

[1] עיין ש. א. פאזנאנסקי בעתון ZfHB כרך I. 1896/97. עמ' 30 ; ש. עפנשטיין בהשקפה הצרפתית REJ כרך XLI. 1900. עמ' 237 הע' 1 ; באכר בעתון ZDMG כרך LXI. 1907. עמ' 700-704 ; פאזנאנסקי, אנשי קירואן בקובץ זכרון לאברהם אליהו . . . לכבוד הרב החכם המפואר . . אברהם אליהו הרכבי. פטרבורג. תרס"ט. בחלק העברי עמ' 190-192.

[2] ישעיה י"א י"ד.

[3] בכתב יד של המקור הערבי שבאוכספורד הוא: "אי יתעיפון פי עלם אלכתף".

[4] ספר שירת ישראל (כתאב אלמחאצ׳רה ואלמד׳אכרה) לר' משה בן יעקב אבן עזרא מתרגם לעברית עם מבוא והערות מאת בן־ציון הלפר. ליפסיה, תרפ"ד. עמ' נ'.

[5] עי' רשימתו של ניויבויער Catalogue of the Hebrew Manuscripts in the Bodleian Library. I. Oxford. 1886. 668. סי' 1974.

[6] ספר שירת ישראל, שם, הע' 4.

[7] בשנת 1136 כבר לא חי, בכתב יד של ס' חשבון המהלכות (השבון מהלכות הכוכבים) שלו שבריששות Alliance Israélite בפאריס נמצאת ההערה (סי' 5[3] עמ' 81) :